Investitionscontrolling: Entscheidungsfindung bei Investitionen I

David Müller

Investitionscontrolling: Entscheidungsfindung bei Investitionen I

Investitionscontrolling und Investitionstheorie

3., überarbeitete Auflage

 Springer Gabler

David Müller
Brandenburgische Technische Universität
Cottbus, Deutschland

ISBN 978-3-658-36592-9   ISBN 978-3-658-36593-6   (eBook)
https://doi.org/10.1007/978-3-658-36593-6

Die Deutsche Nationalbibliothek verzeichnet diese Publikation in der Deutschen Nationalbibliografie; detaillierte bibliografische Daten sind im Internet über http://dnb.d-nb.de abrufbar.

Springer Gabler

Lektorat/Planung: Carina Reibold
Springer Gabler ist ein Imprint der eingetragenen Gesellschaft Springer Fachmedien Wiesbaden GmbH und ist ein Teil von Springer Nature.
Die Anschrift der Gesellschaft ist: Abraham-Lincoln-Str. 46, 65189 Wiesbaden, Germany

Für Simone, Jakob, Anna und Emil

Vorwort

Das vorliegende Buch ist der **erste Band** des Werkes „Investitionscontrolling: Entscheidungen zu Investitionen". Der Inhalt der Darstellungen ist im Vergleich zu den beiden Vorgänger-Auflagen so stark gewachsen, dass eine Aufteilung in zwei Bände notwendig war. Der Umfang resultiert aus dem Bestreben, eine in sich geschlossene Darstellung von Grundlagen und Methoden zu erarbeiten, die für Investitionsentscheidungen relevant sind.

Investitionsrechenverfahren als ein wichtiges Instrument des Investitionscontrollings bauen auf entscheidungstheoretischen Grundlagen auf, die selten reflektiert werden. Angesichts des kaum zu überblickenden Publikationsaufkommens in sämtlichen Bereichen der Betriebswirtschaftslehre erscheint es hilfreich, die zwischenzeitlich eher verborgenen Elemente der Entscheidungstheorie sichtbar zu machen. Dies ist für das Verständnis und die Einordnung der Methoden ebenso unerlässlich, wie für die korrekte Anwendung. Logische Konsequenz daraus ist, die bisher eher getrennt betrachteten Bereiche der Entscheidungstheorie und der Investitionsrechnung so zusammenzuführen, dass Gemeinsamkeiten und Querverbindungen zwischen den einzelnen Teilgebieten offengelegt werden können. Das auf diese Weise entstandene Sujet ist so umfangreich, dass eine Aufteilung notwendig wurde.

Zur Strukturierung des umfangreichen Inhalts wurden fünf ordnende Kategorien verwendet: Axiome, Definitionen, Merksätze, Entscheidungsregeln sowie Beispiele. Die **Axiome** rationalen Handelns bilden die Grundbausteine für sämtliche Verfahren der Entscheidungstheorie und somit auch der Investitionsrechenverfahren. Bei genauer Betrachtung wird deutlich, dass die Modelle der Investitionsrechnung auf dem axiomatischen Fundament der Entscheidungstheorie ruhen und für die Problemstellung spezifiziert wurden. Auf den Axiomen bauen die **Definitionen** auf, aus denen **Merksätze** und **Entscheidungsregeln** abgeleitet werden. Die axiomatischen Grundlagen werden ausführlich im zweiten Band besprochen, weshalb in diesem Band darauf verwiesen wird. Anhand von **Beispielen** erfolgt die Veranschaulichung des besprochenen Sachverhaltes.

Die Darstellungen sind so formal wie nötig gehalten. Gleichzeitig sollte jedoch eine Präzision erreicht werden, die dem Thema gerecht wird. Daneben war es wichtig, Verbindungen zwischen den Teilbereichen herauszuarbeiten, was durch entsprechende Querverweise deutlich wird.

Einige Bereiche wurden ausgespart, da es nicht das Ziel war, ein Werk über sämtliche Methoden und Bereiche von Investitionsentscheidungen zu verfassen. Die strategische Spieltheorie ist bereits in sehr vielen Standardwerken ausführlich erläutert, weshalb sie kein Eingang gefunden hat. Als Konsequenz daraus werden auch Anreizprobleme und Anreizsysteme nicht thematisiert, da diese als Sonderform strategischer Spielsituationen zu interpretieren sind. Ebenfalls nicht behandelt werden Entscheidungen über Investitionsprogramme, da diese letztlich zu Modellen der linearen Optimierung führen. Auch dazu existiert eine Menge an Literatur.

Ich habe versucht, die Inhalte so auszuwählen und zu formulieren, dass sich sowohl Studierende als auch Kollegen angesprochen fühlen. Dass dies einem Spagat gleicht (der gelingen kann, aber nicht muss), liegt in der Natur der Sache.

Das vorliegende Lehrbuch richtet es sich sowohl an Studierende in Bachelor- als auch in Masterstudiengängen und beinhaltet neben den theoretischen Ausführungen 42 Aufgaben und Lösungen. Damit ist es auch für die betriebswirtschaftliche Aus- und Weiterbildung geeignet.

Ohne Hilfe wäre das Buch nicht in der vorliegenden Form fertiggestellt worden. Ganz besonderen Dank schulde ich meinem Mentor, Herrn Univ.-Prof. Dr. rer. pol. habil. RALF TROST, der mich geduldig und tatkräftig unterstützt hat. Sein Urteil und seine Kritik haben die Darstellungen entscheidend verbessert. Kollegen Univ.-Prof. Dr. rer. pol. habil. JAN SCHNELLENBACH danke ich für wichtige Hinweise zum Thema des transferierbaren Nutzens. Herzlich möchte ich mich auch bei Frau O. SAGRADOV (M. Sc.) und Herrn Dipl.-Wirt.-Math. E. SCHÖTZ für die inhaltliche Unterstützung bedanken. Frau Y. RAST-NEUHAUS und Herrn R. MECHLING danke ich für das engagierte Korrekturlesen. Fehler, die sich trotz aller Sorgfalt eingeschlichen haben, gehen allein zu meinen Lasten.

Ein Lehrbuch ist wie ein Prisma, durch welches der Autor den kollektiven Wissensstand des jeweiligen Fachgebietes betrachtet. Auf diese Weise entsteht eine – mehr oder weniger subjektive – Momentaufnahme. Je nachdem welches Prisma wie verwendet wird, ergeben sich unterschiedliche Ausschnitte von unterschiedlicher Beschaffenheit. Die Sicht auf die Dinge ändert sich im Zeitablauf, weshalb die Darstellungen nicht vollständig abgeschlossen, sondern vielmehr vorläufig und in ständiger Veränderung sind. In diesem Sinn wünsche ich den Lesern eine angenehme Entdeckungsreise und empfehle ausdrücklich auch den Einsatz anderer Prismen um die Themen möglichst in voller Vielfalt erkennen zu können.

Cottbus, 22.02.2022   David Müller

Inhaltsverzeichnis

Abbildungsverzeichnis

Tabellenverzeichnis

Überblick und Einordnung

Das vorliegende Buch ist der **erste Band** des Werkes „Investitionscontrolling: Entscheidungen zu Investitionen". Darin werden die grundsätzlichen Merkmale des **Managements** und des **Controllings** von Investitionen vorgestellt (vgl. Abb. 0.1). Darüber hinaus werden Verfahren der **Investitionsrechnung** bei Sicherheit präsentiert. Diese Inhalte haben einführenden Charakter bzw. sind als Grundlagen der Investitionsrechnung einzustufen und sind deshalb für Studierende auf Bachelor-Level geeignet. Der anwendungsorientierte Einsatz der Modelle wird am Beispiel von **Lebenszyklusrechnung** und von **wertorientierter Steuerung** demonstriert. Im letzten Kapitel wird der sichere Boden der Grundmodelle verlassen und es werden Verfahren zur Berücksichtigung von **Unsicherheit** diskutiert. Diese beiden Kapitel sind primär an Master-Studierende adressiert.

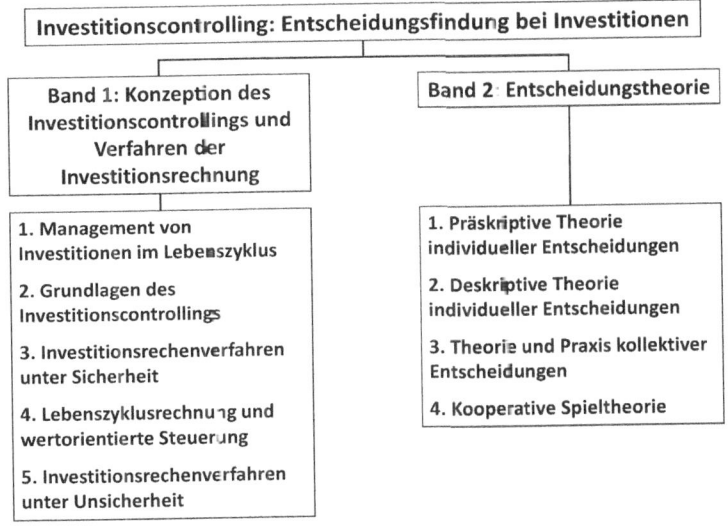

Abb. 0.1: Überblick über den Inhalt der beiden Bände. Quelle: Eigene Darstellung.

Neben diesen Verfahren werden im Investitionscontrolling ebenfalls regelmäßig Modelle der **Entscheidungstheorie** eingesetzt. Diese sind Gegenstand des **zweiten Bandes**. Besser gesagt: Alle Modelle basieren auf bestimmten Annahmen über die **Präferenzen** des Entscheidungsträgers, auch die Modelle der Investitionsrechnung. Der vorliegende erste Band dient der Einführung in die Investitionsrechnung. Die Erläuterung der dabei verwendeten Annahmen (sowie die Erweiterung des Instrumentariums) steht im Zentrum des zweiten Bandes. Von der Übereinstimmung dieser Annahmen mit der Realität hängt der korrekte Einsatz und die Interpretation sämtlicher Modelle ab.

Diese Themenbereiche – und daher beide Bände – ergänzen sich gegenseitig: Einerseits werden finanzielle Größen der Investitionsrechnung (z. B. der Kapitalwert) in den entscheidungstheoretischen Modellen als alleinige Eingangsgröße (z. B. bei Entscheidungen unter Sicherheit und einem Ziel oder beim Entscheidungsbaumverfahren) und/oder als eine von mehreren Zieldimensionen (z. B. bei den multikriteriellen Verfahren) verwendet. Andererseits bilden die Axiome und Modelle der Entscheidungstheorie aus dem zweiten Band die Grundlage für die Investitionsrechenverfahren, wie z. B. die Axiome der Zeitpräferenz oder die Axiome der Risikopräferenz für das Entscheidungsbaumverfahren oder die Risikoanalyse.

Die Verbindungen zwischen den Themengebieten werden durch gegenseitige Querverweise illustriert. Diese Verweise zwischen den Bänden haben eine andere Zitationsstruktur als die Zitation für die übrige Literatur. Damit wird ein direkter Bezug hergestellt und deutlich gemacht, dass die Bände sich inhaltlich ergänzen.

Kapitel 1

Management von Investitionen im Lebenszyklus

1.1 Grundlegende Einordnungen und Begriffe

Führung bzw. Management bezeichnet die Willensbildung und Willensdurchsetzung gegenüber anderen Personen durch die soziale Beeinflussung zur Zielerreichung bei gleichzeitiger Übernahme der damit verbundenen Verantwortung.[1] Der Begriff „Führung" als zentraler Bestandteil der Unternehmensführung ist mit zwei Bedeutungen verbunden: Führung als Prozess der Willensbildung und -durchsetzung sowie Führung als Institution.[2]

Wird **Führung als Institution** betrachtet, ist zwischen einer Führungs-, einer Leitungs- und einer Ausführungsebene zu unterscheiden. Die Führungsebene bildet das oberste Entscheidungszentrum des Unternehmens. Aufgabe der Unternehmensleitung ist es, durch Anordnen, Anleiten und Kontrollieren die von der Unternehmensführung vorgegebenen Ziele zu erreichen. Entscheidungen der Unternehmensleitung sind aus den Entscheidungen der Unternehmensführung abgeleitete Entscheidungen.

Träger von Führungsentscheidungen sind entweder die Unternehmenseigentümer selbst oder die von den Eigentümern bestellten Führungsorgane. Bei Eigentümer-Unternehmen liegen Eigentum und Unternehmensführung in einer Hand. Fallen Anteilbesitz und Geschäftsführungsfunktion auseinander, so handelt es sich um Manager-Unternehmen. Die Teilung der beiden Unternehmerfunktionen in Eigentümer und Manager ist vor allem dadurch bedingt, dass Großunternehmen Kapitalbeträge benötigen, die eine oder wenige Personen nicht aufbringen können. Gesellschaften dieser Art müssen schon wegen der großen Anzahl der Entscheidungsträger ein handlungsfähiges Führungsgremium wählen.[3]

Führung als Prozess verstanden beschreibt die Vorbereitung zielgerichteten Handelns durch Auswahl einer als zweckoptimal betrachteten Alternative und deren Realisierung sowie Kontrolle. Planung ist ein Bestandteil des Führungsprozesses, welcher die Vorbereitung zielgerichteten Handelns durch die Auswahl einer als zweckoptimal betrachteten Alternative und deren Realisierung sowie Kontrolle beschreibt. Der Führungsprozess wird in die Phasen der Planung bzw. Willensbildung (mit den Stufen Anregung, Zielbil-

---

[1] Vgl. Weibler (2016: 22).

[2] Vgl. Hammer (2015: 4–6). Im weiteren Verlauf werden die Begriffe „Führung" und „Management" synonym verwendet.

[3] Vgl. Steinmann/Schreyögg/Koch (2013: 6).

© Der/die Autor(en), exklusiv lizenziert an Springer Fachmedien Wiesbaden GmbH, ein Teil von Springer Nature 2022
D. Müller, *Investitionscontrolling: Entscheidungsfindung bei Investitionen I*,
https://doi.org/10.1007/978-3-658-36593-6_1

dung, Problemanalyse, Alternativensuche, Prognose, Bewertung, Entscheidung) und der Willensdurchsetzung (mit den Bereichen Realisierung und Kontrolle) aufgeteilt (vgl. Abbildung 1.1).[4]

Führungsprozesse werden durch externe oder interne Anregungsinformationen initiiert. Die anschließende Zielsetzung definiert das konkrete Ziel und analysiert und verdichtet die bei der Zielfindung auftretenden Probleme. Durch Informationsgewinnung wird die Suche nach mehreren Wegen zur Problemlösung vorbereitet und gleichzeitig sichergestellt, dass nicht der erstbesten Alternative der Vorzug gegeben wird. Tätigkeiten und Phasen der Willensbildung werden unter dem Begriff der **Planung** zusammengefasst. Die Unternehmensplanung wird als systematische Vorbereitung der Zukunftsgestaltung des Unternehmens zum Zweck der Risikoerkennung und -reduktion, der Zielorientierung, der Komplexitätsreduktion und der Flexibilitätserhöhung betrachtet.

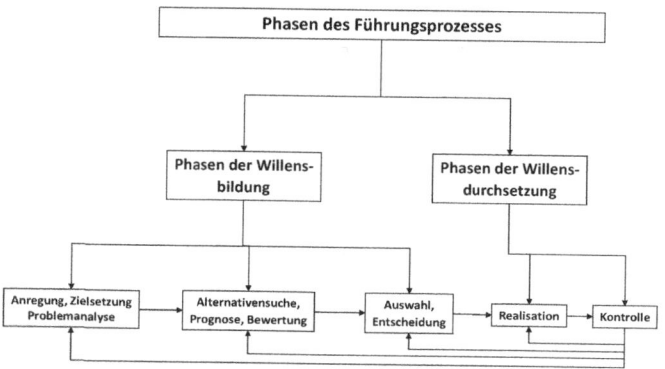

Abb. 1.1: Phasen des Führungsprozesses. Quelle: Bathe/Müller (2002: 332).

Die **Entscheidung** folgt in der Abbildung 1.1 zeitlich nach der Planung, was impliziert, dass die Entscheidung immer am Ende der Planungsphase zwischen Planungs- und Realisationsphase angesiedelt ist. Jedoch konnte schon vor längerer Zeit in komplexen Entscheidungsprozessen ein wiederholtes Suchen und Bewerten von Alternativen sowie eine Folge von Vor- und Zwischenentscheidungen nachgewiesen werden. Somit sind Entscheidungsprozesse multi-operativer, multi-temporaler und multi-personaler Natur. Dasselbe gilt für den gesamten Führungsprozess, welcher in der zeitlichen Reihenfolge nicht nur linear nacheinander abläuft, sondern durch bestehende Rückkopplungen zwischen den einzelnen Phasen der Willensbildung und -durchsetzung (z. B. durch Kontrollen schon während der Planung) einzelne Stufen mehrfach und parallel durchläuft. Die gesamte Planungsphase ist mit Entschei-

---

[4] Vgl. Hungenberg (2014: 22).

dungen und Kontrollen durchsetzt, was ebenso auf die Phasen Realisation und Kontrolle zutrifft (so z. B. die Entscheidung über eine Vorauswahl im Rahmen der Alternativensuche und -bewertung). Zusätzlich ist festzustellen, dass Entscheidungen auch ungeplant getroffen werden können.[5]

Während die Zielsetzung, die Planung und die Entscheidung der Willensbildung dienen, steht bei der **Realisation** die Willensdurchsetzung im Vordergrund, also die praktische Umsetzung des Gewollten.[6] Generelle Regelungen für die Verteilungs- und Arbeitsplatzbeziehungen (Organisation) und ein Einwirken auf die Mitarbeiter (Mitarbeiterführung) sollen die Umsetzung der Planung sicherstellen.

Die **Kontrolle** stellt das abschließende Element der Führungsfunktion dar. Aufgabe der Kontrolle ist es, die angestrebten Ergebnisse mit den tatsächlich realisierten Ergebnissen zu vergleichen. Die Kontrollergebnisse führen wiederum zu neuen Entscheidungsprozessen. Die Abbildung 1.1 macht deutlich, dass Kontrollen nicht erst zum Abschluss, sondern schon mit Beginn der ersten Planungsschritte durchgeführt werden.

1.2 Planung

1.2.1 Grundverständnis und Differenzierungsmöglichkeiten

Die Hauptaufgabe der Planung besteht in der Festlegung der betrieblichen Ziele sowie in der Festlegung der dafür erforderlichen Aktivitäten und Ressourcen. Im Rahmen der Planung werden das Entscheidungsfeld abgesteckt und Vorentscheidungen getroffen.[7] Planung wird als:[8]

- reflexiver,
- informationsverarbeitender,
- systematischer und
- rationaler Prozess

der Willensbildung mit den Aufgaben der:

- Zielorientierung,
- Risikoidentifizierung und -reduktion,

---

[5] Vgl. Witte (1968: 644); Chmielewicz (1970: 261); Voigt (1992: 19–20).

[6] Vgl. Hahn/Hungenberg (2001: 48).

[7] Vgl. Laux/Gillenkirch/Schenk-Mathes (2018: 11–12) Horváth/Gleich/Seiter (2020: 74–76).

[8] Vgl. Klein/Scholl (2011: 1–3); Müller (2017: 394).

- Komplexitätsreduktion,
- und Flexibilitätserhöhung

definiert. Ergebnis der Planung ist ein **Plan**, dessen Realisierung die Zielerreichung ermöglichen soll. Die Notwendigkeit der Planung für eine erfolgreiche Unternehmensführung wird immer wieder hervorgehoben, wenngleich
empirische Daten diesen Zusammenhang nicht eindeutig belegen. Der Einsatz der Planung führt zu einer Entlastung des Akteurs und wirkt im Sinne
einer Art Stressprophylaxe, indem Maßnahmen vorausschauend entwickelt
und zusätzlich alternative Vorgehensweisen frühzeitig geplant werden. Mit
diesem relativ aufwendigen Vorgehen können belastende Situationen im Voraus vermieden werden. Die wesentlichen Bestandteile eines Planungs- und
Entscheidungsproblems sind:[9]

- Entscheidungsfeld und
- Entscheidungsregel.

Das **Entscheidungsfeld** besteht aus den verfügbaren Alternativen (Alternativenmenge), den möglichen Umweltzuständen (Zustandsmenge) und dem
Ergebnis jeder Alternative für jeden möglichen Zustand. Die **Regel**, nach
welcher zu entscheiden ist,[10] beinhaltet immer das zu verfolgende Ziel sowie
die Vorschrift, nach der dieses Ziel zu verfolgen ist. Darüber hinaus beinhaltet
diese Regel auch die Vorschrift zur Bewertung von Alternativen und deren
Ergebnissen, da der Entscheider jedes Ergebnis auch derart bewerten können muss, dass er schlussendlich eine Alternative aufgrund der bewerteten
Ergebnisse einer anderen Alternative vorziehen kann.

Eine Grundanforderung an Planung besagt, dass diese rational sein soll. Dem
Begriff der Rationalität kommt in der Betriebswirtschaftslehre eine zentrale
Bedeutung zu. Die Idee der rationalen Entscheidung steht im Zentrum vieler
Bemühungen zur Entwicklung von Problemlösungs- und Entscheidungsmethoden.[11] In Abhängigkeit vom Betrachtungskontext sind **drei klassische
Dimensionen** und Ausprägungen von Rationalität zu unterscheiden:[12]

- substanzielle ⇔ formale Rationalität,
- objektive ⇔ subjektive Rationalität,
- individuelle ⇔ kollektive Rationalität.

Die **instrumentelle Rationalität** ist auf die Mittel-Zweck-Beziehungen
ausgerichtet und wird deshalb auch als Zweck- oder Formalrationalität bezeichnet. Diese Form der Rationalität ist mit jedem beliebigen Zielsystem

---

[9] Vgl. Laux/Liermann (2005: 65).

[10] Im 2. Band wird die präskriptive Entscheidungstheorie detailliert vorgestellt. In diesem Zusammenhang wird auch der Begriff der Entscheidungsregel definiert. Vgl. 2. Band,
Def. 1.4 auf S. 17.

[11] Vgl. Küpper (2011: 112–125); Brockhoff (2021: 21–24).

[12] Vgl. Heinen (1990: 325–326).

vereinbar und wird im Zusammenhang wirtschaftlichen Handelns als ökonomisches Prinzip bezeichnet. Diese grundlegende Rationalitätsform wird schon seit Langem als allgemeingültig für das „vernünftige" Handeln im Unternehmen postuliert.[13]

Im Gegensatz zu dieser wertfreien Rationalitätsform zeichnet sich die **substanzielle Rationalität** dadurch aus, dass das verfolgte Ziel selbst einem definierten Zielsystem, welches als Beurteilungsmaßstab dienen kann, entsprechen muss. Diese normative Form der Rationalität legt also die Werturteile der Entscheidungsträger zugrunde, weshalb sie auch als **ethische Rationalität** bezeichnet wird.

Objektiv rational ist eine Entscheidung dann, wenn sie allgemein anerkannten Standards und Vorgehensweisen entspricht. Die Einschätzung über diese Entsprechung obliegt dabei einem anderen Beobachter und geschieht „*unter Verwendung alles objektiv verfügbaren Wissens.*"[14] Dabei dienen die in der Wissenschaft entwickelten Methoden und Modelle als Vergleichsmaßstab. Zur Beurteilung der Rationalität von Akteurshandlungen ist die Kenntnis des Wissens und der Motivation des Akteurs erforderlich. Für eine Erklärung sei hier kurz das Beispiel des Bauern angeführt, welcher trotz der Existenz moderner Erzeugungstechniken an althergebrachten Traditionen festhält.[15] Hält der Bauer an den traditionellen Produktionsverfahren aufgrund ihrer höheren Traditions- und Kulturwerte fest, handelt er wertrational und demzufolge auch objektiv rational. Glaubt der Bauer hingegen an die – nicht gegebene – technische Überlegenheit der traditionellen Methode, so handelt er **subjektiv rational**, objektiv betrachtet jedoch irrational. Dabei stellt sich jedoch die Frage, wodurch der Beobachter zu einem derartigen Urteil qualifiziert wird bzw. wie die Übereinstimmung des subjektiven Wissensstandes dieses Beobachters mit dem kollektiven Wissensstand festgestellt wird. [16]

Mit der Akzeptanz und Einführung der subjektiven Rationalität wird dem Umstand Rechnung getragen, dass ein Individuum den strengen Anforderungen an rationale Entscheidungsprozesse nur bedingt entsprechen kann. Darüber hinaus ist aus dem Bereich der Entscheidungstheorie bekannt, dass die Verwendung verschiedener rationaler Verfahren bei identischen Ausgangs-

---

[13] So formulierte GUTENBERG schon 1929: „*An sich liegt nun das Denken in der Zweck-Mittel-Relation allem menschlichen Entschlüssefassen oder ‚vernünftigen' Handeln zu Grunde, und zwar nicht nur im wirtschaftlichen Leben, sondern im menschlichen Leben überhaupt. ‚Unvernünftig handeln' heißt überhaupt unzweckmäßig handeln, heißt die Mittel nicht richtig auf den Zweck, dessen Erreichung sie dienen sollen, abgestimmt haben. Welcher Art dieser Zweck sei, der zu realisieren ist, bleibt dabei ohne Belang.*" Gutenberg (1988: 30).

[14] Gäfgen (1974: 33).

[15] Vgl. Gäfgen (1974: 33–34).

[16] An dieser Stelle kann auf die detaillierte Diskussion der Schwierigkeit der Feststellung des objektiven Wissensstandes im Abschnitt 2.1.3.1.3 auf S. 109 verwiesen werden.

daten zu unterschiedlichen Ergebnissen führt.[17] Rationalität ist deshalb subjektiv. Planung bedeutet demzufolge die Vorbereitung und den Vollzug von Entscheidungen unter Erfüllung des Postulates der subjektiven Formalrationalität.[18]

Individuelle Rationalität ist lediglich auf das Einzelindividuum bezogen, also den Einzelakteur, der seinen individuellen Nutzen maximiert und seine Entscheidungen weder mit anderen Akteuren abzustimmen braucht noch mit diesen Akteuren Koalitionen bilden kann. **Kollektive Rationalität** hingegen zielt auf die Maximierung des Nutzens einer sozialen Einheit, also einer Gruppe, eines Unternehmens oder einer Nation. Die kollektive Rationalität wird im vorliegenden Buch sowohl im Zusammenhang mit Abstimmungsregeln[19] als auch im Rahmen der kooperativen Spieltheorie[20] diskutiert.

Für die hier darzustellenden Führungs- und Entscheidungsprozesse ist lediglich die prozedurale Rationalität von Interesse. Damit der Entscheidungsprozess auf Rationalität geprüft werden kann, sind Anforderungen grundsätzlicher Art an ihn zu stellen.[21] Um zu einer rationalen Entscheidung zu gelangen, sind folgende Kriterien zu erfüllen:[22]

- Streben nach Rationalität,
- prozedurale Rationalität,
- Dekomposition,
- Berücksichtigung unvollständigen Wissens,
- Berücksichtigung von Subjektivität sowie
- Konsistenz.

Der Entscheidungsträger muss zu Beginn des Entscheidungsprozesses eine rationale Entscheidung anstreben. Nächster Schritt des Entscheidungsprozesses ist die exakte Problembeschreibung und die klare Darstellung des Problems, welches gelöst werden soll. Die Prozedur, die letztendlich zu einer Entscheidung führt, muss auf ihre Rationalität hin geprüft werden. Dies verlangt, dass:

- der Akteur das richtige Problem löst,[23]

---

[17] Vgl. 2. Band, Tab. 1.55 auf S. 179.

[18] Vgl. Voigt (1992: 59).

[19] Vgl. 2. Band, Kapitel 3 auf S. 387.

[20] Vgl. 2. Band, Kapitel 4 auf S. 461.

[21] Die Rationalitätsforderung betrifft neben der Entscheidungsregel auch Teile des Entscheidungsfeldes, wie z. B. die Überprüfung von Alternativen auf Dominanz (vgl. 2. Band, Def. 1.15 auf S. 50 und Def. 1.45 auf S. 162) oder die Anforderungen an die Präferenzen des Akteurs (vgl. 2. Band, Tab. 1.59 auf S. 217).

[22] Vgl. Eisenführ/Weber/Langer (2010: 4–14); Klein/Scholl (2011: 63–64).

[23] Die Lösung des falschen Problems wird als Fehler der dritten Art bezeichnet. Vgl. Szyperski/Winand (1974: 38).

- die Informationsbeschaffung und -verarbeitung auf effizientem Wege erfolgt,
- ein objektives Erwartungsbild erstellt wird und
- die Ziele und Präferenzen klar definiert sind.

Weiterhin ist es in realen Situationen häufig erforderlich, das Ausgangsproblem in seine charakteristischen Grundbestandteile zu zerlegen. Dies wird als **Dekomposition** bezeichnet und dient der Komplexitätsreduktion. Dadurch wird das Problem handhabbar und lösbar gemacht. Ein Beispiel dafür sind die Partialmodelle der Investitionsrechnung. Diese Vorgehensweise wird in einem späteren Abschnitt wieder aufgegriffen.[24]

Die Bildung der vom Entscheidungsträger verwendeten Erwartungen ist daraufhin zu überprüfen, ob die für die Zukunft relevanten und objektiven Informationen eingeflossen sind und ob Wahrnehmungsverzerrungen vermieden wurden. Gleichzeitig ist zu berücksichtigen, dass das Wissen über zukünftige Zustände immer nur unvollständig sein kann. Der Akteur stellt sich Ziele und definiert seine Präferenzen. Da jede Person unterschiedliche Vorstellungen der Zukunft und unterschiedliche Präferenzen haben kann, wohnt jedem Entscheidungsmodell ein Teil an **Subjektivität** inne.

Die **Konsistenz** des Entscheidungsprozesses wird in die **formale Konsistenz** und die **inhaltliche Konsistenz** unterteilt. Die **formale Konsistenz** wird durch die Verwendung problemspezifisch geeigneter Methoden und Instrumente der Informationsverarbeitung sowie der Relevanz, Vollständigkeit und Zuverlässigkeit der verwendeten Informationen erreicht. Ziel ist die Beschaffung und Verarbeitung der richtigen Menge und der richtigen Qualität an Informationen. Die Beurteilung der erforderlichen Quantität und Qualität der Informationen ist personen- und situationsabhängig. Die Beschaffung und Verarbeitung zu vieler Informationen ist ebenso wenig effizient wie die Beschaffung und Verarbeitung zu weniger Informationen.[25] Die **inhaltliche Konsistenz** wird beschrieben durch:[26]

1. Zukunftsorientierung der Betrachtung,
2. Vergleichbarkeit der Alternativen,
3. Invarianz von der Darstellungsform,
4. Anforderungen an rationale Präferenzen.[27]

Die Entscheidung ist nur auf Basis derjenigen Konsequenzen, die sich in der Zukunft aus dieser Entscheidung ergeben, zu treffen. Keine Rolle bei der rationalen Entscheidungsfindung dürfen Ereignisse aus der Vergangenheit bzw.

---

[24] Vgl. Abschn. 2.1.3.1.2 auf S. 104.

[25] Vgl. Hirsch/Volnhals (2012: 24–26).

[26] Vgl. Eisenführ/Weber/Langer (2010: 7–10).

[27] Vgl. 2. Band, Tab. 1.59 auf S. 217.

Wirkungen in die Vergangenheit (z. B. die Rechtfertigung früherer Entscheidungen) spielen. Diese Forderung wird realiter häufig verletzt.[28] Die Alternativen müssen miteinander vergleichbar sein. Dies betrifft die verwendeten Rahmendaten sowie die betrachteten Zeiträume. Im Rahmen der Investitionsrechnung wird dies als Vergleich vollständiger Alternativen bezeichnet.[29] Die Bewertung der Handlungsalternativen muss von der Darstellungsform der Alternativen unabhängig sein. Ein und dieselbe Alternative muss auch bei unterschiedlicher Form der Präsentation identisch bewertet werden.[30]

In Abhängigkeit vom Betrachtungsstandpunkt und der jeweiligen Unternehmenssituation werden verschiedene Arten von Entscheidungen unterschieden (vgl. Tabelle 1.1).

Tab. 1.1: Wichtige Typen betriebswirtschaftlicher Entscheidungen. Quelle: Eigene Darstellung, in Anlehnung an: Heinen (1990: 23).

Kriterien				
Träger der Entscheidung	Entscheidungs-konsequenzen	Verlauf des Entscheidungs-prozesses	Struktur des Entscheidungs-problems	Kognitiver Aufwand
– Individuum oder Gremium – Zentrale oder Bereiche	– sicher oder unsicher – lang-, kurz- oder mittel-fristig – strategisch, operativ oder taktisch – einfache oder mehrfache Zielsetzung	– simultan oder sukzessiv – Top-down-, Bottom-up-, Gegenstrom-Verfahren	– wohlstruktu-riert – wohldefiniert – scharf definiert	– routinisierte Entscheidung – stereotype Entscheidung – reflektierte Entscheidung – konstruktive Entscheidung

Diese Entscheidungstypen werden im Folgenden kurz erläutert. Der **Träger der Entscheidung** kann ein Einzelindividuum oder eine Gruppe von Individuen sein. Die Entscheidungstheorie geht in ihren Grundmodellen von einem Einzelakteur aus.[31] Entscheidungen in Gruppen weisen einige Besonderheiten auf, die zu berücksichtigen sind.[32] Unabhängig von der Anzahl an Entscheidungsträgern kann die Entscheidung in einer dezentralen Einheit

---

[28] Vgl. 2. Band, Abschn. 2.3.3 auf S. 327.

[29] Vgl. Abschn. 3.1.3 auf S. 173.

[30] Vgl. z. B. im 2. Band das Symmetrie-Axiom bei Entscheidungen unter Ungewissheit (Axiom 1.6.8 auf S. 167) sowie das Reduktions-Axiom für Entscheidungen bei Risiko (Axiom 1.5.7 auf S. 122).

[31] Vgl. 2. Band, Kapitel 1 auf S. 3.

[32] Vgl. 2. Band, Kapitel 3 auf S. 387.

oder in der Unternehmenszentrale getroffen werden. Diese Problematik wird im vorliegenden Buch nicht betrachtet.

Wenn die Entscheidungskonsequenzen als Differenzierungskriterium verwendet werden, ist ein wichtiger Aspekt die Sicherheit oder Unsicherheit, mit welcher die Konsequenzen eintreten können.[33] Die Fristigkeit der Entscheidungskonsequenzen erlaubt die Unterteilung in kurz-, mittel- oder langfristige Entscheidungen. Für das weitere Vorgehen werden Zeiträume bis zu einem Jahr als kurzfristig, Zeiträume zwischen einem Jahr und vier Jahren als mittelfristig und Zeiträume größer als vier Jahre als langfristig definiert.

Vom Zeithorizont ist der Wirkungsbereich von Entscheidungen zu trennen. Dieser kann strategischer, taktischer oder operativer Natur sein. Strategisch ist eine Handlung bzw. eine Planung dann, wenn durch sie das Handlungsfeld des Unternehmens und seiner Gegenspieler beeinflusst wird. Damit ist das Einwirken auf die Wettbewerbssituation gemeint.[34] Im Vordergrund der strategischen Betrachtungen stehen die Beziehungen des Unternehmens zur Umwelt und der Aufbau neuer Beziehungen. Dies erfordert eine Analyse der Stärken und Schwächen des Unternehmens sowie der Chancen und Risiken, welche sich zukünftig ergeben können. In Abhängigkeit von der Betrachtungsweise können unterschieden werden:[35]

- Unternehmensstrategien,
- Geschäftsbereichsstrategien und
- Funktionsbereichsstrategien.

Eine Strategie legt die Ziel- und Aktionsräume eines Unternehmens zur Nutzung und Erhaltung bestehender und zur Schaffung neuer Erfolgspotenziale bzw. Kapazitäten fest und besteht aus einer Reihe von verschiedenen Maßnahmen. Erfolgspotenziale stellen langfristig wirksame Erfolgsvoraussetzungen dar. Aufbauend auf der Unternehmensvision und den festgelegten Zielen werden in der strategischen Planung die weiteren Schritte wie folgt konkretisiert:[36]

- Geschäftsfeldplanung: Diese umfasst Schrumpfungs-, Wachstums- bzw. Umstrukturierungsprozesse mit dem Ziel, den ergebnisoptimalen Entwicklungspfad des Unternehmens aufzufinden und zu realisieren. Dazu zählen die Planung zukünftig herzustellender Produktarten und -programme und die zu deren Erstellung notwendigen Potenziale. Der Produktprogrammplan führt zur Ermittlung der benötigten Kapazitäten, woraus die Investitions- und Liquidationspläne hervorgehen.

---

[33] Vgl. Abschn. 1.2.2.3 auf S. 25.

[34] Vgl. Voigt (2008: 32–38); Dillerup/Stoi (2016: 42–45). Zu einer umfassenden Diskussion des Begriffes „Strategie" vgl. Baum/Coenenberg/Günther (2013: 1–2).

[35] Vgl. Burr/Stephan/Werkmeister (2011: 91).

[36] Vgl. Hahn/Hungenberg (2001: 369–373); Buchholz (2019: 35–48).

- Zusätzlich zu der Geschäftsfeldplanung ist die Organisations-, Rechtsform-
  und Rechtsstrukturplanung sowie
- die Führungssystemplanung mit den dazugehörigen Führungskräfte- und
  Anreizsystemplänen durchzuführen.

Die in der Strategie gefällten Grundsatzentscheidungen werden in der opera-
tiv-taktischen Ebene konkretisiert, die sich durch einen geringeren Grad an
Planungsdefekten auszeichnet. Die Quantifizierungsprobleme im taktischen
Bereich sind geringer als auf der strategischen Ebene, es lassen sich vermehrt
quantitative Modelle anwenden und der Grad der Unsicherheit nimmt ab.
Wie bei der strategischen Planung liegen auch bei der taktischen Planung
keine exakten Informationen über die Wirkung von Entscheidungen vor, und
auch hier weisen die Variablen eine hohe Aggregationsstufe auf. Im sich anschließenden operativen Bereich erfolgt die Umsetzung der strategischen und
taktischen Maßnahmen, wobei der Rahmen für die operativen Entscheidungen und Handlungen durch die Strategie und Taktik weitgehend determiniert ist. Die bestmögliche, effektive und effiziente Nutzung der vorhandenen
Erfolgspotenziale zählt zur originären Aufgabenstellung der operativen Planung. Operative Maßnahmen zeichnen sich durch eine vergleichsweise geringe,
kurzfristige und relativ sichere Erfolgswirkung aus.[37]

Mit einer Entscheidung kann entweder ein Ziel oder es können mehrere Ziele
verfolgt werden. Dies wird im weiteren Verlauf an anderer Stelle detaillierter
betrachtet.[38]

Wird der **Verlauf des Entscheidungsprozesses** betrachtet, sind einstufige
von mehrstufigen Entscheidungen zu differenzieren. Einstufige Entscheidungen sind dadurch gekennzeichnet, dass nach dem Treffen der Entscheidung
und der Realisierung der Maßnahme das Ergebnis eintritt. Danach ist die
Handlungssequenz abgeschlossen, da das Problem gelöst ist. Darüber hinausgehende Konsequenzen werden nicht betrachtet. Oftmals resultieren aus
einer heutigen Entscheidung, die zu Konsequenzen in der Zukunft führt, weitere Entscheidungsmöglichkeiten bzw. -notwendigkeiten. Es liegen also mehrstufige Entscheidungen vor, welche im vorliegenden Werk an späterer Stelle
ebenfalls betrachtet werden.[39]

Je nachdem, von welcher Unternehmensebene die Pläne der vor- oder nachgelagerten Planungsebene abgeleitet werden, wird in die Top-down-, Bottom-
up- oder Gegenstromplanung unterschieden.[40]

Bei der **Top-down-Planung** verläuft die Planung von der oberen zur unte-
ren Führungsebene. Die von der obersten Führungsebene vorgegebenen Rah-
menpläne werden von den untergeordneten Führungsebenen in Teilplänen

---

[37] Vgl. Hahn/Hungenberg (2001: 461); Küpper et al. (2013: 138).
[38] Vgl. 2. Band, Abschn. 1.4 auf S. 45.
[39] Vgl. Abschn. 5.4 auf S. 503.
[40] Vgl. Burr/Stephan/Werkmeister (2011: 122).

präzisiert. Vorteil dieser Vorgehensweise ist, dass die Teilpläne in hohem Maße der Zielsetzung des Gesamtunternehmens entsprechen. Es besteht jedoch
die Gefahr, dass die vorgegebenen Planwerte nicht erfüllbar sind und es durch
die fehlende Beteiligung untergeordneter Stellen zu deren Demotivation kommen kann.

Stellen Führungskräfte untergeordneter Ebenen die Pläne für ihren Verantwortungsbereich zusammen und geben sie den übergeordneten Ebenen weiter, handelt es sich um eine **Bottom-up-Planung**. Dieses Verfahren hat den
Vorteil, dass hier die Planung direkt von den Betroffenen ausgeht und damit
auch realistische Pläne erstellt werden. Die Motivation der Beteiligten wird
durch die Identifizierung mit dem von ihnen erstellten Plan gefördert. Nachteilig hingegen ist, dass sich die Pläne einzelner Bereiche überschneiden oder
auch widersprechen können.

Mit dem **Gegenstromverfahren** können die Nachteile der beiden Verfahren verringert werden. Bei diesem Verfahren stellt die oberste Planungsebene
einen vorläufigen Rahmenplan auf, von dem die vorläufigen Teilpläne abgeleitet werden. Von der untersten bis hin zur obersten Planungsebene werden
dann die Planungsvorgaben überprüft.

In Abhängigkeit von dem durch den Entscheider erbrachten kognitiven Aufwand lassen sich folgende Entscheidungen differenzieren:[41]

- routinisierte Entscheidung,
- stereotype Entscheidung,
- reflektierte Entscheidung sowie
- konstruktive Entscheidung.

Die einfachste Art der Entscheidung stellt die **routinisierte Entscheidung**
dar. Diese Entscheidungen zeichnen sich dadurch aus, dass die Alternativenmenge stets dieselbe ist und dass der kognitive Aufwand lediglich in dem
Abgleich mit ähnlichen, bereits erlebten Situationen besteht. Je passender
die gespeicherten Situationen sind, desto leichter ist der Abgleich. Aus diesen
Situationen sind die erfolgreichen bzw. erfolgversprechenden Alternativen bekannt, weshalb auf diese zurückgegriffen werden kann. Derartige habituelle
Präferenzen schränken das Alternativenfeld ein und ermöglichen eine schnel-
le Entscheidung. Ein Beispiel für diese Entscheidungsform ist der tägliche
Weg zur Arbeit. Diese Entscheidungsform kann jedoch auch zu Fehlentscheidungen führen, wenn der Situationsabgleich nicht korrekt vorgenommen wird
(vgl. Tab. 1.2).

Die **stereotype Entscheidung** - auch als adaptive Entscheidung bezeichnet - erfordert einen höheren kognitiven Bearbeitungsaufwand, greift aber
ebenfalls auf gespeicherte Situationen und die dort verankerte Vorgehensweise zurück. Die Entscheidung wird intuitiv gefällt, weshalb dies auch als

---

[41] Vgl. Kirsch (1971: 143–145); Pfister/Jungermann/Fischer (2017: 26–31).

Affekturteil bezeichnet wird. Beispiel hierfür ist die Auswahlentscheidung im
Restaurant.

Ein höherer Aufwand ist im Fall der **reflektierten Entscheidung** erforderlich. In diesem Fall sind keine habitualisierten Präferenzen verfügbar, weshalb
der Akteur bewusst darüber nachdenken muss. Der Suchprozess nach Informationen kann ebenfalls nicht nach bekannten Schemata erfolgen. Die Alternativenmenge hingegen ist dem Akteur schon gegeben. Beispiel hierfür sind
die Entscheidungen, welche in der präskriptiven Entscheidungstheorie betrachtet werden. In diesen Fällen ist das Entscheidungsfeld schon abgesteckt,
lediglich die Präferenzen sind zu bestimmen und die optimale Alternative ist
zu wählen.

Den höchsten kognitiven Aufwand verlangen **konstruktive Entscheidungen**. Bei diesen muss die Alternativenmenge erst durch den Akteur generiert werden und auch die Präferenzen müssen expliziert werden. Zusätzlich
ist ein aufwendiger Informationssuch- und -verarbeitungsprozess erforderlich.
Beispiel hierfür sind Entscheidungen zum Familienurlaub, Hausbau oder die
Investitionsentscheidung.

Tab. 1.2: Merkmale von Entscheidungsklassen. Quelle: Eigene Darstellung, in
Anlehnung an: Pfister/Jungermann/Fischer (2017: 31).

Merkmal \ Entscheidungsart	routinisiert	stereotyp	reflektiert	konstruktiv
Bewusstheit	nein	niedrig	hoch	sehr hoch
Anforderung an Aufmerksamkeit	sehr gering	gering	hoch	sehr hoch
Generierung neuer Informationen	keine	wenige	viele	sehr viele
Benötigte Zeitdauer	sehr gering	gering	mittel bis lang	lang bis sehr lang
Vorstrukturiertheit	sehr hoch	hoch	mittel bis hoch	sehr gering

Es wird deutlich, dass die Einteilung in eine der Klassifikationsgruppen abhängig ist von der Akteurs-Problem-Beziehung. Je nachdem, welche Problemsituationen der Akteur bereits gespeichert und in erfolgreicher oder auch
erfolgloser Weise gelöst hat, kann er darauf zurückgreifen. Wurden viele
derartige Situationen erlebt und erfolgreich gelöst, entsteht Expertise. Die
vorstehenden Erläuterungen verdeutlichen, dass diese jedoch auf bestimmte
Problemklassen beschränkt ist. Für die weiteren Darstellungen wird deshalb
festgehalten, dass lediglich reflektierte und/oder konstruktive Entscheidungen betrachtet werden. Nur in diesen Fällen ist der Akteur gezwungen, plane-

risch tätig zu werden. Dies bestätigt die notwendige Differenzierung zwischen Planung und Entscheidung.[42]

Als letztes Differenzierungskriterium ist die Struktur des Entscheidungsproblems zu nennen. Diese wird im weiteren Verlauf detailliert dargestellt.

1.2.2 Ablauf und Elemente

1.2.2.1 Merkmale und Formulierung von Problemen

Genereller Ausgangspunkt von Planungen und Entscheidungen ist eine Diskrepanz zwischen angestrebtem Zielzustand und aktuellem Ist-Zustand bzw. zukünftigem Wird-Zustand. Wenn dem Akteur nicht klar ist, wie er den Zielzustand erreichen kann, liegt ein Entscheidungsproblem vor. Wesentliche Merkmale des Entscheidungsproblems sind:[43]

- Bedeutung,
- Dringlichkeit,
- Grad der Irreversibilität,
- Komplexität und Dynamik sowie
- Strukturierungsgrad.

Zur Beschreibung der Bedeutung des Problems muss unterschieden werden zwischen **wahrgenommener** und **tatsächlicher Bedeutung**. Einerseits wird Problemen oftmals eine Bedeutung zugeschrieben, die sie originär nicht besitzen. Andererseits werden bedeutende Probleme unterschätzt und ihre tatsächliche Bedeutung wird nicht erkannt. Dies liegt zum einen in der Subjektivität der Betrachtung begründet und zum anderen in der Veränderung des Informationsstandes während des Zeitablaufes. Als Kennzeichen der Bedeutungsbestimmung werden häufig Kriterien wie z. B. das Investitionsvolumen beschrieben. Große Volumina mit langfristigen Wirkungen stellen höhere Anforderungen an die Modellierung.

Ein weiteres Merkmal stellt die **Dringlichkeit** dar. Kennzeichen jedes Entscheidungsproblems ist, dass kein unendlicher Zeitraum zur Lösung verfügbar ist, sondern exogene oder endogene Begrenzungen der Lösungszeit in mehr oder weniger ausgeprägter Form bestehen, was dem Problem einen bestimmten Grad an Dringlichkeit verleiht.

Um das Problem lösen zu können, sind Entscheidungen erforderlich. Die Natur des Problems definiert den möglichen Entscheidungsrahmen und auf

---

[42] Vgl. Abschn. 1.1 auf S. 3.

[43] Vgl. Müller (2009a: 482).

diese Weise den Zeitraum, welcher von der Problemlösung berührt wird. In diesem Zusammenhang ist der Grad der **Irreversibilität** der Entscheidung relevant. Beispielsweise ist das Entscheidungsproblem eines Kraftwerkstandortes mit anderen Zeiträumen verbunden als das Entscheidungsproblem der Produktionsprogrammplanung. Als Gradmesser der Umkehrbarkeit ökonomischer Prozesse können entweder die **Zeit** oder die **Kosten** herangezogen werden. Je größer der Zeitraum und/oder die Kosten ist, welche erforderlich sind um eine Entscheidung rückgängig zu machen, desto größer ist der Grad der Irreversibilität. Diese Problemeigenschaft ist besonders im Bereich der Umweltökonomie als zentrales Merkmal herausgestellt und schon frühzeitig diskutiert worden.[44] Besonders deutlich wird das Merkmal der Irreversibilität bei der Entscheidung über die Nutzung ökologisch einmaliger bzw. seltener Ressourcen. Werden einmalige Ressourcen verbraucht, ist der Prozess vollkommen irreversibel. Werden hingegen Baumbestände mit einem Alter von 1.000 Jahren gerodet, so ist dieser Prozess nicht vollkommen irreversibel. Jedoch beträgt der erforderliche Zeitraum, um die Rodungsentscheidung rückgängig zu machen 1.000 Jahre, weshalb der Grad der Irreversibilität sehr hoch ist. Dieses Merkmal spielt bei der Investitionsbewertung unter Unsicherheit eine zentrale Rolle.[45]

Als weiteres wichtiges Merkmal ist die **Komplexität** anzuführen. Ausgangspunkt zur Betrachtung der Komplexität des Problems ist die Betrachtung der Komplexität von Systemen.[46] Die Komplexität eines Systems wird beschrieben durch die Anzahl und möglichen Zustände der Elemente sowie durch die Anzahl und Art der Verknüpfungen zwischen diesen Elementen und der das System umgebenden Umwelt, welche als Schnittstellen bezeichnet werden.[47] In der Literatur wird – neben anderen Definitionen von Komplexität – diese Art als **strukturelle Komplexität** bezeichnet und von der **prozessualen Komplexität** unterschieden.[48] Die prozessuale Komplexität beinhaltet zusätzlich zu der strukturellen Komplexität die Zeitdimension als Beschreibungsmerkmal des Systems und drückt die Variation der Systemzustände aus. Die prozessuale Komplexität beschreibt somit die Fähigkeit eines Systems, auf Ereignisse der Umwelt entsprechend zu reagieren.

---

[44] Vgl. Weisbrod (1964); Krutilla (1967).

[45] Vgl. Abschn. 5.4.3 auf S. 512.

[46] Damit wird hier dem strukturorientierten Ansatz zur Komplexitätsbeschreibung gefolgt. Der verhaltensorientierte Ansatz entstammt der theoretischen Informatik und definiert die Komplexität mit Blick auf die zur Problemlösung erforderliche Zeit. Dazu wird untersucht, ob und in welcher Zeit ein bestimmtes Problem mit einem - zur Zeit bekannten - Algorithmus lösbar ist. Der Bearbeitungszeit entsprechend erfolgt die Zuordnung zu einer Komplexitätsklasse. Vgl. Domschke/Scholl/Voß (1997: 47–51); Berens/Delfmann/Schmitting (2004: 112–114). Für reale Probleme ist diese Sichtweise jedoch wenig geeignet. Vgl. Zelewski (1989: 94–97).

[47] Vgl. Krieg (1971: 40–41).

[48] Vgl. Denk/Pfneissl (2009: 18–19). Zu weiteren, anders gefassten Definitionen von Komplexität in verschiedenen Wissenschaftsdisziplinen vgl. Bliss (2000: 91–123).

Trotz der Schwierigkeiten bei der Feststellung der Komplexität besteht in der Literatur Konsens über eine Messgröße, mittels der Komplexität beschrieben werden kann. Diese Messgröße wird als Varietät bezeichnet und beschreibt die Anzahl der unterscheidbaren Zustände bzw. Elemente eines Systems.[49]

Nun stellt sich die Frage, wie die Komplexität eines Prozesses beschrieben oder wie ein System „Problemlösung" definiert werden kann. Dies führt zu der Frage, ob es sich bei einem Prozess um ein System in dem bisher diskutierten und verwendeten Sinn handelt. Eine wesentliche Rolle bei der Systemdefinition spielt die Systemgrenze, welche die Systemelemente von deren Umwelt abgrenzt. Von der Grenzfestlegung hängt die Komplexität ab, jedoch ist für Prozesse und Unternehmen eine derartige Grenze schwer festzustellen. Als Kriterien zur Grenzfeststellung nicht-physischer Systeme wird vorgeschlagen, die Grenze dort zu ziehen, wo die:[50]

- Kopplung zur Umwelt schwächer ist als die Binnenkopplung im System oder
- Kopplungen zur Umwelt nicht relevant für die Funktion des Systems sind oder
- Einwirkungen auf das System nicht durch das System selbst bestimmt oder durch Rückkopplung verändert werden können.

Diese Kriterien zeigen jedoch, dass schon vor der Grenzziehung festzulegen ist, welches Element Bestandteil des Systems ist und welches nicht. Die Grenzfestlegung wird deshalb nicht durch die Prüfung dieser Kriterien möglich. Es wird deutlich, dass die Definition des Systems die Definition der Umwelt beinhaltet. Die Festlegung der Grenze zwischen Umwelt und System ist abhängig vom Betrachter selbst und dem Betrachtungszweck und somit immer zu einem gewissen Grad relativer und subjektiver Natur.[51]

Wenn die Frage nach der Grenzziehung beantwortet wurde, kann die Komplexität von Problemen beschrieben werden. Dazu werden an Stelle von Systemelementen die zu erreichenden Ziele sowie die Anzahl und Art der Verknüpfungen zwischen diesen Zielen herangezogen oder es werden die Art und Anzahl von Elementen und Relationen verwendet. Aufbauend auf dieser Vorgehensweise kann als zusätzliches Merkmal die **Dynamik** des Problems definiert werden. Diese ergibt sich aus dem Umfang und der Geschwindigkeit der Veränderungen.[52] Für die Definition der Komplexität eines Problems werden die folgenden Charakteristika herangezogen:[53]

a) Anzahl der Akteure,

---

[49] Vgl. Krieg (1971: 55); Schwaninger (2005: 31); Herrmann (2009: 101).

[50] Vgl. Bossel (2004: 38).

[51] Vgl. Müller (1996: 203); Wolf (2020: 158–161).

[52] Vgl. Voigt (1998: 171); Specht/Beckmann/Amelingmeyer (2002: 332); Lenders (2009: 17).

[53] Vgl. Riesenhuber (2006: 26–30).

b) Anzahl der Ziele,

c) Relationen zwischen den Zielen,

d) Art und Relationen zwischen den Präferenzen,

e) Anzahl der Elemente des Entscheidungsfeldes (Alternativen, Ereignisse, Umweltzustände),

f) Grad der Strukturiertheit des Entscheidungsfeldes,

g) Transparenz bzw. Erkennbarkeit der Merkmale a bis f sowie

h) Dynamik - Grad der Veränderbarkeit und Geschwindigkeit der Veränderung der Merkmale a bis f.

Trotz dieser Variablen zur Beschreibung der Komplexität von Entscheidungsproblemen muss darauf hingewiesen werden, dass es sich bei der Komplexität **nicht** um eine **objektiv** bestimmbare Größe handelt. Vielmehr ist die Einstufung der Komplexität stark vom Betrachter abhängig.[54]

Das Zielsystem ist durch die Art und Menge der verfolgten Zielgrößen sowie die festgelegten Präferenzrelationen gekennzeichnet.[55] Das Entscheidungsfeld wird durch die Menge der möglichen Aktionen (Aktionenmenge), die Menge der relevanten Umweltzustände (Zustandsmenge), die Art der Handlungskonsequenzen sowie die Eintrittswahrscheinlichkeiten beschrieben. Die Anzahl und mögliche Ausprägung dieser Parameter sowie die Anzahl und Art der Relationen zwischen diesen Parametern in Verbindung mit der Anzahl der beteiligten Akteure beschreiben die Komplexität des Entscheidungsproblems.

Zur Bestimmung des **Strukturierungsgrades** wird das klassische Planungsschema als Ausgangspunkt verwendet. Die dort dargestellte Situation des Entscheidungsträgers und das Planungsproblem wird als **wohlstrukturiert** bezeichnet. Diese ist durch folgende Merkmale gekennzeichnet:[56]

• Das zu lösende Problem ist nach Art und Umfang scharf definiert, so dass Art und Anzahl der Variablen ebenso bekannt sind wie die Beziehungen zwischen den Variablen. Damit ist die Menge der Lösungen bekannt und das Entscheidungsfeld ist geschlossen. Dies beinhaltet, dass der Wirkzusammenhang vollständig und nachprüfbar angegeben werden kann.

• Es existiert eine eindeutige, operationale Zielfunktion, welche die Entscheidungsalternativen eindeutig in eine Rangfolge ordnen kann. Dazu ist der Bewertungszusammenhang vollständig und exakt zu formulieren.

• Es ist eine allgemeingültige systematische und effiziente Methode zur Bestimmung der besten Lösung bekannt. Dieser Aspekt zielt auf die Verfügbarkeit eines effizienten Lösungsverfahrens, das die beste Alternative

---

[54] „It will be noticed that a set's variety is not an intrinsic property of the set: the observer and his powers of discrimination may have to be specified if the variety is to be well defined." Ashby (1956: 125). Vgl. die Darstellungen zur Berücksichtigung von Komplexität in Abb. 2.21 auf S. 132.

[55] Vgl. 2. Band, Abschnitt 1.4 auf S. 45.

[56] Vgl. Witte (1979: 73–76); Adam (1997: 9–10).

in einer angemessenen Zeit identifiziert. Das Verfahren besteht aus einer endlichen Menge an Regeln, welche bei Anwendung auf die Entscheidungssituation zu einer eindeutigen Folge an Lösungsschritten führen, so dass der gesamte Lösungsvorgang nach Ablauf einer akzeptablen Zeitspanne beendet ist.

Die präskriptive Entscheidungstheorie[57] basiert auf diesem Idealmodell der Planung. Jedoch werden reale Entscheidungssituationen damit kaum zutreffend erfasst. Reale Situationen müssen durch Entscheidungen und Festlegungen des Akteurs erst zu diesem idealtypischen Schema geformt werden. Aber auch wenn diese Transformation das Ziel des rationalen Akteurs ist, lassen sich nicht alle Situationen dergestalt umformen.

Ein Problem kann (vgl. Tab. 1.3):[58]

- abgrenzungsdefekt
- wirkungsdefekt
- bewertungsdefekt
- zielsetzungdefekt
- lösungsdefekt

sein.

Ein Problem ist **abgrenzungsdefekt**, wenn die Handlungsalternativen bzw. die Daten der Ausgangssituation nicht bekannt sind. Reale Situationen sind i. d. R. abgrenzungsdefekt, da die Menge an Lösungsalternativen selten vorgegeben ist, sondern vom Akteur erst erarbeitet werden muss.

Wenn die Zusammenhänge von Handlungsalternativen, Umweltzuständen und deren Ergebnissen unklar sind, liegt ein **wirkungsdefektes** Problem vor. Dies kann daran liegen, dass die Grundstruktur dieser Zusammenhänge vollkommen unklar ist, oder daran, dass lediglich das Verhältnis von Aufwand (Handlungsalternative) und Nutzen (Handlungsergebnis) unbekannt ist. Die Ursache-Wirkungs-Beziehung ist also nicht eindeutig bestimmbar. Für den Fall der Alternativenauswahl bedeutet das, der Zusammenhang zwischen gewählter Alternative und resultierendem Ergebnis ist unbekannt bzw. nicht prognostizierbar.

---

[57] Vgl. 2. Band, Kapitel 1 auf S. 3–285.
[58] Vgl. Voigt (1992: 84–86); Adam (1997: 10–15); Berens/Delfmann/Schmitting (2004 18–19).

Tab. 1.3: Strukturstufen von Planungsproblemen. Quelle: Eigene Darstellung, in Anlehnung an: Berens/Delfmann/Schmitting (2004: 19).

Beschreibungsmerkmal	Ausprägung	Resultierende Problemklasse	Ausprägung	Resultierende Problemklasse
Art und Anzahl der Variablen und Daten der Ausgangssituation	Unbekannt	Abgrenzungsdefektes Problem	Bekannt	⎫
Wirkungszusammenhänge	Nicht durchführbar	Wirkungsdefektes Problem		Scharf definiertes Problem ⎬
Bewertung der Handlungsergebnisse	Nicht operational	Bewertungsdefektes Problem	Durchführbar	⎭ ⎫ Wohldefiniertes Problem
Zielfunktion	Nicht operational	Zielsetzungsdefektes Problem	Operational	⎬ ⎫ Wohlstrukturiertes Problem
Lösungsverfahren	Nicht effizient	Lösungsdefektes Problem	Effizient	⎭

Die Auswahl der Handlungsalternativen erfolgt auf Basis eines Vergleiches der Nutzenwerte. Um einen derartigen Vergleich durchführen zu können, sind:

1. den Ergebnissen Nutzenwerte zuzuordnen sowie
2. diese Nutzenwerte zu aggregieren und in eine Rangfolge zu bringen.

Die wesentliche Schwierigkeit besteht in dem ersten Schritt. In der normativen Entscheidungstheorie sind viele Beiträge und Arbeiten der Frage gewidmet, wie aus Handlungsergebnissen Nutzenwerte gewonnen werden können. Dies erfolgt über eine **Nutzenfunktion**. Die Nutzenwerte werden anschließend aggregiert, was mittels eines **Präferenzfunktionals** erfolgt.[59] Ein sehr bekanntes Präferenzfunktional ist der Kapitalwert. Für unterschiedlichste Situationen müssen verschiedene Axiome erfüllt sein, damit eine solche Nutzenfunktion existiert und ein Präferenzfunktional gebildet werden kann.[60] Diese Quantifizierungsschritte sind oftmals schwer oder gar nicht realisierbar, so dass **bewertungsdefekte** Probleme entstehen.

Bewertungsdefekte Probleme können aber auch aufgrund der notwendigen Zerlegung eines komplexen Problems in mehrere Teilprobleme entstehen. Durch diese Zerlegung – auch Dekomposition genannt – gehen oftmals die realen Beziehungen zwischen den Variablen verloren. Ein Beispiel dafür sind die Partialmodelle der Investitionsrechnung.

Ziele zeichnen sich durch den Zielinhalt, die Präferenzen für die Ausprägungen des angestrebten Zustandes und den zeitlichen Bezug aus.[61] Wenn eines dieser drei Merkmale nicht festgelegt werden kann bzw. mehrere Ziele mit konkurrierenden Inhalten existieren, liegt ein **zielsetzungsdefektes** Problem vor.

Als geringster Grad an Strukturmängeln werden lösungsdefekte Probleme eingeordnet. In diesen Fällen sind sämtliche Annahmen über die Struktur des Planungsproblems erfüllt, mit Ausnahme der Existenz des effizienten Lösungsverfahrens.

Weitere Beispiele für Strukturmängel im Zusammenhang mit der Investitionsplanung sind an anderer Stelle aufgeführt.[62]

Aus diesen Darstellungen ergibt sich das sog. **Planungsdilemma**: Entscheidungsmodelle sind i. d. R. **entweder** wirklichkeitsnah und lösungsdefekt **oder** wirklichkeitsfern und lösbar.[63]

Nach der Darstellung der Wesensmerkmale von Problemen werden die wesentlichen Merkmale des Entscheidungsträgers und des Entscheidungsfeldes dargelegt.

---

[59] Vgl. 2. Band, Def. 1.3 auf S. 16 zur Beschreibung des Präferenzfunktionals.

[60] Vgl. 2. Band, Tab. 1.59 auf S. 217.

[61] Vgl. Abschn. 1.2.2.2 auf S. 22.

[62] Vgl. Abschn. 2.1.3.1.1 auf S. 93.

[63] Vgl. Rollberg (2012: 172). WITTE argumentierte: „Überspitzt lässt sich sagen, wohlstrukturierte Probleme sind schon per definitionem gelöst." Witte (1979: 75).

1.2.2.2 Zielvorgaben und Werturteile des Akteurs

Ausgangspunkt einer Planung sind zu erreichende Ziele. Ein Ziel ist die Formulierung eines zukünftig zu erreichenden Zustandes und ist gekennzeichnet durch:[64]

- den Zielinhalt,
- die Präferenzen für die Ausprägungen des angestrebten Zustandes,
- den zeitlichen Bezug und
- die Orientierung auf den angestrebten Zustand und nicht auf die zur Erreichung erforderlichen Mittel und Wege.

Die Präferenzen für die Ausprägungen des angestrebten Zustandes und deren Relationen muss der Entscheidungsträger im Zusammenhang mit der Zielformulierung festlegen. Arten und Eigenschaften von Präferenzen werden an anderer Stelle ausführlich erläutert.[65] In Abhängigkeit von der konkreten Situation sind:

- Höhenpräferenzen,[66]
- Artenpräferenzen,[67]
- Sicherheits- bzw. Unsicherheitspräferenzen,[68]
- Zeitpräferenzen,[69] sowie
- Gruppenpräferenzen,[70]

von Akteuren relevant.

Die **Höhenpräferenz** beschreibt das angestrebte Ausmaß der Zielgröße. Folgende Höhenpräferenzen sind für Formalziele möglich:[71]

- **Extremierung:** In diesem Fall wird die Maximierung oder die Minimierung einer Zielgröße angestrebt.
- **Approximierung:** Es wird eine gewünschte Ergebnisgröße festgelegt, die zu einem Nutzenmaximum führt. Positive und negative Abweichungen davon führen zu einem abnehmenden Nutzen.
- **Satisfizierung:** Wird ein Anspruchsniveau definiert, welches mindestens zu erreichen ist, so liegt Satisfizierung vor.
- **Meliorisierung:** Neben diesen Vorgehensweisen besteht die Möglichkeit, Ziele, die in der Vergangenheit schon erreicht wurden, als Ausgangs- bzw.

---

[64] Vgl. Graumann (2004: 18–19); Küpper et al. (2013: 140–141).

[65] Vgl. 2. Band, Abschn. 1.2.1 auf S. 8–14.

[66] Vgl. 2. Band, Abschn. 1.3 auf S. 25–45.

[67] Vgl. 2. Band, Abschn. 1.4 auf S. 45–97.

[68] Vgl. 2. Band, Abschn. 1.5 auf S. 98–160 und Abschn. 1.6 auf S. 160–180.

[69] Vgl. 2. Band, Abschn. 1.7 auf S. 181–216.

[70] Vgl. 2. Band, Kap. 3 auf S. 387–460.

[71] Vgl. Zelewski (2008: 13); Corsten/Gössinger (2013: 14).

Referenzpunkt der aktuellen Zielbildung zu verwenden. Im Rahmen der aktuellen Zielbildung wird lediglich die Richtung festgelegt, in welche eine Veränderung von diesem Referenzpunkt zu erfolgen hat.

Im Unternehmen werden oftmals mehrere Ziele gleichzeitig angestrebt. In diesen Fällen sind **Artenpräferenzen** zu formulieren, welche die Beziehung und die Rangfolge zwischen den Zielen beschreiben.

Als spezielle Form der Artenpräferenz, die jedoch gesondert betrachtet wird, ist die **Unsicherheitspräferenz** anzuführen. Diese bildet in Entscheidungssituationen unter Unsicherheit die Präferenz des Entscheidungsträgers für unterschiedliche Kombinationen von Zustandsgrößen und deren Eintrittswahrscheinlichkeiten ab. Oftmals wird der Begriff der **Risikopräferenz** speziell für Entscheidungen bei Risiko verwendet.[72]

Fallen die Ergebnisse von Handlungsalternativen zu unterschiedlichen Zeitpunkten an, ist es erforderlich, die Vorziehenswürdigkeit dieser zeitlich unterschiedlichen Ergebnisse zu regeln. Das erfolgt durch die **Zeitpräferenzen**.

In den Unternehmen werden Entscheidungen häufig in Gremien getroffen. Dabei ist es erforderlich, aus den vielen individuellen Präferenzen eine gemeinsame, eine kollektive Präferenz abzuleiten. Wie diese **Gruppenpräferenz** entstehen kann und welche Rationalitätsanforderungen an diesen Prozess gestellt werden können, wird am angegebenen Ort diskutiert.

Die Unternehmensziele können in **Sachziele** und **Formalziele** unterschieden werden. Ein Sachziel beschreibt die Menge von Endzuständen, die angestrebt werden, und bezieht sich auf physische Objekte, Prozesse oder Ergebnisse der Unternehmenstätigkeit (z. B. Art und Menge der abzusetzenden Produkte, Marktanteil). Das Formalziel beinhaltet Beurteilungsmaßstäbe, also die Präferenz des Unternehmens für die möglichen Endzustände, und gibt den Sinn, d. h. das Ziel des unternehmerischen Handels in – von physischen Objekten und Prozessen – abstrahierter Form wieder (z. B. Jahresüberschuss, Rentabilität). Grundlegend kann festgestellt werden, dass Unternehmen sowohl Sach- als auch Formalziele verfolgen.[73] Demzufolge liegt ein Zielsystem (auch als Zielkonzeption bezeichnet) vor.

Die vorstehenden Ausführungen verdeutlichen, dass zwischen den Formal- und Sachzielen eines Unternehmens die Festlegung einer Ordnung erforderlich ist. Im Folgenden wird von einer Ordnung zwischen diesen Zielen ausgegangen, in der die Formalziele des Unternehmens über Sachziele dominieren und als Fundamentalziele eingestuft werden, während die Sachziele die Instrumentalziele bilden.[74]

---

[72] Vgl. Abschn. 5.4 auf S. 503.

[73] Vgl. Schiemenz/Seiwert (1979).

[74] Vgl. Chmielewicz (1968: 31–32); Kosiol (1968: 262).

Diese Einordnung ist dahingehend zu präzisieren, dass im Unternehmen nicht nur ein Formalziel vorliegt, sondern aus einem oder mehreren normativ festgelegten obersten Formalzielen untergeordnete, instrumentelle Formalziele sowie damit korrespondierende Sachziele abgeleitet werden. Die Ableitung dieser instrumentellen Formalziele ist durch unterschiedliche Vorgehensweisen realisierbar.[75]

Eine Möglichkeit besteht in der logischen Herleitung von Instrumentalzielen aus dem Fundamentalziel durch die Nutzung von **definitionslogischen Beziehungen** (z. B. bei der Bildung von finanziellen Kennzahlensystemen). Da diese Vorgehensweise keine Schlussfolgerung darüber zulässt, welche Aktivitäten, Prozesse und Tätigkeiten zur Entstehung dieser Instrumentalziele in welchem Ausmaß beitragen, ist eine Verbindung mit empirischen Faktoren erforderlich, was durch eine empirisch-theoretische oder empirisch-induktive Vorgehensweise möglich ist. Die **empirisch-theoretische Ableitung** basiert auf der Verwendung theoretischer Aussagen und Hypothesen (z. B. aus der Produktions- und Kostentheorie) und den auf deren Grundlage gewonnenen empirischen Erkenntnissen über Art und Menge der Faktoren, welche die definitionslogisch hergeleiteten Instrumentalziele beeinflussen sowie die Richtung und das Ausmaß der Beeinflussung (z. B. durch die Identifikation von Kostenbestimmungsfaktoren bzw. Kosteneinflussgrößen) festlegen. Diese Bestimmungsfaktoren stellen i. d. R. Sachziele dar, deren Erreichung die Erreichung der übergeordneten fundamentalen Formalziele beeinflusst.

Neben dieser Form der Ableitung ist die **empirisch-induktive Form** der Herleitung von Instrumentalzielen möglich. Dabei werden die Instrumentalziele auf Basis empirisch gewonnenen Wissens bzw. gesammelter Informationen ermittelt. Als Grundlagen können Plausibilitätsüberlegungen oder statistische Analyseverfahren (z. B. Faktoren-, Kausal- oder Clusteranalyse) verwendet werden. Die in der Literatur diskutierte Variante der modellgestützten Ableitung von Instrumentalzielen basiert auf den hier vorgestellten Varianten, ermöglicht jedoch mit der Formulierung eines dynamischen Entscheidungsmodells eine weitergehende Analyse der Instrumentalziele und der Zielrelationen. Zur Ableitung von instrumentellen Sach- und Formalzielen empfiehlt sich die Kombination der dargestellten Verfahren, um die Vorteile der Methoden zu kombinieren.

Die Ziele des so entstandenen Zielsystems sind darauf hin zu überprüfen, in welcher Beziehung die angestrebten Zustände zueinander stehen. Stehen die Ziele in keinem Zusammenhang, handelt es sich um **Zielneutralität**. Wird durch die Erreichung eines Zieles auch die Erreichung eines anderen Zieles unterstützt, liegt **Zielkomplementarität** vor. Führen Maßnahmen zur Erreichung eines Zieles zu negativen Wirkungen auf die Erreichung eines anderen Zieles, liegt **Zielkonkurrenz** bzw. liegen **Zielkonflikte** vor. Im Extremfall schließen sich die Ziele gegenseitig aus, was als **Zielantinomie**

---

[75] Vgl. Küpper et al. (2013: 482–494).

bezeichnet wird.[76] Die Probleme, welche im Zusammenhang mit der Zielbildung auftreten können, werden detailliert an anderer Stelle dargelegt.[77]

1.2.2.3 Entscheidungsfeld

Das Entscheidungsfeld besteht aus:

- Alternativen,
- Umweltzuständen sowie
- Handlungsergebnissen.

Die möglichen Aktionen zur Problemlösung werden als **Alternativen** bezeichnet. Diese sind i. d. R. nicht vorgegeben, sondern in der Suchphase zu identifizieren. Dabei ist sicherzustellen, dass eine ausreichend große Anzahl an Alternativen in die Betrachtung einbezogen wird. In vielen Fällen ist die Anzahl der Alternativen dadurch eingeengt, dass der Akteur die Zahl der Alternativen aus Unkenntnis oder aufgrund scheinbarer Abwegigkeit unzulässig eingrenzt. Dadurch und/oder durch zu spät begonnene Planungsmaßnahmen können Zwangssituationen künstlich hervorgerufen werden, da der Zeitpunkt für die Generierung und Prüfung von Alternativen verstrichen ist bzw. keine Alternativen zur Wahl stehen.

Der Prozess der Suche nach Entscheidungsalternativen ist nicht ausschließlich quantifizierenden Analysen zugänglich und setzt deshalb ein hohes Maß an Phantasie und schöpferischen Fähigkeiten zur Ideenfindung und zur Abstraktion voraus. Die Nutzung allein quantitativer Methoden zur Alternativenfindung garantiert deshalb auch nicht den Erfolg des Entscheidungsprozesses. Notwendig ist ebenfalls die Berücksichtigung qualitativ-intuitiver Techniken. Auf welche der zur Verfügung stehenden Verfahren zurückgegriffen wird, hängt von der jeweiligen Entscheidungssituation ab.

Nachdem verschiedene Alternativen gefunden wurden, sind aussichtsreiche Varianten zu identifizieren. Dazu ist eine Vorauswahl und eine vorläufige Einordnung und Bewertung durch den Entscheidungsträger notwendig. Diese Such- und Bewertungsprozesse führen häufig nicht unmittelbar zu zufriedenstellenden Lösungen. Die Prozesse der Alternativensuche und der Vorauswahl sind mit verschiedenen Konfliktsituationen und unterschiedlichen Lösungswegen verbunden.[78]

Planung bezieht sich auf zukünftige Zustände. Aus diesem Grund ist es möglich, dass verschiedene **Umweltzustände** eintreten können. Rahmendaten und Eingangsinformationen über die Zukunft können sicher oder unsicher

---

[76] Vgl. Wild (1974: 63–64); Klein/Scholl (2011: 100).
[77] Vgl. Abschn. 2.1.3.1.1 auf S. 93.
[78] Vgl. Abb. 2.13 auf S. 99.

sein. Sicherheit liegt vor, wenn dem Akteur bekannt ist, welche Umweltsituation eintreten wird bzw. eingetreten ist. Das Ergebnis der Planung hängt nur noch vom Entscheidungsträger ab. Der Planungshorizont entspricht der Lebensdauer des Unternehmens, alle Handlungsalternativen sind mit ihren Konsequenzen bekannt, so dass ein geschlossenes Entscheidungsfeld vorliegt. Da es sich bei einer solchen Konstruktion zukünftiger Umweltzustände[79] nur um eine Modellannahme handeln kann, muss diese interpretiert werden als Planung einer einzigen Zukunftslage unter vorläufiger Vernachlässigung aller anderen. Die Datenbasis betrieblicher Planung ist nur dann sicher, wenn man annimmt, dass sie sicher wäre, und nur diese eine Datenkonstellation, unter Ignoranz der anderen möglichen Umweltzustände, der Planung zugrunde legt. Im Zeitablauf treten jedoch immer neue Handlungsalternativen in das Entscheidungsfeld ein und der Informationsstand bezüglich bekannter Alternativen ändert sich, das Entscheidungsfeld ist offen. Ist die Planung dadurch charakterisiert, dass bei mindestens einer Alternative mehrere Umweltzustände möglich sind, so ist dies eine Planung unter Unsicherheit. Die Verwendung der Begriffe „Unsicherheit" und „Ungewissheit" ist in der Literatur sehr unterschiedlich. Abbildung 1.2 zeigt eine Übersicht zum grundsätzlichen Verständnis der Begriffe.[80]

Hält der Entscheidungsträger mehrere zukünftige Umweltzustände für möglich, sind aber die Eintrittswahrscheinlichkeiten der einzelnen Umweltzustände unbekannt, liegt eine Entscheidung unter Unsicherheit im engeren Sinne, auch als Ungewissheit bzw. Datenunsicherheit vom Typ I bezeichnet, vor. Lassen sich die Wahrscheinlichkeiten der möglichen zukünftigen Konstellationen quantifizieren, basieren sie aber auf persönlicher Erfahrung und können subjektive Schätzungen ermöglichen, handelt es sich um Datenunsicherheit vom Typ II. In diesem Fall spricht man von **subjektiven Wahrscheinlichkeiten**. Liegt eine große Zahl gleichartiger Fälle vor, Datenunsicherheit vom Typ III, lässt sich für die relative Häufigkeit des Eintritts jeder Situation eine mathematische Wahrscheinlichkeit ermitteln. Dabei wird im Idealfall bei hinreichend vielen Wiederholungen eine bekannte Wahrscheinlichkeitsverteilung verwirklicht, so dass **objektive Wahrscheinlichkeiten** vorliegen.

---

[79] Der Begriff „Umweltzustände" wird in der Entscheidungs- und Investitionstheorie für die Zustände der gesamten Umwelt, nicht nur der ökologischen Umwelt verwendet.
[80] Vgl. Schneider (1992: 35–37).

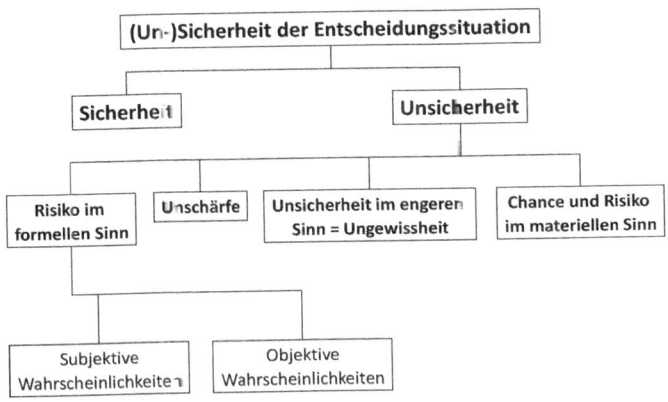

Abb. 1.2: (Un-)Sicherheit in der Planung. Quelle: Eigene Darstellung, in Anlehnung an: Adam (1997: 334–335).

Unschärfe als eine weitere Form der Unsicherheit liegt vor, wenn sich die Menge der Elemente, für die eine Aussage zutrifft, nicht exakt von der Menge abgrenzen lässt, für die diese Aussage nicht gilt. Es lassen sich unscharfe Relationen oder unscharfe Beschreibungen von Phänomenen feststellen. Mit Hilfe der Theorie der unscharfen Mengen (Fuzzy-Sets) lassen sich unscharfe Beschreibungen oder Relationen erfassen.[81]

Nach der Einführung in die unterschiedlichen Dimensionen der Unsicherheit ist zu klären, in welcher Beziehung diese zum Risiko stehen. In der Literatur werden unterschiedliche Abgrenzungen des Risikobegriffes in Abhängigkeit von dem disziplinären Weltbild und der damit verbundenen spezifischen Risikowahrnehmung vorgeschlagen. Mit dem Terminus „Risiko" sind in der Betriebswirtschaftslehre kontroverse Diskussionen verbunden, die, basierend auf den Ausführungen von KNIGHT, zwischen zwei Risikobegriffen unterscheiden, dem **formalen** und dem **materiellen** Risikobegriff:[82]

- Der **formale Risikobegriff** wird oft als Oberbegriff für die Datenunsicherheiten vom Typ II und vom Typ III in der Entscheidungstheorie und der klassischen Portfoliotheorie verwendet. Die Vorstellung der Schwankung von zukünftigen Umweltzuständen um einen Erwartungswert in die positive und in die negative Richtung ist bei diesem Begriffsverständnis grundlegend.

---

[81] Vgl. Götze (2014: 453).

[82] Vgl. Knight (1933: 224–233); Eckert (1985: 34–35); Schäfer (2005: 10–12). Zu einer interdisziplinären und geschichtlichen Diskussion des Risikobegriffes vgl. Burschel (1995: 261–270).

- Das **materielle Risikoverständnis** dagegen stellt auf die negativen Wirkungen von Entscheidungen ab, was umgangssprachlich eine weite Verbreitung gefunden hat. Vertreter des materiellen Risikobegriffes weisen
  darauf hin, dass umgangssprachlich der Begriff „Risiko" mit Verlustge-
  fahr assoziiert wird. Verfechter der formellen Begriffsauslegung heben dagegen hervor, dass ein Risiko auch Chancen beinhaltet, wenn aus der
  unvollkommenen Information eine Entwicklung resultiert, welche keinen
  Verlust erzeugt, sondern einen Gewinn.

WITTMANN unterscheidet zwischen Risiko und Chance, wobei ein Risiko dann
vorliegt, wenn die Gefahr besteht, dass durch Abweichungen des tatsächlichen
vom geplanten Verlauf eine Leistung nicht oder nur durch zusätzlichen Mitteleinsatz erreicht wird.[83] Bei der Erläuterung zur Datenunsicherheit vom
Typ III wurde gezeigt, dass der Zielbeitrag aller geplanten Maßnahmen dem
mathematischen Erwartungswert zustrebt und im Idealfall keine Zielabwei-
chungen zu befürchten sind, ein Risiko also nicht vorliegt.

Das aus den Fällen der Datenunsicherheit vom Typ I, II und III resultierende Risiko wird als entscheidungslogisch handhabbares Risiko bezeichnet,
da Regeln aufgestellt werden können, wie sich ein Akteur entsprechend seiner
Risikoneigung zu verhalten hat (vgl. Abbildung 1.3). Aus den Datenunsicher-
heitstypen II und III entstehende Risiken lassen sich durch Wahrscheinlichkeitsverteilungen quantifizieren.[84]

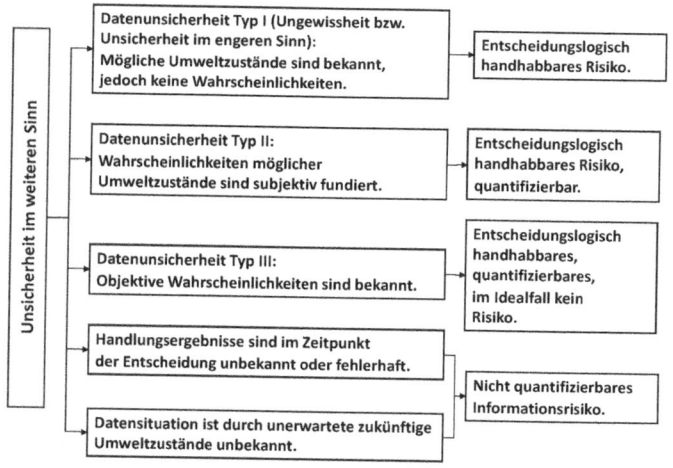

Abb. 1.3: Beziehung von Unsicherheit und Risiko. Quelle: Eigene Darstellung, in
Anlehnung an: Adam (1997: 334–335).

---

[83] Vgl. Wittmann (1959: 36).
[84] Vgl. Neuberger (2000: 201).

Von diesen drei Typen der Datenunsicherheit sind folgende Entscheidungsszenarien zu unterscheiden: bisher wurde angenommen, der Akteur kenne die möglichen Umweltzustände bzw. Datensituationen in der Zukunft. Bei realen Entscheidungsproblemen kommt es aber auch vor, dass neben den für wahrscheinlich angesehenen Umweltzuständen andere Situationen auftreten, die nicht vorhersehbar waren bzw. es ist andererseits möglich, dass die den Handlungsalternativen zugeordneten Ergebnisse nur unzulänglich bekannt sind oder in Unkenntnis der Wirkungsrelationen falsch vorausgesagt wurden. Es besteht keine Sicherheit über die Unsicherheit. Risiken, welche aus diesen Konstellationen resultieren, werden als Informationsrisiken bezeichnet. Diese Risiken lassen sich nicht quantifizieren. Langfristige Investitionsentscheidungen sind im Regelfall mit Informationsrisiken behaftet.[85] Aus diesen Gründen wird der Begriff „Unsicherheit" in der folgenden Betrachtung im weiteren Sinn verwendet.

Es ist jedoch festzuhalten, dass das Unvorhersehbare immer schon das Vorhersehbare voraussetzt, denn nur im Abgleich mit der vom Akteur ex ante vorgefertigten Situationsdefinition und Handlungsschemata kann ein Vorgang als vorhersehbar oder nicht vorhersehbar eingestuft und eine Ex-post-Überraschung festgestellt werden. Dies rekurriert auf die Qualität der Planung bzw. auf deren Einschätzung durch den planenden Akteur.

Die verschiedenen Facetten der Unsicherheit und deren Berücksichtigung sind Inhalt dieses Bandes[86] sowie des zweiten Bandes.[87]

1.2.2.4 Planungs- und Entscheidungsprozess

Der grundlegende Ausgangspunkt der Planungstheorie besteht in dem klassischen Planungsschema (vgl. Abbildung 1.4). Um die Realität der Darstellungen von Planungs- und Problemlösungsprozessen zu erhöhen, können darüber hinaus weitere Entscheidungsstufen in dem Prozess unterschieden werden. Dies geschieht aufgrund der bisherigen Darstellung der Problemstruktur mit Blick auf die Diskrepanz und Differenz zwischen Real- und Formalproblem. Ausgehend von der Problemwahrnehmung entsteht durch die empfundene Diskrepanz zwischen Ist-Zustand bzw. Wird-Zustand und Soll-Zustand die Problembeschreibung (vgl. Abbildung 1.5). Dies geschieht jedoch nur, wenn der Akteur das Problem als wichtig genug erachtet, um gelöst zu werden. In der Problembeschreibung wird das reale Problem dargestellt, weshalb es als Realproblem bezeichnet wird. Damit dieses Realproblem gelöst werden kann,

---

[85] Vgl. Schneider (1992: 38–40).

[86] Vgl. Kapitel 5 auf S. 483.

[87] Vgl. 2. Band, Abschn. 1.5 auf S. 98, Abschn. 1.6 auf S. 160 und Abschn. 1.9.3 auf S. 230.

muss es in ein Formalproblem transformiert werden. Durch die Validierung
kann überprüft werden, ob das Formalproblem mit dem ursprünglich beschriebenen Realproblem in einer akzeptablen Weise übereinstimmt. Ist das
nicht der Fall, muss das Formalproblem überarbeitet werden.[88]

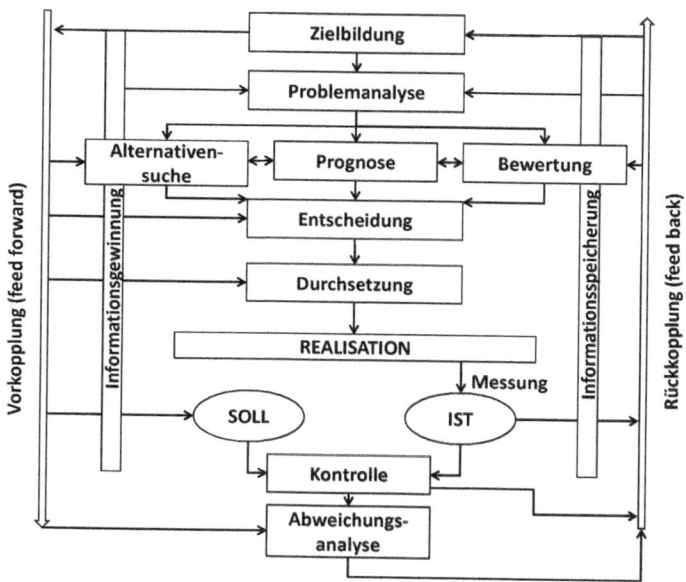

Abb. 1.4: Einfaches idealtypisches Planungsschema. Quelle: Wild (1974: 37).

Zur Lösung des Formalproblems werden Methoden eingesetzt, welche dem
Akteur als geeignet erscheinen. Ergebnis dieses Methodeneinsatzes ist entweder die Lösung des Formalproblems oder die Erkenntnis der Unlösbar-
keit desselben. Ein unlösbares Formalproblem kann durch einer veränderte
Problembeschreibung und/oder durch eine veränderte Formalisierung in ein
lösbares Problem transformiert werden. Denkbar ist auch der Einsatz von
anderen Lösungsmethoden. Für den Fall, dass das Formalproblem gelöst ist,
muss festgehalten werden, dass damit das Realproblem noch nicht gelöst
ist. Vielmehr ist aus Sicht des Realproblems zu prüfen, ob die verwendeten
Vereinfachungen und Annahmen des Formalproblems zu einer akzeptablen
Lösung des Realproblems geführt haben. Unter Umständen kann die Lösung des Formalproblems zu neuen Erkenntnissen über die Eigenschaften des
Realproblems führen, so dass die Beschreibung des Realproblems verändert
werden muss. So ist es beispielsweise möglich, dass die Lösung zu paradoxen

---

[88] Zur Beantwortung der Frage, wer über den Grad dieser Adäquatheit entscheidet vgl.
Abschn. 2.2.2 auf S. 128.

Schlussfolgerungen oder gar Dilemmata führt.[89] In diesen Fällen ist ebenfalls die Formalisierung des realen Problems und ggfs. das Schlussverfahren
zu analysieren.

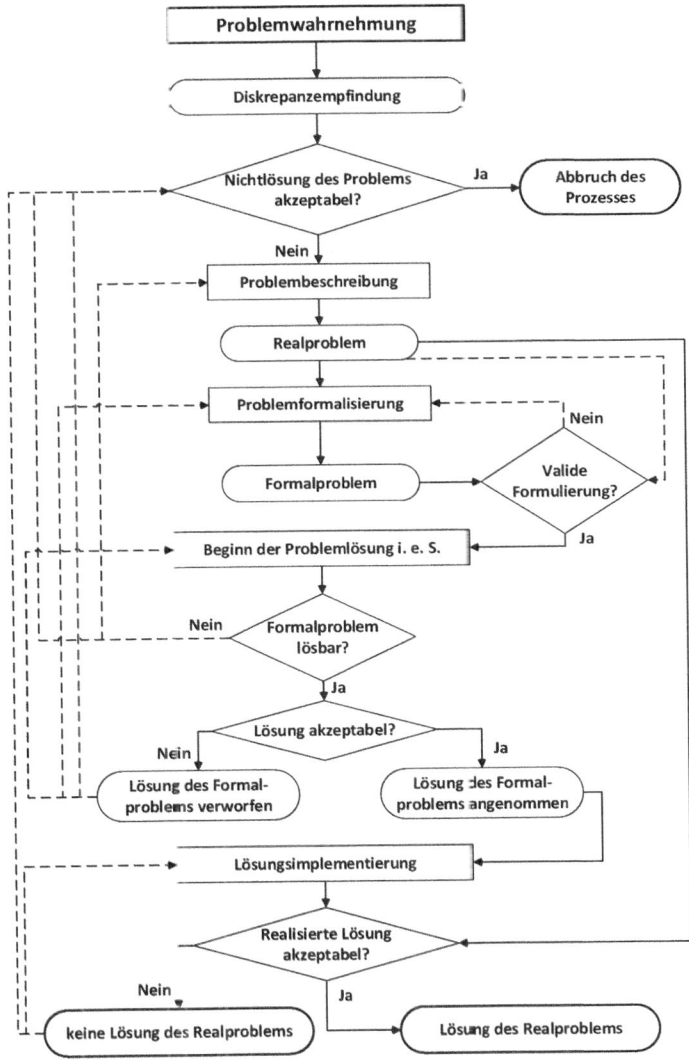

Abb. 1.5: Realtypische Phasen der Problembearbeitung. Quelle: Eigene Darstellung,
in Anlehnung an: Zelewski (2008: 39).

---

[89] Vgl. 2. Band, Abschn. 2.3 auf S. 301.

Nach der erfolgreichen Formallösung ist über deren Realisation zu entscheiden. Erfolgt ein Negativ-Entscheid, muss an eine frühere Bearbeitungsstelle zurückgekehrt werden. Fällt die Entscheidung positiv aus, wird die Lösung umgesetzt, wobei auf eine planmäßige Umsetzung zu achten ist. Unter Umständen zeigt sich erst in dieser Phase, dass die verwendeten Annahmen und Prämissen sowie Lösungsmethoden unzutreffend waren und die Lösung prinzipiell nicht umsetzbar ist. Auch in diesem Fall ist erneut mit einer vorgelagerten Bearbeitungsstufe fortzufahren.

Prinzipiell kann nach jedem Negativ-Entscheid die Bearbeitung abgebrochen werden, wenn dies aus Sicht des Akteurs akzeptabel ist. In diesem Fall hätte die bisherige – erfolglose – Bearbeitung zumindest gezeigt, an welcher Stufe des Problemlösungsprozesses der Prozess abgebrochen werden musste. Dies ist eine Erkenntnis, die auch als Ergebnis interpretiert werden kann, selbst wenn es sich nicht um das ursprünglich intendierte Ergebnis handelt.

Die Beschreibung des Problemlösungsprozesses in Abbildung 1.5 ist trotz der erhöhten Detailtreue und Realitätsnähe eine Darstellung des vollkommen rationalen Lösungsprozesses. Wichtig für das weitere Vorgehen sind einerseits die vielfältigen notwendigen Entscheidungen im Zusammenhang mit der Modellierung und andererseits die Eröffnung des Prozesses mit der Wahrnehmung des Problems.

1.2.3 Planungsgrenzen

Die bisher vorgestellten Vorgehensweisen können jedoch nicht darüber hinwegtäuschen, dass die Entstehung und Umsetzung von längerfristigen Maßnahmen häufig auch ungeplant bzw. anders als geplant verläuft. Aus diesem Grund werden im Folgenden kurz die Planungsgrenzen (vgl. Abbildung 1.6) betrachtet.[90]

Die **Prozessdimension** umfasst **3 Arten** von Grenzen. **Prinzipielle Grenzen** ergeben sich aus Spannungsverhältnissen zwischen Planung und Wissen sowie zwischen Planung und Zufall. Die Zukunftsbezogenheit der Planung bedingt, dass zukunftsbezogenes Wissen über die Feststellung hinaus, dass die Zukunft unsicher ist, nicht möglich ist. Mit dieser Antinomie verbunden ist das Verhältnis von Planung und Zufall. Trotz aller Verfahren zur Berücksichtigung von Unsicherheit können Informationsrisiken existieren, wenn neben den als wahrscheinlich angesehenen Umweltzuständen andere Situationen auftreten, die nicht vorhersehbar waren.[91]

---

[90] Vgl. Hammer (2015: 87–89).

[91] Dies erkennt auch GUTENBERG. Vgl. Gutenberg (1983: 149–150).

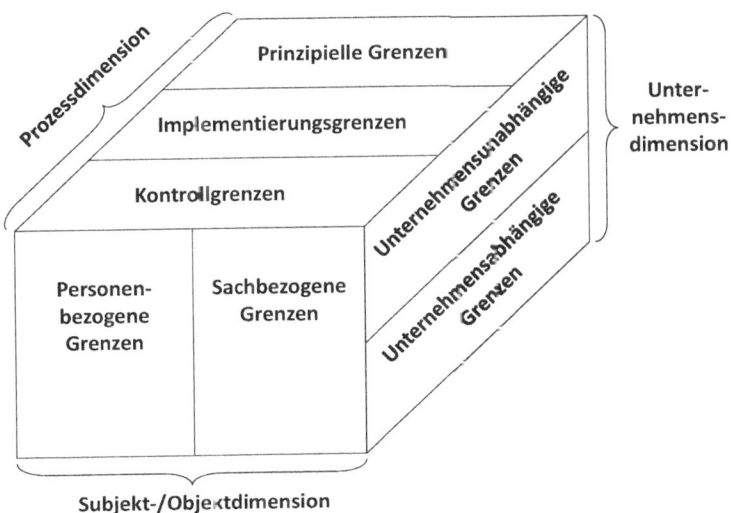

Abb. 1.6: Dimensionen der Planungsgrenzen. Quelle: Müller (2017: 395);
Horváth/Gleich/Seiter (2020: 87).

Neben diese prinzipiellen Grenzen treten **Implementierungsgrenzen**, welche im Wesentlichen aus der Trennung von Planung und Realisierung resultieren. Erst während der Phase der Realisierung zeigt sich, ob der Plan umsetzbar ist und wie zutreffend die verwendeten Annahmen, Prognosen und Lösungsprozeduren der Planung letztendlich gewesen sind. Als letzte Grenze ist die **Kontrollgrenze** zu erwähnen. Dinge, die nicht kontrolliert werden können, können auch nicht geplant werden.[92]

In der **Subjekt-/Objektdimension** sind Planungsgrenzen zum einen durch Merkmale des Planungsproblems selbst und zum anderen durch die Person des planenden Akteurs zu beachten. Objektbezogene Grenzen werden durch die Effizienzforderung deutlich, die an die Planung gestellt wird und die besagt, dass der durch Planung verursachte Aufwand geringer als der Planungsnutzen sein soll. D. h. in **jedem Plan** sind **immer improvisierte Bestandteile** enthalten, da das Entwerfen eines vollständigen, allumfassenden Plans – selbst wenn dies möglich wäre – wirtschaftlich nicht vertretbar ist.

Subjektbezogene Grenzen ergeben sich aus der Motivationswirkung von Plänen bzw. der Planerstellung auf Individuen, aus der Planungsmentalität von Personen sowie aus dem begrenzten Wissen des Akteurs in Bezug auf Planungsinstrumente und aus der fehlerhaften Planerstellung.[93] Es sei mit Blick

---

[92] Vgl. Fischer/Möller/Schultze (2015: 80).
[93] Vgl. Weber/Schäffer (2020: 273–275).

auf die unterschiedlichen nationalen Kulturen darauf verwiesen, dass die Einstellung zur Planung zwischen den Kulturen sehr unterschiedlich ist.[94]

Unternehmensbezogene Planungsgrenzen resultieren aus unterschiedlichen Beschreibungsmerkmalen von Unternehmen, wie z. B. Unternehmensgröße, Internationalität oder Branche. Eine klassische Grenze der Unternehmensplanung besteht in der mit der Unternehmensgröße korrelierenden Planungskapazität. Damit wird darauf hingewiesen, dass es eine Reihe von Unternehmen gibt, welche nicht über die erforderliche Planungskapazität verfügen.

Als entsprechende Alternative zur Planung kann deshalb die Improvisation eingestuft werden. Improvisation wird als ein informationsverarbeitendes, gestaltungs- und auch zukunftsorientiertes Problemlösungsverhalten[95] definiert, bei dem:

- Konzeption und Realisierung der Maßnahme simultan erfolgen, so dass
- die Realisierung der Maßnahme ohne eine vollständige Reflexion von Alternativen und deren Konsequenzen beginnt und
- die Zwischenergebnisse der bisherigen Realisierung durch simultane Rückkopplung in der weiteren Problemlösung berücksichtigt werden.

Improvisation kann, wie auch Planung und deren Umsetzung, erfolgreich oder erfolglos sein. Ein Alternativenvergleich von Planung und Improvisation ist nur dann konsistent, wenn nicht nur die Planung und als dessen Ergebnis der Plan, sondern auch die sich daran anschließende Realisierung der Improvisation gegenübergestellt wird. Improvisation ist eine Einheit aus Willensbildung und -realisierung. Demzufolge ist nicht nur der Plan als Ergebnis der Planung, sondern auch dessen Umsetzung in einen Vorteilhaftigkeitsvergleich zu integrieren.

Dass die Betriebswirtschaftslehre die Planung der Improvisation eindeutig vorzieht, liegt in der Natur der Improvisation: diese ist immer zu einem gewissen Grade unvorhergesehen und nicht prognostizierbar.[96] Eine ausschließliche Betrachtung der Planung bzw. ihres Ergebnisses, des Plans, führt zwangsläufig zur Feststellung der Überlegenheit im Vergleich zur Improvisation, da die Realisierbarkeit des Plans noch nicht bewiesen wurde und noch keine Ergeb-

---

[94] Zu einer umfassenden Diskussion von Aspekten nationaler Kultur vgl. 2. Band, Abschn. 2.2.1 auf S. 290. Für einen Vergleich zwischen französischer und deutscher Planungskultur vgl. Boucoiran (2010: 130–139).

[95] Vgl. Müller (2007: 261).

[96] So formulierte schon KORTZFLEISCH:*„Das betriebswirtschaftliche Planen ist eine Geistesarbeit, die das Wirtschaften in den Betrieben dadurch erleichtern soll, dass sie Wahl und Entscheidung aus den Bereichen der unsystematischen Intuitionen und der Improvisationen mit ungewissem Ausgang in das Licht der Vernunft rückt."* Kortzfleisch (1959: 9).

nisse der Planrealisierung vorliegen, während im Fall der Improvisation die Ergebnisse sofort vorliegen und beurteilt werden können.[97]

Die Betrachtung der Planungsgrenzen zeigt, dass zwischen **vorhergesehener** und **unvorhergesehener Improvisation** unterschieden werden kann. Vorhergesehene Improvisationen sind dadurch gekennzeichnet, dass der vorher durchgeführte Aufwand-Nutzen-Vergleich der Entscheidungsalternative „Planung und Realisierung" zur Feststellung der Vorteilhaftigkeit der Entscheidungsalternative „Improvisation" führte. Das ist oftmals der Fall bei Problemen mit geringer Komplexität und geringer Reichweite oder in Ermangelung von Planungskapazität.

Neben die vorhergesehene tritt die unvorhergesehene Improvisation, bei der die Problemkonstellation als Überraschung auftritt und eine sofortige Problemlösung zu realisieren ist. Improvisation ist demzufolge nicht nur als Problemlösungsform in Situationen hoher Dynamik, Unsicherheit und Komplexität (Situationen mit prozessdimensionierten Planungsgrenzen), sondern aus Wirtschaftlichkeits- oder Kapazitätsgründen auch in anderen Situationen (Situationen mit subjekt-/objekt- bzw. unternehmensdimensionierten Planungsgrenzen) erforderlich.[98]

1.3 Realisierung und Kontrolle

1.3.1 Kontrolle, Revision und Überwachung

Im Zusammenhang mit dem Führungsprozess sind die Begriffe Revision, Prüfung, Kontrolle und Überwachung zu unterscheiden. Revision und Prüfung stellen Synonyme dar. Überwachung ist der Vergleich eines angestrebten mit einem tatsächlichen Zustand und beschreibt die Gesamtheit von Kontrolle und Revision. Kontrolle ist von der Revision anhand der Kriterien:[99]

- Integration des Kontrollträgers in den untersuchten Prozess,
- Weisungsbefugnis des Kontrollträgers gegenüber dem Ausführenden und
- Einflussnahme auf das Verhalten des Ausführenden

---

[97] Es kann hier darauf hingewiesen werden, dass in der Forschung zur strategischen Planung sehr wohl erkannt wurde, dass es neben den geplanten auch ungeplante Strategien gibt. Diese ungeplanten Strategien werden als „emergent" bezeichnet. Vgl. Mintzberg (1978: 945); Mintzberg/Waters (1985: 258); Mintzberg (1994: 25); Welge/Al-Laham/Eulerich (2017: 21–22). Da der Begriff der Emergenz sehr unscharf ist und keinen Erkenntnismehrwert verspricht, wird er hier nicht verwendet. Vgl. Müller (2009b: 286–289).

[98] Vgl. Müller (2007: 262–263).

[99] Vgl. Küpper et al. (2013: 678–679).

abzugrenzen. Eine Revision liegt dann vor, wenn die Überwachungsmaßnahme von einer Person durchgeführt wird, welche von dem zu überwachenden Prozess unabhängig und gegenüber dem Ausführenden nicht weisungsbefugt ist. Auf das Verhalten des Ausführenden wird im Rahmen einer Revision dadurch eingewirkt, dass die Untersuchungsergebnisse den leitenden Unternehmensorganen mitgeteilt werden, die weitere Maßnahmen veranlassen können.[100] So ist die interne Revision als unabhängige Prüfungsinstitution in Form einer eigenständigen unabhängigen Abteilung tätig. Es erfolgt eine indirekte Einflussnahme.[101]

Im Rahmen einer Kontrolle hingegen ist der Überwachende in den Führungsprozess eingebunden und gegenüber dem Ausführenden weisungsberechtigt. Die Einflussnahme geschieht direkt durch Anordnung von Korrekturmaßnahmen, Motivation oder auch Sanktion gegenüber dem Ausführenden. Die Kontrolle bildet einen wesentlichen Bestandteil des Führungsprozesses, da sie Informationen über die Zielerreichung liefert und gleichzeitig die Grundlage für Anpassungs- und Lernprozesse darstellt.[102] Kontrolle wird überwiegend als Soll-Ist-Vergleich beschrieben, womit aber nicht die Gesamtheit der Kontrollen erfasst wird. Allgemeingültiger ist die Definition von Kontrolle als Lernprozess, der seinen Ursprung in antizipierten oder realisierten Abweichungen hat.[103] Aufgabe der Kontrolle ist es, zu überwachen, ob die Ergebnisse des betrieblichen Handelns mit den Planungen übereinstimmen und ob die organisatorischen Regelungen effizient sind und auch eingehalten werden. Aus dieser allgemeinen Aufgabe leiten sich folgende Detailaufgaben der Kontrolle ab:[104]

- **Informationen für Anpassungsmaßnahmen**: Die Kontrolle liefert Informationen über die Planerreichung oder Abweichung, mit deren Hilfe der Entscheidungsträger über die Notwendigkeit zu ergreifender Korrekturmaßnahmen urteilen und durch die Abweichungsanalyse Hinweise auf geeignete Maßnahmen erhalten kann.
- **Grundlage für die Mitarbeiterbeurteilung**: Abweichungen können beeinflussbare und nicht beeinflussbare Ursachen aufweisen. Für die Leistungsbeurteilung der Mitarbeiter ist die Unterscheidung zwischen diesen Ursachen von großer Bedeutung. Hätte der Mitarbeiter die Abweichungen vermeiden können, weil er die Ursache-Wirkungs-Zusammenhänge genau kannte und in der Lage war, die Ursache zu steuern, so ist seine Leistung anders zu beurteilen, als wenn er die Abweichungen hätte nicht beeinflussen können.

---

[100] Vgl. Freidank (2012a: 14–16).

[101] Vgl. Horváth/Gleich/Seiter (2020: 503–504).

[102] Vgl. Macharzina/Wolf (2018: 428–429).

[103] Vgl. Schäffer (2001: 59).

[104] Vgl. Schäffer (2004: 491–492); Bea/Haas (2013: 238–239).

- **Grundlage für Lernprozesse**: Mängel in der Maßnahmenplanung und -realisierung werden aufgedeckt und können bei zukünftigen Projekten vermieden oder bei laufenden Projekten korrigiert werden. Zusätzlich tragen durch Kontrollen ausgelöste Lernprozesse (vergrößerte Erfahrung) zu einem Erkenntnisgewinn und damit zu einer Verringerung der Unsicherheit (objektbedingte, planungsprozessbedingte oder personenbedingte Unsicherheiten) für zukünftige ähnlich strukturierte Entscheidungsprobleme bei.

- **Verhaltensbeeinflussung von Mitarbeitern**: Das Verhalten der Mitarbeiter kann einerseits durch die bloße Wahrnehmung laufender Kontrollen oder auch insofern beeinflusst werden, als dass der Mitarbeiter die Folgen mangelhafter Arbeitsweise gedanklich antizipiert, wenn er weiß, dass das Ergebnis seiner Tätigkeit einer Kontrolle unterzogen wird.

Über die Zuordnung einzelner Kontrollaufgaben zu Stellen und Aufgabenträgern, also die Festlegung von kontrollierter Person und Kontrollträger, entscheidet die Organisation entsprechend verschiedener Kriterien (z. B. Bedeutung der zu kontrollierenden Prozesse für die Unternehmung, Art und Qualifikationsanforderungen der Kontrollaufgaben).[105]

Darüber hinaus ist die inhaltliche Festlegung des Kontrollumfangs notwendig.[106] Das Aufwand-Nutzen-Verhältnis besitzt zur Bestimmung des Kontrollumfangs erhebliche Bedeutung. Unter dem Kontrollnutzen werden Vorteile verstanden, die als Folge der Kontrolle entstehen. Nach der inhaltlichen Bestimmung des Kontrollumfangs ist dessen zeitliche Begrenzung festzulegen. Diese Dimension setzt sich aus der Kontrollhäufigkeit und den Kontrollzeitpunkten zusammen.

Aus der Aufwand-Nutzen-Beziehung lässt sich theoretisch ein Optimum sowohl bezüglich der Kontrollhäufigkeit als auch bezüglich des Kontrollumfangs herleiten. Dem steht aber praktisch eine Asymmetrie der Messbarkeit von Aufwand und Nutzen entgegen. Der Kontrollaufwand lässt sich leicht quantifizieren, wohingegen der Kontrollnutzen nur schwer messbar ist.[107]

Darüber hinaus hängt der Nutzen der Kontrolle nicht nur von der Kontrollhäufigkeit, sondern auch von dem Kontrollzeitpunkt ab. Die Kontrollen sind dann durchzuführen, wenn die Wahrscheinlichkeit für das Auftreten von Unwirtschaftlichkeiten oder Fehlentwicklungen besonders groß ist. Dies wiederum ist auch abhängig von der zu kontrollierenden Person bzw. Personengruppe.[108]

Neben der Identifizierung von Anpassungsmaßnahmen sind Kontrollen die Grundlage für Mitarbeiterbeurteilung, Verhaltensbeeinflussung und dem da-

---

[105] Vgl. Staehle (1999: 552); Bea/Haas (2013: 252–253).

[106] Vgl. Götze (2014: 28–30).

[107] Vgl. Freidank (2012b: 217–219).

[108] Vgl. Jung (2011: 458).

mit verbundenen Lernprozess. Das Erreichen dieser Ziele hängt in einem hohen Maße von der Reaktion des Kontrollierten ab, der Kontrollen häufig als Einschätzung seiner Persönlichkeit wertet, was zu einem großen Konfliktpotenzial sowie zur bewussten oder auch unbewussten Abneigung gegenüber Kontrollen führt. Faktoren, die das Verhalten des Kontrollierten beeinflussen, bestehen in den Merkmalen des Kontrollierten, des Kontrollträgers und des Kontrollprozesses (vgl. Abbildung 1.7).[109] Wesentlichen Einfluss auf die Wirkung von Kontrollen haben die Persönlichkeitsaspekte des Kontrollträgers und des Kontrollierten (Motivation, Qualifikation etc.) sowie der Führungsstil.

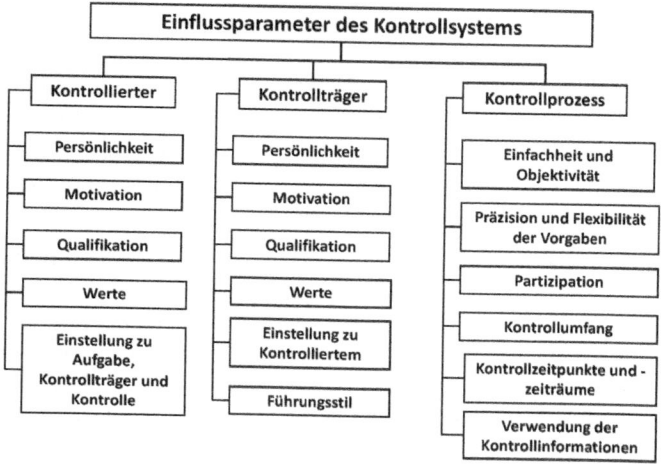

Abb. 1.7: Einfluss des Kontrollsystems auf den Kontrollierten. Quelle: Küpper et al. (2013: 354).

Zusätzlich zu den Persönlichkeitsaspekten bestimmen die Merkmale des Kontrollprozesses das Verhalten des Kontrollierten. Einfache und objektive Kontrollen mit präzisen Vorgaben, die bei Bedarf an nicht geplante Zustände angepasst werden, erhöhen die Akzeptanz der Kontrolle beim Kontrollträger. Ebenso wird die Einbindung des Kontrollierten in den Kontrollprozess dessen Einsicht und Akzeptanz erhöhen. Wird der Beteiligte schon bei Festlegung der Normwerte integriert, steigert sich sein Wissen über die Folgen seiner Handlungen und die Werte erscheinen in seinen Augen nicht einfach von oben vorgegeben.

Ebenso wichtig für die Einstellung des Kontrollierten zur Kontrolle ist die Verwendung der in deren Rahmen gewonnenen Informationen. Dem Kontrol-

---

[109] Vgl. Schweitzer et al. (2016: 634).

lierten muss mitgeteilt werden, welchem Zweck die Kontrollinformationen dienen, ansonsten wird er der Kontrolle ablehnend gegenüberstehen.[110]

Neben den bisher dargestellten Einflussgrößen ist die Kontrollumwelt als verhaltensbestimmend zu berücksichtigen (vgl. Abb. 1.8).

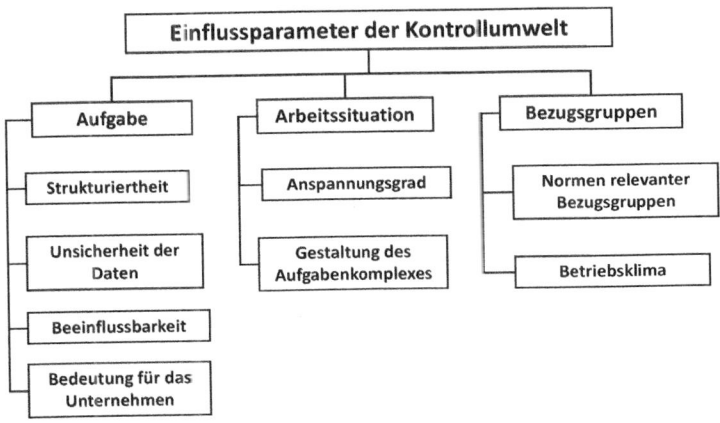

Abb. 1.8: Einfluss der Kontrollumwelt auf den Kontrollierten. Quelle: Küpper et al. (2013: 351).

Je klarer die Struktur der zu erledigenden Aufgabe, je geringer die Unsicherheit in Bezug auf die Daten und Lösungsmöglichkeiten, je größer die Bedeutung der Aufgabe für das Unternehmen und je größer die Beeinflussbarkeit des Ergebnisses durch den Kontrollierten, desto besser wird der Kontrollierte die Kontrolle akzeptieren. Neben den Normen und Einstellungen des Kontrollierten beeinflussen eventuell existierende Gruppennormen[111] das Verhalten des Kontrollierten. Die Ablehnung der Kontrolle durch andere Gruppenmitglieder führt i. d. R. auch zu einer Ablehnung durch die kontrollierte Person. Neben den Gruppennormen ist auch ein positives Betriebsklima für die positive Einstellung gegenüber der Kontrolle ausschlaggebend.[112]

---

[110] Vgl. Schweitzer et al. (2016: 635–638).

[111] Vgl. 2. Band, Abschn. 3.3.1 auf S. 425.

[112] Vgl. Staehle (1999: 553–554).

1.3.2 Strategische und operative Kontrolle

Entsprechend der Unterteilung des Planungs- und Umsetzungsprozesses in die strategische und die operative Ebene wird auch die Kontrolle in einen strategischen und einen operativen Bereich gegliedert. Die Umsetzung der Strategie erstreckt sich über einen längeren Zeitraum. Geschieht die Kontrolle erst nach der vollständigen Umsetzung, sind die Reaktionsmöglichkeiten des Unternehmens nur noch gering. Aus der Langfristigkeit von Strategien folgt darüber hinaus, dass wichtige Rahmendaten bei der Auswahl und Bewertung einer Strategie noch unsicher sind. Für eine erfolgreiche Umsetzung ist es erforderlich, die Entwicklung dieser Rahmenbedingungen im Zeitablauf zu kontrollieren.[113] Aus diesen Gründen umfasst die strategische Kontrolle die Prämissen- und Konsistenzkontrolle, die Durchführungskontrolle, die Ergebniskontrolle und die strategische Überwachung (vgl. Tabelle 1.4).

Tab. 1.4: Strategische Kontrollfelder. Quelle: Eigene Darstellung, in Anlehnung an: Küpper et al. (2013: 259); Fischer/Möller/Schultze (2015: 83).

Merkmale Kontrollfeld	Kontrollobjekt	Kontrollzeitpunkt
Prämissen- und Konsistenzkontrolle	Planannahmen, -methodik und -inhalte	Kontinuierlich, beginnend mit der Planung der Maßnahme
Planfortschritts-kontrolle	Aktuelle und zukünftige Erreichung von Zwischenzielen	Kontinuierlich, beginnend mit der Realisierung der Maßnahme
Strategische Überwachung (Frühaufklärung)	Unternehmen und dessen Umwelt	Kontinuierlich, beginnend mit der Planung der Maßnahme
Ergebniskontrolle	Abschließende Zielerreichung	Nach Abschluss der Maßnahme

Gegenstand der Prämissenkontrolle sind die im Rahmen der strategischen Planung eingesetzten Annahmen. Da sich die als Prämissen verwendeten Ausgangsdaten im Zeitablauf ändern können, ist zu kontrollieren, ob die verwendeten Prämissen noch gültig sind. Dabei sind nur die für die Zielerreichung relevanten Prämissen von Bedeutung. Zur Feststellung zielkritischer Prämissen sind folgende Fragen zu beantworten:[114]

- In welchem Maße ist die betrachtete Prämisse entscheidungsrelevant? Wie groß ist bei einer Abweichung die mögliche Auswirkung auf die ursprünglich gefasste Entscheidung?

---

[113] Vgl. Macharzina/Wolf (2018: 428–430).
[114] Vgl. Hungenberg (2014: 370–371).

- Mit welcher Wahrscheinlichkeit wird die zukünftige Entwicklung vom prognostizierten Wert abweichen?
- Über welche Zeiträume und Ressourcen verfügt der Entscheidungsträger, um auf die Änderung der Prämissen zu reagieren?

Darüber hinaus ist die Konsistenz der gewählten Strategie zu kontrollieren. Die Strategie muss mit den Unternehmenszielen und den Strategien anderer Geschäftsfelder übereinstimmen. Daraus ergibt sich, dass Prämissen- und Konsistenzkontrolle schon mit Beginn der strategischen Planung durchzuführen sind.

Die Strategieumsetzung ist Gegenstand der **Planfortschrittskontrolle**. Dazu zählen die vorausschauende und die aktuelle Planfortschrittskontrolle. Im Rahmen der vorausschauenden Planfortschrittskontrolle ist die Soll-Wird-Gegenüberstellung zu verwenden, welche dem frühzeitigen Erkennen wahrscheinlich in Zukunft auftretender Abweichungen dient. Diese Kontrollform besitzt in dynamischen Umfeldentwicklungen mit großen Unsicherheiten eine hohe Bedeutung, die in der Frühzeitigkeit der Ergebnisse liegt. Die Abweichungserkennung sollte zu einem Zeitpunkt erfolgen, zu dem der Akteur noch über ausreichend Zeit und Ressourcen zur Realisierung von Anpassungsmaßnahmen verfügt. Neben der Soll-Wird-Kontrolle ist die Soll-Ist-Kontrolle von bereits umgesetzten Maßnahmen durchzuführen, um zu überprüfen, ob die Zwischenziele erreicht worden sind.

Sowohl das Unternehmensumfeld als auch das Unternehmen selbst entwickeln sich im Zeitverlauf ständig weiter. Aus dieser Entwicklung können sich für das Unternehmen Chancen und Risiken ergeben. Die Kontrolle von Unternehmen und Umfeld auf bedrohende oder erfolgversprechende Entwicklungen steht im Mittelpunkt der strategischen Überwachung oder Frühaufklärung. Deren Aufgabe liegt in der kontinuierlichen Beobachtung der externen und internen Unternehmensumwelt. Die **strategische Frühaufklärung** bildet den Ausgangspunkt für die strategische Planung. **Frühwarnsysteme** basieren auf der Annahme, dass Veränderungen der Unternehmensumwelt nicht plötzlich auftreten, sondern sich durch Frühwarnindikatoren ankündigen. Aufgabe der Frühaufklärung ist deshalb die Auswahl und Kontrolle entsprechender Frühwarnindikatoren. Informationen über zukünftige Entwicklungen können als starke oder schwache Signale vorliegen. **Starke Signale** bezeichnen Informationen, deren Wirkungszusammenhang bekannt und eindeutig ist, so dass konkrete Anforderungen an die strategische Planung abgeleitet werden können. **Schwache Signale** hingegen sind Informationen, deren strategische Konsequenzen schlecht einschätzbar sind. Schwache Signale treten zeitlich vor den starken Signalen auf und geben Hinweise auf bestimmte künftige Umweltzustände lange vor deren Eintreten. Je früher und eindeutiger neuartige Entwicklungen erkannt werden, desto größer ist der mögliche Handlungsspielraum. Es stellt sich jedoch die Frage, was schwache Signale überhaupt sind und wie diese zwischen irrelevanten Informationen erkannt werden können.

Zusätzlich können viele schwache Signale erst im Nachhinein als Hinweise auf eine neuartige Entwicklung erkannt werden.[115]

Der Soll-Ist-Vergleich nach der Strategieumsetzung ist Gegenstand der Ergebniskontrolle. Zieldefinition und Zielerreichung werden verglichen und bestehende Abweichungen analysiert. Ziel der strategischen Kontrolle ist die Sicherstellung der **Effektivität** („die richtigen Dinge tun").[116] Im Gegensatz dazu liegt das Hauptaugenmerk der operativen Kontrolle auf der Sicherstellung der **Effizienz** („die Dinge richtig tun"), also auf der Durchführungskontrolle durch den Soll-Ist-Vergleich.[117] Werden Abweichungen festgestellt, sind deren Ursachen zu analysieren.

Die **Abweichungsanalyse** zielt darauf ab, durch einen Soll-Ist-Vergleich die Abweichungsursachen festzustellen und so zu beeinflussen, dass die Differenzen in Zukunft verringert werden können.[118] Eine exakte Bestimmung der Abweichungsursachen stellt die Voraussetzung zur Einleitung von Anpassungsmaßnahmen dar. Ursachen von Abweichungen können nicht nur im kontrollierten Prozess, sondern auch in der fehlerhaften Ermittlung der Prüfgröße bzw. der Normgröße liegen (vgl. Abbildung 1.9).

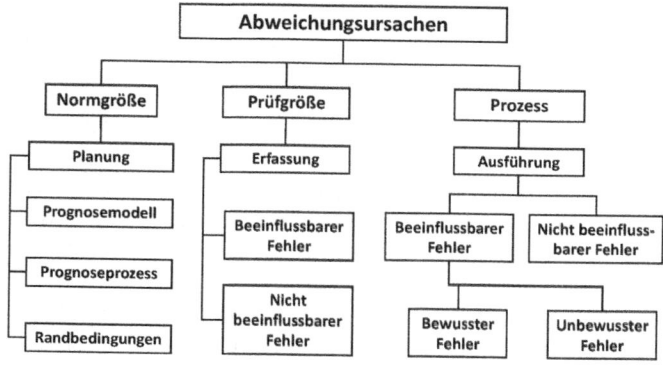

Abb. 1.9: Mögliche Ursachen für Abweichungen. Quelle: Eigene Darstellung, in Anlehnung an: Küpper et al. (2013: 272).

Normgrößen können durch fehlerhafte Prognosemodelle, Verwendung unzutreffender Rahmenbedingungen sowie einen fehlerhaften Prognoseprozess falsch ermittelt worden sein. Die Prüfgröße kann durch Erfassungsfehler ebenfalls falsch ermittelt worden sein, wobei zwischen vermeidbaren und nicht vermeidbaren Erfassungsfehlern zu unterscheiden ist. Als letzte Abweichungsur-

---

[115] Vgl. Baum/Coenenberg/Günther (2013: 380–391).
[116] Vgl. Fischer/Möller/Schultze (2015: 7).
[117] Für eine Diskussion von „Effizienz" und „Effektivität" vgl. Abschn. 2.1.1 auf S. 71.
[118] Vgl. Freidank (2012b: 218–220).

sache ist der Prozess der Aufgabenerstellung selbst zu untersuchen und dahingehend zu analysieren, ob der Aufgabenträger Fehler bei der Ausführung
verursachte und ob diese Fehler vermeidbar sind. Wenn es sich um vermeid-
bare Fehler handelt, ist zu klären, ob sich der Aufgabenträger der fehlerhaften
Erledigung bewusst war oder nicht. Diese Frage ist sowohl im Hinblick auf
die zukünftige Formulierung der Aufgabenstellung als auch im Hinblick auf
die Leistungsbeurteilung des Aufgabenträgers von Interesse.

1.4 Management von Investitionen

1.4.1 Begriff und Differenzierungen von Investitionen

Der Begriff der Investition wird in unterschiedlichen Zusammenhängen verwendet und mit verschiedenen Inhalten versehen. PACK begründete eine
Unterteilung der Investitionsbegriffe in drei Gruppen, welche grundlegenden Charakter für die deutsche betriebswirtschaftliche Literatur hat. Er unterschied zwischen der Gruppe des vermögensbestimmten, des ausgabenbe-
stimmten und des kombinationsbestimmten Investitionsbegriffes.[119] Für das
vorliegende Werk wird der Begriff der Investition in Def. 1.1 festgehalten.[120]

*Definition 1.1: Eine Investition ist ein Zahlungsstrom, welcher mit einer
Auszahlung oder mit mehreren Auszahlungen beginnt und in späteren Zeitpunkten Einzahlungen bzw. eine Reduktion von Auszahlungen erwarten lässt.*

Die Leistungserstellungs- und Führungsprozesse realer Investitionen sind
über physische oder finanzielle Verknüpfungen mit vielen Unternehmensbereichen verbunden.

Den Rahmen für die Investitionstätigkeit liefert die Unternehmens- bzw. Ge-
schäftsbereichsstrategie. Im Vordergrund dieser stehen die Erfolgspotenziale
des Unternehmens, die Beziehung des Unternehmens zur Umwelt und der
Aufbau neuer Beziehungen zwischen diesen, verbunden mit der Analyse der
Stärken und Schwächen. Die Informationsquellen zu diesen Betrachtungen
befinden sich in erster Linie in der Unternehmensumwelt.[121]

Weitere Schnittstellen des Investitionsbereiches ergeben sich aus den physischen Verbindungen mit der Beschaffung und der Produktion. Die Steuerung
der Produktion zielt auf die Wirtschaftlichkeit des Produktionsprozesses, wo-

---

[119] Vgl. Pack (1959: 17–37).
[120] Vgl. Schneider (1951: 4); Rehkugler (2007: 21).
[121] Zur Darstellung der strategischen Planung vgl. Abschn. 1.2.1 auf S. 5.

zu Produktionsplanung, -steuerung und -kontrolle aufeinander abzustimmen und mit anderen Unternehmensbereichen zu verbinden sind.

Unter finanziellen Gesichtspunkten sind mit Investitionen Finanzströme in zwei Richtungen verbunden:[122] die finanzmittelbeschaffende und die finanzmittelverwendende Richtung. Die zu planenden und zu realisierenden Investitionsmaßnahmen müssen auf ihre Finanzierbarkeit hin geprüft bzw. Möglichkeiten der Finanzierung gezielt erschlossen werden. Das ist der Bereich der Finanzierung, dessen wesentliche Zielsetzungen in der Aufrechterhaltung der Liquidität und Autonomie des Unternehmens sowie in der Erwirtschaftung einer erforderlichen Rentabilität bestehen. Damit wird die Herkunft der zu investierenden Mittel betrachtet. Als dessen finanzierungsseitiges Komplement dient der Investitionsbereich, der sich mit der Planung, Realisierung und Kontrolle der Investitionen beschäftigt.

Die Erwirtschaftung finanzieller Mittel erfolgt durch den Absatz der produzierten Güter. Dies erfordert eine Abstimmung der Absatzzahlen mit den Investitionsaktivitäten, um die Kapazitäten an die Absatzmengen anzupassen.

Investitionen können nach unterschiedlichen Kriterien gegliedert werden, von denen als eines der wichtigsten das Kriterium des Investitionsobjekts gilt.[123] Danach kann zwischen Real- und Finanzinvestition (letztere wird auch als Nominalinvestition bezeichnet) unterschieden werden (vgl. Abb. 1.10).

Abb. 1.10: Differenzierung der Investitionen nach der Objektart. Quelle: Eigene Darstellung, in Anlehnung an: Götze (2014: 8).

Finanzinvestitionen können z. B. in Form von Bankeinlagen oder Firmenbeteiligungen vorliegen. Die Realinvestitionen werden in materielle Realinvestitionen (auch güterwirtschaftliche Investitionen oder Sachinvestition genannt) und in immaterielle Realinvestitionen (Potenzialinvestitionen) unterteilt. Die Potenzialinvestitionen lassen sich selbst nochmals in bilanzierungsfähige und

---

[122] Vgl. Abschn. 3.3.4 auf S. 218.

[123] Für einen umfassenden Überblick über die in der Literatur unterschiedenen Investitionsarten vgl. Pack (1959: 87–179).

nicht bilanzierungsfähige Potenzialinvestitionen unterscheiden. Zu den Potenzialinvestitionen zählen auch Investitionen in Innovationen (dazu gehören die
Grundlagenforschung, die Technologieentwicklung, die Vorentwicklung sowie
die Produkt- und Prozessentwicklung), in die Aus- und Weiterbildung und
in die Werbung. Im vorliegenden Buch werden **ausschließlich Realinvestitionen** betrachtet.

Mit der Durchführung einer Investition werden unterschiedliche Ziele verfolgt.
Dazu gehören u. a.:

- **Technische Ziele:** Flexibilität, Integrierbarkeit, Standortanforderungen,
  Kapazität, Qualität, Instandhaltbarkeit etc.
- **Wirtschaftliche Ziele:** einzusetzende Finanzmittel, Einzahlungen, Nut-
  zungsdauer, Gewinn, Kostenreduktion, etc.
- **Soziale Ziele:** Gesundheit und Wohlbefinden, Arbeitssicherheit, Mensch-
  Maschine-Beziehung etc.
- **Ökologische Ziele:** Energie- und Rohstoffverbrauch, Emissionen, Recy-
  clingfähigkeit etc.

Realinvestitionen sind häufig durch **langfristige Betrachtungszeiträume**
und eine damit verbundene **Unsicherheit** gekennzeichnet. Aufgrund hoher
Investitionsvolumina und/oder vielfältiger Verflechtungen sind diese Prozesse
oftmals **sehr komplex** und entwickeln eine gewisse **Eigendynamik.**

Um die Vielzahl der Entscheidungen näher analysieren zu können, werden im
folgenden Abschnitt die typischen Lebenszyklen von Realinvestitionen vorgestellt.

1.4.2 Führungsprozesse und Lebenszyklen

1.4.2.1 Lebenszyklen von Realinvestitionen

1.4.2.1.1 Güterwirtschaftliche Investitionen

Der in der Biologie entstandene Begriff des Lebenszyklus beschreibt das Entstehen, Wachsen, Verändern und Vergehen lebender Systeme in physischer
und psychischer Hinsicht. Auf Basis der im Zeitablauf entstehenden spezifischen Merkmale und Merkmalskombinationen ist es möglich, verschiedene
Entwicklungsphasen lebender Systeme zu unterscheiden und die Entwicklung
dieser Systeme innerhalb bestimmter Bandbreiten zu prognostizieren. Diese
Sichtweise wurde – beginnend mit theoretischen Ansätzen des Marketings
– in unterschiedliche sozialwissenschaftliche Bereiche übertragen, in der Be-

triebswirtschaftslehre hauptsächlich auf Produkte, Potenziale, Unternehmen und Branchen.[124]

Ziel dieser Übertragungen ist es, Modelle in Anlehnung an den biologischen Lebenszyklus zu entwickeln, welche entsprechende Entwicklungsprognosen und Handlungsempfehlungen ermöglichen. In Anlehnung an den Lebenszyklus von Individuen wird der Zeitraum zwischen der Markteinführung eines Produktes und der Eliminierung dieses Produktes aus dem Produktprogramm – der sogenannte Marktzyklus – betrachtet. Ausgangspunkt der Modellierung ist die Tatsache, dass ein neues Produkt in einen Markt eintritt und sich dort verbreiten wird. Wird von einem normalverteilten Verbreitungsprozess ausgegangen, lässt sich die Verbreitung der Gesamtheit der erzeugten Produkte in einem Markt - was als Diffusion bezeichnet wird - prognostizieren und gestalten.[125]

Dieser Zeitraum wird in unterschiedliche Phasen unterteilt. Eine häufig verwendete Einteilung besteht in der Aufteilung in die Einführungs-, Wachstums-, Reife-, Sättigungs- und Degenerationsphase. Die Einteilung in diese Phasen geschieht anhand vordefinierter Eigenschaften der Größen „Umsatz" und „Gewinn", welche aus dem Absatz aller Einheiten dieses Produktes resultieren. In der weiteren Entwicklung ist diese Betrachtungsweise erweitert worden, indem eine Beobachtungsphase bzw. eine Entstehungsphase sowie eine Nachlaufphase hinzugefügt wurden.[126] Aus dieser Modellerweiterung resultiert der Begriff des „integrierten Produktlebenszyklus" (vgl. Abbildung 1.11).[127]

Ein wesentlicher Hauptpunkt der Kritik an dieser Form der Analogiebildung zwischen Biologie und Betriebswirtschaftslehre ist die Tatsache, dass biologische Systeme genetisch determinierte Entwicklungsphasen durchlaufen, natürlichen Gesetzmäßigkeiten unterliegen und auf diese Weise eine entsprechende Prognose der Entwicklung möglich ist, was für Produkte und technische Potenziale jedoch nicht zutrifft. Auch wenn diese Analogien zwischen Betriebswirtschaftslehre und Biologie nicht erfüllt sind, besteht die Möglichkeit, dass Produktlebenszyklusmodelle den ihnen zugewiesenen Zweck erfüllen. Deshalb ist zu unterscheiden, für welche Zielsetzung diese Modelle eingesetzt

---

[124] Vgl. Dean (1950); Pfingsten (1998: 63–64); Trender (2000: 57).

[125] Vgl. Patton (1968: 322–323); Rogers (2003: 279–282). Zur Ableitung von Handlungsempfehlungen auf Basis des Lebenszyklusmodells vgl. Clifford (1965: 36–37); Levitt (1965: 86–91); Levitt (1966: 21–23). Zur Verwendung des Standarddiffusionsmodells vgl. Polli/Cook (1969: 386).

[126] Vgl. Pfeiffer et al. (1997: 24). Zu einem Überblick über die Vielzahl von verwendeten Phaseneinteilungen vgl. Höft (1992: 18–21).

[127] Vgl. Lambkin/Day (1989: 201–207); Zehbold (1996: 21–25); Coenenberg/Fischer/Günther (2016: 611–614).

werden. Produktlebenszyklusmodelle werden sowohl zu **Beschreibungs-**, **Erklärungs-** als auch zu **Entscheidungszwecken** eingesetzt.[128]

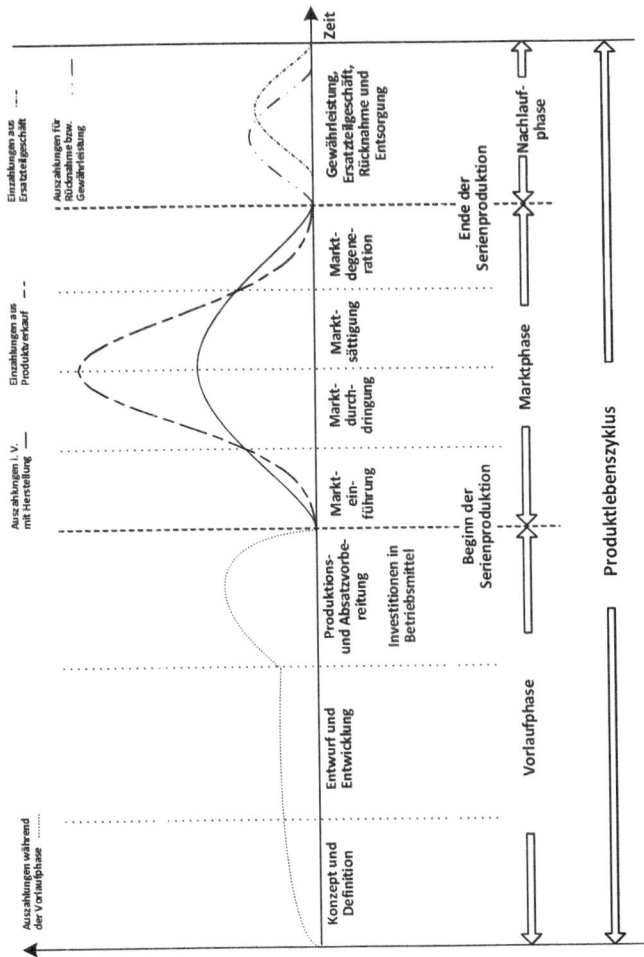

Abb. 1.11: Idealtypischer Produktlebenszyklus. Quelle: Eigene Darstellung, in Anlehnung an: Riezler (1996: 9); Götze (2010: 303).

Der **Zweck der Beschreibung** unterschiedlicher Größen im Zeitablauf kann von den entwickelten Lebenszyklusmodellen noch am ehesten erfüllt werden.

---

[128] Vgl. Penrose (1952: 806–809); Meffert (1974: 105); Pfingsten (1998: 77). Zum Thema der Biologisierung der Sprache in der Betriebswirtschaftslehre vgl. Kroeber-Riel (1969: 102–107).

Jedoch ist durch die Vielzahl von empirisch festgestellten Varianten von absatzmarktorientierten Lebenszyklusverläufen kaum die Ableitung von gene-
ralisierbaren Aussagen möglich, die über die Feststellung hinausreichen, dass
die meisten Produkte eine begrenzte Lebensdauer aufweisen und verschiedene
Phasen durchlaufen.[129]

Um Produktlebenszyklusmodelle zur **Erklärung** einsetzen zu können, ist
es notwendig, den Verlauf unterschiedlicher Größen begründen zu können.
Die Anforderungen, die eine Aussage zu erfüllen hat, um als Erklärung zu
gelten,[130] zeigen jedoch, dass diese Anforderungen durch Produktlebenszyklusmodelle kaum erfüllt werden. Die Vielzahl möglicher, wesentlicher Be-
stimmungsmerkmale des Entwicklungsverlaufes eines Produktes wird bei den
ökonomischen Lebenszyklusmodellen auf den Faktor „Zeit" reduziert, in dessen Abhängigkeit ausgewählte Ergebnisgrößen dargestellt werden.

Die Formulierung von Gesetzmäßigkeiten ist prinzipiell zwar möglich, der Informationsgehalt – beschrieben durch die Dimensionen "Geltungsbereich" und
"Bestimmtheit" – darauf basierender Erklärungen bzw. Prognosen ist jedoch
gering. Beispielsweise ist im Zusammenhang mit der angestrebten Phasen-
einteilung unklar, ob sich die Zielgrößen so entwickelt haben, weil sich das
Produkt in einer bestimmten Lebenszyklusphase befindet, oder ob sich das
Produkt in dieser Lebenszyklusphase befindet, weil sich die Zielgrößen entsprechend entwickelt haben.[131]

Als weitere Funktion von Lebenszyklusmodellen wurde die **Abgabe von
Handlungsempfehlungen** angeführt. Durch die normative Interpretation
von Entwicklungsphasen ist hierbei die Möglichkeit gegeben, dass die Entwicklung des Produktes gemäß einer sich selbst erfüllenden Prophezeiung
verläuft.[132] Das grundlegende Problem besteht in der Tatsache, dass das Le-
benszyklusmodell zur Erfüllung von zwei Aufgaben herangezogen wird: Es
wird zur Prognose der zukünftigen Absatzentwicklung eingesetzt und gleichzeitig werden auf Basis dieser Prognoseergebnisse die zukünftigen absatz-
politischen Maßnahmen abgeleitet. Da diese Maßnahmen selbst wiederum
der Grund für die zukünftige Absatzentwicklung sind, ergibt sich ein Zirkelschluss.

In der Anwendung der Lebenszyklussichtweise auf **Potenziale** ist zu unterscheiden zwischen Technologie- und Anlagenlebenszyklusmodellen. **Tech-
nologielebenszyklen** lassen sich unterscheiden in eine Darstellungsform
der Ausbreitung einer Technologie in Abhängigkeit von der Zeit, die dem

---

[129] Vgl. Lambkin/Day (1989: 9); Schneider (2001: 481–482). Vgl. außerdem Cox (1967:
382), welcher schon damals sechs unterschiedliche Verlaufsformen empirisch feststellte
sowie Cunningham (1969: 34–39); Rink/Swan (1979: 222) und Lambkin/Day (1989: 7)
zu weiteren Diffusionsformen.

[130] Vgl. Abschn. 2.2.2 auf S. 128.

[131] Vgl. Day (1981: 65).

[132] Vgl. Dhalla/Yuseph (1976: 105).

beschriebenen absatzmarktorientierten Produktlebenszyklus sehr ähnlich ist und in eine Darstellung der Leistungsfähigkeit einer Technologie in Abhängigkeit von den getätigten kumulierten Aufwendungen für die Entwicklung dieser Technologie, welche auch als S-Kurven-Darstellung bezeichnet wird. Ziel dieser Modelle ist es, ähnlich wie bei dem traditionellen und dem integrierten Produktlebenszyklus, neben der ex post-Betrachtung auf der Basis idealtypischer Wertverläufe Handlungsempfehlungen abzuleiten.[133]

Anlagenlebenszyklusmodelle konzentrieren sich auf die Betrachtung physisch-technischer Produkte aus Nutzersicht. Demzufolge stehen die Installation und Nutzung eines Produktes mit den Phasen

- Auswahl,
- Objektbeschaffung bzw. -erstellung,
- Nutzung (inkl. Instandhaltung und Rationalisierung) und
- Stilllegung bzw. Liquidation (einschließlich Verwertung bzw. Entsorgung)

im Fokus.

Auch für diese Sichtweise wurden Modelle entwickelt, welche in Anlehnung an den absatzmarktorientierten Produktlebenszyklus die Werte „Umsatz", „Gewinn" oder „Kosten" in Abhängigkeit von der Zeit darstellen. Welche Parameter als zeitabhängig betrachtet werden, hängt von dem Entscheidungsproblem und der Aggregationsebene ab. SIERKE wählt für seine Darstellung des Lebenszyklus die Phasen der Anregung, der Entscheidung, der Durchführung, der Nutzung und der Degeneration als Investitionslebenszyklusabschnitte.[134] BORGHOFF und OTT übernehmen diese Darstellung.[135] Auch diese – auf dem absatzmarktorientierten Produktlebenszyklusmodell – aufbauenden Ansätze des Anlagenlebenszyklus sind dahingehend zu kritisieren, dass das Erfolgs- bzw. Nutzenpotenzial einer Anlage sich nicht gesetzmäßig verändert, sondern durch externe und interne Faktoren beeinflusst wird und als im Zeitablauf variabel und nicht stetig anzusehen ist.

Basierend auf den bisherigen Ausführungen wird im Nachfolgenden dem Verständnis des integrierten Anlagenlebenszyklus gefolgt. Über die Aussage hinaus, dass technische Produkte typische Phasen durchlaufen, werden keine Aussagen in Bezug auf eine idealtypische Entwicklung getroffen bzw. keine normativen Handlungsempfehlungen für einzelne Zeitabschnitte vorgegeben. Der Lebenszyklus eines technischen Produktes aus Herstellersicht wird deshalb unterteilt in die Phasen:

- Produktplanung,
- Produktentwicklung,
- Produktion,

---

[133] Vgl. Zehbold (1996: 51–58); Tiefel (2007: 40–45).
[134] Vgl. Sierke (1990: 98–103).
[135] Vgl. Borghoff (1994: 76–77); Ott (2000: 84–88).

- Nutzung beim Kunden
- Entsorgung.

Der Lebenszyklus von güterwirtschaftlichen Investitionen aus Nutzersicht umfasst die Phasen:

- Auswahl,
- Beschaffung bzw. Bereitstellung,
- Nutzung (inklusive Instandhaltung und Rationalisierung),
- Stilllegung bzw. Liquidation (einschließlich Verwertung und Entsorgung).

Im Zusammenhang mit der Liquidation wird auch oftmals von der **Desinvestition** gesprochen. Bei einer Liquidation wird das Investitionsobjekt endgültig stillgelegt und veräußert oder anderweitig entsorgt. Die Stilllegung kann als Vorstufe der Liquidation gesehen werden, welche zum vorübergehenden oder finalen Einstellen des Leistungserstellungsprozesses führt. Die Desinvestition ist jedoch als ablauftheoretisches Komplement zur Investition zu betrachten und bezeichnet die Freisetzung der vorher durch eine Investition gebundenen Mittel, verbunden mit dem leistungswirtschaftlichen Verzehr von Nutzungspotenzial oder der Desintegration von Desinvestitionsobjekten aus deren ursprünglichem Verwendungszweck. Somit ist die Desinvestition untrennbar mit dem gesamten Nutzungszeitraum des Investitionsobjektes verbunden, und nicht nur mit der Endphase des Lebenszyklus.[136]

1.4.2.1.2 Potenzialinvestitionen

Als Potenzialinvestitionen werden Investitionen bezeichnet, die primär immaterielle Resultate erbringen.[137] Im Folgenden werden Innovationen als wichtiger Teilbereich der Potenzialinvestitionen betrachtet. Ausgangspunkt der Betrachtung des Verlaufes von Innovationen ist die **Erfindung**, auch als Invention bezeichnet, als Ursprung neuen Wissens. Die Invention stellt eine neue technische bzw. technologische Lösung eines Problems dar und erweitert das bisher verfügbare Wissen. Wissen wird hier verstanden als die Gesamtheit der bisherigen, begründbaren, individuellen oder kollektiven Erfahrungen, Erkenntnisse und Einsichten. Daraus folgt, dass Wissen in einer Form als gesichert gilt, die es ermöglicht, Handlungen durchzuführen bzw. Handlungsempfehlungen abzugeben.

Wichtig ist in diesem Zusammenhang die Unterscheidung zwischen dem **individuellen** und dem **kollektiven Wissen**, die sich auf die prinzipielle Verfüg-

---

[136] Vgl. Wöhler (1981: 19); Thissen (2000: 13–189); Pfaff/Bärtl (2000: 102–103). HEINEN spricht bei der Desinvestition von dem Verbrauch der Produktionsmittel und einer im Absatz realisierten Wiedergeldwerdung. Vgl. Heinen (1957: 96–97).

[137] Vgl. Abschn. 1.4.1 auf S. 43.

barkeit bzw. Existenz des Wissens und nicht auf dessen rechtliche Zuordnung und daraus resultierende Nutzungsmodalitäten bezieht. Das aktuelle, individuelle Wissen lässt sich prinzipiell durch den sofortigen Abgleich mit dem aktuellen, kollektiven Wissen verbessern, wozu die Informationssuche und -verarbeitung dient. Das zukünftige kollektive Wissen wird durch den Erkenntnisfortschritt in den unterschiedlichen Wissenschaftsdisziplinen erweitert, so dass der zukünftige, individuelle Wissensstand durch einen Abgleich mit diesem erweiterten Wissensstand verbessert werden kann.

Ziel und gleichzeitig Ergebnis der Invention ist die Schaffung neuen Wissens. Deshalb weisen Forschung und Entwicklung immer stochastischen Charakter auf.[138] Die Ergebnisse von Forschung und Entwicklung verändern und korrigieren die bisher existierende Ordnung und Sichtweise in gewissem Maße. Diese Korrektur ist demzufolge ein konstitutives Element der Invention.[139] In Bezug auf die **Neuheit** des mit einer Invention verbundenen Wissens ist zu klären, welche Möglichkeiten es gibt, mit Sicherheit auszuschließen, dass die Erfindung nicht im Verlauf der Geschichte schon einmal publiziert oder genutzt wurde. Es ist immer zu klären, für wen etwas neu ist, wie neu etwas ist und was neu ist (vgl. Abbildung 1.12).

Forschung und Entwicklung werden im Allgemeinen in drei Gebiete gegliedert, die inhaltlich eng miteinander verflochten sind und sich gegenseitig beeinflussen, so dass die eindeutige Abgrenzung bzw. Isolierung als problematisch angesehen wird.[140] Am Beginn des Prozesses der Erkenntnisgewinnung steht die **Grundlagenforschung**. Die Aktivitäten der Grundlagenforschung zielen darauf ab, bislang nur beobachtete oder prognostizierte oder unbekannte Realphänomene experimentell darzustellen. Eine praktische Anwendbarkeit der Forschungsergebnisse wird i. d. R. nicht angestrebt bzw. kann aufgrund der – dem Forschungsprozess innewohnenden, großen – Ungewissheit nicht unmittelbar vorgesehen werden. Zum Zeitpunkt der Durchführung dieser Forschung fehlt ein Anwendungsbezug. Auf den Erkenntnissen der Grundlagenforschung baut die **angewandte Forschung** auf, indem ein Anwendungsbezug in mehr oder weniger starker Form hergestellt wird bzw. schon vor Beginn der Forschungsarbeiten bestand. Die existierenden experimentellen Darstellungen von Realphänomenen werden auf deren Anwendungsbedingungen und -möglichkeiten hin untersucht.

---

[138] Vgl. Rheinberger (1999: 416–418); Zobel (2006: 12–19).

[139] Vgl. Pfeiffer (1971: 55–58).

[140] Vgl. Schätzle (1965: 24); Brockhoff (1999: 51–52).

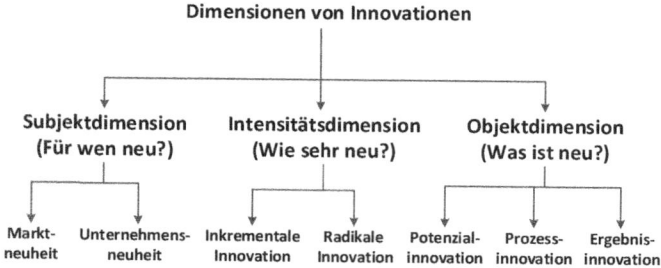

Abb. 1.12: Dimensionen von Innovationen. Quelle: Bruhn/Hadwich (2017: 186).

Als dritte Stufe ist die **Entwicklung** zu nennen. Sie dient der Nutzung und
Verarbeitung wissenschaftlicher Erkenntnisse, um zu neuen oder wesentlich
verbesserten Produkten, Verfahren und Systemen zu gelangen, die i. d. R.
mit dem Ziel einer wirtschaftlichen Nutzung entwickelt werden. Dazu werden
unterschiedliche Einzelphänomene zu Phänomenenkomplexen kombiniert.[141]

Aufbauend auf der Invention findet die Innovation statt. Eine **Innovation
im engeren Sinn** umfasst lediglich die Markteinführung neuer Produkte,
Dienstleistungen oder Technologien und stellt damit auf die erstmalige Anwendung einer neuen Problemlösung in einem wettbewerbswirtschaftlich ori-
entierten Umfeld ab. Damit wird deutlich, dass eine Innovation nicht nur
durch Invention, sondern auch durch den Erwerb von Nutzungsrechten oder
durch Imitation entstanden sein kann. Im **weiteren Sinn** beinhaltet der
Begriff der Innovation die Invention zuzüglich der anschließenden Produkti-
onseinführung, Markteinführung und Marktdurchsetzung der Produkte.[142]

Ein Modell, welches wesentliche Phasen und die möglichen Entwicklungser-
gebnisse des Innovationsprozesses beinhaltet, wurde von BROCKHOFF entwickelt (vgl. Abbildung 1.13). Der Innovationsprozess im weiteren Sinn wird
mit der Auswahl einer Projektidee aus einer Menge von verfügbaren Ideen
zur Bedürfnisbefriedigung initiiert. Ist eine Alternative gewählt worden, beginnt die Phase der Forschung und Entwicklung, welche die Bereiche Grundlagenforschung, angewandte Forschung und Entwicklung beinhaltet. Diese
Aktivität ist durch **drei mögliche Ergebnisse** gekennzeichnet. Entweder
es gelingt aufgrund technischer Schwierigkeiten nicht, die Idee umzusetzen,
oder die Umsetzung gelingt und es resultiert die Invention. Diese Invention
kann der Erwartungshaltung entsprechen, welche die beteiligten Akteure zu
Beginn dieses Prozesses hatten, ist demzufolge geplant, oder ist in der vorliegenden Form nicht geplant bzw. erwartet worden. Wenn die Invention nicht
die ursprünglichen Ziele erfüllt, sondern anders als geplant realisiert wird,
wird von einem Serendipitäts-Effekt gesprochen. An die Invention schließt

---

[141] Vgl. Scholz (1976: 11); Werner (1997: 8); Gläser (2001: 86–87).
[142] Vgl. Brockhoff (1999: 38); Geiger (2000: 143); Specht/Beckmann/Amelingmeyer
(2002: 13–14).

sich die Phase der Innovation im engeren Sinn mit der Markteinführung des
Produktes an. An die erfolgreiche Markteinführung schließt sich die Diffusi-
onsphase an, wohingegen bei einer erfolglosen Markteinführung das Projekt
abgebrochen wird.[143]

Besondere Kennzeichen dieses Modells sind die explizite Darstellung der prinzipiell möglichen Entwicklungsschritte und die Darstellung von Abbruchsmöglichkeiten innerhalb des Erkenntnisgewinnungs- und –verarbeitungspro-
zesses. Positiv hervorzuheben ist die große Allgemeinheit der Darstellung.
Negativ einzustufen ist die geringe Bestimmtheit.

Abb. 1.13: Innovationsprozessmodell nach BROCKHOFF. Quelle: Brockhoff (1999:
36).

Ein weiteres Modell des Innovationsprozesses wurde von COOPER und KLEIN-
SCHMIDT entwickelt. Kennzeichnend für diesen sog. **Stage-Gate-Prozess** ist
die Unterteilung in Phasen, die als **stages** bezeichnet werden, und die als **ga-
tes** bezeichneten Meilensteinprüfungen nach Abschluss der Phasen. Im Rahmen der Meilensteinprüfungen werden die im Modell abstrakt beschriebenen
und im Unternehmen zu konkretisierenden Kriterien durch ein einzurichten-
des Gremium auf ihre Erfüllung abgefragt. Werden die Kriterien erfüllt, kann
die nächste Stufe begonnen werden. Im Fall der Nichterfüllung von Kriterien
besteht die Möglichkeit, das Projekt auszusetzen oder ganz abzubrechen.[144]
Als letztes Modell wird das integrierte Modell von SCHNEIDER und DITTRICH
vorgestellt (vgl. Abbildung 1.14).

---

[143] Zu Erfolgsraten der Markteinführung ausgewählter Produktgruppen vgl. Kuhn
(2007: 2–3); Sander (2011: 376–378).
[144] Vgl. Cooper/Kleinschmidt (1993: 73).

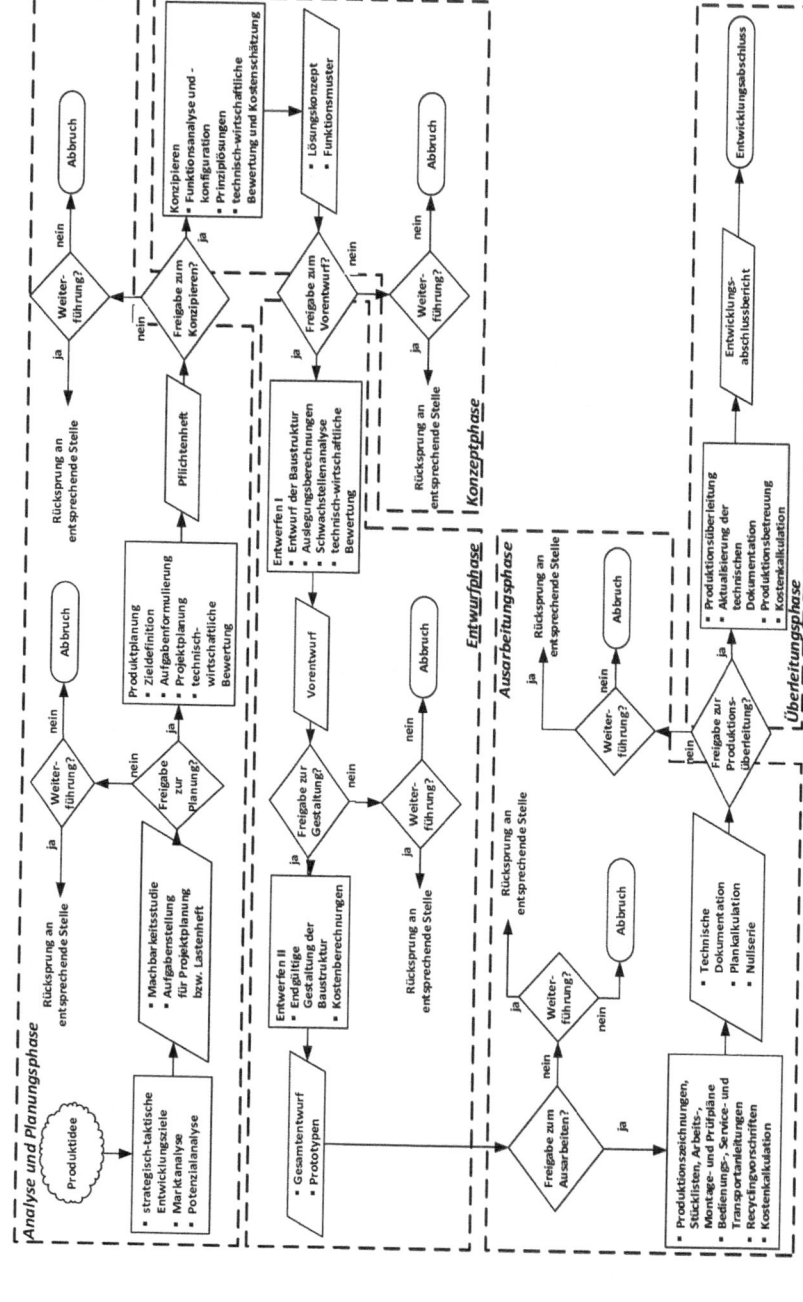

Abb. 1.14: Integrierter Entwicklungsprozess. Quelle: Eigene Darstellung, in Anlehnung an: Schneider/Dittrich (2000: 106–108).

Dieses Modell vereint den detaillierten Produktentwicklungsprozess mit den
übergeordneten Hauptphasen und ökonomischen Entscheidungsfragen. In
dieser Darstellung ist ein iteratives Vorgehen und die damit verbundenen
Rückkopplungen und Verflechtungen zwischen den unterschiedlichen Aufgaben explizit berücksichtigt. Es wird deutlich, dass je nach Unternehmen und
Produkt einige Phasen komplett und einmalig oder komplett und mehrfach,
andere Phasen hingegen nur teilweise durchlaufen werden und dass in jedem Arbeitsschritt mehrere Lösungsvarianten zu erzeugen, zu untersuchen,
zu erproben und zu beurteilen sind. Diese Darstellungsweise zeigt deutlich
eventuell bestehende Rückkopplungen zwischen den einzelnen Phasen sowie
die erforderlichen Entscheidungsprozesse und Handlungsalternativen in den
unterschiedlichen Arbeitsphasen.

1.4.2.2 Führungsprozess

Zur Beschreibung, Analyse und Gestaltung der Führungsprozesse von Investitionen liegt eine ganze Reihe von Beiträgen vor (vgl. Abbildung 1.15). Es
wird deutlich, dass die grundlegende Struktur des Führungsprozesses – bestehend aus Planung, Realisierung und Kontrolle – auf den Investitionsprozess
übertragen und in einigen Fällen angepasst wird.

Von diesen Darstellungen weicht die Charakterisierung des Investitionsprozesses durch LACHHAMMER in größerem Umfang ab. Er differenziert zwischen
einer individuellen Phase und einer kollektiven Phase des Prozesses. Die individuelle Phase ist gekennzeichnet durch:[145]

- die originäre Motivationsphase mit Informationsaufnahme, Konflikt und
  Motivation zur Investitionsentscheidung,
- die Phase der Bedürfnisbefriedigung, in welcher Alternativen gesucht und
  Konsequenzen prognostiziert werden,
- die derivative Motivationsphase, die durch eine mögliche kognitive Disso-
  nanz sowie eine erneute Motivation gekennzeichnet ist,
- die Phase der Reduktion eventueller kognitiver Dissonanzen durch eine
  erneute Informationssuche und -auswertung
- die abschließende Emotionsphase, die den Akteur entweder zum Ausgangspunkt des Prozesses zurückführt oder den Prozess in die kollektive
  Entscheidungsphase überführt.

---

[145] Vgl. Lachhammer (1977: 77–78).

Phasen des Investitionsprozesses

Autor(en)	Phasen des Investitionsprozesses
Adam (2000: 11)	Planung, Entscheidung | Realisation, Steuerung | Kontrolle | Nachbesserung
Altrogge (1996: 2-4)	Anstoß | Projektvorschlag | Alternativen-darstellung | Konkretisierung, Analysen, Bewertung | Alternativen-auswahl | Realisierung | Verfolgung | Beendigung
Blohm/Lüder/Schaefer (2012: 5)	Investitions-vorschlag | Alternativen-suche | Vorauswahl | Datenermittlung & Investitionsrechnung | Abstimmung mit Gesamtplanung | Investitions-entscheidung | Realisation & Realisationskontrolle | Ergebniskontrolle
Bomm (1992: 113)	Analyse | Suche | Entscheidung | Realisierung | Kontrolle
Borghoff (1994: 73)	Vorbereitung (Anregung | Bewertung) | Entscheidung | Durchführung / Realisation | Nutzung
Busse von Colbe/Laßmann (1990: 15-17)	Anregung | Suche | Optimierung | Planung der Durchführung | Durchführung | Kontrolle
Götze (2014: 14-15)	Planung (Anregung | Entscheidung | Detailplanung) | Realisation (Errichtung | Nutzung)
Heinen (1957: 95-96)	Denkvorgänge (Beobachten | Bildung und Bewertung einer Idee | Entschluss zur Verwirklichung der Idee) | Ausführungsvorgänge
Jaspersen (1997: 108-109)	Planung, Entscheidung (Investitionsanregung | Investitionsplanung | Investitionsentscheidung) | Finanzierung | Investitionsrealisierung
Kruschwitz/Lorenz (2019: 6-8)	Problemstellung | Planung (Suche | Beurteilung) | Entscheidung | Realisation | Kontrolle
May (1983: 36)	Investitionsanregung | Willensbildung (Investitions-grobplanung | Vorentscheid | Investitions-feinplanung | Investitions-entscheidung) | Willensdurchsetzung (Investitionsanordnung | Investitionskontrolle)
Müller-Hedrich et al. (2006: 29)	Investitionsanregung | Vorbereitung der Investitionsentscheidung | Investitionsentscheidung | Realisierung und Kontrolle der Investition
Olfert (2021: 48-53)	Anregung | Suche | Entscheidung | Durchführung | Kontrolle
Rösgen (2000: 46)	Zielsetzung, Anregung, Problemanalyse | Alternativensuche, -bewertung | Entscheidung | Realisation und Nutzung | Soll-Vorgabe, Ermittlung Ist-Werte | Soll-Ist-Vergleich | Abweichungsanalyse, Anpassung
Schultz (2005: 122)	Bedarfsprüfung | Alternativensuche | Willensbildung (Bewertung & Entscheidung) | Beantragung | Bewilligung | Willensdurchsetzung (Realisierung) | Budget-vorgabe | Budget-kontrolle | Budget-adaption
Schuppisser (1978: 30)	Investitions-anregung | Zwischen-entscheid | Investitions-grobplanung | Vorentscheid | Investitions-feinplanung | Investitions-entschluss | Investitions-anordnung | Investitions-kontrolle
Sierke (1990: 93-98)	Anregung (prädisponierender Prozess) | Entscheidung (realisierender Prozess) | Durchführung | Degeneration
Trost/Dechant (2000: 152-160)	Ziel-formulierung | Investitionsanregung | Alternativensuche und -formulierung | Investitionsbewertung und -entscheidung | Realisation | Nutzung

Abb. 1.15: Modelle des Investitionsprozesses in der Literatur. Quelle: Eigene Darstellung.

Die kollektive Phase des Investitionsprozesses ist ein durch Abstimmungen und Interessenkonflikte gekennzeichneter Teilprozess, der wiederum zu individuellen Entscheidungsprozessen führen kann.[146] Interessant ist an diesem Ansatz die explizite Berücksichtigung **individueller** und **kollektiver** Elemente des Prozesses von Investitionsentscheidungen. Diese Betrachtungsweise wird aufgegriffen.[147]

Gemeinsam ist den vorangestellten Prozessmodellen eine Überlagerung von Führungsprozessen und Phasen des Lebenszyklus. Die Lebenszyklen von Investitionen interferieren in diesen Darstellungen mit den Phasen des Führungsprozesses. Dabei wird eine Hauptaufgabe der Investitionsplanung in der Auswahl des geeigneten Investitionsobjektes und eine Hauptaufgabe der Investitionskontrolle in der Kontrolle der Investitionsdurchführung gesehen. Der Investitionsprozess wird wie ein Führungsprozess in die Phasen Planung, Realisation und Kontrolle eingeteilt.

Eine Vermischung dieses Prozesses der Willensbildung und -durchsetzung mit dem Prozess des Investitionslebenszyklus erweist sich jedoch als wenig zweckmäßig. Jeder Phase des Investitionslebenszyklus lassen sich Tätigkeiten wie Planung von Entscheidungen, Realisation und Kontrolle derselben zuordnen. Wahlakte sowie die Planung, Durchsetzung und Kontrolle von Entscheidungen sind während des gesamten Investitionslebenszyklus notwendig und möglich. Um dies zu berücksichtigen, wird im nächsten Abschnitt die entscheidungsorientierte Phasenstruktur vorgestellt.

1.4.2.3 Entscheidungsorientierte Phasenstruktur

Nach den isolierten Darstellungen des Führungsprozesses und der Phasen des Investitionslebenszyklus werden beide Prozesse miteinander vernetzt. Als Ergebnis der Verknüpfung der Führungsprozesse mit dem Investitionslebenszyklus entsteht eine Matrix für die Planung, Durchsetzung und Kontrolle von Entscheidungen bei Realinvestitionen, wie sie allgemeingültig formuliert werden kann (vgl. Tabelle 1.5).[148]

Die Investitionsplanung hat die entsprechenden Phasen der Führungsprozesse in den einzelnen Phasen des Investitionslebenszyklus zum Inhalt. Die Anregung zur Initiierung eines investitionsbezogenen Entscheidungsprozesses kann in jeder Phase des Lebenszyklus bereits bestehender Investitionen erfolgen bzw. den Lebenszyklus einer Investition eröffnen. Neben der Entscheidung zur Auswahl des Investitions- bzw. Innovationsobjektes zählen also die Entscheidungen zur Durchführung von Instandhaltungsmaßnahmen oder

---

[146] Vgl. Lachhammer (1977: 88–94).

[147] Vgl. 2. Band, Kapitel 1 auf S. 3, Kapitel 3 auf S. 387 und Kapitel 4 auf S. 461.

[148] Vgl. auch Sierke (1990: 106).

zur Bestimmung des optimalen Ersatzzeitpunktes von güterwirtschaftlichen Anlagen genauso zum Planungsbereich wie die Planung der Zeitpunkte zur Erreichung der Innovationsmeilensteine in Abhängigkeit vom Innovationsfortschritt oder die Entscheidung über den Rückzug aus einem Innovationsprojekt. Da die Führung von Realinvestitionen die Planung, Realisierung und Kontrolle von Entscheidungen zum Inhalt hat, bietet es sich an, von einer entscheidungsorientierten Phasenstruktur zu sprechen. Die Investitionsplanung umfasst demnach die Planung jeder investitionsbezogenen Entscheidung und die Investitionskontrolle die Kontrolle aller investitionsbezogenen Willensbildungs- und -realisierungsprozesse im Verlaufe des Investitionslebenszyklus.

Tab. 1.5: Allgemeingültiges entscheidungsorientiertes Phasenschema. Quelle: Müller (2004: 57).

Führungsprozess / Lebenszyklusphasen		Bindungsdominierte Phase	Freisetzungsdominierte Phase
Anregung, Zielsetzung, Problemanalyse	Planung		
Alternativensuche und Prognose	Planung		
Beurteilung und Entscheidung	Planung		
Realisation			
Kontrolle			

Um allgemeingültige Aussagen über die Lebenszyklusphasen der Realinvestitionen treffen zu können, werden diese in entsprechende Phasen zusammengefasst. Dazu wird ein konstitutives Merkmal von Investitionen zur Aggregation der Lebenszyklen verwendet. Mit einer Investition ist die Bindung finanzieller Mittel und im Anschluss daran die Freisetzung dieser Mittel verbunden. Allen Investitionen ist gemeinsam, dass in den ersten Phasen des Lebenszyklus finanzielle Mittel in einem Objekt oder Projekt gebunden werden und im Laufe der Nutzung dieses Objektes und seiner Liquidation oder bei erfolgreicher Realisierung des Projektes wieder freigesetzt werden. Deshalb kann der Lebenszyklus von Realinvestitionen allgemeingültig in eine Phase der Dominanz der Bindung der finanziellen Mittel (im Folgenden als **bindungsdominierte Phase** bezeichnet) und eine Phase der Dominanz der Freisetzung der gebundenen finanziellen Mittel (**freisetzungsdominierte Phase**) unterteilt werden. Diesen Hauptphasen können die spezifischen Unterabschnitte der Investitionsobjektarten zugeteilt werden.

Die bindungsdominierte Phase besteht für güterwirtschaftliche Investitionen aus den Phasen der Auswahl des Investitionsobjektes und der Investitionsobjektbeschaffung bzw. -errichtung einschließlich seiner Inbetriebnahme. Die freisetzungsdominierte Phase stellt die Phase der Objektnutzung, der finalen Stilllegung und der Liquidation dar. Im Falle von Potenzialinvestitionen erstreckt sich die bindungsdominierte Phase von der Forschung und Entwicklung über den Aufbau der Produktion bis zur Markteinführung. Die freisetzungsdominierte Phase besteht aus der erfolgreichen Markteinführung und der Marktdurchdringung. Denkbar ist im Falle von Potenzialinvestitionen auch eine Begrenzung der bindungsdominierten Phase auf die Erstellung und Gewinnung von Inventionen und die Gestaltung der freisetzungsdominierten Phase durch die Veräußerung von Patenten oder Lizenzen. Zur Konkretisierung der Ausführungen werden in Tabelle 1.6 für eine güterwirtschaftliche Investition die relevanten Entscheidungen während des Investitionsprozesses dargestellt.

Im gesamten güterwirtschaftlichen Investitionsprozess ist eine Vielzahl von Entscheidungsplanungen, -realisierungen und -kontrollen notwendig. Zum Beispiel wird im Rahmen der Instandhaltungsplanung die Instandhaltungsstrategie (korrektiv oder präventiv) festgelegt.[149] Die Instandhaltungskontrolle hat die Durchführung der Instandhaltungsmaßnahmen nachträglich zu überprüfen. Hauptaugenmerk liegt dabei auf den Stillstandszeiten und den Instandhaltungskosten. Festgestellte und für relevant befundene Soll-Ist-Abweichungen werden analysiert. Nach der Aufdeckung von Schwachstellen werden Anpassungsmaßnahmen ergriffen.

Tab. 1.6: Phasenstruktur einer güterwirtschaftlichen Investition. Quelle: Müller (2005: 48).

Lebenszyklusphasen \ Führungsprozess	Bindungsdominierte Phase		Freisetzungsdominierte Phase	
	Auswahl	Objektbeschaffung bzw. -erstellung	Nutzung und Instandhaltung	Stilllegung und Liquidation
Planung				
Realisation				
Kontrolle				

Auch für die Anlagenausmusterung wird mittels der Anlagenstilllegungsplanung festgelegt, ob und wann vorhandene Betriebsmittel ausgemustert werden sollen. Vor Inbetriebnahme einer Anlage wird die optimale Nutzungsdauer geplant.[150] Nach der Inbetriebnahme wird diese Plannutzungsdauer regelmäßig durch die Anlagenausmusterungskontrolle überprüft und falls nötig korrigiert, so dass letztlich der optimale Ersatz- oder Stilllegungszeitpunkt gefunden wird.[151]

---

[149] Vgl. DIN EN 13306 (2010) sowie DIN 31051 (2012) zur Instandhaltung.

[150] Vgl. Abschn. 3.8.2 auf S. 342.

[151] Vgl. Abschn. 3.8.3 auf S. 360.

Die Planung von Investitionen umfasst neben der **Auswahl** eines geeigneten Investitionsobjektes auch die Festlegung des **Investitionszeitpunktes**. Es wird noch gezeigt, dass dem Unternehmen prinzipiell oftmals auch die Möglichkeit der Unterlassung einer Maßnahme zur Verfügung steht.[152] Im Fall **mehrstufiger Entscheidungen** kann geprüft werden, ob es besser ist die Maßnahme aufzuschieben und deren Durchführung zu einem späteren Zeitpunkt erneut zu prüfen. So kann der optimale Zeitpunkt der Investitionsausübung bestimmt werden.[153] Das gilt als auch für die Stilllegung von Investitionsobjekten.

Entsprechend der Tabelle 1.6 werden mit dem Begriff Investitionsplanung Handlungen der antizipativen Willensbildung zu investitionsbezogenen Entscheidungen in den unterschiedlichen Lebenszyklusphasen einer Investition bezeichnet. Die Investitionsplanung umfasst:

- Festlegung des Zielzustandes, Identifikation der mit der Zielerreichung verbundenen Probleme,
- Suche nach Alternativen zur Problemlösung, Prognose zukünftiger Einflussfaktoren und Bewertung der Alternativen,
- Auswahl der als vorteilhaft identifizierten Alternative und Treffen der Entscheidung.

Die Investitionskontrolle setzt sich aus einem Soll-Ist-Vergleich und einer Abweichungsanalyse der investitionsbezogenen Willensbildungs- und Realisierungsprozesse im Verlaufe des Investitionslebenszyklus zusammen.

Auch für Potenzialinvestitionen kann eine Reihe von Führungsprozessen für jede der Innovationsphasen festgestellt werden (vgl. Tabelle 1.7). Im Verlauf des Innovationsprozesses ist eine ganze Anzahl von Entscheidungen zu planen, zu kontrollieren und zu realisieren, wobei sich vielfältige Handlungsmöglichkeiten ergeben. Da das Unternehmen nicht gezwungen ist, die Innovation bis zur Marktdiffusion zu realisieren, besteht auch bei Produktinnovationen in jeder Phase die Möglichkeit des Projektabbruchs. Bevor das Projekt jedoch vollständig abgebrochen wird, wird das Unternehmen prüfen, ob und wie weit die Entscheidung über die nächste Innovationsstufe aufgeschoben werden kann, um in dieser Zeit neue Informationen bezüglich des Produktes und des Marktes zu sammeln. Dazu werden von den Unternehmen häufig Tests durchgeführt. In einigen Bereichen macht die Testphase einen Großteil des Innovationsprozesses aus und besteht selbst wiederum aus mehreren Phasen. Wurde das Projekt bis zur erfolgreichen Markteinführung gebracht, ergeben sich zusätzliche vielfältige Optionen bezüglich der Produktion.[154]

---

[152] Vgl. Abschn. 3.1.2 auf S. 165 und Abschn. 5.1.2 auf S. 486.

[153] Vgl. Abschn. 4.5 auf S. 451.

[154] Vgl. Kramer/Müller (2004: 288).

Tab. 1.7: Phasenstruktur einer Potenzialinvestition. Quelle: Eigene Darstellung, in Anlehnung an: Müller/Münnich (2011: 575).

Führungs-prozess / Innova-tions-phasen	Bindungsdominierte Phase				Freisetzungs-dominierte Phase
	Projekt-idee und auswahl	Forschung und Entwicklung	Tests und Produktions-vorbereitung	Produktions-beginn und Markt-einführung	Patent- bzw. Lizenzverkauf und/oder Markt-durchdringung
Planung					
Realisation					
Kontrolle					

Die Entscheidungsträger können nach und während jeder Prozessstufe die weitere Vorgehensweise in Abhängigkeit der dann verfügbaren Informationen bestimmen. So besteht die Möglichkeit, mit der Investitionsauszahlung entweder nur die Rückflüsse aus einem Projekt zu erwerben oder gleichzeitig auch die Möglichkeit zum Abbruch des Projektes.[155] Darüber hinaus ist es vorstellbar, dass mit der Investitionsauszahlung erst einmal keine Rückflüsse erworben werden, sondern lediglich das Recht, in der nächsten Phase gegen Zahlung der nächsten Investitionstranche Rückflüsse zu erwerben. Existiert ein Innovationsprojekt schon, verfügt der Akteur über verschiedene Möglichkeiten der Fortführung oder des Abbruchs dieses Projektes.

1.5 Literaturverzeichnis

Adam, D. (1997): Planung und Entscheidung: Modelle – Ziele – Methoden. Mit Fallstudien und Lösungen. 4. Aufl., Wiesbaden: Gabler.

Adam, D. (2000): Investitionscontrolling. 3. Aufl., München: Oldenbourg.

Altrogge, G. (1996): Investition. 4. Aufl., München u. a.: Oldenbourg.

Ashby, W. R. (1956): An introduction to cybernetics. London: Chapman & Hall.

Bathe, J./Müller, D. (2002): Zur entscheidungsorientierten Phasenstruktur des Investitionscontrollings. In: Zeitschrift für Planung & Unternehmenssteuerung, 13 (4): 323–343.

Baum, H.-G./Coenenberg, A. G./Günther, T. (2013): Strategisches Controlling. 5. Aufl., Stuttgart: Schäffer-Poeschel.

Bea, F. X./Haas, J. (2013): Strategisches Management. 6. Aufl., Stuttgart: Lucius & Lucius.

Berens, W./Delfmann, W./Schmitting, W. (2004): Quantitative Planung. 4. Aufl., Stuttgart: Schäffer-Poeschel.

Bliss, C. (2000): Management von Komplexität: Ein integrierter, systemtheoretischer Ansatz zur Komplexitätsreduktion. Gabler: Wiesbaden.

---

[155] Vgl. Abschn. 5.4.3.1 auf S. 512.

Blohm, H./Lüder, K./Schaefer, C. (2012): Investition. 10. Aufl., München: Vahlen.

Bomm, H. (1992): Ein Ziel- und Kennzahlensystem zum Investitionscontrolling komplexer Produktionssysteme. Berlin: Springer.

Borghoff, T. (1994): Systemorientiertes Investitions-Controlling: Ein Beitrag unter Berücksichtigung internationaler Direktinvestitionen im Sozialkontext des Unternehmens. Bovenden: Unitext.

Bossel, H. (2004): Systeme, Dynamik, Simulation: Modellbildung, Analyse und Simulation komplexer Systeme. Norderstedt: Books on demand.

Boucoiran, T. (2010): Einfluss nationaler Kultur auf das Controlling: Eine Exploration deutscher und französischer Controllingpraxis aus Sicht deutscher Unternehmen. Hamburg: Dr. Kovač.

Brockhoff, K. (1999): Produktpolitik. 4. Aufl., Stuttgart: Lucius & Lucius.

Brockhoff, K. (2021): Betriebswirtschaftslehre in Wissenschaft und Geschichte. 6. Aufl., Wiesbaden: Springer Gabler.

Bruhn, M./Hadwich, K. (2017): Produkt- und Servicemanagement. 2. Aufl., München: Vahlen.

Buchholz, L. (2019): Strategisches Controlling. 3. Aufl., Wiesbaden: Springer Gabler.

Burr, W./Stephan, M./Werkmeister, C. (2011): Unternehmensführung: Strategien der Gestaltung und des Wachstums von Unternehmen. 2. Aufl., München: Vahlen.

Burschel, C. (1995): Das moderne Risiko – ökonomisches und ökologisches Denken im Widerstreit. In: Joussen, W./Hessler, A. G. (Hg.): Umwelt und Gesellschaft. Berlin: Akademieverlag, S. 257–279.

Busse von Colbe, W./Laßmann, G. (1990): Betriebswirtschaftstheorie. Bd. 3: Investitionstheorie. 3. Aufl., Berlin u. a.: Springer.

Chmielewicz, K. (1968): Grundlagen der industriellen Produktgestaltung. Berlin: Duncker & Humblot.

Chmielewicz, K. (1970): Die Formalstruktur der Entscheidung. In: Zeitschrift für Betriebswirtschaft, 40 (4): 239–268.

Clifford, D. K. (1965): Managing the product life cycle. In: Management Review, 54 (6): 34–38.

Coenenberg, A./Fischer, T. M./Günther, T. (2016): Kostenrechnung und Kostenanalyse. 9. Aufl., Stuttgart: Schäffer-Poeschel.

Cooper, R. G./Kleinschmidt, E. J. (1993): Screening new products for potential winners. In: Long Range Planning, 26 (6): 74–81.

Corsten, H./Gössinger, R. (2013): Produktions- und Logistikmanagement. Konstanz: UVK-Verl.-Gesellschaft.

Cox, W. E. (1967): Product life cycles as marketing models. In: Journal of Business, 40 (4): 375–384.

Cunningham, M. (1969): The application of product life cycles to corporate strategy: some research findings. In: European Journal of Marketing, 3 (1): 32–44.

Day, G. (1981): The product life cycle: analysis and applications issues. In: Journal of Marketing, 45 (4): 60–67.

Dean, J. (1950): Pricing policies for new products. In: Harvard Business Review, 28 (6): 45–53.

Denk, R./Pfneissl, T. (2009): Komplexität und Komplexitätsmanagement. In: Denk, R./Pfneissl, T. (Hg.): Komplexitätsmanagement. Wien: Linde, S. 13–49.

Dhalla, N. K./Yuseph, S. (1976): Forget the product life cycle concept! In: Harvard Business Review, 54 (1): 102–112.

Dillerup, R./Stoi, R. (2016): Unternehmensführung. 5. Aufl., München: Vahlen.

Domschke, W./Scholl, A./Voß, S. (1997): Produktionsplanung: Ablauforganisatorische Aspekte. 2. Aufl., Berlin u. a.: Springer.

Eckert, D. (1985): Risikostrukturen industrieller Forschung und Entwicklung: Theoretische und empirische Ansatzpunkte einer Risikoanalyse technologischer Innovationen. Berlin: Schmidt.

Eisenführ, F./Weber, M./Langer, T. (2010): Rationales Entscheiden. 5. Aufl., Berlin u. a.: Springer.

Fischer, T. M./Möller, K./Schultze, W. (2015): Controlling: Grundlagen, Instrumente und Entwicklungsperspektiven. 2. Aufl., Stuttgart: Schäffer-Poeschel.

Freidank, C.-C. (2012a): Unternehmensüberwachung: Die Grundlagen betriebswirtschaftlicher Kontrolle, Prüfung und Aufsicht. München: Vahlen.

Freidank, C.-C. (2012b): Kostenrechnung: Grundlagen des innerbetrieblichen Rechnungswesens und Konzepte des Kostenmanagements. 9. Aufl., München u. a.: Oldenbourg.

Gäfgen, G. (1974): Theorie der wirtschaftlichen Entscheidung: Untersuchung zur Logik und Bedeutung des rationalen Handelns. 3. Aufl., Tübingen: J. C. B. Mohr.

Geiger, O. (2000): Kennzahlenorientiertes Entwicklungscontrolling: Ein ganzheitliches, kennzahlenbasiertes Planungs-, Steuerungs- und Kontrollinstrument zur Analyse des Entwicklungsbereichs industrieller Unternehmen. Aachen: Shaker.

Gläser, J. (2001): Modus 2a und Modus 2b. In: G. Bender (Hg.): Neue Formen der Wissenserzeugung. Frankfurt/Main u. a.: Campus, S. 83–99.

Götze, U. (2014): Investitionsrechnung. 7. Aufl., Berlin u. a.: Springer.

Götze, U. (2010): Kostenrechnung und Kostenmanagement. 5. Aufl., Berlin u. a.: Springer.

Graumann, M. (2004): Ziele für die betriebswirtschaftliche Theoriebildung: Ein entscheidungstheoretischer Ansatz. Berlin: Duncker & Humblot.

Gutenberg, E. (1983): Grundlagen der Betriebswirtschaftslehre. Bd. 1: Die Produktion. 24. Aufl., Berlin u. a.: Springer.

Gutenberg, E. (1988): Die Unternehmung als Gegenstand betriebswirtschaftlicher Theorie. Unveränderter Nachdruck der Ausgabe von 1929. Vaduz: Topos.

Hahn, D./Hungenberg, H. (2001): PuK: Wertorientierte Controllingkonzepte. 6. Aufl., Wiesbaden: Gabler.

Hammer, R. (2015): Planung und Führung. 9. Aufl., München u. a.: De Gruyter Oldenbourg.

Heinen, E. (1990): Grundtatbestände betrieblicher Entscheidungen. In: Heinen, E. (Hg.): Industriebetriebslehre. Wiesbaden: Gabler, S. 323–383.

Heinen, E. (1957): Zum Begriff und Wesen der betriebswirtschaftlichen Investition. Zweiter Teil. In: Betriebswirtschaftliche Forschung und Praxis, 9 (o. A.): 85–98.

Herrmann, L. (2009): Innovationsmanagement in Business-to-Business-Geschäftsbeziehungen: Eine informationsbezogene Perspektive. Wiesbaden: Gabler.

Hirsch, B./Volnhals, M. (2012): Information overload im betrieblichen Berichtswesen – ein unterschätztes Phänomen. In: Die Betriebswirtschaft, 72 (1): 23–55.

Höft, U. (1992): Lebenszykluskonzepte: Grundlagen für das strategische Marketing- und Technologiemanagement. Berlin: Schmidt.

Horváth, P./Gleich, R./Seiter, M. (2020): Controlling. 14. Aufl., München: Vahlen.

Hungenberg, H. (2014): Strategisches Management in Unternehmen. 8. Aufl., Wiesbaden: Springer Gabler.

Jaspersen, T. (1997): Investition: Computergestützte Verfahren und Controlling im Investitionsprozess. München u. a.: Oldenbourg.

Jung, H. (2011): Personalwirtschaft. 9. Aufl., München u. a.: Oldenbourg.

Kirsch, W. (1971): Entscheidungsprozesse. Bd. 2: Informationsverarbeitungstheorie des Entscheidungsverhaltens. Wiesbaden: Gabler.

Klein, R./Scholl, A. (2011): Planung und Entscheidung. 2. Aufl., München: Vahlen.

Knight, F. H. (1933): Risk, uncertainty and profit. Boston, u. a.: Houghton Mifflin.

Kortzfleisch, G. von (1959): Zum Wesen der betriebswirtschaftlichen Planung. In: Ries, J./Kortzfleisch, G. von (Hg.): Betriebswirtschaftliche Planung in industriellen Unternehmungen. Berlin: Duncker & Humblot, S. 9–19.

Kosiol, E. (1968): Einführung in die Betriebswirtschaftslehre: Die Unternehmung als wirtschaftliches Aktionszentrum. Wiesbaden: Gabler.

Kramer, M./Müller, D. (2004): Realoptionsmodelle als Instrumente des Investitionscontrollings von Umweltinnovationen. In: Schwarz, E. (Hg.): Nachhaltiges Innovationsmanagement. Wiesbaden: Gabler, S. 275–306.

Krieg, W. (1971): Kybernetische Grundlagen der Unternehmungsgestaltung. Bern u. a.: Paul Haupt.

Kroeber-Riel, W. (1969): Wissenschaftstheoretische Sprachkritik in der Betriebswirtschaftslehre: Semantische und pragmatische Untersuchungen betriebswirtschaftlicher Sprachen. Berlin: Duncker & Humblot.

Kruschwitz, L./Lorenz, D. (2019): Investitionsrechnung. 15. Aufl., München u. a.: DeGruyter Oldenbourg.

Krutilla, J. V. (1967): Conservations reconsidered. In: American Economic Review, 57 (4): 777–786.

Küpper, H.-U. (2011): Unternehmensethik: Hintergründe, Konzepte, Anwendungsbereiche. 2. Aufl., Stuttgart: Schäffer-Poeschel.

Küpper, H.-U./Friedl, G./Hofmann, C./Hofmann, Y./Pedell, B. (2013): Controlling: Konzeption – Aufgaben – Instrumente. 6. Aufl., Stuttgart: Schäffer-Poeschel.

Kuhn, J. (2007): Markteinführung neuer Produkte. Wiesbaden: DUV.

Lachhammer, J. L. (1977) Investitionsrechnung und Investitionsentscheidungsprozess - Bd. 1: Elemente eines verhaltenswissenschaftlichen Erklärungsmodells. München u. a.: Ernst Reinhardt.

Lambkin, M./Day, G. S. (1989): Evolutionary processes in competitive markets: beyond the product life cycle. In: Journal of Marketing, 53 (3): 4–20.

Laux, H./Gillenkirch, R. M./Schenk-Mathes, H. Y. (2018): Entscheidungstheorie. 10. Aufl., Berlin u. a.: Springer.

Laux, H./Liermann, F. (2005): Grundlagen der Organisation: Die Steuerung von Entscheidungen als Grundproblem der Betriebswirtschaftslehre. 6. Aufl., Berlin u. a.: Springer.

Lenders, M. J. E. (2009): Beschleunigung der Produktentwicklung durch Lösungsraum-Management. Aachen: Shaker.

Levitt, T. (1965): Exploit the product life cycle. In: Harvard Business Review, 43 (6): 81–94.

Levitt, T. (1966): Putting the product life cycle to work. In: Management Review, 55 (1): 19–23.

Macharzina, K./Wolf, J. (2018): Unternehmensführung: Das internationale Managementwissen. Konzepte – Methoden – Praxis. 10. Aufl., Wiesbaden: Gabler.

May, D. (1983): Entscheidungstheoretisch fundierte Organisation der Investitionsentscheidung im Industrieunternehmen. Berlin: o. A.

Meffert, H. (1974): Interpretation und Aussagewert des Produktlebenszyklus-Konzepts. In: Hammann, P./Kroeber-Riel, W./Schnutenhaus, O. R. (Hg.): Neuere Ansätze der Marketingtheorie. Festschrift zum 80. Geburtstag von Otto R. Schnutenhaus. Berlin: Duncker & Humblot, S. 85–134.

Mintzberg, H. (1994): Rethinking strategic planning part II: new roles for planners. In: Long Range Planning, 27 (3): 22–30.

Mintzberg, H. (1978): Patterns in strategy formation. In: Management Science, 24 (9): 934–948.

Mintzberg, H./Waters, J. (1985): Of strategies, deliberate and emergent. In: Strategic Management Journal, 6 (3): 257–272.

Müller, D. (2004): Realoptionsmodelle und Investitionscontrolling im Mittelstand. Wiesbaden: DUV.

Müller, D. (2005): Modell der Tauschrealoptionen als Instrument des Investitionscontrollings. In: Zeitschrift für Controlling und Management, 49 (1): 47–62.

Müller, D. (2007): Bestimmungsfaktoren der Improvisation im Unternehmen. In: Zeitschrift für Planung & Unternehmenssteuerung, 18 (3): 255–277.

Müller, D. (2009a): Einsatz und Beurteilung formaler und mentaler Modelle des Investitionscontrollings. In: Müller, D. (Hg.): Controlling für kleine und mittlere Unternehmen. München u. a.: Oldenbourg, S. 475–505.

Müller, D. (2009b): Betrachtung emergenter Strategien durch das Prisma der Improvisation. In: Zeitschrift für Management, 4 (3): 283–304.

Müller, D. (2017): Analyse der Improvisation als Problemlösungsalternative in KMU. In: Müller, D. (Hg.): Controlling für kleine und mittlere Unternehmen. 2. Aufl., München: De Gruyter Oldenbourg, S. 394–428.

Müller, D./Münnich, A. (2011): Konsequenzen internationaler Rechnungslegung für das F&E-Controlling. In: Funk, W./Rossmanith, J. (Hg.): Internationale Rechnungslegung und Internationales Controlling. Wiesbaden: Gabler, 2. Aufl., S. 569–594.

Müller, K. (1996): Allgemeine Systemtheorie: Geschichte, Methodologie und sozialwissenschaftliche Heuristik eines Wissenschaftsprogramms. Köln u. a.: Westdt. Verl.

Müller-Hedrich, B. W./Schünemann, G./Zdrowomyslaw, N. (2006): Investitionsmanagement. 10. Aufl., Renningen: Expert.

Neuberger, O. (2000): Dilemmata und Paradoxa im Managementprozess – Grenzen der Entscheidungsrationalität. In: Schreyögg, G. (Hg.): Funktionswandel im Management. Berlin: Duncker & Humblot, S. 173–220.

Olfert, K. (2021): Investition. 8. Aufl., Herne: Kiehl.

Ott, F. (2000): Strategisches Investitionscontrolling in internationalen Konzernen: Konzeption und Umsetzung in der chemischen Industrie. Wiesbaden: DUV.

Pack, L. (1959): Betriebliche Investition. Wiesbaden: Gabler.

Patton, A. (1968): Top management's stake in the product life cycle. In: Britt, S./Boyd, H. (Hg.): Marketing management and administrative action. New York: McGraw-Hill, S. 321–331.

Penrose, E. (1952): Biological analogies in the theory of the firm. In: American Economic Review, 42 (5): 804–819.

Pfaff, D./Bärtl, O. (2000): Akquisition und Desinvestition aus wertorientierter Sicht. In: Wagenhofer, A./Hrebicek, G. (Hg.): Konzepte und Umsetzungen zur Unternehmenswertsteigerung. Stuttgart: Schäffer-Poeschel, S. 65–94.

Pfister, H.-R./Jungermann, H./Fischer, K. (2017): Die Psychologie der Entscheidung. 4. Aufl., Heidelberg u. a.: Spektrum, Akademie Verlag.

Pfeiffer, W. (1971): Allgemeine Theorie der technischen Entwicklung als Grundlage einer Planung und Prognose des technischen Fortschritts. Göttingen: Vandenhoeck & Ruprecht.

Pfeiffer, W./Weiß, E./Volz, T./Wettengl, S. (1997): Funktionalmarkt-Konzept zum strategischen Management prinzipieller technologischer Innovationen. Göttingen: Vandenhoeck & Ruprecht.

Pfingsten, F. (1998): Shareholder-Value im Lebenszyklus: Methoden einer marktwertorientierten Unternehmensführung. Wiesbaden: DUV.

Polli, R./Cook, V. (1969): Validity of the product life cycle. In: Journal of Business, 42 (4): 385–400.

Rehkugler, H. (2007): Grundzüge der Finanzwirtschaft. München u. a.: Oldenbourg.

Rheinberger, H.-J. (1999): Strukturen des Experimentierens: Zum Umgang mit dem Nichtwissen. In: Bödeker, H. E./Reill, P. H./Schlumbohm, J. (Hg.): Wissenschaft als kulturelle Praxis, 1750–1900. Göttingen: Vandenhoeck & Ruprecht, S. 415–423.

Riesenhuber, M. (2006): Die Fehlentscheidung: Ursache und Eskalation. Wiesbaden: DUV.

Riezler, S. (1996): Lebenszyklusrechnung: Instrument des Controlling strategischer Projekte. Wiesbaden: DUV.

Rink, D. R./Swan, J. E. (1979): Product life cycle research: a literature review. In: Journal of Business Research, 7 (3): 219–242.

Rogers, E. (2003): Diffusion of innovations. 5. Aufl., New York u. a.: Free Press.

Rollberg, R. (2012): Operativ-taktisches Controlling. München: Oldenbourg.

Rösgen, K. (2000): Investitionscontrolling: Konzeption eines lebenszyklusorientierten Controllings von Sachanlagen. Frankfurt/M.: Peter Lang.

Sander, M. (2011): Marketing-Management. 2. Aufl., Stuttgart: UVK-Verlag.

Schäfer, H. (2005): Unternehmensinvestitionen. 2. Aufl. Heidelberg: Physica.

Schäffer, U. (2001): Kontrolle als Lernprozess. Wiesbaden: DUV.

Schäffer, U. (2004): Rationalitätssicherung durch Kontrolle. In: Scherm, E./Pietsch, G. (Hg.): Controlling: Theorien und Konzeptionen. München: Vahlen, S. 487–500.

Schätzle, G. (1965): Forschung und Entwicklung als unternehmerische Aufgabe. Köln u. a.: Westdt. Verlag.

Schiemenz, B./Seiwert, L. (1979): Ziele und Zielbeziehungen in der Unternehmung. In: Zeitschrift für Betriebswirtschaft, 49 (7): 581–603.

Schneider, D. (1992): Investition, Finanzierung und Besteuerung. 7. Aufl., Wiesbaden: Gabler.

Schneider, D. (2001): Betriebswirtschaftslehre. Bd. 4: Geschichte und Methoden der Wirtschaftswissenschaft. München u. a.: Oldenbourg.

Schneider, E. (1951): Wirtschaftlichkeitsrechnung. Tübingen: J. C. B Mohr.

Schneider, H./Dittrich, H. (2000): F&E-Management. In: Schneider, H. (Hg.): Produktionsmanagement in kleinen und mittleren Unternehmen. Stuttgart: Schäffer-Poeschel, S. 89–148.

Scholz, L. (1976): Definition und Abgrenzung der Begriffe Forschung, Entwicklung, Konstruktion. Beitrag 2020. In: Moll, H./Warnecke, E. (Hg.): RKW-Handbuch Forschung, Entwicklung, Konstruktion (F&E). Bd. 1. Berlin: Erich Schmidt, S. 1–26.

Schultz, M. B. (2005): Anreizorientiertes Investitionscontrolling mit vollständigen Finanzplänen: Ein Referenzmodell für Investment Center. Berlin: Logos.

Schuppisser, H. R. (1978): Die Gestaltung der Investitionsentscheidung unter Berücksichtigung des Risikos Bern u. a.: Haupt.

Schwaninger, M. (2005): Systemorientiertes Design – ganzheitliche Perspektive in Innovationsprozessen. In: Schäppi, B./Andreasen, M./Kirchgeorg, M./Radermacher, F.-J. (Hg.): Handbuch Produktentwicklung. München, Wien: Hanser, S. 29–56.

Schweitzer, M./Küpper, H.-U./Friedl, G./Hofmann, C./Pedell, B. (2016): Systeme der Kosten- und Erlösrechnung. 11. Aufl., München: Vahlen.

Sierke, B. R. A. (1990): Investitions-Controlling im Controlling-System: Darstellung eines integrierten Ansatzes mit Hilfe ausgewählter linearer Dekompositionsverfahren. Korbach: Bing.

Specht, G./Beckmann, C./Amelingmeyer, J. (2002): F&E-Management. 2. Aufl. Stuttgart: Schäffer-Poeschel.

Staehle, W. (1999): Management: Eine verhaltenswissenschaftliche Perspektive. 8. Aufl., München: Vahlen.

Steinmann, H./Schreyögg, G./Koch, J. (2013): Management: Grundlagen der Unternehmensführung: Konzepte – Funktionen – Fallstudien. 7. Aufl., Wiesbaden: Gabler.

Szyperski, N./Winand, U. (1974): Entscheidungstheorie. Stuttgart: Poeschel.

Thissen, S. (2000): Strategisches Desinvestitionsmanagement: Entwicklung eines Instrumentariums zur Bewertung ausgewählter Desinvestitionsformen. Berlin: Peter Lang.

Tiefel, T. (2007): Technologielebenszyklus-Modelle – eine kritische Analyse. In: Tiefel, T. (Hg.): Gewerbliche Schutzrechte im Innovationsmanagement. Wiesbaden: DUV, S. 25–49.

Trender, L. (2000): Entwicklungsintegrierte Kalkulation von Produktlebenszykluskosten auf Basis der ressourcenorientierten Prozeßkostenrechnung. Karlsruhe: o. A.

Trost, R./Dechant, H. (2000): Investitionsprozesse und Investitionsrechnung. In: Schneider, H. (Hg.): Handbuch Produktionsmanagement in kleinen und mittleren Unternehmen. Stuttgart: Schäffer-Poeschel, S. 149–196.

Voigt, K.-I. (1992): Strategische Planung und Unsicherheit. Wiesbaden: Gabler.

Voigt, K.-I. (1998): Strategien im Zeitwettbewerb: Optionen für Technologiemanagement und Marketing. Wiesbaden: Gabler.

Voigt, K.-I. (2008): Industrielles Management: Industriebetriebslehre aus prozessorientierter Sicht. Heidelberg u. a.: Springer.

Weber, J./Schäffer, U. (2020): Einführung in das Controlling. 16. Aufl., Stuttgart: Schäffer-Poeschel.

Weibler, J. (2016): Personalführung. 3. Aufl., München: Vahlen.

Weisbrod, B. A. (1964): Collective-consumption services of individual-consumption goods. In: Quarterly Journal of Economics, 78 (3): 471–477.

Welge, M. K./Al-Laham, A./Eulerich, M. (2017): Strategisches Management: Grundlagen – Prozess – Implementierung. 7. Aufl., Wiesbaden: Springer Gabler.

Werner, H. (1997): Strategisches Forschungs- und Entwicklungs-Controlling. Wiesbaden: DUV.

Wild, J. (1974): Grundlagen der Unternehmungsplanung. Köln u. a.: Westdt. Verlag.

Witte, E. (1968): Phasen-Theorem und Organisation komplexer Entscheidungsverläufe. In: Schmalenbachs Zeitschrift für betriebswirtschaftliche Forschung, 20 (10): 625–647.

Witte, T. (1979): Heuristisches Planen. Wiesbaden: Gabler.

Wittmann, W. (1959): Unternehmung und unvollkommene Information: Unternehmerische Voraussicht, Ungewissheit u. Planung. Köln, u. a.: Westdt. Verlag.

Wöhler, H. (1981): Betriebliche Desinvestitionsplanung: Untersuchungen zum Ablauf desinvestitionsorientierter Entscheidungsprozesse. Düsseldorf: Mannhold.

Wolf, J. (2020): Organisation, Management, Unternehmensführung: Theorien und Kritik. 6. Aufl., Wiesbaden: Gabler.

Zehbold, C. (1996): Lebenszykluskostenrechnung. Wiesbaden: Gabler.

Zelewski, S. (1989): Komplexitätstheorie als Instrument zur Klassifizierung und Beurteilung von Problemen des Operations Research. Braunschweig: Vieweg.

Zelewski, S. (2008): Grundlagen. In: Corsten, H./Reiß, M. (Hg.): Betriebswirtschaftslehre. Bd. 1: Grundlagen, internes Rechnungswesen, externes Rechnungswesen, Beschaffung, Produktion und Logistik, Marketing, Investition und Finanzierung. 4. Aufl., München u. a.: Oldenbourg.

Zobel, D. (2006): Systematisches Erfinden. 4. Aufl., Renningen: expert-Verl.

Normen und Richtlinien

DIN 31051 (09/2012): Grundlagen der Instandhaltung.

DIN EN 13306 (12/2010): Instandhaltung – Begriffe der Instandhaltung.

Kapitel 2

Grundlagen des Investitionscontrollings

2.1 Konzeptionen des Investitionscontrollings

2.1.1 Begriff und Konzeptionen des Controllings

Controlling hat sich seit Beginn des 20. Jh. als Ergebnis des Versuchs herausgebildet, Unternehmen besser lenken und steuern zu können. Gespeist wurden diese wissenschaftlichen Anstrengungen aus den Sozialwissenschaften, dem Rechnungswesen, der Kybernetik (die erst später eine Rolle spielte) und der Managementlehre (vgl. Abbildung 2.1).

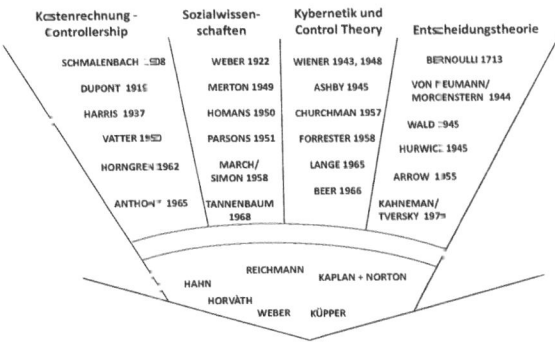

Abb. 2.1: Historische Entwicklungslinien des Controllings. Quelle: Eigene Darstellung, in Anlehnung an: Schwarz (2002: 51).

Ausgehend von englischsprachigen Darstellungen aus dem Gebiet der Unternehmensführung und der Unternehmenssteuerung wurde aus dem Englischen das Wort „to control" in die deutsche Sprache übernommen.[1] Interessanterweise wurden auch schon zum damaligen Zeitpunkt im englischsprachigen Diskurs mögliche (Fehl-)Interpretationen des Begriffes „to control" disku-

---

[1] Frühe Ansätze der Management-Literatur klassifizieren den Führungsprozess in die folgenden Bestandteile: planning – control – co-ordination – motivation. Vgl. Brech (1963: 13).

D. Müller, *Investitionscontrolling: Entscheidungsfindung bei Investitionen I*, https://doi.org/10.1007/978-3-658-36593-6_2

tiert.[2] Bei Übernahme in die deutsche Sprache wurde das Wort „Controlling" geschaffen und als „englische" Bezeichnung deklariert. Diese Übernahme verfolgte unterschiedliche Intentionen und schuf demzufolge sehr unterschiedliche Erklärungen und deutschsprachige Interpretationen.[3] Im Englischen existieren lediglich die Begriffe „Controllership" bzw. „Controller" sowie als Pendant für das Controlling die Termini „Management Control" bzw. „Managerial Control".

Auf eine Darstellung sämtlicher Entwicklungslinien des Controllings wird verzichtet, sondern stattdessen wird auf die weiterführende Literatur verwiesen.[4] Zur Diskussion des Controlling-Begriffs werden deshalb nur die wichtigsten Entwicklungen in der jüngsten Vergangenheit in Deutschland skizziert.

Eine einheitliche Definition des Ausdrucks „Controlling" ist in der Literatur und in der Praxis nicht zu finden.[5] Dies ist auch kaum zu erwarten, denn aus dem Fehlen einer allgemein akzeptierten Definition kann nicht auf die Notwendigkeit der Existenz einer solchen geschlossen werden.[6] Es ist jedem Forscher freigestellt, Definitionen so zu treffen, wie er es für seine Untersuchung für zweckmäßig hält. Die Zweckmäßigkeit einer Definition lässt sich objektiv nicht beurteilen, jedoch kann die Definitionsgüte an ihrer Überzeugungskraft unter den Adressaten gemessen werden.[7] Überzeugungskraft ist dahingehend zu verstehen, dass darzulegen ist, welchen Vorteil die Einführung und Verwendung eines Begriffes bietet.

Im englischsprachigen Bereich wird unterschieden zwischen den Instrumenten des Management Accounting, die vom Management Control zielgerichtet geschaffen und eingesetzt werden (vgl. Abb. 2.2). Das Management Accounting kann mit dem internen Rechnungswesen gleichgesetzt werden, wohingegen das Financial Accounting das Pendant zum externen Rechnungswesen bildet.[8]

Die hohen Erwartungen und die weite Verbreitung des Begriffes in der Praxis standen in den ersten Jahren im Gegensatz zu der Zurückhaltung und der teilweisen Ablehnung des Begriffes in der Wissenschaft.[9] Der Terminus

---

[2] „The true nature of control in business is frequently misunderstood. This is due partly to ambiguity as to the meaning of the word, and partly owing to the difficulty of getting a comprehensive picture of the way control operates." Betham (1963: 637).

[3] Vgl. Harbert (1982: 4–33); Richter (1987: 15–37).

[4] Vgl. Lingnau (1998); Schwarz (2002: 22–52); Küpper (2018).

[5] Vgl. Franz (2017); Buchholz (2019: 8–15); Horváth/Gleich/Seiter (2020: 13–32).

[6] Vgl. Schaub (1997: 15).

[7] Vgl. Boysen/Ringle (2008: 13).

[8] Vgl. Zirkler (2016).

[9] Vgl. Küpper (1993: 648); Schäffer/Binder/Gmür (2006).

wird in unterschiedlichen Zusammenhängen und zu differenten Zeitpunkten
verschieden definiert.[10]

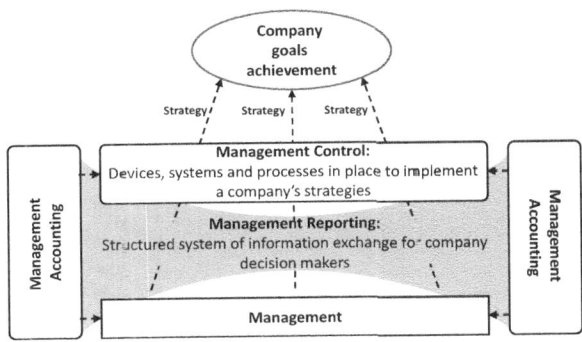

Abb. 2.2: Abgrenzung von Management, Management Accounting und Management
Control. Quelle: Charifzadeh/Taschner (2017: 7).

Dies ist durch den Prozess des Sprachwandels in der Praxis bedingt, in dem
sich eine ständige Veränderung der Controlling-Funktion im Zeitablauf widerspiegelt und der Begriff „Controlling" mit einer Vielzahl von Explikatio-
nen verbunden wird. Auch aus diesem Grund sind Versuche, eine zutreffende
Bedeutung des Begriffes „Controlling" durch etymologische Analysen abzuleiten, zum Scheitern verurteilt. Dies umso mehr, da derartige Untersuchungen
zur Definitionsbildung völlig ungeeignet sind.[11]

Zum anderen gehen die theoretischen Bemühungen zur Abgrenzung des Begriffes einher mit Versuchen zur Schaffung einer Konzeption, um auf diesem
Wege eine Klärung des Begriffes zu erreichen. Bezeichnenderweise erklären
viele Definitionsversuche nicht, was dem Controlling eigen ist.[12]

Eine Konzeption hat drei Anforderungen zu erfüllen:[13]

- Es muss eine eigenständige Problemstellung erkennbar sein.
- Für diese Problemstellung müssen theoretische Ansätze entwickelt wer-
den.
- Diese Ansätze müssen sich in der Praxis bewähren.

Der Prozess der Konzeption des Controllings verlief jedoch umgekehrt. Er
ging von der Praxis aus und ist auf diese ausgerichtet. Die Theorie reagiert

---

[10] Vgl. Weber/Kosmider (1991: 32–33). Die in der Praxis festgestellten großen Unterschiede im Entwicklungsstand des unternehmerischen Controllings sind signifikant
kontextabhängig, wobei externe und interne Einflussfaktoren prägend sind.

[11] Vgl. Fischer-Winkelmann (1975: 102); Buchner (1981: 175).

[12] Vgl. Richter (1987: 50–54).

[13] Vgl. Küpper et al. (2013: 10–11).

erst nach einer gewissen Zeitverzögerung mit theoretischen Erklärungs- und Strukturierungsbeiträgen.[14] Die Frage nach der eigenständigen Problemstellung konnte in der Theorie – noch – nicht erschöpfend beantwortet werden. Als Ergebnis dieses Prozesses wurden verschiedene grundsätzliche Ausrichtungen entwickelt, von denen sich (noch) keine durchsetzen konnte.[15] Ziel der Begriffsbestimmungen ist es, das Wesentliche des Controllings herauszuarbeiten. Es soll auf diese Weise der Kern bestimmt werden (vgl. Abbildung 2.3), der das Controlling derart kennzeichnet, dass es eineindeutig beschrieben und von anderen Teilgebieten der Betriebswirtschaftslehre abgegrenzt werden kann.

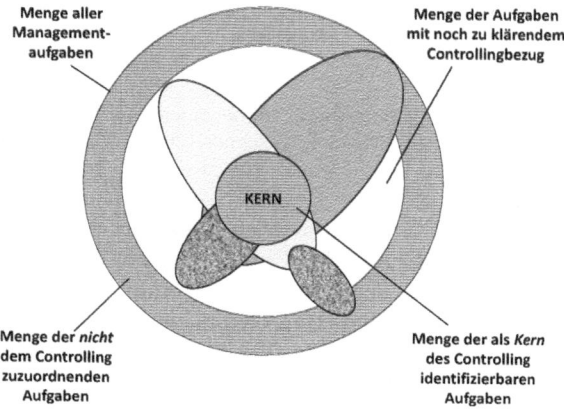

Abb. 2.3: Kernaufgaben des Controllings. Quelle: Dyckhoff/Ahn (2002: 115).

Je nach Auflösungs- und Differenzierungsgrad kann eine unterschiedliche Zahl bestehender Controlling-Konzeptionen festgestellt werden. Aus dieser Vielzahl werden einige der grundlegenden Konzeptionen herausgestellt (vgl. Tabelle 2.1).[16]

---

[14] Vgl. Binder (2006: 142–147).

[15] Es bleibt darauf hinzuweisen, dass die Durchsetzung von Begriffen eng mit der Durchsetzung von Theorien verknüpft ist. Vgl. Chmielewicz (1994: 52).

[16] In diese Übersicht sind nicht sämtliche Konzeptionen aufgenommen worden. Daneben existieren noch weitere Konzeptionen, wie z. B. die wertschöpfungsorientierte Konzeption von BECKER. Vgl. Becker/Baltzer/Ulrich (2014: 49–69).

Tab. 2.1: Konzeptionen des Controllings. Quelle: Eigene Darstellung, in Anlehnung an: Wall (2008: 467); Friedl (2013: 96); Guenther (2013: 275–283); Mäder/Hirsch (2017: 95).

Controlling-Konzeption		Beispielhafte Vertreter
Informations-orientierte Konzeptionen	– rein informationsorientiert	– REICHMANN
	– planungsorientiert	– HAHN/HUNGENBERG
	– regelungsorientiert	– BAUM/COENENBERG/GÜNTHER
Koordinations-orientierte Konzeptionen	– planungs- und kontrollsystem-orientiert	– HORVÁTH
	– führungssystemorientiert	– KÜPPER
	– metaführungsorientiert	– WEBER
Rationalitätsorientierte Konzeption		– WEBER/SCHÄFFER
Eigenkapitalgeberorientierte Konzeption		– LINGNAU

Im Folgenden wird nur ein kurzer Überblick über die wichtigsten Entwicklungen gegeben. Zur ersten Gruppe zählen die frühen Definitionsversuche, die die Informationsversorgungsfunktion des Controllings im Mittelpunkt sehen. Dabei zählen die Beschaffung, Aufbereitung und Prüfung von Informationen zum Zweck der Unternehmenssteuerung zu den Wesensmerkmalen. REICHMANN vertritt noch in der aktuellen Diskussion diese Konzeption und sieht die primäre Aufgabe des Controllings in der entscheidungsproblembezogenen Informationsversorgungsfunktion der Führungskräfte.[17]

„Controlling ist die zielbezogene Unterstützung von Führungsaufgaben, die der systemgestützten Informationsbeschaffung und Informationsverarbeitung zur Planerstellung, Koordination und Kontrolle dient, es ist eine rechnungswesen- und vorsystemgestützte Systematik zur Verbesserung der Entscheidungsqualität auf allen Führungsstufen der Unternehmung.“[18]

Controlling entspricht aus dieser Betrachtung einem umfassenden System zur Information der Führungsebene bzw. bei Führungshandlungen (vgl. Abbildung 2.4). HAHN/HUNGENBERG spezifizieren diesen Ansatz für die Koordination der Unternehmensplanung mit Blick auf die Einzelpläne.[19] Dieses Verständnis wird von BAUM/COENENBERG/GÜNTHER adaptiert mit der Konzentration auf die informationstechnische Vernetzung und zielorientierte Regelung dezentraler Einheiten.[20]

Die Interpretation von Controlling als Informationsversorgung der Führung kann als die älteste Auffassung eingeordnet werden. Diese Sichtweise wurde dahingehend erweitert, dass in dezentral organisierten Unternehmen mit der Aufgabe der bedarfsgerechten Bereitstellung entscheidungsrelevanter Informationen die Notwendigkeit der **Verringerung von Informationsasymmetrien** verbunden ist und die Motivation der dezentralen Entscheidungs-

---

[17] Vgl. Reichmann (1985: 889–891); Reichmann/Kißler/Baumöl (2017: 12–25).

[18] Reichmann/Kißler/Baumöl (2017: 19).

[19] Vgl. Hahn/Hungenberg (2001: 272–275).

[20] Vgl. Baum/Coenenberg/Günther (2013: 6).

träger zu unternehmenszielkonformem Verhalten eine weitere Controllingaufgabe darstellt.[21]

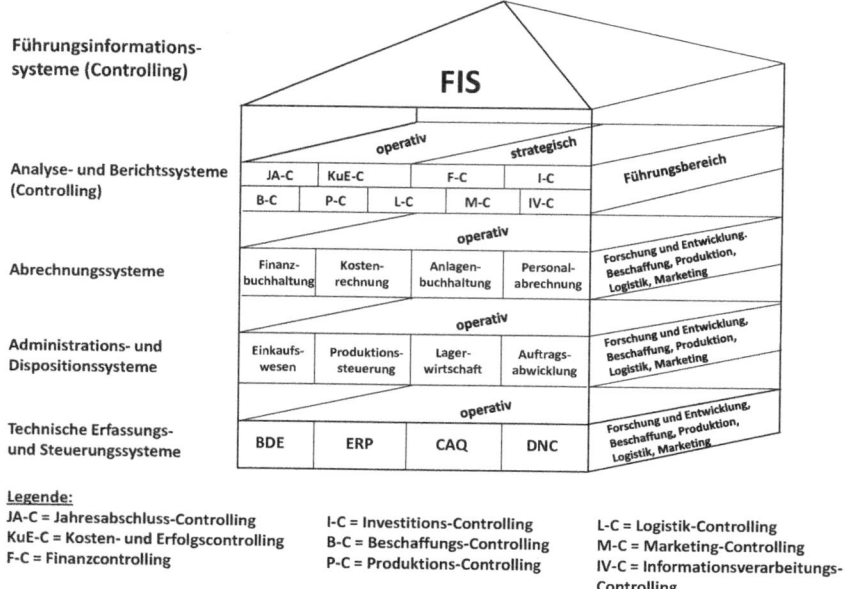

Führungsinformations-
systeme (Controlling)

Analyse- und Berichtssysteme
(Controlling)

Abrechnungssysteme

Administrations- und
Dispositionssysteme

Technische Erfassungs-
und Steuerungssysteme

Legende:
JA-C = Jahresabschluss-Controlling   I-C = Investitions-Controlling   L-C = Logistik-Controlling
KuE-C = Kosten- und Erfolgscontrolling   B-C = Beschaffungs-Controlling   M-C = Marketing-Controlling
F-C = Finanzcontrolling   P-C = Produktions-Controlling   IV-C = Informationsverarbeitungs-
                                                                                        Controlling

Abb. 2.4: Bausteine der Controllingkonzeption von REICHMANN. Quelle:
Reichmann/Kißler/Baumöl (2017: 13).

Mit dem Ansatz, Controlling als unterstützendes Subsystem der Führung zu
definieren, das die Planung, die Kontrolle und die Informationsversorgung
koordiniert, entwickelten MÜLLER und HORVÁTH die **koordinationsorientierte Sichtweise.**[22] Aufbauend auf systemtheoretischen Überlegungen interpretiert HORVÁTH das Unternehmen sowie dessen Bereiche als Systeme
(vgl. Abbildung 2.5). Um das System „Unternehmen" steuern zu können, bedarf es in einem **ersten Schritt** der Herausbildung von Teilsystemen, die im
zweiten Schritt miteinander zu koppeln sind.

---

[21] Vgl. Schaefer/Lange (2004); Dahlhaus (2009: 50–51).
[22] Vgl. Müller (1974); Horváth (1978).

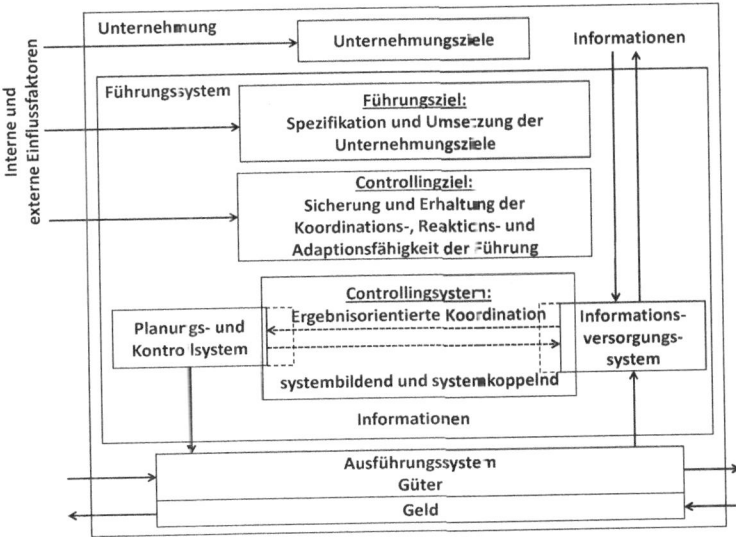

Abb. 2.5: Koordinationsorientierte Sichtweise. Quelle: Horváth/Gleich/Seiter (2020: 61).

Je komplexer und dynamischer die Unternehmensumwelt ist und je stärker die einzelnen Teilsysteme des Unternehmens ausdifferenziert sind, umso größer ist die Notwendigkeit der Koordination. Aus dieser allgemeinen Funktion wird auf der sekundären Ebene eine Reihe von konkreten Funktionen abgeleitet (vgl. Abb. 2.6).

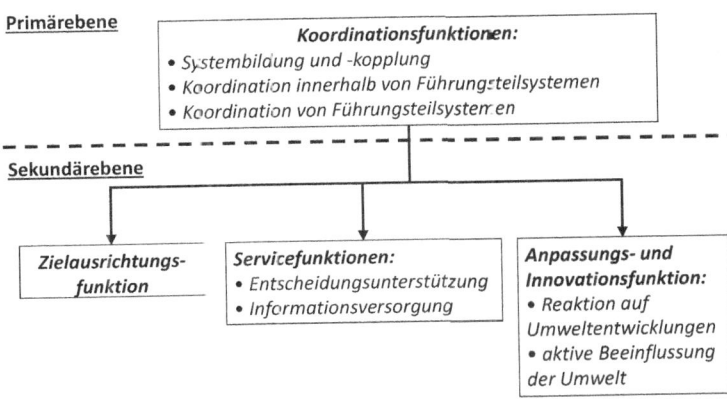

Abb. 2.6: Controllingfunktionen in der koordinationsorientierten Sichtweise. Quelle: Eigene Darstellung, in Anlehnung an: Ossadnik (2009: 33); Horváth (2011: 127); Troßmann (2018: 17).

KÜPPER entwickelte den begrenzt führungsgestaltenden Koordinationsansatz von HORVÁTH zu einem umfassenden Koordinationsansatz weiter. Auch WE-BER baute in seinen frühen Arbeiten auf der koordinationsorientierten Sicht-weise auf und erweiterte diese zu einem Metaführungsansatz.[23]

Die Eigenständigkeit des Controllings auf Basis des Koordinationsansatzes wird von Kritikern mit der Begründung zu widerlegen versucht, die system-bildenden Aufgaben stellten elementare Problemfelder der Organisation und nicht des Controllings dar.[24] Zusätzlich wird festgestellt, dass mit der Auf-gabe der Koordination der Führung eine Führung der Führung, die Meta-Führung entsteht. Auf diese Weise wird dem Controlling zu viel zugemutet.[25]

Auch gegen die anderen skizzierten Sichtweisen wird der Vorwurf erhoben, schon besetzte Gebiete der Betriebswirtschaft mit einem neuen Begriff zu belegen, womit die Eigenständigkeit des Controllings generell in Frage ge-stellt wird. Diese Kritik wird seit längerer Zeit und auch aktuell immer wie-der vorgetragen.[26] So bescheinigt SJURTS den bis dahin existierenden An-sätzen einen eklektischen Charakter.[27] ROLLBERG urteilt:*„Aus rein funktio-naler Sicht bleibt es also dabei, dass das ‚deutsche' Wort ‚Controlling' ein **verzichtbarer englisch klingender Oberbegriff** ist, weil alle diskutier-ten Elemente des Controllings der Unternehmensführung zu subsummieren sind."*[28] LINGNAU konstatiert eine konzeptionelle Orientierungslosigkeit in diesem Bereich.[29]

Aus den rezipierten Kritiken heraus und auf der Basis eigener Kritik des ko-ordinationsorientierten Controllings, dessen Verständnis und Verbreitung er selbst maßgeblich geprägt hatte, wählt WEBER eine integrative Sichtweise des Controllings, womit er eine neue Konzeption begründen möchte. Grund-lage des Ansatzes von WEBER ist der Gedanke, dass Controlling die **Ra-tionalität sicherzustellen** hat. Der Gedanke, die Rationalitätssicherung als eine Teilaufgabe des Controllings zu betrachten, wurde schon verschie-dentlich vorgetragen. Jedoch ist die umfassende Konzeption des Controllings als Rationalitätssicherung in der Literatur so explizit noch nicht dargestellt worden. In Abhängigkeit vom Betrachtungskontext werden in der Betriebs-wirtschaftslehre verschiedene Arten von Rationalität unterschieden.[30]

---

[23] Vgl. Weber (1995: 31–50).

[24] Vgl. Buchner (1981: 175); Wall (2000: 302).

[25] Vgl. Messner (2008: 231).

[26] Vgl. Kappler (2002) sowie die Kontroverse zwischen Schneider (1991) und Weber (1991).

[27] Vgl. Sjurts (1995: 249).

[28] Rollberg (2012: 5), Hervorh. im Original.

[29] Vgl. Lingnau/Koffler (2013a: 23).

[30] Für eine Diskussion dieser Arten vgl. Abschn. 1.1 auf S. 3.

In der Controlling-Konzeption von WEBER wird die Rationalität als Zweckrationalität verstanden.[31] Die Sicherung der Rationalität besteht aus Handlungen zur Erhöhung der Wahrscheinlichkeit, dass die Realisierung der Akteure den antizipierten Zweck-Mittel-Beziehungen entspricht. Rationales Handeln wird in der betrieblichen Praxis durch zahlreiche Gründe erschwert, was zu Entscheidungsanomalien führt und die Sicherstellung der Rationalität notwendig macht. Die Rationalität wird durch interne oder externe Engpässe beschränkt.[32] Unter Rückgriff auf den idealtypischen Führungszyklus, der sich aus den Phasen Willensbildung, Willensdurchsetzung und Kontrolle (die Phase der Ausführung wird mit eingebunden, stellt jedoch keine eigenständige Phase dar) zusammensetzt, wird diese Konzeption konkretisiert, wobei sich der Fokus bei WEBER auf die Willensbildung richtet. Ein als Rationalitätssicherstellung verstandenes Controlling ist im Umfang und in der Ausprägung abhängig von der Existenz und Feststellbarkeit von Rationalitätsengpässen. Diese Engpässe führen zu Ergebniseinbußen, so dass sie zu identifizieren, bewerten und gegebenenfalls zu verringern oder zu beseitigen sind.[33]

In dieser Betrachtungsweise existieren zwei Kategorien von Defiziten, die das rationale Führungshandeln erschweren können: **Wollensdefizite** und **Könnensdefizite**. Wollensdefizite resultieren aus der mangelnden Motivation der Führung. Könnensdefizite hingegen basieren auf einer unzureichenden funktionalen und/oder extra-funktionalen **Qualifikation** oder auf Defiziten in der **Wahrnehmung** von Problem und Situation durch die Führung.[34] Wahrnehmungsdefizite können vielfältige Ursachen und Ausprägungen haben.[35] Könnens- und Wollensdefizite können isoliert oder in Kombination auftreten, was zu unterschiedlichen Controlling-Aufgaben führt (vgl. Abbildung 2.7).

Entlastungsaufgaben ergeben sich, wenn Qualifikation und Motivation der Aufgabe entsprechen. Der Manager könnte in kognitiver Hinsicht die Aufgabe lösen und ist auch motiviert, dies zu tun. Jedoch delegiert er die Aufgabe aus Gründen der Effizienz an den Controller, der in diesem Fall eine reine Dienstleistungsfunktion erfüllt.

Ergänzungsaufgaben resultieren aus der mangelnden Qualifikation des Managers und/oder einer unzutreffenden Wahrnehmung des Problems bzw. der Situation durch den Manager bei gleichzeitig vorhandener Motivation. Damit ist eine wesentliche Rolle des Controllers beschrieben. Der Controller dient als kritische, kognitive Instanz, die die Ideen, Annahmen, Modelle und Ergebnisse des Managers auf Fehler und Abweichungen hin prüft. Der Con-

---

[31] Vgl. Weber/Schäffer (2020: 49–51).

[32] Vgl. Weber/Schäffer/Langenbach (1999: 30); Weber (2000: 1931–1932).

[33] Vgl. Weber/Schäffer (1999a: 207–211); Pritsch/Weber (2001: 176).

[34] Vgl. Riesenhuber (2006: 161); Irle (2011: 77–81).

[35] Zu einer ausführlichen Darstellung von Wahrnehmungsdefiziten vgl. 2. Band, Abschn. 2.2.2 auf S. 296.

troller stellt Fakten- und Methodenwissen bereit, über das der Manager nicht verfügt bzw. an dem der Manager sein Wissen gegenchecken kann.

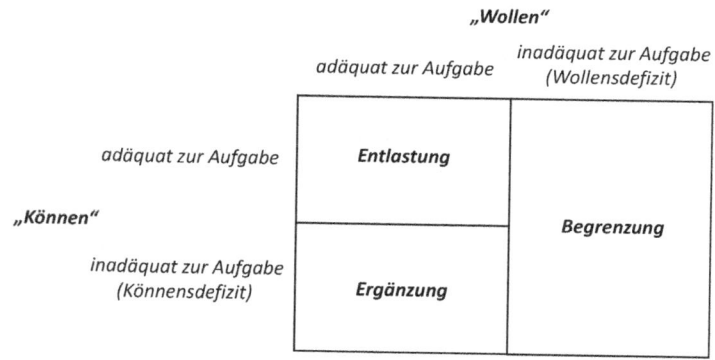

Abb. 2.7: Prinzipielle Controller-Aufgaben in Abhängigkeit von Manager-Eigenschaften. Quelle: Weber/Schäffer (2020: 45).

Begrenzungsaufgaben entstehen aus Abweichungen der Ziele des Managers von den Zielen, die ihm von der Zentrale vorgegeben wurden. Wird der Manager als eigennutzenmaximierender Akteur betrachtet, treten oftmals Differenzen zwischen dem Manager-Nutzen und dem Unternehmens-Nutzen auf. Diese Abweichungen zu erkennen und durch Begrenzung der Manager-Handlungen in Übereinstimmung zu bringen, ist eine weitere Aufgabe des Controllers.

Die grafische Darstellung in Abbildung 2.7 suggeriert eine Trennschärfe, die in der Realität nicht vorhanden ist. Es wird in den wenigsten Fällen gelingen, Wollens- und Könnens-Defizite voneinander zu trennen bzw. werden diese kaum in Reinform vorliegen. Demzufolge werden auch die Controller-Aufgaben nicht derart scharf abgrenzbar sein.

Neben den bisher geschilderten Fällen sind **„Dürfensdefizite"** als Grundlage für Ergänzungsaufgaben des Controlllers zu erwähnen. Diese liegen in der mangelnden formalen Kompetenz des Managers begründet und fordern den Controller als ergänzenden Partner. Dies ist z. B. bei Investitionsanträgen häufig der Fall. Dieses Defizit ist jedoch nicht als klassisches Rationalitätsdefizit einzuordnen, da es nicht auf den Fähigkeiten des Managers basiert, sondern auf der mangelnden ihm zugewiesenen formalen Kompetenz.

Durch das Prisma der Rationalität betrachtet, lassen sich die verschiedenen Controlling-Ansätze den unterschiedlichen Engpässen der jeweiligen Entstehungs- und Verbreitungszeit von Controlling-Konzeptionen zuordnen.[36]

---

[36] Vgl. Weber/Schäffer (1999b: 740).

Für die unterschiedlichen Aufgabenstellungen und Zeitabschnitte stellen die Versuche zur Konzeption und Definition des Controllings Maßnahmen zur Rationalitätssicherung der Führung in ihren kontextspezifischen Ausprägungen dar.

Ausgangspunkt der Verbreitung und Akzeptanz des Controllings in Deutschland war das Verständnis, dass das Controllings eine Informationsversorgungsfunktion ausübt. Damit wurde in einer Zeit, als die Verfügbarkeit von entscheidungsproblembezogenen Daten (die damals noch in den klassischen kaufmännischen Informationen des Rechnungswesens gesehen wurden) keine Selbstverständlichkeit war, die Beseitigung eines rationalitätsbezogenen Engpasses angestrebt, woraus sich die informationsorientierte Sichtweise des Controllings entwickelte. Daran schloss sich ein Entwicklungsabschnitt an, der von dem kybernetischen Verständnis von Planung und Kontrolle und den daraus resultierenden Regel- und Steuerungskreismodellen geprägt wurde. Damit wurden Rationalitätsengpässe im Zusammenspiel der unterschiedlichen Führungsphasen in den Mittelpunkt gestellt.

Die Entstehung der **koordinationsorientierten Ansätze** fällt in einen Zeitabschnitt, in dem die Unternehmen mit einer wachsenden Dynamik in ihrem Umfeld konfrontiert wurden, was ein zunehmendes Bedürfnis nach Koordination der sich aus der äußeren und inneren Dynamik und aus der steigenden Komplexität ergebenden Aufgaben hervorrief. Der damit verbundene Rationalitätssicherung wurde in der Abstimmung unterschiedlichster Teilbereiche der Unternehmung im Rahmen der Reaktions- und Anpassungsmaßnahmen gesehen, was zu einer koordinationsorientierten Konzeption des Controllings führte.

Der rationalitätsorientierte Controlling-Ansatz ist nicht ohne **Kritik** geblieben.[37] So wird der Standpunkt vertreten, dass mit diesem Ansatz keine eindeutige Bestimmung der Controllingfunktion möglich sei. Stattdessen wird ein Controllingverständnis im Sinne eines Steuerungssystems vorgeschlagen, das sowohl die Koordination als auch gestaltende Eingriffe in Planung, Informationsversorgung, Kontrolle und andere Führungsaufgaben mit dem Ziel der Rationalitätssicherung und -generierung in unterschiedlichen Ebenen und Bereichen der Unternehmung einschließt. Auch wird die Eingrenzung bzw. Orientierung auf die Sicherstellung der Rationalität als Beschreibungsmerkmal kritisiert.[38] Wenn dies die originäre Aufgabe des Controllings sei, müssten äußerst viele Aktivitäten bzw. Bereiche dem Controlling zugeordnet werden. Darüber hinaus ist festzustellen, dass sich diese Funktion institutionell nicht umsetzen und instrumentell nicht eingrenzen lässt.[39]

---

[37] Vgl. Irrek (2002: 50); Kappler (2002: 378–380); Horváth (2011: 131).

[38] Vgl. Küpper et al. (2013: 23–24); Küpper (2018: 206–207).

[39] Vgl. Schönbohm (2005: 94–95); Messner (2008: 236–237).

Andere Autoren greifen die rationalitätsorientierte Sichtweise des Controllings auf und operationalisieren die Sicherstellung der Führungsrationalität
durch die Sicherstellung von Effektivität und Effizienz der Führung als ein
Wesensmerkmal der rationalitätsorientierten Controlling-Konzeption.[40] Die
in der Literatur verfügbaren Definitionen von Effizienz und Effektivität sind
äußerst umfangreich und unterschiedlich, lassen sich jedoch prinzipiell in drei
Gruppen untergliedern:[41]

- In einer Gruppe von Konzeptionen dient Effektivität der Kennzeichnung
  der Erreichung langfristiger Ziele, wohingegen Effizienz in diesem Verständnis die Input-Output-Relationen bezeichnet.

- Konzeptionen, die die Effektivität als Maßstab zur Eignung eines Mittels
  zur Erreichung eines übergeordneten Zieles beschreiben, bilden die zweite
  Gruppe. Effizienz wird in dieser Konzeption im Sinne einer Mittel-Zweck-
  Beziehung definiert, wobei der Effektivität eine untergeordnete Bedeutung
  zugemessen wird und lediglich die Effizienz als Vergleichsmaßstab herangezogen wird.

- Konzeptionen der dritten Gruppe definieren Effektivität als Maßstab des
  Beitrags, der zur Erreichung eines übergeordneten Ziels geleistet wird. Effizienz hingegen wird durch das Aufwand-Nutzen-Verhältnis ausgedrückt
  und spiegelt sich im ökonomischen Prinzip in den zwei möglichen Ausprägungen – Erreichung eines vorgegebenen Zieles mit dem geringsten
  möglichen Aufwand oder Erzielung eines bestmöglichen Ergebnisses mit
  den zur Verfügung stehenden Mitteln – wider.

Die Nähe der Ansätze der ersten und der dritten Gruppe ist ersichtlich, jedoch sind die Ansätze der dritten Gruppe durch eine gleichrangige Einordnung der Relevanz von Effizienz und Effektivität gekennzeichnet, während
die Vertreter der ersten Gruppe der Effektivität eine größere Bedeutung als
der Effizienz zuweisen. In Erweiterung dieser Einteilung identifiziert AHN
fünf Klassen von Definitionsansätzen zur Effizienz. Dieser Einteilung zufolge können Definitionen unterschieden werden, die Effizienz gleichsetzen mit
der:[42]

- Verfolgung des ökonomischen Prinzips,
- Identifizierung nicht dominierter Alternativen,
- Verbesserung der Zielerreichung,
- Realisierung einer günstigen Input/Output-Relation sowie
- Forderung ‚to do things right'.

Es wird deutlich, dass mit diesen Bemühungen zur Konkretisierung des Ra-
tionalitätsbegriffs neue Definitionsschwierigkeiten verbunden sind.

---

[40] Vgl. Pietsch/Scherm (2000: 406–408); Dyckhoff/Ahn (2001: 119); Hahn/Hungenberg
(2001: 275–276); Bathe/Müller (2002); Ahn/Dyckhoff (2004).

[41] Vgl. Ahn (1997: 26–28); Schön (2001: 48–50); Dyckhoff/Spengler (2010: 116–119).

[42] Vgl. Ahn (2003: 90–92).

In einem neueren Ansatz entwickelt LINGNAU unter Rückgriff auf die Privatwirtschaftslehre von RIEGER die Interpretation von Controlling als genuine
eigenkapitalorientierte Unterstützung des Managements.[43] Ob und in welche
Richtung diese Interpretation aus der von ihm konstatierten Orientierungslosigkeit herausführt, wird die zukünftige Diskussion zeigen.

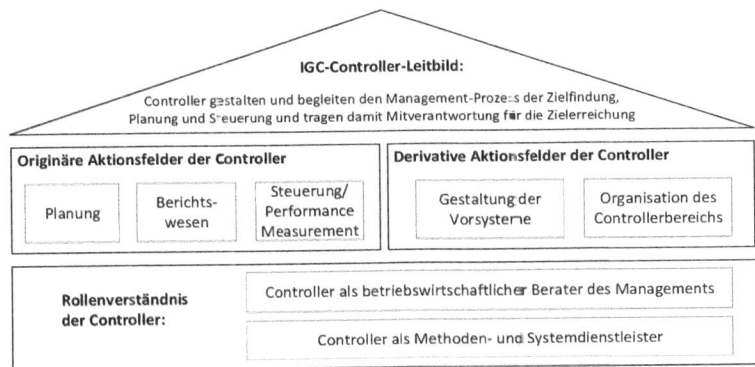

Abb. 2.8: Rollenverständnis und Aktionsfelder der Controller. Quelle: International
Group of Controlling (2006: 21).

Einigkeit besteht trotz aller Unterschiede in folgenden Punkten (vgl. Abb.
2.8):[44]

- Controlling ist nicht mit Kontrolle gleichzusetzen.
- Controlling ist Führungsunterstützung durch Entscheidungsunterstützung
  und Verhaltenssteuerung.
- Controlling ist immer an den Unternehmenszielen ausgerichtet.
- Um diese Funktion zu erfüllen, bedarf es der Information, Planung, Kon-
  trolle und Koordination.
- Die konkreten Ziele und Aufgaben des Controllings in einem Unternehmen
  sind kontextabhängig festzulegen und auszugestalten.

Neben dem Begriff „Controlling" ist der Terminus „Controllership"zu klären.
Auch hier existieren unterschiedliche Verständnisse in der deutschen und der
englischen Sprache. Der Begriff „Controllership" bezeichnet im Englischen
diejenige Funktion, die im Deutschen mit dem Begriff „Controlling" belegt
ist. Diejenigen Tätigkeiten, die in den Bereich des „Controllerships" fallen,
sind im englischsprachigen Raum schon seit längerer Zeit eingegrenzt. Controllership ist demzufolge das englische Pendant zum Controlling.[45]

---

[43] Vgl. Lingnau/Koffler (2013a: 25–26).

[44] Vgl. Urigshardt (2010: 28–31); Berens et al. (2013: 224–225); Weber (2013); Fischer/
Möller/Schultze (2015: 29); Littkemann (2018: 49–50).

[45] Vgl. Richter (1987: 17); Binder (2006: 13–14).

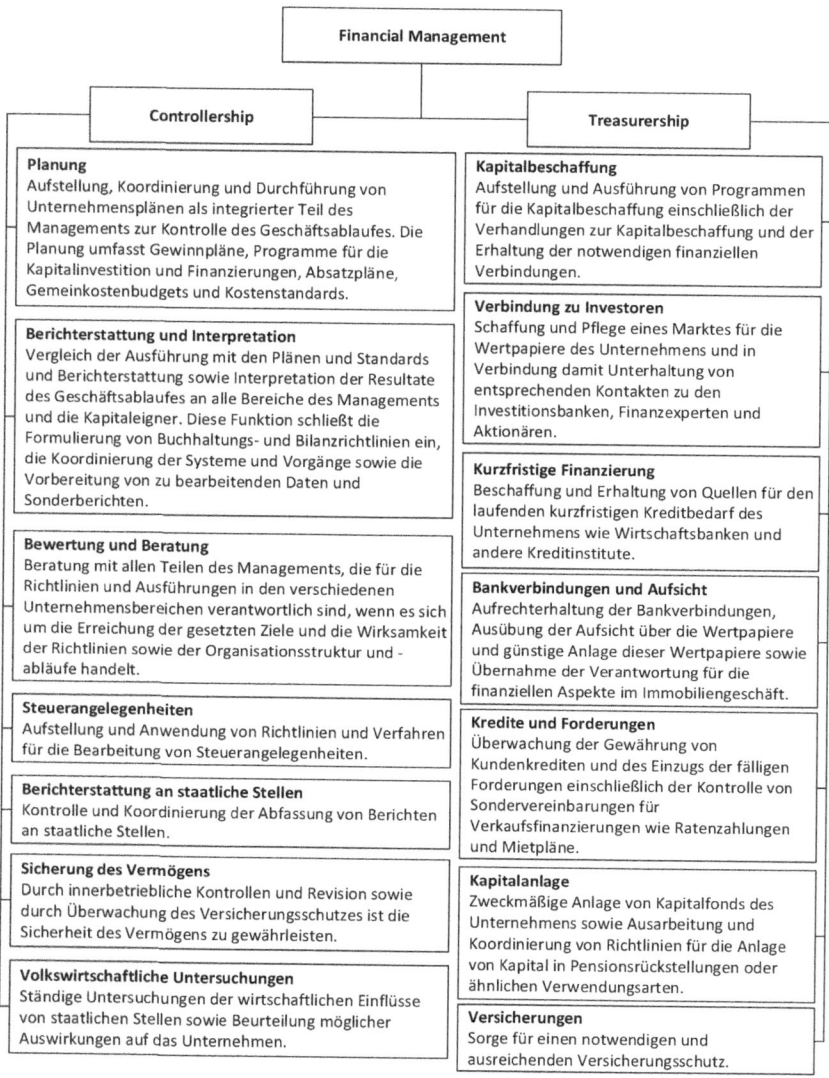

Abb. 2.9: Abgrenzung und Beschreibung des Controllerships. Quelle: Financial
Executives Institute (1962: 289).

Im akademischen Bereich sind Fragestellungen des „deutschen" Controllings
den Bereichen Management Accounting, Managerial Accounting bzw. Management Control zuzuordnen.[46] Mit dem Begriff „Controller" wird diejenige
Person bezeichnet, die Träger der Controlling-Funktion ist.

---

[46] Vgl. Guenther (2013).

In Abhängigkeit von internen und externen Bestimmungsfaktoren (vgl. Abbildung 2.10) müssen die zu erfüllenden Ziele und Aufgaben festgelegt, die Instrumente ausgewählt und die institutionellen Voraussetzungen geschaffen werden.

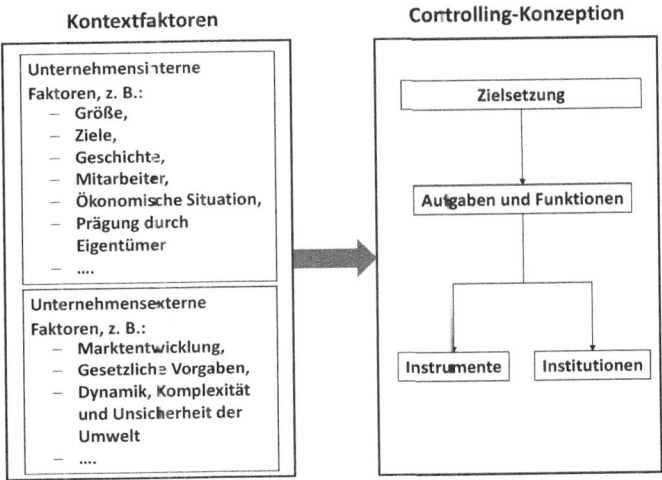

Abb. 2.10: Kontextfaktoren unternehmerischer Controlling-Konzeptionen. Quelle: Eigene Darstellung, in Anlehnung an: Janzen (1996: 40).

Aufbauend auf dieser Darstellung der grundlegenden Controlling-Konzeptionen werden im folgenden Kapitel die Ansätze des Investitionscontrollings vorgestellt.

2.1.2 Konzeptionen des Investitionscontrollings

Es verwundert nicht, dass, abgeleitet aus den verschiedenen Controlling-Konzeptionen und differierenden Auffassungen vom Investitionsbegriff, unterschiedliche Sichtweisen zur Konzeption des Investitionscontrollings vorzufinden sind. Im wissenschaftlichen Diskurs ist eine Reihe von Konzeptionen entstanden (vgl. Tab. 2.2).[47]

---

[47] Vgl. ebenfalls Dahlhaus (2009: 26–31). Die Zuordnung zu den Gruppen ist nicht überschneidungsfrei, sondern einzelne Ansätze vereinen Aspekte sowohl der einen als auch der anderen Gruppe in sich, z.B. Baumann (1991), Huege (1994) und Horváth (2011: 456–458). Koch verschmilzt den koordinations- mit dem informationsorientierten Ansatz und konzentriert die weiteren Ausführungen auf die koordinationsorientierte Sichtweise. Vgl. Koch (2013: 182–188).

Tab. 2.2: Konzeptionen des Investitionscontrollings. Quelle: Eigene Darstellung.

Konzeption des Investitionscontrolling	Beispielhafte Vertreter
Ansätze des strategischen Investitionscontrollings	VIKAS/ZEHETNER; WILDEMANN
Anlagenwirtschaftliche Sichtweise	BAUMANN; MÄNNEL; PEEMÖLLER
Informationsorientierte Sichtweise	BIEG/KUSSMAUL/WASCHBUSCH; DAHLHAUS; EILENBERGER/ERNST/TOEBE; HUSMANN; LANGE; REICHMANN; SCHWELLNUSS; SCHAEFER, S.
Koordinationsorientierte Sichtweise	ADAM; EWERT/WAGENHOFER; GÖTZE; HORVÁTH; HUEGE; KOCH; KÜPPER; NEUMANN-SZYSZKA/PFAHLER; SCHAEFER, C.; USKOVA/SCHUSTER
Ansätze auf Basis der Steuerungs- und Regelungsfunktion	BORGHOFF; SIERKE
Rationalitätsorientierte Sichtweise	BATHE/MÜLLER; International Group of Controlling; SCHULTZ
„Praxisbezogene" Sichtweise	KRUG; LIEBSCH
Kognitionsorientierte Sichtweise	KANTOWSKI

Diese Interpretationen werden nun kurz erläutert.

WILDEMANN und VIKAS/ZEHETNER sehen das strategisch ausgerichtete Investitionscontrolling als einen Kernbaustein der systemorientierten Controllingkonzeption.[48] Entsprechend dieser Konzeption hat das Investitionscontrolling als Bestandteil des strategischen Controllings die Investitionsvorhaben zu steuern.

Die anlagenwirtschaftlichen Ansätze werden von PEEMÖLLER und BAUMANN und in früheren Arbeiten von MÄNNEL vertreten. MÄNNEL definiert, ausgehend von den Phasen des Anlagenlebenszyklus, die Aufgabe des Investitionscontrollings als Planung, Koordination, Realisierung, Steuerung und Kontrolle des Investitionsobjektes bei der Realisierung von Einzelinvestitionen und Investitionsprogrammen.[49] Aus der Sicht von PEEMÖLLER und BAUMANNN ist das Investitionscontrolling ein Bestandteil des Anlagencontrollings. Daraus erwächst die Auffassung, dass das Investitionscontrolling nur für die Planung, Realisierung, Inbetriebnahme und Kontrolle von Anlagen, nicht jedoch für ihre Instandhaltung und ihre Verschrottung zuständig sei.[50]

REICHMANN erarbeitet mit LANGE eine auf der von ihm entwickelten Controllingkonzeption und auf den Aufgabenbereichen Entscheidungsunterstützung, Informationsversorgung, Koordination und Kontrolle basierende Konzeption des Investitionscontrollings. Der Aufgabenbereich des Investitions-

---

[48] Vgl. Wildemann (1986: 1–3); Wildemann (1997: 58–66); Vikas/Zehetner (1999: 213).

[49] Vgl. Männel (1991: 200–203). In späteren Arbeiten legt MÄNNEL das Augenmerk auch auf eine rentabilitätsorientierte Ausrichtung des Investitionscontrollings. Vgl. Männel (1998: 173); Männel (2000: 325).

[50] Vgl. Baumann (1991: 216); Peemöller (1993: 364–368); Peemöller (1995: 643–654). LANGE weist im Gegensatz dazu explizit darauf hin, dass der Gegenstandsbereich des Investitionscontrollings mehr umfasst als das Anlagencontrolling. Vgl. Lange (1993: 311).

controllings beginnt nach der Beurteilung der strategischen Orientierung
der Unternehmung mit der Anregung neuer Investitionen und erstreckt sich
auch auf die Bereitstellung der entscheidungsrelevanten Daten. SCHWELL-
NUSS und SCHAEFER schließen sich dieser Sichtweise an und konzentrieren die Betrachtungen auf die damit verbundenen Teilfunktionen der Kontrolle und der Datenverarbeitung.[51] Diese Konzeption wird von EILEN-
BERGER/ERNST/TOEBE adaptiert und um ergänzende Details erweitert.[52]
BIEG/KUSSMAUL/WASCHBUSCH bauen ihre Betrachtungen ebenfalls auf der
Konzeption von REICHMANN auf.[53] HUSMANN und auch DAHLHAUS verwenden die REICHMANN'sche Konzeption, um den Bereich der Informationsasymmetrie und Anreizsysteme in den Aufgabenbereich des Investitionscontrollings zu integrieren.[54] In diesem Zusammenhang tritt das Problem der
„entscheidungsrelevanten Daten" auf. Es müssen vom Controlling alle
Informationen geliefert und aufbereitet werden, die für die Investitionsentscheidung erforderlich sind, gleichzeitig ist jedoch zu verhindern, dass die
Entscheidungsträger durch zu viele Informationen überlastet werden.[55]

KÜPPER leitet aus seinem Grundverständnis des Controllings, dem führungs-
systemorientierten koordinationsbasierten Ansatz, eine Konzeption des Investitionscontrollings ab, in der die Koordinationsaufgaben im Mittelpunkt
stehen.[56] GÖTZE übernimmt diese Konzeption.[57]

HORVÁTH vertritt, basierend auf seinem planungs- und kontrollorientierten
Controllingansatz, eine entsprechende Sichtweise des Investitionscontrollings,
die mit dem Schema von REICHMANN kombiniert wird.[58] GÖTZE schließt sich
dieser Sichtweise an und stellt verschiedene Koordinationsaufgaben heraus.[59]
HUEGE betrachtet die Koordination und die Informationsversorgung als zentrale Aufgaben und die Unterstützung von Planung und Kontrolle als abgeleitete Aufgaben des Investitionscontrollings, das er für strategische Investitionen spezifiziert.[60] Ähnlich interpretieren NEUMANN-SZYSZKA/PFAHLER
und USKOVA/SCHUSTER das Investitionscontrolling.[61] ADAM stellt als spezielle Funktionen des Controllings die Koordinations-, die Anpassungs-, die
Innovations- sowie die Servicefunktion fest. Aus diesen Teilfunktionen leitet
er die integrierte Beurteilung von Investitionen als Controllingaufgabe ab.

---

[51] Vgl. Reichmann/Lange (1985: 454–456); Schwellnuss (1991: 155–198); Bomm (1992:
16–19); Schaefer (1993: 26–34); Reichmann/Kißler/Baumöl (2017: 296–301).

[52] Vgl. Eilenberger/Ernst/Toebe (2013: 149).

[53] Vgl. Bieg/Kußmaul/Waschbusch (2016: 46–48).

[54] Vgl. Husmann (1996: 4–9); Dahlhaus (2009: 50–51).

[55] Vgl. Hirsch/Volnhals (2012: 27–28).

[56] Vgl. Küpper (1991: 169–174); Küpper et al. (2013: 618–619).

[57] Vgl. Götze (2014: 30–35).

[58] Vgl. Horváth (2011: 456–458).

[59] Vgl. Götze (2014: 30–35).

[60] Vgl. Huege (1994: 18–31).

[61] Vgl. Neumann-Szyszka/Pfahler (2018: 32–49); Uskova/Schuster (2020: 36–43).

Das Investitionscontrolling erfüllt eine Servicefunktion für alle an einem Investitionsprozess Beteiligten.[62]

EWERT und WAGENHOFER bauen ihre Überlegungen ebenfalls auf dem koordinationsorientierten Ansatz auf. Im Zentrum der Betrachtungen stehen die Ermittlung von optimalen Investitionsbudgets und die Berücksichtigung von Informationsasymmetrien.[63]

SIERKE als ein Vertreter der steuerungs- und regelungsfunktionsorientierten Sichtweise erkennt die Hauptaufgabe in der langfristigen Erzielung einer optimalen Unternehmensrentabilität.[64] BORGHOFF und OTT vertreten eine ähnliche Sichtweise, konzentrieren sich bei dem systemorientierten Ansatz jedoch stark auf die Planungs- und Kontrollaufgaben innerhalb des Investitionsprozesses.[65]

Die „Praxisvertreter" tragen zur Definitionsbestimmung auf der Basis von Umsetzungsproblemen und -fragen aus der Unternehmenspraxis bei.[66] So werden personelle und organisatorische Anforderungen abgeleitet und die Notwendigkeit der Einbettung der Aufgaben des Investitionscontrollings in den Prozessablauf der Unternehmung dargestellt.[67]

RÖSGEN charakterisiert das Investitionscontrolling als einen Mix, bestehend aus der Investitionsplanung, der Steuerung der Investitionsprojekte, laufenden Kontrollen, Koordination der Ressourcen und der Informationsversorgung der Unternehmensführung.[68]

Wie den grundlegenden Controllingansätzen ist auch den Sichtweisen des Investitionscontrollings eine Heterogenität eigen, die nicht nur aus der Vielfalt der analysierten Investitionsprojekte resultiert. Eine grundlegende Eigenschaft der Ansätze besteht in ihrer Anlehnung an die jeweiligen Controlling-Konzeptionen. Die Betrachtung der Konzeptionen des Investitionscontrollings unter dem Gesichtspunkt der Rationalität ergibt ein ähnliches Bild wie das des Controllings: Für die unterschiedlichen Betrachtungsobjekte, Aufgabenstellungen und Zeitabschnitte stellen die Definitionsversuche Maßnahmen zur Rationalitätssicherung der Führung von Investitionsentscheidungen in ihren kontextspezifischen Ausprägungen dar.[69]

---

[62] Vgl. Adam (2000: 17–29).

[63] Vgl. Ewert/Wagenhofer (2014: 455–456).

[64] Vgl. Sierke (1990: 80); Sierke (1992: 214).

[65] Vgl. Borghoff (1994: 78–105); Ott (2000: 84–88).

[66] Die Bezeichnung „Praxisvertreter" suggeriert, dass sich die Vertreter der übrigen Konzeptionen nicht mit praktischen Fragestellungen und Problemen beschäftigen. Das ist jedoch nicht der Fall. Zur Abgrenzung von den anderen Konzeptionen wird der Begriff in dem Wissen um seine geringe definitorische Leistungsfähigkeit jedoch beibehalten.

[67] Vgl. Liebsch (1987: 36–40); Krug (1991: 11–14).

[68] Vgl. Rösgen (2000a: 45); Rösgen (2000b: 252–253).

[69] Vgl. Weber/Schäffer (1999b: 740–743).

In einer Zeit, als die Verfügbarkeit von entscheidungsproblembezogenen Daten keine Selbstverständlichkeit war, entwickelte sich die informationsorientierte Sichtweise des Controllings und des Investitionscontrollings. Die Entstehung der koordinationsorientierten Ansätze fällt in einen Zeitabschnitt, in dem die Unternehmen mit einer wachsenden Dynamik in ihrem Umfeld konfrontiert wurden, was ein zunehmendes Bedürfnis nach Koordination der sich aus der äußeren und inneren Dynamik ergebenden Aufgaben hervorrief. Die damit und mit der steigenden Komplexität und Nutzungsdauer der Anlagen verbundene wachsende Bedeutung der strategischen Unternehmensführung in Theorie und Praxis führte zu einer Strategieorientierung der Konzeption des Investitionscontrollings.

Mit den Eigenschaften der Erkenntnisobjekte eng verbunden ist die Ausrichtung auf anlagenwirtschaftliche Aspekte. Die Auswahl güterwirtschaftlicher Investitionen als Betrachtungsgegenstand begründete verständlicherweise die Anlagenorientierung der jeweiligen Betrachter. Einzelne Fragestellungen, die nicht mit den bestehenden Konzeptionen beantwortet werden konnten, initiierten speziell für diese Probleme passende Konzeptionen des Investitionscontrollings.

Im Zuge der Verbreitung wertorientierter Managementansätze als Reaktion auf die Ertragsorientierung der Anteilseigner fand eine Konzentration des Investitionscontrollings auf die Aspekte der Rentabilität und Wertorientierung statt.

Als Nebenaufgabe des Investitionscontrollings hebt schon BORGHOFF die Notwendigkeit der Rationalitätssicherung im Prozess der Investitionsentscheidungen hervor. Dabei stellt er auf die Unterscheidung zwischen objektiver und subjektiver Rationalität ab und sieht in der Subjektivität der Entscheidungsträger eine Gefahr für das Finden unternehmenszielkonformer Investitionsentscheidungen. Durch manipulative und unbewusste Informationsselektion werden Investitionssituationen falsch eingeschätzt. Als Gegenmaßnahmen schlägt BORGHOFF die objektive Investitionsanalyse, unternehmensweite Informations- und Kontrollsysteme sowie manipulationsvermeidende Organisationsstrukturen vor.[70]

Trotz unterschiedlicher Auffassungen des Begriffes „Investitionscontrolling" besteht allgemeiner Konsens darüber, dass der Prozess der Führung von Investitionen durch das Investitionscontrolling zu unterstützen ist. Unterschiede bestehen darüber, welche Aufgaben das Investitionscontrolling zu übernehmen hat und welche Bereiche es abdecken soll.

BATHE und MÜLLER diskutieren erstmals die Konsequenzen einer rationalitätsorientierten Sichtweise des Controllings für das Investitionscontrolling (vgl. Tab. 2.3). Investitionscontrolling wird demzufolge verstanden als engpassorientierte Sicherstellung der Zweckrationalität der Unternehmensfüh-

---

[70] Vgl. Borghoff (1994: 165–190).

rung in den Phasen der Willensbildung, -durchsetzung und -kontrolle von Investitionen. Engpässe in der aufgaben- und entscheidungsträgerbezogenen Führungsrationalität, die in Abhängigkeit von den Unternehmen, deren Aufgaben und Handlungsträgern auftreten, müssen durch das Investitionscontrolling identifiziert und überwunden werden.[71] Diese Interpretation wurde mehrfach aufgegriffen und spezifiziert.[72]

KANTOWSKI baut seine Überlegungen zum Investitionscontrolling auf dem kognitionsorientierten Ansatz auf. Dies begründet er mit einer besseren Passgenauigkeit des Ansatzes unter funktionellen, institutionellen und instrumentellen Gesichtspunkten.[73]

Die in der Literatur häufig angeführten spezifischen Aufgaben des Investitionscontrollings (z. B. Koordinations-, Informationsversorgungs-, Planungs- oder projektbezogene Aufgaben sowie Schnittstellenproblematik) lassen sich als – aus der Herausforderung der Rationalitätssicherung – abgeleitete, kontextspezifische, engpassorientierte Aufgaben interpretieren. Die Eigenheiten des Prozesses der betrieblichen Leistungserstellung bedingen zahlreiche Interdependenzen zwischen dem Investitionsbereich und anderen Teilbereichen des Unternehmens. Wenn diese Bereiche inhaltlich, organisatorisch und personell getrennt voneinander arbeiten, treten in den Beziehungen zwischen dem Investitionsbereich und anderen Bereichen häufig Informations- und Koordinationsmängel auf. Die aus der Zielsetzung der engpassorientierten Rationalitätssicherungsfunktion des Investitionscontrollings abgeleiteten Funktionen bestehen in diesem Fall in der Bereitstellung der entscheidungsbezogenen Informationen und in der entscheidungsorientierten Koordination. Die Engpässe in der Informationsversorgung und der Koordination müssen durch das Investitionscontrolling erkannt und behoben werden.

Im weiteren Verlauf wird das rationalitätsorientierte Verständnis des Controllings verwendet. Dies geschieht aufgrund zweier Argumentationspunkte:

- Mit Blick auf die vielfältigen Entscheidungen im Verlaufe des Lebenszyklus einer Realinvestition wird die Rationalität dieser Entscheidungen in den Mittelpunkt gerückt (vgl. Tab. 2.3).[74]
- In der Entscheidungstheorie sind sowohl normative Vorgaben für rationale Prozesse entwickelt worden als auch Beobachtungen des realen Entscheidungsverhaltens analysiert und interpretiert worden. Diese Ergebnisse liefern die Richtschnur zur Identifikation rationalen Verhaltens.

---

[71] Vgl. Bathe/Müller (2002).

[72] Vgl. Kramer/Müller (2004); Müller (2005: 47–48); Schultz (2005: 77–79); Müller (2009: 479–481); International Group of Controlling (2017: 39).

[73] Vgl. Kantowski (2011: 28).

[74] Vgl. auch Sierke (1990: 106). Für eine ausführliche Diskussion sowie die möglichen Spezifikationen des Modells vgl. Abschn. 1.4.2 auf S. 45.

Tab. 2.3: Grundlegendes Phasenschema von Realinvestitionen. Quelle: Müller (2004: 57).

Führungsprozess \ Lebenszyklusphasen		Bindungsdominierte Phase	Freisetzungsdominierte Phase
Anregung, Zielsetzung, Problemanalyse	*Planung*		
Alternativensuche und Prognose			
Beurteilung und Entscheidung			
Realisation			
Kontrolle			

Aus der grundsätzlichen Zielsetzung des Investitionscontrollings werden die unternehmens- und situationsspezifischen Aufgaben abgeleitet. In Abhängigkeit von Wahrnehmungs-, Willens- und Fähigkeitsbarrieren der beteiligten Akteure und den unternehmensspezifischen Ressourcenengpässen im Rahmen der zu treffenden und durchzusetzenden Entscheidung ist die Rationalitätssicherungsfunktion des Investitionscontrollings an die Rahmenbedingungen anzupassen.

> Ziel des Investitionscontrollings ist die Sicherstellung der Rationalität investitionsbezogener Führungsentscheidungen und -handlungen.

Diese Zielstellung erfordert die folgenden Ergänzungen:

- Aus den einführenden Darstellungen zu den Rationalitätsformen ist deutlich geworden, dass zwischen subjektiver und objektiver Rationalität zu unterscheiden ist.[75] Dies wird hier noch einmal betont und mit einem Verweis auf die verschiedenen Regeln individueller Entscheidungen und kollektiver Abstimmungen versehen. Diese rationalen Regeln können bei identischen Ausgangssituationen zu unterschiedlichen Ergebnissen führen.[76] Eine rationale Problemlösung kann demzufolge zu Ergebnissen führen, die nicht identisch aber trotzdem rational sind.

- Die Aussage täuscht eine Klarheit vor, die verschwindet, wenn der Begriff der Rationalität spezifiziert werden muss. In ein und derselben Situation können verschiedene Rationalitätsmaßstäbe angelegt werden. Ein bekanntes Beispiel dafür ist das **Gefangenen-Dilemma**, in dem die individuelle Rationalität (Alternative: Geständnis ablegen) und die kollektive Rationalität (Alternative: Schweigen) zur Auswahl stehen. Die Lösungen für die beiden Interpretationen widersprechen sich jedoch.[77]

---

[75] Vgl. Abschn. 1.2.1 auf S. 5.

[76] Vgl. 2. Band, Tab. 1.55 auf S. 179 und Tab. 3.15 auf S. 415.

[77] Vgl. Kannetzky (2000: 245–251 sowie 425–426); Holler/Illing/Napel (2019: 3–12).

- Für bestimmte Situationen wird eine Reihe von wünschenswerten Eigenschaften an eine rationale Entscheidung bzw. Lösung formuliert. So z. B.:
  - für Entscheidungen bei Ungewissheit,[78]
  - für kollektive Entscheidungen[79] oder
  - für eine leistungsgerechte Aufteilung.[80]

Für alle diese Situationen wird deutlich, dass mit zunehmender Anzahl an wünschenswerten Eigenschaften die Anzahl der Methoden und Verfahren, welche diese Merkmale erfüllen, abnimmt. Konkret bedeutet dies, es existiert kein Verfahren, das sämtliche dieser Anforderungen erfüllt.

Es wird deutlich, dass jeder rationalen Entscheidung ein gewisses Maß an Subjektivität innewohnt bzw. u. U. keine rationale Entscheidung möglich ist. Das Investitionscontrolling kann deshalb lediglich den Prozess, der zu der Entscheidung führt, auf Rationalität untersuchen. Die prozedurale Rationalität ist demzufolge wesentlicher Bestandteil der zugrundeliegenden instrumentellen Rationalität, die Ausgangspunkt der Darstellung von Führungsprozessen war.[81]

Aus den bisherigen Darstellungen lassen sich Übereinstimmungen des Investitionscontrollings mit dem Projektcontrolling resp. dem Anlagencontrolling (hier im Sinne technischer Anlagen) feststellen. Wird für die Ableitung der Aufgaben des Projekt- und des Anlagencontrollings von der rationalitätsorientierten Controllingkonzeption ausgegangen, bestehen bezüglich der Ziele grundsätzlich keine Unterschiede. Daraus und aus der Tatsache, dass Investitionen in Innovationen häufig Charakteristika eines Projektes aufweisen bzw. güterwirtschaftliche Investitionen meist durch Anlagen verkörpert werden, folgen deutliche Überschneidungen der Aufgabenbereiche. Handelt es sich bei dem Betrachtungsobjekt z. B. um eine einzelne güterwirtschaftliche Anlage, so erweisen sich das Anlagen- und das Investitionscontrolling als deckungsgleich. Handelt es sich jedoch um mehrere Anlagen und um Investitionsprogrammentscheidungen, ist das Investitionscontrolling weiter gefasst als das Anlagencontrolling.

Aufbauend auf diesen Darstellungen sind die Funktionen und Aufgaben des Investitionscontrollings festzulegen. Diese Funktionen dienen der Erreichung der Zielstellung. Mit Controlling-Aufgaben werden in diesem Zusammenhang einzelne Aktivitäten zur Realisierung der Controlling-Ziele im Kontext der Controlling-Funktion beschrieben. Über die Zuordnung und Gestaltung der aus den Zielen abgeleiteten Aufgaben werden die notwendigen Mittel (Instrumente) und Träger (Institutionen) festgelegt.

---

[78] Vgl. 2. Band, Abschn. 1.6.2 auf S. 164.

[79] Vgl. 2. Band, Abschn. 3.2.2 auf S. 394.

[80] Vgl. 2. Band, Abschn. 4.4 auf S. 478.

[81] Vgl. Abschn. 1.1 auf S. 3.

2.1.3 Aufgaben des Investitionscontrollings

2.1.3.1 Investitionsplanung

2.1.3.1.1 Grundlegende Aufgaben

Allgemeine Aufgaben des Controllings in der Planungsphase dienen zur Ableitung von Aufgaben des Investitionscontrollings. Dazu sind die Aufgaben des Managements von denen des Controllings zu trennen (vgl. Abbildung 2.11). Es wird hier noch einmal darauf hingewiesen, dass die Aufgaben des Controllings von der Situation des Unternehmens und Person des Managers abhängig sind.[82]

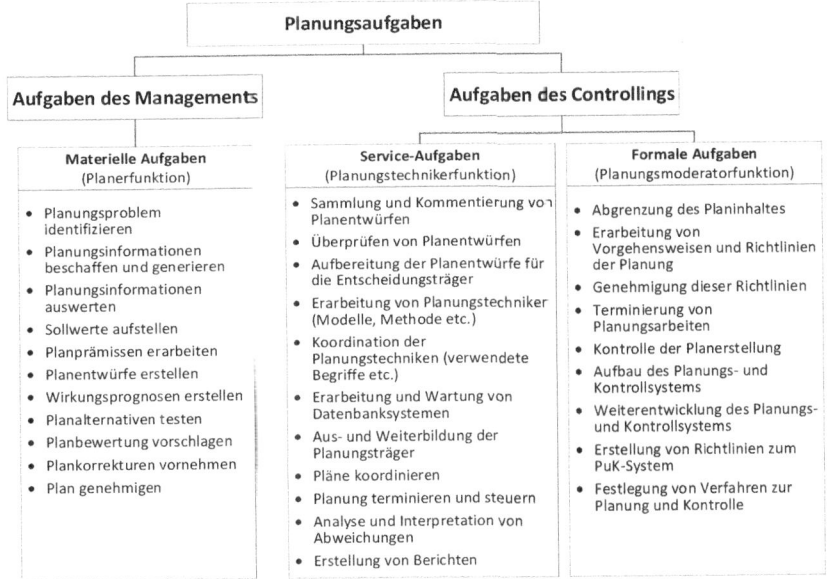

Abb. 2.11: Differenzierung von Planungsaufgaben. Quelle: Fischer/Möller/Schultze (2015: 68).

Diese allgemeinen Aufgaben sind für die Planung von Investitionsprozessen zu spezifizieren. Im Sinne des rationalitätsorientierten Verständnisses sind folgende Elemente festzulegen:[83]

---

[82] Vgl. Abb. 2.7 auf S. 80.

[83] Vgl. Irle (2011: 67).

- Rationalitätsobjekt,
- Rationalitätssubjekt,
- Rationalitätsgrad sowie
- Rationalitätsmaßstab.

Objekte der Rationalitätsicherung stellen allgemein die Führungsprozesse im Verlauf des Lebenszyklus von Realinvestitionen dar. Welche Phase des Führungsprozesses in welcher Lebenszyklusphase der Investition im Zentrum der Betrachtung steht, ist kontextabhängig. Prinzipiell ist festzuhalten, dass die Rationalitätsicherung nicht nur auf die einzelnen, isoliert betrachteten Entscheidungen beschränkt bleiben darf, sondern die Auswirkungen der Entscheidung in einer Investitionslebensphase auf die Entscheidungsprozesse in den nachfolgenden Lebensabschnitten berücksichtigt werden müssen. Mit der Betrachtung von zeitlich nachgelagerten Entscheidungen sequenzieller Projekte werden auch zeitlich vorgelagerte Entscheidungen beeinflusst. Diese Interdependenz der Entscheidungen ist zu berücksichtigen.[84]

In Bezug auf das **Rationalitätssubjekt** ist eine Differenzierung erforderlich. Investitionen werden in den Unternehmen von den einzelnen Abteilungen und Bereichen bei der zuständigen übergeordneten Instanz beantragt. Vom Investitionscontrolling sind die inhaltlichen und formellen Kriterien für den Beantragungsprozess zu definieren. Dazu zählen Festlegungen über den Zeitpunkt der Beantragung, den Ablauf des Verfahrens, die Klassifizierung von Antragsvolumina entsprechend der einzubindenden Gremien u. ä.[85]

In diesem Zusammenhang können **Informationsasymmetrien** zwischen Genehmigungsinstanz und Antragsteller auftreten.[86] Diese können von den Antragstellern genutzt werden, um bewusst unwahre Angaben zu dem Projekt zu machen. Dies kann die unterschiedliche Auslegung und Interpretation qualitativer Kriterien oder Falschangaben quantitativer Kriterien betreffen.[87] Diese unwahren Angaben führen zu einer nicht optimalen Kapitalallokation und sind deshalb aus Unternehmenssicht zu vermeiden. Die **Gestaltung optimaler Anreize und Verträge** kann in diesen Fällen als Aufgabe des Investitionscontrollings angeführt werden. Diesen Aspekt haben verschiedene Anreizsysteme zum Inhalt, zu einer wahrheitsgemäßer Berichterstattung führen sollen.[88]

Als wesentliches organisatorisches Element des Investitionsprozesses sind Gremien anzuführen, die über Investitionsanträge beraten und diese ablehnen oder genehmigen (z. B. Lenkungsausschuss, Bewilligungsausschuss, Investiti-

---

[84] Vgl. Jacob (1964: 24–29); Kramer/Müller (2004: 286–287).

[85] Vgl. Weber et al. (2006: 22–23); Hauser/Panzau (2012: 134–136).

[86] Vgl. Husmann (1996: 29–46); Friedl (2007: 11–14).

[87] Vgl. Arbeitskreis „Finanzierung" (1994: 904–905); Bamberg/Trost (1998: 214–215); Ewert/Wagenhofer (2014: 504–506).

[88] Vgl. Ewert/Wagenhofer (2014: 409–421); Trost/Heim (2018).

onsausschuss, Vorstand).[89] Die **Entscheidung** über einen Investitionsantrag selbst stellt eine **originäre Managementaufgabe** dar.[90] Jedoch ist die Rationalität auch dieser kollektiven Entscheidungen durch unterstützende Maßnahmen zu hinterfragen und sicherzustellen, was durch das Controlling zu geschehen hat. Spätestens mit der Beratung über eingereichte Anträge wird die kollektive Phase des Investitionsprozesses begründet. In der Regel findet schon die Erarbeitung des Investitionsantrags im Kollektiv statt.

In diesem Zusammenhang ist zu klären, in welchem Maße diejenigen Vertreter eingebunden werden, die explizit der Controlling-Abteilung angehören. Damit werden die Rechte der Controlling-Abteilung im Genehmigungsprozess sowie die Gremienzusammensetzung berührt. Es ist festzulegen:

- welche Abteilungen bzw. Instanzen wie viele Vertreter in dieses Gremium entsenden dürfen und
- welche Rechte diese Mitglieder ausüben dürfen.

Aus Sicht der Controlling-Vertreter stellt sich die Frage des Teilnahme-, Mitsprache-, Abstimmungs- oder gar Veto-Rechtes.[91]

Zu klären bleibt nun noch der **Rationalitätsmaßstab** und der **Grad der Erfüllung** der Rationalitätsforderung. Die in den ersten Arbeiten zum rationalitätsorientierten Controlling verwendete Zweck-Mittel-Rationalität wurde von WEBER mit dem Konstrukt der **Soll-Rationalität** weiter spezifiziert.[92] Die Bestimmung der Soll-Rationalität ist abhängig vom aktuellen Stand des Fachwissens, der Standards zur Problemlösung definiert, die als Soll-Rationalität bezeichnet werden. An diesem Fachwissen werden die Existenz und der Einsatz individuellen Wissens gemessen und möglicherweise Rationalitätsengpässe identifiziert. Damit wird jedoch das Problem der Feststellung des aktuellen, objektiven Wissensstands berührt, auf das an späterer Stelle noch ausführlich eingegangen wird.[93]

Es muss somit festgestellt werden, dass die Bestimmung von Soll-Rationalität zeit- und problemabhängig ist.[94] Ein von Fachleuten gebildeter Konsens stellt eine gewisse Qualitätskontrolle sicher, führt letztlich jedoch auf die Definition des Fachmannes bzw. des Wissenschaftlers zurück. Der Status eines Fachmannes muss erst erlangt bzw. zugestanden werden, was durch andere Wissenschaftler im wissenschaftlichen Diskurs geschieht, so dass die Ergebnisse

---

[89] Vgl. Arbeitskreis „Finanzierung" (1994: 901–904); Weber et al. (2006: 41–43); Warkotsch (2010: 71); Kesten/Berkemeier/Schönteich (2013: 4–6).

[90] Vgl. Husmann (1996: 5) sowie Abbildung 2.11 auf S. 93.

[91] Zu den Abstimmungsregeln vgl. 2. Band, Kapitel 3 auf S. 387.

[92] Vgl. Weber (2004: 472–474).

[93] Vgl. dazu Abschn. 2.1.3.1.3 auf S. 109.

[94] Vgl. dazu die einführenden Erläuterungen zu grundlegenden Formen der Rationalität im Abschn. 1.1 auf S. 3.

wiederum ständiger Kontrolle und Falsifizierungsversuchen unterliegen.[95] Als Beispiel wird hier im Vorgriff auf die weiteren Ausführungen die Umweltrationalität erwähnt.[96] Gemäß dieses Konzeptes ist eine Entscheidung dann rational, wenn der Akteur ein – mit der Entscheidungsumwelt korrespondierendes – probabilistisches mentales Modell konstruiert und eine darauf aufbauende Heuristik nutzt. Umweltrationalität ist demzufolge eine Teilmenge der Soll-Rationalität und wäre als Rationalitäts-Maßstab zu verwenden. Der Grad der Erfüllung muss wiederum fallspezifisch festgelegt werden.

Im Bereich der präskriptiven Entscheidungstheorie wurde eine Reihe von Anforderungen an rationale Prozesse entwickelt, die zu erfüllen sind. Diese werden ergänzt von Anforderungen durch Modelle aus dem Bereich der Investitionsrechnung. Dazu zählen Anforderungen an:

- rationale Zielformulierungen (z. B. Inhalte, Umfang, Relationen),[97]
- rationale Präferenzen und Methoden,[98]
- rationale Prozessabläufe (z. B. formale und inhaltliche Konsistenz),
- faire und gerechte Abstimmungsprozesse,[99]
- absolute und relative Vorteilhaftigkeit von Investitionsobjekten,[100]
- faire und gerechte Aufteilungsmechanismen.[101]

Aufgabe des Investitionscontrollings ist es, in den entsprechenden Entscheidungsstufen die Erfüllung dieser Anforderungen zu überprüfen und zu hinterfragen. Zusätzlich wurden im Bereich der deskriptiven Entscheidungstheorie systematische Fehler im individuellen und kollektiven Entscheidungsverhalten festgestellt.[102] Diese können ebenfalls vom Investitionscontrolling zur Überprüfung der Entscheidungsprozesse herangezogen werden.

Speziell für Investitionsprozesse wurde eine Reihe von typischen Schwachstellen festgestellt (vgl. Abbildung 2.12), die als Rationalitätsengpässe interpretiert werden können.

---

[95] SCHNEIDER bemerkt zu diesem Fundamentalproblem: *„Solange jedoch keine Kriterien genannt werden für die Anzahl und das Gewicht des ‚Kreises von Fachleuten' (der ‚community of science'), die in ihrer wissenschaftlichen Tätigkeit einem Paradigma folgen, bleibt offen, wie paradigma-schaffende wissenschaftliche Revolutionen von dem anmaßenden Wahrheitsanspruch irgendeines Provinz-Hochschul-Monopolisten abgegrenzt werden sollen, der seine Schüler mit Arbeiten über den ‚Sack als Verpackungsmaterial' oder mit noch schlimmeren Einseitigkeiten traktiert."* Schneider (2001: 407).

[96] Zur ausführlichen Darstellung vgl. 2. Band, Abschn. 2.4.2 auf S. 344.

[97] Vgl. Abschn. 1.2.2.2 auf S. 22.

[98] Vgl. im 2. Band, Kapitel 1 auf S. 3–285 zur Darstellung der Axiome rationalen Entscheidens sowie Tab. 1.59 auf S. 217 im 2. Band für einen umfassenden Überblick.

[99] Vgl. 2. Band, Kapitel 3 auf S. 387.

[100] Vgl. Kapitel 3 auf S. 161.

[101] Vgl. 2. Band, Kapitel 4 auf S. 461.

[102] Vgl. z. B. 2. Band, Abschn. 2.3 auf S. 301.

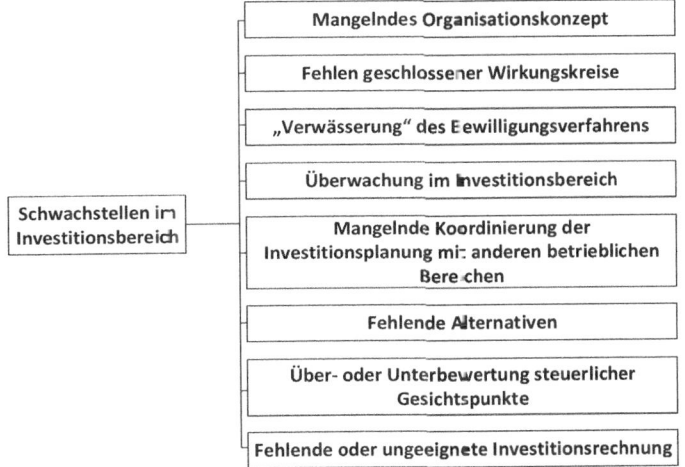

Abb. 2.12: Schwachstellen im Investitionsbereich. Quelle: Eigene Darstellung, in Anlehnung an: Matschke (1993: 49); Blohm/Lüder/Schaefer (2012: 5–36).

Aufgabe des Investitionscontrollings ist die Überprüfung, ob in dem Betrachtungsunternehmen einer dieser Engpässe existiert. Wenn das der Fall ist, so müssen Maßnahmen zur Beseitigung vorgeschlagen und initiiert werden. Zusätzlich zu diesen Schwachstellen können folgende Rationalitätsengpässe im Fall international tätiger Unternehmen auftreten:[103]

- unterschiedliche Ausgestaltung der Rechnungssysteme,
- verschiedene Definitionen und Bewertungsverfahren sowie
- kulturelle Prägung des Akteurs.

Mit Blick auf die entscheidungstheoretischen Grundlagen wird darauf hingewiesen, dass Investitionsprobleme häufig strukturdefekte Probleme sind, die gekennzeichnet sind durch:[104]

- Abgrenzungsdefekte
- Wirkungsdefekte,
- Bewertungsdefekte,
- Zielsetzungsdefekte sowie
- Lösungsdefekte.

Abgrenzungsdefekte ergeben sich aus den vielfältigen finanziellen und physischen Verflechtungen von Investitionsobjekten. Um die Verfahren der Investitionsrechnung für ein einzelnes Objekt durchführen zu können, ist eine künstliche Abgrenzung desselben vorzunehmen. Für die Berücksichtigung

---

[103] Vgl. Müller/Münnich (2008: 531); Hoffjan (2009: 45–53); Boucoiran (2010).

[104] Vgl. Schultz (2005: 83). Zu einer detaillierten Erläuterung dieser Defekte vgl. Abschn. 1.2.2.1 auf S. 15.

mehrerer Investitionsprojekte und deren Finanzierung bieten sich die Instrumente der simultanen Investitionsplanung an. Diese sind geeignet, die optimale Folge und Zuordnung von Finanzierungs- und Investitionsmaßnahmen zu bestimmen.[105] Aber auch für diese Modelle ist eine Abgrenzung erforderlich, welche vom Investitionscontrolling zu leisten bzw. zu unterstützen ist. Ein weiteres Beispiel für die mangelnde Abgrenzung ist das Problem der **fehlenden Alternativen**. Demzufolge muss vom Investitionscontrolling in diesem Fall eine ausreichende Menge an qualifizierten Alternativen erarbeitet werden. Die Alternativengenerierung ist eine wesentliche Aufgabe des Investitionscontrollings, die umso wichtiger ist, je größer das Entscheidungsfeld und die gewährten Freiräume für die Formulierung eigenständiger Investitionsideen sind. Der Erfolg von Entscheidungen im Investitionslebenszyklus wird jedoch häufig durch eine unzureichende Basis von Handlungsvorschlägen und damit durch mangelnde Alternativen begrenzt.

Für die Alternativengenerierung sind die Initiativen aller Mitarbeiter und die Mobilisierung aller Kreativitätsreserven notwendig, kann doch eine Entscheidung zur Auswahl einer Investition nur genauso gut sein, wie die beste der identifizierten Investitionsalternativen. Auch bei Entscheidungen in den übrigen Phasen des Investitionslebenszyklus ist die Erstellung vieler Alternativen notwendig. Sind durch die allgemeine Unternehmensplanung oder die Planung der Fachressorts große Freiräume bei der Formulierung konkreter Maßnahmen gewährleistet, müssen durch eine entsprechende Vorgehensweise die unternehmensrelevanten Investitionsalternativen identifiziert werden.[106]

Vom Investitionscontrolling sind für die jeweiligen Entscheidungsprobleme geeignete Kreativitätstechniken auszuwählen. Zu berücksichtigen ist, dass innovative Problemlösungsalternativen häufig im Ergebnis von Konflikten entstehen, Konflikte also die Grundlage von Innovationen darstellen. Konflikte sind demzufolge nicht per se negativ, produktive Konflikte sind für die Alternativengenerierung zu nutzen. Die zielführende Gestaltung solcher Konfliktprozesse mit entsprechenden Lösungsstrategien ist ebenfalls durch das Investitionscontrolling sicherzustellen.

Eine Aufgabe des Investitionscontrollings ist es, die zur Alternativengenerierung benötigte Zeit und die Suchkosten an den zur Verfügung stehenden Rahmen anzupassen. Da für die Lösung des Entscheidungsproblems nicht unendlich viel Zeit zur Verfügung steht und mit der Suche nach möglichst vielen detaillierten Informationen entsprechende Kosten verbunden sind, sind bei der Alternativengenerierung die Faktoren „Zeit" und „Kosten" ebenfalls vom Investitionscontrolling zu überprüfen und durch geeignete Vorgaben festzulegen.

---

[105] Vgl. Götze (2014: 342–353); Kruschwitz/Lorenz (2019: 197–258).
[106] Vgl. Hauschildt et al. (2016: 344–358).

Im Zusammenhang mit der Suche und Bewertung von Alternativen kann eine Reihe von Konflikten auftreten (vgl. Abbildung 2.13).

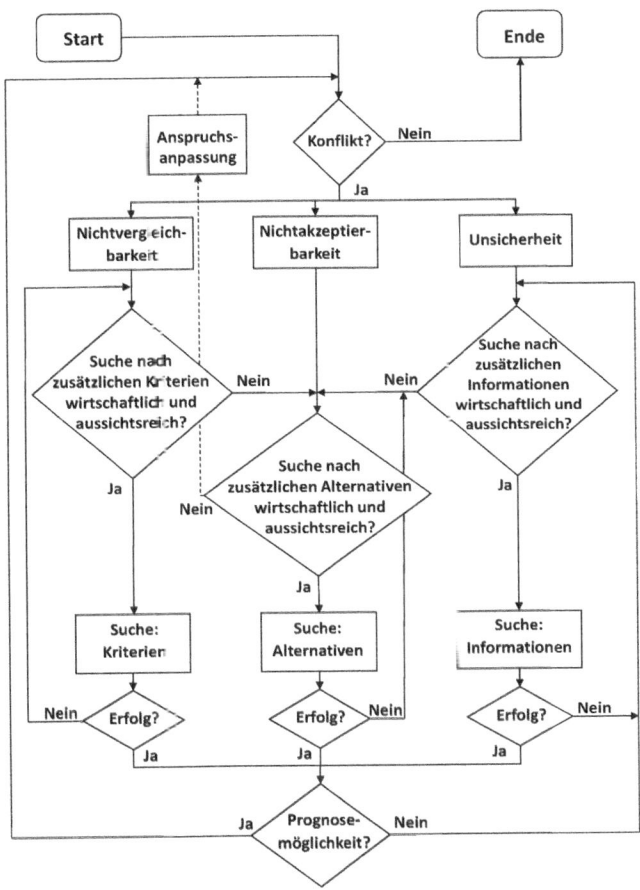

Abb. 2.13: Konflikte im Alternativensuchprozess. Quelle: Eigene Darstellung, in Anlehnung an: Rehkugler/Schindel (1990: 236).

Diese Konflikte lassen sich grundsätzlich durch Verleugnung beseitigen. Die bewusste oder unbewusste Ignoranz des Konfliktes durch die dazu geeignete Auswahl oder Interpretation von Informationen ist während des gesamten Problemlösungsprozesses möglich.[107] Eine spezifische Form der Konfliktleugnung besteht in der Umdefinition des ursprünglich zu lösenden Problems. Die bewusste Wahrnehmung und Lösung von Konflikten ist der Ausgangspunkt für einen zielführenden Alternativsuch- und -bewertungsprozess. Sind die

---

[107] Vgl. Hannig (1969: 477–480).

bisher gefundenen Lösungen nicht zufriedenstellend (Konflikt der Nichtakzep-
tierbarkeit), werden weitere Alternativen generiert. Erscheint dem Entscheidungsträger die Suche nach weiteren Lösungen als nicht aussichtsreich, kann
er die Suche abbrechen und seine Ansprüche an die gefundene Alternative
anpassen. Beim Konflikt der Nichtvergleichbarkeit fehlen dem Akteur Entscheidungsregeln zur Auswahl einer Alternative. Dieser Konflikt kann durch
die Suche nach zusätzlichen Kriterien behoben werden, wenn diese Kriterien
dazu beitragen, den Konflikt zu beseitigen. Nicht selten wird aber auch diese
Suche nicht dazu führen, den Konflikt beseitigen zu können, was wiederum
zur Suche nach weiteren, eindeutiger als vorteilhaft einzustufenden Alternativen führt. Der Unsicherheitskonflikt resultiert aus den unzureichenden
Informationen über die zu erwartenden Wirkungen der gefundenen Alternative. Dies kann zur Suche nach weiteren Alternativen führen, wenn sich
für die ursprüngliche Alternative keine zusätzlichen Informationen gewinnen
lassen.

Trotz der Forderung nach möglichst umfangreicher Prüfung aller Alternativen
ist eine Vorauswahl und Beschränkung auf der Basis vorab vom Investitionscontrolling festzulegender Beurteilungskriterien notwendig. Die Festlegung
der Vorauswahl ist nicht unproblematisch: Es muss ohne vollständige Bewertung festgestellt werden, ob eine Alternative aussichtsreich genug ist, um
eine detaillierte Analyse zu rechtfertigen. Deshalb hat das Investitionscontrolling die Vergleichbarkeit von Alternativen durch entsprechende Entscheidungskriterien zu ermöglichen. Zusätzlich zu diesen Aufgaben ist durch konzeptionelle Beschränkungen (z. B. Vorgabe der zeitlichen Prognosegrenzen)
der Alternativensuchprozess und die Prognose zielführend zu gestalten. Der
Übergang der Phasen „Alternativensuche" und „Bewertung und Entscheidung" ist nicht so klar und scharf, wie es die gewählte Gliederung suggeriert.
Vielmehr sind alternativengenerierende Such- und Bewertungsprozesse durch
Vor- und Rückkopplungen miteinander verbunden. Investitionsprobleme sind
selten wohlstrukturiert, weshalb – neben den bereits erläuterten grundsätzlichen Hindernissen[108] – oftmals folgende Schwierigkeiten auftreten:[109]

- **Wirkungsdefekte** treten häufig bei Entscheidungen zu Potenzialinvestitionen auf. Es ist z. B. fraglich, ob die Ergebnisse im Bereich „Forschung
  und Entwicklung" mit den geplanten Investitionsmitteln erreicht werden
  bzw. ob sie prinzipiell erreicht werden. Diese Defekte sind vom Investitionscontrolling zu identifizieren und – wenn möglich – zu reduzieren.
- **Bewertungsdefekte** sind charakteristisch für Realinvestitionen. Viele
  Effekte einer Investitionsmaßnahme lassen sich nur schwer quantitativ
  abbilden. Um diese Effekte jedoch trotzdem berücksichtigen zu können,
  ist der Einsatz unterschiedlicher Verfahren möglich. Vom Investitionscontrolling ist zu prüfen, welches dieser Verfahren am besten geeignet ist und
  deshalb zur Reduktion von Bewertungsdefekten einzusetzen ist.

---

[108] Vgl. Abschn. 1.2.2.1 auf S. 15.
[109] Vgl. Tab. 1.3 auf S. 20.

- Investitionsentscheidungen weisen i. d. R. **Zielsetzungsdefekte** auf, die
  sowohl durch die qualitative als auch quantitative Struktur sowie die
  Langfristigkeit von Wirkungen und die Komplexität der Handlungssituation bedingt sind. Mangelnde Operationalität durch die Beachtung mehrerer Zielgrößen oder durch die mangelnde Konkretisierung einer der drei
  Dimensionen Zielinhalt, angestrebtes Ausmaß und zeitlicher Bezug führt
  zu zielsetzungsdefekten Problemsituationen.

  Zur Lösung dieser Zielsetzungsdefekte bietet sich die Ableitung opera-
  tionaler Unterziele (sog. Instrumentalziele) aus dem oder den Oberzie-
  len (sog. Fundamentalziele) an. Wenn mit einem Fundamentalziel (möglich sind auch mehrere Fundamentalziele) verschiedene Instrumentalziele verbunden sind, muss durch die Vorgabe von Zielhierarchien die Vergleichbarkeit der Alternativen ermöglicht werden. Die Unternehmensstrategie fungiert in dieser Phase als Fundamentalziel des investitionsbezogenen Entscheidungsprozesses. Das Investitionscontrolling hat daraus entsprechende Instrumentalziele und Zielhierarchien abzuleiten. Die strik-
  te Unterscheidung zwischen Fundamental- und Instrumentalziel ist für
  die Alternativengenerierung und den weiteren Entscheidungsprozess von
  entscheidender Bedeutung, denn bei unkorrekter Zuordnung werden die
  Ursache-Wirkungs-Beziehungen vernachlässigt.

In der Unternehmenspraxis gelingt die Formulierung konsistenter und wider-
spruchsfreier Instrumentalziele selten oder nur unvollkommen.[110] Dies kann
durch eine Reihe von Verhaltensanomalien im Zielbildungsprozess begründet
liegen. HIRSCH führt derartige Anomalien auf, die sowohl den Zielinhalt als
auch das Zielausmaß betreffen.[111]

Zusätzlich muss festgehalten werden, dass im Zusammenhang mit langfristigen Projekten, wie z. B. Investitionsmaßnahmen, häufig Veränderungen der
ursprünglich festgelegten Ziele auftreten. Die wesentlichen Gründe für die
Zielvariation bestehen einerseits in dem fortlaufenden Erkenntnisgewinn während des Investitionsprozesses und andererseits in der fortlaufenden Entwicklung und Veränderung der übrigen Rahmenparameter. Für Produktentwick-
lungsprojekte wird beispielsweise festgestellt, dass die Zielbildung in diesem
Prozess parallel zum und in Abhängigkeit vom Erkenntnisgewinnungspro-
zess verläuft. Damit erweisen sich der Problemlösungs- und der Zielbildungsprozess als hochgradig interdependent. In diesen Prozessen wird versucht,
ursprünglich gesetzte Ziele zu erreichen, die jedoch durch die Erkenntnisse
aus dem Prozess selbst wiederum beeinflusst werden. Empirisch konnte ein
stark negativer Effekt von Zieländerungen während der Maßnahmenrealisie-

---

[110] Vgl. Adam (1997: 100).
[111] Vgl. Hirsch (2007: 125–143).

rung nachgewiesen werden.[112] Diese Zielvariationen können unterschiedlicher
Natur sein und werden unterteilt in die:[113]

- Zieldifferenzierung,
- Veränderung der Zielgewichtungen,
- Reformulierung des Zielsystems sowie
- „Entgleisung" der Zielbildung.

Es wird deutlich, dass eine Zielvariation vorliegt, wenn sich Art bzw. Anzahl
der verfolgten Zielgrößen verändern, woraus Konsequenzen für die damit verbundenen Höhen-, Arten-, Zeit- und Risikopräferenzen resultieren. Darüber
hinaus ist es möglich, dass Art und Anzahl der verfolgten Ziele während
des Prozesses konstant bleiben und sich lediglich die Präferenzrelationen verändern. Je konkreter einer dieser Parameter zu Beginn festgelegt ist, umso
größer ist die Wahrscheinlichkeit, dass er während des Prozesses revidiert
wird. Dies führt zu der Forderung nach einer flexiblen und eher offenen Formulierung der Parameter zu Beginn des Prozesses und einer darauffolgenden
Konkretisierung.[114]

Lösungsdefekte treten im Zusammenhang mit Investitionsmaßnahmen auf,
wenn versucht wird, mit Totalmodellen ein Gesamtoptimum zu ermitteln.
Darüber hinaus ist denkbar, dass durch die Nicht-Berücksichtigung von Modellprämissen keine oder eine ökonomisch unsinnige Lösung resultiert.[115]

In den bisherigen Darstellungen wurde darauf hingewiesen, dass für unterschiedliche Fragen und Phasen des Investitionsprozesses (z. B. Alternativensuche oder Investitionsbewertung) eine Vielzahl von Verfahren zur Verfügung
steht. Besonders zur Unterstützung der Auswahlentscheidung können viele Modelle zum Einsatz kommen. Das Investitionscontrolling hat diejenigen
Bewertungsverfahren auszuwählen und bereitzustellen, die für die vorliegende Entscheidung geeignet sind. Entsprechend dem rationalitätsorientierten
Controlling-Verständnis ist die Rationalität des Modells auf unterschiedlichen Ebenen zu überprüfen (vgl. Abbildung 2.14).

---

[112] Vgl. Dvir/Lechler (2004: 9–12); Derfuß/Littkemann (2005: 169–172); Corsten et al.
(2016: 190–193).
[113] Vgl. Grün (2004: 70–74); Hauschildt et al. (2016: 327–328).
[114] Vgl. Derfuß/Littkemann (2005: 172–173).
[115] Zum Beispiel bei der Internen-Zinssatz-Methode. Vgl. Abschn. 3.6.3 auf S. 271.

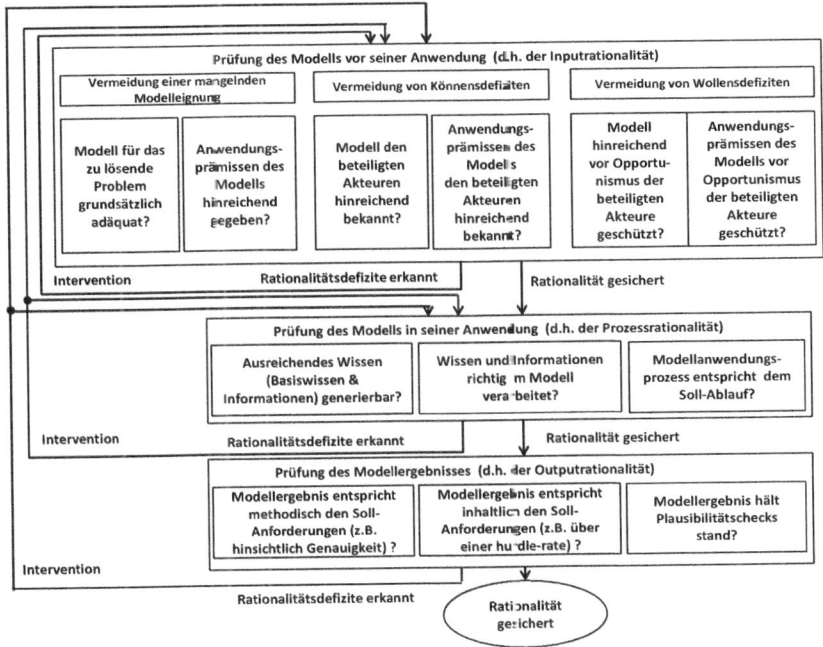

Abb. 2.14: Idealtypische Rationalitätssicherung eines Willensbildungsmodells.
Quelle: Weber/Schäffer (2020: 56).

Diese Ebenen betreffen im Wesentlichen das Vorschlagen, Anwenden und Interpretieren von Bewertungsmodellen.[116] Die Beurteilung der Eignung eines
Modells wird im weiteren Verlauf noch ausführlich diskutiert.[117]

In den Ausführungen zu den Eigenschaften von Investitionsvorhaben wurden
die Komplexität und die Unsicherheit als Charaktermerkmale herausgestellt.
Aus diesem Grund wird in den folgenden Abschnitten beschrieben, welche
prinzipiellen Alternativen bestehen, um diese Eigenschaften zu beeinflussen.

---

[116] Vgl. Duscher/Meyer/Spitzner (2012: 46).
[117] Vgl. Abschn. 2.2.2 auf S. 128.

2.1.3.1.2 Umgang mit Komplexität

Die Komplexität der Leistungserstellung und der Unternehmen ist eine der größten aktuellen Managementherausforderungen. Im Umgang mit Komplexität sind verschiedene Ansätze realisierbar, die grundsätzlich auf die Analyse von ASHBY zurückführbar sind, weshalb diese kurz skizziert wird.[118] Ziel und Inhalt der entsprechenden Analyse von ASHBY war die Gestaltung der Regelung von Systemen. Dies führte zu der Frage, wie ein **Regelungssystem** zu konzipieren ist, um auf Störungen aus der Umwelt dergestalt zu reagieren, dass der Zustand eines zu regelnden Systems, im Folgenden als **Zentralsystem** bezeichnet, nach der Störungseinwirkung dem Zustand vor der Einwirkung entspricht bzw. einen bestimmten Toleranzbereich nicht verlässt. Sowohl die störenden Einflüsse als auch die Reaktionsaktivitäten des Regelungssystems können eine unterschiedliche Vielfalt aufweisen. Diese Vielfalt wird durch die Anzahl der Elemente und durch die Anzahl der Zustände, die jedes einzelne Element aufweisen kann, bestimmt und in diesem Kontext als Varietät bezeichnet.[119] ASHBY stellt fest, dass das Regelungssystem seine Funktion nur dann erfüllen kann, wenn es auf jede Störungsvariante mit einer entsprechenden Regelungsvariante reagieren kann, um den störenden Einfluss zu reduzieren.[120]

In der Tabelle 2.4 sind die drei Elemente (Störungen, Regelungssystem und Zentralsystem als Summe der Ergebnisse) dargestellt. Die Varietät der Ergebnisse (Zentralsystem) V_Z steht in folgendem Verhältnis zur Varietät der Störungen V_S und der Varietät der Reaktionen V_R:

$$V_Z \geq \frac{V_S}{V_R}$$

Dabei entspricht V_S der Anzahl der Zeilen und V_R der Anzahl der Spalten in der Tabelle 2.4. Unter Verwendung des logarithmischen Entropiemaßes H für die Varietät ergibt sich folgende Darstellung:[121]

$$H(Z) \geq H(S) - H(R)$$

Wird von einer gegebenen und konstanten Varietät der Systemstörungen ausgegangen, kann die Varietät des Zentralsystems ausschließlich durch eine Er-

---

[118] Vgl. Ashby (1956). WILLIAM R. ASHBY (1903-1972).

[119] Vgl. Ashby (1956: 126); Ashby (1968: 130); Beer (1995: 45–50); Grüning (2021: 19–22).

[120] Vgl. Ashby (1956: 198–201). „*Regulation blocks the flow of variety.*" Ashby (1956: 199). Diese Relation demonstriert ASHBY zusätzlich an zwei Spielern, die über eine vorgegebene Reihe an Spielzügen verfügen. Nur dann, wenn beide in der Lage sind, dieselben Aktionen zu initiieren und darauf zu reagieren, haben beide dieselbe Erfolgswahrscheinlichkeit.

[121] Vgl. Krieg (1971: 61).

höhung der Varietät des Regelungssystems gesenkt werden.[122] Diese Feststellung fasst ASHBY in dem **Gesetz der erforderlichen Varietät** bzw. **law of requisite variety** zusammen, das besagt, dass Varietät nur durch Varietät kompensiert bzw. zerstört werden kann [123]

Tab. 2.4: Zusammenhang zwischen Störungen und Systemreaktionen. Quelle: Eigene Darstellung, in Anlehnung an: Krieg (1971: 60).

Reaktion / Störung	r_1	r_2	r_3	$\cdots$	r_n
s_1	e_{11}	e_{12}	e_{13}	$\cdots$	e_{1n}
s_2	e_{21}	e_{22}	e_{23}	$\cdots$	e_{2n}
s_3	e_{31}	e_{32}	e_{33}	$\cdots$	e_{3n}
$\vdots$	$\vdots$	$\vdots$	$\vdots$	$\cdots$	$\vdots$
s_m	e_{m1}	e_{m2}	e_{m3}	$\cdots$	e_{mn}

Die bisherigen Ausführungen verdeutlichen, dass die Handlungsalternativen, Spielzüge oder Reaktionsmöglichkeiten des Regelungssystems in ihrer Vielfalt denen der Störungseinflüsse entsprechen müssen, wenn das Zentralsystem einen zuvor definierten Zielzustand aufweisen oder beibehalten soll.[124] Aus diesen Betrachtungen resultieren drei grundlegende Handlungsalternativen im Umgang mit einer derart definierten Komplexität. Diese Vorgehensweisen bestehen in der:[125]

- Anpassung des Zustands des Zentralsystems,
- Reduktion der Varietät der Störeinflüsse sowie
- Erhöhung der Varietät des Regelungssystems.

Zweck der Regelung war die Aufrechterhaltung eines Zielzustands des Zentralsystems. Wenn die Regelung diesen Zweck nicht erfüllen kann, verbleibt die Anpassung des Zustands des Zentralsystems. Für das Unternehmen als Zentralsystem würde dies z. B. in einer Senkung des Gewinns oder der Rentabilität bestehen. Diese Entwicklungen sollten jedoch durch die Regelung verhindert werden.

Als Handlungsmöglichkeiten verbleiben demzufolge die **Senkung der Varietät der Störeinflüsse** und/oder die **Erhöhung der Varietät** des Regelungssystems. Denkbar sind auch Kombinationen aus diesen Alternativen.

---

[122] Vgl. Ashby (1956: 202–208); Ashby (1968: 134).

[123] *„In general, then, an essential feature of the good regulator is that it **blocks the flow of variety from disturbances to essential variables.“** Ashby (1956: 201). Hervorh. im Original.

[124] Vgl. Röpke (1977: 38–40); Müller (1996: 223); Malik (2015: 173–178).

[125] Vgl. Ashby (1956: 209–213); Krieg (1971: 60–61); Herrmann (2010: 106–107); Malik (2015: 178).

Diese Analyse und deren prinzipielle Erkenntnisse werden im Rahmen systemtheoretisch geprägter Analysen auf das Unternehmen bzw. einzelne Prozesse innerhalb des Unternehmens übertragen. Auf eine umfassende Kritik
dieser Vorgehensweise wird hier verzichtet und stattdessen auf die Literatur
verwiesen.[126]

Wichtig in diesem Zusammenhang ist die **Unterscheidung** zwischen Zentralsystem, Regelungssystem und Störeinflüssen und die Konkretisierung,
über die Komplexität welcher dieser Elemente zu entscheiden ist. Entsprechend dem kybernetischen Unternehmensverständnis kann das Gesamtunternehmen als Zentralsystem und das Investitionscontrolling als Regelungssystem interpretiert werden. Die vorstehenden Ausführungen haben gezeigt,
dass es das Ziel des Regelungssystems ist, das Zentralsystem innerhalb definierter Grenzen in einem stabilen Zustand zu halten. Dazu muss auf die
Störeinflüsse adäquat reagiert werden können bzw. sind diese Störeinflüsse
zu reduzieren. Das Investitionscontrolling muss demzufolge eine dieser Vorgehensweisen auswählen und diese auch realisieren können. Es muss Handlungsalternativen bzw. Reaktionsmöglichkeiten entwickeln, die in ihrer Vielfalt denen der Störungseinflüsse entsprechen, wenn das Unternehmen einen
definierten Zielzustand erreichen soll. Aufbauend auf der Analyse von As
HBY werden für den Umgang mit Komplexität im Unternehmen in der Literatur mehrere Möglichkeiten vorgeschlagen. Dazu zählen sowohl Ansätze,
die im Rahmen eines Komplexitätsmanagements die Komplexitätsreduktion und/oder -erhöhung fordern als auch Ansätze, die eine Varietätsgestaltung („variety engineering") durch Varietätserhöhung- und/oder -reduktion
entwickeln.[127] Die diesbezüglich geschlussfolgerte Handlungsalternative der
Komplexitäts- bzw. Varietätsreduktion ist jedoch interpretationsbedürftig. In
den Beiträgen wird eine steigende Umweltkomplexität konstatiert und gleichzeitig werden implizit die Unternehmensziele als nicht variierbar unterstellt.
Dies entspricht einer steigenden Störungsvarietät bei gleichzeitig angestrebter konstanter Zentralsystemvarietät, womit gemäß dem Varietätstheorem
lediglich die Erhöhung der Regelungssystemvarietät als Alternative verbleiben würde. In den Beiträgen wird jedoch die Argumentation entwickelt, dass
die auf das System einwirkende Varietät zu dämpfen ist, wohingegen die Varietät des Systems selbst zu erhöhen ist bzw. es werden ohne Unterscheidung
von Systemvarietät und Umweltvarietät wahlweise varietäts- bzw. komplexitätsreduzierende oder -erhöhende Maßnahmen vorgeschlagen.[128] Damit wird
jedoch die ursprüngliche Argumentationsbasis von ASHBY verlassen, weshalb
diesem Vorgehen hier nicht gefolgt wird.

---

[126] Vgl. Hahmann (2000: 199); Wolf (2020: 165–180).
[127] Vgl. Malik (2015: 178).
[128] Vgl. Nagel (2003: 21–22); Herrmann (2010: 106–107).

Prinzipiell sind in diesem Zusammenhang die drei Möglichkeiten Maximierung, Minimierung und Ausbalancieren der Komplexität zu unterscheiden.[129] Aus der skizzierten Analyse von ASHBY wird häufig die Forderung nach einer **Komplexitätsmaximierung** mit dem Argument abgeleitet, dass Komplexität nur durch Komplexität begegnet werden kann. Dies bedeutet, eine steigende Komplexität der Umwelt verlangt auch eine steigende Komplexität des Systems „Unternehmen".

Dabei wird der ursprüngliche Gedanke ASHBYS vom separaten Regulierungssystem aufgegeben und argumentiert, dass die interne Regulierung nicht als eine dem Zentralsystem vorstehende bzw. das Zentralsystem regulierende Einheit zu interpretieren ist. Demzufolge beschreibt eine interne Regulierung als konstituierender Teil das Zentralsystem selbst und dessen Struktur.[130] Diese Argumentation verwendet jedoch den Komplexitätsbegriff und die Systembeschreibung von LUHMANN, weshalb sich die Frage stellt, wie diese Begriffe und die Sichtweise auf die Argumentation von ASHBY übertragen werden können.[131] Es ist anzumerken, dass der von LUHMANN zugrunde gelegte Komplexitätsbegriff sehr unklar ist[132] und aus diesem Grund die darauf aufbauende zentrale Schlussfolgerung bzw. das Postulat, dass nur Komplexität Komplexität reduzieren kann, im Gegensatz zu der Aussage von ASHBY keine eindeutige Interpretationsmöglichkeit zulässt.[133]

Die **Minimierung der Komplexität** besteht in der Reduktion der internen Unternehmenskomplexität bzw. der externen Komplexität. Dabei ist jedoch fraglich, ob die Komplexität eines Systems reduziert werden kann, ohne gleichzeitig die Komplexität eines anderen Systems zu erhöhen.[134] Zusätzlich stellt sich die Frage, inwieweit die externe Komplexität beeinflussbar ist. Aussichtsreicher ist die Alternative der Komplexitätsreduktion bei Produkten, Struktur oder Prozessen des Unternehmens, z. B. durch die Standardisierung von Baugruppen oder die Plattformbauweise.[135] Für die Komplexität von realen Entscheidungsproblemen wird ebenfalls die Reduktion empfohlen, was durch die Zerlegung bzw. Dekomposition des Problems erreicht wird.[136]

---

[129] Vgl. Keuper (2005).

[130] Vgl. Bliss (2000: 156–163); Keuper (2004: 102–126).

[131] Zu einer ähnlichen Kritik vgl. Hahmann (2000: 199).

[132] Vgl. Luhmann (1993: 34–70); Weinberger (2000: 316–318); Willke (2005: 316–319).

[133] „Ein erstes Problem ist die »Weltformel« von der »Reduktion der Komplexität«, die Luhmann vom Anfang bis zum Ende beibehält, ja die mit der Zeit noch immer mehr »autologisch« wird und mit der er sich aus einer empirisch interessierten, organisationstheoretisch begründeten und mathematisch modellierten Systemtheorie herauskatapultiert hat." Bühl (2000: 244), Hervorhebungen im Original.

[134] Vgl. Rößl (1994: 74). Zum logischen Ursprungsproblem der Reduktion von Komplexität durch Systeme vgl. Schreyögg (1993: 248–250).

[135] Vgl. Cronjäger (2005: 44–49).

[136] Vgl. Gäfgen (1974: 469–475); Rieper (1985: 775–781); Berens/Delfmann/Schmitting (2004: 115–116).

Dies wird als Dekomposition bezeichnet und wurde im grundlegenden Kapitel schon erwähnt.[137] Zu unterscheiden sind dabei die:[138]

- vertikale Dekomposition und
- horizontale Dekomposition.

Eine **vertikale Dekomposition** des Problems geschieht durch die Aufspaltung des Problems entlang einer hierarchischen Struktur. Dabei kann es sich z. B. um die Unternehmensstruktur oder um die Produktstruktur handeln. Die vertikale Dekomposition führt häufig zur **zeitlichen Dekomposition**. Ausgehend von übergeordneten langfristigen Betrachtungsräumen werden kurzfristigere Zeiträume abgeleitet. Die übliche Unterteilung in strategische und operativ-taktische Planung entspringt der zeitlichen Dekomposition.

Die **horizontale Dekomposition** ist das Resultat der inhaltlichen Aufspaltung eines Problems auf derselben Zeitachse in mehrere inhaltliche Problembereiche. Dies ergibt sich häufig aus den vielfältigen Verbindungen des Investitionsprozesses zu anderen betrieblichen Teilbereichen, wie z. B. dem Produktions- und Absatzbereich. Diese Bereiche müssen eigene Entscheidungsfelder für ihre Problemstellungen aufstellen. Ein Beispiel dafür sind die Partialmodelle der Investitionsrechnung.

In diesem Zusammenhang tritt das Problem der aufgehobenen („zerschnittenen") Interdependenzen auf. Durch die Dekomposition gehen unter Umständen die inhaltlichen Verbindungen der Entscheidungsfelder verloren. Dies kann im Ergebnis zu optimalen Lösungen der Teilprobleme führen, die jedoch keine optimale Lösung für das ursprüngliche Gesamtproblem darstellen.

Die dritte Handlungsalternative, das Balancieren von Komplexität, beschreibt das Ziel, die Unternehmenskomplexität in Bezug auf die Umweltkomplexität situativ und satisfizierend zu gestalten und zu handhaben. Diese Umgangsform ist in dem Spannungsfeld von Maximierung und Minimierung der Komplexität angesiedelt,[139] erscheint jedoch für Entscheidungsprobleme kaum umsetzbar.

Die Ausführungen machen deutlich, dass für den Umgang mit Komplexität mehrere Alternativen zur Auswahl stehen. In Abhängigkeit von den Kontext-Faktoren muss das Investitionscontrolling die Vorteilhaftigkeit dieser Alternativen beurteilen.

---

[137] Vgl. Abschn. 1.2.1 auf S. 5.
[138] Vgl. Adam (1997: 358–377); Rollberg (2012: 184–185).
[139] Vgl. Keuper (2004: 105–106).

2.1.3.1.3 Reaktionsformen bei Unsicherheit

Welche Alternativen bieten sich dem Entscheidungsträger, um auf das Unsicherheitsproblem zu reagieren? Im Wesentlichen stehen drei Vorgehensweisen zur Auswahl (vgl. Abbildung 2.15): Ignoranz, Reduktion und/oder Akzeptanz der Unsicherheit.[140] Theoretisch möglich und in der Praxis häufig anzutreffen ist die bewusste oder unbewusste Ignoranz von Unsicherheit. Der Akteur wiegt sich in Sicherheit, unsicherheitsindizierende Informationen werden unterdrückt oder aus dem Entscheidungsfeld des Betrachters ausgeblendet. Dies geschieht vordergründig mit dem Ziel, die Entscheidung zu erleichtern, oder aus Unkenntnis der Situation. Eine Aussage über die Vorteilhaftigkeit der Unsicherheitsignoranz ist nur bei Kenntnis der Charakteristika der jeweiligen Entscheidungssituation (Dringlichkeit, Irreversibilität, Komplexität, Höhe der gebundenen Ressourcen) und der resultierenden Folgen möglich. Damit wird eine Grundvoraussetzung im Umgang mit Unsicherheit deutlich: die **Wahrnehmung der Unsicherheit** als Entscheidungsdeterminante. Um adäquat entscheiden zu können, muss der Akteur Unsicherheiten wahrnehmen.

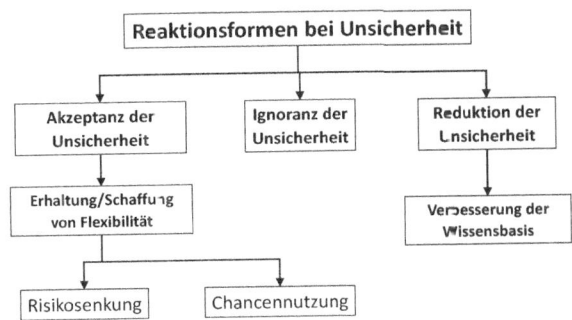

Abb. 2.15: Reaktionsformen bei Unsicherheit. Quelle: Eigene Darstellung, in Anlehnung an: Voigt (1992: 493); Schäfer (2005: 11).

Eine weitere Möglichkeit besteht darin, die **Unsicherheit zu reduzieren.** Dazu bietet sich eine Verbesserung der Wissensbasis durch Informationssammlung zum Zeitpunkt der Entscheidung selbst und bzw. oder zu zukünftigen Zeitpunkten an. Zum einen lässt sich prüfen, ob eine Verbreiterung der Wissensbasis zum gegenwärtigen Zeitpunkt möglich ist, was zu einer verringerten Unsicherheit führt. Dies geschieht z. B. durch Prognoseverfahren oder Früherkennungssysteme.

Wissen umfasst die Summe der Vorstellungen eines Individuums bzw. eines Kollektivs über sich selbst und die Umwelt. Die Grundlage von Wissen ist eine

---

[140] Vgl. Adam (1997: 220); Müller (2004: 24).

Menge von in den Kontext eines Problemzusammenhangs gestellten Daten, die als Informationen bezeichnet werden und die zweckorientiert zusammengeführt und verarbeitet werden.[141] Zu unterscheiden ist deshalb zwischen dem individuellen und dem kollektiven Wissen sowie zwischen dem aktuellen und dem zukünftigen Wissen. Die Unterscheidung zwischen individuellem und kollektivem Wissen bezieht sich auf die prinzipielle Verfügbarkeit bzw. Existenz des Wissens und nicht auf dessen rechtliche Zuordnung und daraus resultierende Nutzungsmodalitäten. Das aktuelle, individuelle Wissen lässt sich prinzipiell durch den sofortigen Abgleich mit dem aktuellen, kollektiven Wissen verbessern, wozu die Informationssuche und -verarbeitung dient.

Wissen kann weiterhin unterteilt werden in explizites und implizites Wissen, wobei explizites Wissen den Bestandteil des Wissens darstellt, der in artikulierter, transferierbarer und archivierbarer Form vorliegt. Dieser Wissensbestandteil stellt ein Abbild aus der Gesamtmenge des Wissens dar. Explizites Wissen wird demzufolge durch Informationen repräsentiert.[142] Diese Sichtweise entspringt einer oftmals zitierten Definition der Relation von Wissen und Information von WITTMANN, der Information als das dem Handeln zugrundeliegende Wissen, also zweckorientiertes Wissen bezeichnete.[143]

Die Wissenserzeugung bzw. -erweiterung wird oftmals aufbauend auf NONAKA/TAKEUCHI mit unterschiedlichen Transformationsformen der expliziten und impliziten Bestandteile des Wissens erklärt. Gemäß dieser Argumentation, die auch als SECI-Konzept bezeichnet wird, entsteht durch die Umwandlung von explizitem zu implizitem Wissen, womit die Sozialisation bezeichnet wird, ebenso Wissen, wie durch die Umwandlung von implizitem zu explizitem Wissen, was als Externalisierung beschrieben wird. Darüber hinaus wird durch die Kombination unterschiedlicher Bereiche expliziten Wissens Wissen geschaffen sowie durch die Internalisierung von explizitem Wissen zu implizitem Wissen.[144]

Neues Wissen wird jedoch nicht ausschließlich aus dem vorhandenen Wissen transferiert, sondern das aktuelle kollektive Wissen wird durch den Erkenntnisfortschritt in den unterschiedlichen Wissenschaftsdisziplinen erweitert, so dass neues Wissen entsteht. Der Begriff der Neuheit bezieht sich dabei auf den sog. **Stand der Technik**, der alle Kenntnisse umfasst, die bis zu diesem Zeitpunkt durch schriftliche oder mündliche Beschreibung, durch Benutzung oder in sonstiger Weise der Öffentlichkeit zugänglich gemacht wurden. Die Definition des Standes der Technik lässt darauf schließen, dass damit nur der bisher explizierte Wissensbestandteil erfasst wird und die Neuheit einer Erfindung im Vergleich mit diesem Wissensbestandteil beurteilt wird. Eine

---

[141] Vgl. Scheuble (1998: 16–17); Herrmann (2009: 22–23).

[142] Vgl. Pearson (1990: 30–31).

[143] Vgl. Wittmann (1959: 14); Schauer (2004: 293); Wolf (2020: 303–304).

[144] Vgl. Rehäuser/Krcmar (1996: 33–36); Nonaka/Takeuchi (1997: 74–87); Heckert (2002: 104–105); Schanz (2006: 24–27).

Erfindung gilt dann als neu, wenn diese mindestens ein Merkmal aufweist, das dem Stand der Technik bis zu diesem Zeitpunkt, nach Einschätzung des einschlägigen Durchschnittsfachmannes, fehlt. Dabei ist zu klären, welche Möglichkeiten es gibt, mit Sicherheit auszuschließen, dass die Erfindung nicht im Verlauf der Geschichte schon einmal publiziert oder genutzt wurde.[145]

Es wird deutlich, dass bei allen Bemühungen um Objektivität trotz allem subjektive Werturteile erforderlich sind. Aus diesen Gründen kann zwar der Versuch unternommen werden, die Neuheit einer Erfindung nach dem objektiven Stand des Wissens zu beurteilen, letztendlich wird diese Einschätzung jedoch auf Basis der Vorstellung der Akteure über diesen Wissensstand beurteilt. Ausschlaggebend ist demzufolge das persönliche bzw. unternehmensindividuelle Wissen über das kollektive Wissen. Der Begriff der Neuheit beschreibt in diesem Zusammenhang das aus subjektiver, also unternehmerischer Sicht Neue und nicht eine objektive, historische Neuartigkeit. Dies impliziert eine Zeitabhängigkeit der Einschätzung über die Neuartigkeit, da sich das kollektive Wissen ebenso ändert wie das unternehmensindividuelle Wissen.[146]

Die Verbesserung des individuellen Wissensstandes durch den Abgleich mit dem kollektiven Wissensstand geschieht im Rahmen einer entsprechenden Informationssuche und -sammlung. Ob diese Informationssammlung dazu geeignet ist, die Unsicherheit zu reduzieren, hängt wiederum von der Qualität der gesammelten Informationen ab. Die Informationssammlung kann auch zu einer wachsenden Unsicherheit führen, wenn die Informationen nicht eindeutig sind. Neben diesem Faktor ist zu berücksichtigen, dass die Informationssuche, -sammlung und -verarbeitung Zeit und Ressourcen beansprucht, weshalb entsprechende Aufwand-Nutzen-Betrachtungen durchzuführen sind.

Jedoch lässt sich nicht immer die Wissensbasis des Entscheidungsträgers zum Entscheidungszeitpunkt verbessern. Zu unterscheiden ist, ob die Unsicherheit durch individuelles Unwissen entsteht, was durch Lernprozesse zu reduzieren ist, oder ob kollektives Unwissen die Ursache darstellt, was nicht ohne Weiteres prinzipiell, jedoch durch den wissenschaftlichen Fortschritt reduzierbar ist.

Davon zu unterscheiden ist Unwissen, das nicht reduziert werden kann (vgl. Abbildung 2.16). Das kann an phänomenologischen Gründen, also an der Struktur des Problems, liegen oder auf epistemologischen Ursachen zurückzuführen sein, die durch die Struktur des Wissens bedingt werden. Phänomenologisches Unwissen ist durch die Unmöglichkeit bedingt, die Entwicklung von Systemen mit beliebiger Genauigkeit und unter Berücksichtigung sämt-

---

[145] Als Beispiel ist hier die „Neu-Erfindung" eines Herstellungsverfahrens in der Chemie im Jahr 2006 anzuführen, das jedoch schon seit 103 Jahren existierte. Vgl. Yamaguchi et al. (2006); Christl (2007).

[146] Vgl. Schätzle (1965: 16); Helm (2001: 51); Corsten et al. (2016: 10–14); Hauschildt et al. (2016: 17–21).

licher Interaktionen zu prognostizieren, da nicht vorhersehbare Änderungen
von Randbedingungen auch das Systemverhalten verändern können, wodurch
Neuheit generiert wird. Unmöglichkeit der beliebig genauen Analyse komplexer Systemdynamik führt wiederum zum Verlust der Prognosefähigkeit, was
sich in chaotischem Verhalten niederschlägt. Die andere Teilmenge von nicht
reduzierbarem Unwissen ist durch die erkenntnistheoretische Vorgehensweise
im Entdeckungsprozess bedingt.

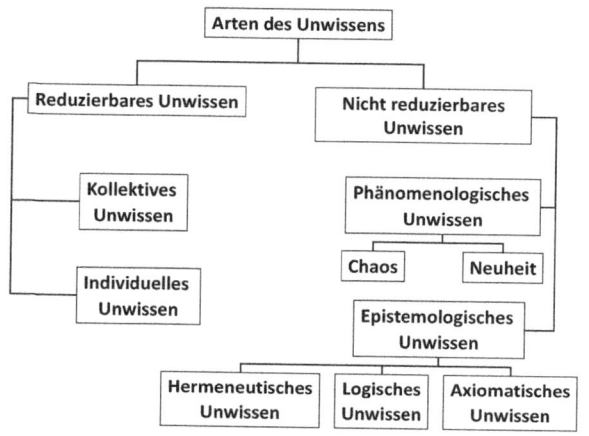

Abb. 2.16: Arten des Unwissens als Quelle der Unsicherheit. Quelle: Eigene
Darstellung, in Anlehnung an: Faber/Proops (1998: 118–121); Schiller
(2002: 64).

Wissenschaft arbeitet auf der Grundlage nicht verifizierbarer und auch nicht
falsifizierbarer Axiome, was zu axiomatischem Unwissen führt. Letztendlich
ist in jedem axiomatischen System, das in sich logisch geschlossen ist, mindestens ein Theorem prinzipiell weder falsifizierbar noch verifizierbar. Mit der
Ungenauigkeit von Definitionen und Begriffsklärungen ist auch die Unschärfe
der mit diesen Sprachregelungen erzielten Ergebnisse untrennbar verbunden,
was als hermeneutisches Unwissen bezeichnet wird. Aus dieser Darstellung
ist ersichtlich, dass ex ante oftmals nicht vorhersehbar ist, welches Unwissen
sich reduzieren lässt und welches nicht. Besonders große Relevanz besitzt das
phänomenologische Unwissen bezüglich komplexer und dynamischer Systeme.

Bei Wahrnehmung und Akzeptanz von Unsicherheit steht als eine weitere Alternative die **Flexibilisierung der Entscheidungen** und/oder der Investition zur Verfügung. Ebenso ist es denkbar, dass irreversible Entscheidungen
aufgeschoben, also in die Zukunft verlagert werden, wenn dies ohne Einbu-
ßen an Zeit oder Gewinnen möglich ist. Wenn die „Kosten des Wartens" Null
oder sehr gering sind, kann die Realisierung der Maßnahme aufgeschoben

werden. Aufgabe des Investitionscontrollings ist in diesem Fall die Ermittlung der **optimalen Investitionsstrategie** bzw. der Ermittlung des **optimalen Investitionszeitpunktes**. Mit verschiedenen Verfahren kann für
mehrstufige Entscheidungen der optimale Zeitpunkt der Investitionsausübung bestimmt werden.[147] Das gilt auch für den Abbruch von Projekten
oder die Stilllegung von Investitionsobjekten, welche ebenfalls aufgeschoben
werden können.

Im Verlauf des Lebenszyklus ergeben sich vielfältige Handlungsmöglichkeiten
bzw. **Optionen**, sog. Realoptionen.[148] Das Investitionscontrolling muss:

- diese Optionen identifizieren,
- diese Optionen bewerten sowie
- den optimalen Ausübungszeitpunkt für diese Optionen bestimmen.

Wenn kein Aufschub möglich ist, kann versucht werden, in einem ersten
Schritt lediglich stark reversible Entscheidungen zu treffen. Ebenso kann der
Akteur eine Strategie zur Realisierung seines Zieles auf Basis des gegebenen
Informationsstandes entwickeln. Dazu ist es möglich, aus den Eintrittswahr-
scheinlichkeiten der zukünftigen Umweltzustände, dem Risikoprofil des Ent-
scheidungsträgers und entsprechenden Entscheidungskriterien die optimale
Strategie zu ermitteln. Streng genommen wird im Fall der Verbesserung des
Wissensstandes die Unsicherheit nicht reduziert, sondern lediglich akzeptiert
und durch den Aufschub oder die Flexibilisierung der Entscheidung bzw. der
Reduktion der Folgen und der Erhöhung der Reversibilität die dritte Kate-
gorie von Handlungsalternativen, die Akzeptanz berührt.

Im einführenden Kapitel zum Führungsprozess ist auf die unterschiedlichen
Begriffsverständnisse des Risikos eingegangen worden.[149] Der Umgang mit
dem aus der Unsicherheit resultierenden **Risiko im materiellen Sinn** bedarf hier einer gesonderten Erklärung. Dieses Risiko entsteht durch die Möglichkeit der negativen Abweichung von einem Erwartungswert und ist Gegenstand von Konzepten des Risiko-Managements bzw. des Risiko-Controllings.
Auf diese Führungsteilsysteme wird hier nicht eingegangen, sondern auf die
weiterführende Literatur verwiesen.[150]

Ausgangspunkt der Steuerung von Risiken ist deren Identifikation (vgl. Abb.
2.17). Handlungsalternativen zur Berücksichtigung von Risiken bei der Investitionsentscheidung bieten sich zum Zeitpunkt der Entscheidung auf zwei
Ebenen: auf der Ebene bereits identifizierter und auf der Ebene noch nicht
identifizierter Risiken.

---

[147] Vgl. Abschn. 5.4 auf S. 503.

[148] Vgl. Tab. 5.4 auf S. 515.

[149] Vgl. Abb. 1.2 auf S. 27.

[150] Vgl. Reichmann/Kißler/Baumöl (2017: 633–666).

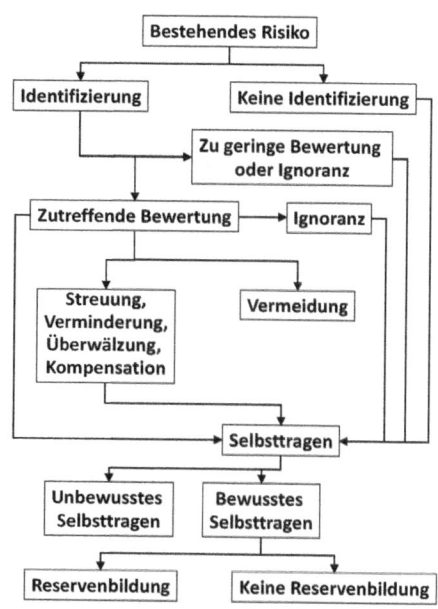

Abb. 2.17: Alternativen im Umgang mit Risiken. Quelle: Eigene Darstellung, in
Anlehnung an: Rücker (1999: 121–129).

Identifizierte Risiken können bewusst ignoriert werden, wenn die Bewertung
ergab, dass eine Beschäftigung mit diesen Risiken nicht erforderlich ist. Da
es kein Kriterium für die Feststellung der vollständigen Identifikation von
Risiken gibt, erweist sich die Aufdeckung aller Risiken jedoch als schwierig.
Die Bewertung von Risiken ermöglicht die Ordnung von Risiken nach deren
Priorität und es werden Informationen generiert, die die gezielte Risikosteue-
rung unterstützen. Es lassen sich ursachen- und wirkungsbezogene Maßnahmen des Risikomanagements unterscheiden, die einzeln oder in Kombination
miteinander einsetzbar sind. Der Akteur kann durch ein aktives Risikomanagement Risiken vermeiden, vermindern und bzw. oder die Ursachen der
Risiken streuen. Ist dies nicht oder nicht in voller Risikohöhe möglich, sind
wirkungsbezogene Maßnahmen zu ergreifen. Die Stärkung der Risikotragfä-
higkeit durch Reservenbildung, die Risikokompensation, die Verminderung
der Risikofolgen und die Überwälzung von Risiken stellen wirkungsbezogene
Maßnahmen dar.

Für das Investitionscontrolling resultiert die Aufgabe, Risiken von geplanten
und bestehenden Investitionsmaßnahmen zu identifizieren und Alternativen
im Umgang mit diesen zu entwickeln und zu bewerten. In diesem Zusammenhang muss darauf hingewiesen werden, dass der aktive und bewusste Umgang
mit sowie die Steuerung von Risiken für die Unternehmen in einer Reihe von

Gesetzen und Normen **zwingend vorgeschrieben** ist.[151] Diese Regelungen erfordern eine systematische Erfassung, Steuerung und Kommunikation der Unternehmensrisiken. Die Erfüllung dieser Aufgaben erfordert die Unterstützung des Investitionscontrollings. Darüber hinaus sind im Investitionsprozess weitere normative Rahmenbedingungen zu beachten. Diese können durch:

- weitere gesetzliche Vorgaben,
- vertragliche Vereinbarungen mit Dritten,
- vertragliche Vereinbarungen innerhalb des Unternehmens,
- freiwillige Vereinbarungen

begründet sein. Sämtliche Aktivitäten, die dazu dienen, dass derartige Vorschriften bzw. Gesetze eingehalten werden, werden unter dem Begriff **Compliance** bzw. **Compliance-Management** zusammengefasst. Dies kann im Fall von Auslandsinvestitionen die ausländische Gesetzeslage sein, oder es können die Vorschriften des eigenen Unternehmens sein.[152] Compliance ist ein Bestandteil des Corporate Governance.[153] Als Aufgabe des Investitionscontrollings resultiert, dass es die relevanten Informationen bereitstellt und die Einhaltung der normativen Forderungen mittels Compliance-Management sicherstellt.

2.1.3.1.4 Einordnung intuitiver Elemente

Im Zusammenhang mit der Entwicklung der rationalitätsorientierten Controlling-Konzeption bestimmen WEBER/SCHÄFFER Intuition und Reflexion als gleichberechtigte Formen der Willensbildung,[154] was eine wesentliche Änderung der Wertung und Einordnung der Intuition in der Betriebswirtschaftslehre darstellt.[155]

Die bis zu diesem Zeitpunkt herrschende Meinung ordnete die Intuition als irrational, unerwünscht und als im Unternehmen zu eliminierende Vorgehensweise ein. Das ist vor dem Entwicklungshintergrund der Betriebswirtschaftslehre zu sehen und auch verständlich. Ebenso nachvollziehbar ist das Bestreben, in der Betriebswirtschaftslehre als Teil der Sozialwissenschaften den Fokus auf die sozialen Einflussfaktoren zu richten.

Intuition wird als ein Prozess unbewusster Schlussfolgerung in komplexen Situationen angesehen, der durch eine unbewusste Verarbeitung von Infor-

---

[151] Vgl. Diederichs (2018: 23–56).

[152] Vgl. Berwanger/Kullmann (2012: 39); Weidlich/Neumüller (2013).

[153] Vgl. Fischer/Möller/Schultze (2015: 483–487); Kißler (2017: 691–692).

[154] Vgl. Weber/Schäffer (1999a: 208).

[155] Vgl. Schneider (2011: 86–87).

mationen gekennzeichnet ist.[156] Die intuitive Verarbeitung von Informationen stellt ein kognitives System dar, in dem Urteile assoziativ, d. h. auf der Grundlage von Ähnlichkeit und zeitlicher Nähe gebildet werden. Plötzliche Erkenntnisse und solche, deren Herkunft oder Entstehung nicht ohne Weiteres erklärt werden können, werden häufig als Intuition bezeichnet.[157]

Die Reflexion als der der Intuition entgegengesetzte Prozess stellt den bewussten und in seinem gesamten Ablauf der Beobachtung zugänglichen Prozess des Denkens dar. Beide Prozesse ergänzen einander und sind untrennbare Bestandteile der menschlichen Problemlösungsfähigkeit.[158]

Verschiedene Untersuchungen deuten darauf hin, dass die Intuition eine wichtige Managementkompetenz ist.[159] Ebenso wird in empirischen Studien festgestellt, dass die Intuition in höheren Führungsebenen häufiger genutzt wird als in den untergeordneten Ebenen, und dass sich die Entscheidungsträger dann auf die Intuition verlassen, wenn variable Größen, ein Mangel von Fakten oder ein hohes Maß an Unsicherheit vorliegen. Intuition kann also nicht per se mit Irrationalität gleichgesetzt werden. Die Intuition basiert auf Mustererkennung und -bewertung, nutzt das Wiedererkennen von Situationen und Modellen, das auf früheren Erfahrungen beruht (Assoziation), greift also auf unbewusst vorhandenes, implizites Wissen zurück. Die Intuition ist subjektiver Natur, auch weil sie sich prinzipiell im Zusammenspiel von Sinneseindrücken, Erfahrungen und neurologischen Prozessen entfaltet.[160]

Werden Intuition und Reflexion als unterschiedliche Wahrnehmungsformen des menschlichen Erkenntnisprozesses akzeptiert,[161] ist zu klären, wie die Intuition ausgebildet und weiterentwickelt werden kann. Eine Form, die Intuition zu entwickeln, besteht in der Explikation von bisher unbewussten Phasen und Vorgängen der Erkenntnisgewinnung. Intuition ist in dem Maße entwickelbar, wie die persönlichen Erkenntnisvorgänge beobachtet und kognitive Prozesse akzeptiert werden, die sich einer direkten Beobachtung entziehen.

Die Ergebnisse der reflexiven und der intuitiven Betrachtung während der Willensbildung sollten zueinander kongruent sein, Dissonanzen möglichst aufgelöst werden. Zur Auflösung von Dissonanzen sind dabei drei Wege möglich:[162]

- Reflexive Ergebnisse werden intuitiven Ergebnissen angepasst: Die Reflexion wird durch das Störgefühl des Entscheidungsträgers nochmals einer

---

[156] Zu unterschiedlichen Definitionen der Intuition vgl. Dane/Pratt (2007: 35); Gigerenzer/Gaissmaier (2015: 20–23); Ahel (2020: 35–39).

[157] Vgl. Schneider (2011: 112–113).

[158] Vgl. Hauser (1991: 16–41); Keller/Bohner/Erb (2000: 90); Weber/Schäffer (1999a: 209–211); Ahn/Dyckhoff (2004: 511–512).

[159] Vgl. Woiceshyn (2009: 300–302); Holtfort (2013: 68–71).

[160] Vgl. Schanz (1997: 642–651); Nippa (2001: 235); Schneider (2011: 114).

[161] Vgl. Dane/Pratt (2007: 35–36).

[162] Vgl. Weber/Schäffer (1999a: 211–212); Weber/Schäffer (2020: 296–297).

Überprüfung unterzogen. Rechnungen, Modelle, Annahmen, Daten, etc. werden noch einmal kontrolliert.

- Intuitive Ergebnisse werden reflexiven Ergebnissen angepasst: Intuitive Schlussfolgerungen werden kritisch hinterfragt, mögliche Ursachen für eine abweichende Intuition werden aufgezeigt. Gerade in der logisch-analytisch geprägten Betriebswirtschaftslehre wird dieser Weg am häufigsten gegangen, ist doch z. B. ein negativer Kapitalwert ein eindeutiges Kriterium gegen eine Investitionsmaßnahme, gegen das sich schlecht intuitiv argumentieren lässt.
- Gegenseitige Anpassung: Die Mischung aus den zwei zuvor beschriebenen Möglichkeiten im Verlauf eines kritischen Diskurses führt zu einer Anpassung von Reflexion und Intuition.

Bei sehr geringen und auch bei sehr großen Wissensdefiziten der Entscheidungsträger findet die Willensbildung unter Dominanz der Intuition statt, was als Paradox der Intuition bezeichnet wird. Genauso wie die Reflexion kann die Intuition bei der Lösung von Aufgaben und Problemen nur in den Bereichen dienlich werden, in denen sie vorher entwickelt werden konnte. Die Herausbildung eines erfolgreichen intuitiven Informationsverarbeitungsvermögens beansprucht große Zeiträume und setzt umfangreiches Expertenwissen des Entscheidungsumfeldes voraus.[163] Im Bereich der deskriptiven Entscheidungstheorie sind unterschiedliche Modelle zur Erklärung intuitiver Urteile und Entscheidungen entwickelt worden.[164] Diese deuten darauf hin, dass derartige Urteile durchaus rational sind und demzufolge im Rahmen einer rationalitätsorientierten Sichtweise akzeptiert und integriert werden. Das Investitionscontrolling muss beide Wege der Entscheidungsfindung integrieren und in Übereinstimmung miteinander bringen.

2.1.3.2 Investitionsrealisierung und -kontrolle

Da die Kontrolle für die Identifizierung von Rationalitätsengpässen unerlässlich ist, wird sie hier ausführlich betrachtet. Kontrolle wird überwiegend als Soll-Ist-Vergleich beschrieben.[165] Damit ist aber nicht die Gesamtheit der Kontrollen erfasst. Allgemeingültiger ist die Definition von Kontrolle als Lernprozess, der seinen Ursprung in antizipierten oder realisierten Abweichungen hat. Kontrolle bezieht sich auf die gewünschten Zustände des kontrollierenden Akteurs bezüglich einer Realisationshandlung, mit dem Ziel der Erhöhung des Handlungspotenzials und der besseren Ausrichtung des Realisationshandelns auf die vom Entscheidungsträger beabsichtigten, antizipierten Zustän-

---

[163] Vgl. Kuo (1998: 90); Leybourne/Sadler-Smith (2006: 490); Ahel (2020: 75–80).

[164] Für eine Diskussion dieser Modelle vgl. 2. Band, Abschn. 2.4.2 auf S. 344.

[165] Zu einem umfassenden Überblick über das Verständnis von Kontrolle vgl. Sjurts (1995: 120–125).

de. Planung und Kontrolle weisen ein kompensatorisches Verhältnis auf, die Kontrolle wird zur Bedingung der Durchführbarkeit von Planung.[166] Eine grundlegende Darstellung von Funktionsformen und Gestaltungsparametern der Kontrolle hat in den bisherigen Ausführungen bereits stattgefunden.[167]

Mit der Durchführung der Ist-Analyse und dem Vergleich mit den Plan- oder Soll-Daten wird das Entscheidungsproblem resp. der Rationalitätssicherung festgestellt. Das Investitionscontrolling hat geeignete Zeitintervalle zur Durchführung der Vergleiche festzulegen. Zu einer Problemlösung ist die tiefergehende Analyse des Entscheidungsproblems notwendig, da in den meisten Fällen nicht genügend Informationen zur Verfügung stehen. Ziel ist in jedem Fall die Beseitigung der Differenz. Das kann durch die Realisierung von investitionsbezogenen Entscheidungsprozessen oder durch Entscheidungsprozesse auf der Ebene der Unternehmensplanung (z. B. durch Planrevision aufgrund der Abweichungsanalyse und neuer Informationen) stattfinden. Die letztgenannte Form der Annäherung der Plan- oder Soll-Daten an die Ist-Situation wird hier nicht weiter betrachtet.[168]

Aus dem Verständnis eines rationalitätsorientierten Investitionscontrollings folgt darüber hinaus die Sicherstellung der Rationalität als Fundamentalziel der Investitionskontrolle. Auf dessen Bedeutung wurde schon frühzeitig hingewiesen.[169] Folgende drei Kontrollhorizonte zur Sicherung der Rationalität werden unterschieden:[170]

- Der erste und kürzeste Horizont dient der Sicherstellung einer rationalen Realisierung der antizipierten Zweck-Mittel-Beziehung. Diese Durchführungskontrollen, Kontrollen erster Ordnung, stellen Ex-post-Kontrollen dar.

- Innerhalb des zweiten Kontrollhorizontes wird die rationale Antizipation sichergestellt. Die Effektivität der Zweck-Mittel-Beziehung wird in Kontrollen zweiter Ordnung überprüft, was in den strategischen Bereichen dominant ist.

- Die Effektivität des zugrunde liegenden Modells der relevanten Innen- und Umwelt ist Gegenstand des dritten Kontrollbereiches. Dabei wird überprüft, ob das Modell, auf dem die Antizipation aufbaut, der Realität entspricht und für die gegebenen Aufgaben und Fragen zielführend ist. Dieser Kontrollbereich, die Kontrolle dritter Ordnung, ist wie der zweite auf der strategischen Ebene anzusiedeln, geht es doch um grundlegende Fragen der Wahrnehmung von Umweltzuständen und der Informationsverarbeitung.

---

[166] Vgl. Schäffer (2001: 59).

[167] Vgl. Abschn. 1.3.2 auf S. 40.

[168] Vgl. Borghoff (1994: 93–100).

[169] Vgl. Lüder (1966: 1141).

[170] Vgl. Schäffer (2001: 45–49). Vgl. dazu ebenfalls die unterschiedlichen Formen der Kontrolle im Abschn. 1.3.2 auf S. 40.

Kontrolle dient unmittelbar der Identifikation von Schwachstellen des der Entscheidung zugrunde liegenden Modells, der Antizipation und der Durchsetzung. Auf diese Weise trägt Kontrolle mittelbar zu einer rationalen Realisation der antizipierten Zweck-Mittel-Beziehung bei.[171] Die Ziele der Investitionskontrolle leiten sich aus den Kontrollhorizonten der Sicherstellung eines rationalen Modells, einer rationalen Durchführung und einer rationalen Antizipation ab. Die Hauptaufgabe besteht in der Verbesserung und Unterstützung der Zielerreichung der in der Investitionsplanung festgelegten Entscheidungen. Dazu zählt die Kontrolle der Konsistenz, der Vollständigkeit und der Prämissen der Willensbildung. Zusätzlich ist die Überprüfung der Durchführung Gegenstand der Investitionskontrolle.[172]

Die in der Literatur häufig angeführten Ziele werden hier als aus der rationalitätsorientierten Sichtweise des Investitionscontrollings abgeleitete Instrumentalziele der Investitionskontrolle verstanden. Anregung, Ausarbeitung, Bewertung und Durchführung von Anpassungsmaßnahmen sind demzufolge Instrumentalziele der Investitionskontrolle.[173] Die unterschiedlichen Sichtweisen, wie die Dominanz des Korrekturzieles, die Dominanz der Identifizierung von Schwachstellen in der Investitionsplanung und die Dominanz individueller Lerneffekte,[174] ordnen sich dem Fundamentalziel unter. Aus dem Fundamentalziel leiten sich folgende Instrumentalziele ab:[175]

- Der Zwang zu einer realistischen Investitionsplanung und deren Realisierung wird durch die Notwendigkeit der Rechenschaftslegung erreicht.
- Mängel in der Investitionsplanung und -realisierung werden aufgedeckt und können bei zukünftigen Investitionsprojekten vermieden oder bei laufenden Projekten korrigiert werden.
- Manipulationen durch Mitarbeiter sollen verhindert und die Basis für die Beurteilung der Entscheidungsträger geschaffen werden.
- Durch investitionsbezogene Entscheidungskontrollen ausgelöste Lernprozesse (vergrößerte Erfahrung) tragen zu einem Erkenntnisgewinn und damit zu einer Verringerung der Unsicherheit (objektbedingte, planungsprozessbedingte oder personenbedingte Unsicherheiten) für zukünftige ähnlich strukturierte Entscheidungsprobleme bei.

Das Investitionscontrolling muss die Eingangsgrößen des Kontrollprozesses festlegen (vgl. Tabelle 2.5).

---

[171] Vgl. Schäffer (2001: 60).

[172] Zu einer alternativen Definition der Investitionskontrolle vgl. Linder (2006: 44).

[173] Vgl. Reichmann/Lange (1985: 485); Sierke (1990: 193–199); Schwellnuss (1991: 177–204); Borghoff (1994: 97–103); Ott (2000: 212–214); Rösgen (2000b: 263–265).

[174] Vgl. Meier (1970: 100–101); Osterloh (1974: 17–19); Küpper (1992: 122).

[175] Vgl. Borer (1978: 54–63); Lüder (1980: 367–371); Müller (2004: 70); Schaefer/Streitferdt (2005: 324–325).

Tab. 2.5: Elemente von Kontrollsystemen. Quelle: Eigene Darstellung, in Anlehnung
an: Küpper et al. (2013: 261).

Eingangsgrößen	Prozessvariablen	Ergebnisgrößen
- Kontrollobjekt - Kontrollträger - Kontrollzwecke - Kontrollinformationen, insbes. Norm- und Toleranzgrößen - inhaltlicher und zeitlicher Kontrollumfang - Kontrollform	- Aufdeckung eines Kontrollproblems - Festlegung des Vergleiches - Durchführung des Vergleiches - Beurteilung der Abweichungen - Entwicklung von Anpassungsmaßnahmen	- Informationen über Abweichungen - Informationen über die Abweichungsursachen - Anpassungsmaßnahmen

Zur Strukturierung des Kontrollprozesses ist vom Investitionscontrolling die
Festlegung der **Kontrollobjekte** durchzuführen. Die Bestimmung der zu
überwachenden Objekte hängt von der Zielsetzung der jeweiligen Unternehmung
ab. Zu unterscheiden sind die globale und die objektweise Investitionskontrolle.[176]
Inhalt der globalen Investitionskontrolle sind Gruppen von
Investitionsobjekten oder Investitionen eines Unternehmensbereiches. Die objektweise
Kontrolle betrachtet nur einzelne Investitionsobjekte.

Da das Investitionscontrolling die Rationalitätssicherung bezweckt, ist es zielführend,
die **Kontrollträger** aus dem Kreis der Träger der Rationalitätssicherungsaufgabe
zu wählen.

Außerdem ist die Festlegung des **inhaltlichen Kontrollumfangs** notwendig.
Das Aufwand-Nutzen-Verhältnis ist zur Bestimmung des Umfanges der
investitionsbezogenen Entscheidungskontrollen von erheblicher Bedeutung.
Zur Definition des Nutzens der investitionsbezogenen Kontrollen werden unter
dem „Nutzen" Vorteile verstanden, die als Folge der Kontrolle unter Einsatz
unternehmerischer Ressourcen entstehen. Daraus ergeben sich in Anlehnung
an das ökonomische Prinzip zwei Wege: Einerseits die Maximierung
des Nutzens bei gegebenem Mitteleinsatz und andererseits die Minimierung
des Mitteleinsatzes bei gegebener Zielkonzeption der Kontrolle. Mit der subjektiven
Festlegung der nutzenmaximierenden Kontrollzielsysteme und der
Optimierung der dafür verwendeten Ressourcen wird die Aufwand-Nutzen-Relation
im investitionsbezogenen Kontrollprozess bestimmt.[177] Aus Wirtschaftlichkeitsgründen
ist es nicht möglich und auch nicht sinnvoll, jede festgestellte
Abweichung detailliert zu untersuchen. Aus diesem Grund sind zielkritische
Abweichungsarten und analyserelevante Toleranzbereiche festzule-

---

[176] Vgl. Lüder (1966: 1141); Osterloh (1974: 36–48).
[177] Vgl. Borer (1978: 85).

gen.[178] Als Orientierung zur Auswahl der zu untersuchenden Abweichungen dienen die absolute Abweichungshöhe oder die relativen Abweichungen. Hohe absolute Abweichungen enthalten ein höheres Korrekturpotenzial und beinhalten demzufolge einen höheren zielkonformen Nutzen, sind häufig aber komplexer Natur und deshalb mit einem höheren Analyseaufwand verbunden. Bei der Orientierung an der relativen Abweichung besteht die Gefahr der Analyse von nicht zielkritischen Abweichungen. Ein Rückgriff auf statistische Signifikanztests zur Identifikation von Toleranzschwellen, wie für das Controlling von Produktionskosten empfohlen wird, ist aufgrund der Komplexität und Einmaligkeit der Entscheidungssituationen bei Investitionsentscheidungen nicht möglich. Das Investitionscontrolling hat demzufolge die inhaltlichen Dimensionen der Kontrollen und daraus resultierenden Analysen zu bestimmen.[179]

Zusätzlich sind die analyserelevanten **Abweichungstoleranzschwellen**, also die Grenzen der tolerierbaren Abweichungsbeträge bzw. -dimensionen zu ermitteln. Dabei ist zu beachten, dass nach der Einleitung von Anpassungsmaßnahmen die Ist-Werte um die Vergleichswerte oszillieren können. Dies ist entweder auf eine Überkompensation durch die Anpassungsmaßnahme, auf einen Verzögerungszeitraum zwischen dem Einleiten der Anpassungsmaßnahme und dem Eintreten der beabsichtigten Effekte oder auf eine Informationsverzögerung zwischen Entschluss und Realisierung der Anpassungsmaßnahme zurückzuführen.

Nach der Bestimmung der inhaltlichen Limitierung des Kontrollumfangs ist die **zeitliche Begrenzung** des Kontrollumfangs festzulegen. Diese Dimension setzt sich aus der **Kontrollhäufigkeit** und den **Kontrollzeitpunkten** zusammen.[180] Aus der Aufwand-Nutzen-Beziehung lässt sich rein theoretisch ein zeitliches Optimum bezüglich der Kontrollhäufigkeit herleiten. Dem stehen aber auf der praktischen Seite die Nichtmessbarkeit von Aufwand und Nutzen entgegen. Darüber hinaus hängt der Nutzen der Kontrolle nicht nur von der Kontrollhäufigkeit, sondern auch vom Kontrollzeitpunkt ab. Die Kontrollen sind dann durchzuführen, wenn die Wahrscheinlichkeit für das Auftreten von Unwirtschaftlichkeiten oder Fehlentwicklungen besonders groß ist. Diese kontrollbedürftigen Zeitpunkte können u. a. das Ende der Plan-Amortisationszeit, der Zeitpunkt des Ablaufs von Garantiefristen, das Ende der Anlaufperiode oder der Zeitpunkt des Auftretens neuer Konkurrenten sein. Das führt zu der Auffassung, die zur Bestimmung der optimalen Kontrollhäufigkeit getroffenen Annahmen seien unrealistisch und der Versuch der Ex-ante-Bestimmung eines zeitlichen Kontrolloptimums sei in der Praxis nicht bestimmbar.[181]

---

[178] Vgl. Reichmann/Kißler/Baumöl (2017: 368).

[179] Vgl. Langen (1964: 93–94); Osterloh (1974: 108); Schwellnuss (1991: 157–158); Reichmann/Kißler/Baumöl (2017: 343).

[180] Vgl. Schaefer/Streitferdt (2005: 326–327).

[181] Vgl. Lüder (1969: 70–73); Borer (1978: 151–154).

Die soeben beschriebenen Aktivitäten werden im Rahmen des sog. Investitionsmonitorings für genehmigte und laufende Investitionsmaßnahmen durchgeführt. Vom Investitionscontrolling sind folgende Parameter festzulegen:[182]

- die zeitlichen Berichtsintervalle,
- der Verfasser des Berichts,
- die Berichtsempfänger,
- die zu berichtenden Größen und Kriterien,
- das prinzipielle Verfahren im Fall erforderlicher Nachschüsse sowie
- Abbruchkriterien bzw. Maßnahmen für Abweichungen außerhalb der Toleranzgrenzen.

Für bereits genehmigte und laufende Investitionsmaßnahmen ist festzulegen, wie im Fall der Nichterreichung von ursprünglich geplanten Ergebniszielen zu verfahren ist. So ist es einerseits denkbar, dass die ursprünglich beantragten Investitionsmittel nicht ausreichen, was einen Nachschuss erfordern würde. Andererseits ist es möglich, dass sich die Erträge aus dem Projekt nicht wie geplant entwickeln. In jedem Fall müssen Kriterien bzw. Verfahren festgelegt werden, die den Abbruch, also die Liquidation derartiger Projekte regeln. Die in diesem Zusammenhang häufig auftretenden irrationalen Verhaltensmuster müssen erkannt und interpretiert werden. Das Investitionscontrolling muss diesen Entwicklungen durch geeignete Maßnahmen entgegenwirken.[183]

Investitionskontrollen liefern Informationen, die unter Umständen zu Anpassungsmaßnahmen führen. Die Ausarbeitung, Bewertung, Entscheidung und Durchführung von Anpassungsmaßnahmen findet wiederum als Entscheidungsprozess statt. Demzufolge sind die Kontrollen selbst Auslöser für darauffolgende Entscheidungsprozesse, die wiederum zu kontrollieren sind.

2.1.3.3 Zwischenfazit

Die wichtigsten Aspekte der bisherigen Darstellungen sind in der Abbildung 2.18 zusammengefasst. Die Aufstellung kann keinen Anspruch auf Vollständigkeit erheben, was aus den Ausführungen zur Kontext-Abhängigkeit des Controllings folgt.[184] So dürfte z. B. der Bereich der Koordination und Information in kleinen und mittelständischen Unternehmen geringer ausgeprägt sein. Investitionsmaßnahmen in diesen Unternehmen sind oftmals per se „Chefsache", da diese Maßnahmen aufgrund des finanziellen Rahmens und der nicht routinisierten Problemstellung eine herausragende Stellung haben und vom Unternehmer selbst oder einem kleinen Kreis von Akteuren getroffen werden.

---

[182] Vgl. Hauser/Panzau (2012: 138–140).
[183] Vgl. Zayer/Hirsch (2006: 654–656).
[184] Vgl. Abb. 2.10 auf S. 85.

Modelltheoretischer Bereich	Organisatorisch-koordinativer Bereich	Bereich der Informationsversorgung

• Prüfung der Entscheidungsprozesse auf:
  - Erfüllung der Axiome der präskriptiven individuellen und kollektiven Entscheidungstheorie
  - Anomalien entsprechend der deskriptiven individuellen und kollektiven Entscheidungstheorie
• Identifikation und Reduktion von:
  - Abgrenzungs-,
  - Wirkungs-,
  - Bewertungs-,
  - Zielsetzungs- und
  - Lösungsdefekten
• Bereitstellung von Modellen und Verfahren für sämtliche Phasen des Investitionslebenszyklus, so z. B. für:
  - Generierung und Bewertung von Alternativen vor der Realisierung
  - Ersatzzeitbestimmung während der Nutzung
  - Bewertung von Liquidations-alternative
• Prüfung von Modellen und Verfahren auf:
  - die Eignung vor deren Einsatz,
  - die korrekte Verwendung während des Einsatzes
• Prüfung der Interpretation und Verwendung der Modellergebnisse
	• Koordination bestehender und geplanter Projekte mit strategischem Rahmenplan und Zielvorgaben
	• Koordination sämtlicher Investitions- und Liquidationsmaßnahmen
	• Koordination des Investitionsbe-reiches mit angrenzenden Bereichen
	• Formulierung von Richtlinien für die Beantragung von Investitionen und Liquidationen
	• Festlegung der Beantragungs- und Genehmigungsprozesse hinsichtlich:
	  - Klassifizierung von Projekten,
	  - zeitlichem Rahmen,
	  - Genehmigungs- und
	  - Zustimmungspflichten
	• Festlegung der Zusammensetzung und der Rechte der Mitglieder von Entscheidungsgremien
	• Entwurf und Einsatz von Anreizsystemen zur wahrheitsgemäßen Berichterstattung
	• Letztendliche Festlegung der Budgets
	• Festlegung von Nachschussregelungen und Abbruchkriterien für laufende Maßnahmen
		• Beschaffung, Bereitstellung und Verarbeitung der erforderlichen finanzwirtschaftlich-ökonomischen Informationen für Planung, Realisierung und Kontrolle der Projekte
		• Bereitstellung von Informationen über investitionsrelevante interne und externe juristisch-normative Anforderungen (Risikomanagement und Compliance)
		• Festlegung formeller und inhaltlicher Vorgaben für Investitionsanträge
		• Durchführung:
		  - periodenbezogener und
		  - projektbezogener Planungs- und Kontrollrechnungen
		• Entwicklung und Umsetzung geeigneter Berichtsformen und Berichtsysteme
		• Festlegung und Überwachung der Dokumentationspflichten
		• Festlegung von Form, Inhalten und Terminen des Investitionsmonitorings
		• Ermittlung und Analyse von Abweichungen
		• Indikation von:
		  - Investitionsmöglichkeiten
		  - Liquidationsmöglichkeiten

Abb. 2.18: Ausgewählte Aufgaben des Investitionscontrollings. Quelle: Eigene Darstellung, in Anlehnung an: Schultz (2005: 83); Schaefer/Streitferdt (2005: 334); Weber et al. (2006: 17–27); Hauser/Panzau (2012); Küpper et al. (2013: 619–627); Eilenberger/Ernst/Toebe (2013: 148–149); Bieg/Kußmaul/Waschbusch (2016: 48); Reichmann/Kißler/Baumöl (2017: 296); Schulte/Körner/Shalchi (2018: 473–478).

Die Aufgaben wurden in drei Bereiche gegliedert, wobei als Hauptaufgabe die Sicherstellung der Rationalität der Investitionsentscheidungsprozesse diente. Diese Aufgabe wird konkretisiert durch den:

- **modelltheoretischen Bereich:** Die in der präskriptiven Theorie individueller und kollektiver Entscheidungen entwickelten Anforderungen sind als Richtschnur der Investitionsentscheidungen zu betrachten. Die Überwachung bzw. Gestaltung der Prozesse entsprechend dieser Anforderungen ist eine wesentliche Aufgabe des Investitionscontrollings. Sie wird praktisch umgesetzt, indem diese Anforderungen für alle Unternehmensmitglieder verfügbar und verbindlich gemacht werden. Dazu dient z. B. die Erstellung von Richtlinien zur Beantragung und Bewertung von Investitionen sowie die Gestaltung der Beantragungs- und Genehmigungsprozesse und die Konstitution von Gremien. Für die Sicherstellung der kollektiven Rationalität sind sämtliche Einzelinvestitionsmaßnahmen aufeinander abzustimmen und es sind Maßnahmen des Investitionsbereiches mit anderen Unternehmensbereichen zu koordinieren.

- **organisatorisch-koordinativen Bereich:** Damit die Entscheidungen auch kollektiv rational sind, muss das Investitions- und Liquidationsgeschehen im Unternehmen koordiniert werden. Dies betrifft sowohl die

Koordination von Planung und Umsetzung mehrerer Investitionsprojekte miteinander als auch die Koordination der Projekte mit übergeordneten Zielsetzungen und anderen Unternehmensbereichen.

- **Bereich der Informationsversorgung:** Zur Entscheidungsfindung und zur Koordination der Entscheidungen sind Informationen erforderlich, die vom Investitionscontrolling beschafft und bereitgestellt werden müssen. Neben den finanzwirtschaftlich-ökonomischen Informationen sind sämtliche Informationen zur Verfügung zu stellen, die die geplanten oder laufenden Investitionsprojekte betreffen. Dies sind z. B. Informationen zu juristisch-normativen Sachverhalten oder Informationen zur Entwicklung der mittelbaren und unmittelbaren Unternehmensumwelt. Auf Basis dieser Informationen sind neue Investitionen anzuregen oder die Liquidation bestehender Projekte ist zu überprüfen.

Die Ausführungen verdeutlichen, dass die Zuordnung von Aufgaben zu den Bereichen nicht überschneidungsfrei geschehen kann. So sind z. B. die Anreizsysteme einerseits zur Koordination von individuellen und kollektiven Zielen erforderlich, andererseits dienen diese Systeme auch der Informationsversorgung. Ähnliches gilt für Teile des modelltheoretischen Bereiches, wie der Sicherstellung eines rationalen Modelleinsatzes. Dieser wird mittels Formulierung von Richtlinien kommuniziert, welche Bestandteil der Informationsversorgung sind.

Zur Erfüllung der Aufgaben dienen Instrumente und Institutionen des Investitionscontrollings. Diese werden in den folgenden Abschnitten dargestellt.

2.2 Instrumente des Investitionscontrollings

2.2.1 Grundverständnis

Die Diskussion zu den Instrumenten des Controllings wird ebenso kontrovers geführt wie die Diskussion zu entsprechenden Konzeptionen, was nur konsequent ist, stellen doch die Instrumente die Mittel zur Erreichung der Ziele in den unterschiedlichen Konzeptionen dar. Originär für das Controlling oder im Rahmen einer eigenständigen Konzeption entwickelte Instrumente existieren nicht. Die Vertreter der unterschiedlichen Controlling-Konzeptionen definieren die Controlling-Instrumente entsprechend dem jeweiligen Verständnis. So konstatierten KÜPPER/WEBER/ZÜND als Vertreter der koordinationsorientierten Auffassung (wozu WEBER zu dem damaligen Zeitpunkt zählte): *„Das Controlling setzt ein umfangreiches Instrumentarium ein. Dieses bezieht sich entsprechend der Hauptaufgabe des Controllings in erster Linie auf die Si-*

cherstellung der Koordination des Führungssystems."[185] REICHMANN verwendete den Begriff der „Controlling-Applikationen" zur Beschreibung aller verfügbaren Methoden und Techniken, die durch die Controlling-Konzeption für einen bestimmten Controlling-Bereich zusammengefasst werden.[186]

HORVÁTH definiert: „*Die Controllinginstrumente umfassen alle ideellen und realen (technischen) Hilfsmittel, die im Rahmen der systembildenden und systemkoppelnden Koordination zur Erfassung, Strukturierung, Auswertung und Speicherung von Informationen bzw. zur organisatorischen Gestaltung eingesetzt werden.*"[187]

TROSSMANN schlussfolgert aus der von ihm verwendeten koordinationsorientierten Controlling-Konzeption auf die Existenz eines einheitlichen Instrumentariums, das jedoch breit gefächerte Einzelausprägungen aufweist.[188]

Auf Basis dieser Definitionen werden unterschiedlichste Verfahren und Methoden als Controlling-Instrumente klassifiziert.[189] In Abhängigkeit von den Kontextfaktoren werden bestehende Verfahren, Methoden und Modelle für Controlling-Zwecke eingesetzt.[190] So wird z. B. der Einsatz von Anreizsystemen zur wahrheitsgemäßen Berichterstattung als Instrument des Investitionscontrollings aus unterschiedlichen Konzeptionen geschlussfolgert: aus der informationsorientierten Konzeption[191], aus der koordinationsorientierten Konzeption[192] wie auch aus der rationalitätsorientierten Konzeption.[193]

Als Zwischenfazit kann festgehalten werden:[194]

- Fast sämtliche betriebswirtschaftlichen Methoden wurden mittlerweile als Controlling-Instrument eingestuft.

- Das Spektrum der Controlling-Instrumente ist fast unübersehbar geworden.

Als Erklärung und gleichzeitig Kritik an diesem Zustand bringt SCHNEIDER vor: „*An selbständig entwickelten Controllinginstrumenten fehlt es nicht etwa deshalb, weil die Probleme neu sind, sondern weil bei dem hier vorgestellten Verständnis von Controlling zu viele offene Probleme anderer Teilgebiete einbezogen werden, ohne bisher Lösungsansätze bieten zu können.*"[195]

---

[185] Küpper/Weber/Zünd (1990: 288).

[186] Vgl. Reichmann/Kißler/Baumöl (2017: 29–31).

[187] Horváth (2011: 128).

[188] Vgl. Troßmann (2018: 37–40).

[189] Vgl. Hahn/Hungenberg (2001: 287); Knauer/Nuss/Wömpener (2012: 69); Jacobs et al. (2017: 45–53).

[190] Vgl. Lingnau/Koffler (2013b: 397).

[191] Vgl. Husmann (1996: 4–9); Dahlhaus (2009: 51–54).

[192] Vgl. Ewert/Wagenhofer (2014: 456).

[193] Vgl. Schultz (2005: 79).

[194] Vgl. Baltzer (2013: 63).

[195] Schneider (1991: 771).

Im Zusammenhang mit der Definition von Controlling-Instrumenten taucht häufig die Frage auf, ob ein Controlling-Instrument ausschließlich durch das Controlling eingesetzt wird. Wenn dies so wäre, könnte dies als ein wesentliches Definitionsmerkmal für den Begriff des Controlling-Instrumentes herangezogen werden. Jedoch ist schon frühzeitig festgestellt worden, *„dass es keinerlei inhaltliche oder logische Möglichkeiten zur Monopolisierung bzw. Vereinnahmung irgendwelcher Managementinstrumente oder -methoden durch das Controlling gibt oder geben kann."*[196]

Für das Investitionscontrolling stellt ADAM fest, dass es keine spezifisch nur für diesen Bereich entwickelten Instrumente gibt.[197] Die Unterstützung bei investitionsbezogenen Entscheidungen durch formalisierte Bewertungsverfahren erfährt in der Literatur eine besonders große Beachtung. Dies mag mit der Höhe der finanziellen Mittel und der Langfristigkeit der Entscheidungsfolgen bei Investitionsprojekten zusammenhängen. Allgemein nutzbare Entscheidungsalgorithmen und Bewertungsschemata werden für die Aufgaben des Investitionscontrollings spezifiziert. Für jede Phase des Führungsprozesses werden unterschiedliche Methoden und Verfahren eingesetzt. So kommen unter anderem folgende Instrumente zum Einsatz:[198]

- Kennzahlen und Kennzahlensysteme,
- Checklisten,
- Prinzipal-Agenten-Modelle,
- lineare und dynamische Programmierungen,
- Kosten- und Leistungsrechnung,
- Investitionsrechenmodelle,
- Modelle der Entscheidungstheorie.

Die Verfahren müssen dabei in das zielorientierte System der Investitionsentscheidungsprozesse der jeweiligen Unternehmung eingebettet werden. RÖSGEN klassifizierte die Instrumente des Investitionscontrollings in Instrumente zur:[199]

- Beurteilung der Sachzielerreichung,
- Beurteilung der Erfolgszielerreichung,
- Informationsversorgung,
- Gestaltung durchgängiger Kontrollmethoden und
- Bewältigung phasenspezifischer Anliegen des Investitionscontrollings.

---

[196] Kappler (2002: 378).

[197] Vgl. Adam (2000: 29).

[198] Vgl. Adam (2000: 29–36); Rösgen (2000a: 84); Schultz (2005: 169–196); Weber et al. (2006: 41–43); Küpper et al. (2013: 622–629); Kesten/Berkemeier/Schönteich (2013: 5); Reichmann/Kißler/Baumöl (2017: 302–335).

[199] Vgl. Rösgen (2000a: 71–84). SCHULTE/KÖRNER/SHALCHI übernehmen diese Klassifikation, weisen jedoch auf die Unmöglichkeit der trennscharfen Einordnung hin. Vgl. Schulte/Körner/Shalchi (2018: 479).

Diese Unterteilung wird hier nicht verwendet, da die Verwendung und demzufolge Einordnung eines Instrumentes kontextabhängig ist. Demzufolge kann ein und dasselbe Instrument, wie z. B. ein Investitionsrechenverfahren, für Zwecke der Informationsversorgung eingesetzt werden, jedoch gleichzeitig auch zur Beurteilung der Erfolgszielerreichung dienen und in einer Ex-post-Betrachtung zur Kontrolle verwendet werden.

Stattdessen folgen die weiteren Ausführungen dem nutzungszweckbasierten Verständnis. Dieses interpretiert die Verwendung von Strukturen, Modellen und Ergebnissen von bereits existenten Instrumenten unter dem Gesichtspunkt der Ziel-Mittel-Relation und damit möglicherweise unter neuem Betrachtungswinkel.[200]

„Ein Instrument ist nicht qua status nascendi ein Controllinginstrument, sondern wird zu einem solchen durch die Nutzung mit dem Ziel der Informationsversorgung, ergebnisorientierter Steuerung, der Koordination oder der Sicherstellung rationaler Führung."[201] Ähnlich definiert BALTZER ein Instrument dann als Controlling-Instrument, wenn es eine inhärente Effektivität aufweist, also einen Beitrag zur Erfüllung von Aufgaben der zugrundeliegenden Controlling-Konzeption leistet.[202]

Existierende Verfahren und Modelle, die zur Erreichung der jeweiligen Zielstellung des Controllings eingesetzt werden, stellen Controlling-Instrumente dar. Dieses Verständnis ermöglicht die Nutzung bewährter Instrumente der Betriebswirtschaftslehre und – soweit sinnvoll und erforderlich – anderer Disziplinen.

Auf eine umfassende Darstellung aller potenzieller Instrumente des Investitionscontrollings wird hier deshalb verzichtet. Es wird darauf hingewiesen, dass die Auswahl und Bewertung von Verfahren und Modellen ohne Kenntnis der konkreten Zielstellungen und des Unternehmens sinnvollerweise nicht möglich ist. Damit wird auf die erwähnte Kontextabhängigkeit des Controllings verwiesen.[203] Die Darstellungen in dem vorliegenden Werk beschränken sich auf Modelle aus folgenden Bereichen:

- Investitionsrechenmodelle bei Sicherheit und bei Unsicherheit,[204]
- präskriptive und deskriptive Modelle von Individual- sowie Kollektiventscheidungen[205] und
- Modelle der kooperativen Spieltheorie.[206]

---

[200] Vgl. Janzen (1996: 65); Faaß (2007: 91–92).
[201] Schäffer/Steiners (2003: 18).
[202] Vgl. Baltzer (2013: 71).
[203] Vgl. Abb. 2.10 auf S. 85
[204] Vgl. Kapitel 3 auf S. 161 und Kapitel 5 auf S. 483.
[205] Vgl. 2. Band, Kapitel 1 auf S. 3, Kapitel 2 auf S. 287 und Kapitel 3 auf S. 387.
[206] Vgl. 2. Band, Kapitel 4 auf S. 461.

2.2.2 Modellverständnisse

Allgemein kann festgestellt werden, dass ein Modell ein Bild von etwas für jemanden ist.[207] In Abhängigkeit davon, in welchem Bereich das Abzubildende angesiedelt ist und welcher Geltungsanspruch damit erhoben wird, kann zwischen theoretischen und praktischen Modellen bzw. Real- und Idealmodellen unterschieden werden.[208] Für das weitere Vorgehen sind jedoch ausschließlich Realmodelle von Interesse, da mit deren Konstruktion und Verwendung ein Ziel oder mehrere Ziele verfolgt werden, die in einem real existierenden Objektbereich angesiedelt sind. Entsprechend dem Einsatzzweck kann zwischen Beschreibungs-, Erklärungs- und Entscheidungsmodellen unterschieden werden.

Erklärungsmodelle können zu Erklärungs- und Prognosezwecken eingesetzt werden.[209] Beschreibungsmodelle ordnen die Objekte eines Gegenstandsbereiches und unterstützen die Informationsgewinnung in der ersten Stufe des Prozesses der Erkenntnisgewinnung. In derartigen Modellen werden die beobachtbaren Zusammenhänge abgebildet, ohne jedoch erklärt zu werden, so dass diese Modelle lediglich deskriptiven Charakter haben. Diese Form von Modellen, die auch als Erfassungs- oder Ermittlungsmodelle bezeichnet werden, ist für die Beschreibung sowohl vergangener als auch zukünftiger Sachverhalte geeignet.[210]

Auf der Basis von Beschreibungs- können Erklärungsmodelle formuliert werden, die sachlogische Zusammenhänge durch die Formalisierung der Relationen zwischen abhängigen und unabhängigen Variablen abbilden. Eine Erklärung früherer oder gegenwärtig vorliegender bzw. festgestellter Sachverhalte ist eine Menge empirischer Aussagen, die folgende Anforderungen zu erfüllen hat:[211]

- Das zu Erklärende (Wirkung, Explanandum, Explikandum) muss aus dem Erklärenden (Ursache, Explanans, Explikans) logisch ableitbar sein.
- Das Explanans muss mindestens ein empirisches Gesetz enthalten und es muss einen empirischen Gehalt (Informationsgehalt) aufweisen.
- Die Aussagen des Explanans müssen faktisch wahr sein.

Werden diese Bedingungen in einem Modell erfüllt, liegt ein Erklärungsmodell, auch als Kausalmodell, bezeichnet vor. Für eine Prognose ist aus dem vorliegenden Explanans das in der Zukunft liegende Explanandum abzuleiten. Die zu erfüllenden Anforderungen an Explanans und Explanandum sind

---

[207] Vgl. Zschocke (1995: 251); Richter (2012: 71).

[208] Vgl. Bitz (1977: 51–55); Rieper (1992: 88).

[209] Vgl. Schweitzer (1972: 29–30); Klein/Scholl (2011: 33–34); Richter (2013: 282).

[210] Vgl. Stölzle/Pfohl (1997: 53); Rieper (1992: 88–89).

[211] Vgl. Hammann (1969: 457–460); Pfeiffer (1971: 39–41); Chmielewicz (1994: 150–154).

dieselben wie für die Erklärung, da eine Prognose die zur Erklärung inverse Operation darstellt. Prognosemodelle werden deshalb auch als Erklärungsmodelle bezeichnet, wobei das zu Erklärende in der Zukunft liegt.[212]

Aufbauend auf einem Erklärungsmodell kann ein Entscheidungsmodell gebildet werden. Dazu werden die Umweltsituationen, die Handlungsalternativen und -ergebnisse der Alternativen so abgebildet, dass der Akteur den Ergebnisbeitrag der Alternativen unter Berücksichtigung der von ihm definierten Ziele und derer Relationen bewerten kann. Auf der Grundlage dieser Bewertung ist die Entscheidung für eine der Handlungsalternativen möglich, die dann auch realisiert werden kann. Ziel der Bildung und des Einsatzes von Entscheidungsmodellen ist demzufolge die Zukunftsgestaltung. Ein Erklärungsmodell kann als Entscheidungsmodell eingesetzt werden, wenn eine Zielgröße festgelegt wird, an der die Entscheidung und deren Umsetzung ausgerichtet werden soll.[213]

In der Betriebswirtschaftslehre sind zwei grundlegende Auffassungen von Modellen entstanden:[214]

- Modelle als Abbildungen der Realität (passivistische Sichtweise) und
- Modelle als Konstruktionen der Realität (aktivistische Sichtweise).

Im **passivistischen Verständnis** wird durch ein Modell die Realität abgebildet, das Modell korrespondiert mit der Realität und beide stimmen zu einem gewissen Grad überein. Alle für die zu treffende Entscheidung wesentlichen Elemente und Relationen sind im Modell möglichst genau abzubilden. Die Abbildungsgüte eines Modells kann, diesem Verständnis folgend, mittels Ähnlichkeitsmaßen wie z. B. Homomorphie und Isomorphie festgestellt werden (vgl. Abbildung 2.19).[215]

Homomorph ist ein Modell dann, wenn sämtliche Elemente des Originals in dem Modell wiederzufinden sind und die Beziehungen zwischen den Elementen des Modells auf Beziehungen zwischen den Elementen des Originals zurückführbar sind. Isomorphie liegt vor, wenn diese Beziehung auch für die Umkehrbeziehung des Modells gilt.[216] Eine isomorphe Abbildung der Realität im Modell ist nicht möglich und auch nicht erstrebenswert, weshalb durch Vorentscheidungen der abzubildende Ausschnitt der Realität und damit der Abstraktionsgrad bzw. Komplexionsgrad des Modells zu bestimmen ist.

---

[212] Vgl. Fischer-Winkelmann (1971: 52–55); Rieper (1992: 91); Chmielewicz (1994: 154–157).

[213] Vgl. Adam (1997: 87–88).

[214] Vgl. Schütte (1998: 46); Schlitt (2003: 18–20).

[215] Vgl. Bitz (1977: 54–59); Kersten (1996: 16).

[216] Vgl. Ashby (1953: 94–98).

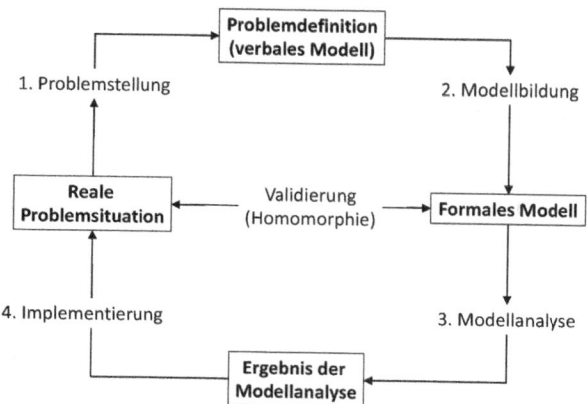

Abb. 2.19: Modellbildung in der Abbildungssichtweise. Quelle: Reihlen (1997: 4).

Die passivistische Perspektive, die in der Betriebswirtschaftslehre dominiert, ist jedoch schon seit geraumer Zeit Gegenstand der Kritik geworden. Zentraler Kritikpunkt ist der Gedanke, die Realität sei nur zu entdecken bzw. abzubilden. Die Unmöglichkeit der vollständigen Reduktion auf objektives Wahrnehmen und logisches Schließen im Rahmen der modellgestützten Lösung eines Problems resultiert aus dem Umstand, dass Probleme der Realwissenschaften im Gegensatz zu Problemen der Formalwissenschaften keine unabhängig gegebenen Strukturkomplexe sind, die ihre Lösungen als logische Implikationen beinhalten.[217] Die Konstruktionsthese interpretiert Modelle deshalb als Konstruktionen der Realität und integriert Wahrnehmung und Interpretation von Problemen in die Betrachtung. Perspektive, Einstellungen, Qualifikation, Werte und Interessen des Entscheidungsträgers bestimmen Identifikation und Definition des Entscheidungsproblems und des Modells.[218]

Für die weitere Diskussion wird der Konstruktionssichtweise gefolgt und als Modell ein Instrument verstanden, das einen Beitrag zur Erreichung eines Zieles in Bezug auf den real existierenden Objektbereich leistet, der als Gegenstandsbereich interpretiert wird. Das Modell wird unter Berücksichtigung des Modellzieles konstruiert und zur Zielerreichung eingesetzt (vgl. Abbildung 2.20). Ein Investitionsrechenmodell ist demzufolge ein Instrument, das einen Beitrag zur Zielerreichung (z. B. Bestimmung absoluter bzw. relativer Vorteilhaftigkeit von Alternativen, Ermittlung der optimalen Nutzungsdauer) in Bezug auf den real existierenden Objektbereich leistet.

---

[217] Dies ist schon bei der Darstellung der realtypischen Problemlösung deutlich geworden. Vgl. Abb. 1.5 auf S. 31.

[218] Vgl. Bretzke (1980: 28–33); Schmidt/Schor (1987: 19–20); Reihlen (1997: 8–15).

Grundlage für die Modellkonstruktion ist die Problemerkenntnis, also die Interpretation des Objektbereiches als Gegenstandsbereich, die jedoch immer in einer räumlichen, sachlichen, zeitlichen und persönlichen Situation stattfindet. Die Ähnlichkeit zwischen Modell und Realität kann demzufolge nicht durch einen objektiven Vergleichsindikator wie den Homomorphiegrad beurteilt werden, sondern ist vor dem subjektiven Verständnis des Akteurs zu interpretieren.

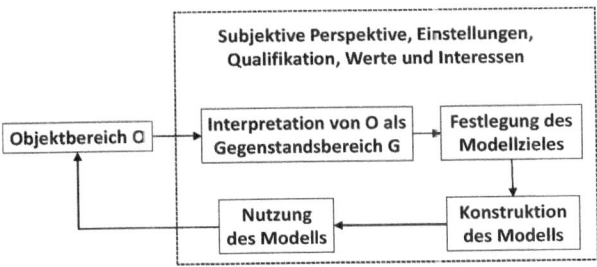

Abb. 2.20: Modell als Konstruktion. Quelle: Eigene Darstellung, in Anlehnung an: Reihlen (1997: 9).

Die Entscheidungssituation beschreibt die Gesamtheit der wahrnehmbaren Gegebenheiten, die den Zustand des Entscheidungsträgers bestimmen. Demzufolge sind die diskutierten Problemmerkmale – Komplexität, Dringlichkeit, Bedeutung – durch eine unternehmens-, situations- und personenspezifische Subjektivität gekennzeichnet. Aufgrund subjektiven Wissens, subjektiver Aufmerksamkeit und bewusster subjektiver Entscheidungen wird z. B. die real existierende Komplexität nur zu einem Teil wahrgenommen und im Modell berücksichtigt (vgl. Abbildung 2.21).

Der abzubildende Realitätsausschnitt und damit der Abstraktionsgrad bzw. Komplexionsgrad des Modells ist vom Akteur zu bestimmen. Die Beantwortung der Frage nach dem optimalen Komplexionsgrad von Modellen ist prinzipiell zeit-, situations- und personenabhängig. Die Wahl des zur Lösung eines konkreten Entscheidungsproblems verwendeten Modells kann letztendlich nur auf Basis subjektiven Ermessens und der Eigenschaften von Modellkonstrukteur und -nutzer erfolgen. Da in dem Modell nicht die Realität als solche abgebildet wird, sondern eine abstrahierte Vorstellung von der realen Welt, ist die Sichtweise des Modellkonstrukteurs als Beobachter bestimmend für Modellbildung und Komplexionsgrad.

Für eine Reihe von Modellen ist darüber hinaus kennzeichnend, dass Modellkonstrukteur und Modellnutzer zwei unterschiedliche Subjekte sind. So wurden z. B. Investitionsrechenmodelle oder die Modelle der kooperativen Spieltheorie in einem ersten Schritt in der Theorie entwickelt, um später in der Praxis eingesetzt zu werden.

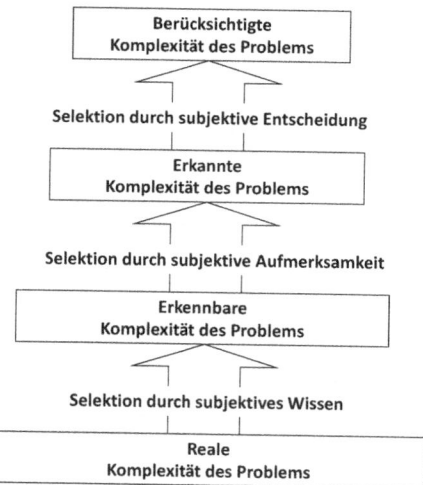

Abb. 2.21: Mögliche Differenzen zwischen tatsächlicher und berücksichtigter
Komplexität. Quelle: Eigene Darstellung, in Anlehnung an: Peffekoven
(2004: 571).

Die Modelldefinition wird deshalb dahingehend erweitert, dass unter einem
Modell das Instrument eines Modellnutzers verstanden wird, das einen Beitrag zur Erreichung eines Zieles des real existierenden Objektbereiches leistet
(vgl. Abbildung 2.22).

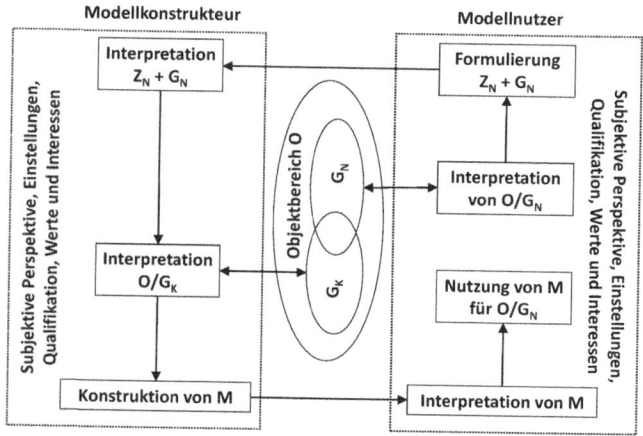

Abb. 2.22: Konstruktion und Nutzung eines Modells. Quelle: Müller (2009: 489).

Der Nutzer interpretiert den Objektbereich O und formuliert darauf aufbauend den Gegenstandsbereich G_N und das mit dem Modell zu erreichende Ziel Z_N. Der vom Nutzer formulierte Gegenstandsbereich und dessen Ziel werden vom Modellkonstrukteur wiederum interpretiert. Zusätzlich wird vom Konstrukteur der Objektbereich interpretiert, so dass als Ergebnis der Gegenstandsbereich G_K resultiert. Dieser muss nicht zwangsläufig mit dem Gegenstandsbereich des Nutzers G_N übereinstimmen, da sich Perspektive, Einstellungen, Qualifikation, Werte und Interessen der Subjekte unterscheiden können. Im Anschluss daran wird das Modell M konstruiert, das vom Nutzer wiederum interpretiert und ggf. zur Zielerreichung im Gegenstandsbereich G_N verwendet wird.

Das Modell wird von einem Konstrukteur auf Basis des von ihm interpretierten Gegenstandsbereiches sowie des von ihm interpretierten Nutzergegenstandsbereiches und Nutzerzieles konstruiert. Die Darstellung verdeutlicht die möglichen Quellen der Differenz zwischen Nutzer und Konstrukteur. Ziel des Konstrukteurs ist die zutreffende Interpretation von Zielen und Gegenstandsbereich des Nutzers sowie des Objektbereiches. Jedoch ist es schon bei der Formulierung der Nutzziele und des Nutzergegenstandsbereiches möglich, dass der Nutzer andere Dinge formuliert, als sie vom Konstrukteur intendiert waren. Aus der Abbildung 2.22 wird ersichtlich, dass zur Beurteilung der Modellqualität kein objektiver Maßstab verwendet werden kann, sondern lediglich ein Konsens der am Modellbildungsprozess Beteiligten bzw. ein Konsens zwischen Modellkonstrukteur und Modellnutzer herbeigeführt werden kann. Dieser Konsens stellt ein quasi-objektives Urteil über die Problemmodellierung dar. Mit der Verwendung der Konstruktionssichtweise wird die Bedeutung der Spezifika des Anwenders und des Unternehmens deutlich.

Es gibt jedoch Sachverhalte bzw. Entscheidungssituationen, in denen ein solcher Konsens schwer herzustellen ist. Dies liegt oftmals an der Problemformulierung, die zu unkonkret ist und einen zu großen Interpretationsspielraum ermöglicht. Ein klassisches Beispiel aus dem Bereich der Entscheidungstheorie ist das sog. **NEWCOMB-Dilemma**.[219]

Für Vertreter der Theorie ist es sicherlich unbefriedigend, wenn entwickelte Modelle und Methoden praktisch nicht zum Einsatz kommen. Die Schlussfolgerung, es handele sich um ein Defizit, das durch einen verstärkten Einsatz dieser Modelle zu beheben sei,[220] scheint nahe zu liegen, ist jedoch nicht in jedem Fall zutreffend. Jedoch ist zu klären, ob in deren geringem Verbreitungsgrad ein Defizit zu sehen ist.[221] Welche Schlussfolgerungen lassen sich

---

[219] Vgl. 2. Band, Abschn. 2.3.2.3 auf S. 320.

[220] Vgl. Legenhausen (1998: 107); Dechant (1998: 48–49); Rautenstrauch/Müller (2006: 100).

[221] Vgl. Martin/Bartscher-Finzer (2006: 206-208).

generell aus der Divergenz zwischen theoretischer und praktischer Relevanz von Modellen ziehen? Prinzipiell sind zwei Antworten möglich:[222]

- Zum einen richtet sich ein Widerspruch zwischen den Modellen als Vertretern normativer Theorie und deren Einsatz in der Praxis erst einmal nicht gegen die Modelle, da der Sinn normativer Theorie gerade in der Verbesserung der Praxis besteht.

- Zum anderen jedoch ist der Widerspruch zwischen normativer Theorie und Praxis dann als Einwand gegen die Theorie einzustufen, wenn die Modellprämissen nicht mehr den praktischen Einflussgrößen entsprechen.[223] Modellannahmen können in:

  - vernachlässigbare,
  - vereinfachende und
  - kernbildende

Annahmen unterschieden werden.

Vernachlässigbare Prämissen resultieren aus der Konzentration auf den Untersuchungsgegenstand. **Vereinfachende Annahmen** reduzieren zu Beginn der Theoriebildung die Komplexität. Sie können bei der Weiterentwicklung der Theorie aufgegeben werden und lassen sich als veredelbare Approximationen einstufen.[224] Demzufolge sind unrealistische vernachlässigbare und vereinfachende Annahmen kein Gegenargument zur Theorie. **Kernbildende Prämissen** hingegen sind erforderlich, um das Modellergebnis für die Problemstellung herleiten zu können, weshalb realitätsferne, kernbildende Annahmen gegen die Theorie gerichtet sind.

So wird z. B. die Aussage, die Nichtverwendung von finanzmathematischen Modellen, die auf der Annahme des vollkommenen Kapitalmarktes basieren (z. B. die Interne-Zinssatz-Methode), sei ein Defizit für eine Unternehmensgruppe, durch den Hinweis auf die mangelnde empirische Validität kernbildender Annahmen dieser Modelle widerlegt.[225]

Andererseits sind Akzeptanz und Verbreitung eines Modells in der Praxis nicht als Nachweis der Qualität dieses Modells zu verstehen. Die Verbreitung eines Modells inklusive dessen Annahmen, von dem einige Theoretiker und Praktiker überzeugt sind, schafft selbst wiederum Realität, mit welcher andere Theoretiker und Praktiker verglichen werden.[226] Der Hinweis auf den hohen Verbreitungsgrad einiger Modelle in bestimmten Unternehmensgruppen kann demzufolge nicht als Grundlage der Defizitaussage verwendet werden.

---

[222] Vgl. Schneider (2001: 394–395).

[223] Vgl. Fischer (1981: 161).

[224] Vgl. Schmidt/Schor (1987: 20).

[225] Vgl. Schneider (2001: 758–761); Hering (2017: 102–129); Kruschwitz/Lorenz (2019: 87–95).

[226] Vgl. Ferraro/Pfeffer/Sutton (2005).

Um die Defizitthese für ein Modell zu belegen, ist der Zusammenhang zwischen verwendetem Modell und dem damit erzielten Ergebnis zu untersuchen. Die Nichtverwendung des Modells müsste, der Defizitthese entsprechend, mit negativen Auswirkungen verbunden sein, denn wie sonst lässt sich das Defizit als solches identifizieren? Um die Defizitaussage zu bestätigen, ist theoretisch und praktisch nachzuweisen, dass der Entscheidungsträger im Unternehmen bei Verwendung eines bestimmten Modells eine bessere Entscheidung trifft und auch getroffen hat, als ohne Modell. Eine Schwierigkeit beim Defizitnachweis besteht in der Zuordnung der Auswirkung des Modelleinsatzes zum Ergebnis.

Diese Zuordnung ist einerseits praktisch nicht realisierbar, da aufgrund der vielfältigen Einflussgrößen der Unternehmenstätigkeit der Effekt der Modellverwendung nicht eindeutig zuordenbar ist. Auch wenn diese Zuordnung praktisch durchgeführt werden könnte, verbleibt als weitere Schwierigkeit das Problem der Nutzenmessung eines Modelleinsatzes. Der Nutzen eines Modells kann nicht durch den Zielbeitrag der auf seiner Basis ermittelten Problemlösung ermittelt werden, da dieser Zielbeitrag erst durch die Prämissenkonfiguration des Modells, also durch das verwendete Realitätskonstrukt, messbar wird.[227] Zwei Modelle mit unterschiedlichen Realitätskonstruktionen können nicht in einer Weise verglichen werden, die eines dieser Modelle als relativ vorteilhaft identifiziert, da die Modelle von unterschiedlichen Realitätskonstruktionen ausgehen.

Als Fazit ergibt sich, dass die Defizitaussage nicht objektiv beweisbar ist. Zwischen alternativen Modellen lässt sich nur insoweit eine Entscheidung begründen, als Vor- und Nachteile der Modelle aufgezeigt werden. Die letztendliche Entscheidung ist subjektiv begründbar, nicht jedoch objektiv mess- und beweisbar.[228] Ein übergeordnetes Meta-Modell könnte zur Bewertung der verwendeten Modelle nur dann eine Lösung bieten, wenn es perfekt in dem Sinne wäre, dass es Fehler der unvollkommenen Modelle messbar machen würde. Da ein solches Modell jedoch nicht konstruierbar ist – die Konstruktionssicht verdeutlicht die Gründe dieser Unmöglichkeit – kann die Defizitaussage nicht bewiesen werden.

2.2.3 Schlussfolgerungen

Der praktische Einsatz von Modellen wird bestimmt durch Merkmale des:

- Unternehmens,
- Problems und

---

[227] Vgl. Bretzke (1980: 202).
[228] Vgl. Adam (1997: 66).

- Modells.

Zur Erläuterung der Problemmerkmale wird ebenso auf die vorangegangenen Ausführungen verwiesen[229] wie zur Darstellung der Modellmerkmale.[230] Unternehmenseigenschaften, die den Modelleinsatz beeinflussen, sind:[231]

- organisationale Struktur,
- am Entscheidungsprozess beteiligte Akteure sowie
- Unternehmenskultur.

Zu den Faktoren, die die organisationale Struktur beschreiben, zählen Unternehmensgröße, Zentralisierungs- und Formalisierungsgrad, funktionale Differenzierung und Spezialisierung. Eine geringe Unternehmensgröße führt häufig zu einem geringeren Spezialisierungsgrad als in Großunternehmen, woraus geringere Anforderungen an die formale Koordination folgen. Es resultieren flache Hierarchien und somit ein geringerer Grad an Entscheidungsdelegation. Im Gegensatz zu Großunternehmen, in denen die zu verwendenden Investitionsmodelle und Bewertungsprocedere zentral vorgegeben sind, ist eine derartige Formalisierung in kleinen und mittleren Unternehmen selten vorzufinden.

Eingebettet in die organisationale Struktur sind die am Entscheidungsprozess beteiligten Akteure. Deren Eigenschaften – Werte, Einstellungen, Qualifikation und Motivation – beeinflussen den Einsatz von Investitionsrechenmodellen. Diese Akteurseigenschaften werden an anderer Stelle noch gesondert analysiert.[232]

Mit zunehmender Größe der Unternehmen wachsen auch die Ressourcen und die Wissensbasis, wodurch die Aufnahme und Verbreitung innovativer Verfahren verbessert wird. Eine hohe funktionale Differenzierung und ein hoher Spezialisierungsgrad verstärken diese Effekte positiv. Dagegen wirken sich eine starke Zentralisierung und Formalisierung negativ auf die Verbreitung neuer Modelle aus. Die Erfahrung sowie die Breite und Tiefe des Wissens der Akteure stehen in einer positiv korrelierten Beziehung zur Verbreitung und zum Einsatz neuer Verfahren. Die Unternehmenskultur mit der Ausprägung der Risikobereitschaft, der Offenheit gegenüber Veränderungen und der Kommunikationskultur bildet einen weiteren wichtigen Einflussfaktor.

Als weitere Bestimmungsgrößen sind Faktoren aus der Unternehmensumwelt, wie z. B. gesetzliche Vorschriften oder Trends anzuführen. Diese beeinflussen die Nutzung von Modellen ebenso wie Faktoren, die in den Eigenschaften der Unternehmen und der betreffenden Akteure begründet liegen.

---

[229] Vgl. Abschn. 1.2.2.1 auf S. 15.

[230] Vgl. Abschn. 2.2.2 auf S. 128.

[231] Vgl. Pritsch (2000: 360–363).

[232] Vgl. 2. Band, Abschn. 2.2.1 auf S. 290.

Mit Blick auf diese Faktoren muss über die adäquate Nutzung des Modells entschieden werden. Die Sicherstellung des adäquaten Einsatzes von Bewertungsmodellen wurde als eine Aufgabe des Investitionscontrollings im Planungsprozess bereits identifiziert.[233] Die Angemessenheit eines Modell wird im Folgenden mit den Merkmalen **Problemadäquanz** und **Nutzeradäquanz** konkretisiert.

Das Modell muss prinzipiell in der Lage sein, das vorliegende Problem abzubilden. Dies wird als Problemadäquanz bezeichnet. Dass die Beurteilung der Problemadäquanz zu einem Teil subjektiver Natur ist, ist aus den bisherigen Darstellungen offensichtlich geworden. Die Nutzeradäquanz von Verfahren wird von folgenden Faktoren determiniert:[234]

- Selbsterklärung und Komplexität der Ergebnisse,
- Kompatibilität und Kommunizierbarkeit des Verfahrens,
- Beschaffung der Inputdaten,
- Transparenz der Rechenvorgänge,
- Modellkosten sowie
- Aussagequalität.

Mit steigender Komplexität und Dynamik der abzubildenden Entscheidungssituation wachsen auch die Anforderungen an die Modellierung und somit an den Anwender. Als Beispiel für die wachsende Spezifität und die steigenden Anforderungen von Modellen seien hier prozessorientierte Simulationsmodelle genannt. Der verbreiteten Verwendung dieser Modelle steht die Singularität sowie die daraus resultierende Nichtkommunizierbarkeit entgegen, sind doch diese Modelle aufgrund der hohen methodischen Anforderungen meist nur einer Einzelperson oder kleinen Expertengruppe verständlich.[235]

Je leichter ein Verfahren nachzuvollziehen ist, je unkomplizierter Änderungsvorgänge sind und je geringer die Anforderungen an das Wissen des Nutzers sind, um so verständlicher sind die Ergebnisse und das Verfahren lässt sich auch besser kommunizieren. Je mehr ein Verfahren mit den bisher in den Unternehmen herrschenden Denkstrukturen, mentalen Modellen und Wertesystemen übereinstimmt, umso größer ist das Verständnis bei den Akteuren. Für Investitionsrechenmodelle von besonderer Bedeutung ist die Sicherstellung des Ergebnisverständnisses. Die zutreffende Interpretation des Bewertungsergebnisses ist ebenso wichtig wie dessen exakte Ermittlung. Der Entscheidungsträger muss in der Lage sein, aus dem Ergebnis die richtige Schlussfolgerung zu ziehen, was die Kommunizierbarkeit der Verfahren voraussetzt.[236]

---

[233] Vgl. Abb. 2.18 auf S. 123.

[234] Vgl. Müller (2009: 494).

[235] Zur Kritik der Schnittstelle zwischen Konstrukteuren und Anwendern von prozessorientierten Simulationsmodellen vgl. Hinners-Tobrägel (2000: 42).

[236] Vgl. Pritsch/Weber (2001: 191–194).

Die Beschaffungsmöglichkeiten und -kosten der Inputdaten sowie die Kosten der Einführung und Nutzung der Modelle bestimmen ebenfalls die Nutzerfreundlichkeit von Bewertungsmodellen. Modellkosten setzen sich zusammen aus Kosten für Entwicklung, Wartung, Änderung, Implementierung, Nutzung, Ausbildung, Hard- und Software, Informationsbeschaffung sowie Datensicherungs- und Datenschutz.

Die Feststellung der Nutzeradäquanz ist demzufolge abhängig von dem Entscheidungsproblem, dem Entscheidungsträger und der jeweiligen Situation. Im Rückgriff auf die Darstellung von Modellkonstruktion und -nutzung[237] kann geschlussfolgert werden, dass Modellkonstrukteur und Modellnutzer den Objektbereich verschieden interpretieren, so dass unterschiedliche Gegenstandsbereiche resultieren. Die Nutzung eines Modells, das für einen anderen Gegenstandsbereich geschaffen wurde, wird nicht der gewünschten Zielerfüllung des Nutzers dienen. Der geringe Einsatz des Modells ist somit erklärbar. Daraus ist nicht zu schlussfolgern, theoretische Überlegungen und Arbeiten in dieser Richtung seien deshalb nutzlos. Der Nutzen theoretischer Überlegungen sollte vielmehr in der Offenlegung von Schwachstellen theoretischer und praktischer Modelle und dem damit verbundenen offenen Diskurs zwischen Theorie und Praxis gesehen werden. Ziel dieser Auseinandersetzung ist der Konsens von an der Modellkonstruktion und -nutzung Beteiligten.[238]

Die für den Modelleinsatz im Unternehmen relevanten Faktoren sind in der Abbildung 2.23 zusammenfassend dargestellt. Die Konstruktion und der Einsatz eines Modells basieren auf der Beobachtung der Realität durch den Modellkonstrukteur bzw. Modellnutzer. Diese Beobachtung geschieht durch die Verwendung einer Unterscheidung zur Bezeichnung einer Seite der beobachteten Realität.[239] Die Unterscheidung selbst bleibt bei diesem Vorgang unbeobachtet. *„Jede Beobachtung ist in ihrer Unterscheidungsabhängigkeit sich selber latent. Genau das kann aber mit Hilfe einer anderen Unterscheidung beobachtet werden.“*[240] Der Beobachter verwendet demzufolge im ersten Schritt eine Sichtweise auf Entscheidungsprobleme, ohne die dabei verwendeten Unterscheidungen zu beachten, was zu einem blinden Fleck an dieser Stelle führt. Aus diesem Grund ist im zweiten Schritt eine Beobachtung der Beobachtung, die Beobachtung zweiter Ordnung, erforderlich.

Mit dieser Beobachtung kann der blinde Fleck der Beobachtung erster Ordnung festgestellt werden. Die verwendeten mentalen Modelle, die zur Wahrnehmung der Welt verwendet werden, bestimmen in hohem Maße die daraus resultierenden Handlungen. Während die Beobachtung erster Ordnung auf die Welt gerichtet ist, ist die Beobachtung zweiter Ordnung auf die Beobachtung der ersten Ordnung gerichtet. Mit der Einführung der zweiten

---

[237] Vgl. Abb. 2.22 auf S. 132.

[238] Vgl. Müller (2009: 494).

[239] Vgl. Kappler (2004: 588); Schneider (2011: 87–88).

[240] Luhmann (1990: 91).

Beobachtungsebene ist noch nichts über die beteiligten Personen gesagt. Die Beobachtung der zweiten Ebene kann sowohl als Selbst- als auch als Fremdbeobachtung durchgeführt werden.[241] Ergebnis der Beobachtung des Einsatzes von Investitionsrechenmodellen ist ggfs. eine Divergenz von Problem- und Nutzeradäquanz. Diese Divergenz ist zu identifizieren und zu beseitigen.

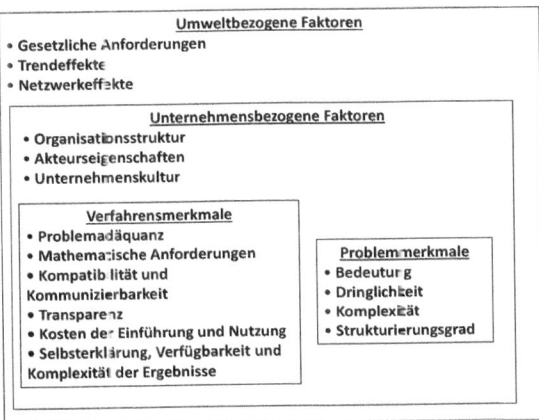

Abb. 2.23: Bestimmungsfaktoren des Modelleinsatzes. Quelle: Eigene Darstellung, in Anlehnung an: Pritsch (2000: 358); Müller (2004: 80).

In diesem Verständnis kann geschlussfolgert werden, dass dem Controller die Rolle des **Beobachters der zweiten Ordnung** zuteil wird, da dieser für die Identifikation und Beseitigung blinder Flecken des Einsatzes von Modellen zuständig ist.[242] Diese blinden Flecken stellen im rationalitätsorientierten Controllingverständnis Rationalitätsengpässe dar. Ausgangspunkt ist der Vergleich des vom Beobachter der ersten Ebene gewählten Investitionsmodells mit dem Entscheidungsproblem und dem Unternehmen sowie die Identifikation von Divergenzen, die aus Sicht des Beobachters zweiter Ordnung die Suche nach einem alternativen Modell erforderlich machen. Anzustrebendes Ergebnis der Beobachtung zweiter Ordnung ist die Konvergenz von Problem- und Nutzeradäquanz. Die Beobachtung der Beobachtung dient nicht der Erfüllung des Vier-Augen-Prinzips, sondern stellt sicher, dass der Beobachter erster Ordnung von einem Beobachter der zweiten Ordnung überwacht wird, um die verwendete Sichtweise auf die Realität zu überprüfen.

---

[241] Vgl. Wittenbecher (1999: 65).

[242] Vgl. Müller (2008).

2.3 Institutionen des Investitionscontrollings

Als letzter Baustein der Controlling-Konzeption[243] folgt nun die Heraus-
stellung der institutionellen Aspekte. Dieser Bestandteil der Controlling-
Konzeption dient zur Klärung folgender Fragen:[244]

- An welcher Stelle und in welcher Form wird die Controlling-Funktion in
  die Unternehmensorganisation eingebunden?
- Welche Anforderungen ergeben sich an die Träger?

Die Einbindung des Controllings ist verbunden mit der Einordnung des Controllings in die Unternehmensorganisation, mit der Kompetenzzuweisung zu
diesem Bereich sowie, wenn notwendig, mit seiner Binnenstruktur. Zu beantworten bleibt die Frage nach der Einordnung in die Organisation, also
welche Personen, Organisationen oder Institutionen Träger der Controlling-
Aufgaben sind.[245]

Träger der Aufgabe der Rationalitätssicherung können unterschiedliche Personen oder auch organisatorische Einheiten sein, was sich aus der Konzeption
des Controllings ergibt. Zielsetzung in dieser Konzeption ist es, Rationalitätsengpässe in der Willensbildung zu identifizieren und anschließend zu vermeiden bzw. zu verringern. Dies ist prinzipiell durch mehrere Personen oder auch
Institutionen möglich, die am Willensbildungsprozess direkt oder indirekt
beteiligt sind. Dazu zählen unternehmensinterne Personen oder Institutionen (z. B. Innenrevision, andere Abteilungsleiter) oder unternehmensexterne
Personen bzw. Institutionen (z. B. Kapital- oder Absatzmärkte, Unterneh-
mensberater) (vgl. Abbildung 2.24).

Alle Personen und Institutionen, die folgende zentrale funktionale Anforderungen erfüllen, sind potenzielle Träger der Rationalitätssicherung und der
Controlling-Funktion:[246]

- Motivation zur Identifikation von Rationalitätsengpässen,
- Wissen zur Identifikation von Rationalitätsengpässen,
- Macht zum Abbau der Rationalitätsengpässe sowie
- Akzeptanz bei dem Objekt der Rationalitätssicherung.

---

[243] Vgl. Abb. 2.10 auf S. 85.

[244] Vgl. Janzen (1996: 74).

[245] Vgl. Lingnau/Seewald (2017: 67–73); Littkemann (2018: 13–24).

[246] Vgl. Langenbach (2001: 198). Motivation und Wissen als Grundvoraussetzungen
gelten nur für natürliche Personen, da z. B. Kapital- oder Absatzmärkte zur Rationalitätssicherung beitragen, ohne über diese Komponenten zu verfügen.

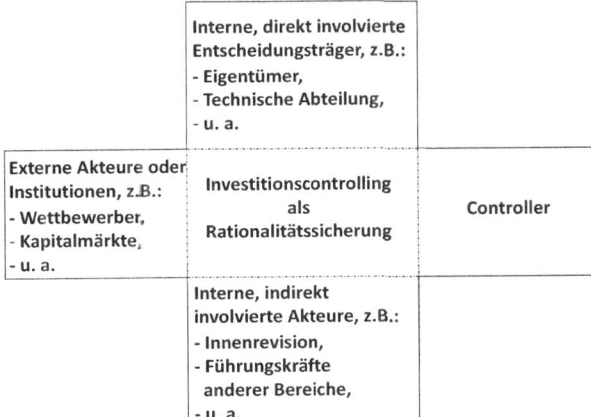

Abb. 2.24: Potenzielle Träger des Investitionscontrollings. Quelle: Eigene
Darstellung, in Anlehnung an: Weber (2000: 1932); Weber (2001: 164).

Grundsätzliche Voraussetzung für eine Rationalitätssicherung besteht in dem
Wollen, diese Aufgabe zu erfüllen. Dieses notwendige Wollen wird für die
weitere Betrachtung als gegeben angenommen.

Zur Identifikation von Rationalitätsengpässen wird der Soll-Zustand mit dem
Ist-Zustand verglichen. Die Anforderungen an eine rationale Willensbildung
müssen dem Träger der Controlling-Funktion bekannt sein. Das setzt **Wissen
und Informationsverarbeitungskapazitäten** voraus. Als Wissen werden
die auf verarbeiteten Daten und Informationen beruhenden Kenntnisse und
Fähigkeiten verstanden, die zur Definition des Soll-Zustands, dem darauf
aufbauenden Vergleich sowie zum Finden des Ergebnisses notwendig sind.
Wissen stellt damit eine Kompetenz zur Lösung spezifischer Probleme sowie
die kognitive Befähigung zum Handeln dar.

Aufgrund der **Wissens- und Fähigkeitsbasis** ist einzuschätzen, ob die Person resp. Institution Träger der Controllingaufgabe sein kann. Von hohem
Interesse ist die Frage, welche Form von Wissen bereits im Unternehmen
vorliegt und wie diese ergänzt werden kann. Daraus folgt, dass Personen
bzw. Institutionen dann einen großen Beitrag zur Rationalitätssicherung leisten können, wenn sie für das Unternehmen nicht verfügbares Wissen (z. B.
Insiderwissen) leicht zugänglich bereitstellen. Die Einschätzung der Wissens-
und Fähigkeitsbasis ist, wie die Controlling-Konzeption impliziert, stark kontextabhängig. Die zur Rationalitätssicherung einer Investition in einen neuen
Büro-PC erforderliche Wissens- und Fähigkeitsbasis unterscheidet sich deutlich von den zur Rationalitätssicherung einer Investition in eine neue Produktionsanlage notwendigen Wissens- und Fähigkeitsanforderungen.

Die Frage nach der **Macht** zum Abbau von identifizierten Rationalitätseng-pässen ist eng verbunden mit der **Akzeptanz** der avisierten Rationalitäts-sicherung und wird deshalb gemeinsam mit dieser diskutiert. Macht ist die Fähigkeit, Veränderungen herbeizuführen, wohingegen Einfluss die erfolgrei-che Ausübung von Macht beinhaltet. Es können unterschiedliche Arten von Macht vorliegen.

Soziale Macht ist die Form des Einflusses, bei der eine Person über die Möglichkeit verfügt, den eigenen Willen auch gegen den Willen der ande-ren Person durchzusetzen. Im Wesentlichen existieren folgende Grundlagen der Macht:[247]

- Macht durch Amtsautorität,
- Macht durch Belohnung bzw. Bestrafung,
- Macht durch Persönlichkeitswirkung und
- Macht durch Wissen und Fähigkeiten.

Organisationen legitimieren die Macht von Personen durch deren Einordnung in die **Hierarchie**. Aufgrund ihrer Position verfügen sie über das Recht, An-weisungen zu erteilen und Folgebereitschaft zu erwarten. Die Mitarbeiter ak-zeptieren diese Weisungen, da sie das Recht der Vorgesetzten anzuerkennen haben, wenn sie Mitglied der Organisation bleiben wollen. Die Macht basiert also auf formalen Gegebenheiten. Das bedeutet, dass entsprechende Kom-petenzen zuzuweisen sind. Aus diesem Umstand resultieren auch sämtliche Überlegungen zur Einordnung einer Controlling-Abteilung in die Unterneh-menshierarchie. Auf diese Darstellungen wird hier nicht eingegangen, sondern stattdessen auf die Literatur verwiesen.[248]

Eine weitere Grundlage von Macht bietet die Möglichkeit, Mitarbeiter zu **belohnen** oder zu **bestrafen**. Ein Vorgesetzter verfügt mit Lohnerhöhung oder Beförderung über verhaltenssteuernde Anreize, die jedoch nur wirksam werden können, wenn Mitarbeiter diese auch als erstrebenswert einschätzen. Im Unterschied zur Macht durch Belohnung basiert Macht durch Bestrafung auf Abschreckung. Der Vorgesetzte droht dem Mitarbeiter mit einer Strafe im Falle der Nichtbefolgung einer Anordnung. Um verhaltenswirksam zu werden, muss eine Drohung jedoch folgende Voraussetzungen erfüllen:[249]

- Die Drohung muss glaubhaft und bestimmt sein.
- Die Drohung muss den Mitarbeiter rechtzeitig, d. h. vor dem zu sanktio-nierenden Verhalten erreichen, und er muss diese auch verstehen.
- Der Mitarbeiter muss in der Lage sein, der Drohung durch eine Verhal-tensänderung nachzukommen.

---

[247] Vgl. Weibler (2016: 139).
[248] Vgl. Hans/Warschburger (2009: 16–20); Küpper et al. (2013: 681–693).
[249] Vgl. Watzlawick (2002: 111–122).

Attraktive Persönlichkeitsmerkmale eines Vorgesetzten räumen diesem unter Umständen Macht ein, zumindest bei derjenigen Personen, die den Vorgesetzten aufgrund dieser Merkmale schätzen bzw. verehren. Diese Macht durch Persönlichkeitswirkung ist eine Frage der persönlichen Empfindungen und deshalb schwer steuerbar bzw. herstellbar.

Expertenmacht gründet sich auf den von den Mitarbeitern wahrgenommenen Wissensvorsprung des Vorgesetzten, der i. d. R. auf einen Wissensbereich begrenzt ist. Je größer der Wissensvorsprung ist, umso größer ist die Bereitschaft der Mitarbeiter, seinen Anweisungen Folge zu leisten. Entscheidend für Expertenmacht ist, dass die Mitarbeiter den Wissensvorsprung auch als solchen wahrnehmen und anerkennen. Nicht jeder Wissensvorsprung führt automatisch zu Expertenmacht im Unternehmen, sondern nur der Vorsprung auf einem Wissensgebiet, das von den Mitarbeitern als wesentlich eingeschätzt wird.

Neben der sozialen Macht sind weitere Formen, wie z. B. wirtschaftliche oder politische Macht, zu erwähnen. Auf diese wird hier nicht detailliert eingegangen, sondern es wird festgehalten, dass der Träger der Rationalitätssicherung über eine Form dieser Macht verfügen muss, um zur Beseitigung identifizierter Engpässe beitragen zu können.[250]

Die tatsächliche Einflussnahme des Trägers der Rationalitätssicherung ist trotz gegebener Machtverteilungen jedoch auch von den Charakteristika des rationalitätsgesicherten Akteurs und dessen **Akzeptanz der Machtverteilungen** abhängig. Akzeptanz setzt das Einverständnis und das Verstehen der Einflussnahme voraus, womit die Charakteristika des rationalitätsgesicherten Akteurs angesprochen sind. Darüber hinaus ist die Akzeptanz auf der einen Seite abhängig von der Motivation und den Wissens- und Fähigkeitsbarrieren des Trägers der Rationalitätssicherung und auf der anderen Seite von der Form der Einflussnahme, der Art des Rationalitätssicherunges sowie der Persönlichkeit bzw. den Charakteristika des rationalitätssichernden Akteurs. Die Art des Rationalitätsengpasses ist deshalb akzeptanzbestimmend, weil davon die vom Controller geforderte Verhaltens- oder Einstellungsänderung abhängt. Je unangenehmer diese Änderung für den rationalitätsgesicherten Akteur ist, desto geringer ist i. d. R. dessen Akzeptanz für die geforderte Maßnahme.[251]

Um die Stellung des Controllers im Unternehmen zu versinnbildlichen, wird dieser oftmals mit Bezeichnungen anderer Berufe bzw. Tätigkeiten assoziiert. Häufig wird der Controller als Lotse interpretiert, der das Schiff „Unternehmen" auf der Fahrt zum Unternehmensziel (z. B. Wertorientierung, Rentabilität u. ä.) ausrichten bzw. navigieren soll.[252] Weitere assoziative Beschrei-

---

[250] Vgl. Langenbach (2001: 201–205).
[251] Vgl. Langenbach (2001: 208).
[252] Vgl. Steinle/Bruch/Michels (1998: 445–446); Fischer/Möller/Schultze (2015: 38).

bungen bestehen in dem Vergleich des Controllers mit dem Steuermann, dem Navigator, dem Arzt, dem Thermostat oder Co-Pilot.[253]

Für den Controller werden häufig Eigenschaften sowie persönliche und fachliche Anforderungen definiert, die erforderlich bzw. wünschenswert sind, um die Controlling-Aufgaben erfüllen zu können.[254] Diese Aufzählungen werden hier nicht wiedergegeben und es wird auf die Festlegung derartiger Anforderungen verzichtet, was wie folgt begründet werden kann:

- Ein Großteil der Anforderungen wird auch für andere Positionen im Unternehmen benötigt.

- Da es sich um normative Aussagen handelt, kann nicht über deren Wahrheitsgehalt entschieden werden.

- Derartige Beschreibungen vernachlässigen das Problem der internen Sozialstruktur.[255] Jede Person erfüllt in unterschiedlichen Kontexten und zu verschiedenen Zeitpunkten unterschiedliche Rollen. So kann ein und dieselbe Person nach der Controller-Rolle die Manager-Rolle übernehmen oder nach einem Unternehmenswechsel den Rollentausch in umgekehrter Richtung vollziehen. Die Persönlichkeit bleibt dieselbe, es ändert sich lediglich die zu übernehmende Rolle.

Auf eine detailliertere Ausformulierung der Anforderungen wird hier deshalb verzichtet und festgehalten, dass an die Rolle des Controllers unterschiedlichste Erwartungen herangetragen werden, die personen-, unternehmens- und zeitabhängig sind.[256] Controller empfangen jedoch nicht ausschließlich Anforderungen an ihre Rolle, sondern gestalten dieses Rollenbild aktiv mit.[257] Wichtig ist in diesem Zusammenhang, dass das Selbstverständnis der Controllingakteure in der Praxis ebenso differenziert ist wie die Erwartungen an diese Akteure.[258]

In dieser Beziehung wird der Vorteil der rationalitätsorientierten Sichtweise für die Gruppe der kleinen und mittelständischen Unternehmen (KMU) deutlich. Aufgrund der personellen Restriktionen ist in KMU oft keine eigenständige Controlling-Abteilung resp. keine Person, welche als Controller bezeich-

---

[253] Vgl. Harbert (1982: 32); Ernst et al. (2008: 734).

[254] Vgl. Hans/Warschburger (2009: 21–22); Küpper et al. (2013: 694–699); Weber/Schäffer (2020: 41–43).

[255] Zur ausführlichen Darstellung der internen Sozialstruktur und des Rollenverständnisses vgl. 2. Band, Abschn. 3.3.1 auf S. 425.

[256] Vgl. Hoffjan (2003); Rieg (2017).

[257] Vgl. Weber/Hirsch/Spatz (2007: 50); Knollmann/Hirsch/Weber (2007).

[258] *„Der Eigentümer-Manager-Controller des KMU versteht sich als Informationszentrale des Unternehmens. Die Controllerin der Division reproduziert in ihrem Selbstverständnis das Controllingverständnis der Controllerakademie, der Controller der Konzernzentrale das des koordinationsorientierten Ansatzes; beide sind damit von ihren akademischen bzw. postakademischen Ausbildungen bzw. ihrer spezifischen beruflichen Sozialisation geprägt."* Scheytt/Unterrieder/Becker (2005: 104).

net wird oder ausschließlich mit dem Controlling beschäftigt ist, zu finden. Die Controlling-Aufgabe wird kontextabhängig von verschiedenen Personen wahrgenommen.

Prinzipiell ist darauf zu achten, dass die Aufgabe der Rationalitätssicherung nicht immer durch dieselben Personen übernommen wird, da es dann häufig zu einer von Anfang an bekannten, destruktiven Rollenverteilung kommt. In der Aufgabe der Rationalitätssicherung durch ständiges Hinterfragen, In-Frage-Stellen oder auch Überprüfen von Modellen oder Informationen der handelnden Akteure läuft der Controller Gefahr, als advocatus diaboli zur Personifizierung von Kritik und negativ empfundener Kontrolle zu werden und auf diese Weise eine wichtige Basis seiner Tätigkeit, die Akzeptanz bei den rationalitätsgesicherten Akteuren, zu verlieren, was unzweifelhaft die Erfüllung seiner Aufgaben behindern dürfte.[259] Es soll hier nicht verschwiegen werden, dass Controller aufgrund dieser einseitigen Aufgabenzuweisung auch negativ konnotierte Bezeichnungen erhalten, wie z. B. Erbsenzähler, Zahlenknecht, Hofnarr oder Bremser.[260]

2.4 Literaturverzeichnis

Adam, D. (1997): Planung und Entscheidung: Modelle – Ziele – Methoden. Mit Fallstudien und Lösungen. 4. Aufl., Wiesbaden: Gabler.

Adam, D. (2000): Investitionscontrolling. 3. Aufl., München: Oldenbourg.

Ahel, O. (2020): Intuition im Management: Möglichkeitsraum, Spannungsfelder und emergierende Konstellationen. Wiesbaden: Springer Gabler.

Ahn, H. (1997): Optimierung von Produktentwicklungsprozessen: Entscheidungsunterstützung bei der Umsetzung des simultaneous engineering. Wiesbaden: DUV.

Ahn, H. (2003): Effektivitäts- und Effizienzsicherung: Controlling-Konzept und Balanced Scorecard. Frankfurt/M.: Peter Lang.

Ahn, H./Dyckhoff, H. (2004): Zum Kern des Controllings: Von der Rationalitätssicherung zur Effektivitäts- und Effizienzsicherung. In: Scherm, E./Pietsch, G. (Hg.): Controlling: Theorien und Konzeptionen. München: Vahlen, S. 501–525.

Arbeitskreis „Finanzierung" der Schmalenbach-Gesellschaft – Deutsche Gesellschaft für Betriebswirtschaft e. V. (1994): Investitions-Controlling: Zum Problem der Informationsverzerrung bei Investitionsentscheidungen in dezentralisierten Unternehmen. In: Schmalenbachs Zeitschrift für betriebswirtschaftliche Forschung, 46 (11): 899–925.

Ashby, W. R. (1956): An introduction to cybernetics. London: Chapman & Hall.

---

[259] Zum Begriff des „konstruktiven Teufelsadvokaten" im Controlling-Kontext vgl. Pritsch (2000: 95–96); Zayer (2007: 210–211); Scherpereel/Gaul/Muhr (2015: 36–37).
[260] Vgl. Weber (2012: 159).

Ashby, W. R. (1968): Variety, constraint, and the law of requisite variety. In: Buckley, W. (Hg.): Modern systems research for the behavioral scientist: a sourcebook. Chicago: Aldine, S. 129–136.

Baltzer, B. (2013): Einsatz und Erfolg von Controlling-Instrumenten: Begriffsbestimmung, empirische Untersuchung und Erfolgsbeurteilung. Wiesbaden: Springer Gabler.

Bamberg, G./Trost, R. (1998): Informationsasymmetrie und moral hazard bei Investitionsentscheidungen. In: Runzheimer, B./Barković, D. (Hg.): Investitionsentscheidungen in der Praxis. Wiesbaden: Gabler, S. 209–220.

Bathe, J./Müller, D. (2002): Zur entscheidungsorientierten Phasenstruktur des Investitionscontrollings. In: Zeitschrift für Planung, 13 (4): 323–343.

Baum, H.-G./Coenenberg, A. G./Günther, T. (2013): Strategisches Controlling. 5. Aufl., Stuttgart: Schäffer-Poeschel.

Baumann, F. (1991): Industrielles Anlagen-Controlling. Berlin: Erich Schmidt.

Becker, W./Baltzer, B./Ulrich, P. (2014): Wertschöpfungsorientiertes Controlling: Konzeption und Umsetzung. Stuttgart: Kohlhammer.

Beer, S. (1995): Brain of the firm. 2. Aufl., Chichester u. a.: John Wiley & Sons.

Berens, W./Delfmann, W./Schmitting, W. (2004): Quantitative Planung. 4. Aufl., Stuttgart: Schäffer-Poeschel.

Berens, W./Knauer, T./Sommer, F./Wöhrmann, A. (2013): Gemeinsamkeiten deutscher Controlling-Ansätze. In: Controlling, 25 (4/5): 223–229.

Berwanger, J./Kullmann, S. (2012): Interne Revision: Funktion, Rechtsgrundlagen und Compliance. 2. Aufl., Berlin u. a.: Springer.

Betham, H. E. (1963): Control. In: Brech, E. F. L. (Hg.): The principles and practice of management. 2. Aufl., London: Longmans, S. 631–841.

Bieg, H./Kußmaul, H./Waschbusch, G. (2016): Investition. 3. Aufl., München: Vahlen.

Binder, C. (2006): Die Entwicklung des Controllings als Teildisziplin der Betriebswirtschaftslehre: Eine explorativ-deskriptive Untersuchung. Wiesbaden: DUV.

Bitz, M. (1977): Strukturierung ökonomischer Entscheidungsmodelle. Wiesbaden: DUV.

Bliss, C. (2000): Management von Komplexität: Ein integrierter, systemtheoretischer Ansatz zur Komplexitätsreduktion. Gabler: DUV.

Blohm, H./Lüder, K./Schaefer, C. (2012): Investition. 10. Aufl., München: Vahlen.

Bomm, H. (1992): Ein Ziel- und Kennzahlensystem zum Investitionscontrolling komplexer Produktionssysteme. Berlin u. a.: Springer.

Borer, D. (1978): Innerbetriebliche Investitionskontrolle in Theorie und Praxis. Bern: Paul Haupt.

Borghoff, T. (1994): Systemorientiertes Investitions-Controlling: Ein Beitrag unter Berücksichtigung internationaler Direktinvestitionen im Sozialkontext des Unternehmens. Bovenden: Unitext.

Boucoiran, T. (2010): Einfluss nationaler Kultur auf das Controlling: Eine Exploration deutscher und französischer Controllingpraxis aus Sicht deutscher Unternehmen. Hamburg: Dr. Kovač.

Boysen, N./Ringle, C. (2008): Die Definition in der betriebswirtschaftlichen Forschung – Reflexionen und empirischer Befund. In: Zeitschrift für Betriebswirtschaft, 78 (1): 9–32.

Brech, E. F. L. (1963): Management in principle. In: Brech, E. F. L. (Hg.): The principles and practice of management. 2. Aufl., London: Longmans, S. 1–110.

Bretzke, W.-R. (1980): Der Problembezug von Entscheidungsmodellen. Tübingen: J. C. B. Mohr.

Buchholz, L. (2019): Strategisches Controlling. 3. Aufl., Wiesbaden: Springer Gabler.

Buchner, M. (1981): Controlling – ein Schlagwort? Eine kritische Analyse der betriebswirtschaftlichen Diskussion um die Controlling-Konzeption. Frankfurt/M.: Peter Lang.

Bühl, W. L. (2000): Luhmanns Flucht in die Paradoxie. In: Merz-Benz, P.-U./Wagner, G. (Hg.): Die Logik der Systeme: Zur Kritik der systemtheoretischen Soziologie Niklas Luhmanns. Konstanz: UVK, S. 225–256.

Charifzadeh, M./Taschner, A. (2017): Management Accounting and Control. Weinheim: Wiley.

Chmielewicz, K. (1994): Forschungskonzeptionen der Wirtschaftswissenschaft. 3. Aufl., Stuttgart: Schäffer-Poeschel.

Christl, M. (2007): 1,7-Diaza[12]annulene-Derivates? 100-Year-Old Pyridinium Salts! In: Angewandte Chemie, Int. Ed. 119 (48): 9152–9153.

Corsten, H./Gössinger, R./Müller-Seitz, G./Schneider, H. (2016): Grundlagen des Technologie- und Innovationsmanagements. 2. Aufl., München: Vahlen.

Cronjäger, H. (2005): Komplexitätscontrolling am Beispiel Nutzfahrzeugbau. Aachen: Shaker.

Dahlhaus, C. (2009): Investitions-Controlling in dezentralen Unternehmen: Anreizsysteme als Instrument zur Verhaltenssteuerung im Investitionsprozess. Wiesbaden: DUV.

Dane, E./Pratt, M. G. (2007): Exploring intuition and its role in managerial decision making. In: The Academy of Management Review, 32 (1): 33–54.

Dechant, H. (1998): Investitions-Controlling für mittelständische Unternehmen. Aachen: Shaker.

Derfuß, K./Littkemann, J. (2005): Zielbildung bei Innovationsprozessen. In: Littkemann, J. (Hg.): Innovationscontrolling. München: Vahlen, S. 155–177.

Diederichs, M. (2018): Risikomanagement und Risikocontrolling. 4. Aufl., München: Vahlen.

Duscher, I./Meyer, M./Spitzner, J. (2012): Volatilität kalkulieren und steuern im Sinne eines wertorientierten Investitionscontrollings. In: Zeitschrift für Controlling und Management, 56 (Sonderheft 2): 46–51.

Dvir, D./Lechler, T. (2004): Plans are nothing, changing plans is everything: the impact of changes on project success. In: Research Policy, 33 (1): 1–15.

Dyckhoff, H./Ahn, H. (2001): Sicherstellung der Effektivität und Effizienz der Führung als Kernfunktion des Controlling. In: Kostenrechnungs-Praxis, 45 (2): 111–121.

Dyckhoff, H./Ahn, H. (2002): Kernaufgaben des Controlling: Grundlegende Anmerkungen im Hinblick auf die Sicherstellung der Effektivität und Effizienz. In: Weber, J. (Hg.): Controlling als akademische Disziplin: Eine Bestandsaufnahme, Wiesbaden: Gabler, S. 113–122.

Dyckhoff, H./Spengler, T. S. (2010): Produktionswirtschaft: Eine Einführung. 3. Aufl., Berlin u. a.: Springer.

Eilenberger, G./Ernst, D./Toebe, M. (2013): Betriebliche Finanzwirtschaft: Einführung in Investition und Finanzierung, Finanzpolitik und Finanzmanagement von Unternehmungen. 8. Aufl., München u. a.: Oldenbourg.

Ernst, E./Vater, H./Reinhard, H./Poschmann, S. (2008): Focus Praxis – Veränderungen im Rollenbild des Controllers. In: Die Betriebswirtschaft, 68 (6): 729–742.

Ewert, R./Wagenhofer, A. (2014): Interne Unternehmensrechnung. 8. Aufl., Berlin u. a.: Springer.

Faaß, K. H. (2007): Der Realoptionsansatz als Controllinginstrument in jungen Wachstumsunternehmen. Wiesbaden: DUV.

Faber, M./Proops, J. (1998): Evolution, time, production and the environment. Berlin: Springer.

Ferraro, F./Pfeffer, J./Sutton, R. I. (2005): Economic language and assumptions: How theories can become self-fulfilling. In: The Academy of Management Review, 30 (1): 8–24.

Financial Executives Institute (Hg.) (1962): Controllership and treasurership functions defined by FEI. In: The Controller, 30 (6): 289.

Fischer, J. (1981): Heuristische Investitionsplanung. Berlin: Erich Schmidt.

Fischer, T. M./Möller, K./Schultze, W. (2015): Controlling: Grundlagen, Instrumente und Entwicklungsperspektiven. 2. Aufl., Stuttgart: Schäffer-Poeschel.

Fischer-Winkelmann, W. F. (1971): Methodologie der Betriebswirtschaftslehre. München: Goldmann.

Fischer-Winkelmann, W. F. (1975): Entscheidungsorientierte Prüfungslehre. Berlin: Duncker & Humblot.

Franz, K.-P. (2017): Controllingkonzeptionen - mehr Gemeinsamkeiten als Unterschiede. In: Hoffjan, A./Knauer, T./Wömpener, A. (Hg.): Controlling: Konzeptionen - Instrumente - Anwendungen. Stuttgart: Schäffer-Poeschel, S. 63–77.

Friedl, B. (2013): Controlling. 2. Aufl., Konstanz: UVK.

Friedl, G. (2007): Real options and investment incentives. Berlin u. a.: Springer.

Gäfgen, G. (1974): Theorie der wirtschaftlichen Entscheidung: Untersuchung zur Logik und Bedeutung des rationalen Handelns. 3. Aufl., Tübingen: J. C. B. Mohr.

Gigerenzer, G./Gaissmaier, W. (2015): Intuition und Führung. In: Fröse, M. W/Kaudela-Baum, S./Dievernich, F. E. P. (Hg.): Emotion und Intuition in Führung und Organisation. Wiesbaden: Springer Gabler, S. 19–42.

Götze, U. (2014): Investitionsrechnung. 7. Aufl., Berlin u. a.: Springer.

Grün, O. (2004): Taming giant projects: management of multi-organization enterprises. Berlin u. a.: Springer.

Grüning, R. (2021): Komplexe Unternehmen erfolgreich führen - Herausforderung für Supervisory und Managing Board. Wiesbaden: Springer Gabler.

Guenther, T.W. (2013): Conceptualisations of 'controlling' in German-speaking countries: analysis and comparison with Anglo-American management control frameworks. In: Journal of Management Control, 23 (4): 269–290.

Hahmann, M. (2000): Komplementäre Managementdiskurse: Polarisierung oder Paradigmenvielfalt? Wiesbaden: DUV.

Hahn, D./Hungenberg, H. (2001): PuK: Wertorientierte Controllingkonzepte. 6. Aufl., Wiesbaden: Gabler.

Hammann, P. (1969): Entscheidungsmodelle in der betriebswirtschaftlichen Theorie. In: Schmalenbachs Zeitschrift für betriebswirtschaftliche Forschung, 21 (5): 457–467.

Hannig, W. (1969): Die Beurteilung von Entscheidungsbegrenzungen im Möglichkeitenfeld von Unternehmungen. In: Schmalenbachs Zeitschrift für betriebswirtschaftliche Forschung, 21 (5): 468–483.

Hans, L./Warschburger, V. (2009): Controlling. 3. Aufl., München: Oldenbourg.

Harbert, L. (1982): Controlling-Begriffe und Controlling-Konzeptionen: Eine kritische Betrachtung des Entwicklungsstandes des Controlling und Möglichkeiten seiner Fortentwicklung. Bochum: Studienverlag Brockmeyer.

Hauschildt, J./Salomo, S./Schultz, C./Kock, A. (2016): Innovationsmanagement. 6. Aufl., München: Vahlen.

Hauser, K./Panzau, P. (2012): Investitionscontrolling in kapitalmarktorientierten und mittelständischen Unternehmen in Deutschland: status quo und Ausblick. In: Zeitschrift für Controlling und Management, 56 (2): 133–141.

Hauser, T. (1991): Intuition und Innovationen. Wiesbaden: DUV.

Heckert, U. (2002): Informations- und Kommunikationstechnologie beim Wissensmanagement. Wiesbaden: DUV.

Helm, R. (2001): Planung und Vermarktung von Innovationen: die Präferenz von Konsumenten für verschiedene Innovationsumfänge unter Berücksichtigung des optimalen Simulationsniveaus und marktbezogener Einflussfaktoren. Stuttgart: Schäffer-Poeschel.

Hering, T. (2017): Investitionstheorie. 5. Aufl., München u. a.: De Gruyter Oldenbourg.

Herrmann, C. (2010): Ganzheitliches Life Cycle Management: Nachhaltigkeit und Lebenszyklusorientierung in Unternehmen. Berlin u. a.: Springer.

Herrmann, L. (2009): Innovationsmanagement in Business-to-Business-Geschäftsbeziehungen: Eine informationsbezogene Perspektive. Wiesbaden: DUV.

Hinners-Tobrägel, L. (2000): Zur Analyse der Überlebensfähigkeit von Unternehmen: Methodisch-theoretische Grundlagen und Simulationsergebnisse. Göttingen: Cuvillier.

Hirsch, B. (2007): Controlling und Entscheidungen: Zur verhaltenswissenschaftlichen Fundierung des Controllings. Tübingen: Mohr Siebeck.

Hirsch, B./Volnhals, M. (2012): Information overload im betrieblichen Berichtswesen – ein unterschätztes Phänomen. In: Die Betriebswirtschaft, 72 (1): 23–55.

Hoffjan, A. (2003): Das Rollenbild des Controllers in Werbeanzeigen. In: Zeitschrift für Betriebswirtschaft, 73 (10): 1025–1050.

Hoffjan, A. (2009): Internationales Controlling. Stuttgart: Schäffer-Poeschel.

Holler, M. J./Illing, G./Napel, S. (2019): Einführung in die Spieltheorie. 8. Aufl., Berlin u. a.: Springer Gabler.

Holtfort, T. (2013): Intuition als effektive Ressource moderner Organisationen: Eine theoretische und empirische Analyse. Wiesbaden: Springer Gabler.

Horváth, P. (1978): Controlling: Entwicklung und Stand einer Konzeption zur Lösung der Adaptions- und Koordinationsprobleme der Führung. In: Zeitschrift für Betriebswirtschaft, 48 (3): 194–208.

Horváth, P. (2011): Controlling. 12. Aufl., München: Vahlen.

Horváth, P./Gleich, R./Seiter, M. (2020): Controlling. 14. Aufl., München: Vahlen.

Huege, C. (1994): Strategisches Investitionscontrolling bezogen auf Schlüsseltechnologien der Informationstechnik in Industrieunternehmen. Diss., Bremen.

Husmann, C. (1996): Investitions-Controlling: Ansätze zur Überwindung von Informationsasymmetrien im Entscheidungsprozeß über Investitionen in dezentralisierten Industrieunternehmen. Bergisch Gladbach u. a.: Eul.

International Group of Controlling (Hg.)(2006): Controller und IFRS: Konsequenzen für die Controlleraufgaben durch die Finanzberichterstattung nach IFRS. Freiburg u. a.: Haufe.

International Group of Controlling (Hg.)(2017): Controlling-Prozessmodell 2.0 – Leitfaden für die Beschreibung und Gestaltung von Controllingprozessen. 2. Aufl., Freiburg u. a.: Haufe.

Irle, C. (2011): Rationalität von Make-or-buy-Entscheidungen in der Produktion. Wiesbaden: Gabler.

Irrek, W. (2002): Controlling als Rationalitätssicherung der Unternehmensführung? – Denkanstöße zur jüngsten Entwicklung der Controllingdiskussion. In: Kostenrechnungs-Praxis, 46 (1): 46–51.

Jacob, H. (1964): Neuere Entwicklungen in der Investitionsrechnung. Wiesbaden: Gabler.

Jacobs, J./Letmathe, P./Urigshardt, T./Zielinski, M. (2017): Typologiebezogene Controllinganforderungen und -instrumente von kleinen und mittleren Unternehmen des produzierenden Gewerbes. In: Müller, D. (Hg.): Controlling für kleine und mittlere Unternehmen. 2. Aufl., München: De Gruyter Oldenbourg, S. 34–61.

Janzen, H. (1996): Ökologisches Controlling im Dienste von Umwelt- und Risikomanagement. Stuttgart: Schäffer-Poeschel.

Kannetzky, F. (2000): Paradoxes Denken. Paderborn: mentis.

Kantowski, J. (2011): Einsatz von Realoptionen im Investitionscontrolling am Beispiel Biotechnologie. Lohmar u. a.: Eul.

Kappler, E. (2002): Controlling und Ästhetik. In: Kostenrechnungs-Praxis, 46 (6): 377–386.

Kappler, E. (2004): Bild und Realität: Controllingtheorie als kritische Bildtheorie. In: Scherm, E./Pietsch, G. (Hg.): Controlling: Theorien und Konzeptionen. München: Vahlen, S. 581–610.

Keller, J./Bohner, G./Erb, H.-P. (2000): Intuitive und heuristische Urteilsbildung – verschiedene Prozesse? In: Zeitschrift für Sozialpsychologie, 31 (2): 87–101.

Kersten, F. (1996): Simulation in der Investitionsplanung. Wiesbaden: DUV.

Kesten, R./Berkemeier, S./Schönteich, F. (2013): Investitionsbudgetierung und -controlling im Konzern: Ergebnisse einer empirischen Erhebung bei deutschen CDAX-Unternehmen. Arbeitspapier der Nordakademie Nr. 2013-02.

Keuper, F. (2004): Kybernetische Simultaneitätsstrategie. Berlin: Logos.

Keuper, F. (2005): Gestaltung der Unternehmungskomplexität im Lichte von ASHBY und LUHMANN. In: Zeitschrift für Planung & Unternehmenssteuerung, 16 (2): 211–238.

Kißler, M. (2017): Corporate Governance und Controlling. In: Reichmann, T./Kißler, M./Baumöl, U.: Controlling mit Kennzahlen: Die systemgestützte Controlling-Konzeption. 9. Aufl., München: Vahlen, S. 667–700.

Klein, R./Scholl, A. (2011): Planung und Entscheidung. 2. Aufl., München: Vahlen.

Knauer, T./Nuss, A./Wömpener, A. (2012): Der instrumentelle Kern des Controllings. In: Controller-Magazin, 37 (1): 67–73.

Knollmann, R./Hirsch, B./Weber, J. (2007): Role making für Controllerbereiche? Eine empirische Analyse zu den Auswirkungen von Gestaltungsfreiräumen für Controllerbereiche. In: Zeitschrift für Planung & Unternehmenssteuerung, 18 (4): 365–386.

Koch, C. (2013): Einsatz der Risikoanalyse als Instrument des Investitionscontrolling. In: Betz, S. (Hg.): Industrielles Controlling. Hamburg: Dr. Kovač, S. 179–206.

Kramer, M./Müller, D. (2004): Realoptionsmodelle als Instrumente des Investitionscontrollings von Umweltinnovationen. In: Schwarz, E. (Hg.): Nachhaltiges Innovationsmanagement. Wiesbaden: Gabler, S. 275–306.

Krieg, W. (1971): Kybernetische Grundlagen der Unternehmungsgestaltung. Bern, Stuttgart: Paul Haupt.

Krug, H. (1991): So optimieren Sie Ihre Investitionen: Praxisleitfaden für das Investitionsmanagement und Investitionscontrolling. Köln: TÜV.

Kruschwitz, L./Lorenz, D. (2019): Investitionsrechnung. 15. Aufl., München u.a.: De Gruyter Oldenburg.

Kuo, F.-Y. (1998): Managerial intuition and the development of executive support systems. In: Decision Support Systems, 24 (1): 89–103.

Küpper, H.-U. (1991): Gegenstand, theoretische Fundierung und Instrumente des Investitions-Controlling. In: Zeitschrift für Betriebswirtschaft, 61 (Ergänzungsheft 3): 167–192.

Küpper, H.-U. (1992): Kapazität und Investition als Gegenstand des Investitions-Controlling. In: Corsten, H./Köhler, R./Müller-Merbach, H./Schröder, H.-H. (Hg.): Kapazitätsmessung, Kapazitätsoptimierung: Eine betriebswirtschaftliche Kernfrage. Festschrift für Professor Dr. Werner Kern zum 65. Geburtstag. Stuttgart: Schäffer-Poeschel, S. 115–132.

Küpper, H.-U. (1993): Controlling. In: Wittmann, W. et al. (Hg.): Handwörterbuch der Betriebswirtschaft. Teilband 1: A–H. 5. Aufl., Stuttgart: Schäffer-Poeschel, Sp. 647–661.

Küpper, H.-U. (2018): Controlling - eine bis heute rätselhafte Entwicklungs- und Ideengeschichte. In: Matiaske, W./Weber, W. (Hg.): Ideengeschichte der BWL - ABWL, Organisation, Personal, Rechnungswesen und Steuern. Wiesbaden: Springer Gabler, S. 199–217.

Küpper, H.-U./Friedl, G./Hofmann, C./Hofmann, Y./Pedell, B. (2013): Controlling: Konzeption – Aufgaben – Instrumente. 6. Aufl., Stuttgart: Schäffer-Poeschel.

Küpper, H.-U./Weber, J./Zünd, A. (1990): Zum Verständnis und Selbstverständnis des Controlling. In: Zeitschrift für Betriebswirtschaft, 60 (3): 281–293.

Lange, C. (1993): Investitionscontrolling und Investitionscontrollingaktivitäten. In: Horváth, P./Reichmann, T. (Hg.): Vahlens großes Controllinglexikon. München: Vahlen, S. 311–316.

Langen, H. (1964): Der Betrieb als Regelkreis. In: Grochla, E. (Hg.): Organisation und Rechnungswesen. Berlin: Duncker & Humblot, S. 81–101

Langenbach, W. (2001): Rationalitätssicherung durch externe Märkte. In: Weber, J./ Schäffer, U. (Hg.): Rationalitätssicherung der Führung. Wiesbaden: Gabler, S. 196–232.

Legenhausen, C. (1998): Controllinginstrumente für den Mittelstand. Wiesbaden.

Leybourne, S./Sadler-Smith, E. (2006): The role of intuition and improvisation in project management. In: International Journal of Project Management, 24 (3): 483–492.

Liebsch, D. (1987): Investitions-Controlling – Begriff, Voraussetzungen, Instrumente und Hindernisse des Investitionserfolges. In: Controller Magazin, o. A. (1): 35–42.

Linder, S. (2006): Investitionskontrolle: Grundzüge einer verhaltensorientierten Theorie. Wiesbaden: DUV.

Lingnau, V. (1998): Geschichte des Controlling. In: Wirtschaftswissenschaftliches Studium, 27 (6): 274–281.

Lingnau, V./Koffler, U. (2013a): Wilhelm Riegers Privatwirtschaftslehre und seine Bedeutung für das Controlling: Eine Würdigung zum 135. Geburtstag. Beiträge zur Controlling-Forschung, Nr. 23. TU Kaiserslautern.

Lingnau, V./Koffler, U. (2013b): Auswirkungen des Konsistenzpostulates auf die konzeptionelle Controllingforschung. In: Controlling, 25 (7): 394–400.

Lingnau, V./Seewald, Y. (2017): Perspektiven eines verhaltensorientierten Controllings für KMU. In: Müller, D. (Hg.): Controlling für kleine und mittlere Unternehmen. 2. Aufl., München: De Gruyter Oldenbourg, S. 62–86.

Littkemann, J. (2018): Grundlagen des Controllings. In: Littkemann, J./Derfuß, K./Holtrup, M. (Hg.): Unternehmenscontrolling: Konzepte, Instrumente, praktische Anwendungen mit durchgängiger Fallstudie. 2. Aufl., Herne/Berlin: NWB, S. 1–51.

Lüder, K. (1966): Die Investitionskontrolle. In: Der Betrieb, 19 (30/31): 1141–1144.

Lüder, K. (1969): Investitionskontrolle. Wiesbaden: Gabler.

Lüder, K. (1980): Investitionskontrolle in industriellen Großunternehmen. In: Zeitschrift für Betriebswirtschaft, 50 (4): 351–376.

Luhmann, N. (1990): Die Wissenschaft der Gesellschaft. Frankfurt/M.: Suhrkamp.

Luhmann, N. (1993): Soziale Systeme: Grundriß einer allgemeinen Theorie. 4. Aufl., Frankfurt/M.: Suhrkamp.

Mäder, O. B./Hirsch, B. (2017): Streben nach Transparenz – Die zentrale Controlling-aufgabe in KMU. In: Müller, D. (Hg.): Controlling für kleine und mittlere Unter-nehmen. 2. Aufl., München u. a.: De Gruyter-Oldenbourg, S. 87–109.

Männel, W. (1991): Anlagencontrolling. In: Zeitschrift für Betriebswirtschaft, 61 (Er-gänzungsheft 3): 193–216.

Männel, W. (1998): Thesen zum Investitionscontrolling. In: Kostenrechnungs-Praxis, 42 (3): 173–174.

Männel, W. (2000): Rentabilitätsorientiertes Investitionscontrolling nach der Methode des internen Zinssatzes. In: Kostenrechnungs-Praxis, 44 (6): 325–341.

Malik, F. (2015): Strategie des Managements komplexer Systeme. 11. Aufl., Bern u. a.: Haupt.

Martin, A./Bartscher-Finzer, S. (2006): Die Führung mittelständischer Unternehmen: Zwischen Defizit und Äquivalenz. In: Krüger, W./Klippstein, G./Merk, R./Witt-berg, V. (Hg.): Praxishandbuch des Mittelstands. Wiesbaden: Gabler, S. 203–217.

Matschke, M. J. (1993): Investitionsplanung und Investitionskontrolle. Herne/Berlin: NWB.

Meier, R. E. (1970): Planung, Kontrolle und Organisation des Investitionsentscheides. Bern: Paul Haupt.

Messner, M. (2008): Controlling und Kritik in Organisationen. Lohmar u. a.: Eul.

Müller, D. (2004): Realoptionsmodelle und Investitionscontrolling im Mittelstand. Wies-baden: DUV.

Müller, D. (2005): Modell der Tauschrealoptionen als Instrument des Investitionscon-trollings. In: Zeitschrift für Controlling und Management, 49 (1): 47–62.

Müller, D. (2008): Controller als Beobachter zweiter Ordnung des Einsatzes von Inves-titionsrechenmodellen in KMU. In: Lingnau, V. (Hg.): Rolle des Controllers im Mittelstand. Lohmar u. a.: Eul, S. 245–267.

Müller, D. (2009): Einsatz und Beurteilung formaler und mentaler Modelle des Investi-tionscontrollings. In: Müller, D. (Hg.): Controlling für kleine und mittlere Unter-nehmen. München u. a.: Oldenbourg, S. 475–505.

Müller, D./Münnich, A. (2008): Implikationen internationaler Rechnungslegung für das Investitionscontrolling international tätiger Unternehmen. In: Funk, W./Rossma-nith, J. (Hg.): Internationale Rechnungslegung und Internationales Controlling. Wiesbaden: Gabler, S. 517–543.

Müller, K. (1996): Allgemeine Systemtheorie: Geschichte, Methodologie und sozialwis-senschaftliche Heuristik eines Wissenschaftsprogramms. Opladen: Westdt. Verlag.

Müller, W. (1974): Die Koordination von Informationsbedarf und Informationsbeschaf-fung als zentrale Aufgabe des Controlling. In: Schmalenbachs Zeitschrift für be-triebswirtschaftliche Forschung, 26 (10): 683–693.

Nagel, M. (2003): Flexibilitätsmanagement: Ein systemdynamischer Ansatz zur quanti-tativen Bewertung von Produktionsflexibilität. Wiesbaden: DUV.

Neumann-Szyszka, J./Pfahler, T. (2018): Investitionsprozesse der öffentlichen Hand aus Sicht des New Public Management. Wiesbaden: Springer Gabler.

Nippa, M. (2001): Intuition und Emotion in der Entscheidungsforschung - State of the art und aktuelle Forschungsrichtungen. In: Schreyögg, G./Sydow, J. (Hg.): Emotionen und Management. Wiesbaden: Gabler, S. 213–247.

Nonaka, I./Takeuchi, H. (1997): Die Organisation des Wissens: Wie japanische Unternehmen eine brachliegende Ressource nutzbar machen. Frankfurt/Main u. a.: Campus-Verl.

Ossadnik, W. (2009): Controlling. 4. Aufl., München u. a.: Oldenbourg.

Osterloh, B. W. (1974): Die betriebliche Investitionskontrolle: Probleme der Kontrolle betrieblicher Investitionen unter besonderer Berücksichtigung der Kontrolle der Investitionsplanung. Berlin: o. A.

Ott, F. M. (2000): Strategisches Investitionscontrolling in internationalen Konzernen. Wiesbaden: DUV.

Pearson, A. (1990): Innovation strategy. In: Technovation, 10 (3): 185–192.

Peemöller, V. H. (1993): Investitions-Controlling. In: Seicht, G. (Hg.): Jahrbuch für Controlling und Rechnungswesen. Wien: Orac, S. 363–386.

Peemöller, V. H. (1995): Investitions-Controlling als integrierter Bestandteil des Anlagen-Controlling. In: Buchführung, Bilanz, Kostenrechnung, o. A. (3): 643–654.

Peffekoven, F. P. (2004): Erkenntnistheoretische Grundlagen einer reflexionsorientierten Controllingforschung. In: Scherm, E./Pietsch, G. (Hg.): Controlling: Theorien und Konzeptionen. München: Vahlen, S. 555–579.

Pfeiffer, W. (1971): Allgemeine Theorie der technischen Entwicklung als Grundlage einer Planung und Prognose des technischen Fortschritts. Göttingen: Vandenhoeck & Ruprecht.

Pietsch, G./Scherm, E. (2000): Die Präzisierung des Controlling als Führungs- und Führungsunterstützungsfunktion. In: Die Unternehmung, 54 (5): 395–411.

Pritsch, G. (2000): Realoptionen als Controlling-Instrument: Das Beispiel pharmazeutische Forschung und Entwicklung. Wiesbaden: Gabler.

Pritsch, G./Weber, J. (2001): Realoptionen als Controlling-Instrument. In: Weber, J./Schäffer, U. (Hg.): Rationalitätssicherung der Führung. Wiesbaden: Gabler, S. 171–195.

Rautenstrauch, T./Müller, C. (2006): Investitionscontrolling in kleinen und mittleren Unternehmen (KMU). In: Zeitschrift für Controlling und Management, 50 (2): 100–105.

Rehäuser, J./Krcmar, H. (1996): Wissensmanagement im Unternehmen. In: Schreyögg, G./Conrad, P. (Hg.): Wissensmanagement. Berlin: de Gruyter, S. 1–40.

Rehkugler, H./Schindel, V. (1990): Entscheidungstheorie. 5. Aufl., München: VVF.

Reichmann, T. (1985): Grundlagen einer systemgestützten Controlling-Konzeption mit Kennzahlen. In: Zeitschrift für Betriebswirtschaft, 55 (9): 887–898.

Reichmann, T./Kißler, M./Baumöl, U. (2017): Controlling mit Kennzahlen: Die systemgestützte Controlling-Konzeption. 9. Aufl., München: Vahlen.

Reichmann, T./Lange, C. (1985): Aufgaben und Instrumente des Investitions-Controlling. In: Die Betriebswirtschaft, 45 (4): 454–466.

Reihlen, M. (1997): Ansätze in der Modelldiskussion: Eine Analyse der Passivistischen Abbildungsthese und der Aktivistischen Konstruktionsthese. Köln: Arbeitsbericht Nr. 92 des Seminars für Allgemeine Betriebswirtschaftslehre, Betriebswirtschaftliche Planung und Logistik der Universität zu Köln.

Richter, H. J. (1987): Theoretische Grundlagen des Controlling. Frankfurt/M.: Peter Lang.

Richter, M. (2012): Modelle wissensintensiver Dienstleistungen: Ansätze einer modernen Produktionstheorie auf Basis der graphischen Aktivitätsanalyse. Wiesbaden: Springer Gabler.

Richter, M. (2013): Modelle in der Betriebswirtschaft: Ein systematischer Überblick über Merkmale, Ziele und Erscheinungsformen. In: Wirtschaftswissenschaftliches Studium, 42 (6): 280–285.

Rieg, R. (2017): Biltroller, Controller, Business Partner: Mythen und Wahrheiten des Rollenwandels für KMU. In: Müller, D. (Hg.): Controlling für kleine und mittlere Unternehmen. 2. Aufl., München: De Gruyter Oldenbourg, S. 110–124.

Rieper, B. (1985): Hierarchische Entscheidungsmodelle in der Produktionswirtschaft. In: Zeitschrift für Betriebswirtschaft, 55 (8): 770–789.

Rieper, B. (1992): Betriebswirtschaftliche Entscheidungsmodelle. Herne/Berlin: NWB.

Riesenhuber, M. (2006): Die Fehlentscheidung: Ursache und Eskalation. Wiesbaden: DUV.

Röpke, J. (1977): Die Strategie der Innovation: Eine systemtheoretische Untersuchung der Interaktion von Individuum, Organisation und Markt im Neuerungsprozess. Tübingen: J. C. B. Mohr.

Rösgen, K. (2000a): Investitionscontrolling: Konzeption eines lebenszyklusorientierten Controllings von Sachanlagen. Frankfurt/M.: Peter Lang.

Rösgen, K. (2000b): Aufgabenfelder des Investitionscontrollings. In: Kostenrechnungs-Praxis, 44 (4): 251–261.

Rößl, D. (1994): Gestaltung komplexer Austauschbeziehungen: Analyse zwischenbetrieblicher Kooperation. Wiesbaden: DUV.

Rollberg, R. (2012): Operativ-taktisches Controlling. München: Oldenbourg.

Rücker, U.-C. (1999): Finanzierung von Umweltrisiken im Kontext eines systematischen Risikomanagements. Berlin: Wissenschaft und Praxis.

Schaefer, C./Streitferdt, L. (2005): Wertorientiertes Investitionscontrolling. In: Keuper, F./Roesing, D./Schomann, M. (Hg.): Integriertes Risiko- und Ertragsmanagement: Kunden- und Unternehmenswert zwischen Risiko und Ertrag. Wiesbaden: Gabler, S. 321–351.

Schaefer, S. (1993): Datenverarbeitungsgestütztes Investitions-Controlling. München: Vahlen.

Schaefer, S./Lange, C. (2004): Informationsorientierte Controllingkonzeptionen: Ein Überblick und Ansatzpunkte zur Weiterentwicklung. In: Scherm, E./Pietsch, G. (Hg.): Controlling: Theorien und Konzeptionen. München: Vahlen, S. 103–123.

Schäfer, H. (2005): Unternehmensinvestitionen. 2. Aufl., Heidelberg: Physica.

Schäffer, U. (2001): Kontrolle als Lernprozess. Wiesbaden: Gabler.

Schäffer, U./Binder, C./Gmür, M. (2006): Struktur und Entwicklung der Controlling-forschung: Eine Zitations- und Kozitationsanalyse von Controllingbeiträgen in deutschsprachigen wissenschaftlichen Zeitschriften von 1970 bis 2003. In: Zeitschrift für Betriebswirtschaft, 76 (4): 394–440.

Schäffer, U./Steiners, D. (2003): Zum Begriff des Controllinginstruments. European Business School Working Papers on Management Accounting & Control, No. 6.

Schätzle, G. (1965): Forschung und Entwicklung als unternehmerische Aufgabe. Köln u. a.: Westdt. Verl.

Schanz, G. (1997): Intuition als Managementkompetenz. In: Die Betriebswirtschaft, 57 (5): 640–654.

Schanz, G. (2006): Implizites Wissen: Phänomen und Erfolgsfaktor, neurobiologische und soziokulturelle Grundlagen, Möglichkeiten problembewussten Gestaltens. München: Hampp.

Schaub, H. (1997): Sunk Costs, Rationalität und ökonomische Theorie: Eine Querschnittsanalyse zum Einfluss von Irreversibilität auf Entscheidungen und Institutionen unter Berücksichtigung psychologischer Effekte. Stuttgart: Schäffer-Poeschel.

Schauer, H. (2004): Impulse der Erkenntnistheorie und des Wissenschaftsbetriebs für eine betriebliche Wissensbewertung. In: Frank, U. (Hg.): Wissenschaftstheorie in Ökonomie und Wirtschaftsinformatik. Wiesbaden: DUV, S. 289–309.

Scherpereel, P./Gaul, J./Muhr, M. (2015): Entscheidungsverhalten bei Investitionen steuern. In: Controlling & Management Review, 59 (Sonderheft 2): 32–38.

Scheuble, S. (1998): Wissen und Wissenssurrogate: Eine Theorie der Unternehmung. Wiesbaden: DUV.

Scheytt, T./Unterrieder, A./Becker, A. (2005): Controllingbilder und Controllingpraxis: Epistemologische und methodologische Aspekte internationaler Controllingforschung. In: Weber, J./Meyer, M. (Hg.): Internationalisierung des Controllings: Standortbestimmung und Optionen. Wiesbaden: DUV, S. 85–109.

Schiller, J. (2002): Umweltprobleme und Zeit: Bestände als konzeptionelle Grundlage ökologischer Ökonomik. Marburg: Metropolis.

Schlitt, M. (2003): Grundlagen und Methoden für Interpretation und Konstruktion von Informationssystemmodellen. Bamberg: o. A.

Schmidt, R. H./Schor, G. (1987): Modell und Erklärung in den Wirtschaftswissenschaften. In: Schmidt, R. H./Schor, G. (Hg.): Modelle in der Betriebswirtschaftslehre. Wiesbaden: Gabler, S. 9–36.

Schneider, D. (1991): Das Versagen des Controlling durch eine überholte Kostenrechnung. In: Der Betrieb, 44 (15): 765–772.

Schneider, D. (2001): Betriebswirtschaftslehre. Bd. 4: Geschichte und Methoden der Wirtschaftswissenschaft. München: Oldenbourg.

Schneider, W. (2011): Früherkennung und Intuition. Wiesbaden: DUV.

Schön, A. (2001): Innovationscontrolling: Eine Controlling-Konzeption zur effektiven und effizienten Gestaltung innovativer Prozesse in Unternehmen. Frankfurt/M.: Peter Lang.

Schönbohm, A. (2005): Reflexives Controlling: Rationalität und Revolution unternehmerischer Wirklichkeit in der Postmoderne. Lohmar u. a.: Eul.

Schreyögg, G. (1993): Unternehmensstrategie: Grundfragen einer Theorie strategischer Unternehmensführung. Berlin u. a.: de Gruyter.

Schütte, R. (1998): Grundsätze ordnungsgemäßer Referenzmodellierung. Wiesbaden: Gabler.

Schulte, K./Körner, S./Shalchi, S. (2018): Investitionscontrolling. In: Littkemann, J./ Derfuß, K./Holtrup, M. (Hg.): Unternehmenscontrolling: Konzepte, Instrumente, praktische Anwendungen mit durchgängiger Fallstudie. 2. Aufl., Herne/Berlin: NWB, S. 463–578.

Schultz, M. B. (2005): Anreizorientiertes Investitionscontrolling mit vollständigen Finanzplänen: Ein Referenzmodell für Investment Center. Berlin: Logos.

Schwarz, R. (2002): Controlling-Systeme: Eine Einführung in Grundlagen, Komponenten und Methoden des Controlling. Wiesbaden: Gabler.

Schweitzer, M. (1972): Struktur und Funktion der Bilanz. Grundfragen der betriebswirtschaftlichen Bilanz in methodologischer und entscheidungstheoretischer Sicht. Berlin: Duncker & Humblot.

Schwellnuss, A. G. (1991): Investitions-Controlling. München: Vahlen.

Sierke, B. R. A. (1990): Investitions-Controlling im Controlling-System: Darstellung eines integrierten Ansatzes mit Hilfe ausgewählter linearer Dekompositionsverfahren. Korbach: Bing.

Sierke, B. R. A. (1992): Funktionales Investitions-Controlling auf unterschiedlichen hierarchischen Ebenen. In: Lücke, W./Schulz, K. (Hg.): Umweltschutz und Investitionen. Wiesbaden: Gabler, S. 201–233.

Sjurts, I. (1995): Kontrolle, Controlling und Unternehmensführung. Wiesbaden: Gabler.

Steinle, C./Bruch, H./Michels, T. (1998): Controller-Rollen: Anforderungsprofile, Persönlichkeit und Selbstverständnis. Ein empirisches Schlaglicht. In: Steinle, C./Eggers, B./Lawa, D. (Hg.): Zukunftsgerichtetes Controlling. 3. Aufl., Wiesbaden: Gabler, S. 443–468.

Stölzle, W./Pfohl, H.-C. (1997): Planung und Kontrolle. 2. Aufl., München: Vahlen.

Trost, R./Heim, S. (2018): Setting incentives for managers: Incentive compatibility, similarity rule, and goal congruence. In: Mueller, D./Trost, R. (Hg.): Game theory in management accounting. Cham: Springer, S. 3–22.

Troßmann, E. (2018): Controlling als Führungsfunktion: Eine Einführung in die Mechanismen betrieblicher Koordination. 2. Aufl., München: Vahlen.

Urigshardt, T. (2010): Forstliches Controlling: Gründe für ein branchenspezifisches Controlling, typenbezogene Anforderungen und Lösungsansätze für ausgewählte Problemfelder. Köln: Wissenschaftsverlag.

Uskova, M./Schuster, T. (2020): Finanzplanung, Investitionscontrolling und Finanzcontrolling. Wiesbaden: Springer Gabler.

Vikas, K./Zehetner, K. (1999): Prozessorientiertes Controlling von Investitionen. In: Kostenrechnungs-Praxis, 43 (4): 209–213.

Voigt, K.-I. (1992): Strategische Planung und Unsicherheit. Wiesbaden: Gabler.

Wall, F. (2000): Koordinationsfunktion des Controlling: Überlegungen zur Eigenständigkeit eines koordinationsorientierten Controlling. In: Kostenrechnungs-Praxis, 44 (5): 295–304.

Wall, F. (2008): Controlling zwischen Entscheidungs- und Verhaltenssteuerungsfunktion. In: Die Betriebswirtschaft, 68 (4): 463–482.

Warkotsch, N. (2010): Investitionscontrolling in Konzernstrukturen. Controller-Magazin, 35 (10): 70–75.

Watzlawick, P. (2002): Wie wirklich ist die Wirklichkeit? 28. Aufl., München, Zürich: Pieper.

Weber, J. (1991): Versagen des Controllings? Ein Beitrag zur Theoriefindung. In: Der Betrieb, 44 (35): 1785–1788.

Weber, J. (1995): Einführung in das Controlling. 6. Aufl., Stuttgart: Schäffer-Poeschel.

Weber, J. (2000): Neue Perspektiven des Controlling. In: Betriebs-Berater, 53 (38): 1931–1935.

Weber, J. (2001): Neue Perspektiven des Controlling. In: Weber, J./Schäffer, U. (Hg.): Rationalitätssicherung der Führung. Wiesbaden: Gabler, S. 152–170.

Weber, J. (2004): Möglichkeiten und Grenzen der Operationalisierung des Konstrukts „Rationalitätssicherung". In: Scherm, E./Pietsch,G. (Hg.): Controlling: Theorien und Konzeptionen. München: Vahlen, S. 467–485.

Weber, J. (2012): Erfolg des Controllings: Konzeption – Messung – Ergebnisse. In: Altenburger, O. A. (Hg.): Instrumente und Aufgaben des Controllings: mit zahlreichen empirischen Befunden. Wien: Linde, S. 131–168.

Weber, J. (2013): Verhaltensorientiertes Controlling. In: Controlling, 25 (4/5): 217–222.

Weber, J./Hirsch, B./Spatz, A. (2007): Perspektiven des Controllings. Weinheim: WILEY-VCH.

Weber, J./Meyer, M./Birl, H./Knollmann, R./Schlüter, H./Sieber, C. (2006): Investitionscontrolling in deutschen Großunternehmen: Ergebnisse einer Benchmarking-Studie. Weinheim: WILEY-VCH.

Weber, J./Kosmider, A. (1991): Controlling-Entwicklung in der Bundesrepublik Deutschland im Spiegel der Stellenanzeigen. In: Zeitschrift für Betriebswirtschaft, 61 (Ergänzungsheft 3): 17–35.

Weber, J./Schäffer, U. (1999a): Sicherung der Rationalität in der Willensbildung durch die Nutzung des fruchtbaren Spannungsverhältnisses von Reflexion und Intuition. In: Zeitschrift für Planung, 10 (2): 205–224.

Weber, J./Schäffer, U. (1999b): Sicherstellung der Rationalität von Führung als Aufgabe des Controlling? In: Die Betriebswirtschaft, 59 (6): 731–747.

Weber, J./Schäffer, U. (2020): Einführung in das Controlling. 16. Aufl., Stuttgart: Schäffer-Poeschel.

Weber, J./Schäffer, U./Langenbach, W. (1999): Gedanken zur Rationalitätskonzeption des Controlling. WHU Koblenz: Forschungspapier Nr. 70.

Weibler, J. (2016): Personalführung. 3. Aufl., München: Vahlen.

Weidlich, T,/Neumüller, K. (2013): Compliance: Auslandsrisiken erkennen und steuern. In: Wecker, G./Ohl, B. (Hg.): Compliance in der Unternehmenspraxis: Grundlagen, Organisation und Umsetzung. 3. Aufl., Wiesbaden: Springer Gabler, S. 101–127.

Weinberger, O. (2000): Neo-Institutionalismus versus Systemtheorie: Ein Streit um die philosophischen Grundlagen der Rechtstheorie und Rechtssoziologie. In: Merz-Benz, P.-U./Wagner, G. (Hg.): Die Logik der Systeme: Zur Kritik der systemtheoretischen Soziologie Niklas Luhmanns. Konstanz: UVK, S. 305–326.

Wildemann, H. (1986): Strategische Investitionsplanung für neue Technologien in der Produktion. In: Zeitschrift für Betriebswirtschaft, 53 (Ergänzungsheft 1): 1–48.

Wildemann, H. (1997): Produktionscontrolling: Systemorientiertes Controlling schlanker Produktionsstrukturen. München: Transfer-Centrum-Verlag.

Willke, H. (2005): Komplexität als Formprinzip. In: D. Baecker (Hg.): Schlüsselwerke der Systemtheorie. Wiesbaden: VS, S. 303–324.

Wittenbecher, I. (1999): Verstehen ohne zu verstehen: Soziologische Systemtheorie und Hermeneutik in vergleichender Differenz. Wiesbaden: DUV.

Wittmann, W. (1959): Unternehmung und unvollkommene Information: Unternehmerische Voraussicht, Ungewissheit und Planung. Köln u. a.: Westdt. Verl.

Woiceshyn, J. (2009): Lessons from „good minds": how CEOs use intuition, analysis and guiding principles to make strategic decisions. In: Long Range Planning, 42 (3): 298–320.

Wolf, J. (2020): Organisation, Management, Unternehmensführung: Theorien und Kritik. 6. Aufl., Wiesbaden: Springer Gabler.

Yamaguchi, I./Gobara, Y./Sato, M. (2006): One-Pot Synthesis of N-Substituted Diaza[12]annulenes. In: Organic Letters, 8 (19): 4279–4282.

Zayer, E. (2007): Verspätete Projektabbrüche in F&E: eine verhaltensorientierte Analyse. Wiesbaden: DUV.

Zayer, E./Hirsch, B. (2006): Fehlentscheidungen bei Investitionsprojekten: Fehlerquellen und Gegenmaßnahmen. In: Controlling, 18 (12): 647–657.

Zirkler, B. (2016): Management Accounting in den USA. In: Becker, W./Ulrich, P. (Hg.): Handbuch Controlling. Wiesbaden: Springer Gabler, S. 567–582.

Zschocke, D. (1995): Modellbildung in der Ökonomie: Modell – Information – Sprache. München: Vahlen.

Kapitel 3

Investitionsrechenverfahren unter Sicherheit

3.1 Grundlagen

3.1.1 Ziele, Begriffe und Verfahren

Rechenverfahren, die zur Findung von Investitionsentscheidungen dienen, werden als Investitionsrechnungen bezeichnet. In Abhängigkeit von der Realitätsnähe der Modellierung und den verwendeten Prämissen sind unterschiedliche Rechenverfahren zu differenzieren (vgl. Abbildung 3.1).

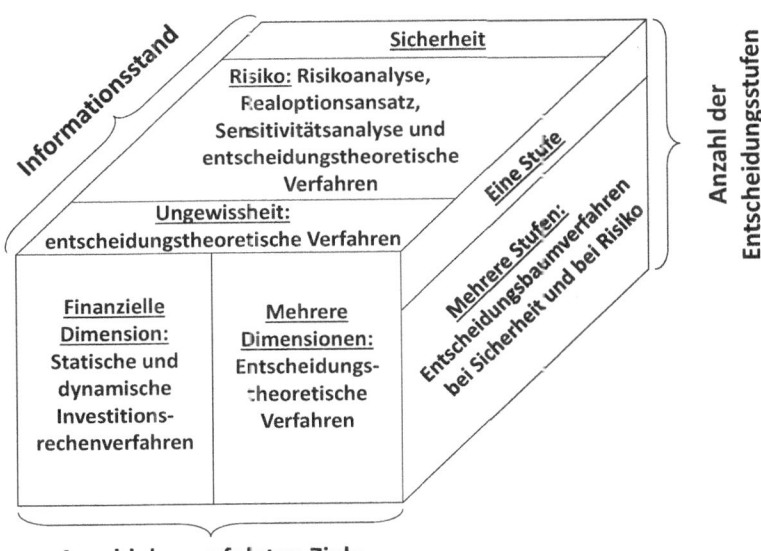

Abb. 3.1: Einordnung der Investitionsrechenverfahren. Quelle: Eigene Darstellung.

Das vorliegende Kapitel ist ausschließlich den Verfahren unter Annahme von Sicherheit gewidmet. Verfahren zur Berücksichtigung von Unsicherheit sind

© Der/die Autor(en), exklusiv lizenziert an Springer Fachmedien Wiesbaden GmbH, ein Teil von Springer Nature 2022
D. Müller, *Investitionscontrolling: Entscheidungsfindung bei Investitionen I*,
https://doi.org/10.1007/978-3-653-36593-6_3

an anderer Stelle dargestellt.[1] Die Situation zur Planung einer Investition ist durch:

- die Anzahl der verfolgten Ziele,
- die Art des Informationsstandes über die Zukunft sowie
- die Anzahl der Entscheidungsstufen

charakterisiert. Dies wird im grundlegenden Abschnitt zur Entscheidungstheorie festgestellt.[2] Die Investitionsrechenverfahren sind deshalb für die jeweilige Situation zu spezifizieren und sind in Abb. 3.1 abgebildet. In dem vorliegenden Kapitel werden die Grundlagen der Investitionsrechenverfahren erläutert. Diese Darstellungen sind auf den Fall der **einstufigen Entscheidung** unter **Sicherheit** bei Verfolgung von ausschließlich **finanziellen Aspekten** begrenzt. Eine Ausnahme bilden die Entscheidungen zu Nutzungsdauer und Ersatzzeitpunkt, in deren Verlauf auch mehrere Entscheidungsstufen möglich sind.[3] In einer erweiterten Betrachtung wird ersichtlich, dass Investitionsrechenverfahren ein Bestandteil der entscheidungstheoretischen Abbildung der Situation sind. Das wird an geeigneter Stelle analysiert.[4]

Mit der Durchführung einer Investition werden oft unterschiedliche Ziele verfolgt. Dazu gehören u. a.:

- Technische Ziele: Flexibilität, Integrierbarkeit, Standortanforderungen, Kapazität, Qualität, Instandhaltbarkeit etc.
- Wirtschaftliche Ziele: einzusetzende Finanzmittel, zu erzielende Einzahlungen, Nutzungsdauer etc.
- Soziale Ziele: Gesundheit und Wohlbefinden, Arbeitssicherheit, Mensch-Maschine-Beziehung etc.
- Ökologische Ziele: Energie- und Rohstoffverbrauch, Emissionen, Recyclingfähigkeit etc.

Mit Blick auf die wirtschaftlichen Ziele muss der Unterschied zwischen Gewinn und Rentabilität thematisiert werden. Das Ziel der Rentabilitätsmaximierung **ist nicht identisch** mit der Gewinnmaximierung. Im Gegenteil: das Ziel der Gewinnmaximierung **dominiert** das Ziel der Rentabilitätsmaximierung.[5] Es existieren unterschiedliche Gewinnbegriffe, die im weiteren Verlauf detailliert vorgestellt werden.[6]

---

[1] Vgl. Kapitel 5 auf S. 483.

[2] Vgl. 2. Band, Abschn. 1.1 auf S. 3.

[3] Vgl. Abschn. 3.8 auf S. 341.

[4] Vgl. Abb. 3.2 auf S. 172.

[5] Vgl. Wilts (1974). Zur Rentabilität bzw. Verzinsung vgl. Abschn. 3.2.4 auf S. 197 sowie Abschn. 3.6 auf S. 269. Vgl. zu einer ähnlichen Argumentation Hax (1963: 344); Hering (2017: 16–19); Kruschwitz/Lorenz (2019a: 13–14).

[6] Vgl. Abschn. 4.2.1 auf S. 424.

In Abhängigkeit von der Anzahl der berücksichtigten Ziele sind Investitionsrechenmodelle zu unterscheiden, die nur eine Zielgröße einbeziehen, und Modelle, die mehrere Zielgrößen abbilden. Im weiteren Verlauf werden ausschließlich Modelle zur Berücksichtigung einer Zielgröße vorgestellt. Die Berücksichtigung von mehreren Zielen ist mit folgenden Verfahren möglich, die an anderer Stelle ausführlich dargestellt sind.[7]

- multiattributive Nutzentheorie,
- Zielgewichtung,
- lexikografische Ordnung,
- Goal-Programming,
- KÖRTH-Regel,
- Nutzwertanalyse,
- analytischer Hierarchieprozess.

Die Modelle aus dem vorliegenden Kapitel schaffen die Grundlage für die Analyse finanzieller Aspekte. Diese Ergebnisse können anschließend als ein Teilziel in die erwähnten multi-kriteriellen Modelle einfließen. Typischerweise werden folgende Entscheidungsprobleme unterschieden:[8]

- **Einzelentscheidung:** Im Zentrum der Betrachtung stehen Investitionsprojekte, die sich gegenseitig ausschließen. Dabei können zwei grundsätzliche Problemstellungen auftreten:
  - Auswahlentscheidung:
    - ○ Entscheidung über die Durchführung oder Unterlassung einer Investition. Dabei ist die Frage zu klären, ob eine einzelne, isoliert betrachtete Investition durchgeführt werden soll oder nicht.
    - ○ Auswahl des optimalen Investitionsobjektes aus einer Menge von alternativen Maßnahmen. Alternativen sind in diesem Zusammenhang sich gegenseitig ausschließende Handlungsmöglichkeiten.
  - Dauerentscheidung:
    - ○ Entscheidung über die ökonomisch optimale **Nutzungsdauer** eines Investitionsobjektes **vor Inbetriebnahme**.
    - ○ Entscheidung über die ökonomisch optimale **Restnutzungsdauer** eines Investitionsobjektes **nach Inbetriebnahme**.

- **Programmentscheidung:** Oftmals steht im Unternehmen ein Investitionsbudget zur Verfügung, aus dem mehrere Objekte finanziert werden können. Die Handlungsalternativen schließen sich demzufolge nicht aus, sondern es können mehrere Maßnahmen gleichzeitig umgesetzt werden.

---

[7] Vgl. 2. Band, Abschn. 1.4 auf S. 45–97.

[8] Vgl. Busse von Colbe/Laßmann (1990: 17–18).

Das führt zu der Frage, welche Kombination(en) von Projekten ökonomisch vorteilhaft ist/sind. Eine solche Kombination wird als Investitionsprogramm bezeichnet.

In einem Unternehmen wird im Verlauf eines Jahres i. d. R. mehr als ein Investitionsprojekt durchgeführt, es liegen dann sog. Investitionsprogramme vor, bei deren Planung Art und Anzahl der zu realisierenden Investitionsprojekte bestimmt werden. Diese Entscheidungssituation ist nicht Gegenstand der folgenden Darstellungen. Es werden ausschließlich **Partialmodelle** vorgestellt, die eine Analyse von isolierten Investitionsobjekten ermöglichen. **Totalmodelle**, die die Interdependenzen zwischen mehreren Investitionsobjekten und deren Finanzierungen abbilden und einer Gesamtlösung zuführen, werden im vorliegenden Werk nicht betrachtet. Dafür wird auf die Literatur verwiesen.[9]

Der zeitliche, idealtypische Ablauf der Einzelentscheidungen ist folgender:

1. Es besteht ein güterwirtschaftliches Investitionsproblem, d. h. eine Maschine oder ein Objekt ist zu beschaffen.

2. Zur Lösung dieses Problems werden geeignete Alternativen gesucht.

3. Für jedes Objekt aus dieser Alternativenmenge wird die ökonomisch optimale Nutzungsdauer bestimmt.[10]

4. Unterschiede der Alternativen in Bezug auf Investitionsvolumen und Nutzungsdauer werden rechnerisch nivelliert, so dass vollständige Alternativen miteinander verglichen werden können.[11]

5. Auf dieser Grundlage wird aus einer wohldefinierten Alternativenmenge das relativ vorteilhafte Objekt ausgewählt. Dafür stehen verschiedene Rechenverfahren zur Auswahl.[12]

6. Dieses Objekt wird realisiert und nach der Inbetriebnahme muss geprüft werden, ob die ursprünglich geplante Nutzungsdauer beibehalten wird, oder ob zu einem früheren Zeitpunkt Ersatz beschafft werden muss.[13]

Aus didaktischen Gründen wird standardmäßig der vierte Schritt als Ausgangspunkt der Erläuterungen verwendet. Die Problematik der Nutzungsdauer und des Ersatzzeitpunktes wird im Anschluss behandelt. Diesem Vorgehen wird auch im vorliegenden Buch gefolgt.

---

[9] Vgl. Hering (2017: 137–258).

[10] Vgl. Abschn. 3.8.2 auf S. 342.

[11] Vgl. Abschn. 3.1.3 auf S. 173.

[12] Vgl. Abschn. 3.4 auf S. 229 und Abschn. 3.6 auf S. 269.

[13] Vgl. Abschn. 3.8.3 auf S. 360.

Ziel der Investitionsrechnung ist es, die Vorteilhaftigkeit der Durchführung einer Investitionsmaßnahme festzustellen. Dazu sind zwei Arten der Vorteilhaftigkeit zu unterscheiden:[14]

- **Absolute Vorteilhaftigkeit**: Wenn die Durchführung der Maßnahme vorteilhafter ist als deren Unterlassung, liegt eine absolute Vorteilhaftigkeit vor. Mit der Feststellung der absoluten Vorteilhaftigkeit wird die Alternative „Durchführung der Investition" mit der Alternative „Keine Durchführung der Investition" verglichen.[15]
- **Relative Vorteilhaftigkeit**: Stehen zwei sich ausschließende Maßnahmen zur Auswahl, wird die vorteilhaftere Variante der beiden als relativ vorteilhaft bezeichnet. Diese muss zugleich absolut vorteilhaft sein. Wenn festgestellt wurde, dass die Durchführung der Investition besser ist als deren Unterlassung, wird mit der Untersuchung der relativen Vorteilhaftigkeit die beste Alternative identifiziert.

3.1.2 Ergebnisse, Präferenzen und Nutzen

Bei der Auswahlentscheidung muss der Entscheidungsträger aus einer Menge, sich gegenseitig ausschließender, Investitionsmöglichkeiten die optimale Alternative identifizieren. Gemäß Annahme ist er ein homo oeconomicus[16] und strebt nach **Nutzenmaximierung**. In den einleitenden Ausführungen wurde darauf hingewiesen.[17] dass die Maximierung des Gewinns bzw. des Wohlstands das Ziel der Rentabilitätsmaximierung dominiert. Somit wird das Nutzenmaximum durch das Wohlstandsmaximum erreicht. Dieses Nutzenmaximum kann wie folgt konkretisiert werden:[18]

- **Vermögensmaximierung**: Maximierung des Vermögens bei gegebenem Einkommen (Entnahmen) und gegebener zeitlicher Struktur. Üblicherweise wird als Bezugspunkt für die Maximierung das Ende des Planungszeitraumes gewählt, was zum Endwert der Investition führt.[19] Dies wird auch als Thesaurierungspräferenz bezeichnet.
- **Entnahme- bzw. Einkommensmaximierung**: Maximierung der jährlichen Entnahmen/des jährlichen Einkommens bei gegebenem Endwert

---

[14] Vgl. Blohm/Lüder/Schaefer (2012: 41).

[15] Streng genommen ist damit eine absolut vorteilhafte Variante relativ vorteilhaft in Bezug auf die Alternative „Anlegen der finanziellen Mittel in einer alternativen Anlageform".

[16] Vgl. 2. Band, Abschn. 1.1 auf S. 3.

[17] Vgl. Fußnote 5 auf S. 162.

[18] Vgl. Moxter (1964: 12–15); Hering (2017: 21–22); Kruschwitz/Lorenz (2019a: 10–12).

[19] Vgl. Abschn. 3.3.5 auf S. 221.

und gegebener zeitlicher Struktur der Entnahmen. Das kann als Ausschüttungspräferenz bezeichnet werden.

Es wird deutlich, dass es sich dabei um die Festlegung der Zeit- und der Höhenpräferenz handelt. Diese werden an anderer Stelle ausführlich erläutert.[20]
Mit Bezug auf diese Ausführungen wird hier festgelegt, dass für diese Prä-
ferenzkombination der Begriff der **Eigentümerpräferenz** verwendet wird.
In den Darstellungen wird deutlich gemacht, dass Unternehmenseigentümer
neben diesen finanziellen auch über nicht-finanzielle Präferenzen verfügen. In
diesem Zusammenhang wird auch begründet, warum der Begriff der **Konsumpräferenz** für die oben genannte Kombination aus Zeit- und Höhenpräferenz wenig geeignet erscheint.

Die zu realisierende Investition muss zur Nutzenmaximierung beitragen, weshalb die Nutzenmaximierung selbst wiederum das Ziel jeder Maßnahme darstellt. Die Ausführungen in diesem Kapitel sind auf **Realinvestitionen** eingegrenzt.[21] Der Akteur sucht eine technische Anlage, Maschine oder ein
Forschungs- bzw. Entwicklungsprojekt, um ein Problem zu lösen.

Die Alternativensuche ist bereits abgeschlossen und als Ergebnis liegen dem
Akteur mehrere Investitionsobjekte zur Auswahl vor. Für die weiteren Ausführungen in diesem Kapitel gelten folgende Annahmen und Notationen:[22]

- Der Akteur geht von einer **sicheren Datenlage** aus. Die Anzahl der
  Alternativen und der Zeitperioden sind bekannt, sicher und endlich.
- Die endliche Aktionenmenge $A = \{a_1,...,a_m\}$ ist gegeben durch m Alter-
  nativen $a_i(i = 1,....,m)$, die sich gegenseitig ausschließen.
- Auch die **Unterlassung** einer Investitionsmaßnahme stellt eine Hand-
  lungsalternative a_x dar, so dass gilt $a_x \in A$.
- Der Akteur muss mit einer **einstufigen Entscheidung** aus A die opti-
  male Alternative herausfiltern.[23]
- Es existiert eine endliche Menge, bekannter zukünftiger Perioden $P = \{1,2,3,...,N,...,\Omega\}$ mit $p \in P$.
- Zeit wird in identische äquidistante Abschnitte unterteilt, d. h. jede Peri-
  ode ist gleichlang.
- In jeder Periode p tritt nur ein einziges, bekanntes Ergebnis mit Sicherheit
  ein.
- Die Nutzungsdauer einer Anlage wird durch die Summe der Perioden bis
  $p = N$ gekennzeichnet.

---

[20] Vgl. 2. Band, Abschn. 1.2.1 auf S. 8–14.

[21] Vgl. Abb. 1.10 auf S. 44.

[22] Vgl. 2. Band, Abschn. 1.7.1 auf S. 181.

[23] Wie bereits erwähnt, bilden die Entscheidungen zu Nutzungsdauer und Ersatzzeitpunkt davon eine Ausnahme. Vgl. Abschn. 3.8 auf S. 341.

- Die Periode $p = \Omega$ beschreibt das Ende des gemeinsamen Betrachtungszeitraum für die verschiedenen Alternativen und ist gleichzeitig das Ende des Zeithorizontes.

- Jede Periode $p \in P$ wird von einem Anfangs- und Endzeitpunkt begrenzt. Der Anfangszeitpunkt einer Periode bildet gleichzeitig den Endzeitpunkt der Vorperiode, so dass ausgehend vom Startzeitpunkt $t = 0$ der Zeitpunkt $t = 1$ den Endzeitpunkt von $p = 1$ und gleichzeitig den Startzeitpunkt von $p = 2$ darstellt usw.

- Es existiert eine Menge an Zeitpunkten $\Pi = \{0,1,2,3,...,N,...,\Omega\}$ mit $t \in \Pi$, die bekannt und nicht leer ist.

- Der Zeitpunkt der Entscheidung ist $t = 0$.

- Jede Alternative a wird durch einen Ergebnisvektor $a = (e_1, e_2, e_3,...,e_N)$ beschrieben, wobei e_p das Ergebnis der Periode p beschreibt.

- Auf diese Weise entsteht die **Ergebnismatrix** (vgl. Tab. 3.1).

Tab. 3.1: Grundstruktur der intertemporalen Ergebnismatrix bei Sicherheit. Quelle: Eigene Darstellung, in Anlehnung an: Dyckhoff (1988: 993).

Periode / Alternative	$p = 1$	$p = 2$	$p = 3$	$\cdots$	$p = N$
a_1	e_{11}	e_{12}	e_{13}	$\cdots$	e_{1N}
a_2	e_{21}	e_{22}	e_{23}	$\cdots$	e_{2N}
a_3	e_{31}	e_{32}	e_{33}	$\cdots$	e_{3N}
a_x	e_{x1}	e_{x2}	e_{x3}	$\cdots$	e_{xN}
$\vdots$	$\vdots$	$\vdots$	$\vdots$	$\cdots$	$\vdots$
a_m	e_{m1}	e_{m2}	e_{m3}	$\cdots$	e_{mN}

- Der Kalkulationszinssatz als Ausdruck der **Zeitpräferenz**[24] ist **exogen** vorgegeben. Das bedeutet, die anstehende Entscheidung hat keinen Einfluss auf den Zinssatz. Verfahren zur Bestimmung endogener Zinssätze werden hier nicht betrachtet, sondern es wird auf die weiterführende Literatur verwiesen.[25]

- Zum Zweck der finanzmathematischen Modellierung besteht die Möglichkeit, die während einer Periode p auftretenden Ergebnisse auf den Anfangs- oder den Endzeitpunkt der Periode zu verlegen oder aber zeitstetig zu modellieren. Diese Varianten werden an anderer Stelle erläutert.[26]

- Die zukünftigen Zustände werden nicht vom Akteur selbst und auch nicht von einem bewusst handelnden Gegenspieler beeinflusst.

---

[24] Vgl. Abschn. 3.2.2.2.2 auf S. 185, Abschn. 3.3.3 auf S. 210 sowie 2. Band, Abschn. 1.7.1 auf S. 181.

[25] Vgl. Hering (2017: 137–258); Hirth (2017: 127–133).

[26] Vgl. Abschn. 3.3.3 auf S. 210.

Dies beschreibt die idealtypische Situation einer **Auswahlentscheidung**. Aus der Alternativenmenge A ist die **optimale Alternative** auszuwählen. Im Falle von Nutzungsdauerentscheidungen ist die Anzahl der Perioden N hingegen kein Datum, sondern ist noch zu bestimmen.

Die Tab. 3.1 zeigt eine klassische **mehrperiodige Entscheidungssituation**. Diese Situationen sind ein wesentlicher Bereich der Entscheidungstheorie. Damit wird deutlich, dass Investitionsentscheidungen und damit die Investitionsrechenverfahren als entscheidungstheoretische Verfahren eingeordnet werden können.

Im **ersten Schritt** wird die **Höhenpräferenz** festgelegt. Das diesbezügliche Vorgehen wird an anderer Stelle ausführlich erläutert.[27] Dadurch wird die oben beschriebene Ergebnismatrix in eine **Nutzen- bzw. Entscheidungsmatrix** umgewandelt. Die Ergebniswerte werden in Nutzengrößen umgerechnet. Dies erfolgt durch die Funktion $u_{ip} = u(e_{ip})$. Korrekt müsste formuliert werden: u_{ip}^H, da es der Nutzen nach Festlegung der **Höhenpräferenz** ist. Somit ist dies der noch nicht in der Zeit transformierte – noch nicht diskontierte – "*Brutto-Nutzen*" des Ergebnisses. Auf diese Notation wird jedoch im Folgenden verzichtet. In diesem Zusammenhang ergeben sich folgende Fragen:

- Wird eine einzige Nutzenfunktion $u_{0;ip}(e_{ip})$ festgelegt, die für sämtliche Perioden angewendet wird? Die Höhenpräferenz des Akteurs bleibt also während der gesamten Zeit konstant und entspricht den heutigen Präferenzen.

- Wird für jede Periode eine eigene Nutzenfunktion $u_{p;ip}(e_{ip})$ verwendet? Damit kann berücksichtigt werden, dass sich die Höhenpräferenz von Akteuren im Zeitverlauf ändert. Das ist z. B. im Fall privater Konsumentscheidungen im Verlauf des Konsumentenlebens nicht unüblich.

Kennzeichnend für Investitionsrechenverfahren ist die erste Vorgehensweise. Es wird für sämtliche Perioden eine identische, unveränderliche Nutzenfunktion angenommen. Die im weiteren Verlauf unterstellte Nutzenfunktion lautet: $u_{ip} = u(e_{ip}) = e_{ip}$. Diese ist offenbar linear im Geld. Bei den Ergebnissen handelt es sich demzufolge um positive, ökonomische Absolutwerte, wie z. B. Gewinn, Umsatz, Einzahlungen. Das bedeutet nicht, dass der Zahlenwert positiv sein muss, sondern, dass die verwendete Rechengröße ökonomisch erstrebenswert ist. Dies ist z. B. bei Auszahlungen oder Kosten nicht der Fall. Eine Ausnahme davon stellt die Kostenvergleichsrechnung dar,[28] bei der die Ergebnisgrößen aus Kosten bestehen. Die entsprechende Nutzenfunktion lautet in diesem Fall: $u(e_{ip}) = -e_{ip}$.

Auf diesen Nutzengrößen aufbauend kann im **zweiten Schritt** die Alternativenmenge auf **Zeitdominanz** untersucht werden (vgl. Def. 3.1).[29]

---

[27] Vgl. 2. Band, Abschn. 1.3 auf S. 25.

[28] Vgl. Abschn. 3.2.3.1 auf S. 191.

[29] Vgl. Dyckhoff (1988: 994); Bitz/Ewert/Terstege (2018: 31).

*Definition 3.1 (Zeitdominanz): Gegeben ist die Menge der Perioden P
und die Alternativenmenge A. $a_i \in A$ heißt genau dann effizient bezüglich A
und P, wenn es keine Aktion $a_q \in A$ gibt, für welche gilt:*

  a) $u_{qp} \geq u_{ip} \ \forall \ p \in P$
        sowie
  b) $u_{qp} > u_{ip}$ *für mindestens ein p.*

Wenn es eine Aktion $a_q \in A$ gibt, welche diese beiden Kriterien erfüllt, so
dominiert a_q die Alternative a_i. Dies ist gleichbedeutend damit, dass die Aktion a_i ineffizient ist und deshalb aus der Betrachtung ausgeschlossen werden
kann. Die Definition 3.1 formalisiert die schon von FISHER vorgeschlagene
Unterscheidung zwischen Alternativen, die "brauchbar" bzw. "zulässig" sind
und solchen, die es nicht sind.[30]

Der Vollständigkeit halber wird hier ein weiteres Dominanz-Prinzip – die
sog. zeitliche Summendominanz – erwähnt.[31] Dieses Prinzip ist jedoch für
die vorliegende Betrachtung nicht geeignet.

Im weiteren Verlauf wird davon ausgegangen, dass die **Höhenpräferenz** festgelegt wurde und eine Entscheidungsmatrix mit Nutzenwerten vorliegt, für
die jedoch noch keine **Zeitpräferenz** festgelegt wurde. Deshalb wird nach
der Festlegung der Höhenpräferenz und der Dominanzprüfung im dritten
Schritt i. d. R. die Zeitpräferenz bestimmt. Dies erfolgt durch die Festlegung
der **Zeitpräferenzrate**, also des Zinssatzes, sowie der Auswahl eines entsprechenden **ordnungstreuen Präferenzfunktionals**.[32] Dieses Präferenzfunktional kann auch als Entscheidungskriterium bezeichnet werden und ordnet
einer Investitionsalternative eine reelle Zahl so zu, dass über die Rangfolge
dieser Zahlen die subjektive Wertvorstellung des Akteurs ausgedrückt wird
(vgl. Def. 3.2).[33]

*Definition 3.2: Ein ordnungstreues Präferenzfunktional $\Phi : A \to \mathbb{R}$ ordnet
jeder Alternative $a \in A$ eine reelle Zahl $\Phi(a) \in \mathbb{R}$ so zu, dass:*

$$a_1 \succsim a_2 \Leftrightarrow \Phi(a_1) \geq \Phi(a_2),$$
$$a_1 \succ a_2 \Leftrightarrow \Phi(a_1) > \Phi(a_2),$$
$$a_1 \sim a_2 \Leftrightarrow \Phi(a_1) = \Phi(a_2).$$

Wenn eine Abbildung der Präferenzen nach Def. 3.2 erfolgt, wird diese Abbildung als **ordnungstreu** bezeichnet.

---

[30] „The optional uses which are thus out of the question, whatever be the rate of interest,
are called ineligible. The rest are the eligible options." Fisher (1930: 150–151).

[31] Vgl. 2. Band, Def. 1.49 auf S. 190.

[32] Vgl. 2. Band, Abschn. 1.2.2 auf S. 14–18 für eine detaillierte Erläuterung.

[33] Vgl. Bitz (1981: 31); Bamberg/Coenenberg/Krapp (2019: 32).

Zur Entscheidungsfindung muss die beste Alternative ausgewählt werden, es ist diejenige Alternative zu wählen, welche den Wert des Präferenzfunktionals maximiert oder - in einigen wenigen Fällen - minimiert (vgl. Def. 3.3).[34]

Definition 3.3: *Sei $\Phi : A \to \mathbb{R}$ das Präferenzfunktional. Die optimale Alternative a_{opt} ist bestimmt durch:* $\Phi(a_{opt}) = \max\limits_{a \in A} \Phi(a)$ *oder* $\Phi(a_{opt}) = \min\limits_{a \in A} \Phi(a)$.

Diese Kombination von Präferenzfunktional und Optimierungskriterium wird als **Entscheidungsregel** bezeichnet. Eine Nutzenfunktion $u : E \to \mathbb{R}$ überführt zunächst die Ergebnisgrößen der Alternativen in die reellen Zahlen. Das Präferenzfunktional $\Phi : A \to \mathbb{R}$ bildet durch Ausführen weiterer Operationen auf den sich ergebenden Nutzengrößen die Alternativen auf die reellen Zahlen ab.

Für die Berücksichtigung der zeitlichen Unterschiede zwischen den Zeitpunkten sind folgende wichtige Fragen zu beantworten:[35]

- Welchen **intertemporalen Nutzen** haben die Ergebnisse der unterschiedlichen Zeitpunkte für den Akteur?
- Welches Präferenzfunktional ist auf diese Nutzengrößen anzuwenden?
- Wie lautet die daraus resultierende Entscheidungsregel?

Basis für die intertemporale Nutzenzuweisung sind die **Präferenzen** des Akteurs (vgl. Abb. 3.2). Die **Artenpräferenz** wird in diesem Buch insoweit ausgeklammert, als dass ausschließlich **finanzielle Ziele** berücksichtigt werden. Eine ausführliche Darstellung der Berücksichtigung mehrerer Ziele erfolgt an anderer Stelle.[36] Dasselbe gilt für die **Unsicherheitspräferenz**, da in diesem Kapitel ausschließlich Entscheidungen unter Sicherheit betrachtet werden. Verfahren zur Berücksichtigung von Unsicherheit werden in einem anderen Kapitel vorgestellt.[37]

Für das vorliegende Kapitel von entscheidendem Interesse sind – neben den bereits erwähnten **Eigentümerpräferenzen** und der zuvor definierten **Höhenpräferenz** – die **Zeitpräferenzen**. Bei genauer Betrachtung wird deutlich, dass die Eigentümerpräferenz eine **Kombination** aus Höhen- und Zeitpräferenz darstellt.[38]

Die Zeitpräferenz bezieht sich auf die Vorliebe für den zeitlichen Eintritt eines Ereignisses bzw. für den Konsum eines Gutes. Der Akteur steht vor dem Problem, die in der Zukunft – zu unterschiedlichen Zeitpunkten – anfallenden Konsequenzen seiner Entscheidung bewerten zu müssen. Er muss abwägen, wie er den Konsum zu unterschiedlichen Zeitpunkten bewertet. Die

---

[34] Vgl. Bamberg/Coenenberg/Krapp (2019: 32).

[35] Vgl. 2. Band, Abb. 1.1 auf S. 4.

[36] Vgl. 2. Band, Abschn. 1.4 auf S. 45.

[37] Vgl. Kap. 5 auf S. 483.

[38] Vgl. 2. Band, Abschn. 1.2.1 auf S. 8.

vom Akteur zu beantwortende Frage lautet: Bevorzugen Sie lieber 100,-€
heute oder 110,-€ in einem Jahr? Dies wird als Zeitpräferenz bezeichnet, die
aus der subjektiven Sicht eines Marktteilnehmers die Vorziehenswürdigkeit
des Sofortkonsums gegenüber dem Aufschub des Konsums beschreibt.

Diese Präferenzart wird an anderer Stelle ausführlich beschrieben.[39] An dieser Stelle werden kurz die drei Ausprägungen der Zeitpräferenz erwähnt:

- Gegenwartspräferenz,
- Zukunftspräferenz sowie
- Indifferenz.

Gegenwartspräferenz bedeutet, dass ein Akteur von zwei positiven Ergebnissen mit identischen Beträgen dasjenige bevorzugt, welches früher verfügbar
ist. Im Fall von **Zukunftspräferenz** würde das später anfallende Ergebnis
präferiert. Wenn der Zeitpunkt keine Rolle spielt, ist der Akteur **indifferent**.

Die zwei Gruppen von Investitionsrechenverfahren bilden die Zeitpräferenz
wie folgt ab:

- **Kalkulatorische Verfahren:**[40] Diese Modelle basieren auf der Annah-
  me der **Zeitindifferenz**. Der Zeitpunkt des Eintritts eines Ergebnisses
  wird nicht berücksichtigt. Eine Transformation der Ergebnisgrößen durch
  Auf- oder Abzinsen erfolgt deshalb nicht.
- **Dynamische Verfahren:**
  - Die Methoden, die von der Annahme eines **vollkommenen Marktes**
    ausgehen,[41] implizieren eine **Irrelevanz** der Präferenzen. Eine genaue
    Analyse der Präferenzen, speziell der Zeitpräferenzen, ist deshalb über-
    flüssig. Es erfolgt eine Transformation der Ergebnisgrößen mit dem
    einzigen Kapitalmarktzins. Das bedeutet nicht, dass keine Präferen-
    zen existieren. Der Kapitalmarktzins ergibt sich als Folge sämtlicher
    Präferenzen der Marktteilnehmer. Zur Ableitung des Präferenzfunk-
    tionals müssen die Präferenzen deshalb nicht weiter analysiert werden.
    Jedoch impliziert die Standardform der Diskontierung – die sog. expo-
    nentielle Diskontierung – eine Reihe von Anforderungen an die Präfe-
    renzen des Akteurs. Da diese Anforderungen aber von grundsätzlicher
    Bedeutung für die Diskontierung sind, werden sie an anderer Stelle
    ausführlich erläutert.[42]
  - Im Fall von Analysen für den **unvollkommenen Kapitalmarkt** wer-
    den die Ergebnisgrößen ebenfalls diskontiert.[43] Es ist jedoch anhand
    der einzelnen Anforderungen an die Präferenzen zu prüfen, ob das

---

[39] Vgl. 2. Band, Abschn. 1.7 auf S. 181–216.

[40] Vgl. Abschn. 3.2 auf S. 176.

[41] Vgl. Abschn. 3.4 auf S. 229.

[42] Vgl. 2. Band, Abschn. 1.7.2 auf S. 188–214.

[43] Vgl. Abschn. 3.5.1 auf S. 261.

dabei verwendete Investitionsrechenverfahren ein ordnungtreues Präferenzfunktional ist. Diese Anforderungen werden an anderer Stelle detailliert erläutert[44] bzw. im vorliegenden Kontext eingeordnet.[45]

In der Abb. 3.2 sind diese Zusammenhänge dargestellt.

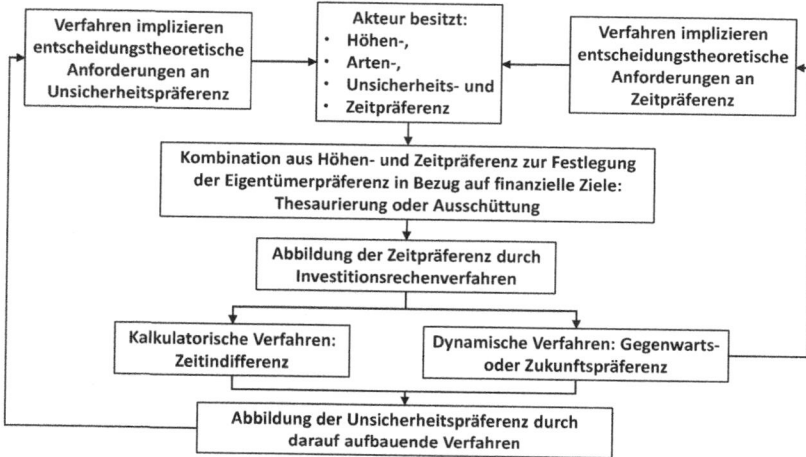

Abb. 3.2: Abbildung von Präferenzen durch Investitionsrechenverfahren. Quelle: Eigene Darstellung.

Investitionsrechenverfahren bilden die Zeitpräferenz ab. Wenn finanzmathematische Operationen, wie die Diskontierung, eingesetzt werden, impliziert dies jedoch eine Reihe von Anforderungen an die Präferenzen des Akteurs. Da diese regelmäßig nicht im Zusammenhang mit Investitionsrechenmodellen erläutert werden, erfolgt dies – wie soeben beschrieben – an anderer Stelle. Deshalb basieren auch die Investitionsrechenmodelle auf entscheidungstheoretischen Grundlagen, sind quasi selbst ein Teilbereich der Entscheidungstheorie.

Die Abb. 3.2 ist eine wichtige Ergänzung zur Abb. 3.1.[46] Investitionsrechenmodelle bilden die Zeitpräferenzen der finanziellen Dimension ab. Damit bauen sie auf entscheidungstheoretischen Grundlagen auf und dienen als Ergänzung für weitere entscheidungstheoretische Methoden.

---

[44] Vgl. Fußnote 42.

[45] Vgl. Abschn. 3.3.7 auf S. 227.

[46] Vgl. S. 161.

3.1.3 Vergleich vollständiger Alternativen

Die verschiedenen Investitionsalternativen stellen (technische) Problemlösungsvarianten dar und unterscheiden sich in vielerlei Hinsicht. Damit diese Alternativen ökonomisch konsistent miteinander verglichen werden können, muss der Vergleich folgende Eigenschaften aufweisen:[47]

- Es ist ein identisches Zielsystem zu verwenden und für alle Alternativen muss dieselbe Entscheidungsregel zum Einsatz kommen.
- Es ist sicherzustellen, dass von identischen Datenkonstellationen ausgegangen wird. Die Rahmendaten und Objektinformationen über die Alternativen müssen identisch sein.
- Die Art der Entscheidungssituation muss identisch sein. Die Annahmen über die Eigenschaften der Situation und des Akteurs müssen übereinstimmen. So ist es z. B. unzulässig, eine Alternative in einem einstufigen Szenario mit einer Alternative in einem mehrstufigen Szenario zu vergleichen.
- Planungszeitraum und Kapitaleinsatz der Alternativen müssen gleich sein. Auf diese Weise werden **identische Betrachtungszeiträume** und **identische Investitionsauszahlungen** miteinander verglichen (vgl. Merksatz 3.1).

Merksatz 3.1: *Ein konsistenter Alternativenvergleich besteht in der Betrachtung jeder Alternative $a \in A$ bis zum Ende des Zeithorizontes Ω und bei Investition derselben Summe für jedes $a \in A$.*

Für einen vollständigen Alternativenvergleich sind deshalb im Wesentlichen zwei Schritte erforderlich:

1. Ermittlung der Unterschiede zwischen den Alternativen und
2. Festlegung, wie die ermittelten Unterschiede ausgeglichen werden.

Zum Ausgleich der Unterschiede werden **Ergänzungsinvestitionen** gebildet (vgl. Def. 3.4).[48] Die Ergänzungsinvestition ist von der sog. **Differenzinvestition** klar zu trennen, die zu einem späteren Zeitpunkt vorgestellt wird.[49]

---

[47] Vgl. Busse von Colbe/Laßmann (1990: 19); Kruschwitz/Lorenz (2019a: 33–35).

[48] Vgl. Busse von Colbe/Laßmann (1990: 54–61); Blohm/Lüder/Schaefer (2012: 45); Trost/Fox (2017: 534–535). Synonym für die Ergänzungsinvestition werden gebraucht:
- Komplementär- (vgl. Pack (1959: 161); Perridon/Steiner/Rathgeber (2017: 65–71)),
- Supplement- (vgl. Heister (1962: 37); Kilger (1965: 770)) sowie
- Differenzinvestition (vgl. Schäfer (2005: 50–59); Pape (2018: 354–357)).

Darüber hinaus wird der Begriff der Ergänzungsinvestition in physischer Bedeutung verwendet. Vgl. Götze (2014: 9–10).

[49] Vgl. Abschn. 3.4.2.3 auf S. 243.

Definition 3.4: *Als Ergänzungsinvestition werden fiktive Investitionsmaß-*
nahmen bezeichnet, die durchgeführt werden, um Unterschiede zwischen den
Alternativen in Bezug auf die Investitionszahlungen und/oder die Nutzungs-
dauer rechnerisch auszugleichen.

Diese rechentechnische Operation dient der Ergänzung einer unvollständigen
Alternative, so dass ein vollständiger Alternativenvergleich möglich ist. Die
vorliegenden Alternativen können sich in folgenden Komponenten unterscheiden:

- Laufzeiten und/oder
- Investitionszahlungen.

Zuerst werden die prinzipiellen Möglichkeiten zur Nivellierung unterschiedlicher Nutzungsdauern erläutert. In einem **ersten Schritt** muss festgelegt
werden, wie der gemeinsame Betrachtungszeitraum Ω gebildet wird. Liegen
zwei Alternativen mit $N_1 > N_2$ vor, bieten sich folgende Möglichkeiten an:

a) Festlegung der kürzeren Laufzeit als Zeithorizont, d. h.: $N_2 = \Omega$,
b) Festlegung der längeren Laufzeit als Zeithorizont, d. h.: $N_1 = \Omega$,
c) Bildung eines gemeinsamen, endlichen Zeitraumes, so dass $N_1 \cdot N_2 = \Omega$,
d) Bildung eines (gemeinsamen) unendlichen Zeitraumes, so dass $\infty = \Omega$.

Die erste Variante ist unzulässig, da wesentliche Eigenschaften der Alternative mit N_1 vernachlässigt werden. Die anderen drei Varianten werden im
weiteren Verlauf noch demonstriert.[50]

Unterschiede in den **Investitionsauszahlungen** werden ebenfalls durch die
Ergänzungsinvestition ausgeglichen.

Nachdem im ersten Schritt für beide Fälle – abweichende Zeiträume und/oder
Zahlungen – die Höhe der Abweichung und der Zeithorizonte festgestellt wurden, muss im **zweiten Schritt** geklärt werden, wie die Mittel in der Ergänzungsinvestition verwendet werden. Prinzipiell existieren mehrere Möglichkeiten. Die Mittel der Ergänzungsinvestition können:[51]

- zur Kredittilgung verwendet,
- am Kapitalmarkt angelegt,
- im Unternehmen in anderen Investitionsobjekten reinvestiert oder
- für Konsumzwecke entnommen (ausgeschüttet)

werden.

Welche dieser Handlungsalternativen – rein rechnerisch – gewählt wird, entscheidet der Akteur. Mit der von ihm gewählten Prämisse wird jedoch das

---

[50] Vgl. Abschn. 3.4.2.2 auf S. 239.
[51] Vgl. Jonas (1964: 132–133); Drukarczyk (1970: 17–21); Kuhner/Maltry (2017: 102).

Ergebnis des Alternativenvergleiches stark beeinflusst. Die Ergänzungsinvestition sollte in den folgenden wesentlichen Merkmalen dieselbe Ausprägung aufweisen:[52]

- Laufzeit,
- Grad der Unsicherheit bzw. Risikoklasse,
- Verfügbarkeit (Liquidität, Steuerwirkung).

In diesen Punkten sollten die Investitionssummen äquivalent angelegt werden, was auch als **Äquivalenzprinzip** bezeichnet wird. Das wird im weiteren Verlauf deutlich.[53]

Die Verfahren, die von einem vollkommenen Kapitalmarkt ausgehen, verwenden die sog. **Wiederanlageprämisse**.[54] Damit wird die Betrachtung wesentlich vereinfacht.

Eine bessere – weil realitätsnahe – Bildung vollständiger Alternativen besteht in der Erstellung **vollständiger Finanzpläne**. Mit dieser tabellarischen Aufstellung können sämtliche Anlageformen und -varianten so berücksichtigt werden, dass ein Ausgleich der oben genannten Differenzen erfolgt. Dieses Instrument wird in einem eigenen Abschnitt vorgestellt.[55]

Es sollten immer die oben beschriebenen vier prinzipiellen Möglichkeiten geprüft werden. Dies setzt u. a. Kenntnis der Eigentümer-Präferenzen (Thesaurierung vs. Ausschüttung) voraus.

So leicht verständlich das Ziel des vollständigen Alternativenvergleiches auch ist, so unterschiedlich sind die Wege zu dessen Erreichung. Die dabei verwendeten Annahmen haben einen entscheidenden Einfluss auf das Ergebnis des Vergleiches. Deshalb sollte der Akteur darauf ein besonderes Augenmerk richten.

---

[52] Vgl. Kuhner/Maltry (2017: 104–117).
[53] Vgl. Abschn. 3.4.2.2 auf S. 239.
[54] Vgl. Abschn. 3.4.1.2 auf S. 233.
[55] Vgl. Abschn. 3.5.1 auf S. 261.

3.2 Kalkulatorische Verfahren bei Auswahlentscheidungen

3.2.1 Einführung

Kalkulatorische Methoden vereinfachen die Betrachtung sehr stark, weshalb sie in einigen Lehrbüchern nicht (mehr) zu finden sind.[56] Sie werden hier trotzdem kurz eingeführt, da sie für einfache Probleme durchaus geeignet sind. Darüber hinaus stellen sie ein wichtiges Bindeglied zur Kostenrechnung, dem anderen wichtigen Bereich des internen Rechnungswesens, dar. Kosten- und Investitionsrechnung ergänzen sich. Die Verfahren aus dieser Gruppe arbeiten mit kalkulatorischen Kostenkomponenten. Synonym wird auch der Begriff der „statischen" Verfahren verwendet.

Charakteristisch für die kalkulatorischen Verfahren ist, dass diese auf Rechnungsgrößen des internen Rechnungswesens basieren und die finanziellen Investitionswirkungen i. d. R. einperiodig betrachtet werden. Auch von dieser Regel gibt es Ausnahmen, wozu die Annuitätenabschreibung und die Amortisationsrechnung zählen. Mit der Verwendung durchschnittlicher Werte wird der Ein-Jahres-Zeitraum als repräsentativ für die gesamte Nutzungsdauer der Investitionsmaßnahme verwendet. Zu den in der Praxis weit verbreiteten kalkulatorischen Verfahren gehören die:[57]

- Gewinnvergleichsrechnung,
- Kostenvergleichsrechnung,
- Rentabilitätsrechnung und
- Amortisationsrechnung.

Zur Gruppe der einperiodigen kalkulatorischen Investitionsrechnungen zählen die Gewinn- und die Kostenvergleichsrechnung und die Rentabilitätsrechnung. Da den Betrachtungen nicht der gesamte Planungszeitraum zugrunde liegt, sondern nur eine Jahresabrechnungsperiode, ist die Verwendung periodisierter Erfolgsgrößen erforderlich. Kalkulatorische einperiodige Investitionsrechnungen sind Rechnungen, die sich auf eine fiktive Jahresabrechnungsperiode beziehen und mit den periodisierten Erfolgsgrößen Kosten und Erlöse arbeiten.[58]

Grundlegend für das hier erforderliche Verständnis der Kostenrechnung ist der **wertmäßige** Kostenbegriff. Der interne Erfolg ergibt sich aus der Differenz zwischen betrieblichen Kosten und Leistungen. Der Teil des in einer

---

[56] Vgl. Hering (2017); Kruschwitz/Lorenz (2019a: 28–29).
[57] Vgl. Götze (2014: 57); Eilenberger/Ernst/Toebe (2013: 155).
[58] Vgl. Perridon/Steiner/Rathgeber (2017: 36–37).

Periode angefallenen Werteverzehrs, der im Zusammenhang mit der Erstellung der gewöhnlichen betrieblichen Leistung sowie zur Aufrechterhaltung der Kapazitäten angefallen ist, stellt Kosten dar. Definition 3.5 gibt das Verständnis des wertmäßigen Kostenbegriffs wieder.[59]

Definition 3.5: Kosten sind der bewertete Güterverzehr einer Abrechnungsperiode, der im Rahmen der Erstellung und des Absatzes der betrieblichen Leistungen angefallen ist.

Aus dieser Definition resultieren folgende Merkmale:

- Es liegt ein Verzehr an Gütern/Dienstleistungen im Rahmen der gewöhnlichen Leistungserstellung in der Abrechnungsperiode vor.
- Dieser Verzehr ist leistungsbezogen, es besteht eine Beziehung zwischen dem Verzehr und der Leistungserstellung.
- Der Verzehr ist in Geldeinheiten zu bewerten.

Das Pendant zu den Kosten ist die Leistung, als in Geld bewertete, aus der gewöhnlichen Geschäftstätigkeit einer Abrechnungsperiode resultierende Erstellung von Gütern und Dienstleistungen. Wie auch für Kosten gelten für Leistungen die Zuordnungskriterien „Erstellung von Gütern bzw. Dienstleistungen", „betriebsbedingte Entstehung in der Abrechnungsperiode" sowie „Bewertung in Geldeinheiten".

3.2.2 Relevante Kostenarten

Einführend werden kurz die Kostenarten vorgestellt, die im Zusammenhang mit den Investitionsrechenverfahren relevant sind. Wichtig dafür ist die Unterteilung in **Grundkosten** und **kalkulatorische Kosten**. Die Beziehungen zwischen Aufwand und Kosten sowie die Unterteilung in Grundkosten und kalkulatorische Kosten sind in der Abb. 3.3 dargestellt. Die wesentlichen Ausprägungsformen dieser Kostenarten beinhaltet Tab. 3.2.

Tab. 3.2: Wesentliche Kostenarten. Quelle: Eigene Darstellung.

Grundkosten	Kalkulatorische Kosten
– Materialkosten,	– Abschreibungen,
– Personalkosten,	– Zinsen,
– Sondereinzelkosten,	– Wagnisse,
– sonstige Gemeinkosten.	– Unternehmerlohn,
	– Miete.

---

[59] Vgl. Kosiol (1979: 22); Huch (1986: 21).

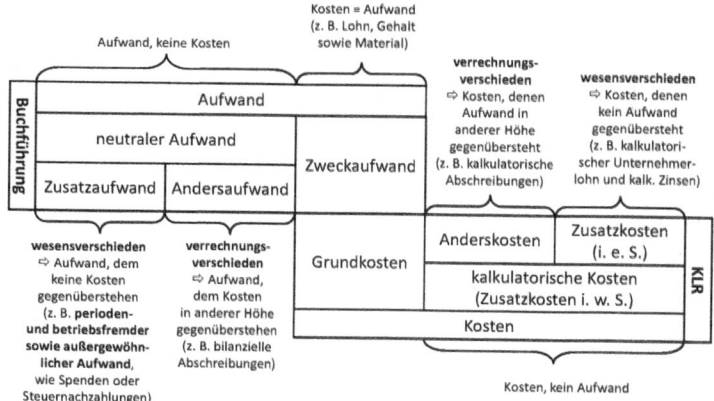

Abb. 3.3: Schematische Abgrenzung zwischen Aufwand und Kosten. Quelle: Eisele/Knobloch (2019: 849).

Die relevanten Kostenarten werden nun erläutert.

3.2.2.1 Grundkosten

a) Materialkosten

Es können die **Materialeinzelkosten** und die **Materialgemeinkosten** unterschieden werden.

Materialeinzelkosten sind die mit ihren Preisen bewerteten Verbrauchsmengen an Roh-, Hilfs- und Betriebsstoffen. **Materialgemeinkosten** sind Kosten, die im Zusammenhang mit der Beschaffung, Prüfung und Lagerung der Roh-, Hilfs- und Betriebsstoffe entstehen, jedoch nicht direkt zugerechnet werden können. Dazu zählen beispielsweise Verpackungs-, Fracht- und Lagerkosten.

b) Personalkosten

Die Personalkosten werden in erster Linie in der Lohn- und Gehaltsabrechnung ermittelt. Sie umfassen alle Kosten, die durch den Einsatz des Produktionsfaktors Arbeit sowie des dispositiven Faktors unmittelbar und mittelbar entstanden sind, also folgende Hauptgruppen:

- Löhne,
- Gehälter,
- Sozialkosten und
- sonstige Personalkosten.

c) Sondereinzelkosten

Kostenpositionen die in unregelmäßiger Höhe und in unregelmäßigen Abständen anfallen und einem Produkt bzw. einer Produktgruppe direkt zugerechnet werden können, werden als Sondereinzelkosten bezeichnet. Sondereinzelkosten stellen einen Verzehr dar, der über den gewöhnlich als Einzelkosten
verrechneten Verbrauch hinausgeht.[60] Üblicherweise werden diese Kosten getrennt für die Fertigung und für den Vertrieb erfasst und ausgewiesen.

d) Sonstige Gemeinkosten

Alle Verbräuche von Gütern, die einem Produkt oder einer Produktgruppe
nicht direkt zugeordnet werden können, sind **Gemeinkosten**. Dazu zählen Instandhaltungs- und Werbungskosten, Gehälter, Miet- und Pachtkosten,
Kosten für Patente, Lizenzen und Konzessionen, Kosten für Dienstleistungen,
etc.

Diese Kostenarten werden im weiteren Verlauf als **Betriebskosten** zusammengefasst.

3.2.2.2 Kalkulatorische Kosten aus traditioneller Sicht

Kalkulatorische Kosten sind Kosten, denen in der Finanzbuchhaltung kein
Aufwand oder Aufwand in anderer Höhe gegenübersteht. Entscheidend für
Ansatz und Bewertung sind entweder die Kosten der nächstgünstigsten
Verwendungsalternative bzw. der entgangene Nutzen (Opportunitätskosten)
oder die Kosten, die für alternative Faktoren hätten aufgebracht werden müs-
sen, wenn auf den Einsatz der gewählten Faktorart verzichtet worden wäre
(Alternativkosten). Die für die Investitionsrechnung relevanten Arten kalku-
latorischer Kosten werden kurz erläutert.

3.2.2.2.1 Kalkulatorische Abschreibungen

Der betriebsbedingte Verzehr an begrenzt nutzbaren betriebsnotwendigen
Anlagewerten wird über die gesamte Nutzungsdauer durch planmäßige kalkulatorische Abschreibungen erfasst. Die Bemessung der kalkulatorischen
Abschreibung richtet sich im Gegensatz zur bilanziellen Abschreibung ausschließlich nach internen Erfordernissen. In der Abbildung 3.4 sind die we-

---

[60] Vgl. Huch (1986: 123).

sentlichen Unterschiede zwischen der bilanziellen und der kalkulatorischen Abschreibung aufgeführt.

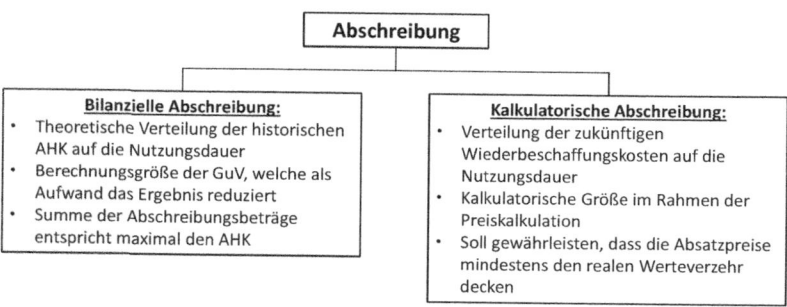

Abb. 3.4: Unterschiede zwischen bilanzieller und kalkulatorischer Abschreibung. Quelle: Eigene Darstellung.

Eine Abschreibung ist die buchhalterische Erfassung eines Werteverzehrs, welcher folgende Ursachen haben kann:[61]

- Verschleiß:
  - Verschleiß durch Nutzung,
  - Ruheverschleiß bzw. natürlicher Verschleiß, wie z. B. durch Verwittern, Verrosten, Zersetzen,
  - substanzbedingte Wertminderung beispielsweise im Fall von Kies- oder Sandgruben, Bergwerken, Tagebauen oder Ölfeldern,
  - Verschleiß durch Katastrophen,

- zeitablaufbedingter Werteverzehr:
  - Fristablauf, z. B. bei Konzessionen oder Patenten,
  - Überholung, die einerseits die Technik der Produktionsmittel betreffen kann, wie z. B. neue Anlagen oder die Einführung neuer Werkstoffe oder andererseits durch Änderungen auf der Nachfrageseite bedingt ist, wie z. B. beim Wechsel von Modetrends,

- Werteinbußen bzw. Wertvernichtung bedingt beispielsweise durch Fehlinvestitionen oder Konjunktureinbruch.

Diese Formen des Werteverzehrs können in den planmäßigen und außerplanmäßigen Werteverzehr unterteilt werden. Ein planmäßiger Werteverzehr liegt bei allen Vermögensgegenständen vor, deren Nutzung zeitlich begrenzt ist, wie z. B. maschinelle Anlagen oder Gebäude. Der planmäßige Werteverzehr

---

[61] Vgl. Friedl (2010: 97); Schweitzer et al. (2016: 116).

wird durch planmäßige Abschreibung erfasst, die in der Steuerbilanz als Absetzung für Abnutzung (AfA) bezeichnet wird.

Außerplanmäßiger Werteverzehr kann sowohl bei abnutzbaren wie nicht abnutzbaren Vermögensgegenständen (z. B. Forderungen, Wertpapiere, Warenvorräte, Rohstoffe) eintreten. Außerplanmäßiger Werteverzehr wird durch außerplanmäßige Abschreibungen berücksichtigt. Im Folgenden werden ausschließlich die **planmäßigen Abschreibungen** dargestellt. Hauptzweck planmäßiger Abschreibung ist nicht der richtige Vermögensausweis, sondern die periodengerechte Erfolgsermittlung. Bei der Aktivierung des abnutzbaren Vermögensgegenstandes ist ein Abschreibungsplan zu erstellen. Im Abschreibungsplan ist

- die Abschreibungsbasis,
- die Nutzungsdauer und
- das Abschreibungsverfahren

festzulegen.

Da die Kostenrechnung nicht an das handels- und steuerrechtliche Anschaffungswertprinzip gebunden ist, kann:

- der zukünftige Wiederbeschaffungswert WB oder die Investitionssumme I als Basis herangezogen,
- ein zu erwartender Liquidations- bzw. Restwert am Ende der Nutzungsdauer L berücksichtigt und
- das Abschreibungsverfahren frei gewählt

werden. Damit wird bezweckt, dass die Mittel für eine Wiederbeschaffung bis zum Ersatzzeitpunkt aus dem Umsatzprozess zurückgewonnen werden (Erhaltung der Betriebssubstanz). Kalkulatorische Abschreibungen können auch dann verrechnet werden, wenn der betreffende Vermögensgegenstand bilanziell bereits abgeschrieben ist, jedoch noch weiter betrieblich genutzt wird (Abschreibung unter Null).[62] Für Zwecke der Kosten- und Investitionsrechnung ist daher das gewählte Verfahren der bilanziellen Abschreibung unbeachtlich.

In Bezug auf die **Nutzungsdauer** ist zwischen technischer, wirtschaftlicher und betriebsgewöhnlicher Nutzungsdauer zu unterscheiden. Die technische Nutzungsdauer bezeichnet die ausschließlich unter technischen Gesichtspunkten ermittelte Nutzungsdauer. Durch Wartung und wiederholte Erneuerung von Einbauteilen kann die technische Nutzungsdauer verlängert werden, was unter wirtschaftlichen Gesichtspunkten nicht immer zweckmäßig ist. Als wirtschaftliche Nutzungsdauer wird der Zeitraum bezeichnet, in welchem es unter wirtschaftlichen Gesichtspunkten sinnvoll ist, eine Anlage zu nutzen. Diese Form der Nutzungsdauer wird im Rahmen der Investitionsrechnung be-

---

[62] Vgl. Abschn. 3.8.3.2 auf S. 360.

stimmt.[63] Die betriebsgewöhnliche Nutzungsdauer wird von der Finanzverwaltung für die Bemessung der steuerlichen Abschreibungen in sog. AfA-Tabellen aufgeführt. Diese Tabellen geben für einzelne Anlagegegenstände betriebsgewöhnliche Nutzungsdauern vor, die allerdings nur zur Berechnung der steuerlichen Abschreibung bindend sind.

Die prinzipiell möglichen **Abschreibungsverfahren** sind in Abbildung 3.5 zu sehen und werden kurz erläutert.

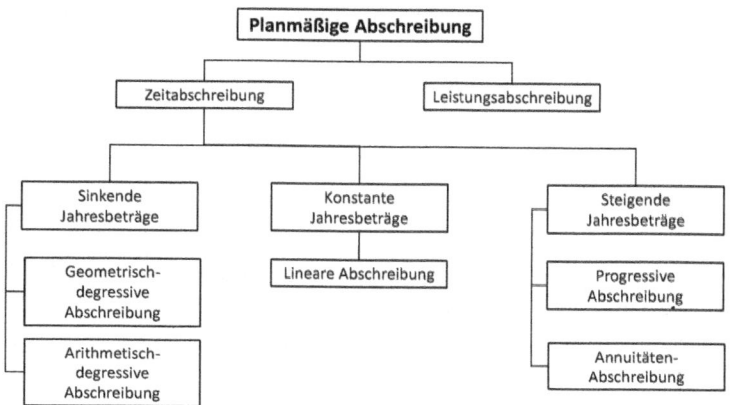

Abb. 3.5: Verfahren der planmäßigen Abschreibung. Quelle: Eigene Darstellung.

- **Lineare Abschreibung:**

  Der im Jahresabschluss zu verwendende jährliche lineare Abschreibungsbetrag a_t^{lin} ergibt sich aus:[64]

  $$a_t^{lin} = \frac{I - L}{N}$$

  mit I als Investitionssumme, L als geplantem Liquidationserlös am Ende der Nutzungsdauer und N als Nutzungsdauer in Jahren. Der Vorteil der linearen Abschreibung besteht in der Verrechnung eines gleich bleibenden Periodenaufwands, was die Vergleichbarkeit der Periodenergebnisse ermöglicht. Die lineare Abschreibung ist handels- und steuerrechtlich zulässig.

---

[63] Vgl. Abschn. 3.8.1 auf S. 341.

[64] Vgl. Freidank/Sassen (2020: 131).

- **Geometrisch-degressive Abschreibung:**

  Im Rahmen der geometrisch-degressiven Abschreibung wird jährlich ein konstanter Prozentsatz p des Buchwertes der Vorperiode BW_{t-1} abgeschrieben. Die jährlichen Abschreibungsbeträge a_t^{geo} ermitteln sich aus:[65]

  $$a_t^{geo} = BW_{t-1} \cdot p$$

  Die Zulässigkeit dieser Abschreibungsform unter handels- und steuerlichen Gesichtspunkten ist jahresaktuell zu überprüfen. Beim geometrisch-degressiven Verfahren ist eine vollständige Abschreibung nicht möglich, weshalb ein Wechsel zu einem anderen Verfahren erfolgt. Der Methodenwechsel zur linearen Abschreibung findet in der Periode statt, in welcher das lineare Verfahren eine höhere Jahresabschreibung bewirkt als die Fortführung der geometrisch-degressiven Abschreibung. Der optimale Zeitpunkt des Übergangs von der geometrisch-degressiven zur linearen Methode $t_{\ddot{U}}$ ergibt sich aus:[66]

  $$t_{\ddot{U}} = N + 1 - \frac{1}{p}$$

- **Arithmetisch-degressive Abschreibung:**

  Bei dieser Form der Abschreibung sinkt der jährliche Abschreibungsbetrag konstant um denselben Wert. Der Jahresbetrag a_t^{ari} folgt aus:[67]

  $$a_t^{ari} = (N - t + 1) \cdot d$$

  Der Term d spiegelt den konstanten Degressionsbetrag wieder und wird folgendermaßen berechnet:

  $$d = \frac{2 \cdot (I - L)}{N \cdot (N + 1)}$$

  Diese Abschreibungsmethode ist handelsrechtlich zulässig.

- **Progressive Abschreibung:**

  Die progressive Abschreibung ist die Umkehrvariante degressiver Abschreibung. Auch bei diesem Verfahren existiert eine arithmetische und eine geometrische Variante. Die Abschreibungsbeträge sind in den Anfangsperioden sehr gering. Der Restbuchwert liegt anfangs auf hohem Niveau und sinkt erst zum Ende der Nutzungsdauer. Damit steht die Restbuchwertentwicklung im Gegensatz zur tatsächlichen Zeitwertentwicklung der Investitionspraxis. In den meisten Fällen widerspricht die progressive Abschreibung dem handelsrechtlichen Prinzip vorsichtiger Bewertung. Deshalb wird diese Variante hier nicht weiter erläutert.

---

[65] Vgl. Freidank/Sassen (2020: 132).

[66] Vgl. Blohm/Lüder/Schaefer (2012: 30).

[67] Vgl. Friedl (2010: 109).

- **Leistungsabschreibung:**

  Im Rahmen der Leistungsabschreibung werden nicht zeitabhängige, sondern leistungsabhängige Abschreibungsquoten ermittelt. Zu diesem Zweck wird die Periodenleistung (PL_t) zur Gesamtleistung (GL) in Beziehung gesetzt. Als Leistungsgrößen kommen produzierte Stückzahlen, gefahrene Kilometer, Maschinenstunden usw. in Betracht. Der jährliche Abschreibungsbetrag a_t^{lei} ergibt sich somit aus:[68]

  $$a_t^{lei} = \frac{I}{GL} PL_t$$

  Problematisch bei dieser Methode ist die Prognose der Gesamtleistung. Darüber hinaus ist dieses Verfahren nicht in der Lage, zeitabhängigen Verschleiß zu erfassen, da bei Nicht-Nutzung eines Vermögensgegenstandes auch keine Abschreibungen vorgenommen werden.

- **Annuitätenabschreibung:**

  Diese Form der Abschreibung ist weder handels- noch steuerrechtlich zulässig und wird nur für kalkulatorische Zwecke eingesetzt. Deshalb wird sie auch im entsprechenden Abschnitt vorgestellt.[69]

Zur Veranschaulichung einiger der Verfahren wird das Beispiel 3.1 entwickelt.

Beispiel 3.1:

Es liegt ein beweglicher Gegenstand des Anlagevermögens vor, dem eine Investitionssumme in Höhe von 2.450,- € zugerechnet wird und der 7 Jahre genutzt werden soll. Der Abschreibungssatz der geometrisch-degressiven Abschreibung beträgt $p = 20\%$. In der Tabelle 3.3 sind die verschiedenen Abschreibungsbeträge enthalten. Es wird deutlich, dass ein Wechsel von der geometrisch-degressiven zur linearen Abschreibung im dritten Jahr zu empfehlen ist, $t_0 = 3$.
Für die Leistungsabschreibung werden folgende Annahmen getroffen:

$GL = 50.000$ Stück, t_1 bis t_3: $PL = 10.000$ Stück, t_4 bis t_7: $PL = 5.000$ Stück.

---

[68] Vgl. Freidank/Sassen (2020: 115).
[69] Vgl. Abschn. 3.2.2.3 auf S. 188.

Tab. 3.3: Verlauf unterschiedlicher Abschreibungsverfahren. Quelle: Eigene Darstellung.

Zeit-punkt	Lineare Abschreibung		Geometrisch-degressive Abschreibung ohne Verfahrenswechsel		Geometrisch-degressive Abschreibung mit Verfahrenswechsel		Leistungs-abschreibung	
	BW_t	a_t^{lin}	BW_t	a_t^{geo}	BW_t	a_t^{geo}/a_t^{lin}	BW_t	a_t^{lei}
t_0	2.450		2.450		2.450		2.450	
t_1	2.100	350	1.960	490	1.960	490	1.960	490
t_2	1.750	350	1.568	392	1.568	392	1.470	490
t_3	1.400	350	1.254,40	313,60	1.254,40	313,60	980	490
t_4	1.050	350	1.003,52	250,88	940,80	313,60	735	245
t_5	700	350	802,82	200,70	627,20	313,60	490	245
t_6	350	350	642,26	160,56	313,60	313,60	245	245
t_7	0	350	513,81	128,45	0	313,60	0	245

Die ursprünglich ermittelten Abschreibungsbeträge basieren auf einer geplanten, ökonomisch optimalen Nutzungsdauer N_P. Diese Nutzungsdauer wird durch die Investitionsrechnung ermittelt.[70] Nach Inbetriebnahme des Vermögensgegenstandes kann sich jedoch herausstellen, dass die Nutzungsdauer falsch geschätzt wurde. Darüber hinaus ist es möglich, dass die ursprünglich angenommene Nutzungsdauer obsolet ist, was nicht vorhersehbar war. Damit sind zwei Konsequenzen verbunden:

- Es muss geprüft werden, ob die Anlage sofort zu ersetzen ist oder ob sie noch weiter betrieben werden kann. Auf welcher Grundlage diese Entscheidung zu treffen ist, wird in einem anderen Abschnitt geschildert.[71]
- Im Rahmen dieser Überprüfung muss die korrigierte Abschreibung Verwendung finden.

3.2.2.2.2 Kalkulatorische Zinsen

Grundidee dieser Kostenart ist, dass der Unternehmer das Kapital, welches im Unternehmen investiert ist, auch alternativ in einem anderen Objekt hätte investieren können. Dadurch würden ihm Zinsen zufließen. Demzufolge muss er durch die unternehmerische Tätigkeit **mindestens** eine ebenso hohe Verzinsung des investierten Kapitals erzielen, wie in dieser alternativen Geldanlage. Deshalb stellen Kapitalkosten den Gegenwert für den entgange-

---

[70] Vgl. Abschn. 3.8.2 auf S. 342.

[71] Vgl. Abschn. 3.8.3 auf S. 360.

nen Nutzen dar und haben damit den Charakter von **Opportunitätskosten**. Die Höhe des Zinssatzes drückt die **Zeitpräferenz** des Akteurs aus.[72]

Aus praktischer Sicht ergibt sich das Problem der Erfassung der Zinskosten. Während die Fremdkapitalzinsen aus der Finanzbuchhaltung entnommen werden können, liegen für die Eigenkapitalzinsen keine Erfassungs- und Buchungsbelege vor. Das **Eigenkapital** ist jedoch immer mit **zu verzinsen**. Dieser Aspekt wird im Zusammenhang mit der wertorientierten Führung[73] wieder aufgegriffen.

Der Wert der kalkulatorischen Zinsen ergibt sich aus der Multiplikation des gebundenen Kapitals mit dem Kalkulationszinssatz. Im Unternehmen ist Kapital sowohl im Anlage- wie auch im Umlaufvermögen gebunden. Im Rahmen der kalkulatorischen Rechenverfahren wird jedoch lediglich das direkt in der Anlage gebundene Kapital berücksichtigt. Das im Umlaufvermögen gebundene Kapital hingegen wird in der Investitionsrechnung vernachlässigt.

Die Bestimmung des Kalkulationszinssatzes i_{kalk} richtet sich nach der Art der Finanzierung. Ist die Investition vollständig mit eigenen Mitteln finanziert, so ist der Zinssatz zu verwenden, der bei alternativer Verwendung der Mittel erzielt worden wäre. Wird die Maßnahme ausschließlich über Kredit finanziert, ist der Kreditzinssatz anzusetzen. Weitere Möglichkeiten ergeben sich aus der Betrachtung von alternativen Verwendungsmöglichkeiten. Dazu sind verschiedene Wege möglich (vgl. Tab. 3.4).

Tab. 3.4: Ermittlungswege für den Kalkulationszinssatz. Quelle: Eigene Darstellung, in Anlehnung an: Schäfer (2005: 94).

Ermittlungswege für den Kalkulationszinssatz						
Finanzierungsorientiert			**Opportunitätsorientiert**			
Eigenkapitalkosten	Fremdkapitalkosten	Gewichtete Kapitalkosten	Rendite der Alternativverzinsung	Engpassbezogen		
				Rendite der nächstgünstigsten verdrängten Investition	Grenzrendite aus Investitions- und Finanzierungsmöglichkeiten	Dualvariable aus einem „Totalmodell"

Wenn keine der Informationen aus Tabelle 3.4 verfügbar sind oder die Ermittlung unklar ist, kann aushilfsweise ein branchenüblicher Zinssatz verwendet werden. Zum Beispiel beträgt der entsprechende Zinssatz in den Unternehmen des Maschinenbaus durchschnittlich 5% p. a.[74]

---

[72] Vgl. 2. Band, Abschn. 1.7.1 auf S. 181.

[73] Vgl. Abschn. 4.2 auf S. 424.

[74] Vgl. VDMA (2017: 69).

Neben dem Kalkulationszinssatz ist die **Höhe** und die **Dauer** der **Kapitalbindung** für die Berechnung wichtig. Diese Größen werden durch die Art der Abschreibung bestimmt und unterscheiden sich in den verschiedenen Modellen.

3.2.2.2.3 Kalkulatorische Wagnisse

Mit der unternehmerischen Tätigkeit sind bestimmte Risiken verbunden, die zu unvorhersehbarem Werteverzehr führen können. Bei diesen Risiken, auch Wagnisse genannt, ist das allgemeine Unternehmerwagnis (Unternehmerrisiko) von den speziellen Einzelwagnissen zu unterscheiden. Das Unternehmerrisiko, welches die Unternehmung als Ganzes betrifft, soll im Gewinn abgegolten werden. Es erfolgt **keine** eigenständige Erfassung im Rahmen der Kostenrechnung. Die speziellen Einzelwagnisse hingegen werden als betrieblich verursachter Werteverzehr mit der Verrechnung kalkulatorischer Wagnisse berücksichtigt. Können diese Risiken versichert werden, so ist die Versicherungsprämie kostenwirksam. Für Risiken, die **nicht versichert** werden, muss das Unternehmen selbst vorsorgen. Dies erfolgt über Zuschlagssätze beispielsweise für folgende Risiken:[75]

- Beständewagnis,
- Anlagenwagnis,
- Gewährleistungswagnis,
- Vertriebswagnis.

Aus Sicht der Investitionsrechnung interessant ist das **Abschreibungswagnis**. Dieses Wagnis tritt im Zusammenhang mit einer falsch geschätzten Nutzungsdauer auf bzw. wenn sich die Rahmendaten im Zeitablauf ändern.[76] Es kann als Unterkonto des Anlagenwagnisses oder als selbständiges Konto geführt werden. Auf diesem Konto werden diejenigen Abschreibungen gebucht, die aus einer zu kurz oder zu lang geschätzten Nutzungsdauer resultieren. Da es sich um Einzelfallbuchungen handelt, sollte keine dauerhafte Verrechnung dieser Wagnisse mittels einer festen Quote – wie im Fall der anderen Wagnisarten – erfolgen. Gegen eine derartige Verrechnung des Abschreibungswagnisses wurde frühzeitig argumentiert.[77]

---

[75] Vgl. Coenenberg/Fischer/Günther (2016: 104–106); Freidank/Sassen (2020: 155–158).

[76] Vgl. Abschn. 3.8.3.2 auf S. 360.

[77] Vgl. Kosiol (1955: 206).

3.2.2.3 Kalkulatorische Kosten aus investitionstheoretischer Sicht

Kosten- und Investitionsrechnung sind Bestandteile des internen Rechnungswesens und ergänzen einander. Die Erläuterungen im vorangegangenen Abschnitt basieren auf dem wertmäßigen Kostenbegriff und sind aus der Sicht der traditionellen Kostenrechnung verfasst. Diese Kostenrechnung ist jedoch wenig dafür geeignet, Unterstützung für langfristige Entscheidungen zu liefern. Dafür ist die Investitionsrechnung prädestiniert. Es liegt deshalb nahe, Kosten aus der Sicht der Investitionsrechnung zu definieren und zu berechnen. Damit kann die Kostenrechnung investitionstheoretisch fundiert und beide Rechnungskreise harmonisiert werden. Zwei wichtige Bereiche, in denen sich eine langfristige, investitionstheoretisch fundierte Sicht auf Entscheidungen durchgesetzt hat, sind:

- die Lebenszyklusrechnung[78] sowie
- die Konzepte der wertorientierten Steuerung,[79]

die im weiteren Verlauf detailliert vorgestellt werden. An dieser Stelle wird auf eine Abschreibungsart eingegangen, die ebenfalls in diesem Bereich zu verorten ist, die sog. **Annuitätenabschreibung**. Sie ist ein Grenzfall der progressiven Abschreibung. Der jährliche Betrag a_t^{an} ergibt sich aus der Multiplikation des prognostizierten Wiederbeschaffungswertes mit dem Annuitätenfaktor:[80]

$$a_t^{an} = WB \cdot \frac{(1+i)^N \cdot i}{(1+i)^N - 1}$$

Grundlage der Berechnung ist der Annuitätenfaktor.[81] Die Annuitätenabschreibung ist gekennzeichnet durch:

- die **gemeinsame Ermittlung** von kalkulatorischen Abschreibungen und Zinsen,
- konstante jährliche Beträge sowie
- im Zeitablauf steigende Abschreibungsbeträge in Verbindung mit einem sinkenden Zinsanteil.

Die Summe aus Abschreibungen und Zinsen, welche als Kapitaldienst bezeichnet wird, ist über die Nutzungsdauer konstant. Zur Erläuterung wird das Beispiel 3.1 wieder aufgegriffen.

---

[78] Vgl. Abschn. 4.1 auf S. 411.
[79] Vgl. Abschn. 4.2 auf S. 424.
[80] Vgl. Schweitzer et al. (2016: 124).
[81] Vgl. Tab. 3.8 auf S. 213.

Fortführung des Beispiels 3.1:

*Es liegt ein beweglicher Gegenstand des Anlagevermögens vor, bei welchem mit Wiederbe-
schaffungskosten in Höhe von 2.450,- € und einer Nutzungsdauer von 7 Jahren gerechnet
wird. Zur Ermittlung der Abschreibungsbeträge mittels Annuitätenabschreibung wird ein
Kalkulationszinssatz von i = 0,05 verwendet. Die daraus resultierenden Jahres- und Ge-
samtbeträge sind in der Tabelle 3.5 aufgelistet.*

Tab. 3.5: Beispiel zur Annuitätenabschreibung. Quelle: Eigene Darstellung.

Jahr	Buchwert am Jahresanfang	Annuität	Zins	Abschreibung a_t^{an}	Buchwert am Jahresende
1	2.450,00	423,41	122,50	300,91	2.149,09
2	2.149,09	423,41	107,45	315,95	1.833,14
3	1.833,14	423,41	91,66	331,75	1.501,39
4	1.501,39	423,41	75,07	348,34	1.153,05
5	1.153,05	423,41	57,65	365,76	787,29
6	787,29	423,41	39,36	384,04	403,25
7	403,25	423,41	20,16	403,25	0,00
Summe				2.450,00	

Die Darstellungen zeigen, dass Diskontierungseffekte berücksichtigt werden,
was einen wesentlichen Unterschied zu den Verfahren der traditionellen Kostenrechnung bedeutet. Dieses Verfahren ist keinesfalls jüngeren Datums, sondern wurde schon vor längerer Zeit vorgeschlagen.[82] Gegen dieses Verfahren
ist frühzeitig Kritik geäußert worden. Aus kostenrechnerischer Sicht ist das
Verfahren nicht zulässig, da es den **realen Werteverzehr** der Anlage nicht
abbilden kann. Es handelt sich vielmehr um eine rechentechnische Fiktion,
die den Werteverzehr unzulässigerweise mit den Zinskosten verbindet.[83] In
jüngerer Zeit wird die Annuitätenabschreibung vermehrt im Rahmen der wertorientierten Steuerung eingesetzt.[84] Der Cash Value Added beispielsweise
wird auf Basis dieser Abschreibungsmethode berechnet.[85]

Ein umfassender investitionstheoretischer Ansatz zur Bestimmung der kalkulatorischen Kosten von abnutzbaren Gegenständen des Anlagevermögens
stammt von KÜPPER. Der Grundgedanke und die Vorgehensweise wird wie
folgt charakterisiert:[86]

---

[82] Vgl. Canning (1929: 273–274, als *"sinking fund formula"*); Käfer (1947: 149–150,
als *"Zinseszinsabschreibung"*); Kosiol (1955: 103–104, als *"Abschreibungszinsmethode"*);
Dearden (1969: 131, als *"annuity depreciation"*).

[83] Vgl. Canning (1929: 275); Kosiol (1955: 103–104).

[84] Vgl. Böckling/Ortner/Velthuis (2015).

[85] Vgl. Def. 4.9 auf S. 450.

[86] Vgl. Küpper (1984: 798–801); Küpper (1985: 29–32); Küpper (1990); Schweitzer et
al. (2016: 261–268).

- Ausgangspunkt der Berechnung ist:
  - die Gesamtsumme der Barwerte der Auszahlungen („*Kapitalwert des Gütereinsatzes*") einer unendlichen Investitionskette[87] sowie
  - die Darstellung dieser barwertigen Summe als Funktion:
    - der Betriebskosten in Abhängigkeit von der kumulierten Beschäftigung bis zur Periode t und der Zeit t,
    - der Liquidationseinzahlungen in Abhängigkeit von der Nutzungsdauer der Maschine N und der kumulierten Beschäftigung bis zur Periode t sowie
    - der Anschaffungsauszahlung.

- Die Minimierung dieses Barwertes der Auszahlungen führt zur optimalen Nutzungsdauer der Maschine. Diese ist für alle Glieder der Investitionskette identisch, ebenso wie sämtliche anderen Eingangsdaten.

- Die Abschreibungen der Maschine bei der ermittelten optimalen Nutzungsdauer:
  - stellen die Kosten der Anlagennutzung dar,
  - ergeben sich durch Differentiation des Barwertes:
    - nach der Zeit als zeitabhängige Abschreibungen,
    - nach der kumulierten Beschäftigung als nutzungsabhängige Abschreibungen.

Es kann gezeigt werden, dass die lineare Abschreibung ein Grenzfall der investitionstheoretischen Abschreibung in dem Fall ist, wenn die Zinsen vernachlässigt werden und wenn die Betriebskosten konstant bleiben. Das Merkmal dieses Ansatzes ist die Zusammenfassung von anschaffungs- und liquidationswertabhängigen Kosten mit den Betriebskosten.[88]

Dieser Ansatz stellt konsequent die Verbindung von der Investitions- zur Kostenrechnung her und kehrt somit die bisherige Sichtweise um: Nicht die kalkulatorisch ermittelten Kostenbestandteile fließen in die Investitionsrechnung, sondern die investitionsrechnerischen ermittelten Größen gehen in die Kostenrechnung ein. Bisher konnte sich diese Idee jedoch nicht durchsetzen, was unterschiedliche Gründe haben dürfte. Dazu zählen u. a.:[89]

- die Vernachlässigung bzw. vorausgesetzte Identität von Einzahlungen oder Erlösgrößen,
- die Kenntnis bzw. Existenz der stetigen differenzierbaren Funktionen der Betriebskosten und der Liquidationserlöse für jede Maschine,
- die Implikation eines existierenden, mehrperiodigen, optimalen Produktions- und Absatzplanes,

---

[87] Vgl. Def. 3.18 auf S. 240.

[88] Vgl. Küpper (1993: 88).

[89] Vgl. Brühl (1996: 170–174); Schweitzer et al. (2016: 288–292).

- die Komplexität des Modells.

Für einen konkreten praktischen Einsatz scheint das Modell wenig geeignet, was jedoch die Prägnanz und Geschlossenheit der Darstellung nicht schmälert. Die wesentlichen Kosteneinflussgrößen können durch das Prisma der Investitionsrechnung betrachtet, idealtypisch erfasst und analysiert werden. In den weiteren Darstellungen wird dieser Ansatz jedoch nicht weiterverfolgt.

3.2.3 Kosten- und Gewinnvergleichsrechnung

3.2.3.1 Kostenvergleichsrechnung

3.2.3.1.1 Beschreibung und Definition

Eine Form der Bewertung von Investitionsalternativen stellt die ausschließliche Betrachtung der Kosten dar, die mit den Maßnahmen verbunden sind. Es sind die Kostenkomponenten Betriebskosten K_B und Kapitaldienst KD zu berücksichtigen. Die Betriebskosten setzen sich aus den erwähnten Grundkosten zusammen, die für die Anlage anfallen (Lohnkosten, Kosten für den Verbrauch von Roh-, Hilfs- und Betriebsstoffen, Energiekosten, Kosten für Instandhaltung und Wartung, Raumkosten, Werkzeugkosten). Die Summe der beiden Komponenten ergibt die Kosten der Maßnahme K_{Gesamt} nach Def. 3.6.

Definition 3.6: *Die Grundkomponenten der Gesamtkosten einer Investition ergeben sich aus:*

$$\boxed{K_{Gesamt} = K_{Betrieb} + Ab_{kalk} + Z_{kalk}}$$

Bei Unterstellung einer linearen Abschreibung ergibt sich der jährliche Abschreibungsbetrag Ab_{kalk} aus:

$$Ab_{kalk} = \frac{I - L}{N}$$

mit I als Investitionsauszahlungen, L als Liquidationserlös und N als Nutzungsdauer. Ein Liquidationserlös wird bei der Ermittlung des durchschnittlich gebundenen Kapitals $KB_\varnothing$ wie folgt berücksichtigt:

$$KB_\varnothing = \frac{I - L}{2} + L$$

$$= \frac{I+L}{2}$$

Es ergeben sich die kalkulatorischen Zinsen mit:

$$Z_{kalk} = \frac{I+L}{2} \cdot i_{kalk}$$

Der Kapitaldienst ist die Summe von Abschreibungen und Zinsen:
$$KD = Ab_{kalk} + Z_{kalk}$$

Bei Verwendung der detaillierten Darstellung resultiert:

$$KD = \left(\frac{I-L}{N}\right) + \left(\frac{I+L}{2}\right) \cdot i_{kalk}$$

$$= (I-L)\,\frac{1}{N} + (I+L)\,\frac{i_{kalk}}{2}$$

$$= (I-L)\left(\frac{1}{N} + \frac{i_{kalk}}{2}\right) + L \cdot i_{kalk}$$

Der Ausdruck $\left(\frac{1}{N} + \frac{i_{kalk}}{2}\right)$ wird als Kapitaldienstfaktor bezeichnet. Für die Gesamtkosten einer Anlage ergibt sich dann die Definition 3.7.

Definition 3.7: *Die Gesamtkosten einer Investition ergeben sich im Detail aus:*

$$\boxed{K_{Gesamt} = K_{Betrieb} + (I-L)\left(\frac{1}{N} + \frac{i_{kalk}}{2}\right) + L \cdot i_{kalk}}$$

Von zwei sich ausschließenden Alternativen ist diejenige mit den geringeren Kosten zu wählen. Die Betrachtung der Gesamtkosten ist jedoch **nur zulässig**, wenn die Anlagen eine **identische Leistung** erbringen. Wenn die Anlagen jedoch eine unterschiedliche Leistung erbringen, ist eine Betrachtung auf Basis der **Kosten pro Leistungseinheit** k (z. B. Stückkosten) durchzuführen. Das Präferenzfunktional lautet: $\Phi(a) = k(a)$. Diejenige Alternative ist optimal, die bezogen auf eine Leistungseinheit, die geringsten Kosten verursacht (vgl. E.-regel 3.1).

Entscheidungsregel 3.1: *Bei Einsatz des Kostenvergleichsverfahrens ist die Alternative $a_{opt} \in A$ optimal, für die gilt:* $\Phi(a_{opt}) = \min_i k(a_i)$.

Zur Verdeutlichung wird das Beispiel 3.2 vorgestellt.

Beispiel 3.2:

Für zwei Anlagen sind die verfügbaren Informationen in Tabelle 3.6 zusammengestellt.

Tab. 3.6: Eingangsdaten des Beispiels 3.2. Quelle: Eigene Darstellung.

Alternativen Merkmale	Anlage A	Anlage B
Nutzungsdauer in Jahren	8	8
Absatzmenge pro Jahr	25.000	25.000
Absatzpreis pro Produkteinheit [€/Stück]	8	8
Anschaffungspreis [€]	220.000	240.000
Einrichtungs- und Frachtkosten [€]	25.000	30.000
Liquidationserlös am Laufzeitende [€]	15.000	15.000
Fixe Betriebskosten [€/a]	10.000	15.000
Variable Stückkosten [€/Stück]	4,60	4,00
Kalkulationszinssatz [%/a]	7	7

Für die Vorteilhaftigkeitsbetrachtung sind zu dem Anschaffungspreis die Errichtungs- und Frachtkosten hinzuzurechnen. Der Kapitaldienst für Anlage A resultiert aus:

$$KD_A = (I - L)\left(\frac{1}{N} - \frac{i_{kalk}}{2}\right) + L \cdot i_{kalk}$$

$$= (245.000 \, € - 15.000 \, €)\left(\frac{1}{8a} + \frac{0,07/a}{2}\right) + 15.000 \, € \cdot 0,07/a$$

$$= \underline{37.850 \, €/a}$$

Darin sind kalkulatorische Abschreibungen und kalkulatorische Zinsen in folgender Höhe enthalten:

$$Ab_{kalk} = \frac{I - L}{N} = \frac{245\,000 \, € - 15.000 \, €}{8a}$$

$$= \underline{28.750 \, €}$$

$$Z_{kalk} = \frac{I + L}{2} \cdot i_{kalk} = \frac{245.000 \, € + 15.000 \, €}{2} \cdot 0,07/a$$

$$= \underline{9.100 \, €/a}$$

Neben diesen Fixkosten sind die Betriebskosten zu berücksichtigen, die aus restlichen Fixkosten sowie den variablen Kosten bestehen. Es resultieren die Gesamtkosten von Anlage A mit:

$$K_{Gesamt \, A} = \overbrace{K_{Betrieb \, A} + Kapitaldienst_A}$$

$$= 10.000 \, €/a + 25.000 \cdot 4,60 \, €/Stück + 37.850 \, €/a$$

$$= \underline{162.850 \, €/a}$$

Für Anlage B ergeben sich mit den Eingangsdaten aus Tabelle 3.6 folgende Werte:

$$KD_B = (I - L)\left(\frac{1}{N} + \frac{i_{kalk}}{2}\right) + L \cdot i_{kalk}$$

$$= (270.000\ \text{\EUR} - 15.000\ \text{\EUR}) \left(\frac{1}{8a} + \frac{0,07/a}{2} \right) + 15.000\ \text{\EUR} \cdot 0,07/a$$

$$= \underline{41.850\ \text{\EUR}/a}$$

$$K_{Betrieb\ B} = 15.000\ \text{\EUR}/a + 25.000 \cdot 4,00\ \text{\EUR}/St\ddot{u}ck$$

$$= \underline{115.000\ \text{\EUR}/a}$$

$$K_{Gesamt\ B} = K_{Betrieb\ B} + KD_{Anlage\ B}$$

$$= 115.000\ \text{\EUR}/a + 41.850\ \text{\EUR}/a$$

$$= \underline{156.850\ \text{\EUR}/a}$$

Bei dieser Konstellation ist Anlage B der Anlage A vorzuziehen. Der Einsatz dieser Betrachtung erfordert jedoch, dass **Sicherheit** *über die zu erbringende Leistung der Anlagen besteht. Aber auch wenn diese Forderung erfüllt ist, ist zu beachten, dass die relative Vorteilhaftigkeit der Anlagen häufig von der Leistungsmenge abhängt. Für diese Fälle – Unsicherheit über die Leistungsmenge bzw. variierende Leistungsmenge – ist es erforderlich, die Leistungsmenge zu ermitteln, bei der die Kosten der Anlagen identisch sind. Unterhalb und oberhalb dieser Menge wechselt die relative Vorteilhaftigkeit der Anlagen, weshalb diese Menge auch als* **kritische Menge** *bezeichnet wird. Die Vorgehensweise zu Ermittlung der kritischen Menge wird anhand der zwei Anlagen A und B allgemeingültig dargestellt:*

$$K_{Fix;A} + k_{var;A} \cdot x = K_{Fix;B} + k_{var;B} \cdot x$$

$$k_{var;A} \cdot x - k_{var;B} \cdot x = K_{Fix;B} - K_{Fix;A}$$

$$x \cdot (k_{var;A} - k_{var;B}) = K_{Fix;B} - K_{Fix;A}$$

$$x = \frac{K_{Fix;B} - K_{Fix;A}}{k_{var;A} - k_{var;B}}$$

Die Fixkosten resultieren dabei als Summe aus dem bereits ermittelten Kapitaldienst der Anlagen und den fixen Betriebskosten. Für das betrachtete Beispiel ergibt sich der kritische Wert der Leistung – also in diesem Fall die kritische Stückzahl – aus:

$$x = \frac{K_{Fix;B} - K_{Fix;A}}{k_{var;A} - k_{var;B}}$$

$$x = \frac{56.850\ \text{\EUR}/a - 47.850\ \text{\EUR}/a}{4,60\ \text{\EUR}/St\ddot{u}ck - 4,00\ \text{\EUR}/St\ddot{u}ck}$$

$$x = \underline{15.000\ St\ddot{u}ck/a}$$

Demzufolge ist die Anlage B ab einer Stückzahl von 15.000 Stück vorteilhaft, bei einer geringeren Auslastung hingegen ist die Anlage A vorteilhaft.

3.2.3.1.2 Einordnung

Mit der Verwendung von Stückkosten werden Unterschiede in den Investitionssummen zwischen den Alternativen berücksichtigt. Damit erfolgt die Betrachtung vollständiger Alternativen. Das Beispiel 3.2 zeigt jedoch auch

eine Schwachstelle der Stückkostenbetrachtung: Die Fixkosten werden pro-
portionalisiert. Um Fehlentscheidungen durch die Verwendung der Stückkos-
tenwerte zu vermeiden, ist deshalb eine Fixkostenanalyse wie im Beispiel 3.2
durchzuführen.

Die Vernachlässigung von Erlösen ist kritisch zu betrachten. Die Kostenvergleichsrechnung bietet sich deshalb vorwiegend bei sog. Muss-Investitionen
an. Das sind technische Anlagen, die aufgrund rechtlicher Vorschriften installiert werden müssen, um Normen bzw. Richtwerte einzuhalten. Mit diesen
Anlagen sind keine Erlöse verbunden. Der Akteur kann nicht darüber entscheiden, ob er diese Anlage installiert, sondern lediglich die für ihn optimale
Alternative identifizieren. Dies wird i. d. R. die Anlage mit den geringsten
Kosten sein. Darüber hinaus ist das Verfahren einsetzbar, wenn die Alternativen identische Erlöse erwirtschaften.

Ergänzend muss – wie bei allen kalkulatorischen Verfahren – darauf hingewiesen werden, dass es sich bei den Kostengrößen um Durchschnittswerte
handelt. Die Kapitalbindung nimmt im Zeitverlauf ab, bei Verwendung von
linearen Abschreibungsverfahren ist diese Abnahme stetig. Dies spiegeln die
durchschnittlichen Kostengrößen, auch auf Stückkostenbasis, nicht wider.

3.2.3.2 Gewinnvergleichsrechnung

3.2.3.2.1 Beschreibung und Definition

Werden die Erlöse der Investitionsmaßnahme mit berücksichtigt, resultiert
die Gewinnvergleichsrechnung.[90] Die Differenz aus Erlösen und Kosten ergibt
den Gewinn. (vgl. Def. 3.8).

Definition 3.8: *Der kalkulatorische Gewinn G_{kalk} einer Investitionsmaßnahme ergibt sich aus:*

$$G_{kalk} = E - K_B - Ab_{kalk} - Z_{kalk}$$

In Def. 3.8 bedeuten:

E	– Erlöse [€/Jahr],
K_B	– Betriebskosten [€/Jahr],
Z_{kalk}	– jährlicher Betrag an kalkulatorischen Zinsen [€/Jahr],
Ab_{kalk}	– kalkulatorische Abschreibungen pro Jahr [€/Jahr].

---

[90] Da kalkulatorische Werte des internen Rechnungswesens verwendet werden, ist die
Bezeichnung „Gewinnvergleichsrechnung" nicht exakt. Genau genommen wird der Beitrag der Investitionsmaßnahme zum Betriebsergebnis ermittelt, die Betrachtung müsste
„Betriebsergebnisvergleichsrechnung" heißen. Aufgrund der weiten Verbreitung der Bezeichnung „Gewinnvergleichsrechnung" wird der Begriff hier dennoch übernommen.

Eine Maßnahme ist nur dann durchzuführen, wenn sie einen Gewinn erwirtschaftet. Stehen mehrere sich ausschließende Maßnahmen zur Auswahl, ist die Variante mit dem höchsten Gewinn zu wählen. Das Präferenzfunktional lautet: $\Phi(a) = G_{kalk}(a)$. Die Maßnahme muss mindestens einen positiven Gewinn erwirtschaften, also $G_{kalk} \geq 0$. Dies definiert die absolute Vorteilhaftigkeit. Diejenige Alternative ist relativ vorteilhaft und deshalb optimal, die den höchsten Gewinn erwirtschaftet (vgl. E.-regel 3.2).[91]

Entscheidungsregel 3.2: *Bei Einsatz des Gewinnvergleichsverfahrens ist diejenige Alternative $a_{opt} \in A$ optimal, für die gilt:*

$$\Phi(a_{opt}) = \max_i \left[G_{kalk}(a_i) | G_{kalk}(a_i) \geq 0 \right].$$

Mit den Daten aus Tabelle 3.6 ergeben sich Erlöse von 200.000 €/a für jede Alternative. Demzufolge sind beide Anlagen absolut vorteilhaft und die Anlage B ist die relativ vorteilhafte Anlage, da diese bei identischen Erlösen geringere Kosten verursacht.

3.2.3.2.2 Einordnung

Für einen vollständigen Alternativenvergleich müssen Unterschiede bei der Nutzungsdauer und/oder der Investitionssumme durch Ergänzungsinvestitionen ausgeglichen werden.[92] Das gilt auch für die Gewinnvergleichsrechnung und wird folgendermaßen erläutert: Unterscheiden sich die Nutzungsdauern $N_1 < N_2$, könnte die Idee entstehen, der Vergleich von durchschnittlichen Jahresgewinnen würde diese Differenz nivellieren. Der Satz ist bewusst im Konjunktiv (Irrealis) formuliert, denn dieser Idee liegt die Annahme zugrunde, dass die Investition mit N_1 diesen Jahresdurchschnitt bis zu N_2 erwirtschaften würde. Das ist jedoch nicht der Fall. Deshalb muss geklärt werden, wie im Zeitraum $N_2 - N_1$ investiert wird. Im Beispiel 3.2 sind die Nutzungsdauern identisch, das soeben geschilderte Problem existiert demzufolge nicht. Jedoch differieren in dem Beispiel die Investitionssummen, was zum nächsten Problem führt. Alternative A erfordert eine Investitionssumme von 245.000 €, wohingegen bei Alternative B 270.000 € investiert werden müssen. Die Differenz von 25.000 € muss als Ergänzungsinvestition interpretiert und der Investition A zugerechnet werden. In diesem Zusammenhang muss festgelegt werden, wie die Mittel verwendet werden. Die vier prinzipiellen Möglichkeiten wurden im zitierten Abschnitt bereits vorgestellt, weshalb darauf verwiesen wird.[93] Auf die mangelnde Aussagekraft der Bildung und Verwendung von

---

[91] Streng genommen wird mit dem Begriff "Gewinn" bereits ein positives Ergebnis beschrieben. Für ein negatives Ergebnis wird der Begriff "Verlust" verwendet.

[92] Vgl. Abschn. 3.1.3 auf S. 173.

[93] Vgl. Abschn. 3.1.3 auf S. 173.

Durchschnittswerten wurde bei der Kostenvergleichsrechnung bereits hingewiesen. Diese Kritik trifft auch auf die Gewinnvergleichsrechnung zu.

3.2.4 Rentabilitätsrechnung

3.2.4.1 Beschreibung und Definition

Im Gegensatz zur Gewinn- und Kostenvergleichsrechnung berücksichtigt die Rentabilitätsrechnung, dass Investitionen unterschiedlich viel Kapital binden können. Deshalb werden die Gewinne der Investitionsobjekte zu dem durchschnittlich gebundenen Kapital ins Verhältnis gesetzt (vgl. Def. 3.9).

Definition 3.9: *Die Rentabilität r einer Investitionsmaßnahme ergibt sich bei linearer Abschreibung aus:*

$$r = \frac{G_{kalk} + Z_{kalk}}{\frac{I+L}{2}}$$

Die Kriterien der Vorteilhaftigkeit lassen sich aus dem bisher verwendeten Kriterium der Gewinnvergleichsrechnung wie folgt ableiten:

$$G_{kalk} \geq 0$$
$$E - K_B - Ab_{kalk} - Z_{kalk} \geq 0$$
$$E - K_B - Ab_{kalk} \geq Z_{kalk}$$
$$E - K_B - Ab_{kalk} \geq \frac{I+L}{2} \, i_{kalk}$$
$$\frac{E - K_B - Ab_{kalk}}{\frac{I+L}{2}} \geq i_{kalk}$$
$$\frac{G_{kalk} + Z_{kalk}}{\frac{I+L}{2}} \geq i_{kalk}$$
$$\frac{Gewinn \; vor \; Zinsen}{durchschnittlicher \; Kapitaleinsatz} \geq i_{kalk}$$
$$Rentabilität \geq i_{kalk}$$

Das Präferenzfunktional lautet: $\Phi(a) = r(a)$. Die Durchführung einer Maßnahme ist dann gerechtfertigt, wenn deren Rentabilität mindestens den vom Unternehmer geforderten Mindestwert erreicht. Damit wird die absolute Vorteilhaftigkeit definiert. Diese Mindestrendite kann von Unternehmen zu Unternehmen variieren und ist von den noch im Unternehmen verfügbaren Investitionsalternativen abhängig. Stehen für die Durchführung der Maßnahme mehrere sich ausschließende Alternativen zur Verfügung, die die geforderte Mindestrentabilität erwirtschaften, so ist diejenige mit der größten Rentabilität zu wählen (vgl. E.-regel 3.3). Damit ist die relativ vorteilhafte Alternative gefunden.

Entscheidungsregel 3.3: *Bei Einsatz der Rentabilitätsrechnung ist diejenige Alternative $a_{opt} \in A$ optimal, für die gilt:*

$$\Phi(a_{opt}) = \max_i \left[r(a_i) | r(a_i) \geq r_{min} \right].$$

Es ist demzufolge diejenige Maßnahme auszuwählen, die aus der Menge der absolut vorteilhaften Objekte die höchste Rentabilität erzielt. Zur Veranschaulichung wird das Beispiel 3.2 fortgeführt.

Fortführung des Beispiels 3.2:

Die Rentabilitäten der Objekte werden wie folgt ermittelt:

$$r_A = \frac{G_{kalk} + Z_{kalk}}{\dfrac{I+L}{2}} = \frac{37.150\ \text{€} + 9.100\ \text{€}}{130.000\ \text{€}} = \underline{\underline{35{,}58\ \%}}$$

$$r_B = \frac{G_{kalk} + Z_{kalk}}{\dfrac{I+L}{2}} = \frac{43.150\ \text{€} + 9.975\ \text{€}}{142.500\ \text{€}} = \underline{\underline{37{,}28\ \%}}$$

Da dieser Wert größer ist als der Kalkulationszinssatz von 7 %, sind beide Anlagen absolut vorteilhaft. Die Anlage B ist die relativ vorteilhafte Anlage.

3.2.4.2 Einordnung

Die Erläuterungen zum vollständigen Alternativenvergleich hatten gezeigt,[94] dass identische Investitionssummen und Zeiträume zu betrachten sind. Im soeben diskutierten Beispiel sind die Zeiträume gleichlang, jedoch unterscheiden sich die Investitionsvolumina. Deshalb soll gezeigt werden, wie prinzipiell in diesen Fällen zu verfahren ist. Es werden zwei Investitionsalternativen A und B betrachtet, wobei gilt:

$$I_B > I_A$$
$$\Delta I = I_B - I_A$$

Die Rentabilität der Anlage A ergibt sich aus:

---

[94] Vg. Abschn. 3.1.3 auf S. 173.

$$r_A = \frac{G_{kalk;A} + Z_{kalk;A}}{\frac{I_A + L}{2}}$$

Dazu sind Gewinn und Zinsen der Differenzinvestition hinzuzuziehen und auch das durchschnittlich gebundene Kapital ist zu berichtigen. Das ergibt:

$$r_{A;\Delta I} = \frac{G_{kalk;\Delta I} + Z_{kalk;\Delta I} + G_{kalk;A} + Z_{kalk;A}}{\frac{\Delta I + I_A + L}{2}}$$

wobei $G_{kalk;\Delta I}$ der Gewinn und $Z_{kalk;\Delta I}$ die Zinsen aus der Ergänzungsinvestition ΔI sind. Wird der Wert $r_{A;\Delta I}$ der Rentabilität der Anlage B gegenübergestellt, ergibt sich ein vollständiger Alternativenvergleich. Die damit verbundenen Frage ist, wie hoch der Gewinn und die Zinsen der Ergänzungsinvestition sind. Da sich in der Realität kaum passende, risikofreie Anlagen[95] mit exakt dem Betrag ΔI finden lassen, wird es schwierig, die erforderlichen Werte zu ermitteln. Deshalb kann folgender Ausweg für die Situation $I_B > I_A$ gewählt werden:[96]

$$G_{kalk;A} + Z_{kalk;A} + G_{kalk;\Delta I} + Z_{kalk;\Delta I} = G_{kalk;B} + Z_{kalk;B}$$

Mit $KB = \dfrac{\Delta I + L}{2}$ folgt:

$$KB_A \cdot r_A + KB_{\Delta I} \cdot r_{\Delta I} = KB_B \cdot r_B$$

$$r_{\Delta I} = \frac{KB_B \cdot r_B - KB_A \cdot r_A}{KB_{\Delta I}}$$

Auf diese Weise beschreibt $r_{\Delta I}$ die Mindestrendite, die von der Ergänzungsinvestition erzielt werden muss, damit diese Investition zusammen mit der Alternative A gleichwertig zur Alternative B ist. Zur Erläuterung wird das Beispiel 3.2 fortgeführt.

Fortführung des Beispiels 3.2:

Es gelten folgende Eingangsdaten:

$$KB_A = \frac{260.000 \, €}{2} = 130.000 \, €$$

$$r_A = 0{,}2558$$

$$KB_B = \frac{285.000 \, €}{2} = 142.500 \, €$$

$$r_B = 0{,}2728$$

---

[95] Sämtliche Analysen finden unter der Annahme von Sicherheit statt.
[96] Vgl. Pape (2018: 356).

$$KB_{\Delta I} = \frac{25.000 \,\text{€}}{2} = 12.500 \,\text{€}$$

Die Mindestverzinsung der Ergänzungsinvestition folgt mit:

$$\begin{aligned}
r_{\Delta I} &= \frac{KB_B \cdot r_B - KB_A \cdot r_A}{KB_{\Delta I}} \\
&= \frac{142.500 \,\text{€} \cdot 0{,}3728 - 130.000 \,\text{€} \cdot 0{,}3558}{12.500 \,\text{€}} \\
&= \frac{53.125 \,\text{€} - 46.250 \,\text{€}}{12.500 \,\text{€}} \\
&= 0{,}5500
\end{aligned}$$

Die Mindestverzinsung der Ergänzungsinvestition beträgt 55%. Damit wird eine Summe aus Gewinn und Zinsen in Höhe von 6.875 € erwirtschaftet. Dieser Wert entspricht zusammen mit Gewinn und Zinsen der Anlage A dem Ergebnis der Anlage B von 53.125 €.

Die Rentabilitätsrechnung ist in den Unternehmen häufig anzutreffen, da sie dem Wunsch entspricht, Investitionsprojekte mit unterschiedlichen Eigenschaften über eine Kennzahl zu vergleichen. Die Erläuterungen machten deutlich, dass auch bei diesem Verfahren **Durchschnittswerte** sowohl in Bezug auf die Kapitalbindung als auch im Hinblick auf die Gewinne betrachtet werden. Dies ist – neben der mangelnden Berücksichtigung des zeitlichen Anfalls der Ergebnisse – der Hauptkritikpunkt an diesem Verfahren. Beide Aspekte führen bei sehr langen Betrachtungszeiträumen zu erheblichen Ungenauigkeiten bzw. Fehlern. Einerseits, da die Kapitalbindung der ersten Jahre in diesen Fällen erheblich von der Kapitalbindung der letzten Jahre abweicht. Andererseits, da die Diskontierungseffekte zukünftiger Zahlungen dann besonders groß sind.

Die Rentabilität ist eine **relative** Größe, wohingegen die Gewinnvergleichsrechnung zu einer **absoluten** Größe führt. Auf die Dominanz des Gewinns gegenüber der Rentabilität wurde schon hingewiesen.[97] Daraus kann geschlussfolgert werden, dass eine ausschließliche Orientierung an den Ergebnissen der Rentabilitätsrechnung nicht ratsam ist. Diese Einschränkung gilt jedoch nicht bei identischen Investitionssummen bzw. wie oben demonstriert, bei der Berücksichtigung von Ergänzungsinvestitionen.

---

[97] Vgl. Abschn. 3.1.1 auf S. 161.

3.2.5 Statische Amortisationsrechnung

3.2.5.1 Beschreibung und Definition

Die bisher vorgestellten Methoden basieren auf kalkulatorischen Größen und betrachten einen Durchschnittszeitraum von einem Jahr. Die Amortisationsrechnung hingegen untersucht, nach welcher Zeit das investierte Kapital durch die Umsatzerlöse zurückgewonnen wird. Hierfür werden nicht Kosten und Erlöse betrachtet, sondern die mit dem Investitionsobjekt verbundenen Ein- und Auszahlungen. Die Länge des Zeitraums, welcher zur Erwirtschaftung der Investitionsauszahlung erforderlich ist, wird von den Unternehmen als Maßstab des Investitionsrisikos verwendet.[98] Je länger die Amortisation dauert, desto größer ist das Risiko der Investition. Das Präferenzfunktional lautet: $\Phi(a) = t_a\,(a)$, wobei t_a das Jahr der Amortisation bezeichnet.

Die Amortisationsrechnung ist in zwei Varianten durchführbar:[99]

- Kumulationsmethode und
- Durchschnittsrechnung.

Bei dem kumulativen Verfahren werden die jährlichen Rückflüsse aufsummiert. In dem Jahr, in dem die Summe der Rückflüsse größer ist als die Investitionsauszahlung (abzüglich einer möglichen Liquidationseinzahlung), hat sich die Investition amortisiert bzw. befindet sich der Amortisationszeitpunkt t_a (vgl. Def. 3.10).

Definition 3.10: *Die statische Amortisationsdauer t_a einer Investitionsmaßnahme ergibt sich aus:*

$$
\text{Durchschnittsmethode}: t_a = \frac{I - L}{R_t}
$$

$$
\text{Kumulierungsmethode}: I - L = \sum_{t=1}^{t_a} R_t.
$$

In der Def. 3.10 beschreibt R_t die jährlichen Rückflüsse als Differenz der Einzahlungen E_t und der Auszahlungen A_t wie folgt: $R_t = E_t - A_t$. Der durchschnittliche Rückfluss ist **nicht** mit dem durchschnittlichen Gewinn identisch. Beim Rückfluss handelt es sich um die Differenz zwischen laufenden **Ein- und Auszahlungen**, während der Gewinn die Differenz zwischen durchschnittlichen **Erlösen und Kosten** darstellt. Bei der Ermittlung der

---

[98] In diesem Zusammenhang wird der materielle Risikobegriff verwendet. Vgl. zu den unterschiedlichen Risikobegriffen Abb. 1.2 auf S. 27.

[99] Vgl. Perridon/Steiner/Rathgeber (2017: 46–50).

Rückflüsse bleiben die Investitionsauszahlungen und die Liquidationseinzahlungen unberücksichtigt. Die beiden wichtigen kalkulatorischen Komponenten Abschreibungen und Zinsen sind – außer die Fremdkapitalzinsen – nicht zahlungswirksam und werden nicht mit erfasst.

Aus der Darstellung lässt sich die Grenzamortisationsdauer $t_{a;Grenz}$ folgendermaßen ermitteln:

$$G_{kalk} + Ab_{kalk} + Z_{kalk} = R$$

$$R - Ab_{kalk} - Z_{kalk} \geq 0$$

$$R - \left[(I - L)\left(\frac{1}{N} + \frac{i_{kalk}}{2} \right) + L \cdot i_{kalk} \right] \geq 0$$

$$R \geq (I - L)\left(\frac{1}{N} + \frac{i_{kalk}}{2} \right) + L \cdot i_{kalk}$$

$$\frac{I - L}{R} \leq \frac{1}{\dfrac{1}{N} + \dfrac{i_{kalk}}{2} + \dfrac{L \cdot i_{kalk}}{I - L}}$$

$$t_a \leq t_{a;Grenz}$$

Damit kann die absolute Vorteilhaftigkeit wie folgt beschrieben werden: Die Amortisationsdauer t_a muss unter der Grenzamortisationsdauer $t_{a;Grenz}$ liegen. Je größer die geplante Nutzungsdauer und je geringer der Kalkulationszinssatz, desto länger ist auch die Grenzamortisationsdauer. Entscheidungsregel 3.4 beschreibt das Auswahlkriterium.

Entscheidungsregel 3.4: *Bei Einsatz der statischen Amortisationsrechnung ist diejenige Alternative $a_{opt} \in A$ optimal, für die gilt:*

$$\Phi(a_{opt}) = \min_i [t_a(a_i) | t_a(a_i) \leq t_{a_i;Grenz}].$$

Diejenige Maßnahme ist auszuwählen, die aus der Menge der absolut vorteilhaften Objekte die geringste Amortisationsdauer aufweist. Zur Demonstration wird das Eingangsbeispiel herangezogen.

Fortführung des Beispiels 3.2:

Die Rückflüsse lassen sich wie folgt auch aus dem kalkulatorischen Gewinn ermitteln:

$$R = \underline{G_{kalk} + Ab_{kalk} + Z_{kalk}}$$
$$= \underline{G_{kalk} + KD}$$

Für die Eingangsdaten aus der Tabelle 3.6 ergeben sich folgende Rückflüsse:

$$R_{Anlage\ A} = 37.150\,€/a + 37.850\,€/a = \underline{75.000\,€/a}$$
$$R_{Anlage\ B} = 43.150\,€/a + 41.850\,€/a = \underline{85.000\,€/a}$$

Es resultieren damit die folgenden statischen Amortisationsdauern:

$$t_{a;Anlage\ A} = \frac{230.000\ €}{75.000\ €/a} = \underline{\underline{3,07\ a}}$$

$$t_{a;Anlage\ B} = \frac{255.000\ €}{85.000\ €/a} = \underline{\underline{3,00\ a}}$$

Für die Anlage A ergibt sich die Grenzamortisationsdauer aus:

$$t_{a;Grenz;A} = \frac{1}{\dfrac{1}{N} + \dfrac{i_{kalk}}{2} + \dfrac{L \cdot i_{kalk}}{I - L}}$$

$$= \frac{1}{\dfrac{1}{8a} + \dfrac{0,07/a}{2} + \dfrac{15.000\ € \cdot 0,07/a}{230.000\ €}}$$

$$= \underline{\underline{6,09\ a}}$$

Die ermittelte Amortisationsdauer von 3,06 a ist kleiner als die Grenzamortisationsdauer. Für Anlage B resultiert eine Grenzamortisationsdauer von $t_{a;Grenz;B} = 6,09\ a$.

Wenn die jährlichen Rückflüsse nicht dieselbe Höhe aufweisen, lässt sich die Amortisationsdauer kumulativ ermitteln. Dazu werden die jährlichen Rückflüsse aufaddiert, bis deren Summe den Investitionsauszahlungen entspricht.

3.2.5.2 Einordnung

Eine Entscheidung allein auf Basis der Amortisationsdauer zu fällen, empfiehlt sich nicht, da ausschließlich der Zeitraum bis zur Rückgewinnung des Kapitaleinsatzes berücksichtigt wird. Entwicklungen nach diesem Zeitraum, die für die Ermittlung des Beitrags der Investition zum Betriebsergebnis ebenfalls von Bedeutung sind, werden vernachlässigt. Deshalb kann die Amortisationsdauerberechnung **zusätzlich** zu einem weiteren Vorteilhaftigkeitskriterium durchgeführt werden.

3.2.6 Zusammenfassende Kritik

Investitionsrechnungen sind Entscheidungsmodelle, an die zwei Grundanforderungen zu stellen sind:

- Das vorliegende Entscheidungsproblem soll möglichst realitätsnah abgebildet werden, was mit der Problemadäquanz beschrieben wird.
- Der Entscheidungsträger muss das Modell nutzen und verstehen können und die Kosten des Modelleinsatzes sollten angemessen sein, womit die Nutzeradäquanz beschrieben ist.

Einfache Sachverhalte, also Entscheidungsprobleme mit wenigen Einflussgrößen, geringen Laufzeiten und geringen Investitionssummen erfordern ebenso einfache Modelle.[100] Mit zunehmender Komplexität der Entscheidungssituation wächst auch die Komplexität der diese Situation abbildenden Modelle. Die Beurteilung von Problem- und Nutzeradäquanz ist immer subjektiver
Natur.[101]

Aus diesen Gründen wird im Folgenden nicht von Vor- und Nachteilen gesprochen, da eine Einteilung in diese Kategorien von der Entscheidungssituation,
dem Entscheidungsproblem und den Akteurseigenschaften abhängt. Stattdessen werden die Eigenschaften der Verfahren wie folgt zusammengefasst:[102]

- Es werden **Durchschnittswerte** gebildet und betrachtet. Im Zeitablauf
  steigende oder sinkende Werte werden nicht berücksichtigt. Bei Investitionen mit sehr langen Betrachtungszeiträumen führt dies zu erheblichen Ungenauigkeiten bzw. Fehlern. Die Kapitalbindung der ersten Jahre weicht
  in diesen Fällen erheblich von der Kapitalbindung der letzten Jahre ab,
  was zu Schwankungen von kalkulatorischen Abschreibungen und Zinsen
  führt. Diese rechnerische Nivellierung ist – neben der mangelnden Berücksichtigung des zeitlichen Anfalls der Ergebnisse – der Hauptkritikpunkt
  an diesen Verfahren.
- Es wird **Zeitindifferenz** des Akteurs impliziert,[103] da keine Diskontierung von Zahlungen erfolgt.
- Einmalig auftretende Einflussgrößen wie z. B. die Investitionsauszahlung
  oder die Liquidationseinzahlung werden gleichmäßig als Durchschnitts-
  größen über die Laufzeit verteilt.
- Die Nutzungskosten der Verfahren sind gering. Da die Verfahren auf Daten des internen Rechnungswesens zurückgreifen, besteht nur ein geringer
  Aufwand zur Informationsbeschaffung und -verarbeitung.
- Die Methoden sind leicht nachvollziehbar.

Zusammenfassend wird festgestellt, dass einfache Investitionsprobleme mit
geringen zeitlichen Differenzen zwischen den Ein- und Auszahlungen und geringen Investitionsvolumina mit diesen Methoden relativ gut abgebildet werden können. Zeitpräferenzen des Akteurs spielen in den Modellen jedoch gar
keine Rolle. Das ist mit Blick auf die Struktur der Situation als intertemporale
Entscheidung erklärungsbedürftig. In den einleitenden Erklärungen[104] wurde
schon eine mögliche Erklärung gegeben: Der Akteur verfügt weder über eine
Gegenwarts- noch über eine Zukunftspräferenz, sondern er ist **indifferent**.

---

[100] Vgl. Müller (2009: 484).

[101] Vgl. Abb. 2.22 auf S. 132.

[102] Vgl. Perridon/Steiner/Rathgeber (2017: 51).

[103] Vgl. Abschn. 3.1.2 auf S. 165.

[104] Vgl. Abschn. 3.1.2 auf S. 165.

3.3 Grundlagen dynamischer Verfahren

3.3.1 Einführung

Dynamische Verfahren werden eingesetzt, um zeitliche Unterschiede zwischen Ein- und Auszahlungen abzubilden. Diese Verfahren sind nicht dynamisch in dem Sinne, dass Variablen einer Periode von der Entwicklung dieser Variablen in der Vorperiode abhängen. Statt dessen werden zeitliche Unterschiede der Zahlungen durch finanzmathematische Verfahren der Zinseszinsrechnung berücksichtigt. Die korrekte Bezeichnung müsste demzufolge „finanzmathematische Methoden" lauten.[105] Aufgrund der weiten Verbreitung wird die Bezeichnung „dynamische Verfahren" im weiteren Verlauf jedoch beibehalten.

3.3.2 Entscheidungstheoretische Grundlagen

Die in der Investitionsrechnung traditionell eingesetzten Verfahren der Zinseszinsrechnung basieren auf dem **exponentiellen Diskontierungsmodell**. Dies ist das Standardverfahren in sämtlichen Lehrbüchern zur Investitionsrechnung. Es ist am weitesten verbreitet und besonders für finanzwirtschaftliche Problemstellungen typisch, da die vorliegenden Ergebnisse aus **Zahlungen** bestehen. In diesem Zusammenhang wurde bereits darauf hingewiesen, dass die Nutzenfunktion zur Abbildung der Höhenpräferenz **linear** im Geld ist.[106]

Anschließend muss die Abbildung der Zeitpräferenz erfolgen. In den einführenden Erläuterungen wurde darauf hingewiesen, dass die Diskontierung bestimmte Präferenzen des Entscheidungsträgers voraussetzt bzw. impliziert.[107] Sämtliche dieser Anforderungen an die Zeitpräferenz werden an anderer Stelle detailliert vorgestellt.[108] Im Folgenden werden deshalb lediglich zwei Anforderungen skizziert:[109]

- **Wechselseitige Unabhängigkeit:** Im Zusammenhang mit der Bewertung von Ereignissen, die zu verschiedenen Zeitpunkten auftreten, muss sichergestellt sein, dass die Präferenz ausschließlich aufgrund der Ausprä-

---

[105] Vgl. Busse von Colbe/Laßmann (1990: 20–21).

[106] Vgl. Abschn. 3.1.2 auf S. 165.

[107] Vgl. Abb. 3.2 auf S. 172.

[108] Vgl. 2. Band, Abschn. 1.7.2 auf S. 188–214.

[109] Vgl. Krantz et al. (1971: 304–305); French (1988: 135); Fishburn/Edwards (1997: 154).

gung der Werte zwischen zwei betrachteten Zeitpunkten beurteilt wird, ohne dass die Ausprägung von Ergebnissen zu anderen Zeitpunkten eine Rolle spielt. Die Präferenzen für verschiedene Zeitpunkte müssen voneinander unabhängig sein. Zur Veranschaulichung dient Beispiel 3.3.

Beispiel 3.3:

Es wird die Wahl des Hauptgerichtes betrachtet. Ein Akteur soll heute den Speiseplan für die gesamte nächste Woche zusammenstellen und kann dafür als Hauptgericht zwischen Pizza, Steak oder Fisch wählen. Unabhängigkeit der Präferenzen fordert von einem Akteur, der Pizza lieber mag als Steak, dass er die gesamte Woche lang Pizza präferiert. Dies wird jedoch kaum der Fall sein.

Die Unabhängigkeit der Präferenz für die Zeitpunkte wird bei Alltagsentscheidungen i. d. R. nicht erfüllt sein.[110] Die Präferenzen sind im Beispiel 3.3 also nicht separierbar, was daran liegen dürfte, dass die Zeitpunkte nicht "weit genug voneinander entfernt" sind.[111]

Die Unabhängigkeit kann auf sämtliche Zeitpunkte ausgeweitet werden. Dies wird als wechselseitige Unabhängigkeit bezeichnet.[112] Wechselseitige Unabhängigkeit ist erforderlich, um ein additives Präferenzfunktional einsetzen zu können. Obwohl diese Prämisse sehr restriktiv ist, wird sie in vielen entscheidungstheoretischen Standardmodellen – wie z. B. Kapitalwert oder Nutzwertanalyse – verwendet. Die wechselseitige Unabhängigkeit sichert lediglich die Unabhängigkeit der Bewertung von Ergebnissen aus unterschiedlichen Zeitpunkten. Damit eine Transformation des Nutzens der Ergebnisse mittels exponentieller Diskontierung möglich ist, muss eine weitere Prämisse, die Stationarität, erfüllt sein.

- **Stationarität:** Diese Eigenschaft[113] der Präferenzen fordert, dass diejenigen Zeitpunkte von Zahlungsströmen irrelevant für die Präferenzordnung sind, die jeweils identische Ausprägungen aufweisen. Beispiel 3.4 zeigt die Intention dieser Eigenschaft.

---

[110] Vgl. Fishburn (1968: 351). *„The amount of wine I drank yesterday and will drink tomorrow can be expected to have effects upon my today's indifference slope between wine and milk. For this reason neither Wold nor I would care to treat the preference over time as if it could be written as a sum of independent daily utilities."* Samuelson (1952: 674).

[111] Vgl. 2. Band, Abschn. 1.2.1 auf S. 8.

[112] Vgl. 2. Band, Anf. 1.7.5 auf S. 195 sowie Ferejohn/Page (1978: 271–272); French (1988: 119); Fishburn/Edwards (1997: 147); Bleichrodt/Rohde/Wakker (2008: 342); Laux/Gillenkirch/Schenk-Mathes (2018: 534–535).

[113] Vgl. 2. Band, Anf. 1.7.6 auf S. 203.

Beispiel 3.4:

Vier Alternativen sind in Tab. 3.7 gegeben.

Tab. 3.7: Stationarität von Präferenzen. Quelle: Eigene Darstellung, in
Anlehnung an: Koopmans/Diamond/Williamson (1964: 85).

Zeitpunkt / Alternative	t=1	t=2	t=3	t=4	$\cdots$
A	x_1	x_2	x_3	x_4	$\cdots$
B	x_1	y_2	y_3	y_4	$\cdots$
C	x_2	x_3	x_4	$\cdots$	$\cdots$
D	y_2	y_3	y_4	$\cdots$	$\cdots$

*Stationarität fordert in diesem Fall: A wird gegenüber B schwach präferiert, wenn
C ebenfalls gegenüber D schwach vorgezogen wird. Es gilt: $A \succsim B \Leftrightarrow C \succsim D$. Damit
wird gefordert, dass jede Frage nach einer Änderung der Präferenzen in der Zukunft
für die heute zu treffende Entscheidung irrelevant sein soll.*

Aus der Stationarität folgen Zeitinvarianz und Zeitkonsistenz von Präferenzen.[114] Die drei Eigenschaften werden anhand des Beispiels 3.5 dargestellt.

Beispiel 3.5:

*Eine Studierende soll am Sonntagabend ihre Präferenzen für das Aufstehen am Mon-
tag festlegen. Es wird angenommen, sie präferiert an diesem Abend für den direkt
folgenden Montag frühes Aufstehen gegenüber Ausschlafen. Ihre Zeitpräferenz ist:*

- *stationär, wenn sie bei der Entscheidung am Sonntagabend das Frühaufstehen
  auch für jeden anderen Tag der Woche bevorzugen würde,*
- *zeitkonsistent, wenn sie diese Präferenz auch noch am Montagmorgen hätte und
  demzufolge aufstehen würde,*
- *zeitinvariant, wenn sie am nächsten Sonntagabend dieselbe Entscheidung erneut
  für den dann folgenden Montagmorgen treffen würde.*

Der wesentliche Unterschied zwischen Zeitkonsistenz und wechselseitiger
Unabhängigkeit besteht darin, dass bei der Zeitkonsistenz der Betrachtungszeitpunkt geändert wird. Zur Erläuterung wird das Beispiel 3.3 zur
Wahl des Hauptgerichtes für die Zeitpunkte „Heute" und „Morgen" wieder aufgegriffen. Unabhängigkeit der Präferenzen bezieht sich auf die Auswahl der Speisen für die gesamte Planungsperiode in $t = 0$. Zeitkonsistenz
hingegen bezieht sich auf den Vergleich der Präferenzen der in $t = 0$ zu
treffenden Entscheidung und der in der Zukunft $t^* = t_0 + \Delta t$ zu treffende

---

[114] Vgl. Halevy (2015: 341–342); Millner/Heal (2018: 162).

Auswahl der Speisen. Wenn der Akteur heute festlegt, nächsten Montagabend Pizza gegenüber allen anderen Gerichten vorzuziehen, so muss er
zur Wahrung der Zeitkonsistenz diese Präferenz auch beibehalten, wenn
er an dem besagten Montagabend die Wahl tatsächlich treffen muss.

Vielleicht wird an dem Beispiel 3.5 verständlich, warum Stationarität die
Zeitkonsistenz impliziert. Bei der Stationarität wird der Betrachtungs-
bzw. Entscheidungspunkt fixiert und es wird der Zeitpunkt der Ereignisse variiert. Im Fall der Zeitkonsistenz hingegen wird der Zeitpunkt des
Eintritts der Ereignisse fixiert und der Betrachtungszeitpunkt wird variiert. In beiden Fällen wird der relative Abstand zwischen Entscheidungs-
und Eintrittszeitpunkt verändert. Die Präferenzrelation sollte trotzdem
unverändert bleiben.

Diese beiden Eigenschaften – und wie bereits erwähnt, weitere Prämissen –
sind notwendig, um ein additives und intertemporales Präferenzfunktional
auf Basis der exponentiellen Diskontierung einsetzen zu können. Wenn diese
Prämissen erfüllt sind, existiert ein ordnungstreues, intertemporales, additives Präferenzfunktional, das den Gesamtnutzen der Zahlungsreihe abbildet.

Bei Verwendung des Konstruktes des vollkommenen Kapitalmarktes gelten
diese Anforderungen **implizit** als erfüllt.[115] Die Annahme eines vollkommenen Kapitalmarktes impliziert die Erfüllung der wechselseitigen Unabhängigkeit und der Stationarität der Präferenzen. Das resultierende Funktional
bei Annahme des vollkommenen Kapitalmarktes basiert auf einer linearen
Nutzenfunktion des Akteurs, also auf einer **linearen Zeitbewertung**.

Damit wird deutlich, dass alle Verfahren, die keinen vollkommenen Kapitalmarkt annehmen, stattdessen einen vollkommenen Akteur unterstellen müssen. Dieser muss vollkommen sein im Sinne der Erfüllung der Anforderungen
an seine Präferenzen zur Existenz eines intertemporalen, additiven Präferenzfunktionals.[116] Wenn diese Anforderungen erfüllt sind, liegt der idealtypische
homo oeconomicus vor. Nur dann kann die gebräuchliche exponentielle Diskontierung für den unvollkommenen Kapitalmarkt verwendet werden.

Das kann als **Grundsatz der exponentiellen Diskontierung** bezeichnet
werden. Exponentielles Diskontieren setzt entweder einen vollkommenen Kapitalmarkt oder einen vollkommenen Akteur voraus (vgl. Merksatz 3.2).

*Merksatz 3.2: Damit Modelle der exponentiellen Diskontierung eingesetzt
werden können, muss entweder ein vollkommener Kapitalmarkt oder ein vollkommener Akteur angenommen werden.*

Die folgenden Darstellungen gehen von der Erfüllung einer dieser Voraussetzungen aus und beruhen auf dem exponentiellen Diskontierungsmodell. Die

---

[115] Vgl. 2. Band, Merksatz 1.20 auf S. 213.
[116] Vgl. 2. Band, Merksatz 1.17 auf S. 204.

zukünftigen Ergebnisse werden auf diese Weise in Nutzenwerte umgewandelt, auf deren Basis die Entscheidung gefällt wird. Aus der Ergebnismatrix entsteht mit der Diskontierung die Entscheidungsmatrix.

Zusammenfassend wird festgestellt, dass das exponentielle Diskontieren die einzige Form ist, die zeitkonsistente Entscheidungen sicherstellt.[117] Deshalb impliziert die Annahme des homo oeconomicus exponentielles Diskontieren und vice versa. Die Erläuterungen machen deutlich, warum diese Modellierung für unternehmerische Investitionsentscheidungen aus folgenden Gründen **unkritisch** ist:

- Im Unternehmen entscheiden spezielle Abteilungen bzw. speziell geschulte Personen über Investitionen. Durch Vorgabe von Modellen und Verfahrensweisen wird der Entscheidungsprozess weitgehend objektiviert. Diese Akteure und Gremien können als rational handelnde Entscheidungsträger interpretiert werden, welche die oben geschilderten Anforderungen an die Zeitpräferenzen erfüllen.[118]

- Darüber hinaus bestehen die Ergebnisse, die mittels der Investitionsrechnung erfasst werden, per definitionem nur aus Zahlungsgrößen. Bei diesen ist eine zeitliche Transformation des Nutzens mittels exponentieller Diskontierung gut begründbar. Sämtliche finanzmathematischen Modelle basieren darauf.

Damit kann aber auch festgestellt werden, in welchen Fällen die exponentielle Diskontierung **problematisch** sein könnte:[119]

- Individuen, die nicht als professionelle Entscheider tätig sind, verletzen die Prämissen der Unabhängigkeit und Stationarität sehr oft.[120] Aber auch ein Einzelunternehmer, der eine Investitionsentscheidung fällt, kann diese Prämissen verletzen.

- Bestehen die Ergebnisse von Investitionsprojekten in anderen Zieldimensionen (wie z. B. bei ökologischen oder sozialen Zielen) muss geprüft werden, ob die exponentielle Diskontierung dafür geeignet ist. Es erscheint kritikwürdig, dass diese Form der Nutzentransformation für sämtliche Ergebnisarten von Investitionen (wie z. B. Umweltgüter, Lebenszeit, Arbeitsqualität) erfolgt.

- Besonders im Fall von mehrstufigen Entscheidungen, bei denen zwischen den einzelnen Stufen längere Zeiträume liegen, muss geprüft werden, ob die Präferenzen die Stationarität erfüllen. Diese langwierigen Projekte sind prädestiniert für zeitinkonsistentes Entscheidungsverhalten. Um das

---

[117] Vgl. Strotz (1955: 172); Beck (2014: 214).

[118] Davon unbenommen sind Prinzipal-Agenten-Probleme, die mit Investitionsentscheidungen verbunden sein können. Es stehen hier nur die Anforderungen an die Zeitpräferenzen der Akteure zur Diskussion.

[119] Vgl. 2. Band, Abschn. 2.3.4 auf S. 333 für eine umfangreiche Kritik.

[120] Vgl. Beck (2014: 213–235); Takemura (2021: 210–215).

zu verhindern, ist während des gesamten Prozesses eine möglichst gute Dokumentation der ursprünglichen Ziele, Präferenzen, Rahmenbedingungen und der Prämissen erforderlich.

Um den letzten Kritikpunkt zu entkräften, wurden alternative Diskontierungsmodelle entwickelt.[121] Bekannte Vertreter dieser alternativen Methoden dürften das hyperbolische und das subadditive Modell sein. Diese Modelle werden nicht hier, sondern an anderer Stelle vorgestellt.[122] Ergänzend wird auf die weiterführende Literatur verwiesen.[123]

3.3.3 Finanzmathematische Grundlagen

Wenn die Zeitpräferenzen des Akteurs die geschilderten Anforderungen erfüllen, kann die finanzmathematische Berücksichtigung von Zins und Zinseszins mittels exponentieller Diskontierungsfunktion erfolgen. Die grundlegenden Eigenschaften dieses Modells sind an anderer Stelle ausführlich erläutert.[124] Darüber hinaus werden – zusätzlich zu den bisherigen Voraussetzungen[125] – folgende Annahmen getroffen:

- Investitionen lassen sich auf Zahlungsreihen reduzieren, die aus Ein- und Auszahlungen bestehen.
- Jede Zahlung erhält ein Datum, der Index kennzeichnet den Zeitpunkt der Zahlung.
- Höhe und Zeitpunkt der Zahlungen sind ebenso bekannt, wie der Zinssatz und der Zeithorizont. Es herrscht Sicherheit über sämtliche Informationen.[126]

Das Auf- oder Abzinsen der jeweiligen Zahlungen trägt dem zeitversetzten Anfall der Zahlungen Rechnung. Der Zins drückt die Zeitpräferenz der Marktteilnehmer aus.[127] Der Zinssatz wird i. d. R. in Prozent per annum angegeben. Der Zinsbetrag ergibt sich unter Berücksichtigung des Zinssatzes, der Verzinsungsdauer, des zu verzinsenden Betrags und der Verzinsungsform. Werden bei der Zinsberechnung die in den Vorperioden angefallenen Zinsen mit verzinst, handelt es sich um Zinseszinsen.

---

[121] Doyle führt 26 Diskontierungsmodelle auf. Vgl. Doyle (2013: 121).

[122] Vgl. 2. Band, Abschn. 2.4.3 auf S. 349–369.

[123] Vgl. Beck (2014: 224-226); Blavatskyy (2015); Feigenbaum (2016). Für einen historischen Überblick über die Entwicklungslinien verschiedener Diskontierungsmodelle vgl. Grüne-Yanoff (2015).

[124] Vgl. 2. Band, Abschn. 2.4.3.2 auf S. 350.

[125] Vgl. Abschn. 3.1.2 auf S. 165.

[126] Die Sicherheitsannahme wird im Kapitel 5 auf S. 483 aufgehoben.

[127] Vgl. 2. Band, Abschn. 1.7.1 auf S. 181–192.

Die Tatsache, dass Zinsen selbst wiederum einen Zinsanspruch bewirken können war lange Zeit verboten.[128] Interessanterweise sind zur Verrechnung von Zinseszinsen in Deutschland auch heutzutage nur Kreditinstitute und Sparkassen, nicht jedoch Privatpersonen berechtigt.[129]

Der sich nach N Jahren aus der Anlage der Zahlung Z_0 unter Berücksichtigung von Zins und Zinseszins ergebende Wert wird als Endwert EW_N bezeichnet. Bei **nachschüssiger** Verzinsung, d. h. wenn die Zinsen am Endzeitpunkt t jeder Periode $p \in P$ gutgeschrieben werden, resultiert der Endwert aus:[130]

$$EW_N = Z_0(1+i)^N.$$

Dabei stellt i den Zinssatz dar. Mit $q = 1 + i$ wird der Aufzinsungsfaktor q^N formuliert. Investitionen verursachen i. d. R. mehrere Zahlungen. Der Endwert einer endlichen Reihe von aufgezinsten Zahlungen ergibt sich zum Zeitpunkt $t = N$ aus:

$$EW_N = \sum_{t=1}^{N} Z_t \cdot q^{N-t}.$$

Liegt eine endliche Zahlungsreihe von jährlich wiederkehrenden gleich hohen Zahlungen Z_t vor, die jährlich verzinst werden und deren Zinsen wiederum mitverzinst werden, lässt sich der Endwert dieser Zahlungsreihe EW_N aus der Summe dieser Reihe wie folgt ermitteln:

$$Summe\ S = \sum_{t=1}^{N} q^{N-t}$$
$$S = q^{N-1} + q^{N-2} + q^{N-3} + \cdots + q^2 + q + 1$$
$$S \cdot q = q^N + q^{N-1} + q^{N-2} + q^{N-3} + \cdots + q^2 + q$$
$$S \cdot q - S = q^N - 1$$
$$S \cdot (q-1) = q^N - 1$$
$$S = \frac{q^N - 1}{q - 1}.$$

Der Term $\frac{q^N - 1}{q - 1}$ wird auch als Endwertfaktor bzw. Rentenendwertfaktor bezeichnet. Damit lässt sich der Endwert der Reihe folgendermaßen ermitteln:

$$EW_N = Z_t \frac{q^N - 1}{q - 1}.$$

---

[128] Vgl. Brockhoff (2021: 127–130).

[129] Vgl. § 248 BGB. Eine Ausnahme besteht für Kaufleute gem. § 355 HGB.

[130] Vgl. Busse von Colbe/Laßmann (1990: 34–39).

Der Kehrwert des Aufzinsungsfaktors q^{-N} wird zur Abzinsung eines in der Zukunft verfügbaren Betrags verwendet und als Abzinsungsfaktor bzw. Diskontierungsfaktor bezeichnet. Der durch Abzinsung ermittelte Wert eines in Zukunft verfügbaren Betrags nennt sich Barwert B_0 (Gegenwartswert):

$$B_0 = EW_N(1+i)^{-N}.$$

Je größer der Kalkulationszinssatz, desto größer fällt die Differenz zwischen Endwert und Gegenwartswert aus. Der Gegenwartswert zukünftiger Zahlungen sinkt mit steigendem Zinssatz und umgekehrt. Im Rahmen von Investitionsmaßnahmen resultieren aus einer Investitionsauszahlung i. d. R. Einzahlungen über mehrere Jahre. Deshalb ist der Barwert einer Zahlungsreihe zu betrachten. Der Barwert B_0 der auf den Betrachtungszeitpunkt $t = 0$ abgezinsten Zahlungen Z einer nachschüssigen Zahlungsreihe ergibt sich aus:

$$B_0 = \sum_{t=1}^{N} Z_t \cdot q^{-t}.$$

Handelt es sich um jährlich gleich hohe Zahlungsbeträge, kann die Summe der endlichen Reihe verwendet werden. Dazu wird Folgendes formuliert:

$$Summe\ S = \sum_{t=1}^{N} q^{-t}$$

$$S = q^{-1} + q^{-2} + q^{-3} + \cdots + q^{-(N-2)} + q^{-(N-1)} + q^{-N}$$

$$S \cdot q = 1 + q^{-1} + q^{-2} + q^{-3} + \cdots + q^{-(N-2)} + q^{-(N-1)}$$

$$S \cdot q - S = 1 - q^{-N}$$

$$S \cdot (q-1) = 1 - q^{-N}$$

$$S = \frac{1 - q^{-N}}{q - 1}$$

Multiplikation mit $\frac{q^N}{q^N}$ führt zu:

$$S = \frac{q^N - 1}{q^N(q-1)}$$

Dieser Term wird als Rentenbarwertfaktor bzw. Diskontierungssummenfaktor bezeichnet. Der Rentenbarwertfaktor diskontiert die einzelnen Glieder der Zahlungsreihe unter Berücksichtigung von Zins und Zinseszins und addiert die Gegenwartswerte. Damit lässt sich der Barwert der Reihe folgendermaßen ermitteln:

$$B_0 = Z_t \frac{q^N - 1}{q^N(q-1)}$$

Für unbegrenzt lange Zahlungsreihen - ewige Rente - ergibt sich der Barwert folgendermaßen:

$$B_0 = \lim_{N \to \infty} Z_t \frac{q^N - 1}{q^N(q-1)}$$

$$B_0 = \lim_{N \to \infty} Z_t \frac{1 - \frac{1}{q^N}}{q - 1}$$

$$B_0 = \frac{Z_t}{q - 1}$$

Ein zum heutigen Zeitpunkt verfügbarer Betrag E_0 kann unter Berücksichtigung des Zinssatzes i auch gleichmäßig auf N Jahre verteilt werden. Die dabei entstehende betragliche Gleichheit der jährlichen Zahlungen begründet die Verwendung der Begriffe Annuität An oder auch Rente:

$$An = B_0 \frac{q^N(q-1)}{q^N - 1}$$

Der Kehrwert des Rentenbarwertfaktors $\frac{q^N(q-1)}{q^N-1}$ wird als Annuitätenfaktor (Kapitalwiedergewinnungsfaktor) bezeichnet. Der Annuitätenfaktor ist der Kapitaldienstfaktor, der die Wirkung von Zins und Zinseszins berücksichtigt. Wie auch der Rentenbarwertfaktor kann der Annuitätenfaktor für unendliche Reihen ermittelt werden.

In Tabelle 3.8 sind die wesentlichen finanzmathematischen Faktoren zusammengefasst.

Tab. 3.8: Übersicht finanzmathematischer Faktoren nachschüssiger Zahlungen. Quelle: Eigene Darstellung, in Anlehnung an: Däumler/Grabe (2014: 81).

Bezeichnung	Faktor	Funktion
Aufzinsungsfaktor	q^N	Zinst einen heute verfügbaren Betrag auf einen nach N Jahren verfügbaren Betrag auf
Abzinsungsfaktor	q^{-N}	Zinst einen nach N Jahren verfügbaren Betrag auf einen heute verfügbaren Betrag ab
Rentenbarwertfaktor für unendliche Reihen	$\frac{1}{q-1}$	Ermittlung des Barwertes von jährlich gleich großen Beträgen, die in einer unbegrenzten Anzahl von Jahren anfallen
Rentenbarwertfaktor für endliche Reihen	$\frac{q^N - 1}{q^N(q-1)}$	Ermittlung des Barwertes einer endlichen Reihe von gleich großen Jahresbeträgen
Annuitätenfaktor für unendliche Reihen	$q - 1$	Umwandlung eines heute verfügbaren Betrages in gleich große jährliche Zahlungen für unbegrenzte Zeit
		Weiter auf folgender Seite

Tabelle 3.8 – Fortsetzung

Bezeichnung	Faktor	Funktion
Annuitätenfaktor für endliche Reihen	$\dfrac{q^N(q-1)}{q^N-1}$	Verteilung eines heute verfügbaren Betrages auf gleich hohe Beträge für N Jahre
Endwertfaktor für endliche Reihen	$\dfrac{q^N-1}{q-1}$	Zinst die Glieder einer Zahlungsreihe auf den Zeitpunkt N auf und summiert deren Endwerte
Restwertverteilungs-faktor für endliche Reihen	$\dfrac{q-1}{q^N-1}$	Verteilung eines nach N Jahren verfügbaren Betrages auf gleich hohe Beträge über N Jahre

Wenn die Verzinsung der eingesetzten Mittel bei einer Anlage über mehrere Jahre berechnet werden soll, wird üblicherweise die endwertbezogene Rentabilität ermittelt (vgl. Def. 3.11).[131]

Definition 3.11: *Die jährliche Rentabilität r einer mehrjährigen Investition ist definiert durch:*

$$r = \sqrt[N]{\frac{EW_N}{I_0}} - 1$$

In der Definition 3.11 beschreibt I_0 die Höhe der zum Zeitpunkt $t = 0$ angelegten Mittel. Die Rentabilität beschreibt, wie sich diese eingesetzten Mittel durchschnittlich pro Jahr verzinst haben. Die Einheit der Rentabilität ist demzufolge Prozent pro Jahr, also %/a. Wichtig für die korrekte Anwendung und Interpretation von Def. 3.11 ist die Kapitalbindung. Nur wenn die Investitionssumme I_0 während der gesamten Laufzeit in voller Höhe im Objekt gebunden ist, kann die Def. 3.11 eingesetzt werden. Ein gutes Beispiel dafür sind Finanzinvestitionen. Die Finanzmittel werden auf einem Konto angelegt und verbleiben dort während der gesamten Laufzeit. Für Realinvestitionen liefern sog. **Reifeprojekte** ein anschauliches Beispiel. Das sind Investitionen die während der mehrjährigen Laufzeit keine (nennenswerten) Rückflüsse erzielen, da die "Leistungserstellung" in einem Reifeprozess besteht. Beispiele dafür sind die Herstellung von bestimmten Käsesorten (z. B. Hartkäse), Wein, speziellen Fleischerzeugnissen (z. B. Serrano-Schinken, Kōbe-Rindfleisch) aber auch die Forstwirtschaft mit langjährigen Umtriebszeiten. In diesen Fällen ist das Kapital in gesamter Höhe konstant bis zum Laufzeitende gebunden.

Die bisherigen Darstellungen bezogen sich auf nachschüssige Zahlungen. Kennzeichnend für diese Vorgehensweise ist der Umstand, dass die Basis für die Ermittlung der Periodenzinsen in dem Anfangskapital der Periode besteht. Die Periodenzinsen werden auf dieser Basis berechnet und am Periodenende dem Anfangskapital hinzugerechnet. Im Unterschied zu diesen

---

[131] Vgl. Ortmann (2017: 8); Hering (2017: 123).

können auch **vorschüssige Zinszahlungen** betrachtet werden, also Zahlungen, die am Startzeitpunkt t jeder Periode $p \in P$ geleistet werden. Wird eine Zahlung betrachtet, die vorschüssig verzinst wird, so resultiert deren Endwert nach N Jahren mit:[132]

$$EW_{N;vor} = B_0 (1 - i)^{-N}$$

Bei Verwendung eines identischen Zinssatzes ist der Endwert einer Zahlung mit vorschüssiger Zinszahlung größer als der Endwert derselben Zahlung mit nachschüssiger Verzinsung. Die grundlegenden Zusammenhänge zur Bildung der Summen dieser Reihen sind dieselben wie bei Verwendung nachschüssiger Zahlungen. In Tabelle 3.9 sind die grundlegenden finanzmathematischen Faktoren vorschüssiger Zahlungen zusammengefasst. Für den Diskontierungs- und den Annuitätenfaktor gelten dieselben Relationen wie bei nachschüssiger Zahlung, so dass diese als Kehrwert der korrespondierenden Faktoren (Aufzinsungs- resp. Rentenbarwertfaktor) ermittelt werden.

Tab. 3.9: Grundlegende finanzmathematische Faktoren vorschüssiger Zahlungen. Quelle: Eigene Darstellung.

Bezeichnung	Faktor
Aufzinsungsfaktor	$\dfrac{1}{(1 - i)^N}$
Rentenbarwertfaktor für endliche Reihen	$\dfrac{q^N - 1}{q^{N-1}(q - 1)}$
Endwertfaktor für endliche Reihen	$\dfrac{q\left(q^N - 1\right)}{q - 1}$

Im Rahmen der beiden soeben vorgestellten Verfahren findet die Zinszahlung einmal während jeder Periode statt: Entweder zu Beginn oder am Ende der Periode. In Ergänzung zu diesen Berechnungsverfahren ist noch der Fall zu berücksichtigen, dass die Zinsen zu **mehreren Zeitpunkten** innerhalb einer Periode gezahlt werden. Dies geschieht mit dem Konzept der sog. **unterjährigen Verzinsung**. Dabei wird unterstellt, dass die zugrunde liegende Verzinsungsperiode (i. d. R. das Kalenderjahr) in gleich lange Teilperioden aufgespalten wird. Im Folgenden bezeichnet m die Anzahl dieser Teilperioden, wobei $m > 1$. In diesem Zusammenhang sind folgende Zinsbegriffe zu unterscheiden:[133]

- **Nominaler Zinssatz:** Der Zinssatz, der für ein Jahr angegeben wird, ist der Nominalzinssatz i_{nom} und wird in % p. a. angegeben.

---

[132] Vgl. Bieg/Kußmaul/Waschbusch (2016: 75).
[133] Vgl. Ortmann (2017: 18–21).

- **Relativer Zinssatz:** Aus dem jährlichen Nominalzinssatz wird der unterjährige relative Zinssatz i_{rel} wie folgt abgeleitet: $i_{rel} = \frac{i_{nom}}{m}$. Dieser Zins wird in % pro Periode (Halbjahr, Vierteljahr, Monat, Tag) angegeben.
- **Effektiver Zinssatz:** Zur Berücksichtigung von unterjähriger Verzinsung über mehrere Jahre wird der relative Periodenzins in einen Jahreszinssatz, den effektiven Zins, wie folgt umgerechnet: $i_{eff} = \left(1 + \frac{i_{nom}}{m}\right)^m - 1$.
- **Konformer Zinssatz:** Derjenige Periodenzinssatz, der bei jeder Periodenverzinsung unter Berücksichtigung von Zinseszins angewandt werden müsste, um die gleiche Verzinsung zu erzielen wie bei einmaliger Verzinsung mit dem effektiven Jahreszinssatz, wird als konformer Zinssatz bezeichnet. Dieser wird wie folgt berechnet: $i_{kon} = \sqrt[m]{(1 + i_{eff})} - 1$.

Der Endwert EW_N eines Betrages B_0 bei m-maliger unterjähriger Verzinsung mit dem relativen Periodenzinssatz i_{rel} resultiert nach N Jahren aus:

$$EW_N = B_0 \left(1 + i_{rel}\right)^N = B_0 \left(1 + \frac{i_{nom}}{m}\right)^{m \cdot N} = B_0 \left(1 + i_{eff}\right)^N$$

Wird davon ausgegangen, dass die Verzinsung zeitstetig verläuft, kann die Anzahl der Zinszahlungsperioden als unendlich angenommen werden, was zur folgenden Darstellung führt:[134]

$$EW_N = B_0 \cdot \lim_{m \to \infty} \left(1 + \frac{i}{m}\right)^{m \cdot N}$$

Da $\lim_{m \to \infty} \left(1 + \frac{i}{m}\right)^m = e^i$ (mit e als Eulerscher Zahl), resultiert der Endwert EW_N eines Betrages B_0 bei zeitstetiger Verzinsung mit dem Jahreszinssatz i nach N Jahren mit:

$$EW_N = B_0 \cdot e^{i \cdot N}$$

Für den Zusammenhang zwischen dem Barwert eines Betrags, der nach N Jahren zur Verfügung steht, und dessen Endwert gilt bei zeitstetiger Verzinsung:

$$B_0 = EW_N \cdot e^{-i \cdot N}$$

Allgemein gilt, dass bei unterjähriger nachschüssiger Verzinsung eines Betrages ein höherer Endwert resultiert als die einfache nachschüssige Verzinsung desselben Betrages. Zusätzlich ist festzustellen, dass mit zunehmender Anzahl an Teilperioden der resultierende Endwert steigt. Beide Effekte sind darauf zurückzuführen, dass die Zinseszinsen häufiger ermittelt, zugeteilt und wieder angelegt werden.

Die zwischen zeitdiskretem Zinssatz i_D und zeitstetigem Zinssatz i_S bestehenden Relationen sind im Merksatz 3.3 festgehalten.[135]

---

[134] Vgl. Bieg/Kußmaul/Waschbusch (2016: 81).
[135] Vgl. Ortmann (2017: 28).

Merksatz 3.3: Zwischen zeitdiskretem Zinssatz i_D und zeitstetigem Zinssatz i_S besteht folgende Äquivalenz:

$$i_S = ln\,(1 + i_D)$$
$$i_D = e^{i_S} - 1.$$

Im vorliegenden Kapitel wird – wenn nicht ausdrücklich etwas anderes vermerkt ist – ausschließlich mit **zeitdiskreten** Zinssätzen gearbeitet, wobei die Indizierung entfällt.

Eine – aus finanzmathematischer Sicht triviale – Grundlogik des soeben vorgestellten exponentiellen Diskontierens ist folgende: Die Höhe des Bar- bzw. des Endwertes ist **unabhängig** davon, in wie viele Intervalle der Zeitraum unterteilt wird. Wenn dieselbe Art der Verzinsung gewählt wird (z. B. jährlich nachschüssig oder zeitstetig), dann muss das Ergebnis identisch sein, egal in wie vielen "Teilschritten" es ermittelt wird. Das Ergebnis dieser Diskontierungsform entsteht **additiv**. Wird ein Betrag von $t = 0$ auf $t = 10$ aufgezinst, so kann dies direkt erfolgen. Oder der Zeitraum von 10 Jahren wird in zwei gleichlange Intervalle zerlegt und der Betrag wird erst von $t = 0$ bis $t = 5$ aufgezinst und im Anschluss daran von $t = 5$ auf $t = 10$. Auch bei anderen Formen der Unterteilung des Gesamtzeitraumes bleibt die Identität der Ergebnisse erhalten.

In vielen experimentellen Untersuchungen ist jedoch festgestellt worden, dass die Akteure nicht so kalkulieren. Stattdessen hängt das Ergebnis der Diskontierung offenbar davon ab, in wie viele Intervalle der Zeitraum zerlegt wurde. Das kann zu einer **subadditiven** oder auch zur **superadditiven** Diskontierung führen. Dies wird an anderer Stelle erläutert.[136]

Entscheidende Bedeutung für die Verwendung der dynamischen Verfahren besitzt die Höhe des Kalkulationszinssatzes. Der Zins, der zur Diskontierung zukünftiger Ergebnisse verwendet wird, gibt an, wie viel wertvoller ein heute verfügbarer Geldbetrag im Vergleich zu einem gleich hohen Betrag ist, über den jedoch erst später verfügt werden kann. Der Zins stellt also eine Zeitpräferenzrate dar. Eine positive Zeitpräferenzrate indiziert **Gegenwartspräferenz** und bedeutet, dass Akteure angenehme Handlungen lieber sofort (den heutigen Konsum im Vergleich mit späterem Konsum bevorzugen), unangenehme Handlungen hingegen lieber in der Zukunft realisieren. Eine negative Rate bedeutet eine Umkehrung der Relation, also **Zukunftspräferenz**. Individuelle Zeitpräferenzraten sind i. d. R. positiv, wohingegen soziale oder ökologische Zeitpräferenzraten negativ sein können bzw. sein sollten. Viele Autoren – so auch BÖHM-BAWERK[137] und FISHER[138] – gingen bzw. gehen von einer Gegenwartspräferenz menschlicher Akteure aus.

---

[136] Vgl. 2. Band, Abschn. 2.3.4 auf S. 333.

[137] Vgl. Böhm-Bawerk (1921: 328–340).

[138] Vgl. Fisher (1930: 61–68). FISHER verwendete die Begriffe „Ungeduld" und „Zeitpräferenz" als Synonyme. Vgl. Fisher (1930: 66).

Bei Annahme eines vollkommenen Kapitalmarktes ist dieser Zinssatz dem Investor vorgegeben. Da diese Annahme jedoch nicht der Realität entspricht, ist zu klären, auf welcher Grundlage der Kalkulationszinssatz effektiv bestimmt werden kann. Wird der Kalkulationszinssatz als die vom Investor geforderte Mindestverzinsung interpretiert, leitet sich der Kalkulationszins aus den alternativen internen und externen Anlagemöglichkeiten im Sinne eines Opportunitätskostensatzes ab.

Eine andere Möglichkeit zur Bestimmung des Zinssatzes besteht in der Orientierung an den Finanzierungskosten. Bei Fremdfinanzierung wird der Fremdkapitalzinssatz verwendet und bei Eigenfinanzierung der bei einer Geldanlage alternativ erzielbare Zinssatz. Bei Finanzierungen mit Fremd- und Eigenkapital können die gewichteten Kapitalkosten als Kalkulationszinssatz zum Einsatz kommen.[139]

3.3.4 Zusammenhang von Finanzierung und Investition

Die im vorliegenden Werk ausschließlich vorgestellten Partialmodelle der Investitionsrechnung betrachten nur die Investition. Tatsächlich kann die Investition jedoch nicht ohne die dazugehörige Finanzierung gedacht und betrachtet werden. Um die Partialmodelle erläutern und verstehen zu können, sind deshalb einige grundlegende Zusammenhänge wichtig. Der finanzwirtschaftliche Kontext des Investitionsvorgangs ist folgender:

- Ein Objekt verursacht eine Investitionsauszahlung in Höhe von I_0.
- Diese Investitionssumme muss zur Verfügung gestellt werden, was mittel- oder unmittelbar über den Kapitalmarkt erfolgt.[140] Prinzipiell stehen dafür Fremd- und Eigenkapital zur Verfügung.
- Das genutzte Kapital muss
  - verzinst sowie
  - zurückgezahlt

  werden. Dabei ist es irrelevant, ob die Investition mit Fremd- oder Eigenkapital finanziert wird.[141] Investiertes Kapital muss in jedem Fall verzinst und freigesetzt werden.
- Das Investitionsobjekt erwirtschaftet während der Nutzung jährlich Einzahlungen E_t, denen Auszahlungen A_t gegenüberstehen.

---

[139] Vgl. Tab. 3.4 auf S. 186.

[140] Es können auch Mittel verwendet werden, die bereits im Unternehmen vorhanden sind. Aber auch die sind mittelbar über den Kapitalmarkt beschafft worden.

[141] Diese Aussage gilt nur bei Vernachlässigung steuerlicher Effekte.

- Die Differenz aus Ein- und Auszahlungen $E_t - A_t$, die mit dem Betrieb des Investitionsobjektes verbunden ist, wird als Rückfluss R_t (*Cashflow*) bezeichnet. Dabei werden den objektbezogenen Umsatzeinzahlungen die objektbezogenen Auszahlungen für Personal, Material, Energie, Instandhaltung, Werkzeuge sowie andere – mit dem Betrieb, aber nicht mit der Finanzierung des Objektes verbunden – Auszahlungen gegenüber gestellt.[142]

- Der Rückfluss R_t beinhaltet demzufolge weder Zinsen für die Nutzung, noch Beträge für die Rückzahlung des gebundenen Kapitals. Es handelt sich deshalb um einen Rückfluss **vor Finanzierungsaktivitäten**.

- Durch die Investition ist Kapital in dem Objekt gebunden. Die Rückflüsse müssen – über die Deckung der bereits erwähnten operativen Auszahlungen hinaus – das in der Investition gebundene Kapital verzinsen und freisetzen.

- Der Betrag, der durch positive Rückflüsse über die Verzinsung und Zurückführung des Kapitals hinaus erwirtschaftet wird, stellt das Ergebnis (im positiven Fall den "Überschuss") der Investition dar. Es kann allgemeingültig formuliert werden:

$$
\begin{array}{l}
\left.\begin{array}{l}
\text{Einzahlungen aus dem Betrieb der Anlage} \\
-\ \text{Auszahlungen für Personal, Material,} \\
\text{Energie, Instandhaltung, Werkzeuge, etc.}
\end{array}\right\}\ \text{Rückflüsse} \\[1em]
-\ \text{Rückzahlung des Investitionsbetrags} \\
-\ \text{Zinsen für Kapitalnutzung}^{143} \\ \hline
=\ \text{Ergebnis der Investition}
\end{array}
$$

Dieser Vorgang kann aus zwei Blickrichtungen betrachtet werden: Aus Sicht der **Finanzierung** ist I_0 ein Darlehen, das aufgenommen und zurückgezahlt wird. Aus dem Blickwinkel der **Investition** stellt I_0 gebundenes Kapital dar, das durch die Rückflüsse freigesetzt wird. Da die vorliegenden Darstellungen auf die Investitionsrechnung ausgerichtet sind, wird im Folgenden das zweite Verständnis verwendet. Zur Veranschaulichung des Zusammenhanges wird das Beispiel 3.6 eingeführt.

Beispiel 3.6:

Es wird eine Investition betrachtet, die mit einer Auszahlung in Höhe von 1.000,– € über einen Zeitraum von vier Jahren jährliche Rückflüsse in Höhe von 330,00 € erwirtschaftet. Der für die Kapitalnutzung zu kalkulierende Zinssatz beträgt 8 % p. a. Der Verlauf von Bindung und Freisetzung des Kapitals ist in der Tab. 3.10 abgebildet.

---

[142] Vgl. Blohm/Lüder/Schaefer (2012: 123).

[143] Das Pendant zu dieser Position im kalkulatorischen Sprachduktus sind die Kapitalkosten. Da hier jedoch eine rein zahlungsstromorientierte Sicht vorliegt, wird der Kostenbegriff nicht verwendet.

Tab. 3.10: Kapitalbindung und -freisetzung im Bspl. 3.6. Quelle: Eigene Darstellung.

t	KB_t	R_t	Zinsen $Z_t = KB_{t-1} \cdot i$	Kapitalfreisetzung $F_t = R_t - Z_t$
0	1.000,00	–	–	–
1	750,00	330,00	80,00	250,00
2	480,00	330,00	60,00	270,00
3	188,40	330,00	38,40	291,60
4	−126,53	330,00	15,07	314,93
		$\sum_{t=1}^{4} R_t = 1.320,00$	$\sum_{t=1}^{4} Z_t = 193,47$	$\sum_{t=1}^{4} F_t = 1.126,53$

Am Ende der Nutzungsdauer der Investition ergibt sich folgendes Ergebnis:

$$
\begin{array}{lr}
\textit{Summe der Rückflüsse} & \textit{1.320,00} \, €\\
-\;\textit{Freisetzung der Investitionssumme} & \textit{1.000,00} \, €\\
-\;\textit{Zinsen} & \textit{193,47} \, €\\
\hline
=\;\textit{Ergebnis der Investition} & \textit{126,53} \, €
\end{array}
$$

Die Investition erzielt nach Abzug sämtlicher operativer Auszahlungen, nach Rückzahlung des Investitionsbetrags und nach Berücksichtigung der Zinsen für die Kapitalnutzung ein positives Ergebnis in Höhe von 126,53 €.

Das Ergebnis einer Investitionsmaßnahme ergibt sich am Ende der Nutzungsdauer als **Endwert**. Es ist derjenige Betrag, der am Ende der Nutzungsdauer unter Berücksichtigung sämtlicher Finanzierungs- und Investitionsaktivitäten im Unternehmen verbleibt.

In der bisherigen Betrachtung ist es unerheblich, ob die Investition mit Fremd- oder Eigenkapital finanziert ist. Die Zinsen werden "en bloc" betrachtet und behandelt. In der Realität existieren jedoch verschiedene Möglichkeiten und Konditionen der Finanzierung. Diese sind für eine möglichst exakte Analyse mit zu betrachten. Zur Erläuterung wird das Beispiel 3.6 fortgeführt.

Fortführung des Beispiels 3.6:

Die bisherige Darstellung wird dahingehend verändert, dass Zeilen und Spalten transponiert werden (vgl. Tab. 3.11). Das eröffnet die Möglichkeit, sowohl unterschiedliche Finanzierungsquellen zu berücksichtigen, als auch die Anlage überschüssiger Mittel abzubilden. Vom Grundsatz her werden in der Jahresbetrachtung von den Einzahlungsüberschüssen sämtliche Finanzierungszahlungen abgezogen. Sollten dann noch Mittel übrig sein, werden diese angelegt. Der Jahressaldo muss Null betragen, so dass weder eine Finanzierungslücke entsteht, noch überschüssige Mittel im Unternehmen verbleiben. Am Ende des vierten Jahres verbleibt eine Betrag von 126,53 €, der angelegt bzw. entnommen werden kann. Es ergibt sich dasselbe positive Ergebnis in Höhe von 126,53 €, wie bei Darstellung nach Tab. 3.10.

Tab. 3.11: Vollständiger Finanzplan im Bspl. 3.6. Quelle: Eigene Darstellung.

Zeitpunkte / Positionen	t = 0	t = 1	t = 2	t = 3	t = 4
Investition:					
Auszahlungen	−1.000,00				
Einzahlungsüberschüsse		330,00	330,00	330,00	330,00
Finanzierung:					
Kapitalbeschaffung	1.000,00				
Kapitalnutzungsentgelt		−80,00	−60,00	−38,40	−15,07
Kapitalrückführung		−250,00	−270,00	−291,60	−188,40
Anlage überschüssiger Mittel:					
Anlage					−126,53
Habenzinsen (8% p. a.)					
Jahres-Zahlungssaldo:	0,00	0,00	0,00	0,00	0,00
Kapitalbindung:	1.000,00	750,00	480,00	188,40	0,00

Für das hier gewählte Einführungsbeispiel wird lediglich eine Finanzierungsquelle ange-
nommen.

Die Vorgehensweise in der Tabelle 3.11 wird auch als **vollständiger Finanzplan** bezeichnet. Eine detaillierte Beschreibung der Vorgehensweise erfolgt an anderer Stelle.[144] Die Bezeichnung *"vollständiger Finanzplan"* ist
auf die Abbildung sämtlicher Finanzierungsquellen und sämtlicher Geldanlagemöglichkeiten zurückzuführen. Dabei wird der Zinssatz, den ein Investor
bei Anlage von Finanzmitteln erhält, als Habenzinssatz bezeichnet. Nimmt
ein Marktteilnehmer Finanzmittel auf, hat er einen Sollzinssatz zu entrichten.

Im Beispiel existiert lediglich ein **einziger Zinssatz**, weshalb Haben- und
Sollzinssatz identisch sind. Auch dies ist nur als erste Näherung einzuordnen
und wird im weiteren Verlauf entsprechend verändert.

3.3.5 Endwert als Präferenzfunktional

Wie im vorangegangenen Abschnitt erläutert, wird das Ergebnis von Finanzierung und Investition eines Objektes als Endwert bezeichnet (vgl. Def.
3.12). Ein Investor mit Thesaurierungspräferenz verwendet deshalb den Endwert als Präferenzfunktional und wird versuchen, diesen Wert zu maximieren. Im weiteren Verlauf wird **ausschließlich** die Thesaurierungspräferenz
und demzufolge die Endwertmaximierung als Investorenziel betrachtet.

---

[144] Vgl. Abschn. 3.5.1 auf S. 261.

Definition 3.12: *Der Endwert einer Investition* EW_N *ist die – am Ende der Nutzungsdauer* $t = N$ *resultierende – Differenz zwischen sämtlichen Einzahlungen aus der Nutzung des Objektes und:*

- *den Auszahlungen für den Betrieb des Objektes,*
- *der Rückzahlung der Investitionssumme sowie*
- *den Zinsauszahlungen für die Kapitalnutzung (bzw. Zinseinzahlungen für die Kapitalanlage).*

In einigen Quellen wird der Endwert nach Def. 3.12 auch als – auf den Zeitpunkt $t = N$ transformierter – Kapitalwert und mit C_N bezeichnet.[145] Zur besseren Unterscheidung, und weil es auch in anderen Quellen so zu finden ist,[146] wird die hier gewählte Bezeichnungssystematik beibehalten.

In der Def. 3.12 sind neben Zins**aus**zahlungen für die Kapitalnutzung auch Zins**ein**zahlungen für die Kapitalanlage erwähnt. Dies erfolgt aus Gründen der Allgemeingültigkeit, da Zinseinzahlungen in den bisherigen Darstellungen nicht auftraten. Zinseinzahlungen können jedoch oftmals vorliegen und werden im weiteren Verlauf in die Darstellungen eingebunden.[147] Der Endwert gibt deshalb die Änderung des Reinvermögens bzw. des Buchwertes des Eigenkapitals an, die mit der Investition erfolgt (siehe Merksatz 3.4).[148]

Merksatz 3.4: *Der Endwert einer Investition stellt die Eigenkapitaländerung dar, die mit der Investition am Ende der Nutzungsdauer erwirtschaftet wird.*

Ein positiver Endwert ist eine Erhöhung des Eigenkapitals bzw. des Reinvermögens, da über die Erwirtschaftung sämtlicher operativer Auszahlungen für den Anlagebetrieb, über die Rückzahlung der Investitionssumme und über das Nutzungsentgelt des Kapitals hinaus ein Betrag im Unternehmen verbleibt. Ein negativer Endwert hingegen reduziert das Eigenkapital. Demzufolge ist der Endwert eine genuine **Residualgröße**.

Die Alternative zur Realisierung der Investitionsmaßnahme ist die **Unterlassung**. In diesem Fall wird kein Kapital eingesetzt und zurückgezahlt, weshalb auch keine Zinsen dafür zu kalkulieren ist. Selbstverständlich fallen weder Aus- noch Einzahlungen aus dem Betrieb der Anlage an. Der Endwert der Unterlassung beträgt deshalb Null.

Um absolut vorteilhaft zu sein, muss die Maßnahme deshalb einen positiven Endwert erwirtschaften. Es gilt also: $EW_N \overset{!}{>} 0$. Wenn $EW_N = 0$, ist der Akteur indifferent zwischen Realisierung und Unterlassung. Aus der Menge der

---

[145] Vgl. Busse von Colbe/Laßmann (1990: 48).

[146] Vgl. Hering (2017: 37–43); Hirth (2017: 39–47).

[147] Vgl. Abschn. 3.4.1.2 auf S. 233.

[148] Vgl. Müller (2020: 394) für eine Definition des Reinvermögens.

absolut vorteilhaften Objekte wird diejenige Alternative mit dem höchsten positiven Endwert gewählt (vgl. E.-regel 3.5).

Entscheidungsregel 3.5: *Bei Vorliegen von Thesaurierungspräferenz ist diejenige Alternative $a_{opt} \in A$ optimal, für die gilt:*

$$\Phi(a_{opt}) = \max_i \; [EW_N(a_i)|EW_N(a_i) \geq 0].$$

Wichtig für die weiteren Betrachtungen ist die folgende Feststellung: Der Endwert als Ergebnis einer Investition ergibt sich aus der Summe der Einzahlungen nach Abzug sämtlicher Auszahlungen für den Betrieb der Anlage, nach Rückzahlung der Investitionssumme sowie nach Abzug der Zinsen für die Kapitalnutzung. Dieser Zusammenhang steht im Mittelpunkt der **wertorientierten** Steuerungskonzepte, die an anderer Stelle ausführlich vorgestellt werden.[149] Bereits hier wird aber deutlich, dass diese Relation keine Besonderheit der wertorientierten Konzepte, sondern ein allgemeiner ökonomischer Grundsatz ist.

Die Endwertmaximierung nach Entscheidungsregel 3.5 bildet die handlungsleitende Maxime für die weiteren Darstellungen. In Abhängigkeit von den unterstellten Eigenschaften des Kapitalmarktes werden folgende Differenzierungsmöglichkeiten zur Bestimmung des Endwertes unterschieden:

a) **Vollkommener Kapitalmarkt:** Es existiert lediglich ein einheitlicher und konstanter Kapitalmarktzins, der für die Aufnahme und Anlage von Kapital verwendet wird.

b) **Unvollkommener Kapitalmarkt:**

   b1) Es existieren lediglich zwei Zinssätze: Ein einheitlicher Sollzinssatz und ein einheitlicher Habenzinssatz. Der Sollzinssatz ist größer als der Habenzins.

   b2) Es existieren sehr viele verschiedene Soll- und Habenzinssätze.

Das im **Punkt a)** erwähnte Konstrukt des vollkommenen Kapitalmarktes wird an anderer Stelle detailliert vorgestellt.[150] Darauf aufbauend kann die Berechnung des Endwertes für diesen Fall erläutert werden.[151]

Die im **Punkt b1)** geschilderte Konstellation entspricht der klassischen **Vermögensendwertmethode.** Diese wird hier nicht detailliert betrachtet, stattdessen wird für deren Darstellung auf die Literatur verwiesen.[152]

---

[149] Vgl. Abschn. 4.2 auf S. 424.

[150] Vgl. Abschn. 3.3.6 auf S. 224.

[151] Vgl. Abschn. 3.4.1 auf S. 229.

[152] Vgl. Blohm/Lüder/Schaefer (2012: 72–80); Götze (2014: 117–123); Perridon/Steiner/ Rathgeber (2017: 95–96).

Die detaillierte Berücksichtigung sämtlicher Finanzierungskonditionen und Geldanlagemöglichkeiten entsprechend der Konstellation in **Punkt b2)** wird im vorliegenden Werk ausführlich erläutert.[153] Auch in diesem Zusammenhang stellt der Endwert der Investition das Entscheidungskriterium bzw. das Präferenzfunktional dar.

3.3.6 Beschreibung des vollkommenen Kapitalmarktes

Der vollkommene Kapitalmarkt (engl. „perfect market") ist ein grundlegendes Konstrukt für eine Reihe von Bewertungsverfahren und -modellen.[154] Die Annahmen des vollkommenen Kapitalmarktes sind im Merksatz 3.5 zusammengefasst.[155]

Merksatz 3.5: Folgende Merkmale kennzeichnen einen vollkommenen Kapitalmarkt:

1. *Perfekter Wettbewerb: Das Kapitalangebot kann zeitstetig mit der Kapitalnachfrage in Einklang gebracht werden. Es resultiert ein einheitlicher Zinssatz – der Kapitalmarktzinssatz. Kredite und Anlagemöglichkeiten stehen unbegrenzt zur Verfügung. Leerverkäufe von Wertpapieren sind unbeschränkt möglich.*

2. *Preis ist ein Datum: Kein Marktteilnehmer kann den Preis eines Wertpapiers beeinflussen, weshalb jeder Marktteilnehmer Preisnehmer ist.*

3. *Keine Kosten für Transaktionen und Informationen: Es existieren keine Kosten für Handlungen, welche die Akteure zur Abwicklung der Markttransaktionen durchführen. Dazu zählen sämtliche Kosten (Such-, Informations-, Vereinbarungs-, Kontroll- oder Anpassungskosten) die im Zusammenhang mit der Aufnahme oder Anlage von Kapital stehen.*

4. *Informationseffizienz: Sämtliche relevanten Informationen stehen allen Marktteilnehmern zeitstetig und gleichzeitig zur Verfügung und werden sofort am Markt verarbeitet.*

5. *Homo oeconomicus: Die Marktteilnehmer sind homines oeconomici und maximieren ihren Nutzen.*

---

[153] Vgl. Abschn. 3.5.1 auf S. 261.

[154] So basieren neben den dynamischen Investitionsrechenverfahren (vgl. Abschn. 3.4 auf S. 229) z. B. auch die Verfahren der Optionsbewertung (vgl. Abschn. 5.4.3.2.1 auf S. 522) auf diesen Annahmen.

[155] Vgl. Fisher (1930: 99–100); Hering (2017: 33–34); Perridon/Steiner/Rathgeber (2017: 86); Laux/Gillenkirch/Schenk-Mathes (2018: 450–455). „*Here we shall assume a perfectly competitive market, one in which each individual is so small a factor as to have, singly, no perceptible influence on the rate of interest, and in which there is no limitation on the amount of lending and borrowing other than that caused by the rate of interest itself.*" Fisher (1930: 100).

Wenn angenommen wird, dass ein vollkommener Kapitalmarkt existiert, lassen sich Investitions- und Konsumentscheidungen isoliert betrachten. Dies wurde von FISHER postuliert und wird deshalb als *Fishers Separationstheorem* bezeichnet.[156] Das Theorem liefert die folgenden Implikationen:[157]

- *Dominante Investitionen bei vollkommenem Kapitalmarkt:* Die zu verwendende Entscheidungsregel ist die Kapitalwertdominanz.[158]

- *Wohlstandsmaximierung als präferenzfreies Investitionsziel:* Die Investitionen in ein Unternehmen haben die Maximierung des Wohlstands der Eigentümer zum Ziel, der die notwendige Voraussetzung für einen nutzenmaximalen Konsumstrom dieses Eigentümers bildet.

- *Interessenharmonie der Kapitaleigner:* Die Marktwertmaximierung liegt im Interesse sämtlicher Unternehmenseigentümer. Das wird auch als *Einstimmigkeits-Theorem* bzw. *Unanimity-Theorem* bezeichnet.[159]

- *Marktwertregel:* Die Marktwertmaximierung als Investitionsziel im Unternehmen ist identisch mit der Maximierung des Kurswertes der Aktien dieses Unternehmens. Die Erreichung individuell optimaler Konsumpläne auf Seiten der Aktionäre ist demzufolge kompatibel mit der Maximierung des Marktwertes des Unternehmens.

- *Additivität der Kapitalwerte:* Der Marktwert der Aktien eines Unternehmens ergibt sich aus der Summe der Kapitalwerte sämtlicher Investitionsprojekte. Werden zwei Unternehmen fusioniert und es ergeben sich keine superadditiven Effekte,[160] ergibt sich die Summe der Marktwerte ebenfalls lediglich additiv und nicht superadditiv.

- *Kapitalwertregel:* Die Realisierung jedes Investitionsprojektes, welches einen positiven Kapitalwert hat, führt zur Erhöhung des Marktwertes der Aktien.

- *Irrelevanz der Kapitalstruktur:* Bei der Maximierung des Marktwertes ist es irrelevant, ob die Investitionen eigen- oder fremdfinanziert sind. Da nur ein Zinssatz existiert, werden beide Kapitalarten mit demselben Zinssatz bedient.

- *Koordinations- und Delegationsprinzip:* Aufgrund der Additivität der Kapitalwerte ist eine Abstimmung einzelner Investitionsentscheidungen im Unternehmen nicht notwendig. Jeder Entscheidungsträger realisiert gemäß der Kapitalwertdominanz in seinem Verantwortungsbereich sämtliche Investitionen mit nicht negativem Kapitalwert. Damit werden automatisch auch die Interessen sämtlicher Eigentümer verfolgt. Der Unter-

---

[156] IRVING FISHER (1867–1947). Auf eine detaillierte Darstellung des Theorems wird verzichtet und stattdessen auf die umfangreiche Literatur verwiesen. Vgl. Kruschwitz/Husmann (2012: 11–20); Breyer (2020: 177–180).

[157] Vgl. Fisher (1930: 148–149); Rudolph (1983: 269–272); Kruschwitz/Husmann (2012: 21–22); Hering (2017: 33–34); Magni (2020: 296).

[158] Vgl. 2. Band, Merksatz 1.21 auf S. 214.

[159] Vgl. DeAngelo (1981: 23).

[160] Zur Erläuterung der Superadditivität vgl. 2. Band, Eigenschaft 4.3.3 auf S. 474.

nehmer, welcher die Investitionsentscheidung trifft und der Eigenkapitalgeber müssen personell nicht identisch sein (separation of ownership and
control).

Im Zusammenhang mit den Eigenschaften des Marktes sind – bei Entscheidungen unter Sicherheit – die Annahmen zur:

- Zeitpräferenz und
- Eigentümerpräferenz

des Akteurs relevant.

In den zitierten Darstellungen zur Zeitpräferenz wird deutlich, dass die individuellen **Zeitpräferenzen** unterschiedlich sind. Auf einem vollkommenen Kapitalmarkt werden diese verschiedenen Präferenzen über den Kapitalmarktzinssatz zusammengeführt. Die unterschiedlichen Vorstellungen von
Kapitalgebern und Kapitalnehmern über die Verwendung von Finanzmitteln
werden mit diesem Zins in Übereinstimmung gebracht.

Die Frage nach der Art der Diskontierung bleibt davon unberührt. FISHER
nutzte die Standardform, die exponentielle Diskontierung.[161] Es wurde jedoch darauf hingewiesen, dass dies nicht die einzige Form der Diskontierung ist.[162] Auf einem vollkommenen Kapitalmarkt ist das Modell, welches
die Marktteilnehmer individuell zur Diskontierung verwenden, offensichtlich
ebenfalls irrelevant. Verschiedene Arten der Diskontierung spiegeln unterschiedliche Varianten der Zeitwahrnehmung wider. Beispielsweise modelliert
exponentielles Diskontieren eine lineare Zeitwahrnehmung, andere Diskontierungsmodelle bauen auf anderen Wahrnehmungen auf. Auf dem vollkommenen Markt werden sämtliche dieser Präferenzen und Wahrnehmungen mittels
des einzigen Zinssatzes in Übereinstimmung gebracht.

Das exponentielle Diskontieren ist jedoch die einzige Form, die zeitkonsistente Entscheidungen sicherstellt.[163] Deshalb impliziert die Annahme des homo
oeconomicus exponentielles Diskontieren und vice versa. Wenn diese gängige
Modellierung akzeptiert wird, impliziert dies die Erfüllung sämtlicher Anforderungen an die **Zeitpräferenzen** des Akteurs, die im vorliegenden Buch
ebenfalls schon skizziert wurden[164] und an anderer Stelle ausführlich erläutert werden.[165]

---

[161] Vgl. Fisher (1930: 133–134).

[162] Vgl. Abschn. 3.3.2 auf S. 205.

[163] Vgl. Strotz (1955: 172); Beck (2014: 214).

[164] Vgl. Fußnote 162.

[165] Die grundlegenden Details zur Zeitpräferenz und zu dem axiomatischen Rahmen
sind im 2. Band im Abschnitt 1.7 auf den S. 181–216 umfangreich dargestellt, weshalb
darauf verwiesen wird.

Neben diesen Annahmen über die Zeitpräferenzen sind für die Beurteilung von Investitionsprojekten auf einem unvollkommenen Kapitalmarkt die **Eigentümerpräferenzen** wichtig.

Kapitalgeber verfügen über eine Zukunftspräferenz, wohingegen Kapitalnehmer die Gegenwart präferieren. Mit der Entscheidung über die Entnahme- oder Vermögensmaximierung wird die Höhenpräferenz festgelegt.

Die Zielstellungen "Vermögensstreben" und "Einkommensstreben" sind auf einem vollkommenen Kapitalmarkt äquivalent.[166] Demzufolge sind Thesaurierungs- und Ausschüttungspräferenz **identisch**, weshalb eine gesonderte Analyse dieser **Eigentümerpräferenzen** nicht notwendig ist. Mit Blick auf die umfangreichen Darstellungen zu den Anforderungen an die Präferenzen des Entscheidungsträgers[167] wird hier noch einmal hervorgehoben, dass die Betrachtung und Analyse **individueller Präferenzen** auf dem vollkommenen Kapitalmarkt **nicht notwendig** ist. Die Annahmen bezüglich dieser Präferenzen gelten als erfüllt.[168]

Auf dem vollkommenen Kapitalmarkt existiert ein Zinssatz, der sämtliche Präferenzen der Akteure – neben der Zeit- auch die Eigentümerpräferenzen[169] – bezüglich Investitions- und Anlageentscheidungen in Übereinstimmung bringt. Dieser Zins ist eine „pure rate", da aufgrund der fehlenden Unsicherheit kein Kapitalmarktteilnehmer eine Kompensation für die Risikoübernahme fordern kann.[170]

Es wird deutlich, dass mit der Annahme des vollkommenen Kapitalmarktes eine ganze Reihe von Prämissen als erfüllt angesehen werden, die bei einer genauen Betrachtung wenig realitätsgetreu sind. Dies sollte bei der Anwendung der Modelle immer reflektiert werden.

3.3.7 Beschreibung des unvollkommenen Kapitalmarktes

Im Gegensatz zur Fiktion des vollkommenen Kapitalmarktes müssen für eine realitätsnähere Modellierung jedoch folgende Punkte berücksichtigt werden:

- Kapital ist kein homogenes Gut und liegt nicht nur in einer einzigen Form vor. Es gibt unterschiedlichste Arten von Eigen- und Fremdkapital. Diese

---

[166] Vgl. Moxter (1964: 15); Hering (2017: 33); Kruschwitz/Lorenz (2019a: 68–73).

[167] Zur detaillierten Diskussion der Präferenzarten vgl. 2. Band, Abschn. 1.2.1, S. 8–14.

[168] Vgl. Eisenführ/Weber/Langer (2010: 358).

[169] Vgl. Drukarczyk (1970: 61).

[170] Vgl. Schäfer (2005: 77).

zeichnen sich durch unterschiedlichste Eigenschaften, wie z. B. Zinssätze, Laufzeiten, Tilgungsmodalitäten u. ä. aus.

- Als Folge existiert kein einheitlicher Zinssatz (der Kapitalmarktzinssatz), sondern eine Vielzahl an Zinssätzen.

- Kredite und Anlagemöglichkeiten stehen für ein Unternehmen nicht unbegrenzt zur Verfügung.

- Die Handlungen, welche die Akteure zur Abwicklung der Markttransaktionen durchführen, verursachen Kosten.

- Als eine weitere Konsequenz sind die Präferenzen der Marktteilnehmer nicht irrelevant, sondern es sind bei Entscheidungen unter Sicherheit:

  - die Zeitpräferenzen sowie
  - die Eigentümerpräferenzen

des Akteurs von Bedeutung.

Ein vollkommener Kapitalmarkt impliziert die Erfüllung sämtlicher Anforderungen an die **Zeitpräferenzen** des Akteurs, die an anderer Stelle ausführlich erläutert werden.[171] Damit wird die exponentielle Diskontierung möglich. Auch wenn der Kapitalmarkt unvollkommen ist, scheint es legitim zu sein, weiterhin von einem rational handelnden Akteur auszugehen, der die erforderlichen Anforderungen an die Zeitpräferenzen erfüllt.

Neben diesen Annahmen über die Zeitpräferenzen sind für die Beurteilung von Investitionsprojekten auf einem unvollkommenen Kapitalmarkt die **Eigentümerpräferenzen** wichtig.[172] Der Eigentümer verfügt über bestimmte Vorlieben bezüglich der Höhe und der Verwendung der Überschüsse (thesaurieren oder ausschütten).[173] Diese Präferenzen beeinflussen den Nutzen, der den Ergebnissen vom Unternehmer zugewiesen wird. Während bei Modellen des vollkommenen Kapitalmarktes[174] die Thesaurierungs- und Ausschüttungspräferenz identisch sind, muss bzw. kann auf einem unvollkommenen Kapitalmarkt eine freie Entscheidung zwischen diesen getroffen werden. Daraus ergeben sich die Ziele **Endwertmaximierung** oder **Einkommensmaximierung**. Wie diese Ziele im konkreten Fall gesetzt sind, hängt von der individuellen Präferenz ab. Diese muss bekannt sein, um berücksichtigt zu werden.

---

[171] Vgl. 2. Band, Abschn. 1.7.2 auf S. 188–214.

[172] Vgl. Moxter (1964); Drukarczyk (1970: 18–21).

[173] Vgl. 2. Band, Abschn. 1.2.1 auf S. 8–14 für eine ausführliche Diskussion der Eigentümerpräferenzen.

[174] Vgl. Abschn. 3.4 auf S. 229 und Abschn. 3.6 auf S. 269.

3.4 Auswahlentscheidungen mit dynamischen Absolutgrößen bei vollkommenem Kapitalmarkt

3.4.1 Endwertmethode

3.4.1.1 Beschreibung und Definition

Charakteristika und Interpretation des Endwertes wurden bereits ausführlich erörtert.[175] Auf einem vollkommenen Kapitalmarkt existiert lediglich ein Zinssatz i. Die – bereits qualitativ formulierte – Beschreibung des Endwertes[176] kann deshalb mit Def. 3.13 allgemeingültig quantifiziert werden.

Definition 3.13: *Der Endwert einer Investition EW_N zum Zeitpunkt $t = N$ bei Existenz eines vollkommenen Kapitalmarktes ist wie folgt definiert:*

$$EW_N = \sum_{t=1}^{N} R_t - I_0 - \sum_{t=1}^{N} Z_t$$

In Definition 3.13 gelten:

I_0 = Anschaffungszahlung zum Zeitpunkt $t = 0$,
R_t = Jährlicher Rückfluss als Differenz zwischen operativen Ein- und Auszahlungen,
Z_t = Zinsauszahlungen der Periode t mit $Z_t = KB_{t-1} \cdot i$,
i = einziger, konstanter Kalkulationszinssatz,
N = Nutzungsdauer des Investitionsobjektes.

Die Zinsen Z_t resultieren aus dem zu Beginn der Periode gebundenen Kapital KB_{t-1}. Dabei gilt: $KB_0 = I_0$. Mit der Größe Z_t werden sowohl real bzw. effektiv gezahlte Fremdkapitalzinsen, als auch rein rechnerisch zu erfassende Eigenkapitalzinsen erfasst. Für die Beurteilung der Vorteilhaftigkeit ist es irrelevant, ob die Investition mit Fremd- oder Eigenkapital finanziert wurde.[177] Das ergibt sich aus der **Irrelevanz der Kapitalstrukturpolitik** auf dem vollkommenen Kapitalmarkt.[178] Investiertes Kapital muss in jedem Fall verzinst und freigesetzt werden.[179] Bei der Angabe des gebundenen Kapitals KB_t ist anzumerken, dass im Fall von $KB_t > 0$ noch Kapital in der Anlage gebunden – also nicht frei verfügbar – ist. Im Fall von $KB_t < 0$ handelt es sich um frei verfügbares Kapital. Diese negative Kapitalbindung stellt also

---

[175] Vgl. Abschn. 3.3.5 auf S. 221.
[176] Vgl. Def. 3.12 auf S. 221.
[177] Diese Aussage gilt nur bei Vernachlässigung steuerlicher Effekte.
[178] Vgl. Abschn. 3.3.6 auf S. 224.
[179] Vgl. Abschn. 3.3.4 auf S. 218.

ein Guthaben dar. Die Kapitalbindung für die Zinsermittlung in Def. 3.13 wird mit Def. 3.14 bestimmt.[180]

Definition 3.14: *Die Kapitalbindung in der Investitionsmaßnahme ergibt sich zum Zeitpunkt t durch:*

$$KB_t = I_0 \cdot q^t - \sum_{s=0}^{t-1} R_{s+1} \cdot q^{t-s-1}$$

Die Definition 3.13 wird auf das bereits eingeführte Beispiel 3.6 angewendet.

Fortführung des Beispiels 3.6:

Eine Investition mit einer Auszahlung in Höhe von 1.000,– € erwirtschaftet über einen Zeitraum von vier Jahren jährliche Rückflüsse in Höhe von 330,00 €. Der Zinssatz beträgt 8 % p. a. Mit Def. 3.13 ergibt sich folgender Endwert:[181]

$$EW_N = 1.320,00 \, € - 1.000,00 \, € - 193,47 \, € = 126,53 \, €$$

Dieser Wert ist identisch mit dem bereits ermittelten Betrag. Der Verlauf der Kapitalbindung bei Verwendung von Def. 3.14 ist in der Tabelle 3.12 zu erkennen.

Tab. 3.12: Plan der Kapitalbindung im Bspl. 3.6. Quelle: Eigene Darstellung.

t	R_t	Aufteilung der Rückflüsse Zins: $Z_t = KB_{t-1} \cdot i$	Kapital-freisetzung: $F_t = R_t - Z_t$	$KB_t = I_0 \cdot q^t - \sum_{s=0}^{t-1} R_{s+1} \cdot q^{t-s-1}$	KB_t
0				$1.000,00 \cdot 1,08^0 =$	1.000,00
1	330,00	80,00	250,00	$1.000,00 \cdot 1,08^1 - 330,00 \cdot 1,08^0 =$	750,00
2	330,00	60,00	270,00	$1.000,00 \cdot 1,08^2 - 330,00 \cdot 1,08^1$ $-330,00 \cdot 1,08^0 =$	480,00
3	330,00	38,40	291,60	$1.000,00 \cdot 1,08^3 - 330,00 \cdot 1,08^2$ $-330,00 \cdot 1,08^1 - 330,00 \cdot 1,08^0 =$	188,40
4	330,00	15,07	314,93	$1.000,00 \cdot 1,08^4 - 330,00 \cdot 1,08^3$ $-330,00 \cdot 1,08^2 - 330,00 \cdot 1,08^1$ $-330,00 \cdot 1,08^0 =$	-126,53
$\sum$	1.320,00	193,47	1.126,53		

Die Kapitalbindung am Ende der Laufzeit beträgt -126,53 €. Dies entspricht dem Verständnis, dass eine negative Kapitalbindung ein Guthaben darstellt. Demzufolge gilt: $EW_N = -KB_N$.

Die Darstellung aus Def. 3.13 kann unter der Annahme, dass alle $R_t = const.$ wie folgt detailliert werden:

---

[180] Für eine ähnliche Argumentation vgl. Boulding (1935: 478–481).
[181] Vgl. Tab. 3.10 auf S. 220.

$$EW_N = \sum_{t=1}^{N} R_t - I_0 - \sum_{t=1}^{N} Z_t$$

$$= \sum_{t=1}^{N} R_t - I_0 - \underbrace{I_0 \cdot (q^N - 1)}_{\substack{Sollzinsen\,für\,I_0}} + \underbrace{R_t \cdot \left(\frac{q^N - 1}{i} - N \right)}_{\substack{Habenzinsen\,für \\ die\,Reihe\,der\,R_t}}$$

In dieser Darstellung wird angenommen, dass keine Tilgung während der Laufzeit erfolgt. Stattdessen wird der Investitionsbetrag über die gesamte Laufzeit mit Sollzinsen bedient, während die Rückflüsse während der gesamten Laufzeit zum Kapitalmarktzins angelegt werden. Am Ende der Nutzungsdauer werden sämtliche Beträge, inklusive Soll- und Habenzinsen, saldiert. Diese Beziehung wird am Beispiel 3.6 erläutert.

Fortführung des Beispiels 3.6:

$$EW_N = \sum_{t=1}^{N} R_t - I_0 - I_0 \cdot (q^N - 1) + R_t \cdot \left(\frac{q^N - 1}{i} - N \right)$$

$$= 1.320\,\text{€} - 1.000\,\text{€} - 1.000\,\text{€} \cdot \left(1{,}08^4 - 1 \right) + 320\,\text{€} \cdot \left(\frac{1{,}08^4 - 1}{0{,}08} - N \right)$$

$$= 1.320\,\text{€} - 1.000\,\text{€} - 360{,}49\,\text{€} + 167{,}02\,\text{€}$$

$$= 126{,}53\,\text{€}$$

Die letzte Darstellung führt zum selben Ergebnis, wie die Argumentation in der Tab. 3.12, ist jedoch intuitiv nicht gleichermaßen einsichtig. Die bisherigen Darstellungen zur Berechnung des Endwertes auf dem vollkommenen Kapitalmarkt sind eher als ungewöhnlich einzuordnen. Sie ergeben sich zwar direkt aus der Verbindung von Investitions- und Finanzierungsaktivitäten, sind jedoch in den Lehrbüchern üblicherweise so nicht zu finden.

Um die traditionelle bzw. standardmäßige Darstellung des Endwertes zu erhalten, wird folgendermaßen vorgegangen: Die Formel zur Berechnung der Kapitalbindung aus Def. 3.14 für das letzte Jahr $t = N$ lautet:

$$KB_N = I_0 \cdot q^N - \sum_{s=0}^{N-1} R_{s+1} \cdot q^{N-s-1}$$

Das kann umformuliert werden zu:

$$KB_N = I_0 \cdot q^N - \sum_{s=1}^{N} R_s \cdot q^{N-s}$$

Mit der Beziehung $EW_N = -KB_N$ folgt:

$$EW_N = -I_0 \cdot q^N + \sum_{s=1}^{N} R_s \cdot q^{N-s}$$

So wird die heterodoxe Ermittlung des Endwertes nach Def. 3.13 in die übliche Darstellung des Endwertes für den vollkommenen Kapitalmarkt in Def. 3.15 überführt.[182]

Definition 3.15: *Der Endwert einer Investition EW_N zum Zeitpunkt $t = N$ bei Existenz eines vollkommenen Kapitalmarktes ist wie folgt definiert:*

$$EW_N = -I_0 \cdot q^N + \sum_{t=1}^{N} R_t \cdot q^{N-t}$$

Dies wird an dem bereits eingeführten Beispiel 3.6 demonstriert.

Fortführung des Beispiels 3.6:

Rahmendaten: $I_0 = 1.000,00 \, €$, $R_1 = R_2 = R_3 = R_4 = 330,00 \, €$, $i = 8 \, \% \, p.a.$ Der Endwert nach Def. 3.15 ergibt sich wie folgt:

$$EW_N = -1.000,00 \, € \cdot 1,08^4 + \sum_{t=1}^{4} 330,00 \, € \cdot 1,08^{4-t}$$

$$= -1.360,49 \, € + 415,71 \, € + 384,91 \, € + 356,40 \, € + 330,00 \, €$$

$$= 126,53 \, €$$

Dieser Wert ist identisch mit dem bereits ermittelten Betrag.

Es wurde darauf hingewiesen,[183] dass der Endwert:

- die Summe sämtlicher auf $t = N$ aufgezinsten Ein- und Auszahlungen einer Investition ist,
- die zum Zeitpunkt $t = N$ erzielte Eigenkapitaländerung beschreibt, die mit der Investition erwirtschaftet wird.

Wird der Endwert in Verbindung mit der Annahme eines vollkommenen Kapitalmarktes eingesetzt, ist die Wiederanlageprämisse zu diskutieren. Dies erfolgt im nächsten Abschnitt.

---

[182] Vgl. Hirth (2017: 45); Bitz/Ewert/Terstege (2018: 64).
[183] Vgl. Abschn. 3.3.5 auf S. 221.

3.4.1.2 Wiederanlageprämisse

Wichtig für die weitere Darstellung ist die Behandlung von Überschüssen, die schon während der Nutzungsdauer entstehen. Als Überschuss wird eine **negative Kapitalbindung** definiert, d. h.: $KB_t < 0$. Dieser Fall tritt auf, wenn vor Ende der Nutzungsdauer das in der Investition gebundene Kapital **vollständig freigesetzt** wurde und **darüber hinaus** Rückflüsse erwirtschaftet werden. In dem Einführungsbeispiel tritt diese Situation erst am Ende der Laufzeit auf.[184] Dies ist jedoch nicht immer der Fall, sondern es können auch schon in früheren Zeitpunkten überschüssige Mittel auftreten, welche dann anzulegen sind. Dies wird am Beispiel 3.7 erläutert.

Beispiel 3.7:

Es wird eine Investition betrachtet, die mit einer Auszahlung in Höhe von 1.000,– €
folgende Rückflüsse erwirtschaftet: $R_1 = R_2 = 330,00 €$, $R_3 = 600,00 €$, $R_4 = 38,40 €$.
Der Zinssatz beträgt 8 % p. a. Der Verlauf von Bindung und Freisetzung des Kapitals ist
in der Tab. 3.13 abgebildet.

Tab. 3.13: Kapitalbindung und -freisetzung im Bspl. 3.7. Quelle: Eigene Darstellung.

t	KB_t	R_t	$Z_t = KB_{t-1} \cdot i$	$F_t = R_t - Z_t$
0	1.000,00	–	–	–
1	750,00	330,00	80,00	250,00
2	480,00	330,00	60,00	270,00
3	−81,60	600,00	38,40	561,60
4	−126,53	38,40	−6,53	44,93
		$\sum\limits_{t=1}^{4} R_t = 1.298,40$	$\sum\limits_{t=1}^{4} Z_t = 171,87$	$\sum\limits_{t=1}^{4} F_t = 1.126,53$

Am Ende der Nutzungsdauer der Investition ergibt sich folgendes Ergebnis:

Summe der Rückflüsse	*1.298,40 €*
− Freisetzung der Investitionssumme	*1.000,00 €*
− Zinsauszahlungen für Kapitalnutzung	*178,40 €*
+ Zinseinzahlungen für Kapitalanlage	*6,53 €*
= Endwert der Investition	*126,53 €*

Der Endwert ist identisch im Vergleich zum Einführungsbeispiel 3.6. Jedoch ist das gebundene Kapital bereits nach Ablauf des dritten Jahres freigesetzt und es stehen darüber hinaus 81,60 € zur freien Verfügung. Ein rationaler Investor wird diesen Betrag für den Verlauf des vierten Jahres anlegen. Dafür erhält er Habenzinsen in Höhe von 6,53 €. Diese Zinseinzahlung ist selbstverständlich bei der Berechnung des Endwertes mit zu berücksichtigen.

---

[184] Vgl. Bspl. 3.6 auf S. 219.

*Aus dem frei verfügbaren Überschuss entsteht in t=3 eine **negative Kapitalbindung** (vgl. Tab. 3.13). Das bedeutet, es entsteht ein Guthaben, das Zinsen erwirtschaftet. Die Zinsen auf dieses Guthaben erscheinen mit negativem Vorzeichen, da sie nicht zu zahlen sind, sondern das Kapitalnutzungsentgelt reduzieren. Besser verständlich ist dieser Vorgang im vollständigen Finanzplan (vgl. Tab. 3.14).*

Tab. 3.14: Vollständiger Finanzplan im Bspl. 3.7. Quelle: Eigene Darstellung.

Zeitpunkte / Positionen	t = 0	t = 1	t = 2	t = 3	t = 4
Investition:					
Auszahlungen	–1.000,00				
Einzahlungsüberschüsse		330,00	330,00	600,00	38,40
Finanzierung:					
Kapitalbeschaffung	1.000,00				
Kapitalnutzungsentgelt		–80,00	–60,00	–38,40	–
Kapitalrückführung		–250,00	–270,00	–480,00	–
Anlage überschüssiger Mittel:					
Anlage	–	–	–	–81,60	–44,93
Habenzinsen (8% p. a.)	–	–	–	–	6,53
Jahres-Zahlungssaldo:	0,00	0,00	0,00	0,00	0,00
Bestände:					
Kapitalbindung	1.000,00	750,00	480,00	0,00	0,00
Guthaben am Jahresende	–	–	–	81,60	126,53

Diese **Wiederanlage** von frei verfügbaren Mitteln spielt bei allen Verfahren, die auf der Annahme des **vollkommenen Kapitalmarktes** beruhen, keine wesentliche Rolle. Bei allen Modellen, die den vollkommenen Kapitalmarkt voraussetzen, wird implizit angenommen, dass ein zwischenzeitlich auftretender Überschuss (synonym: eine negative Kapitalbindung) zum Kalkulationszinssatz angelegt werden kann. Die Verzinsung der Wiederanlageinvestition (Zinseinzahlung für Kapitalanlage) erfolgt zu demselben Zinssatz, der als Entgelt (Zinsauszahlung für Kapitalnutzung) anzusetzen ist.

Ist der Kapitalmarkt jedoch **unvollkommen**, ist für jedes Investitionsprojekt zu prüfen, ob diese Annahme realistisch ist. Prinzipiell existieren folgende Möglichkeiten:[185]

- Kredittilgung,
- Anlage zu einem der vielen möglichen Zinssätze,
- Reinvestition im Unternehmen in anderen Objekten oder
- Entnahme für Konsumzwecke.

Um dies zu berücksichtigen, wird die in der Tab. 3.14 erläuterte Vorgehensweise der vollständigen Finanzpläne erweitert. Auf diese Weise können viel-

---

[185] Vgl. S. 174.

fältige Anlage- und Finanzierungskonditionen abgebildet werden.[186] Damit wird die Wiederanlageprämisse aufgegeben.

Die Def. 3.13 und Def. 3.15 können ebenfalls zur Ermittlung des Endwertes für den soeben beschriebenen Fall der negativen Kapitalbindung verwendet werden. Dies wird am bereits eingeführten Beispiel 3.7 gezeigt.

Fortführung des Beispiels 3.7:

Rahmendaten: $I_0 = 1.000,00 \, €$, $R_1 = R_2 = 330,00 \, €$, $R_3 = 600,00 \, €$, $R_4 = 38,40 \, €$ und $i = 8\% \, p.\,a.$ *Auf Basis der Def. 3.13 wird der Endwert wie folgt berechnet:*[187]

$$EW_V = 1.298,40 \, € - 1.000,00 \, € - [178,40 \, € - 6,53 \, €]$$
$$= 126,53 \, €$$

Bei Verwendung der Def. 3.15 ergibt sich:

$$EW_N = -1.000,00 \, € \cdot 1,08^4$$
$$+ 330,00 \, € \cdot 1,08^3 + 330,00 \, € \cdot 1,08^2 + 600,00 \, € \cdot 1,08^1 + 38,40 \, € \cdot 1,08^0$$
$$= -1.360,49 \, € + 415,71 \, € + 384,91 \, € + 648,00 \, € - 38,40 \, €$$
$$= 126,53 \, €$$

Auf dem unvollkommenen Kapitalmarkt hingegen ist die verwendete Prämisse über die Wiederanlage freier Mittel nicht anwendbar, da in diesem Fall für jeden freien Überschuss geklärt werden muss, wie er verwendet wird.[188]

3.4.1.3 Einordnung

In den einführenden Darstellungen wurde der Endwert detailliert erläutert.[189] Deshalb kann an dieser Stelle auf die entsprechenden Ausführungen verwiesen werden. Aus diesen Darstellungen geht hervor, dass der Endwert auch für den unvollkommenen Kapitalmarkt definiert ist und problemlos ermittelt werden kann.[190] Die vorstehenden Erläuterungen zum Endwert bei vollkommenem Kapitalmarkt erfolgten vornehmlich aus didaktischen Gründen.

---

[186] Vgl. Abschn. 3.5.1 auf S. 261.
[187] Vgl. Tab. 3.13 auf S. 233.
[188] Vgl. Abschn. 3.5.1 auf S. 261.
[189] Vgl. Abschn. 3.3.5 auf S. 221.
[190] Vgl. Abschn. 3.5.1 auf S. 261.

3.4.2 Kapitalwertmethode

3.4.2.1 Beschreibung und Definition

Die Kapitalwertmethode (KWM) (englisch: *Net Present Value - NPV*) ist ein außerordentlich verbreitetes Verfahren, das schon seit mehreren Jahrhunderten verwendet wird.[191] Der Kapitalwert wird üblicherweise wie in Def. 3.16 beschrieben.

Definition 3.16: *Der Kapitalwert einer Investition zum Zeitpunkt t = 0 ist wie folgt definiert:*

$$C_0 = -I_0 + \sum_{t=1}^{N} R_t \cdot q^{-t}$$

Für konstante Einzahlungsüberschüsse $R_1 = R_2 = \cdots = R_N = R$ reduziert sich der Ausdruck durch Verwendung des Rentenbarwertfaktors[192] zu:

$$C_0 = -I_0 + R \cdot \frac{q^N - 1}{q^N(q-1)}$$

Ein Vergleich mit Def. 3.15 zeigt,[193] dass es sich beim Kapitalwert um den auf $t = 0$ diskontierten **Endwert** der Investition handelt (vgl. Merksatz 3.6).

Merksatz 3.6: *Der Kapitalwert ist der auf den Zeitpunkt t = 0 diskontierte Endwert. Es gilt: $C_0 = EW_N \cdot q^{-N}$.*

Die Beurteilung der absoluten und der relativen Vorteilhaftigkeit kann – bei Annahme eines vollkommenen Kapitalmarktes – deshalb auf Basis von Kapital- oder von Endwerten erfolgen. Beide Verfahren führen zu identischen Aussagen über die absolute und die relative Vorteilhaftigkeit. Zur Veranschaulichung wird das Beispiel 3.6 wieder aufgegriffen[194] und als Beispiel 3.8 fortgeführt.

Beispiel 3.8:

Eine Investition mit einer Auszahlung in Höhe von 1.000,– € erwirtschaftet über einen Zeitraum von vier Jahren jährliche Rückflüsse in Höhe von 330,00 €. Der Zinssatz beträgt 8 % p. a. Der Kapitalwert dieser Investition resultiert aus Def. 3.16 mit:

---

[191] Zu einer Darstellung der historischen Entwicklung des Kapitalwertes vgl. Schneider (1981: 334–339); Schneider (2001: 782–793).

[192] Vgl. Tab. 3.8 auf S. 213.

[193] Vgl. S. 232.

[194] Vgl. S. 219.

$$C_0 = -1.000,00 \text{€} + \sum_{t=1}^{4} 330,00 \text{€} \cdot 1,08^{-t}$$

$$= -1.000,00 \text{€} + 330,00 \text{€} \cdot \frac{1,08^4 - 1}{1,08^4 \cdot 0,08}$$

$$= 93,- \text{€}$$

Zum Vergleich wird die Bindung und Freisetzung des investierten Kapitals für diese Investition erneut dargestellt (vgl. Tab. 3.15).

Tab. 3.15: Kapitalbindung und -freisetzung im Bspl. 3.8. Quelle: Eigene Darstellung.

t	KB_t	R_t	Zinsen $Z_t = KB_{t-1} \cdot i$	Kapitalfreisetzung $F_t = R_t - Z_t$
0	1.000,00	–	–	–
1	750,00	330,00	80,00	250,00
2	480,00	330,00	60,00	270,00
3	188,40	330,00	38,40	291,60
4	−126,53	330,00	15,07	314,93
		$\sum_{t=1}^{4} R_t = 1.320,00$	$\sum_{t=1}^{4} Z_t = 193,47$	$\sum_{t=1}^{4} F_t = 1.126,53$

Am Ende der Nutzungsdauer der Investition ergibt sich folgendes Ergebnis:

Summe der Rückflüsse	1.320,00 €
− Freisetzung der Investitionssumme	1.000,00 €
− Zinsen	193,47 €
= Ergebnis der Investition	126,53 €

Wird dieser Endwert auf den Zeitpunkt $t = 0$ diskontiert, ergibt sich der bereits mit Def. 3.16 ermittelte Kapitalwert: $C_0 = EW_N \cdot q^{-N} = 126,53 \text{€} \cdot 1,08^{-4} = 93,00 \text{€}$.

Am Beispiel 3.8 wird folgendes deutlich: Der Kapitalwert ist der auf den Zeitpunkt $t = 0$ diskontierte Endwert. Deshalb wird in einigen Quellen der Endwert[195] davon abweichend als – auf den Zeitpunkt $t = N$ transformierter – Kapitalwert und mit C_N bezeichnet.[196] Es wird hier jedoch dem mittlerweile verbreiteten Sprachgebrauch gefolgt.[197] Das Ergebnis der Investition zum Zeitpunkt $t = N$ ist der Endwert EW_N, während das auf den Zeitpunkt $t = 0$ bezogene Ergebnis den Kapitalwert C_0 darstellt.

Der Kapitalwert stellt denjenigen (auf $t = 0$ diskontierten) Betrag dar, der nach Abzug sämtlicher operativer Auszahlungen, nach Rückzahlung der In-

---

[195] Vgl. Def. 3.12 auf S. 221.

[196] Vgl. Busse von Colbe/Laßmann (1990: 48).

[197] Vgl. Hering (2017: 37–43); Hirth (2017: 39–47).

vestitionssumme und nach Abzug der Entgelte (Zinsen) für die Kapitalüberlassung verbleibt. Diese Eigenschaft wird im Merksatz 3.7 zusammengefasst.

Merksatz 3.7: Der Kapitalwert ist die – auf den Zeitpunkt t = 0 diskontierte – Differenz zwischen sämtlichen Einzahlungen aus der Nutzung des Objektes und:

- *den Auszahlungen für den Betrieb des Objektes,*
- *der Rückzahlung der Investitionssumme sowie*
- *den Zinsauszahlungen für die Kapitalnutzung (bzw. Zinseinzahlungen für die Kapitalanlage).*

Merksatz 3.7 verdeutlicht deshalb, dass der Kapitalwert die – auf $t = 0$ diskontierte – **Eigenkapitaländerung** darstellt, die mit der Investition erwirtschaftet wird. Wenn über die Erwirtschaftung sämtlicher Auszahlungen für den Anlagebetrieb, über die Rückzahlung der Investitionssumme und über das Nutzungsentgelt des Kapitals hinaus ein Betrag übrig bleibt, erfolgt eine Erhöhung des Eigenkapitals bzw. des Reinvermögens. Wenn diese Differenz negativ ist, wird Eigenkapital vernichtet. Das zeigt deutlich, wie sehr der Kapitalwert (und somit auch der Endwert) den Verfahren der wertorientierten Steuerung ähnelt.[198]

Die Zinsen für die Kapitalnutzung umfassen sowohl effektive Zahlungen für Fremdkapital, als auch Komponenten für Eigenkapital. Für die Beurteilung der Vorteilhaftigkeit ist es irrelevant, ob die Investition mit Fremd- oder Eigenkapital finanziert wurde.[199] Investiertes Kapital muss in jedem Fall verzinst und freigesetzt werden.

Aufgrund der komprimierten Darstellung in der Formel aus Def. 3.16 tritt der in Tab. 3.15 dargestellte (und an anderer Stelle[200] bereits ausführlich erläuterte) Zusammenhang zwischen Investition und Finanzierung des Objektes in den Hintergrund. Deshalb verdeutlicht Merksatz 3.8 diese Beziehung erneut.[201]

Merksatz 3.8: Die Verzinsung des gebundenen Kapitals wird im Kapitalwertmodell – ausschließlich und unabhängig von der tatsächlichen Finanzierungsart – in einem einzigen Kalkulationszinssatz berücksichtigt.

In dem Kalkulationszinssatz ist – quasi global – die Finanzierung der Investitionsmaßnahme berücksichtigt. Dies vereinfacht die Betrachtung erheblich, setzt jedoch den **vollkommenen Kapitalmarkt**[202] voraus. Unter dieser

---

[198] Vgl. Abschn. 4.2 auf S. 424.

[199] Diese Aussage gilt nur bei Vernachlässigung steuerlicher Effekte.

[200] Vgl. Abschn. 3.3.4 auf S. 218.

[201] Vgl. Busse von Colbe/Laßmann (1990: 49).

[202] Vgl. Abschn. 3.3.6 auf S. 224.

Voraussetzung ist die Kapitalwertmethode weniger ein Partial- als ein Totalmodell, da Investition und Finanzierung kombiniert betrachtet werden.[203]

Liquidationseinzahlungen zum Ende der Nutzungsdauer L_N können in die Rückflüsse des letzten Jahres R_N eingeschlossen oder wie folgt explizit mit in der Bestimmungsgleichung aufgeführt werden:

$$C_0 = -I_0 + \sum_{t=1}^{N} R_t \cdot q^{-t} + L_N \cdot q^{-N}$$

3.4.2.2 Arten von Ergänzungsinvestitionen

Die **wesentliche Voraussetzung** für den **relativen** Vorteilhaftigkeitsvergleich bildet die Betrachtung identischer Investitionsauszahlungen und identischer Laufzeiten.[204] Um Alternativen mit unterschiedlichen:[205]

- Investitionsauszahlungen und/oder
- Laufzeiten

vergleichbar zu machen, muss geklärt werden, wie die Differenzen ausgeglichen werden können. Dazu werden fiktive Ergänzungsinvestitionen gebildet und analysiert.

Darauf wurde bereits hingewiesen. In diesem Zusammenhang wurde der Begriff der Ergänzungsinvestition definiert[206] und die verschiedenen Möglichkeiten zur Verwendung der Mittel vorgestellt. Von den vier vorgestellten Verwendungsmöglichkeiten werden im Folgenden lediglich zwei Optionen – Anlage am Kapitalmarkt und Reinvestition im Unternehmen – berücksichtigt.

Nun werden die möglichen Arten von Ergänzungsinvestitionen vorgestellt. Zuerst wird das Problem abweichender Rückflüsse bzw. Nutzungsdauern und anschließend das Problem unterschiedlicher Investitionsauszahlungen analysiert.

a) Unterschiedliche Nutzungsdauern

Weisen die Alternativen unterschiedliche Laufzeiten auf, ist festzustellen, ob es sich um Einmalinvestitionen handelt oder ob die Investitionsobjekte nach Ablauf der Nutzungsdauer durch identische Objekte ersetzt werden. Im Fall der **Einmalinvestition** ist bei der Alternative mit der kürzeren Nutzungsdauer nach Ablauf der Nutzungszeit die Anlage der dann frei werdenden

---

[203] Vgl. Laux (2006: 50); Hering (2017: 39).
[204] Vgl. Merksatz 3.1 auf S. 173.
[205] Vgl. Busse von Colbe/Laßmann (1990: 54).
[206] Vgl. Def. 3.4 auf S. 173.

Mittel möglich (Wiederanlageprämisse). Um einen identischen Betrachtungszeitraum herzustellen, wird angenommen, dass diese Mittel für die restliche Zeit bis zum Ablauf der Nutzungsdauer der längerlaufenden Alternative zum Kalkulationszinssatz angelegt werden. Der Kapitalwert der so beschriebenen Ergänzungsinvestition ist null.

Ein anderes Ergebnis entsteht bei der mehrmaligen identischen **Wiederholung** der Investitionsmaßnahme, d. h. bei einer Investitionskette. Die Wiederanlage erfolgt dann nicht zum Kapitalmarktzins. Die Vergleichbarkeit von Alternativen mit unterschiedlichen Nutzungsdauern kann dann dadurch erreicht werden, dass jedes Investitionsobjekt so lange wiederholt wird, bis die Investitionsketten dieselbe Gesamtlaufzeit aufweisen und dementsprechend ein identischer Zeitraum vorliegt. Der Kapitalwert $C_{0;K}$ mit m-maliger identischer Installation ergibt sich aus:[207]

$$C_{0;K} = C_0 + C_0 \cdot q^{-N} + \cdots + C_0 \cdot q^{-(m-2)N} + C_0 \cdot q^{-(m-1)N}$$

$$C_{0;K} \cdot q^N = C_0 \cdot q^N + C_0 + C_0 \cdot q^{-N} + C_0 \cdot q^{-2N} + \cdots + C_0 \cdot q^{-(m-2)N}$$

$$C_{0;K} \cdot q^N - C_{0;K} = C_0 \cdot q^N - C_0 \cdot q^{-(m-1)N}$$

$$C_{0;K} \cdot \left(q^N - 1 \right) = C_0 \cdot q^N - C_0 \cdot q^{-(m-1)N}$$

Definition 3.17: *Der Kapitalwert einer endlichen Investitionskette bei m-maliger Installation einer Anlage resultiert mit:*

$$C_{0;K} = C_0 \cdot \frac{q^N \cdot \left(1 - q^{-m \cdot N} \right)}{q^N - 1}$$

In der Def. 3.17 wird durch m-malige Installation der Anlage die Periode Ω erreicht, die das Ende des einheitlichen Planungszeitraumes darstellt.[208] Deshalb kann auch formuliert werden: $C_{0;K} = C_0 \cdot \frac{q^N(1 - q^{-\Omega})}{q^N - 1}$. Wird davon ausgegangen, dass die Anlage unendlich oft installiert wird, so gilt $m \to \infty$ und es resultiert:

$$\lim_{m \to \infty} C_0 \cdot \frac{q^N - q^{-(m-1)N}}{q^N - 1} = C_0 \cdot \frac{q^N}{q^N - 1}$$

Dies liefert den Kapitalwert einer unendlichen Investitionskette in Def. 3.18.

Definition 3.18: *Der Kapitalwert einer Investitionskette bei unendlich wiederholter Installation einer Anlage resultiert mit:*

$$C_{0;K;\infty} = C_0 \cdot \frac{q^N}{q^N - 1}$$

---

[207] Vgl. Busse von Colbe/Laßmann (1990: 60).
[208] Vgl. Abschn. 3.1.2 auf S. 165.

Zur Veranschaulichung wird das Beispiel 3.9 betrachtet.

Beispiel 3.9:

Es werden zwei Alternativen mit folgenden Zahlungsreihen betrachtet:

$$a_1 : I_0 = 1.000 \text{ €}; R_1 = R_2 = R_3 = R_4 = 330 \text{ €}$$
$$a_2 : I_0 = 1.000 \text{ €}; R_1 = R_2 = 600 \text{ €}$$

Bei einmaliger Durchführung ergeben sich mit $i = 0,08$ die Kapitalwerte:

$$C_{0;a_1} = 93,00 \text{ € sowie } C_{0;a_2} = 69,96 \text{ €}$$

Rangfolge : $a_1 \succ a_2$

Zur Herstellung eines identischen Betrachtungszeitraumes kann Alternative 2 im zweiten Jahr einmalig wiederholt werden, es resultiert folgende Zahlungsreihe:

$$a_{2;K} : (-1.000 \text{ €}_0; 600 \text{ €}_1; 600 \text{ €}_2; -1.000 \text{ €}_2; 600 \text{ €}_3; 600 \text{ €}_4)$$

Der Kapitalwert der erstmalig installierten Anlage und gleichzeitig des ersten Ketten-gliedes beträgt $C_{0;a_2} = 69,96$ € Für das zweite Kettenglied, also die einmalig wiederholt installierte identische Anlage, ergibt sich im zweiten Jahr derselbe Kapitalwert. Der Ka-pitalwert der gesamten Kette resultiert aus:

$$C_{0;a_2;K} = 69,96 \text{ €} + 69,96 \text{ €} \cdot q^{-2} = 129,94 \text{ €}$$

Rangfolge : $a_2 \succ a_1$

Ist von einer einmaligen Wiederholung der Alternative 2 auszugehen, ist diese Alternati-ve im Vergleich zu Alternative 1 relativ vorteilhaft. Wird die unendliche Investitionskette als identischer Betrachtungszeitraum gewählt, ergeben sich folgende Resultate:

$$C_{0;a_1;K;\infty} = 93 \text{ €} \cdot \left[\frac{1,08^4}{1,08^4 - 1} \right] = 350,98 \text{ €}$$

$$C_{0;a_2;K;\infty} = 69,96 \text{ €} \left[\frac{1,08^2}{1,08^2 - 1} \right] = 490,39 \text{ €}$$

Rangfolge : $a_2 \succ a_1$

Auch diese Ergebnisse deuten auf die relative Vorteilhaftigkeit der Alternative 2.

Damit wird die Bedeutung der Bildung eines gemeinsamen Betrachtungs-zeitraumes Ω ersichtlich. In Tab. 3.16 sind die unterschiedlichen Formen der Ergänzungsinvestition aufgeführt.

Tab. 3.16: Annahmen über die Ergänzungsinvestition. Quelle: Eigene Darstellung.

Implikationen / Szenario	Bestimmungsgleichung für den Kapitalwert	Annahme über Investition der Mittel für Zeitraum $\Omega - N$
Einmalige Durchführung	$C_0 = -I_0 + \sum\limits_{t=1}^{N} R_t \cdot q^{-t}$	Anlage von I_0 am Kapitalmarkt zum Kalkulationszinssatz, so dass $C_{0;E} = 0$
Bildung von endlichen Investitionsketten mit identischer Länge bis zu $t = \Omega < \infty$	$C_{0;K} = C_0 \cdot \dfrac{q^N \cdot \left(1 - q^{-m \cdot N}\right)}{q^N - 1}$ $= C_0 \cdot \dfrac{q^N \cdot \left(1 - q^{-\Omega}\right)}{q^N - 1}$	Erneute $m - 1$-malige Investition von I_0 im Unternehmen, so dass $C_{0;E} = C_{0;K} - C_0$
Bildung von unendlichen Investitionsketten bis zu $t = \Omega = \infty$	$C_{0;K;\infty} = C_0 \cdot \dfrac{q^N}{q^N - 1}$	Erneute, unendliche Investition von I_0 im Unternehmen, so dass $C_{0;E} = C_{0;K;\infty} - C_0$

In jedem Fall muss festgelegt werden, welche Prämisse für die Wiederanlage gilt. Im ersten Szenario wird davon ausgegangen, dass I_0 lediglich am Kapitalmarkt zu dem einzigen, einheitlichen Zinssatz angelegt wird. Das ist finanzmathematisch korrekt und entspricht dem Wesen des vollkommenen Kapitalmarktes. Vor dem Hintergrund eines **konsistenten** Alternativenvergleiches muss dies jedoch kritisch hinterfragt werden. Es erscheint wenig plausibel, beim Vergleich von zwei Alternativen – so wie im Beispiel 3.9 – bei einer Alternative davon auszugehen, dass das Kapital während der gesamten Laufzeit Ω im Unternehmen investiert ist, wohingegen bei der anderen Alternative das Kapital nur für den Zeitraum N im Unternehmen investiert ist und für den Zeitraum $\Omega - N$ am Markt angelegt wird.[209]

b) Unterschiedliche Investitionsauszahlungen

Dieselbe Problematik besteht mit Blick auf Differenzen der Investitionsauszahlungen. Sind die Anschaffungsauszahlungen von zwei zu vergleichenden Alternativen unterschiedlich groß, verfügt der Investor bei der Alternative mit dem geringeren Kapitaleinsatz über die Möglichkeit, die freien Differenzmittel anzulegen. Wenn diese Mittel zum Kalkulationszinssatz angelegt werden können, ist der Kapitalwert dieser Ergänzungsinvestition null und der unterschiedliche Kapitaleinsatz entscheidungsirrelevant. Um dies zu zeigen, werden zwei Investitionsalternativen a_1 und a_2 betrachtet, wobei gilt:

$$I_{01} > I_{02}$$
$$\Delta I_0 = I_{01} - I_{02}$$

Der Kapitalwert $C_{0\Delta I_0}$ dieser Ergänzungsinvestition ergibt sich aus:

---

[209] Vgl. Swoboda (1964: 145–147); Drukarczyk (1970: 37).

$$C_{0;\Delta I_0} = -\Delta I_0 + \sum_{t=1}^{N} R_t \cdot q^{-t} + \Delta I_0 \cdot q^{-N}$$

Da $R_t = \Delta I_0 \cdot i$, ergibt sich:

$$\sum_{t=1}^{N} R_t \cdot q^{-t} = \Delta I_0 \cdot i \cdot \frac{q^N - 1}{q^N(q-1)}$$

Es folgt:

$$\begin{aligned}
C_{0;\Delta I_0} &= -\Delta I_0 + \Delta I_0 \cdot i \cdot \frac{q^N - 1}{q^N(q-1)} + \Delta I_0 \cdot q^{-N} \\
&= \Delta I_0 \left(-1 + i \cdot \frac{q^N - 1}{q^N(q-1)} + q^{-N} \right) \\
&= \Delta I_0 \left(-1 + i \cdot \frac{q^N - 1}{q^N \cdot i} + q^{-N} \right) \\
&= \Delta I_0 \left(-1 + \frac{q^N - 1}{q^N} + q^{-N} \right) \\
&= \Delta I_0 \left(-1 + 1 - q^{-N} + q^{-N} \right) \\
&= 0
\end{aligned}$$

Der Kapitalwert der Ergänzungsinvestition ist immer Null, da auf dem vollkommenen Kapitalmarkt nur ein Zins existiert, mit dem Kapital aufgenommen und angelegt wird. Wie auch bei der Nutzungsdauerproblematik muss gefragt werden, ob diese Annahme das unternehmerische Handeln realitätsgetreu abbildet. Sind andere Anlagemöglichkeiten verfügbar, so ist der mit dieser Ergänzungsinvestition erzielbare Kapitalwert zu ermitteln und zu dem Kapitalwert der Basisinvestition hinzuzurechnen.

3.4.2.3 Analyse der Differenzinvestition

Wenn die absolute Vorteilhaftigkeit zweier Alternativen festgestellt wurde, kann die relative Vorteilhaftigkeit auf Basis der sog. **Differenzinvestition** untersucht werden.[210] Die Differenzinvestition wird folgendermaßen ermittelt:[211]

Jede Alternative a wird durch einen Zahlungsvektor $a = (z_0, z_1, z_2, z_3, ..., z_N)$ beschrieben. Die Differenzzahlungsreihe D_{ab} ergibt sich durch Subtraktion der Zahlungen der Alternative b von der Alternative a wie folgt: $d_{abt} = a_t - b_t$. Das führt zu: $D_{ab} = (d_{ab0}, d_{ab1}, d_{ab2}, ..., d_{abN})$. Damit können quantitative Un-

---

[210] Sprachlich korrekter wäre die Bezeichnung „Differenzzahlungsreihe". Vgl. Bitz/Ewert/Terstege (2018: 83–84).

[211] Vgl. Hax (1993: 39); Bitz/Ewert/Terstege (2018: 83).

terschiede in den Ergebnisgrößen berücksichtigt werden. Unberücksichtigt
bleibt das Problem der unterschiedlichen Laufzeiten. Beide Ergebnisvekto-
ren laufen nur bis zum Ende der Nutzungsdauer der jeweiligen Alternative.
Es wurde im Merksatz 3.1 festgelegt, dass ein gemeinsamer Betrachtungszeitraum bis $t = \Omega$ zu bilden ist. Deshalb muss die Differenzzahlungsreihe auch
bis zum Ende des Zeithorizontes Ω ermittelt werden. Das wird in Def. 3.19
zusammengefasst.

Definition 3.19: *Als Differenzinvestition D_{ab} wird die Differenzzahlungsreihe der Alternativen a und b bezeichnet, die wie folgt gebildet wird:*

$$D_{ab} = (d_{ab0}, d_{ab1}, d_{ab2}, ..., d_{ab\Omega}), \text{ wobei } d_{abt} = a_t - b_t \text{ für alle } t = 0,1,2,...,\Omega.$$

Die Differenzinvestition ist demzufolge das Ergebnis mathematischer Umformungen und ist deshalb rein fiktiver Natur. Unter Verwendung der Differenzinvestition kann wiederum die Vergleichsvariante gebildet werden. Das
bedeutet, wenn $D_{ab} = a - b$, dann ergibt sich: $D_{ab} + b = a$. Üblicherweise wird
gefordert, dass der Vektor mit der zunächst geringeren Kapitalbindung vom
Vektor mit der zunächst höheren Bindung subtrahiert wird. Aus mathematischer Sicht ist das jedoch – an dieser Stelle – nicht zwingend erforderlich.
Beispiel 3.9 wird zur Erläuterung wieder aufgenommen.

Fortführung des Beispiels 3.9:

Die Alternativen sind durch folgende Zahlungsreihen gekennzeichnet:

$$a_1 : I_0 = 1.000\ \text{€}; R_1 = R_2 = R_3 = R_4 = 330\ \text{€}$$
$$a_2 : I_0 = 1.000\ \text{€}; R_1 = R_2 = 600\ \text{€}$$

Bei einmaliger Durchführung ergeben sich bei $i = 0,08$ die Kapitalwerte:

$$C_{0;a_1} = 93,00\ \text{€}$$
$$C_{0;a_2} = 69,96\ \text{€}$$
$$\textit{Rangfolge}: a_1 \succ a_2$$

Das Ergebnis kann auch mittels der Differenzinvestition wie folgt ermittelt werden:

$$
\begin{aligned}
D_{a_1 a_2} &= a_1 - a_2 \\
&= 1.000\ \text{€}_0 + 330\ \text{€}_1 + 330\ \text{€}_2 + 330\ \text{€}_3 + 330\ \text{€}_4 \\
&\quad - [1.000\ \text{€}_0 + 600\ \text{€}_1 + 600\ \text{€}_2] \\
&= \qquad\qquad -270\ \text{€}_1 - 270\ \text{€}_2 + 330\ \text{€}_3 + 330\ \text{€}_4
\end{aligned}
$$

Der Kapitalwert dieser Differenzinvestition ergibt sich mit:

$$
\begin{aligned}
C_{0;D_{a_1 a_2}} &= -270\ \text{€} \cdot 1,08^{-1} - 270\ \text{€} \cdot 1,08^{-2} + 330\ \text{€} \cdot 1,08^{-3} + 330\ \text{€} \cdot 1,08^{-4} \\
&= 23,04\ \text{€} \\
&= C_{0;a_1} - C_{0;a_2}
\end{aligned}
$$

Zur Herstellung eines identischen Betrachtungszeitraumes kann Alternative 2 im zweiten Jahr einmalig wiederholt werden, so dass eine zweigliedrige Investitionskette entsteht. Das führt zu folgender Zahlungsreihe:

$$a_{2;K} : (-1.000 \text{ } €_0; 500 \text{ } €_1; \quad 600 \text{ } €_2; -1.000 \text{ } €_2; 500 \text{ } €_3; 600 \text{ } €_4)$$
$$: (-1.000 \text{ } €_0; 500 \text{ } €_1; -400 \text{ } €_2; \qquad 600 \text{ } €_3; 600 \text{ } €_4)$$

Der Kapitalwert dieser Kette resultiert aus:

$$C_{0;a_2;K} = 69,96 \text{ } € + 69,96 \text{ } € \cdot q^{-2}$$
$$= 129,94 \text{ } €$$

Rangfolge : $a_2 \succ a_1$

Das Ergebnis kann wiederum mittels der Differenzinvestition ermittelt werden:

$$D_{a_1 a_2;K} = a_1 - a_{2;K}$$
$$= 1.000 \text{ } €_0 + 330 \text{ } €_1 + 330 \text{ } €_2 + 330 \text{ } €_3 + 330 \text{ } €_4$$
$$- [1.000 \text{ } €_0 + 600 \text{ } €_1 - 400 \text{ } €_2 + 600 \text{ } €_3 + 600 \text{ } €_4]$$
$$= \qquad -270 \text{ } €_1 + 730 \text{ } €_2 - 270 \text{ } €_3 - 270 \text{ } €_4$$

Der Kapitalwert dieser Differenzinvestition ergibt sich mit:

$$C_{0;D_{a_1 a_2;K}} = -270 \text{ } € \cdot 1,08^{-1} + 730 \text{ } € \cdot 1,08^{-2} - 270 \text{ } € \cdot 1,08^{-3} - 270 \text{ } € \cdot 1,08^{-4}$$
$$= -36,94 \text{ } €$$
$$= C_{0;a_1} - C_{0;a_2;K}$$

In der Tab. 3.17 sind die Ergebnisse im Detail aufgeführt und zusammengefasst.

Tab. 3.17: Ermittlung und Relationen der Differenzinvestition. Quelle: Eigene Darstellung.

Alternative \ Zeitpunkt	0	1	2	3	4	C_0
Ohne Wiederholung von Alternative 2						
Alternative 1: Z_t	-1.000	330,00	330,00	330,00	330,00	–
Alternative 1: $Z_t \cdot 1,08^{-t}$	-1.000	305,56	282,92	261,96	242,56	93,00
Alternative 2: Z_t	-1.000	600,00	600,00	–	–	–
Alternative 2: $Z_t \cdot 1,08^{-t}$	-1.000	555,56	514,40	–	–	69,96
Diff.-invest. $D_{a_1 a_2} : Z_t$	0	-270,00	-270,00	330,00	330,00	–
Diff.-invest. $D_{a_1 a_2} : Z_t \cdot 1,08^{-t}$	0	-250,00	-231,48	261,96	242,56	23,04
Mit einmaliger Wiederholung von Alternative 2						
Alternative 2: Z_t	-1.000	600,00	-400,00	600,00	600,00	–
Alternative 2: $Z_t \cdot 1,08^{-t}$	-1.000	555,56	-342,94	476,30	441,02	129,94
Diff.-invest. $D_{a_1 a_2;K} : Z_t$		-270,00	730,00	-270,00	-270,00	–
Diff.-invest. $D_{a_1 a_2;K} : Z_t \cdot 1,08^{-t}$	0	-250,00	625,86	-214,34	-198,46	-36,94

Der Vorzeichenwechsel bei der Differenzinvestition verdeutlicht die Umkehrung der Vorteilhaftigkeit bei Änderung der Art der Ergänzungsinvestition. Wird die Ergänzungsinvestition als Anlage der Mittel am Kapitalmarkt interpretiert, ist a_1 vorteilhaft. Wird a_2 im Rahmen der Ergänzungsinvestition jedoch einmalig wiederholt, ist diese Alternative vorteilhaft.

Der zusätzliche Erkenntnisgewinn aus der Analyse der Differenzinvestition ist begrenzt. Im ersten Schritt muss die absolute Vorteilhaftigkeit der Alternativen ermittelt werden. Das geschieht auf Basis der Kapitalwerte. Diese können direkt miteinander verglichen werden, so dass die Bildung und Analyse der Differenzinvestition etwas überflüssig erscheint.

Aus didaktischer Sicht ist die Analyse insofern interessant, als dass der Zusammenhang zwischen den Zahlungsreihen deutlich wird. Ebenfalls wird erkennbar, dass die Ergänzungsinvestition ein Teil der Differenzinvestition ist bzw. dass die Differenzinvestition die Ergänzungsinvestition abbildet. Damit ist die Beziehung zwischen diesen Formen klar herausgestellt.

3.4.2.4 Einordnung

Der Kapitalwert wurde schon frühzeitig entwickelt. Basierend auf Überlegungen von LEIBNIZ zur Methodik des Diskontierens im Jahr 1682 wird die erste industrielle Investitionsrechnung, die prinzipiell dem Kapitalwert entspricht, auf das Jahr 1822 datiert.[212] Das wesentliche Werk von FISHER hatte die Herleitung des Kapitalwertes und die Analyse der Eignung zur Investitionsbewertung zum Inhalt. Er zeigte, dass der Kapitalwert das handlungsleitende Kriterium ist. Er zeigte auch, dass dieses Prinzip in vier Varianten formuliert werden kann. Diejenige Alternative ist relativ vorteilhaft, die von allen Alternativen:[213]

- den maximalen, positiven Barwert,
- die höchste positive Differenz zwischen diskontiertem Vorteil (Rückflüsse) und diskontiertem Nachteil (Kosten),
- den höchsten internen Zinssatz, der größer ist als der Marktzinssatz,
- den höchsten marginalen internen Zinssatz, der größer ist als der Marktzinssatz

erwirtschaftet. Alle vier Formulierungen sind Variationen desselben zentralen Gedankens und führen deshalb zu einem identischen Ergebnis.

Die Bestimmungsgleichung des Kapitalwertes aus Def. 3.16 kann auf unterschiedliche Weise interpretiert werden. Folgende ökonomische Interpretationen haben sich herausgebildet:[214]

a) Der Kapitalwert ist die Summe sämtlicher auf $t = 0$ diskontierten Ein- und Auszahlungen einer Investition.

---

[212] Vgl. Schneider (2001: 782–790).

[213] Vgl. Fisher (1930: 175). FISHER verwendete für den internen Zins die Bezeichnung „rate of return over cost".

[214] Vgl. Schneider (1951: 15); Busse von Colbe/Laßmann (1990: 47); Hirth (2017: 41–42); Bitz/Ewert/Terstege (2018: 75).

b) Der Kapitalwert beschreibt die auf $t = 0$ diskontierte Eigenkapitaländerung, die mit der Investition erwirtschaftet wird.

c) Der Kapitalwert ist der auf $t = 0$ diskontierte Endwert der Investition.

d) Ein positiver Kapitalwert stellt denjenigen Betrag dar, der dem Investor im Zeitpunkt $t = 0$ mindestens geboten werden müsste, damit er die Investition nicht realisiert.

e) Ein negativer Kapitalwert stellt denjenigen Betrag dar, der dem Investor im Zeitpunkt $t = 0$ mindestens gezahlt werden müsste, damit er die Investition realisiert.

Von besonderer Bedeutung ist die zweite Interpretation, die den Zusammenhang zwischen dem Eigenkapital und der Investition herstellt. Es wird ersichtlich, dass die Kapitalwertmethode eine verkürzte bzw. stark vereinfachte Form eines vollständigen Finanzplanes ist. Eine solche Vereinfachung ist nur möglich, wenn die Annahme des vollkommenen Kapitalmarktes verwendet wird (vgl. Merksatz 3.9).

Merksatz 3.9: *Die Kapitalwertmethode ist eine rechentechnisch vereinfachte Darstellung des vollständigen Finanzplanes einer Investitionsmaßnahme, die auf der Annahme des vollkommenen Kapitalmarktes basiert.*

Da der Kapitalwert dem auf $t = 0$ diskontierten Endwert entspricht, kann die Entscheidung zur absoluten und zur relativen Vorteilhaftigkeit adäquat zur Regel für den Endwert[215] formuliert werden (vgl. E.-regel 3.6).

Entscheidungsregel 3.6: *Bei Verwendung der Kapitalwertmethode ist diejenige Alternative $a_{opt} \in A$ optimal, für die gilt:*

$$\Phi(a_{opt}) = \max_i \left[C_0(a_i) | C_0(a_i) \geq 0 \right].$$

Wenn $C_0 > 0$, erwirtschaftet die Investitionsmaßnahme eine Eigenkapitalerhöhung. Deshalb ist die Durchführung der Investitionsmaßnahme **absolut vorteilhaft**, die Maßnahme ist in **vollem Umfang** durchzuführen. Wenn jedoch $C_0 < 0$, wird das Eigenkapital reduziert. Das Projekt ist **nicht durchzuführen**. Für den Fall, dass gilt $C_0 = 0$, kann die Maßnahme in **beliebigem Umfang** durchgeführt werden. Es findet keine Veränderung des Eigenkapitals statt.

Merksatz 3.9 sollte immer berücksichtigt werden. Bei Annahme der Modellwelt des vollkommenen Kapitalmarktes kann die Entscheidungsfindung auf Basis der **Kapitalwertdominanz** erfolgen (vgl. Merksatz 3.10).[216]

---

[215] Vgl. Entscheidungsregel 3.5 auf S. 223.

[216] Vgl. Bitz (1981: 291); Eisenführ/Weber/Langer (2010: 359).

Merksatz 3.10: *Bei Existenz eines vollkommenen Kapitalmarktes bildet das Entscheidungskriterium C_0 die Präferenzen des Akteurs in dem Sinne ab, dass $a \succsim b \Leftrightarrow C_0(a) \geq C_0(b)$.*

Demzufolge ist der Kapitalwert ein **ordnungstreues, additives, intertemporales Präferenzfunktional**[217] und für den Akteur gilt: $\Phi(a) = C_0(a)$. Dieses Funktional gilt es so zu maximieren, dass $C_0 \overset{!}{\geq} 0$. Eine Investition ist absolut vorteilhaft, wenn der Kapitalwert positiv ist. Im Rahmen der relativen Vorteilhaftigkeit wird diejenige Alternative gesucht, die aus der Menge der absolut vorteilhaften Objekte den höchsten Kapitalwert erzielt. Diese Alternative ist optimal aus Sicht eines nutzenmaximierenden Akteurs auf einem vollkommenen Kapitalmarkt.

Es wird hier noch einmal auf die wichtige Rolle der Annahmen bezüglich der Differenzen in der Nutzungsdauer und/oder der Investitionsauszahlungen aufmerksam gemacht. Finanzmathematisch korrekt ist die Annahme, Differenzen in der Nutzungsdauer und/oder der Investitionsauszahlungen durch Anlage der Mittel am Kapitalmarkt auszugleichen. Der Kapitalwert dieser Anlage ist per definitionem Null. Jedoch wurde auf die mangelnde unternehmerische Plausibilität dieser rechentechnischen Operation hingewiesen.[218] Aus diesem Grund ist es ratsam, einen gemeinsamen Betrachtungszeitraum – den Zeithorizont – bis zu $t = \Omega$ zu bilden.[219]

Zusätzlich wird auf die Annahmen über die Zeitpräferenzen des Entscheidungsträgers hingewiesen, die dieses Funktional verwendet.[220] Besonders wichtig ist, dass Stationarität (also Zeitkonsistenz und Zeitinvarianz) sowie wechselseitige Unabhängigkeit der Präferenzen des Akteurs impliziert werden.

Der Kapitalwert ist ein lineares Präferenzfunktional,[221] weshalb er auch invariant gegenüber linearen Transformationen ist.[222] Das bedeutet, der Kapitalwert stellt eine Messung auf einer Verhältnisskala dar. Es existiert ein eindeutig bestimmter Nullpunkt und die Ergebnisse sind invariant gegenüber Streckungen oder Stauchungen der Skala. Deshalb ist es z. B. irrelevant, in welcher Währung der Kapitalwert berechnet wird. Die Rangfolge zwischen den Ergebnissen bleibt immer erhalten.

---

[217] Vgl. Def. 3.2 auf S. 169.

[218] Vgl. Abschn. 3.4.2.2 auf S. 239.

[219] Vgl. Swoboda (1964: 145–147).

[220] Vgl. 2. Band, Abschn. 1.7.2 auf S. 188–214.

[221] Vgl. 2. Band, Abschn. 1.7.2.4 auf S. 208–214 sowie French (1988: 128–133).

[222] Vgl. 2. Band, Def. 1.9 auf S. 24.

Darüber hinaus ist der Kapitalwert **additiv**. Wie in den einführenden Darstellungen gezeigt wurde,[223] ergibt sich der Gesamtwert des Unternehmens additiv aus der Summe der Kapitalwerte aller Projekte.[224]

Die Kapitalwertmethode basiert auf der Annahme des vollkommenen Kapitalmarktes. Damit wird gleichzeitig und automatisch die **Wiederanlageprämisse** vorausgesetzt.[225] In Abhängigkeit von den Größenrelationen können auf diese Weise Ergänzungsinvestitionen und auch Ergänzungsfinanzierungen entstehen. Beide Maßnahmen werden mit dem Kalkulationszinssatz berechnet, weshalb der Kapitalwert dieser Maßnahmen Null ist. Der Zinssatz, mit dem das angelegte Kapital verzinst wird, ist identisch mit dem Zinssatz, der für die Kapitalaufnahme zu zahlen ist.

Aus diesem Grund kann die gesamte Handlungsalternative nach der vorgestellten Kapitalwertformel bewertet werden.[226] Eine detaillierte Analyse der Anlage und Verzinsung von eventuell auftretenden freien Überschüssen wird auf diese Weise überflüssig.

3.4.2.5 Kapitalwertäquivalenz als Eigenschaft

In den folgenden Abschnitten werden Verfahren vorgestellt, die ebenfalls – den Kapitalwert ergänzend oder ersetzend – zur Beurteilung der Vorteilhaftigkeit von Projekten eingesetzt werden. In Verbindung damit wird regelmäßig die Frage gestellt, ob die Ergebnisse bei Verwendung der KWM und der Alternativmethode identisch sind. Zur Beantwortung dieser Frage wird im Folgenden unterschieden zwischen der **absoluten** und der **relativen** Vorteilhaftigkeit.

Absolut vorteilhaft ist ein Projekt, wenn die Durchführung besser ist als die Unterlassung. Der Kapitalwert der Unterlassungsalternative beträgt Null. Ist der Kapitalwert größer als Null, sollte die Investition realisiert werden, ist er hingegen kleiner, sollte dies nicht geschehen. Ergibt sich ein Kapitalwert von exakt Null, ist der Akteur indifferent. Er kann das Projekt durchführen oder unterlassen. Ein Präferenzfunktional ist zur Beurteilung der absoluten Vorteilhaftigkeit kapitalwertäquivalent, wenn es zur selben Entscheidung (Durchführen oder Unterlassen der Alternative) führt, wie die KWM. Das ist im Merksatz 3.20 formuliert.

Definition 3.20: Ein Präferenzfunktional $\Phi(a)$ ist zur Beurteilung der absoluten Vorteilhaftigkeit äquivalent zum Kapitalwert, wenn das Funktional

---

[223] Vgl. Abschn. 3.3.6 auf S. 224.

[224] Vgl. Magni (2020: 296); Brealey/Myers/Allen (2020: 910).

[225] Vgl. Abschn. 3.4.1.2 auf S. 233.

[226] Vgl. Def. 3.16 auf S. 236.

für alle $i_{kalk} \geq 0$ bei $C_0(a)(i_{kalk}) < 0$ die Unterlassung der Alternative a und bei $C_0(a)(i_{kalk}) > 0$ die Durchführung dieser Alternative indiziert.

Führen KWM und Präferenzfunktional immer zu identischen Entscheidungen, liegt **Kapitalwertäquivalenz** vor. Einige der Präferenzfunktionale (z. B. Kapitalwertrate, Annuität, BALDWIN-Zins, MAGNI-Zins) sind Funktionen bzw. Transformationen des Kapitalwertes der Form: $\Phi(a) = f(C_0(a))$. Der Kapitalwert ist demzufolge das Argument der darauf aufbauenden Funktion. Wenn der Kapitalwert einen bestimmten Wert annimmt, so ergibt sich ein davon abhängiger Wert des Präferenzfunktionals. Dem Vorgehen scheint etwas Überflüssiges anzuhaften, was an einigen Funktionalen auch kritisiert wird.[227] Jedoch ergeben sich in Abhängigkeit von der Situation durchaus neue Erkenntnisse über das Investitionsprojekt.

Bei der Untersuchung auf **relative** Vorteilhaftigkeit ergibt sich eine Präferenzordnung bzw. eine Rangfolge der absolut vorteilhaften Alternativen. Die Rangfolge, die auf den Kapitalwerten beruht, sollte dieselbe sein, wie die Rangordnung auf Basis des alternativen Funktionals. Es wird nun angenommen, dass der Akteur im **ersten Schritt** für alle Alternativen $a \in A$ die Kapitalwerte ermittelt hat. Im **zweiten Schritt** fasst er diese Ergebnisse als Menge M zusammen und versieht diese mit einer schwachen Ordnung (das beinhaltet Vollständigkeit, Transitivität und Reflexivität).[228] D. h., er bildet eine Präferenzordnung R_1 der Kapitalwerte mit diesen drei Eigenschaften. Im **dritten Schritt** berechnet er eines der anderen – den Kapitalwert transformierenden – Funktionale. Diese fasst er ebenfalls als Menge zusammen, bezeichnet diese mit S und bringt sie in eine schwache Ordnung R_2. Nun kann er im **vierten Schritt** prüfen, ob die Abbildung (d. h. die Umrechnung) des Kapitalwertes in die Menge S die Ordnung der ursprünglichen Menge M (also die Präferenzordnung der Kapitalwerte R_1) wiedergibt. Bei den Begrifflichkeiten hilft die Definition 3.21.[229]

Definition 3.21: *Eine Abbildung $f : M \to S$ ist:*

- *ordnungserhaltend, wenn gilt:* $C_0(a_i) \geq C_0(a_j) \Rightarrow f(C_0(a_i)) \geq f(C_0(a_j))$,
- *ordnungseinbettend, wenn gilt:* $C_0(a_i) \geq C_0(a_j) \Leftrightarrow f(C_0(a_i)) \geq f(C_0(a_j))$
für alle $C_0(a_i), C_0(a_j) \in M$.

Die Ordnungseinbettung ist umfassender und für die vorliegende Fragestellung geeignet, weshalb sie im weiteren Verlauf verwendet wird. Der Unterschied zur Beschreibung des Präferenzfunktionals[230] besteht darin, dass die Menge M der Kapitalwerte schon mit einer Rangfolge versehen ist, wohin-

---

[227] „...*die Annuitätenformel ist eine Rechenformel ohne neuen sachlogischen Beitrag.*" Drukarczyk (1970: 52).

[228] Vgl. 2. Band, Abschn. 1.3.2 auf S. 28.

[229] Vgl. Ganter (2013: 15–16).

[230] Vgl. Def. 3.2 auf S. 169.

gegen ein Präferenzfunktional auf die noch ungeordnete Alternativenmenge angewendet wird.

Sämtliche monotonen reellen Funktionen stellen ordnungserhaltende Abbildungen dar, weshalb ordnungserhaltende Abbildungen auch als monotone Abbildungen bezeichnet werden. Die Rangfolge auf Basis des Kapitalwertes kann demzufolge nur erhalten bleiben, wenn er das Argument einer monotonen reellen Funktion ist. Wichtig dabei ist, dass sämtliche Kapitalwerte einer Rangordnung als Argumente **derselben** monotonen Funktion dienen, also z. B. mit denselben Werten, Faktoren u. ä. multipliziert, potenziert oder dividiert werden.

Um für alle Präferenzfunktionale das Verhältnis der Rangfolge auf Basis des Kapitalwertes zu Rangfolgen auf Basis anderer Funktionale allgemeingültig zu beschreiben, wird der Begriff der **Kapitalwertäquivalenz** wie in Def. 3.22 beschrieben.

Definition 3.22: *Ein Präferenzfunktional $\Phi(a)$ ist zur Beurteilung der relativen Vorteilhaftigkeit äquivalent zum Kapitalwert, wenn für alle $a \in A$ sowie alle $i_{kalk} \geq 0$ gilt:*

$$C_0(a_1)(i_{kalk}) > C_0(a_2)(i_{kalk}) \Leftrightarrow \Phi(a_1)(i_{kalk}) > \Phi(a_2)(i_{kalk}),$$
$$C_0(a_1)(i_{kalk}) = C_0(a_2)(i_{kalk}) \Leftrightarrow \Phi(a_1)(i_{kalk}) = \Phi(a_2)(i_{kalk}),$$
$$C_0(a_1)(i_{kalk}) < C_0(a_2)(i_{kalk}) \Leftrightarrow \Phi(a_1)(i_{kalk}) < \Phi(a_2)(i_{kalk}).$$

In der Def. 3.22 indiziert die Formulierung $C_0(a_1)(i_{kalk})$, dass der Kapitalwert von Alternative 1 bei Verwendung des Kalkulationszinssatzes i_{kalk} ermittelt wird. Damit wird festgehalten, dass die Kapitalwertäquivalenz bei Verwendung von jedem nicht negativen Kalkulationszinssatz erfüllt sein muss.[231]

Ein wichtiges Präferenzfunktional ist der interne Zinssatz.[232] Dabei wird der Kapitalwert als Funktion des Zinssatzes abgebildet. Gesucht ist dann dasjenige Argument, welches exakt zu dem Kapitalwert $C_0(i_{int}) = 0$ führt. Auch dafür stellt sich die Frage nach dem Erhalt der Rangordnungen. Jedoch lässt sich die Analogie der "Umrechnung" des Kapitalwertes nicht übertragen, da der Kapitalwert eine Funktion des Zinssatzes ist und nicht umgekehrt.

Abschließend wird noch kurz die Sinnhaftigkeit der Kapitalwertäquivalenz diskutiert. Es wurde bereits darauf hingewiesen, dass prinzipiell die Gewinnmaximierung gegenüber der Rentabilitätsmaximierung vorzuziehen ist.[233] Der Kapitalwert als Entscheidungskriterium ist dann handlungsleitend, wenn das Ziel in der Gewinnmaximierung besteht. Die soeben diskutierte Äquivalenz der Rangfolgen verschiedener Präferenzfunktionale ist deshalb erstrebenswert und ökonomisch geboten.

---

[231] Der Vollständigkeit halber wird ergänzt: $\infty > i_{kalk} \geq 0$.

[232] Vgl. Abschn. 3.6.3.1 auf S. 271.

[233] Vgl. Swoboda (1964: 70–71).

Es existieren jedoch Situationen, in denen eine Rentabilitätsmaximierung angestrebt oder gefordert wird. Dann werden entsprechende Rentabilitäts-Kennzahlen herangezogen. Ob und in welchem Maße die darauf basierenden Rangfolgen äquivalent zum Kapitalwert sind bzw. sein müssen, ist fraglich. Der Kapitalwert dient quasi als "Messinstrument" zur Beurteilung von Alternativen. Das Ergebnis ist eine **absolute** Größe, die den Vermögenszuwachs angibt. Die Rentabilität als "Messinstrument" hingegen misst etwas völlig anderes, nämlich die **Relation** dieses Ergebnisses zum eingesetzten Kapital und unter Berücksichtigung der dafür benötigten Zeit. Dieser Unterschied ist bei der Beurteilung der Kapitalwertäquivalenz immer zu berücksichtigen.

3.4.3 Annuität

3.4.3.1 Beschreibung und Definition

Wird der Kapitalwert mit dem Kapitalwiedergewinnungsfaktor (Annuitäten-faktor) multipliziert und somit gleichmäßig auf die Investitionsdauer verteilt, ergibt sich die Annuität einer Investition (vgl. Def. 3.23).[234]

Definition 3.23: *Die Annuität einer Investition ist definiert durch:*

$$An = C_0 \frac{(q-1) \cdot q^N}{q^N - 1}$$

Die Annuität gibt an, welcher Betrag in jeder Periode während der Nutzungsdauer eines Objektes dem Investor zur Verfügung steht. Sie stellt den jährlichen Zahlungsüberschuss dar. Der Entscheidungsträger verwendet das Präferenzfunktional: $\Phi(a) = An(a)$, womit die E.-regel 3.7 formuliert wird.

Entscheidungsregel 3.7: *Bei Einsatz der Annuitätenmethode ist diejenige Alternative $a \in A$ absolut vorteilhaft, für die gilt:*

$$\Phi(a) = An(a) \geq 0.$$

Damit wird festgestellt, dass die Durchführung einer Investition absolut vorteilhaft ist, wenn die Annuität nicht negativ ist. Damit folgt für die Kapitalwertäquivalenz der Annuität:

$$C_0(a) > 0 \Leftrightarrow An(a) > 0,$$
$$C_0(a) = 0 \Leftrightarrow An(a) = 0,$$
$$C_0(a) < 0 \Leftrightarrow An(a) < 0.$$

---

[234] Vgl. Franke/Hax (2009: 174).

3.4.3.2 Einordnung

Bei der Beurteilung der **relativen** Vorteilhaftigkeit muss berücksichtigt werden, dass der Kapitalwert eine Gesamtgröße ist, die Annuität jedoch einen auf ein Jahr umgerechneten Wert darstellt. Die Annuität ist eine Transformation des Kapitalwertes. Wird die Annuität als Präferenzfunktional interpretiert, so kann es nur dann ordnungstreu im Sinne von Def. 3.22 sein, wenn für die Transformation der Kapitalwerte von zwei Alternativen dieselben Betrachtungszeiträume gebildet werden. Das Problem wurde bereits diskutiert,[235] und es wurden zwei Möglichkeiten zur Lösung vorgestellt:

- Anlage der Investitionssumme für den Restzeitraum $\Omega - N$ am Kapitalmarkt zum Zinssatz i_{kalk} oder
- Bildung von Investitionsketten mit identischer Länge.

Zur Veranschaulichung wird das Beispiel 3.10 betrachtet.

Beispiel 3.10:

Zusätzlich zur Alternative aus Beispiel 3.8 wird eine zweite Alternative betrachtet:

$$a_1 : I_0 = 1.000 \text{ €}; R_1 = R_2 = R_3 = R_4 = 330 \text{ €}$$
$$a_2 : I_0 = 1.000 \text{ €}; R_1 = R_2 = 600 \text{ €}$$

Mit $i = 0,08$ folgt: $C_{0;a_1} = 93,00$ € und $C_{0;a_2} = 69,96$ €. Beide Alternativen sind absolut vorteilhaft. Da $C_{0;a_1} > C_{0;a_2}$ ist Alternative 1 relativ vorteilhaft. Nun werden die Annuitäten wie folgt ermittelt:

$$
\begin{aligned}
An_{a_1} &= C_{0;a_1} \cdot \frac{(q-1) \cdot q^N}{q^N - 1} \\
&= 93,00 \text{ €} \cdot \frac{(1,08 - 1) \cdot 1,08^4}{1,08^4 - 1} \\
&= 93,00 \text{ €} \cdot 0,3019 \\
&\approx 28,08 \text{ €} \\
An_{a_2} &= C_{0;a_2} \cdot \frac{(q-1) \cdot q^N}{q^N - 1} \\
&= 69,96 \text{ €} \cdot \frac{(1,08 - 1) \cdot 1,08^2}{1,08^2 - 1} \\
&= 69,96 \text{ €} \cdot 0,5608 \\
&\approx 39,23 \text{ €}
\end{aligned}
$$

Damit wäre Alternative 2 relativ vorteilhafter als Alternative 1. Dies steht jedoch im Widerspruch zum Ergebnis auf Basis der Kapitalwerte. Dafür gibt es folgende Erklärung: Bei Alternative 2 wird angenommen, dass die Rückflüsse in den Jahren $t = 3$ und $t = 4$ nur zum Kapitalmarktzins angelegt werden können. Der Kapitalwert dieser Wiederanlage beträgt Null. Das Unternehmen wird nach Ablauf der Nutzungsdauer der Alternative

---

[235] Vgl. Abschn. 3.4.2.2 auf S. 239.

2 die Mittel jedoch im Unternehmen investieren und nicht am Kapitalmarkt anlegen. Realistischer ist es deshalb für die Alternative 2 von einer einmaligen Wiederholung auszugehen, sodass eine zweigliedrige Investitionskette entsteht. Das führt zu folgendem Kapitalwert:

$$C_{0;K;a_2} = C_{0;a_2} + C_{0;a_2} \cdot q^{-2}$$
$$= 69,96 \, € + 69,96 \, € \cdot 1,08^{-2}$$
$$\approx 129,94 \, €$$

Dieser ist größer als der Kapitalwert der Alternative 1, womit Alternative 2 nun relativ vorteilhafter ist. Wird nun die Annuität für diese Kette ermittelt, ergibt sich:

$$An_{K;a_2} = C_{0;K;a_2} \cdot \frac{(q-1) \cdot q^N}{q^N - 1}$$
$$= 129,94 \, € \cdot \frac{(1,08-1) \cdot 1,08^4}{1,08^4 - 1}$$
$$\approx 39,23 \, €$$

*Dieser Wert der Annuität entspricht exakt dem bereits für die einmalige Investition berechneten Wert. Das ist kein Zufall, sondern Ergebnis der Idee der Annuität: Die Kapitalwerte werden auf die Laufzeit verteilt. Während Alternative 1 in **vier Jahren** einen Kapitalwert von 93,00 € erwirtschaftet, erzielt Alternative 2 in zwei Jahren lediglich 69,96 €, jedoch für **vier Jahre** betrachtet einen Kapitalwert von 129,94 € und ist damit relativ vorteilhaft. Werden die Kapitalwerte für den Zeitraum von **vier Jahren** auf diese Laufzeit verteilt, ist die relative Vorteilhaftigkeit auf Basis der Annuität identisch mit der Rangfolge auf Basis der KWM.*

Wesentlich für die Kapitalwertäquivalenz der Annuität ist die Annahme zur Kompensation der Nutzungsdauerdifferenzen. Genauso wichtig ist, welcher Kapitalwert umgerechnet wird. Ist es der Kapitalwert ohne Wiederholung oder der Kapitalwert einer Investitionskette mit identischem Ω für alle Alternativen? Entscheidungsregel 3.8 fasst die Ergebnisse zusammen.

Entscheidungsregel 3.8: *Wird für alle Alternativen $a \in A$ ein identischer Betrachtungszeitraum Ω verwendet, ist bei Einsatz der Annuitätenmethode diejenige Alternative $a_{opt} \in A$ optimal, für die gilt:*

$$\Phi(a_{opt}) = \max_i \, [An(a_i)|An(a_i) \geq 0].$$

Relativ vorteilhaft ist diejenige Maßnahme, die aus der Menge der absolut vorteilhaften Objekte die höchste Annuität aufweist. Das Beispiel 3.10 hatte gezeigt, unter welchen Bedingungen die Kapitalwertäquivalenz erreicht wird.

Die Vorteilhaftigkeit einer Maßnahme hängt demzufolge nicht von dem verwendeten Verfahren ab. In der VDI 6025 wird zwar auf die möglichen unterschiedlichen Ergebnisse von Kapitalwert-Methode und Annuitäten-Methode hingewiesen, ohne jedoch eine Lösung bzw. Erklärung anzubieten.[236]

---

[236] Vgl. VDI 6025 (2012: 49).

In einigen Quellen wird vorgeschlagen, für eine Alternative mit kürzerer Nutzungsdauer einfach den Annuitätenfaktor der Alternative mit der längeren Nutzungsdauer zu verwenden. Das erscheint vor dem Hintergrund der Analysen zur Ergänzungsinvestition[237] nicht sonderlich konsistent. Die Annuität ist eine Umrechnung des Kapitalwertes auf die Jahre der Nutzungsdauer. Es ist wenig plausibel, eine Alternative mit kürzerer Laufzeit durch die Verwendung eines Annuitätenfaktors mit längerer Laufzeit zu "bestrafen". Wie bereits geschildert, erscheint es empfehlenswerter, Investitionsketten mit identischer Länge zu bilden. Werden diese in Annuitäten umgerechnet, ergeben sich kapitalwertäquivalente Rangfolgen. Es empfiehlt sich deshalb folgendes Procedere:

- Durch die Bildung von Investitionsketten wird ein identischer Betrachtungszeitraum Ω gebildet.
- Für diese Ketten werden die Kapitalwerte der Alternativen ermittelt und in eine Rangfolge gebracht.
- Die Annuitäten werden auf der Grundlage dieser Ketten bestimmt.

Die Umformung des Kapitalwertes in die Annuität erscheint etwas überflüssig. Jedoch können Situationen vorliegen, in denen die Ermittlung und Analyse des durchschnittlichen jährlichen Zahlungsüberschusses aus einem Projekt erforderlich ist. Genau dafür ist die Annuität geeignet.

3.4.4 Dynamische Amortisationsrechnung

3.4.4.1 Beschreibung und Definition

Mit der dynamischen Amortisationsrechnung wird der Zeitraum ermittelt, nach dem die Investitionsauszahlungen über die Rückflüsse wieder im Unternehmen verfügbar sein werden. Im Gegensatz zur statischen Amortisationsrechnung wird bei der dynamischen Variante die Verzinsung mit berücksichtigt. Somit stellt der dynamische Amortisationszeitpunkt $t_{a\,dyn}$ den Zeitpunkt dar, bis zu dem die Investitionsauszahlung bei Berücksichtigung des Zinseszinseffektes durch die Rückflüsse – unter Berücksichtigung einer möglichen Liquidationseinzahlung – wiedergewonnen wird. Das ist demzufolge der Punkt, in dem der Kapitalwert als Funktion der Zeit den Wert Null aufweist (vgl. Def. 3.24).

Definition 3.24: *Die dynamische Amortisationsdauer $t_{a\,dyn}$ einer Investition ist definiert durch:*

$$C_0(t) = -I_0 + \sum_{t=1}^{t_{a\,dyn}} R_t \cdot q^{-t} \overset{!}{=} 0$$

Für den Fall, dass die Rückflüsse sämtlicher Jahre identisch groß sind, kann die Amortisationsdauer folgendermaßen ermittelt werden:

$$C_0(t) = -I_0 + \sum_{t=0}^{t_{a\,dyn}} R_t \cdot q^{-t} = 0$$

$$I_0 = \sum_{t=0}^{t_{a\,dyn}} R_t \cdot q^{-t}$$

$$I_0 = \frac{q^{t_{a\,dyn}} - 1}{q^{t_{a\,dyn}} \cdot i}$$

$$\frac{I_0 \cdot i}{R} = \frac{q^{t_{a\,dyn}} - 1}{q^{t_{a\,dyn}}}$$

$$\frac{I_0 \cdot i}{R} = 1 - q^{-t_{a\,dyn}}$$

$$q^{-t_{a\,dyn}} = 1 - \frac{I_0 \cdot i}{R}$$

$$-t_{a\,dyn}\, ln\, q = ln \left(1 - \frac{I_0 \cdot i}{R} \right)$$

$$t_{a\,dyn} = \frac{-ln \left(1 - \frac{I_0 \cdot i}{R} \right)}{ln\, q}$$

Somit lässt sich die Amortisationsdauer analytisch nach Def. 3.25 ermitteln

Definition 3.25: *Die dynamische Amortisationsdauer $t_{a\,dyn}$ einer Investition mit jährlich identischen Rückflüssen R ist für $i > 0$ definiert durch:*

$$t_{a\,dyn} = \frac{-ln \left(1 - \frac{I_0 \cdot i}{R} \right)}{ln\, q}$$

Beispiel 3.11 dient der Veranschaulichung.

Beispiel 3.11:

Eine zu Umweltschutzzwecken geplante Anlage verursacht Investitionsauszahlungen in Höhe von 5.000,00 € womit Auszahlungen für Energie in Höhe von jährlich 800,00 € reduziert werden. Wie lange muss die Anlage betrieben werden, damit der investierte

*Betrag wiedergewonnen wird? Die technische Nutzungsdauer wird auf 10 Jahre veran-
schlagt, der Kalkulationszinssatz beträgt 5% p.a. Mit der Formel aus Def. 3.25 folgt:*

$$t_{a\,dyn} = \frac{-ln\left(1 - \frac{I_0 \cdot i}{R}\right)}{ln\ q}$$

$$= \frac{-ln\left(1 - \frac{5.000,00\ € \cdot 0,05}{800,00\ €}\right)}{ln\ 1,05}$$

$$\approx 7,68$$

*Im achten Jahr erfolgt die Amortisation. Das Ergebnis kann auch tabellarisch durch
jährliche Summierung ermittelt werden (vgl. Tab. 3.18).*

Tab. 3.18: Tabellarische Ermittlung der dynamischen Amortisationsdauer. Quelle:
Eigene Darstellung.

Zahlungs-größen	Nutzungsdauer in Jahren										
	0	1	2	3	4	5	6	7	8	9	10
R_t	-5.000	800	800	800	800	800	800	800	800	800	800
$R_t \cdot q^{-t}$	-5.000	762	726	691	658	627	597	569	541	516	491
$C_0(N)$	-5.000	-4.238	-3.512	-2.821	-2.163	-1.536	-939	-371	171	686	1.177

Der Verlauf des Kapitalwertes als Funktion der Zeit ist in der Abbildung 3.6 zu sehen.

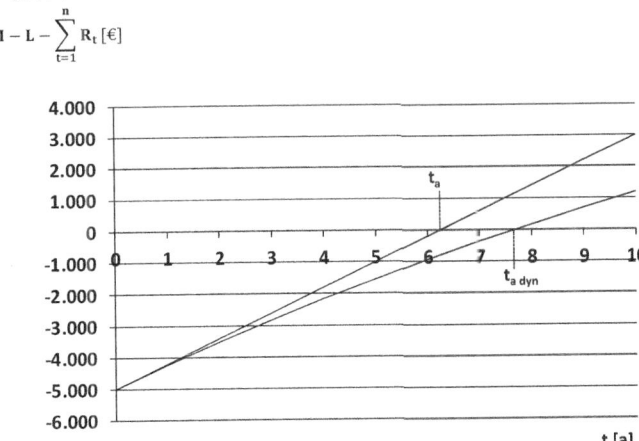

Abb. 3.6: Vergleich statischer und dynamischer Amortisationsdauer. Quelle: Eigene
Darstellung mit den Eingangsdaten aus der Tab. 3.19.

*In dieser Abbildung ist zum Vergleich auch die statische Amortisationsdauer abgebildet.
Diese liegt bei 6,25 Jahren, d.h. im ersten Quartal des siebten Jahres der Nutzungsdauer*

ist die Investitionsauszahlung ohne Berücksichtigung der Zinsen durch die Rückflüsse erwirtschaftet worden.

Für Investitionsobjekte mit jährlich schwankenden Rückflüssen sowie abnehmenden Liquidationseinzahlungen ist die Vorgehensweise nach Def. 3.25 nicht anwendbar. In diesen Fällen verbleibt nur die jahresweise Summation der Zahlungsgrößen, so dass die Beziehung aus Def. 3.24 erfüllt ist.[238] Zur Veranschaulichung wird Beispiel 3.11 fortgeführt.

Fortführung des Beispiels 3.11:

Es wird zusätzlich angenommen, dass das Projekt jährlich liquidiert werden kann und Liquidationseinzahlungen im ersten Jahr in Höhe von 4.000 € erzielt, die in jedem Jahr um 500 € bis auf einen Restwert von null sinken. Die Ergebnisse in Tabelle 3.19 zeigen, dass sich die Amortisationsdauer auf fünf Jahre verkürzt hat.

Tab. 3.19: Tabellarische Ermittlung der dynamischen Amortisationsdauer bei Existenz von Liquidationseinzahlungen. Quelle: Eigene Darstellung.

Zahlungs-größen	Nutzungsdauer in Jahren										
	0	1	2	3	4	5	6	7	8	9	10
R_t	-5.000	800	800	800	800	800	800	800	800	800	800
$R_t \cdot q^{-t}$	-5.000	762	726	691	658	627	597	569	541	516	491
L_N		4.000	3.500	3.000	2.500	2.000	1.500	1.000	500	0	0
$C_0(N)$	-5.000	-429	-338	-230	-106	31	180	340	509	686	1.177

Die Entscheidungskriterien in Bezug auf die absolute und die relative Vorteilhaftigkeit gleichen denen bei der statischen Amortisationsrechnung. Für die Feststellung der absoluten Vorteilhaftigkeit ist die ermittelte dynamische Amortisationsdauer mit der Grenzamortisationsdauer zu vergleichen. Diese ist vom Entscheidungsträger vorzugeben bzw. aus den technischen Rahmendaten abzuleiten. Das Präferenzfunktional ist demzufolge $\Phi(a) = t_{a\,dyn}(a)$. Entscheidungsregel 3.9 beschreibt das Auswahlkriterium.

Entscheidungsregel 3.9: *Bei Einsatz der dynamischen Amortisationsrechnung ist diejenige Alternative $a_{opt} \in A$ optimal, für die gilt:*

$$\Phi(a_{opt}) = \min_i [t_{a\,dyn}(a_i) | t_{a\,dyn}(a_i) \leq t_{a\,dyn\,Grenz}].$$

Das bedeutet, dass die Investitionsauszahlung einer Maßnahme innerhalb eines Zeitraumes durch die Rückflüsse zurückgewonnen werden muss, der eine definierte Grenzamortisationsdauer $t_{a\,dyn\,Grenz}$ nicht übersteigt. Damit wird die absolute Vorteilhaftigkeit definiert. Relativ vorteilhaft ist die Alternative, die aus der Menge der absolut vorteilhaften Objekte die geringste dynamische Amortisationsdauer aufweist.

---

[238] Vgl. S. 256.

3.4.4.2 Einordnung

Die dynamische Amortisationsrechnung ist, wie auch die statische Variante, bestenfalls als ergänzendes Bewertungsverfahren zu verwenden. Die Feststellung des Amortisationszeitpunktes vernachlässigt die Entwicklung der Zahlungsreihen nach diesem Zeitpunkt.

3.4.5 Zusammenfassende Kritik

Die dynamischen Verfahren konnten sich nur langsam in den Unternehmen durchsetzen, da sie sich einer Reihe von Kritik gegenübersahen.[239] Dieser Prozess ging nicht einher mit der Verdrängung bisher bestehender Verfahren (wie etwa der kalkulatorischen Verfahren), sondern die neuen Modelle traten an die Seite der bis dahin verwendeten Verfahren, um diese in Bewertungssituationen zu ergänzen, in denen diese Verfahren nicht aussagekräftig genug sind. Während die kalkulatorischen Investitionsrechenverfahren besonders in kleinen und mittelständischen Unternehmen weit verbreitet sind, ist die KWM und die Annuitätenmethode in diesen Unternehmen hingegen weniger häufig anzutreffen. Das ist auch auf die hohe Kompatibilität der statischen Verfahren mit dem unternehmerischen Rechnungswesen sowie auf die relativ große Aussagequalität der statischen Verfahren bei einfach strukturierten Entscheidungssituationen zurückzuführen. Im Gegensatz dazu sind die dynamischen Verfahren in Großunternehmen weit verbreitet.[240]

Die Ausführungen zum Endwert hatten gezeigt,[241] dass dieses Konzept **nicht** den vollkommenen Kapitalmarkt voraussetzt. Wird ein solcher Markt unterstellt, führen End- und Kapitalwert zu identischen Entscheidungen über die absolute und die relative Vorteilhaftigkeit.

Hauptkritikpunkt der KWM und darauf aufbauender Verfahren ist die Annahme eines **vollkommenen Kapitalmarktes**. Es wurde darauf hingewiesen, dass die KWM ein stark vereinfachtes Modell eines Investitionsprojektes ist.[242] Mit der Vereinfachung durch die Prämisse eines vollkommenen Kapitalmarktes sind folgende Aspekte verbunden:[243]

- Der Kalkulationszinssatz ist exogen vorgegeben.

---

[239] Zu einer beispielhaften Kritik aus dem frühen Stadium vgl. Ganske (1966).

[240] Vgl. Weber et al. (2006: 43).

[241] Vgl. Abschn. 3.3.5 auf S. 221.

[242] Vgl. Merksatz 3.9 auf S. 247.

[243] Vgl. Blohm/Lüder/Schaefer (2012: 64–66); Trost/Fox (2017: 549–550); Pape (2018: 384–386).

- Es wird automatisch die **Wiederanlageprämisse** vorausgesetzt.[244] Ergänzungsinvestitionen und auch Ergänzungsfinanzierungen werden mit dem einheitlichen Kalkulationszinssatz berechnet. Dieser Zinssatz, mit dem das angelegte Kapital verzinst wird, ist identisch mit dem Zinssatz, der für die Kapitalaufnahme zu zahlen ist. Eine detaillierte Analyse der Anlage und Verzinsung von eventuell auftretenden, freien Überschüssen wird auf diese Weise überflüssig.

- Eine Analyse der Präferenzen des Akteurs[245] ist nicht erforderlich. Die **Eigentümerpräferenzen** als Kombination aus Höhen- und Zeitpräferenz werden nicht betrachtet. Zusätzlich **impliziert** der vollkommene Kapitalmarkt die Erfüllung sämtlicher Anforderungen an die **Zeitpräferenzen** des Akteurs.[246] Damit wird eine detaillierte Analyse dieser Präferenzen überflüssig. Beim Einsatz der Modelle und bei der Interpretation der Ergebnisse muss diese Implikation jedoch immer berücksichtigt werden. Es sollte geprüft werden, ob alle diese Anforderungen für die jeweilige Situation zutreffen bzw. welche Anforderungen besonders kritisch sind.

- Eine weitere Konsequenz bzw. eine Charakteristik sind die Annahmen zu den Ergänzungsinvestitionen[247]. Diese werden nicht explizit diskutiert bzw. entspringen keiner bewussten Entscheidung des Anwenders. Der Akteur ist deshalb nicht gezwungen, sich mit dieser Thematik auseinanderzusetzen, was zu Fehlern in der Anwendung und Interpretation führen kann. Deshalb ist es fraglich, ob in jedem Fall ein Vergleich **vollständiger Alternativen**[248] durchgeführt wird.

- Die Vielfältigkeit der Konditionen am Kapitalmarkt kann nicht abgebildet werden. Die Annahme eines einzigen Zinssatzes sowie die Vernachlässigung von Steuern, Transaktionskosten u. ä. entsprechen nicht dem realen Investitionsumfeld.

Im Endeffekt wird die relativ einfache Handhabung der KWM mit einer ungenauen Abbildungsqualität „erkauft". Diese Form der Vereinfachung ist jedoch aus folgenden Gründen **zulässig** bzw. **notwendig**:[249]

- Die für eine detaillierte Modellierung erforderlichen Daten fehlen.

- Die vorliegende Situation ist so komplex, dass eine abbildungstreue Modellierung zu aufwändig und unverständlich ist.

- Prinzipielle Zusammenhänge und Effekte können an idealtypischen und von der Realität abstrahierten Modellen am besten verdeutlicht werden. Ein Beispiel dafür ist die Bestimmung der optimalen Nutzungsdauer mit-

---

[244] Vgl. Abschn. 3.4.1.2 auf S. 233.

[245] Vgl. 2. Band, Abschn. 1.2.1, S. 8–14.

[246] Vgl. 2. Band, Abschn. 1.7.2, S. 188–214 sowie Bleichrodt et al. (2015).

[247] Vgl. Def. 3.4 auf S. 173 sowie Abschn. 3.4.2.2 auf S. 239.

[248] Vgl. Merksatz 3.1 auf S. 173.

[249] Vgl. Abschn. 2.2.3 auf S. 135. Vgl. Perridon/Steiner/Rathgeber (2017: 86–94).

tels der Kapitalwertmethode.[250] Die idealtypische Entwicklung der Zahlungsgrößen im Zeitablauf sowie deren Einfluss kann mit der KWM gut abgebildet und erläutert werden.

Prinzipiell gilt: Je realitätsnäher die Modellierung, umso komplexer ist das Modell. Damit wird der Zusammenhang zwischen Realitätsnähe und Verständlichkeit – und auch der Gegensatz zwischen Problem- und Nutzeradäquanz – von Modellen deutlich.[251] Vor diesem Hintergrund muss der Anwender selbst über die Vorteilhaftigkeit des Einsatzes der KWM entscheiden.[252]

Als weiterer Kritikpunkt ist festzuhalten, dass die bisher skizzierten Verfahren vollkommene Sicherheit unterstellen. Bei den Investitionsalternativen sind die Höhe der Zahlungen und die Eintrittszeitpunkte der Ereignisse annahmegemäß bekannt. Die Verwendung deterministischer Daten zur Modellierung der Entscheidungssituation bedingt eine geringe Aussagequalität in den Fällen, in denen Investitionsentscheidungen auf Parametern beruhen, die nicht die vorausgesetzte vollkommene Sicherheit aufweisen. Dieses Manko wird im Verlauf der weiteren Darstellungen behoben.[253]

3.5 Auswahlentscheidungen bei unvollkommenem Kapitalmarkt

3.5.1 Methode der vollständigen Finanzpläne

Um die realen Konditionen von Finanzierung und Investition gut abbilden zu können, ist die Methode der vollständigen Finanzpläne (VoFi) entwickelt worden.[254] Das Vorgehen basiert auf dem eingangs geschilderten Finanzplan.[255] Mit dem weiterentwickelten VoFi kann berücksichtigt werden, dass:[256]

- verschiedene Kreditarten mit unterschiedlichen Zinssätzen und Tilgungsmodalitäten sowie unterschiedliche Formen der Geldanlage existieren,
- aufgenommene Kredite zuzüglich der Zinsen aus den jährlichen Rückflüssen getilgt werden und darüber hinausgehende Überschüsse als Guthaben angelegt werden,

---

[250] Vgl. Abschn. 3.8.2 auf S. 342.

[251] Vgl. Abschn. 2.2.3 auf S. 135.

[252] Vgl. Trost/Fox (2017: 549–550).

[253] Vgl. Kapitel 5 auf S. 483.

[254] Vgl. Heister (1962: 148–150); Grob (1984); Grob (1989); Grob (1990).

[255] Vgl. Tab. 3.11 auf S. 221.

[256] Vgl. Grob (2006: 104–108); Trost/Fox (2017: 540–541).

- die Finanzierung des Investitionsobjektes mit Fremd- und Eigenkapital geschehen kann.

Als weiteres Merkmal des VoFi ist die explizite Berücksichtigung der **Eigentümerpräferenz** anzuführen. Im Folgenden wird – wie in den bisherigen Abschnitten – lediglich die Maximierung des Endwertes als Entscheidungskriterium betrachtet. Dieses Kriterium wurde bereits umfassend vorgestellt.[257] Der Endwert einer Investitionsmaßnahme nach N Jahren $EW_{N;M}$ ergibt sich wie folgt:

$$
\left.
\begin{array}{l}
\text{Einzahlungen aus dem Betrieb der Anlage} \\
-\ \text{Auszahlungen für Personal, Material,} \\
\ \ \ \text{Energie, Instandhaltung, Werkzeuge, etc.}
\end{array}
\right\} \text{Rückflüsse}
$$

$-$ Auszahlung für Erwerb des Investitionsobjektes
$-$ Zinsauszahlungen für aufgenommene Kredite
$-$ Auszahlungen für Tilgung von aufgenommenen Krediten
$+$ Zinseinzahlungen für zwischenzeitliche Geldanlage
$=$ Endwert der Investition

Das Präferenzfunktional ist der Endwert der Maßnahme: $\Phi(a) = EW_{N;M}(a)$. Dieser Endwert wird mit dem Endwert der Opportunität $EW_{N;Opp}$ – der Alternativverwendung der eigenen Finanzmittel – verglichen (vgl. E.-regel 3.10).

Entscheidungsregel 3.10: *Bei Einsatz des vollständigen Finanzplanes ist diejenige Alternative $a_{opt} \in A$ optimal, für die gilt:*

$$
\Phi(a_{opt}) = \max_i \left[EW_{N;M}(a_i) \,\middle|\, EW_{N;M}(a_i) \geq EW_{Opp} \right].
$$

Ein Investitionsobjekt ist nach dieser Regel dann **absolut vorteilhaft**, wenn dessen Endwert größer ist als der Endwert der Opportunität. Diese besteht im Endwert der Anlage der eigenen Mittel. Diejenige Maßnahme ist **relativ vorteilhaft**, die aus der Menge der absolut vorteilhaften Objekte den höchsten Endwert aufweist.

Ausgangspunkt der Darstellung sind die prognostizierten Zahlungsreihen der Investitionsmaßnahme, die verfügbaren Eigenmittel und der daraus resultierende Finanzierungsbedarf (vgl. Abbildung 3.7). Die Ermittlung des Endwertes geschieht unter Berücksichtigung der Nebenbedingung „Liquidität" in Gestalt des Finanzierungssaldos. Bei Unterdeckung der jährlichen Zahlungsströme aus dem Investitionsobjekt ist die Liquidität durch Kreditaufnahme sicherzustellen. Überschüsse aus den Zahlungsströmen werden zum Habenzinssatz angelegt. Der Finanzsaldo zum Jahresende muss den Wert null aufweisen (vgl. Abbildung 3.8). Als Zielgröße wird der Endwert der Maßnahme

---

[257] Vgl. Abschn. 3.3.5 auf S. 221 sowie Abschn. 3.4.1 auf S. 229.

$EW_{N;M}$ ermittelt. Dieser resultiert als Schlusssaldo aller Bestandskonten –
also Guthaben- und Kreditbestände.

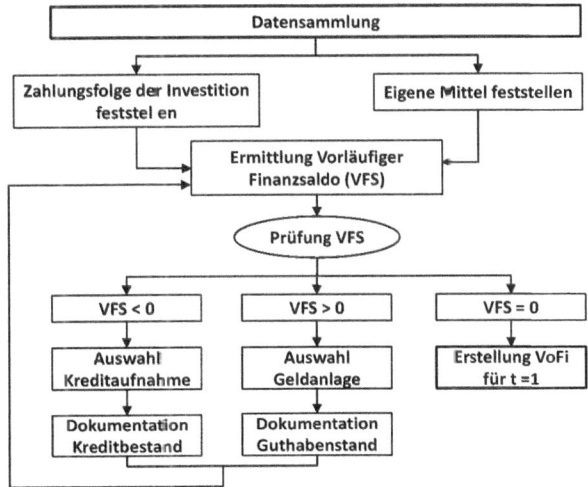

Abb. 3.7: Teilprozess der VoFi-Erstellung in t=0. Quelle: Eigene Darstellung, in
Anlehnung an: Grob/Bensberg (2009: 179).

Aus dem zum Ende der Nutzungsdauer geplanten, nicht-negativen Endwert
lässt sich außerdem die VoFi-Eigenkapitalrentabilität r_{VoFi} nach Definition
3.26 ermitteln.[258]

Definition 3.26: *Die VoFi-Eigenkapitalrentabilität einer Maßnahme ist de-*
finiert durch:

$$r_{VoFi} = \sqrt[N]{\frac{EW_{N;M}}{EK}} - 1$$

Die Größe *EK* beschreibt dabei die Summe des im Objekt investierten Eigenkapitals. Diese Rentabilitätsgröße lässt sich als konstante jährliche Verzinsung der zu Beginn der Investitionsmaßnahme investierten Eigenmittel
interpretieren.

---

[258] Vgl. Trost/Fox (2017: 543).

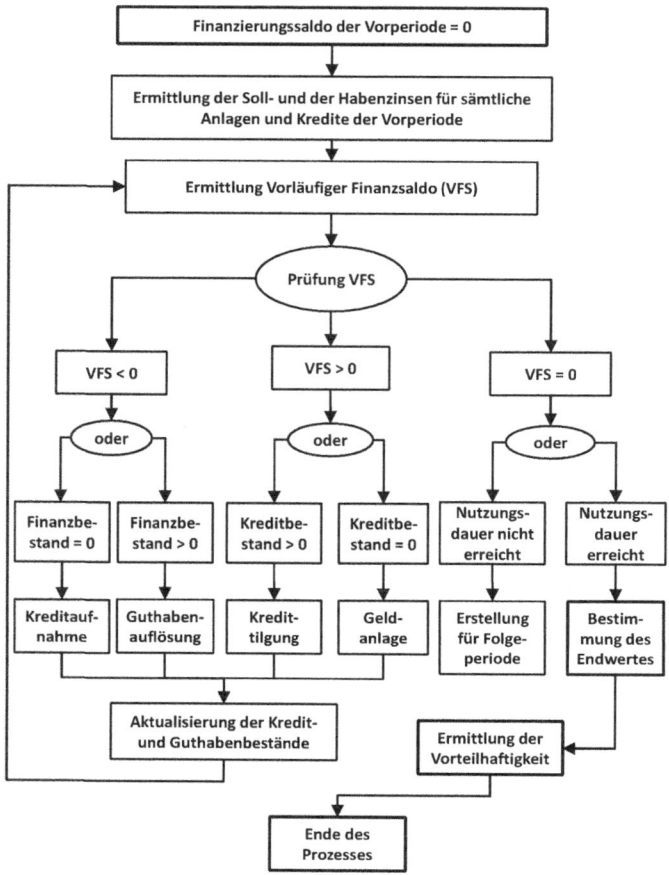

Abb. 3.8: Teilprozess der VoFi-Erstellung für t=1 bis t=N. Quelle: Eigene
Darstellung, in Anlehnung an: Grob/Bensberg (2009: 180); Schultz (2005:
158).

Ein Vergleich mit dem BALDWIN-Zinssatz[259] zeigt folgende Gemeinsamkeiten:

- Grundlage ist die Formel zur Ermittlung der Rentabilität mehrjähriger Anlagen, die aus der Finanzmathematik bekannt ist.
- Im Zähler befindet sich der Endwert der Maßnahme.
- Die Bezugsgröße besteht in dem in $t = 0$ eingesetzten Kapital.

---

[259] Vgl. Abschn. 3.6.4.1 auf S. 310.

Der wesentliche **Unterschied** zwischen BALDWIN-Zinssatz und der VoFi-Eigenkapitalrentabilität besteht in der Art der Ermittlung des Endwertes. Der Endwert der Maßnahme nach BALDWIN folgt aus:[260]

$$EW_{N;Baldwin} = \sum_{t=1}^{N} R_t \cdot (1 + i_U)^{N-t}$$

Dabei beschreibt i_U die Verzinsung, die im Unternehmen mit sämtlichen Investitionsaktivitäten erzielt wird. Es handelt sich dabei quasi um eine unternehmensweite Durchschnittsrentabilität. Diese Annahme ist nicht sehr realitätsgetreu. Im Rahmen des VoFi wird der Endwert auf Basis des unvollkommenen Kapitalmarktes, also auf Basis realer Informationen, errechnet. Deshalb stellt die VoFi-Eigenkapitalrentabilität eine Kennzahl dar, deren Idee mit der von BALDWIN prinzipiell übereinstimmt. Es handelt sich um die endwertbezogene Rentabilität des Objektes.

Die wesentliche **Gemeinsamkeit** zwischen beiden Verfahren besteht deshalb in der Vermeidung der **Wiederanlageprämisse**. Beim VoFi wird die Anlage der frei verfügbaren Überschüsse zu unterschiedlichen Konditionen detailliert für jede Anlageform und Laufzeit berücksichtigt. Beim BALDWIN-Zinssatz wird ebenfalls keine Wiederanlage zum einzigen und einheitlichen Marktzinssatz, sondern eine Wiederanlage zum unternehmensindividuellen Zins unterstellt. Streng genommen wird beim BALDWIN-Zinssatz die Prämisse der Wiederanlage zum Kalkulationszinssatz durch die Prämisse der Wiederanlage zum Unternehmenszinssatz ersetzt.

Wird die VoFi-Eigenkapitalrentabilität als Präferenzfunktional verwendet, gilt: $\Phi(a) = r_{VoFi}(a)$. Diese Rentabilität ist derjenigen Verzinsung i_{Opp} gegenüberzustellen, die alternativ am Markt erzielt worden wäre. Das führt zur Entscheidungsregel 3.11.

Entscheidungsregel 3.11: *Bei Einsatz des vollständigen Finanzplanes ist diejenige Alternative $a_{opt} \in A$ optimal, für die gilt:*

$$\Phi(a_{opt}) = \max_i \, [r_{VoFi}(a_i) | r_{VoFi}(a_i) \geq i_{Opp}].$$

Beide Regeln sind äquivalent, weshalb formuliert werden kann:[261]

$$r_{VoFi} \geq i_{Opp} \Leftrightarrow EW_{N;M} \geq EW_{N;Opp}.$$

Beispiel 3.12 dient der Veranschaulichung.

---

[260] Vgl. Def. 3.33 auf S. 311.

[261] Vgl. Hering (2017: 134).

Beispiel 3.12:

Es wird ein Investitionsobjekt mit einer Nutzungsdauer von 5 Jahren betrachtet, das Investitionsauszahlungen in Höhe von 95.000 € erfordert. Davon können 35.000 € aus Eigenmitteln des Unternehmens finanziert werden, die Differenz ist durch Kreditaufnahme zu finanzieren. Hierfür wird ein Kredit mit Ratentilgung in Höhe von 30.000 € sowie ein endfälliger Kredit in Höhe von 15.000 € aufgenommen. Zusätzlich muss im ersten Jahr ein Kontokorrentkredit in Höhe von 15.000 € aufgenommen werden. Der Zinssatz für den Ratenkredit und für den endfälligen Kredit beträgt 8 % p. a., der Zinssatz für den Kontokorrentkredit beläuft sich auf 13 % p. a. und der Habenzinssatz beträgt jährlich 6 %. Aus der Investitionsmaßnahme resultieren Rückflüsse in den ersten drei Jahren von jeweils 27.000 € p. a. und in den darauffolgenden Jahren von jeweils 30.000 € p. a. Der für diese Maßnahme zu erstellende VoFi ist in der Tabelle 3.20 abgebildet.

Tab. 3.20: Beispiel eines VoFi. Quelle: Eigene Darstellung, in Anlehnung an: Schultz (2005: 161).

Zeitpunkte / Positionen	t = 0	t = 1	t = 2	t = 3	t = 4	t = 5
Rückflüsse aus Erwerb und Betrieb der Anlage	-95.000	27.000	27.000	27.000	30.000	30.000
Eigenkapital						
− Entnahme						
+ Einlage	35.000					
Kredit mit Ratentilgung						
+ Aufnahme	30.000					
− Tilgung		-6.000	-6.000	-6.000	-6.000	-6.000
− Sollzinsen		-2.400	-1.920	-1.440	-960	-480
Endfälliges Darlehen						
+ Aufnahme	15.000					
− Tilgung						-15.000
− Sollzinsen		-1.200	-1.200	-1.200	-1.200	-1.200
Kontokorrentkredit						
+ Aufnahme	15.000					
− Tilgung		-15.000				
− Sollzinsen		-1.950				
Geldanlage						
− Anlage		-450	-17.907	-19.461	-24.109	-11.036
+ Auflösung						
+ Habenzins			27	1.101	2.269	3.716
Finanzierungssaldo	0	0	0	0	0	0
Bestandsgrößen:						
Kreditbestand						
Ratentilgung	30.000	24.000	18.000	12.000	6.000	0
Endtilgung	15.000	15.000	15.000	15.000	15.000	0
Kontokorrent	15.000	0	0	0	0	0
Guthabenbestand		450	18.357	37.818	61.928	72.963
Guthabenbestand −Kreditbestand =Bestandssaldo	-60.000	-38.550	-14.643	10.818	40.928	72.963

In dem vorliegenden Beispiel beträgt der Endwert der Maßnahme $EW_{N;M} = 72.963$ €, woraus eine VoFi-Eigenkapitalrentabilität von 15,83 % resultiert. Wird ein Zinssatz für die alternative Verwendung der Eigenmittel von 7 % p. a. angenommen, ergibt sich ein Endwert der Opportunität aus $EW_{N;Opp} = EK \cdot q^N$ in Höhe von 49.089 €. Dieser Wert liegt niedriger als der Endwert der Maßnahme, weshalb die Durchführung der Maßnahme absolut vorteilhaft ist.

3.5.2 Zusammenfassende Kritik

Der VoFi stellt eine detailgetreue und realitätsnahe Modellierung der Investitionsmaßnahmen dar. Gemeinsamkeiten zwischen dem VoFi und der KWM sind mit Blick auf den Bewertungsrahmen festzustellen. Es werden Entscheidungen unter Sicherheit bei ausschließlicher Berücksichtigung finanzieller Aspekte analysiert. Die Unterschiede zwischen den Verfahren sind wesentlich größer. Hauptmerkmal des VoFi ist die Akzeptanz eines unvollkommenen Kapitalmarktes. Das führt zu folgenden Konsequenzen:[262]

- Sämtliche Möglichkeiten und Konditionen der Geldanlage und Geldaufnahme können abgebildet werden.
- Die Betrachtung der isolierten Investition wird aufgegeben und um die Finanzierungsaspekte erweitert.
- Die bei der KWM eher implizit verwendeten Annahmen zu den Ergänzungsinvestitionen[263] werden explizit erfasst und ermittelt. Der Akteur ist deshalb gezwungen, sich mit dieser Thematik auseinanderzusetzen. Ein Vergleich **vollständiger Alternativen**[264] ist damit sichergestellt.
- Auf dem vollkommenen Kapitalmarkt sind Vermögens- und Einkommensstreben äquivalent, weshalb die Thesaurierungs- und Ausschüttungspräferenz ebenfalls äquivalent sind.[265] Beim VoFi hingegen ist eine Entscheidung für eines dieser Ziele und somit die Bestimmung der **Eigentümerpräferenz** möglich und auch erforderlich. Deshalb kann anstelle der Endwertmaximierung auch die Entnahmemaximierung als Zielstellung verwendet werden.
- Das Vorgehen bei der Endwertberechnung ist sehr transparent, da die jährlichen Zwischenergebnisse bzw. Kontostände ersichtlich sind.

Diese Merkmale dürften zu einer hohen Akzeptanz der Methode führen. Im Vorgriff auf den nächsten Abschnitt kann vorweggenommen werden, dass der VoFi neben der Vorteilhaftigkeitsentscheidung auch zur Bestimmung von

---

[262] Vgl. Götze (2014: 134–135); Trost/Fox (2017: 540–541).

[263] Vgl. Def. 3.4 auf S. 173 sowie Abschn. 3.4.2.2 auf S. 239.

[264] Vgl. Merksatz 3.1 auf S. 173.

[265] Zur detaillierten Diskussion der Präferenzen vgl. 2. Band, Abschn. 1.2.1 auf S. 8–14.

optimalen Nutzungsdauern sowie von Ersatzzeitpunkten eingesetzt werden
kann.

Nicht verschwiegen werden sollte jedoch der Umstand, dass ein VoFi für größere Investitionsprojekte sehr schnell eine nur noch schwer überschaubare
Komplexität erreichen kann. Je realitätsnäher die Modellierung, umso komplexer ist das Modell. Damit wird der Zusammenhang zwischen Realitätsnähe und Verständlichkeit – und auch der Gegensatz zwischen Problem- und
Nutzeradäquanz – von Modellen deutlich.[266] Vor diesem Hintergrund muss
der Anwender selbst über die Vorteilhaftigkeit von VoFi und KWM entscheiden.[267]

Eine weitere wichtige – jedoch oftmals unbeachtete – Konsequenz betrifft die
Berücksichtigung der **Zeitpräferenzen** des Akteurs.[268] Die Annahme eines
vollkommenen Kapitalmarktes erlaubt die Simplifizierung der Betrachtung,
da im Kapitalmarktzins sämtliche Präferenzen verarbeitet sind.[269] Es müssen nur noch die Anforderungen der schwachen Ordnung und der Monotonie
erfüllt sein, damit der Barwert ein ordnungstreues Präferenzfunktional ist.[270]

Besser ausgedrückt: Alle Verfahren, die nicht mit der Annahme des voll-
kommenen Kapitalmarktes arbeiten, können ein additives, intertemporales
Präferenzfunktional zur Diskontierung nur dann einsetzen, wenn sämtliche
Anforderungen an die Präferenzen des Akteurs erfüllt sind.[271]

Nur unter diesen Prämissen kann die Diskontierung zukünftiger Ergebnisse
mit den traditionellen Verfahren der Zinseszinsrechnung und dem exponentiellen Diskontierungsmodell erfolgen. Es wird ein additives intertemporales
Präferenzfunktional verwendet, das den Gesamtnutzen der Zahlungsreihe abbildet. Dieses Funktional basiert auf einer linearen Nutzenfunktion des Akteurs, also auf einer **linearen Zeitbewertung**. Der VoFi gibt die Annahme
des vollkommenen Kapitalmarktes auf, nutzt aber trotzdem diese Berechnungsmethoden bzw. ein solches Funktional, ohne dass die notwendigen Anforderungen an die Zeitpräferenz des Akteurs diskutiert werden.

Problematisch ist der Umstand, dass sich für ein Investitionsprojekt mehrere
zulässige Finanzpläne konstruieren lassen.[272] Ein weiterer Kritikpunkt besteht in der Verwendung von exogenen Zinssätzen. Die Einschätzung, dass
es sich beim VoFi deshalb um ein reines Partialmodell handelt,[273] ist jedoch

---

[266] Vgl. Abschn. 2.2.3 auf S. 135.

[267] Vgl. Trost/Fox (2017: 549–550).

[268] Zur ausführlichen Diskussion der Anforderungen an die Zeitpräferenz vgl. 2. Band,
Abschn. 1.7.2 auf S. 188–214 sowie Bleichrodt et al. (2015).

[269] Vgl. 2. Band, Merksatz 1.20 auf S. 213.

[270] Vgl. Bitz (1981: 303–305); French (1988: 134).

[271] Vgl. 2. Band, Merksatz 1.17 und Merksatz 1.18 auf S. 205.

[272] Vgl. Kruschwitz/Lorenz (2019a: 37).

[273] Vgl. Hering (2017: 261–265).

vor dem Hintergrund der Berücksichtigung von Investitions- und Finanzierungsmaßnahmen zu relativieren.

3.6 Auswahlentscheidungen mit dynamischen Relativgrößen

3.6.1 Einführung

Neben der Betrachtung von Absolutgrößen ist es möglich, Relativgrößen zur Bewertung von Investitionen heranzuziehen. In diesem Abschnitt werden einige relative Kennzahlen vorgestellt. Einen Überblick über die im vorliegenden Werk erläuterten dynamischen Relativgrößen gibt Abb. 3.9.

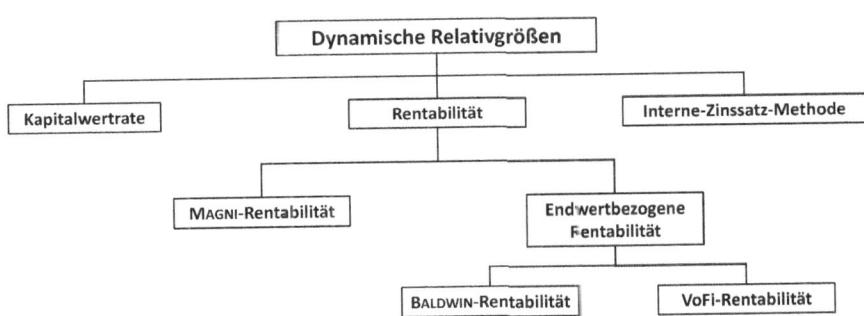

Abb. 3.9: Vorgestellte dynamische Relativgrößen. Quelle: Eigene Darstellung.

Die VoFi-Rentabilität wird nicht in diesem Abschnitt, sondern an anderer Stelle erläutert.[274] Im Zusammenhang mit den Konzepten der wertorientierten Steuerung werden weitere Relativkennzahlen vorgestellt,[275] die jedoch primär kalkulatorischer Natur sind. Daneben existieren andere Größen (wie z. B. die Initialverzinsung oder die MAPI-Verzinsung), für deren Darstellung auf die Literatur verwiesen wird.[276]

---

[274] Vgl. Abschn. 3.5.1 auf S. 261.

[275] Vgl. Abschn. 4.2.5.3 auf S. 447.

[276] Vgl. Hax (1993: 24–29); Bohm/Lüder/Schaefer (2012: 92–101); Götze (2014: 123–126); Hering (2017: 130–131).

3.6.2 Kapitalwertrate

Die Kapitalwertrate wird in Def. 3.27 beschrieben.[277]

Definition 3.27: *Die Kapitalwertrate KWR einer Investition zum Zeitpunkt $t = 0$ ist wie folgt definiert:*

$$KWR = \frac{C_0}{I_0} = \frac{-I_0 + \sum\limits_{t=1}^{N} R_t \cdot q^{-t}}{I_0}$$

Damit wird eine Relation des Kapitalwertes zum eingesetzten Volumen hergestellt. Das Präferenzfunktional ist demzufolge die Kapitalwertrate, es gilt: $\Phi(a) = KWR(a)$. Eine Investition ist absolut vorteilhaft, wenn die Kapitalwertrate mindestens den Wert Null aufweist (vgl. E.-regel 3.12).

Entscheidungsregel 3.12: *Bei Einsatz der Kapitalwertrate ist eine Investition absolut vorteilhaft, wenn gilt:*

$$\Phi(a) = KWR(a) \geq 0.$$

Für das bisher betrachtete Beispiel[278] ergibt sich folgende Kapitalwertrate:
$$KWR = \frac{C_0}{I_0} = \frac{93{,}00\,€}{1.000{,}00\,€} = 0{,}093.$$

Die Kapitalwertäquivalenz im Rahmen der Beurteilung der absoluten Vorteilhaftigkeit ergibt sich aus der Bestimmungsgleichung in Def. 3.27 wie folgt:

$$C_0(a) > 0 \Leftrightarrow KWR(a) > 0,$$
$$C_0(a) = 0 \Leftrightarrow KWR(a) = 0,$$
$$C_0(a) < 0 \Leftrightarrow KWR(a) < 0.$$

Als Rentabilitätskennzahl im klassischen Sinn ist diese Relation **nicht einzuordnen**. Das liegt darin begründet, dass die Rentabilität einen Wertzuwachs pro Jahr verkörpert.[279] Bei der Kapitalwertrate wird jedoch der Barwert der Rückflüsse sämtlicher Jahre auf die Investitionsauszahlung bezogen. Die korrekte Ermittlung der Rentabilität von mehrjährigen Investitionen nach finanzmathematischen Gesichtspunkten wurde bereits beschrieben. Bei Vernachlässigung des Zeitaspektes stellt die statische Rentabilitätsrechnung die korrekte Vorgehensweise dar.[280]

---

[277] Vgl. Hax (1993: 14); Busse von Colbe/Laßmann (1990: 200); Varnholt et al. (2018: 85–86).

[278] Vgl. Bspl. 3.8 auf S. 236.

[279] Vgl. Def. 3.11 auf S. 214.

[280] Vgl. Abschn. 3.2.4 auf S. 197.

Deshalb muss die Frage nach dem Sinn oder dem Ziel dieser Transformation gestellt werden. Für den vollkommenen Kapitalmarkt, auf dem Kapital unbegrenzt zur Verfügung steht, liefert diese Relation keine handlungsleitende Mehrinformation. Deshalb findet die KWR bei Entscheidungen auf dem vollkommenen Kapitalmarkt selten Anwendung. Soll jedoch über die Verteilung eines gegebenen Budgets (also Finanzmittelknappheit) auf mehrere Projekte entschieden werden, wird die KWR vereinzelt eingesetzt.[281] Damit wird jedoch der Rahmen der vorliegenden Betrachtung verlassen, weshalb für die detaillierte Darstellung dieser Programmentscheidungen auf die weiterführende Literatur verwiesen wird.[282] Zur Beurteilung der relativen Vorteilhaftigkeit von sich ausschließenden Projekten auf einem vollkommenen Kapitalmarkt ist die KWR aus diesen Gründen ungeeignet.

3.6.3 Interne-Zinssatz-Methode

3.6.3.1 Kapitalwertbasierte Beschreibung und Definition

Die Interne-Zinssatz-Methode (IZM) wird häufig verwendet und ist in englischsprachigen Quellen als *Internal Rate of Return (IRR)* zu finden. Das Verfahren ist älteren Datums: FISHER führte sie als *„rate of return over cost"* ein[283] und BOULDING verwendete erstmals den heute gebräuchlichen Begriff.[284]

Diese Methode ist in den Unternehmen sehr weit verbreitet, erfuhr aus der Wissenschaft teilweise aber starke Kritik.[285] Aus diesen Gründen wird die Methode genauer analysiert. Üblicherweise wird der interne Zinssatz i_{int} unter Verwendung des Kapitalwertes wie in Def. 3.28 ermittelt.[286]

---

[281] Vgl. Busse von Colbe/Laßmann (1990: 200); Hirth (2017: 80); Pape (2018: 403).

[282] Vgl. Blohm/Lüder/Schaefer (2012: 269–303); Kruschwitz/Lorenz (2019a: 197–258).

[283] Vgl. Fisher (1930: 155–159).

[284] *„We will now assume that there is some rate of return, i, which is characteristic of the investment as a whole. This is of course a rate of interest, or a rate of discount. But it must be emphasized that it is a rate of interest which the enterprise itself produces, [...]. That is to say, it is an internal rate, [...]."* Boulding (1935: 478). Zu einer korrigierenden Kritik vgl. Samuelson (1937).

[285] Vgl. Abschn. 3.6.3.5 auf S. 288. In einem Lehrbuch lautet die Überschrift: *„Verfahren der internen Zinssätze (ein Kapitel, das Sie eigentlich nicht lesen sollten)"*. Vgl. Kruschwitz/Lorenz (2019a: 87).

[286] Vgl. Busse von Colbe/Laßmann (1990: 105); Blohm/Lüder/Schaefer (2012: 81); Götze (2014: 106); Hering (2017: 104).

Definition 3.28: *Der interne Zinssatz einer Investition* i_{int} *ist bestimmt durch:*

$$C_0(i_{int}) = -I_0 + \sum_{t=1}^{N} R_t \cdot (1 + i_{int})^{-t} \overset{!}{=} 0$$

Verbal kann diese Beziehung wie folgt formuliert werden: **Der interne Zinssatz** i_{int} **stellt denjenigen Zinssatz dar, bei dessen Verwendung der Kapitalwert einer Investition gleich null ist.**

Der interne Zinssatz ist also derjenige Zinssatz, bei dessen Verwendung der Barwert der Auszahlung genauso groß ist wie der Barwert der Einzahlungen. Mathematisch betrachtet wird dieser Zins durch die Nullstellen der Kapitalwertfunktion beschrieben.

Zuerst wird die rechentechnische Ermittlung geschildert. Es sind zwei Verfahren zur Nullstellenbestimmung möglich, die im Folgenden vorgestellt werden.

3.6.3.2 Berechnungsverfahren

3.6.3.2.1 Newton-Verfahren

Das NEWTON-Verfahren (synonym: Tangentenverfahren) zur Nullstellenbestimmung ist ein iteratives Verfahren.[287] Grafisch lässt sich die Vorgehensweise folgendermaßen erläutern (vgl. Abb. 3.10):

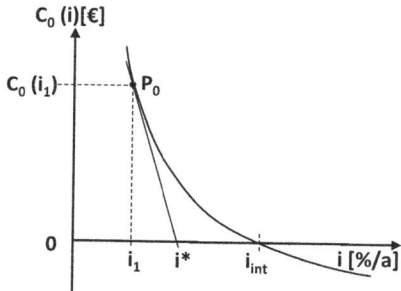

Abb. 3.10: Vorgehensweise beim Newton-Verfahren. Quelle: Eigene Darstellung.

Es wird für die Funktion $C_0(i)$ ein Versuchswert i_1 festgelegt und der dazugehörige Wert $C_0(i_1)$ an dem Punkt P_0 ermittelt. Um die Funktion zu linea-

---

[287] Vgl. Ohse (2004: 257–259); Kruschwitz/Lorenz (2019a: 93–94).

risieren, wird an diesen Punkt P_0 die Tangente angelegt, deren Schnittpunkt mit der Abszisse den zweiten Wert i^* definiert. Der Anstieg der Tangente ist bestimmbar mit:

$$m = \frac{0 - C_0(i_1)}{i^* - i_1}$$

Der Anstieg der Funktion in P_0 ist definiert mit:

$$m = C_0'(i_1)$$

In P_0 sind die Anstiege von Tangente und Funktion identisch. Es gilt:

$$C_0'(i_1) = \frac{-C_0(i_1)}{i^* - i_1}$$

$$C_0'(i_1) \cdot (i^* - i_1) = -C_0(i_1)$$

$$i^* = i_1 - \frac{C_0(i_1)}{C_0'(i_1)}$$

Mit i^* ist die erste Iteration gefunden. Das Verfahren wird so lange wiederholt, bis die Nullstelle gefunden ist. Folgende Schritte führen zum internen Zins bei Verwendung des NEWTON-Verfahrens:

1. Festlegung eines Versuchszinssatzes i_1.
2. a) Aufstellen der allgemeinen Bestimmungsgleichung $C_0(i)$.
2. b) Ermittlung des zugehörigen Funktionswertes $C_0(i_1)$.
3. a) Bildung der ersten Ableitung der Bestimmungsgleichung $C_0'(i)$.
3. b) Einsetzen des Versuchszinssatzes i_1 und Ermittlung des zugehörigen Funktionswertes $C_0'(i_1)$.
4. Einsetzen der Werte in $i_1 - \frac{C_0(i_1)}{C_0'(i_1)}$ führt zur ersten Iteration i^*.
5. Das Ergebnis der ersten Iteration i^* wird als neuer Versuchszinssatz verwendet und das Procedere wird wiederholt, bis der interne Zinssatz i_{int} gefunden wird.

Auf Basis des Eingangsbeispieles 3.6[288] wird im Beispiel 3.13 das Vorgehen verdeutlicht.

Beispiel 3.13:

Ein Unternehmen betrachtet eine Investition mit einer Anfangsauszahlung in Höhe von 1.000 €. Diese erwirtschaftet in den folgenden vier Jahren jeweils 330 €. Die Verwendung des oben vorgestellten Schemas ergibt folgende Teilergebnisse:

1. Festlegung eines Versuchszinssatzes: $i_1 = 0{,}15$
2. a) Aufstellen der allgemeinen Bestimmungsgleichung:

$$C_0(i) = -1.000\ \text{€} + \frac{330\ \text{€}}{(1+i)} + \frac{330\ \text{€}}{(1+i)^2} + \frac{330\ \text{€}}{(1+i)^3} + \frac{330\ \text{€}}{(1+i)^4}$$

---

[288] Vgl. S. 219.

2. b)   *Ermittlung des Funktionswertes für i_1:*

$$C_0(0{,}15) = -1.000\ \text{\euro} + \frac{330\ \text{\euro}}{1{,}15} + \frac{330\ \text{\euro}}{1{,}15^2} + \frac{330\ \text{\euro}}{1{,}15^3} + \frac{330\ \text{\euro}}{1{,}15^4} = -57{,}86\ \text{\euro}$$

3. a)   *Bildung der ersten Ableitung der Bestimmungsgleichung:*

$$C_0'(i) = -\frac{330\ \text{\euro}}{(1+i)^2} - \frac{660\ \text{\euro}}{(1+i)^3} - \frac{990\ \text{\euro}}{(1+i)^4} - \frac{1.320\ \text{\euro}}{(1+i)^5}$$

3. b)   *Einsetzen des Versuchszinssatzes $i_1 = 0{,}15$ und Ermittlung des zugehörigen Funktionswertes:*

$$C_0'(0{,}15) = -\frac{330\ \text{\euro}}{1{,}15^2} - \frac{660\ \text{\euro}}{1{,}15^3} - \frac{990\ \text{\euro}}{1{,}15^4} - \frac{1.320\ \text{\euro}}{1{,}15^5} = -1.905{,}80\ \text{\euro}$$

4.   *Einsetzen der Werte:*

$$i^* = 0{,}15 - \frac{-57{,}86\ \text{\euro}}{-1.905{,}80\ \text{\euro}} \approx 0{,}119642.$$

5.   *Der resultierende Zinssatz i^* wird als neuer Versuchszinssatz verwendet. Die zweite Iteration erbringt das folgende Ergebnis: $i^{**} \approx 0{,}121100$. Die mit diesem Wert durchgeführte dritte Iteration erbringt den exakten Wert von: $i_{int} = 0{,}121104$.*

3.6.3.2.2 Regula falsi

Bei der Regula falsi (synonym: Sekantenverfahren) handelt es sich ebenfalls um ein iteratives Verfahren. Bei diesem sind jedoch zwei Versuchszinssätze erforderlich (vgl. Abb. 3.11).[289]

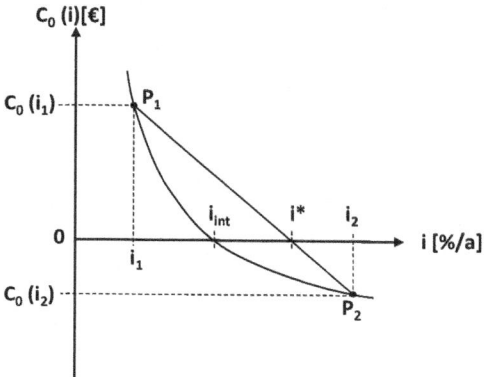

Abb. 3.11: Vorgehensweise bei der Regula falsi. Quelle: Eigene Darstellung.

Ziel des iterativen Vorgehens ist die Annäherung an die Nullstelle mittels Sekantenverfahren. Mit den beiden Versuchszinssätzen i_1 und i_2 werden die

---

[289] Vgl. Götze (2014: 100–101).

Funktionswerte $C_0(i_1)$ und $C_0(i_2)$ ermittelt. Diese Werte werden mit einer Sekante verbunden, welche am Punkt i^* die Abszisse schneidet. Der Anstieg der Sekante ist definiert mit:

$$m = \frac{C_0(i_2) - C_0(i_1)}{i_2 - i_1}$$

Der Anstieg kann auch ausgedrückt werden durch:

$$m = \frac{C_0(i^*) - C_0(i_1)}{i^* - i_1}$$

Da der Anstieg der Tangenten an allen Punkten gleich ist, wird formuliert:

$$\frac{C_0(i_2) - C_0(i_1)}{i_2 - i_1} = \frac{C_0(i^*) - C_0(i_1)}{i^* - i_1}$$

Da $C_0(i^*) = 0$, resultiert:

$$\frac{C_0(i_2) - C_0(i_1)}{i_2 - i_1} = \frac{0 - C_0(i_1)}{i^* - i_1}$$

Umstellen:

$$\frac{i_2 - i_1}{C_0(i_2) - C_0(i_1)} = \frac{i^* - i_1}{-C_0(i_1)}$$

$$i^* = i_1 - C_0(i_1) \cdot \frac{i_2 - i_1}{C_0(i_2) - C_0(i_1)}$$

Dabei beschreibt i^* die erste Näherungslösung. Das Verfahren wird fortgesetzt, bis i_{int} gefunden ist. Die Regula falsi stellt eine Vereinfachung des Newton-Verfahrens dar. Um dies zu zeigen, wird die Berechnungsvorschrift des Newton-Verfahrens herangezogen:

$$i_2 = i_1 - \frac{C_0(i_1)}{C_0'(i_1)}$$

Der Term $C_0'(i_1)$ wird ersetzt durch den Differenzenquotienten:

$$C_0'(i_1) \approx \frac{C_0(i_2) - C_0(i_1)}{i_2 - i_1}$$

Es folgt:

$$i_2 = i_1 - \frac{C_0(i_1)}{\dfrac{C_0(i_2) - C_0(i_1)}{i_2 - i_1}}$$

$$= i_1 - C_0(i_1) \cdot \frac{i_2 - i_1}{C_0(i_2) - C_0(i_1)}$$

Dies entspricht der Gleichung der Regula falsi. Folgende Schritte führen zum internen Zinssatz bei Verwendung der Regula falsi:

1. Festlegung zweier Versuchszinssätze i_1 und i_2.
2. Aufstellen der allgemeinen Bestimmungsgleichung $C_0(i)$.
3. Ermittlung des zugehörigen Funktionswerte $C_0(i_1)$ und $C_0(i_s)$.
4. Einsetzen der Werte in $i_1 - C_0(i_1) \cdot \frac{i_2 - i_1}{C_0(i_2) - C_0(i_1)}$ führt zum ersten Iterationsergebnis i^*.
5. Das Ergebnis der ersten Iteration i^* wird als neuer Versuchszinssatz verwendet und das Procedere wird wiederholt, bis der interne Zinssatz i_{int} gefunden wird.

Zur Erläuterung wird das Beispiel 3.13 wieder aufgegriffen.

Fortführung des Beispiels 3.13:

1. *Festlegung zweier Versuchszinssätze: $i_1 = 0{,}10$ und $i_2 = 0{,}15$.*
2. *Aufstellen der allgemeinen Bestimmungsgleichung:*
$$C_0(i) = -1.000 \text{ €} + \frac{330 \text{ €}}{(1+i)} + \frac{330 \text{ €}}{(1+i)^2} + \frac{330 \text{ €}}{(1+i)^3} + \frac{330 \text{ €}}{(1+i)^4}$$
3. *Ermittlung des Funktionswertes für $i_1 = 0{,}10$:*
$$C_0(0{,}10) = -1.000 \text{ €} + \frac{330 \text{ €}}{1{,}10} + \frac{330 \text{ €}}{1{,}10^2} + \frac{330 \text{ €}}{1{,}10^3} + \frac{330 \text{ €}}{1{,}10^4} = 46{,}06 \text{ €}$$
Ermittlung des Funktionswertes für $i_2 = 0{,}15$:
$$C_0(0{,}15) = -1.000 \text{ €} + \frac{330 \text{ €}}{1{,}15} + \frac{330 \text{ €}}{1{,}15^2} + \frac{330 \text{ €}}{1{,}15^3} + \frac{330 \text{ €}}{1{,}15^4} = -57{,}86 \text{ €}$$
4. *Einsetzen der Werte:*
$$i^* = 0{,}10 - 46{,}06 \text{ €} \cdot \frac{0{,}15 - 0{,}10}{-57{,}86 \text{ €} - 46{,}06 \text{ €}} \approx 0{,}122161.$$
5. *i^* wird als neuer Versuchszinssatz verwendet. Die zweite Iteration erbringt das folgende Ergebnis: $i^{**} \approx 0{,}121142$. Das liegt dicht bei dem exakten Wert von: $i_{int} = 0{,}121104$.*

Der Berechnungsaufwand beider Verfahren hängt davon ab, wie nah der Versuchszins am tatsächlichen Zins liegt. In der Praxis kommen einfache Berechnungsprogramme zum Einsatz.

3.6.3.3 Endwertbasierte Beschreibung und Definition

Einen anderen ökonomischen Einblick im Vergleich zur Standardformulierung auf Basis der Kapitalwertgleichung bietet die Verwendung des Endwertes. Zum Einstieg in diese Betrachtung wird daran erinnert, dass das – bei Vorliegen der Thesaurierungspräferenz unterstellte – Hauptziel des Investors die Maximierung des Endwertes ist. Bei Existenz eines vollkommenen Kapitalmarktes kann anstelle des Endwertes der Kapitalwert als ordnungstreues Präferenzfunktional verwendet werden.

Bei den Erläuterungen der Grundlagen wurde folgender Zusammenhang herausgearbeitet:[290] Der Investitionsbetrag I_0 wird durch die Maßnahme im Unternehmen gebunden. Die Rückflüsse:

- stellen den Überschuss der operativen Einzahlungen über die operativen Auszahlungen dar,
- verzinsen das gebundene Kapital und
- dienen zur Freisetzung des gebundenen Kapitals.

Verbleibt nach diesen buchungstechnischen Aktivitäten ein positiver Betrag, so ist der Endwert der Maßnahme positiv. Reichen die Rückflüsse nicht zur Verzinsung und Freisetzung des Kapitals, dann ergibt sich ein negativer Endwert. Die Rückflüsse der Investition ergeben sich aus dem Projekt, sind bekannt und deshalb fest vorgegeben. Aus den Rückflüssen ergibt sich auf diese Weise die Verzinsung des gebundenen Kapitals.[291]

Im Rahmen der IZM wird nun derjenige Zinssatz gesucht, mit dem sich das gebundene Kapital – auf Grundlage der gegebenen Rückflüsse – so verzinst, dass lediglich die Investition am Laufzeitende vollständig freigesetzt ist. Das ist der interne Zinssatz. Die Kapitalbindungsrechnung dient quasi als Lösungsalgorithmus zur Ermittlung des internen Zinses.[292]

Die endwertbasierte Interpretation kann verwendet werden, um in Anlehnung an die Gleichung zur Bestimmung des Endwertes[293] den internen Zinssatz alternativ zur Kapitalwertgleichung zu formulieren (vgl. Def. 3.29).

Definition 3.29: *Der interne Zinssatz i_{int} einer Investition ist bestimmt durch:*

$$EW_N\left(i_{int}\right) = \sum_{t=1}^{N} R_t - I_0 - \sum_{t=1}^{N} KB_{t-1} \cdot i_{int} \overset{!}{=} 0$$

Zur Erläuterung wird das Eingangsbeispiel[294] aufgegriffen.

---

[290] Vgl. Abschn. 3.3.4 auf S. 218 sowie Abschn. 3.3.5 auf S. 221.

[291] Vgl. Bitz (1977: 148); Witten/Zimmermann (1977: 100); Jacob (1981: 621); Hax (1993: 36); Altrogge (1996: 311); Blohm/Lüder/Schaefer (2012: 91); Rich/Rose (2014); Hering (2017: 113); Bitz/Ewert/Terstege (2018: 111–112).

[292] Vgl. Opfermann (1994: 31–82).

[293] Vgl. Def. 3.13 auf S. 229.

[294] Vgl. Bspl. 3.8 auf S. 236.

Fortführung des Beispiels 3.8:

Es werden die Regula falsi[295] sowie zwei Versuchszinssätze $i_1 = 0,10$ und $i_2 = 0,14$ verwendet. Damit werden die verschiedenen Zins-, Freisetzungs- und Kapitalbindungsbeträge ermittelt (vgl. Tab. 3.23). Dabei beschreibt F_t den Betrag des freigesetzten Kapitals in der Periode t und Z_t die Zinsen auf das in der Vorperiode gebundene Kapital. Bei dem Versuchszinssatz i_1 ist die Summe der Kapitalfreisetzungen größer als I_0. Das führt zu einem Überschuss am Laufzeitende, also einer negativen Kapitalbindung $(KB_N(i_1) = -67,43 \text{€})$. Bei i_2 hingegen ist die Summe der Kapitalfreisetzungen geringer als I_0, so dass am Ende der Nutzungsdauer noch eine positive Kapitalbindung von $KB_N(i_2) = 64,98 \text{€}$ vorliegt.

Tab. 3.23: Iterative Ermittlung des internen Zinssatzes auf Basis des Endwertes im Bspl. 3.8. Quelle: Eigene Darstellung.

t	KB_t	R_t	$Z_t = KB_{t-1} \cdot i$	$F_t = R_t - Z_t$
\multicolumn{5}{c}{Versuchszinssatz $i_1 = 0,10$}				
0	1.000,00	–	–	–
1	770,00	330,00	100,00	230,00
2	517,00	330,00	77,00	253,00
3	238,70	330,00	51,70	278,30
4	−67,43	330,00	23,87	306,13
			$\sum_{t=1}^{4} Z_t = 252,57$	$\sum_{t=1}^{4} F_t = 1.067,43$
\multicolumn{5}{c}{Versuchszinssatz $i_2 = 0,14$}				
0	1.000,00	–	–	–
1	810,00	330,00	140,00	190,00
2	593,40	330,00	113,40	216,60
3	346,48	330,00	83,08	246,92
4	64,98	330,00	48,50	281,50
			$\sum_{t=1}^{4} Z_t = 384,98$	$\sum_{t=1}^{4} F_t = 935,02$

Mit Def. 3.29 ergeben sich die Werte $EW_N(i_1) = 67,43 \text{€}$ und $EW_N(i_2) = -64,98 \text{€}$. Diese Werte werden zur Ermittlung der ersten Iteration i^* herangezogen:

$$i^* = i_1 - EW_N(i_1) \cdot \frac{i_2 - i_1}{EW_N(i_2) - EW_N(i_1)}$$

$$= 0,10 - 67,43 \text{€} \cdot \frac{0,14 - 0,10}{-64,98 \text{€} - 67,43 \text{€}}$$

$$\approx 0,12037$$

Die Verwendung der ersten Iteration führt zu $EW_N(i^*) = 2,43 \text{€}$. Damit folgt die zweite Iteration i^{**}:

$$i^{**} = i_1 - EW_N(i_1) \cdot \frac{i^* - i_1}{EW_N(i^*) - EW_N(i_1)}$$

---

[295] Vgl. Abschn. 3.6.3.2.2 auf S. 274.

$$= 0{,}10 - 67{,}43 \text{ €} \cdot \frac{0{,}12037 - 0{,}10}{2{,}43 \text{ €} - 67{,}43 \text{ €}}$$

$$\approx 0{,}1211$$

Dies stellt den internen Zinssatz dar. Derselbe Betrag wurde auf Basis der Kapitalwert-gleichung bereits ermittelt.[296] Die Beträge für Zinsen, Kapitalfreisetzungen und Kapital-bindungen bei Verwendung dieses Zinssatzes zeigt Tab. 3.24.

Tab. 3.24: Aufteilung der Rückflüsse bei Verwendung des internen Zinssatzes im Bspl. 3.8. Quelle: Eigene Darstellung.

t	KB_t	R_t	$Z_t = KB_{t-1} \cdot i$	$F_t = R_t - Z_t$
		Interner Zinssatz $i_{int} = 0{,}1211$		
0	1.000,00	–	–	–
1	791,10	330,00	121,10	208,90
2	556,91	330,00	95,81	234,19
3	294,35	330,00	67,44	262,56
4	0,00	330,00	35,65	294,35
			$\sum_{t=1}^{4} Z_t = 320{,}00$	$\sum_{t=1}^{4} F_t = 1.000{,}00$

Es wird erkennbar, dass der interne Zinssatz zur Erfüllung der Gleichung aus Def. 3.29 führt. Die Summe der Rückflüsse in Höhe von 1.320,-€ entspricht exakt der Summe der Zinsen zuzüglich der Investitionssumme.

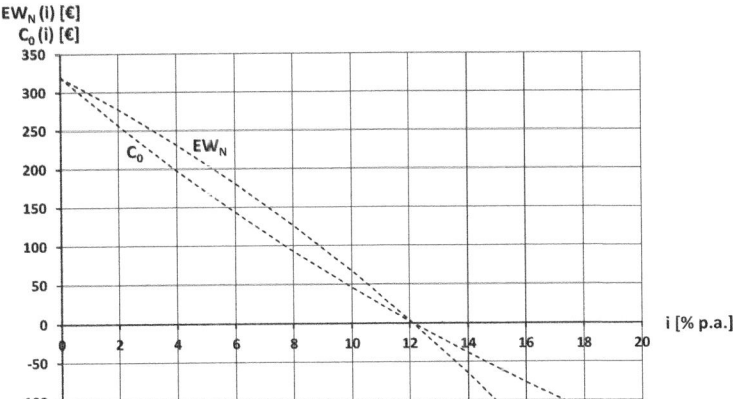

Abb. 3.12: Endwert- und Kapitalwertfunktion im Bspl. 3.8. Quelle: Eigene Darstellung.

Das gebundene Kapital am Ende der Laufzeit beträgt exakt Null, d. h. es existiert kein Kapital mehr, welches in der Maßnahme gebunden ist. Weder positives, noch negati-ves gebundenes Kapital. Damit wird der Gedanke des internen Zinssatzes anschaulich

---

[296] Vgl. Bspl. 3.13 auf S. 273.

dargestellt. Abbildung 3.12 zeigt die Endwert- und Kapitalwertfunktion des Beispiels in Abhängigkeit vom Zinssatz.

Der interne Zinssatz einer Investition ist deshalb derjenige Zinssatz, bei dessen Verwendung die Rückflüsse exakt zur Verzinsung und Freisetzung des gebundenen Kapitals reichen.[297] Er kennzeichnet die maximal mögliche Höhe des Kapitalnutzungsentgelts, das die Investition erwirtschaften kann. In diesem Punkt weisen Kapitalwert, Endwert und Kapitalbindung den Wert Null auf. Das wird im Merksatz 3.11 festgehalten.

Merksatz 3.11: *Der interne Zinssatz:*

- *stellt denjenigen* ***Grenzzinssatz*** *dar, den die Investitionsmaßnahme maximal als Kapitalentgelt bedienen kann,*
- *führt:*
  - *zum Kapitalwert von Null:* $C_0(i_{int}) \overset{!}{=} 0$,
  - *zum Endwert von Null:* $EW_N(i_{int}) \overset{!}{=} 0$ *sowie*
  - *am Nutzungsdauerende zur Kapitalbindung von Null:* $KB_N(i_{int}) \overset{!}{=} 0$.

Die Berechnung des internen Zinssatzes auf Basis des Endwertes und auf Basis des Kapitalwertes führen zu identischen Ergebnissen. Dies verwundert nicht, sondern ist eine logische Konsequenz, da der Kapitalwert der auf $t = 0$ transformierte Endwert ist.[298] In beiden Fällen ist zur Berechnung leider keine geschlossene Formel verfügbar, sondern es ist ein iteratives Vorgehen erforderlich. Die auf dem Endwert basierende Berechnung lässt deutlicher den ökonomischen Zusammenhang erkennen.

3.6.3.4 Ökonomisch notwendige Eingrenzung

3.6.3.4.1 Normalinvestitionen

Mit Blick auf die mathematische Natur ist festzustellen, dass sich für den internen Zinssatz in Abhängigkeit von der Struktur der Zahlungsreihe:

- eine eindeutige Lösung (einen Zinssatz),
- mehrdeutige Lösungen (mehrere Zinssätze) oder
- keine Lösung

ergibt. Dies resultiert aus der Bestimmungsgleichung, die für eine Nutzungsdauer von N Jahren eine Polynomgleichung N-ten Grades darstellt und N

---

[297] Vgl. Boulding (1935: 481); Bitz (1977: 147–148); Altrogge (1996: 311).
[298] Vgl. Merksatz 3.6 auf S. 236.

Lösungen aufweisen kann.[299] Dabei werden nur die reellen Nullstellen betrachtet, nicht die komplexen. Die Ermittlung einer ökonomisch sinnvoll interpretierbaren Lösung ist nur möglich, wenn Projekte vorliegen, die eine Normalinvestitionen im Sinn von Def. 3.30 sind.[300]

Definition 3.30: *Eine Normalinvestition ist durch folgende Merkmale gekennzeichnet:*

- *Die Zahlungsreihe beginnt mit einer Auszahlung oder mehrerer Auszahlungen.*

- *Danach sind ausschließlich Einzahlungsüberschüsse zu verzeichnen.*

- *Die Summe der (nicht diskontierten) Einzahlungen ist größer als die Summe der (nicht diskontierten) Auszahlungen.*

Eine Investition, die derartig charakterisierte Zahlungsreihen aufweist, wird als **Normalinvestition** bezeichnet, da diese in der Praxis am häufigsten vorkommt. Die genannten Anforderungen stellen sicher, dass ein einziger Zinssatz in einem ökonomisch sinnvollen bzw. relevanten Wertebereich von $i > -100\%$ existiert. Die Eingrenzung auf diesen Bereich wird als ökonomisch sinnvoll bezeichnet, da der Verlust nicht größer sein kann, als das investierte Kapital.[301] Beispiel 3.14 verdeutlicht den Sachverhalt.

Beispiel 3.14:

Es wird die folgende Zahlungsreihe betrachtet:[302] $I_0 = 100 \text{ €}$, $R_1 = 10 \text{ €}$ und $R_2 = 110 \text{ €}$. Gesucht ist der interne Zinssatz. Es ergeben sich die folgenden Lösungen: $i_{int;1} = 0,10$ und $i_{int;2} = -2,00$. Die Zahlungsreihe erfüllt die Anforderungen an eine Normalinvestition, weshalb nur einer der Zinssätze ökonomisch relevant ist: $i_{int;1} = 0,10$. Um die Bedeutung der nicht-negativen Kapitalbindung zu zeigen bzw. um zu demonstrieren, warum der andere interne Zinssatz ökonomisch unsinnig ist, sind in Tab. 3.25 die damit verbundenen Zahlungs- und Tilgungsverläufe aufgelistet. Dabei beschreibt KB_{t-1} das in der Vorperiode gebundene Kapital, F_t den Betrag des freigesetzten Kapitals im Zeitpunkt t und Z_t die Zinsen auf das in der Vorperiode gebundene Kapital.

[299] Vgl. Hering (2017: 104).

[300] Vgl. Witten/Zimmermann (1977: 102–109); Busse von Colbe/Laßmann (1990: 110–111); Götze (2014: 77); Hering (2017: 114–116); Pape (2018: 393).

[301] Vgl. Kilger (1965: 776–777); Hering (2017: 105).

[302] Vgl. Kruschwitz/Lorenz (2019a: 91).

Tab. 3.25: Kapitalbindungen und Zinszahlungen bei zwei internen Zinssätzen. Quelle: Eigene Darstellung.

t	KB_t	R_t	$Z_t = KB_{t-1} \cdot i_1$	$F_t = R_t - Z_t$
\multicolumn{5}{c}{Zinssatz $i_1 = 0{,}10$}				
0	100,00	–	–	–
1	100,00	10,00	10,00	0,00
2	–	110,00	10,00	100,00

t	KB_t	R_t	$Z_t = KB_{t-1} \cdot i_1$	$F_t = R_t - Z_t$
\multicolumn{5}{c}{Zinssatz $i_2 = -2{,}00$}				
0	100,00	–	–	–
1	−110,00	10,00	−200,00	210,00
2	–	110,00	220,00	−110,00

Es wird deutlich, dass die Beträge bei Verwendung von $i_{int;2} = -2{,}00$ ökonomisch unsinnig sind.

Mit der Annahme der Normalinvestition wird ebenfalls erreicht, dass die Kapitalbindung **bei Verwendung des internen Zinssatzes** zu keinem Zeitpunkt negativ ist. Es gilt: $KB_{t-1}(i_{int}) \not< 0 \; \forall \; t$. Dieser Zusammenhang wurde bereits frühzeitig hergestellt.[303] Auf Basis des Zusammenhanges von:

- Endwert,
- Kapitalbindung und
- internem Zinssatz

kann dies erläutert werden. Die Kapitalbindung in der Investitionsmaßnahme zum Zeitpunkt t wurde wie folgt bestimmt:[304]

$$KB_t(i) = I_0 \cdot (1+i)^t - \sum_{s=0}^{t-1} R_{s+1} \cdot (1+i)^{t-s-1}$$

Die Formel zur Berechnung der Kapitalbindung für das letzte Jahr $t = N$ lautete wie folgt:

$$KB_N(i) = I_0 \cdot (1+i)^N - \sum_{s=1}^{N} R_s \cdot (1+i)^{N-s}$$

Der Zusammenhang zwischen dem Endwert und der Kapitalbindung lautete:

$$KB_N(i) = -EW_N(i)$$

Da für den Endwert bei Verwendung des internen Zinssatzes gilt:

$$EW_N(i_{int}) \overset{!}{=} 0$$

---

[303] Vgl. Teichroew/Robichek/Montalbano (1965: 155–159); Norstrøm (1972).
[304] Vgl. Def. 3.14 auf S. 230.

folgt für die Kapitalbindung ebenfalls:[305]

$$KB_N\left(i_{int}\right) \overset{!}{=} 0$$

Ein positiver Endwert ist demzufolge identisch mit einer negativen Kapitalbindung. Da bei Ermittlung des internen Zinssatzes jedoch kein positiver Endwert, sondern exakt ein Endwert von Null resultieren muss, darf es vor Ende der Nutzungsdauer keine negative Kapitalbindung geben. Nur wenn – bei Verwendung des internen Zinssatzes – keine negative Kapitalbindung auftritt, ist der interne Zinssatz als Präferenzfunktional einsetzbar. Zur Erklärung wird das bereits vorgestellte Beispiel 3.7 wieder aufgegriffen und als Beispiel 3.15 weiter entwickelt.

Beispiel 3.15:

Es wird eine Investition betrachtet, die mit einer Auszahlung in Höhe von 1.000,–€ folgende Rückflüsse erwirtschaftet: $R_1 = R_2 = 330{,}00$ €, $R_3 = 600{,}00$ €, $R_4 = 38{,}40$ €. Der Zinssatz beträgt 8 % p. a. Der Verlauf von Bindung und Freisetzung des Kapitals ist in der Tab. 3.26 abgebildet.

Tab. 3.26: Kapitalbindung und -freisetzung im Bspl. 3.15. Quelle: Eigene Darstellung.

t	$\mathbf{KB_t}$	$\mathbf{R_t}$	$\mathbf{Z_t = KB_{t-1} \cdot i}$	$\mathbf{F_t = R_t - Z_t}$
0	1.000,00	–	–	–
1	750,00	330,00	80,00	250,00
2	480,00	330,00	60,00	270,00
3	−81,60	600,00	38,40	561,60
4	−126,53	38,40	−6,53	44,93
		$\sum\limits_{t=1}^{4} R_t = 1.298{,}40$	$\sum\limits_{t=1}^{4} Z_t = 171{,}87$	$\sum\limits_{t=1}^{4} F_t = 1.126{,}53$

*Am Ende des dritten Jahres ergibt sich aus dem frei verfügbaren Überschuss eine **negative Kapitalbindung** in Höhe von 81,60 €. Der Endwert beträgt 126,53 € und ergibt sich folgendermaßen:*

Summe der Rückflüsse	*1.298,40 €*
− Freisetzung der Investitionssumme	*1.000,00 €*
− Zinsauszahlungen für Kapitalnutzung	*178,40 €*
+ Zinseinzahlungen für Kapitalanlage	*6,53 €*
= Endwert der Investition	*126,53 €*

Nun wird der interne Zinssatz für diese Investition mit $i_{int} = 12{,}4714\%$ ermittelt. Bei Verwendung dieses Zinssatzes ergibt sich ein Verlauf der Kapitalbindung und -freisetzung, wie in der Tab. 3.27 zu sehen ist.

---

[305] Vgl. Altrogge (1996: 311).

Tab. 3.27: Kapitalbindung und -freisetzung im Bspl. 3.15 bei Verwendung des internen Zinssatzes. Quelle: Eigene Darstellung.

t	KB_t	R_t	$Z_t = KB_{t-1} \cdot i$	$F_t = R_t - Z_t$
0	1.000,00	–	–	–
1	794,71	330,00	124,71	205,29
2	563,82	330,00	99,11	230,89
3	34,14	600,00	70,32	529,68
4	0,00	38,40	4,26	34,14
		$\sum\limits_{t=1}^{4} R_t = 1.298,40$	$\sum\limits_{t=1}^{4} Z_t = 298,40$	$\sum\limits_{t=1}^{4} F_t = 1.000,00$

Der Endwert beträgt definitionsgemäß 0 € und ergibt sich folgendermaßen:

Summe der Rückflüsse	*1.298,40 €*
− Freisetzung der Investitionssumme	*1.000,00 €*
− Summe der Zinszahlungen	*298,40 €*
= Endwert der Investition	*0,00 €*

*Aus der Tabelle 3.27 wird erkennbar, dass nun **kein negatives gebundenes Kapital** vorliegt.*

Bei Verwendung des internen Zinssatzes ist es für die Investition nicht mehr möglich, Mittel zu erwirtschaften, die über die Zinszahlung und die Rückzahlung des Investitionsbetrages hinausgehen. Aus diesem Grund kann auch kein überschüssiges Kapital entstehen, welches wieder anzulegen ist. Das wird in Merksatz 3.12 beschrieben.

Merksatz 3.12: *Die Kapitalbindung einer Normalinvestition ist bei Verwendung des internen Zinssatzes zu keinem Zeitpunkt negativ. Es gilt: $KB_0 = I_0$ sowie $KB_{t-1}(i_{int}) \not< 0 \; \forall \; t$.*

Mit der Annahme von nicht-negativen Kapitalbindungen wird die sog. **Wiederanlageprämisse** umgangen.[306] Die Problematik, die sich aus dieser Prämisse ergibt, ist folgende:

Wenn bei der Verwendung des internen Zinssatzes die Kapitalbindung zu einem Zeitpunkt negativ ist, so bedeutet dies, dass der Investor einen Überschuss erzielt hat, den er anlegen muss. Diese Anlage muss zum internen Zinssatz i_{int} erfolgen, da sonst die Gesamtverzinsung sinken würde. Am Kapitalmarkt – der per definitionem vollständig sein muss – wird jedoch nur der Zinssatz i angeboten, eine Anlage zu i_{int} ist nicht verfügbar. Damit ist der Widerspruch offengelegt. Ein möglicher Ausweg bestünde in der Anlage der Mittel in einem anderweitigen Objekt im selben Unternehmen mit exakt derselben Verzinsung. Das ist jedoch unrealistisch.

---

[306] Vgl. Abschn. 3.4.1.2 auf S. 233.

Der interne Zins ist bei negativer Kapitalbindung als Präferenzfunktional **nicht einsetzbar**.[307] Mit der Annahme der Normalinvestition nach Def. 3.30 wird dafür gesorgt, dass:

- nur ein ökonomisch relevanter interner Zinssatz $i_{int} > -100\%$ existiert und
- die Kapitalbindung nicht negativ wird.

3.6.3.4.2 Isoliert durchführbare Investitionen

Jedoch existieren auch Zahlungsreihen, die keine Normalinvestition darstellen und trotzdem bei Verwendung des internen Zinssatzes keine negative Kapitalbindung aufweisen.[308] Das zeigt Beispiel 3.16.[309]

Beispiel 3.16:

Es wird eine Investition betrachtet, die mit einer Auszahlung in Höhe von 100,00 € *folgende Rückflüsse erwirtschaftet: $R_1 = 10,00 €, R_2 = -10,00 €, R_3 = 132,00 €$. Der* *interne Zinssatz dieser Investition beträgt 10 % p. a. Der Verlauf von Bindung und Frei-* *setzung des Kapitals ist in der Tab. 3.28 abgebildet.*

Tab. 3.28: Kapitalbindung und -freisetzung im Bspl. 3.16. Quelle: Eigene
         Darstellung.

t	KB_t	R_t	$Z_t = KB_{t-1} \cdot i$	$F_t = R_t - Z_t$
0	100,00	−	−	−
1	100,00	10,00	10,00	0,00
2	120,00	−10,00	10,00	−20,00
3	0,00	132,00	12,00	120,00
		$\sum_{t=1}^{3} R_t = 132,00$	$\sum_{t=1}^{3} Z_t = 32,00$	$\sum_{t=1}^{4} F_t = 100,00$

Offensichtlich stellen Normalinvestitionen eine Teilmenge von Investitionen ohne negative Kapitalbindung dar. Um das besser unterscheiden zu können, wird die **isoliert durchführbare Investition** in Def. 3.31 beschrieben.[310]

---

[307] Vgl. Hering (2017: 116).

[308] Vgl. Teichroew/Robichek/Montalbano (1965: 158–160).

[309] Vgl. Hering (2017: 116).

[310] Vgl. Kilger (1965: 776); Blohm/Lüder/Schaefer (2012: 81); Götze (2014: 104); Trost/Fox (2017: 531).

Definition 3.31: *Eine Investition ist isoliert durchführbar, wenn bei Verwendung des internen Zinssatzes das in dieser Investition gebundene Kapital zu keinem Zeitpunkt negativ ist. Es gilt:* $KB_0 = I_0$ *sowie* $KB_{t-1}(i_{int}) \not< 0 \; \forall \; t$.

Als Synonyme für die isoliert durchführbare Investition werden die Begriffe *"reine Investition"* bzw. *"pure investment"* verwendet. Wenn eine Anlage von Überschüssen während der Laufzeit erfolgen muss, liegt eine Geldanlage, also ein Finanzierungsvorgang vor. Deshalb werden Investitionen, bei denen dies auftritt, als *"gemischte Projekte"*, *"zusammengesetzte Investitionen"* bzw. *"mixed projects"* bezeichnet.[311]

Jede Normalinvestition ist demzufolge eine isoliert durchführbare Investition. Die Umkehrung dieser Aussage gilt jedoch nicht, so dass folgt:

Normalinvestition $\Rightarrow$ isoliert durchführbare Investition

Der Hinweis auf die isolierte Durchführbarkeit einer Investition für die Verwendung des internen Zinssatzes wurde bereits früh entwickelt.[312] Mit der Def. 3.31 ist diese wichtige Klasse von Investitionen bestimmt.

Es sei kurz erklärt, warum das gebundene Kapital nicht negativ werden darf: Der interne Zinssatz ist derjenige Zinssatz, dessen Verwendung zur Relation $KB_N(i_{int}) = 0$ führt. Ausgehend von $KB_0 = I_0$ nimmt die Kapitalbindung im Verlaufe der Nutzungsdauer ab, bis sie in $t = N$ den Wert Null annimmt. Dies wird in den weiteren Ausführungen aus einem anderen Blickwinkel erneut deutlich.[313]

Eine Ergänzung ist noch erforderlich: Die Kapitalbindung im Beispiel 3.16 ist zu keinem Zeitpunkt negativ. Jedoch sind die Rückflüsse im Jahr $t = 2$ zu gering, um das gebundene Kapital zu verzinsen. Anstatt Kapital freizusetzen, muss zusätzliches Kapital gebunden bzw. zugeführt werden. Die Kapitalbindung wird dadurch erhöht. Durch die Annahme des vollkommenen Kapitalmarktes bleibt die rechentechnische Ermittlung des internen Zinssatzes sowie die ökonomische Interpretation von diesem Umstand unberührt. Zur Erläuterung wird Beispiel 3.17 entwickelt.

---

[311] Vgl. Teichroew/Robichek/Montalbano (1965: 155–156); Norstrøm (1990: 114–115); Blohm/Lüder/Schaefer (2012: 81).

[312] *„Weiterhin wird bei der Interpretation [...] jeweils die Frage wichtig sein, ob sich die betreffende Investition so abwickeln lässt, daß alle Einzahlungen zur Kapitalrückzahlung und zur Zinszahlung an den Investor verwendet werden können, ohne daß Kassenhaltung oder eine zwischenzeitliche Kapitalanlage außerhalb des Investitionsobjektes erforderlich ist."* Kilger (1965: 776).

[313] Vgl. Merksatz 3.15 auf S. 290.

Beispiel 3.17:

Gegeben ist ein Projekt mit folgender Zahlungsreihe:

$I_0 = 1.000$ €; $R_1 = 0$ €; $R_2 = 11$ €; $R_3 = 12$ €; $R_4 = 1.200$ €.

Diese Zahlungsreihe ist eine Normalinvestition im Sinn von Def. 3.30, womit sicherge-stellt ist, dass nur ein ökonomisch sinnvoller interner Zinssatz existiert. Dieser beträgt 5,20%. Die darauf basierenden Zahlungen sind in der Tab. 3.29 abgebildet. Die Kapi-talbindung ist zu keinem Zeitpunkt negativ. Jedoch sind die Rückflüsse in den Jahren $t = 1$ bis $t = 3$ zu gering, um das gebundene Kapital zu verzinsen. Deshalb sind entspre-chende Ergänzungs-Finanzierungen notwendig, die das ursprünglich gebundene Kapital erhöhen.

Tab. 3.29: Kapitalbindung und -freisetzung im Bspl. 3.17. Quelle: Eigene Darstellung.

t	KB_t	R_t	$Z_t = KB_{t-1} \cdot i$	$F_t = R_t - Z_t$
\multicolumn{5}{c}{Interner Zinssatz $i_{int} = 0,05200$}
0	1.000,00	−	−	−
1	1.052,00	0,00	52,00	−52,00
2	1.095,70	11,00	54,70	−43,70
3	1.140,68	12,00	56,98	−44,98
4	0,00	1.200,00	59,32	1.140,68
$\sum_{t=1}^{4} KB_{t-1} = 4.288,38$			$\sum_{t=1}^{4} Z_t = 223,00$	$\sum_{t=1}^{4} F_t = 1.000,00$

Der interne Zinssatz gibt auch in dieser Konstellation die Verzinsung des gebundenen Kapitals wieder:

$$\frac{\sum_{t=1}^{4} Z_t}{\sum_{t=1}^{4} KB_{t-1}} = \frac{223,00 \text{ €}}{4.288,38 \text{ €}} = 5,200\%.$$

Bei Anwendung der IZM wird mittels der Annahme des vollkommenen Ka-pitalmarktes sichergestellt, dass die erforderlichen Ergänzungsfinanzierungen problemlos durchgeführt werden können.

3.6.3.5 Einordnung des internen Zinssatzes

3.6.3.5.1 Kapitalwert, Endwert, interner Zinssatz und Kapitalbindung

Auf Basis der bisherigen Erläuterungen lassen sich einige Zusammenhänge herstellen. Ausgehend von dem internen Zinssatz einer Investition und der daraus resultierenden, ganz spezifischen Kapitalbindung lässt sich ein Zusammenhang zwischen Kapitalwert und internem Zinssatz nach Merksatz 3.13 formulieren.[314]

Merksatz 3.13: *Für isoliert durchführbare Investitionen (vgl. Def. 3.31 auf S. 286) besteht zwischen Kapitalwert C_0 und internem Zinssatz i_{int} folgende Relation:*

$$C_0\left(i_{kalk}\right) = \left(i_{int} - i_{kalk}\right) \cdot \sum_{t=1}^{N} KB_{i_{int};t-1} \cdot \left(1 + i_{kalk}\right)^{-t}$$

Im Merksatz 3.13 muss diejenige Kapitalbindung $KB_{i_{int};t-1}$ verwendet werden, die sich bei Anwendung des internen Zinssatzes ergibt.

Der Einfluss der Kapitalbindung war schon in den Erläuterungen zur endwertbasierten Interpretation des internen Zinssatzes deutlich geworden.[315] Merksatz 3.13 stellt ergänzend dazu **nach** der Ermittlung des internen Zinssatzes einen direkten Zusammenhang zwischen Kapitalwert und Kapitalbindung her. Die zentrale Größe für den internen Zinssatz ist die Kapitalbindung. Das wurde bereits quantitativ gezeigt.[316] Der interne Zins definiert die Kapitalbindung in einer ganz spezifischen Weise. Das führt – definitionsgemäß – zu einem Kapitalwert von Null. Aus dem Zusammenhang von Kapitalwert und Endwert[317] ergibt sich, dass der Endwert ebenfalls Null betragen muss. Das bedeutet, der interne Zinssatz fixiert die Kapitalbindung so, dass bei Erwirtschaftung der dafür notwendigen Zinsen und der notwendigen Freisetzung der Investitionssumme I_0 der Endwert lediglich den Wert Null annimmt. Die quantitative Darstellung aus Merksatz 3.13 kann wie in Merksatz 3.14 verbalisiert werden.

Merksatz 3.14: *Der Kapitalwert ist die auf $t = 0$ diskontierte Differenz, die sich aus der erwirtschafteten Verzinsung des gebundenen Kapitals gegenüber einer Verzinsung mit dem Marktzins ergibt.*

Merksatz 3.14 zeigt, dass ein positiver Kapitalwert entsteht, wenn die tatsächlich erwirtschaftete Verzinsung größer ist als die Verzinsung zum Markt-

---

[314] Vgl. Hering (2017: 118).

[315] Vgl. Abschn. 3.6.3.3 auf S. 276.

[316] Vgl. Def. 3.29 auf S. 277.

[317] Vgl. Def. 3.16 auf S. 236.

zins. Zur Erläuterung dieses Zusammenhanges wird das Eingangsbeispiel 3.8 aufgegriffen.[318]

Fortführung des Beispiels 3.8:

Es wurde folgender Verlauf der Kapitalbindung ermittelt, der aus der Berechnung des internen Zinssatzes resultiert:[319] $KB_0 = 1.000 €$; $KB_1 = 791,10 €$; $KB_2 = 556,90 €$; $KB_3 = 294,34 €$. Merksatz 3.13 wird darauf angewendet:

$$C_0(i_{kalk}) = (0,1211 - i_{kalk}) \cdot \left[\frac{1.000,00 €}{(1 + i_{kalk})^1} + \frac{791,10 €}{(1 + i_{kalk})^2} + \frac{556,90 €}{(1 + i_{kalk})^3} + \frac{294,34 €}{(1 + i_{kalk})^4} \right]$$

$$= (0,1211 - 0,08) \cdot \left[\frac{1.000,00 €}{(1,08)^1} + \frac{791,10 €}{(1,08)^2} + \frac{556,90 €}{(1,08)^3} + \frac{294,34 €}{(1,08)^4} \right]$$

$$= 0,0411 \cdot 2.262,62 €$$

$$C_0(i_{kalk}) \approx 93,00 €$$

Damit wird deutlich, dass der Kapitalwert dann positiv ist, wenn der im Unternehmen verwendete Zinssatz geringer ist als 12,11%. Der auf Basis der Kapitalbindungsidee ermittelte Kapitalwert von 93,00 € ist identisch mit dem bereits errechneten Wert.

Zur Erläuterung des Zusammenhanges wird noch einmal die Gleichung aus Merksatz 3.13 herangezogen und interpretiert:

$$C_0(i_{kalk}) = \underbrace{(i_{int} - i_{kalk})}_{Investitionsrendite} \quad \cdot \quad \underbrace{\sum_{t=1}^{N} KB_{i\,nt;t-1} \cdot (1 + i_{kalk})^{-t}}_{Auf\ t=0\ diskontierte\ Kapitalbindung}$$

Es wird deutlich, dass der Wert C_0 – bei angenommener nicht negativer Kapitalbindung – von der Differenz zwischen internem Zinssatz und Kalkulationszinssatz sowie der Höhe des gebundenen Kapitals abhängt. Mit der erwirtschafteten Zinsdifferenz (auch als Überrendite bzw. Investitionsrendite bezeichnet) wird das gebundene Kapital verzinst. Diese Darstellung weist eine große Ähnlichkeit mit Größen der wertorientierten Steuerung, z. B. mit der Value-Spread-Formel des *EVA* oder dem *CVA* auf.[320] Die Ähnlichkeit mit diesen wertorientierten Größen ist vor dem Hintergrund der ebenfalls ähnlichen Interpretation des Kapitalwertes[321] nicht verwunderlich. Eine weitere Ähnlichkeit besteht im Vergleich zur MAGNI-Methode, die eine mehrperiodige Betrachtung ist.[322]

---

[318] Vgl. S. 236.

[319] Vgl. Tab. 3.24 auf S. 279.

[320] Vgl. für den *EVA* Def. 4.5 auf S. 446 sowie für den *CVA* Def. 4.6 auf S. 447.

[321] Vgl. Merksatz 3.7 auf S. 238.

[322] Vgl. Abschn. 3.6.4.2 auf S. 318.

Der interne Zinssatz gibt also an, wie sich das gebundene Kapital verzinst, wenn die Rückflüsse lediglich die Investitionssumme freisetzen und keine darüber hinausgehenden Beträge im Unternehmen verbleiben. Schon in einem sehr frühen Beitrag wurde der Bezug zwischen dem internen Zinssatz sowie der Kapitalbindung und dem Endwert hergestellt.[323] Dabei wurde die bereits eingeführte Darstellung[324] der Kapitalbindung entwickelt. In dieser frühen Arbeit wurde ebenfalls deutlich gemacht, dass der interne Zinssatz sowohl zum Endwert, als auch zur Kapitalbindung von Null führt. Das wird im Merksatz 3.15 festgehalten.

Merksatz 3.15: *Endwert und Kapitalbindung am Ende der Laufzeit betragen bei Verwendung des internen Zinssatzes Null. Es gilt:*

$$EW_N(i_{int}) = KB_N(i_{int}) = 0.$$

Der Zusammenhang von End- und Kapitalwert sowie Kapitalbindung und internem Zins wurde damit ausführlich diskutiert.

3.6.3.5.2 Interner Zinssatz, Verzinsung und endwertbezogene Rentabilität

In einigen Quellen ist die Aussage zu finden, der interne Zinssatz stellt die Verzinsung des gebundenen Kapitals dar.[325] Die Erklärungen zur Natur des Endwertes[326] sowie die vorstehenden Erläuterungen ermöglichen eine Einordnung dieser Aussage. Dazu werden die Werte aus der Tab. 3.23 und Tab. 3.24 rekapituliert.

Tab. 3.30: Ermittlung der Verzinsung. Quelle: Eigene Darstellung.

t	KB_t	R_t	$Z_t = KB_{t-1} \cdot i$	$F_t = R_t - Z_t$
		Zinssatz $i_1 = 0{,}10$		
0	1.000,00	–	–	–
1	770,00	330,00	100,00	230,00
2	517,00	330,00	77,00	253,00
3	238,70	330,00	51,70	278,30
4	−67,43	330,00	23,87	306,13
	$\sum\limits_{t=1}^{4} KB_{t-1} = 2.525,70$		$\sum\limits_{t=1}^{4} Z_t = 252,57$	$\sum\limits_{t=1}^{4} F_t = 1.067,43$
				Weiter auf folgender Seite

---

[323] Vgl. Boulding (1935: 478–481).

[324] Vgl. Def. 3.14 auf S. 230.

[325] Vgl. Hax (1993: 36); Altrogge (1996: 311); Schäfer (2005: 152); Blohm/Lüder/Schaefer (2012: 80); Hering (2017: 114); Hirth (2017: 67); Bitz/Ewert/Terstege (2018: 112).

[326] Vgl. Abschn. 3.3.5 auf S. 221.

Tabelle 3.30 – Fortsetzung

t	KB_t	R_t	$Z_t = KB_{t-1} \cdot i$	$F_t = R_t - Z_t$
		Zinssatz $i_2 = 0{,}14$		
0	1.000,00	–	–	–
1	810,00	330,00	140,00	190,00
2	593,40	330,00	113,40	216,60
3	346,48	330,00	83,08	246,92
4	64,99	330,00	48,51	281,49
	$\sum\limits_{t=1}^{4} KB_{t-1} = 2.749{,}88$		$\sum\limits_{t=1}^{4} Z_t = 384{,}99$	$\sum\limits_{t=1}^{4} F_t = 935{,}01$
		Interner Zinssatz $i_{int} = 0{,}1211$		
0	1.000,00	–	–	–
1	791,10	330,00	121,10	208,90
2	556,91	330,00	95,81	234,19
3	294,35	330,00	67,44	262,56
4	0,00	330,00	35,65	294,35
	$\sum\limits_{t=1}^{4} KB_{t-1} = 2.642{,}37$		$\sum\limits_{t=1}^{4} Z_t = 320{,}00$	$\sum\limits_{t=1}^{4} F_t = 1.000{,}00$

Wird nun die Verzinsung ermittelt, indem die Zinsen auf das gebundene Kapital bezogen werden, so ergeben sich folgende Werte:

- Zinssatz i_1: $\dfrac{\sum\limits_{t=1}^{4} Z_t}{\sum\limits_{t=1}^{4} KB_{t-1}} = \dfrac{252{,}57}{2.525{,}70} = 0{,}10,$

- Zinssatz i_2: $\dfrac{\sum\limits_{t=1}^{4} Z_t}{\sum\limits_{t=1}^{4} KB_{t-1}} = \dfrac{384{,}99}{2.749{,}88} = 0{,}14$ sowie

- Zinssatz i_{int}: $\dfrac{\sum\limits_{t=1}^{4} Z_t}{\sum\limits_{t=1}^{4} KB_{t-1}} = \dfrac{320{,}00}{2.642{,}37} = 0{,}1211.$

Bei dem Zinssatz $i_1 = 0{,}10$ entspricht die Verzinsung des gebundenen Kapitals dem verwendeten Zinssatz, jedoch ist am Ende der Laufzeit das gebundene Kapital negativ, es ergibt sich $KB_4(i_1) = -67{,}43\,€$. Wird der Zinssatz $i_2 = 0{,}14$ verwendet, ergibt sich eine ebenso hohe Verzinsung des gebundenen Kapitals. In diesem Fall wird jedoch zu wenig Kapital freigesetzt, so dass gilt: $KB_4(i_2) = 64{,}99\,€$. Nur bei Einsatz des internen Zinssatzes $i_{int} = 0{,}1211$ ergibt sich am Laufzeitende weder positives noch negatives gebundenes Kapital. Es ergibt sich: $KB_4(i_{int}) = 0{,}00\,€$. Der interne Zinssatz ist demzufolge der einzige von vielen möglichen Zinssätzen, bei dessen Verwendung die Verzinsung so hoch ist, dass exakt die Investitionssumme freigesetzt werden kann. Der interne Zinssatz:

- gibt an, wie sich das gebundene Kapital verzinst, wenn die Rückflüsse exakt die Investitionssumme freisetzen, so dass $KB_N = 0$ und
- stellt demzufolge den **Grenzzinssatz** dar, den die Investitionsmaßnahme maximal als Kapitalentgelt bedienen kann.

Die Einzigartigkeit des internen Zinssatzes besteht in der Eigenschaft, genau diejenige Kapitalbindung und somit Zinszahlung zu definieren, die exakt die Rückzahlung der Investitionssumme ermöglicht.

Neben der Verzinsung des gebundenen Kapitals kann die Rentabilität des Projektes auf Basis des Endwertes ermittelt werden. Die Bestimmungsgleichung dafür wurde bereits eingeführt[327] und wird nun wiederholt:

$$r = \sqrt[N]{\frac{EW_N}{I_0}} - 1$$

Bei der Erläuterung zu dieser Methode der Rentabilitätsermittlung wurden **Reifeprojekte** als Beispiele angeführt. Bei diesen Investitionen ist das Kapital in voller Höhe während der gesamten Laufzeit gebunden. Das Investitionsobjekt weist am Ende der Reifezeit – auch unter Berücksichtigung von eventuellen Lager- und Pflege- bzw. Instandhaltungskosten – einen höheren Wert auf, als zu Beginn des Prozesses. Für diese Arten der realen Leistungserstellung ist die o. g. Ermittlung der jährlichen Rentabilität geeignet.

In anderen Prozessen der Leistungserstellung jedoch wird das gebundene Kapital durch jährliche Rückflüsse sukzessive reduziert. Die Frage nach der Verzinsung des – auf diese Weise jährlich reduzierten – Kapitals beantwortet der interne Zinssatz. Dabei ist jedoch zu beachten, dass der interne Zinssatz per definitionem[328] zu einem Kapital- und somit einem **Endwert** von **Null** führt. Das bedeutet: Der interne Zinssatz ist derjenige Zins, bei dessen Verwendung die endwertbezogene **Rentabilität** den Wert **Null** annimmt.

Der interne Zinssatz beschreibt deshalb keine real erzielte, sondern diejenige **hypothetische** Verzinsung, die maximal erreicht werden kann, wenn außer den Zinsen nur noch die Investitionssumme erwirtschaftet werden soll. Er stellt nichts anderes als einen theoretischen Grenzzinssatz für das jeweilige Objekt dar. Anders ausgedrückt: **Die Investition hätte den (Kapital-**

---

[327] Vgl. Def. 3.11 auf S. 214.

[328] Vgl. Def. 3.28 auf S. 272 sowie Def. 3.29 auf S. 277.

und End-) Wert von Null, wenn es einen vollkommenen Kapitalmarkt gäbe, dessen eindeutiger Marktzins gleich i_{int} ist. Ist der tatsächliche Kapitalmarktzins kleiner als i_{int}, so ist das Investitionsprojekt vorteilhaft.

Demzufolge kann der interne Zinssatz nicht als endwertbezogene Rentabilität der Investitionssumme interpretiert werden.[329] Es wird deutlich, dass ein fundamentaler Unterschied zwischen dem internen Zinssatz und der finanzmathematischen, endwertbezogenen Rentabilität existiert. Einige der Kritikpunkte des internen Zinssatzes sind auf die unzutreffende Interpretation des internen Zinssatzes als endwertbezogene Rentabilität zurückzuführen.[330]

3.6.3.5.3 Wesentliche Kritikpunkte

Die Eigenschaften der IZM sind aus zwei Blickwinkeln zu diskutieren: Aus mathematischer und aus ökonomischer Sicht. Die mathematischen Probleme wurden bereits erörtert und mit der Annahme einer Normalinvestition[331] behoben.

Jedoch verbleiben ökonomische Aspekte, die seit längerer Zeit diskutiert werden. Teilweise führt die inhaltliche Kritik zur gänzlichen Ablehnung des Konzeptes.[332] Die Diskussionen der ökonomischen Aspekte zielen hauptsächlich auf folgende Punkte:

- **Wiederanlageprämisse:** Es besteht Uneinigkeit hinsichtlich der Frage, ob diese Annahme[333] die Ermittlung und Interpretation des internen Zinssatzes einschränkt. Die überwiegende Mehrzahl der Autoren sieht diese Prämisse als ein zentrales Problem.[334] Jedoch gibt es auch Autoren, die diese Meinung nicht vertreten.[335] Da in der Wissenschaft keine demokratischen Mehrheitsprinzipien gelten, wurde in den vorstehenden Ausfüh-

---

[329] Davon ausgenommen ist der Fall, wenn der Endwert bei Verwendung des Kalkulationszinssatzes i_{kalk} ohnehin den Wert Null aufweist, also wenn $i_{kalk} = i_{int}$.

[330] Vgl. Hering (2017: 123–126).

[331] Vgl. Def. 3.30 auf S. 281.

[332] Vgl. Kruschwitz/Lorenz (2019a: 87). „Der interne Zinsfuß in der finanzmathematischen Form ist der Realinvestition wesensfremd. *Mehrere (positive oder negative) interne Zinsfüße sind das Produkt eines Trugschlusses* über die umkehrbar eindeutige Abbildbarkeit von Finanzinvestition und Realinvestition. Die Berechnung von internen Zinsfüßen entfällt für den empirischen Ansatz." Heister (1962: 96). Hervorh. im Original.

[333] Vgl. Abschn. 3.4.1.2 auf S. 233.

[334] Vgl. Hax (1993: 36–37); Matschke (1993: 240–244); Schäfer (2005: 159); Blohm/Lüder/Schaefer (2012: 91); Hering (2017: 123–125); Bitz/Ewert/Terstege (2018: 111–114).

[335] Vgl. Dudley jr. (1972); Keane (1979); Schulte (1986: 94–95); Copeland/Weston/Shastri (2008: 65); Rich/Rose (2014); Magni/Martin (2017).

rungen detailliert dargelegt[336] warum die Wiederanlageprämisse äußerst relevant und somit einschränkend ist.

- **Mangelnde Kapitalwertäquivalenz:** Ein weiterer Diskussionspunkt sind abweichende Präferenzordnungen von Investitionsprojekten auf Basis der KWM und der IZM.[337] Die Frage, ob und unter welchen Umständen Kapitalwertäquivalenz hergestellt werden kann, wird im weiteren Verlauf beantwortet.[338]

- **Relativ- vs. Absolutziel:** Ein Grund dafür, dass KWM und IZM nicht immer zu einer identischen Präferenzordnung führen, besteht darin, dass letztere Methode eine Relativgröße ist, wohingegen erstere einen absoluten Wert darstellt.[339] Das – unterstellte – Ziel des Investors ist die Maximierung des Endwertes,[340] also einer absoluten Größe. Die Bewertung von Alternativen hat deshalb ebenfalls mit einer Absolutgröße zu erfolgen.

- **Mangelnde Additivität:** In den einführenden Erläuterungen[341] wurde darauf hingewiesen, dass der Wert eines Unternehmens durch die Summe der Kapitalwerte der Projekte bestimmt wird. Die Einzelkapitalwerte können additiv zu einem Gesamtwert zusammengefasst werden. Der interne Zinssatz ist nicht additiv.[342] Werden z. B. drei Projekte mit jeweils einem internen Zinssatz betrachtet, ist es rechnerisch auch möglich, die drei Zahlungsreihen zu einer einzigen Zahlungsreihe zusammenzufassen und für diese eine Zahlungsreihe den internen Zinssatz zu ermitteln. Dieser Zinssatz entspricht jedoch nicht der Summe der drei separat ermittelten Werte.

Die Wiederanlageprämisse wurde bereits untersucht.[343] Die Diskussion der Kapitalwertäquivalenz von Rentabilitätskennzahlen wurde in allgemeiner Form bereits geführt, so dass darauf verwiesen werden kann.[344] Die mangelnde Additivität ist für die hier zu analysierende Auswahlentscheidung nicht relevant, weshalb sie nicht diskutiert wird.

---

[336] Vgl. Abschn. 3.6.3.4 auf S. 280.

[337] Vgl. Alchian (1955); Kilger (1965); Busse von Colbe/Laßmann (1990: 126–127); Schneider (1992: 89–93); Copeland/Weston/Shastri (2008: 65–69); Blohm/Lüder/Schaefer (2012: 90–92); Pape (2018: 394–397); Kruschwitz/Lorenz (2019a: 87–88).

[338] Vgl. Abschn. 3.6.3.5.5 auf S. 296.

[339] Vgl. Keane (1979: 55); Matschke (1993: 236–237).

[340] Vgl. Abschn. 3.1.2 auf S. 165.

[341] Vgl. Abschn. 3.3.6 auf S. 224.

[342] Vgl. Copeland/Weston/Shastri (2008: 65–66); Magni (2013: 81); Magni (2020: 521).

[343] Vgl. Abschn. 3.6.3.4 auf S. 280.

[344] Vgl. Abschn. 3.4.2.5 auf S. 249.

3.6.3.5.4 Eignung zur Beurteilung der absoluten Vorteilhaftigkeit

Es wurde bereits darauf hingewiesen, dass FISHER den internen Zins als Variation des Kapitalwertes formulierte, weshalb beide Verfahren **prinzipiell** zum selben Ergebnis führen.[345] Jedoch ist die IZM nicht für jeden Fall der Beurteilung der absoluten Vorteilhaftigkeit geeignet, worauf frühzeitig schon SAMUELSON hinwies.[346] Lediglich bei isoliert durchführbaren Investitionen im Sinn von Def. 3.31 auf S. 286 ist die IZM unproblematisch. Das wurde in den vorstehenden Ausführungen detailliert dargelegt.[347] In diesem Fall sind Annahmen über die Anlage von freigesetztem Kapital zum internen Zinssatz – die sog. Wiederanlageprämisse – nicht erforderlich. Die IZM führt unter dieser Voraussetzung zum selben Ergebnis bezüglich der absoluten Vorteilhaftigkeit wie die KWM, weshalb die **Kapitalwertäquivalenz** erfüllt ist. Ein Wertzuwachs im Sinne des Kapitalwertes wird dann geschaffen, wenn der interne Zins größer ist, als der Kalkulationszinssatz. Darauf wies schon FISHER hin.[348] Damit kann Merksatz 3.16 formuliert werden.[349]

Merksatz 3.16: Für den Zusammenhang zwischen Kapitalwert, internem Zins und Kalkulationszinssatz gilt zur Beurteilung der absoluten Vorteilhaftigkeit von isoliert durchführbaren Investitionen (vgl. Def. 3.31 auf S. 286):

$$C_0 \; \underset{<}{\overset{>}{=}} \; 0 \quad \Leftrightarrow \quad i_{int} \; \underset{<}{\overset{>}{=}} \; i_{kalk}$$

Diese Äquivalenz wird sich – jedoch nicht auf eine bestimmte Klasse von Investitionen beschränkt – beim BALDWIN-Zins,[350] beim MAGNI-Zinssatz[351] und bei wertorientierten Rentabilitätsgrößen wiederfinden, wie z. B. beim Cashflow Return on Investment.[352]

Nach diesen Ausführungen wird folgendes Fazit gezogen: Wenn der Entscheidungsträger das Ziel der Endwertmaximierung verfolgt, kann er die IZM zur Beurteilung der **absoluten Vorteilhaftigkeit** von isoliert durchführbaren Investitionen nach Def. 3.31 einsetzen. Dafür kann die E.-regel 3.13 formuliert werden.

---

[345] Vgl. Fisher (1930: 175).

[346] Vgl. Samuelson (1937: 476–478).

[347] Vgl. Abschn. 3.6.3.4 auf S. 280.

[348] Vgl. Fisher (1930: 175).

[349] Vgl. Hering (2017: 118).

[350] Vgl. Merksatz 3.22 auf S. 314.

[351] Vgl. Merksatz 3.24 auf S. 325.

[352] Vgl. Merksatz 4.6 auf S. 453.

Entscheidungsregel 3.13: *Bei Einsatz der Internen-Zinssatz-Methode zur Beurteilung von isoliert durchführbaren Investitionen nach Def. 3.31 ist eine Alternative $a \in A$ absolut vorteilhaft, wenn gilt:*

$$i_{int}(a) \geq i_{kalk}(a).$$

Die Durchführung einer Investition ist vorteilhaft, wenn der interne Zinssatz der Maßnahme über der geforderten Mindestverzinsung liegt.

3.6.3.5.5 Eignung zur Beurteilung der relativen Vorteilhaftigkeit

Werden mehrere Alternativen miteinander verglichen, ist die relative Vorteilhaftigkeit zu bestimmen. Das bedeutet, aus der Menge der absolut vorteilhaften Objekte ist dasjenige mit dem höchsten Beitrag zum Unternehmensziel auszuwählen. Das Unternehmen verfolgt als Ziel die Endwertmaximierung. Die weiteren Darstellungen beziehen sich ausschließlich auf isoliert durchführbare Investitionen.[353] **Wichtig** ist der Hinweis auf den Vergleich **vollständiger** Alternativen.[354] Das bedeutet:

- es muss ein identischer Betrachtungszeitraum geschaffen und
- identische Investitionssummen verwendet

werden. Unterschiede müssen durch Ergänzungsinvestitionen ausgeglichen werden.[355]

Mit Annahme des vollkommenen Kapitalmarktes[356] ergibt sich automatisch die Wiederanlageprämisse[357] für diese Ergänzungsinvestitionen. Das impliziert, dass der für diese Investitionen zu verwendende Zinssatz dem internen Zinssatz entsprechen muss.[358] Damit wird unterstellt, dass der Marktzins dem internen Zinssatz entspricht. Es wird ersichtlich, dass die IZM **nicht** zur Beurteilung der relativen Vorteilhaftigkeit verwendet werden kann. Die Implikationen des vollkommenen Kapitalmarktes für die Bildung von Ergänzungsinvestitionen sind **realitätsfern**.

Doch selbst bei Verwendung identischer Investitionssummen und Betrachtungszeiträume kann es zu unterschiedlichen Rangfolgen kommen. Das wird im Beispiel 3.18 demonstriert.

---

[353] Vgl. Def. 3.31 auf S. 286.

[354] Vgl. Merksatz 3.1 auf S. 173.

[355] Vgl. Abschn. 3.1.3 auf S. 173.

[356] Vgl. Abschn. 3.3.6 auf S. 224.

[357] Vgl. Abschn. 3.4.1.2 auf S. 233.

[358] Vgl. Heister (1962: 87–89); Busse von Colbe/Laßmann (1990: 115–117); Blohm/ Lüder/Schaefer (2012: 91); Götze (2014: 113); Perridon/Steiner/Rathgeber (2017: 69– 71).

Beispiel 3.18:

Es liegen zwei Investitionsalternativen vor:

$$a_1 : I_0 = 1.000 \text{ €}; R_1 = 600 \text{ €}; R_2 = 300 \text{ €}; R_3 = 150 \text{ €}; R_4 = 300 \text{ €}$$
$$a_2 : I_0 = 1.000 \text{ €}; R_1 = 175 \text{ €}; R_2 = 175 \text{ €}; R_3 = 550 \text{ €}; R_4 = 600 \text{ €}$$

Beide Alternativen weisen also identische Investitionssummen und Laufzeiten auf. Bei einem Zinssatz von 8% ergeben sich folgende Kapitalwerte und Reihenfolge:

$$C_{0;a_1} = 152,34 \text{ €}$$
$$C_{0;a_2} = 189,70 \text{ €}$$
$$Rangfolge: a_2 \succ a_1$$

Die internen Zinssätze und die Rangfolge werden folgendermaßen berechnet:

$$i_{int;a_1} = 16,12\%$$
$$i_{int;a_2} = 14,57\%$$
$$Rangfolge: a_1 \succ a_2$$

Es stellt sich nun die Frage, wie diese Ergebnisse zu interpretieren sind. In der Abbildung 3.13 finden sich die Kapitalwertfunktionen der zwei Varianten in Abhängigkeit vom Zinssatz, woraus der kritische Zinssatz und die internen Zinssätze der Alternativen ablesbar sind. Der kritische Zinssatz i^* ist der Zinssatz, bei dessen Verwendung die Kapitalwerte der beiden Varianten identisch sind.[359]

Definition 3.32: *Im Rahmen des Alternativenvergleichs von a_1 und a_2 ist der kritische Zinssatz i^* derjenige Zinssatz, bei dessen Verwendung die Kapitalwerte identisch sind. Es gilt: $C_{0;a_1}(i^*) \overset{!}{=} C_{0;a_2}(i^*)$.*

In dem Beispiel 3.18 beträgt der kritische Zinssatz $11,60\%$. Der Verlauf der Kapitalwertfunktionen ist in der Abb. 3.13 zu sehen. Da sich die zwei Kapitalwertfunktionen im betrachteten Quadranten schneiden und der Kalkulationszinssatz von $8,00\%$ pro Jahr geringer ist als der kritische Zinssatz, ergibt sich ein Widerspruch der Rangfolgen. Beide Methoden führen dann zur gleichen Reihenfolge der relativen Vorteilhaftigkeit auf Basis des internen Zinssatz-Kriteriums, wenn der Zinssatz i_{kalk}, der zur Bestimmung des Kapitalwertes verwendet wird, größer ist als der kritische Zinssatz i^*.

---

[359] Vgl. Blohm/Lüder/Schaefer (2012: 89); Bitz/Ewert/Terstege (2018: 113).

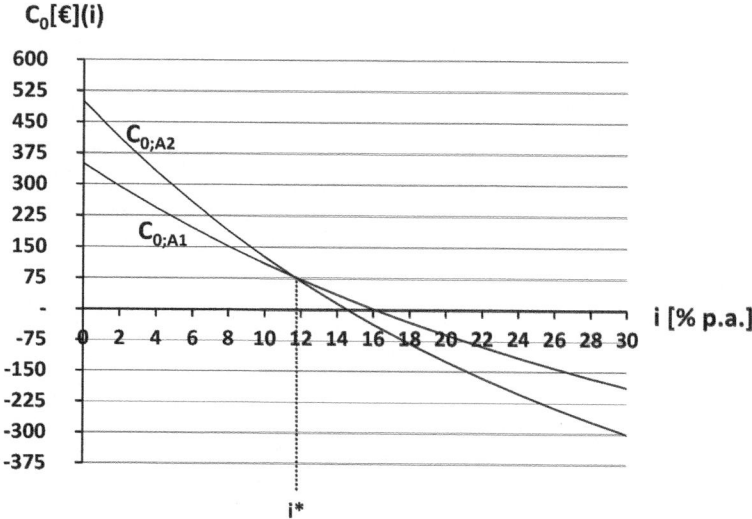

Abb. 3.13: Kapitalwertfunktionen im Bspl. 3.18. Quelle: Eigene Darstellung.

Der kritische Zinssatz kann jedoch immer nur für zwei Alternativen ermittelt werden. Bei m Alternativen existieren demzufolge $\frac{1}{2} \cdot m \cdot (m-1)$ kritische Zinssätze. Inwieweit damit die Entscheidungsfindung erleichtert wird, bleibt – gerade bei großen Alternativenmengen – deshalb offen. Um einer Erklärung für die abweichende Rangfolge und einer möglichen Antwort näher zu kommen, wird das Beispiel 3.18 weitergeführt und genauer untersucht.

Fortführung des Beispiels 3.18:

In der Tab. 3.31 wird die Kapitalbindung analysiert.

Tab. 3.31: Kapitalbindungen und Zahlungen im Bspl. 3.18. Quelle: Eigene Darstellung.

t	KB_t	R_t	$Z_t = KB_{t-1} \cdot i$	$F_t = R_t - Z_t$
\multicolumn{5}{Alternative 1, Zinssatz i = 0,08}				
0	1.000,00	–	–	–
1	480,00	600,00	80,00	520,00
2	218,40	300,00	38,40	261,60
3	85,87	150,00	17,47	132,53
4	$-207,26$	300,00	6,87	293,13
$\sum\limits_{t=1}^{4} KB_{t-1} = 1.784,27$			$\sum\limits_{t=1}^{4} Z_t = 142,74$	$\sum\limits_{t=1}^{4} F_t = 1.207,26$

Weiter auf folgender Seite

Tabelle 3.31 – Fortsetzung

t	KB_t	R_t	$Z_t = KB_{t-1} \cdot i$	$F_t = R_t - Z_t$
		Alternative 2, Zinssatz $i = 0{,}08$		
0	1.000,00	–	–	–
1	905,00	175,00	80,00	95,00
2	802,40	175,00	72,40	102,60
3	316,59	550,00	64,19	485,81
4	−258,08	600,00	25,33	574,67
	$\displaystyle\sum_{t=1}^{4} KB_{t-1} = 3.023{,}39$		$\displaystyle\sum_{t=1}^{4} Z_t = 241{,}92$	$\displaystyle\sum_{t=1}^{4} F_t = 1.258{,}08$

Aus der Tabelle 3.31 wird deutlich, dass Alternative 2 viel länger Kapital bindet und dies in einem größerem Volumen als Alternative 1.

Es wird daran erinnert, dass der interne Zinssatz den **Grenzzinssatz** darstellt, den eine Investitionsmaßnahme (theoretisch) maximal als Kapitalentgelt bedienen kann.[360] Dieser Grenzzinssatz ist vollkommen unabhängig von dem tatsächlichen Zinssatz, der aktuell verwendet wird.

Die Verwendung der IZM zur Bestimmung der **relativen Vorteilhaftigkeit** ist für einen Akteur, der das Ziel der Endwertmaximierung verfolgt, nicht zielführend.[361] Das ist im Merksatz 3.17 festgehalten.

Merksatz 3.17: *Für die Beurteilung der relativen Vorteilhaftigkeit kann für die Interne-Zinssatz-Methode keine Kapitalwertäquivalenz nach Def. 3.22 auf S. 251 festgestellt werden.*

Ein Wechsel der Perspektive zeigt: Es existiert für isoliert durchführbare Investitionen nur ein einziger interner Zins für jede Alternative, der die Kapitalbindung in ebenso einzigartiger Weise definiert. Für jede Alternative existieren jedoch unendlich viele Kapitalwerte. Es ist nicht ersichtlich, warum beide Kriterien zur selben Rangfolge führen sollten.

Die Ermittlung des internen Zinssatzes führt im Zusammenwirken mit den Rückflüssen zu einer genau festgelegten Struktur (Höhe, Verlauf und Dauer) der Kapitalbindung für jede Alternative.[362] Diese genau spezifizierte Kapitalbindung ermöglicht die Freisetzung von exakt der Investitionssumme und ergibt die spezifische Verzinsung des Projektes. Deshalb kann selbst bei Projekten mit identischen Laufzeiten, Investitionssummen und auch Rückflüssen keine Kapitalwertäquivalenz sichergestellt werden. Das liegt im unterschiedlichen Verlauf und somit der Höhe der Kapitalbindung begründet.

---

[360] Vgl. Merksatz 3.11 auf S. 280.

[361] Vgl. Busse von Colbe/Laßmann (1990: 115); Hering (2017: 126–128).

[362] Vgl. Tab. 3.24 auf S. 275.

Folgende Ausnahmefälle sind in der Literatur zu finden, in denen die IZM zur Beurteilung der relativen Vorteilhaftigkeit als geeignet bzw. kapitalwertäquivalent eingeschätzt wird:

- Im Fall sog. schnittpunktfreier Kapitalwertfunktionen kann die IZM eingesetzt werden.[363]. Das sind Kapitalwertfunktionen, die sich bei keinem ökonomisch relevanten Zinssatz schneiden. Dies ist jedoch gleichbedeutend mit **Zeitdominanz**.[364] Im Rahmen einer rationalen Problemlösung ist die gesamte Alternativenmenge in **einem ersten Schritt** auf Zeitdominanz zu untersuchen, um ineffiziente Alternativen zu eliminieren. Sog. schnittpunktfreie Kapitalwertfunktionen können nur beim Vergleich von ineffizienten Alternativen auftreten. Deshalb ist die Existenz solcher Kapitalwertfunktionen ein Indiz für eine mangelhafte Vorprüfung der Alternativenmenge.

- Als weitere Möglichkeit wird die Analyse der Differenzinvestition vorgeschlagen.[365] Wenn diese eine isoliert durchführbare Investition[366] ist, kann sie als eigenständige Investition behandelt werden und es gilt die vorgestellte Entscheidungsregel.[367] Dann kann die Differenzinvestition mit Blick auf die absolute Vorteilhaftigkeit analysiert werden. Dafür muss die Differenzinvestition jedoch die Merkmale der isoliert durchführbaren Investition erfüllen. Außerdem ist dieses Vorgehen sehr umständlich, zumal bei m Alternativen im ersten Schritt $\frac{1}{2} \cdot m \cdot (m-1)$ Paarvergleiche erforderlich sind. Als deren Ergebnis stehen wiederum die internen Zinssätze mehrerer Alternativen, nun aber von den verschiedenen Differenzinvestitionen, zur Auswahl. Das dann erforderliche Procedere bleibt unklar bzw. ist im Vergleich zur KWM stark fehleranfällig.

Diese Fälle werden als überflüssig bzw. nicht durchführbar eingeschätzt. Folgendes ist zu resümieren:

1. Die Frage, auf welche die KWM eine Antwort gibt, lautet: Wie hoch ist bei einem vorgegebenen Zinssatz der Kapitalwert, also der auf $t = 0$ diskontierte Endwert? Der Endwert ist das Ergebnis der Investition nach sämtlichen operativen Auszahlungen, nach Verzinsung des gebundenen Kapitals sowie nach Freisetzung der Investitionssumme. Bei dieser Berechnung ist der zu erwirtschaftende Zinssatz vorgegeben.

2. Die IZM beantwortet jedoch eine andere Frage, nämlich: Welcher Zinssatz führt zu einem Kapitalwert – also zu einem Endwert – von Null? Das ist gleichbedeutend mit der Frage: Welchen Zinssatz kann das Projekt maximal verkraften? Es handelt sich dabei um eine rein hypothetische

---

[363] Vgl. Breuer (2012: 139–141).

[364] Vgl. Def. 3.1 auf S. 169.

[365] Vgl. Def. 3.19 auf S. 244.

[366] Vgl. Def. 3.31 auf S. 286.

[367] Vgl. E.-regel 3.13 auf S. 295 sowie Hax (1993: 41–42); Hering (2017: 127).

Frage bzw. Verzinsung, die nicht als reale Verzinsung interpretiert werden darf.

3.6.3.5.6 Interner Zinssatz und Amortisationsdauer

Als Ergebnis der bisherigen Erörterungen wird die Frage wiederholt,[368] ob die Kapitalwertäquivalenz eine erstrebenswerte Eigenschaft für die IZM ist, denn offensichtlich misst die IZM einen anderen Aspekt von Investitionsprojekten als die KWM. Im Folgenden wird erläutert, welchen Aspekt die IZM abbildet.

Die vorangegangenen Abschnitte hatten gezeigt, dass Projekte mit einer langfristigen und hohen Kapitalbindung tendenziell einen geringeren internen Zinssatz aufweisen im Vergleich zu Projekten mit kurzfristiger, geringvolumiger Kapitalbindung. Offensichtlich liefert der interne Zinssatz Informationen über die **zeitliche Verteilung** der Rückflüsse. Das wird am Beispiel 3.19 gezeigt.

Beispiel 3.19:

Es liegen zwei Investitionsalternativen vor:

$$a_1 : I_0 = 1.000 \, €; R_1 = 600 \, €; R_2 = R_3 = R_4 = 330 \, €$$
$$a_2 : I_0 = 1.000 \, €; R_1 = R_2 = R_3 = 330 \, €; R_4 = 600 \, €$$

Investitionssumme, Nutzungsdauer und Summe der Rückflüsse sind identisch. Die internen Zinssätze ergeben sich mit: $i_{int;a_1} \approx 24,7018\,\%$ und $i_{int;a_2} \approx 19,2541\,\%$. Die Rangfolge lautet demzufolge: $a_1 \succ a_2$. In der Tabelle 3.32 sind die Kapitalbindungen und die Zahlungen bei Verwendung dieser Zinssätze abgebildet. Beide Objekte sind isoliert durchführbare Investitionen nach Def. 3.31 auf S. 286.

Tab. 3.32: Kapitalbindungen und Zahlungen im Bspl. 3.19. Quelle: Eigene Darstellung.

t	KB_t	R_t	$Z_t = KB_{t-1} \cdot i$	$F_t = R_t - Z_t$
\multicolumn{5}{l}{Alternative 1, interner Zinssatz $i_{int;a_1} \approx 0,247018$}
0	1.000,00	–	–	–
1	647,02	600,00	247,02	352,98
2	476,84	330,00	159,82	170,18
3	264,63	330,00	117,79	212,21
4	0,00	330,00	65,37	264,63
$\sum_{t=1}^{4} KB_{t-1} = 2.388,49$		$\sum_{t=1}^{4} Z_t = 590,00$	$\sum_{t=1}^{4} F_t = 1.000,00$	
				Weiter auf folgender Seite

---

[368] Vgl. Abschn. 3.4.2.5 auf S. 249.

Tabelle 3.32 – Fortsetzung

t	KB_t	R_t	$Z_t = KB_{t-1} \cdot i$	$F_t = R_t - Z_t$
\multicolumn{5}{} Alternative 2, interner Zinssatz $i_{int;a_2} \approx 0{,}192541$				
0	1.000,00	–	–	–
1	862,54	330,00	192,54	137,46
2	698,61	330,00	166,07	163,93
3	503,12	330,00	134,51	195,49
4	0,00	600,00	96,88	503,12
$\sum\limits_{t=1}^{4} KB_{t-1} = 3.064{,}27$			$\sum\limits_{t=1}^{4} Z_t = 590{,}00$	$\sum\limits_{t=1}^{4} F_t = 1.000{,}00$

Die Summe der Zinsen ist bei beiden Projekten mit 590,00 € identisch groß. Die Kapitalbindung der Alternative 2 ist jedoch trotz identischer Gesamtsummen von Zinsen und Rückflüssen wesentlich größer als bei Alternative 1.

Der Unterschied zwischen den beiden internen Verzinsungen in diesem Beispiel liegt in der **zeitlichen Verteilung** der Rückflüsse begründet. Diese Struktur bewirkt eine abweichende Kapitalbindung. Ein Kriterium, welches ebenfalls die zeitliche Struktur der Rückflüsse abbildet, ist die **Amortisationsrechnung.**[369] Je geringer diese Amortisationsdauer, umso vorteilhafter ist – c. p. – das Investitionsobjekt. Wie bei der IZM wird die dynamische Amortisationsdauer dadurch ermittelt, dass die Kapitalwertgleichung[370] gleich **Null** gesetzt wird. Der Unterschied besteht darin, dass der Kapitalwert bei der IZM eine Funktion des Zinssatzes ist, bei der dynamischen Amortisationsrechnung hingegen ist er eine Funktion der Zeit. In beiden Fällen jedoch wird dasjenige Argument gesucht, das zu einem Kapitalwert von Null führt. Zum besseren Verständnis wird Beispiel 3.20 entwickelt.

Beispiel 3.20:

Ein Objekt mit einer Investitionsauszahlung von 4.000,00 € erwirtschaftet für einen Zeitraum von sechs Jahren jährlich Rückflüsse in Höhe von 1.000,00 €. Der Kalkulationszinssatz beträgt 5,00% jährlich. Die dynamische Amortisationsdauer ergibt sich auf Basis von Def. 3.25 auf S. 256 wie folgt:

$$t_{a\,dyn} = \frac{-ln\left(1 - \dfrac{I_0 \cdot i}{R}\right)}{ln\ q}$$

$$= \frac{-ln\left(1 - \dfrac{4.000{,}00\,€ \cdot 0{,}05}{1.000{,}00\,€}\right)}{ln\ 1{,}05}$$

$$\approx 4{,}57$$

---

[369] Vgl. Abschn. 3.4.4 auf S. 255.

[370] Vgl. Def. 3.16 auf S. 236.

Demzufolge amortisiert sich das Objekt im Laufe des fünften Jahres. In der Tab. 3.33 ist – ergänzend zur Darstellung der Kapitalbindung – die Entwicklung des Kapitalwertes als Funktion der Zeit $C_0(t)$ abgebildet. Diese tabellarische Darstellung zeigt den Übergang von einem negativen zu einem positiven Kapitalwert im Verlauf des fünften Jahres. Ebenfalls wird deutlich, dass in diesem Jahr die Kapitalbindung erstmals negativ wird, d. h. es entstehen überschüssige Mittel. Das ist eine logische Konsequenz aus der Amortisation der Mittel. Die Investitionssumme ist vollständig freigesetzt, darüber hinausgehende Mittel sind ab diesem Zeitpunkt frei verfügbar.

Tab. 3.33: Verlauf von Kapitalbindung und Kapitalwert im Bspl. 3.20. Quelle: Eigene Darstellung.

t	KB_t	R_t	$Z_t = KB_{t-1} \cdot i$	$F_t = R_t - Z_t$	$R_t \cdot q^{-t}$	$C_0(t)$
			Kalkulationszinssatz $i_{kalk} = 0\,05$			
0	4.000,00	–	–	–	–	−4.000,00
1	3.200,00	1.000,00	200,00	800,00	952,38	−3.047,62
2	2.360,00	1.000,00	160,00	840,00	907,03	−2.140,59
3	1.478,00	1.000,00	118,00	882,00	863,84	−1.276,75
4	551,90	1.000,00	73,90	926,10	822,70	−454,05
5	−420,51	1.000,00	27,60	972,40	783,53	329,48
6	−1.441,53	1.000,00	−21,03	1.021,03	746,21	1.075,69

Am Ende der Nutzungsdauer beträgt die Kapitalbindung $KB_N = -1.441,53\,€$, was einem Endwert von $EW_N = 1.441,53\,€$ entspricht. Daraus ergibt sich der Kapitalwert mit: $C_0 = EW_N \cdot q^{-N} = 1.441,53\,€ \cdot 1,05^{-6} = 1.075,69\,€$. Dieser Wert für $C_0(6)$ findet sich in der letzten Zeile der Tabelle.

Der soeben skizzierte Zusammenhang zwischen Amortisationsdauer und Kapitalbindung ergibt sich aus der definitionslogischen Beziehung dieser Größen. Solange Kapital in dem Projekt gebunden ist, kann es nicht amortisiert sein. Wenn die Investitionssumme freigesetzt ist (wenn die Kapitalbindung also nicht mehr positiv ist), ist die Investitionssumme amortisiert. Sehr anschaulich wird dieser Zusammenhang, wenn der Extremfall eines Kalkulationszinssatzes von Null verwendet wird. Dies schildert die Variation des Beispiels 3.20.

Variation des Beispiels 3.20:

Für das Objekt mit einer Investitionsauszahlung von 4.000,00 € sowie einer Nutzungsdauer von sechs Jahren mit jährlichen Rückflüsse in Höhe von 1.000,00 € wird nun ein Kalkulationszinssatz von Null angewendet. In der Tab. 3.34 ist der daraus resultierende Verlauf der Kapitalbindung und des Kapitalwertes abgebildet.

Tab. 3.34: Verlauf von Kapitalbindung und Kapitalwert im Bspl. 3.20. Quelle: Eigene Darstellung.

t	KB_t	R_t	$Z_t = KB_{t-1} \cdot i$	$F_t = R_t - Z_t$	$R_t \cdot q^{-t}$	$C_0(t)$
			Kalkulationszinssatz $i_{kalk} = 0{,}00$			
0	4.000,00	–	–	–	–	$-4.000{,}00$
1	3.000,00	1.000,00	0,00	1.000,00	1.000,00	$-3.000{,}00$
2	2.000,00	1.000,00	0,00	1.000,00	1.000,00	$-2.000{,}00$
3	1.000,00	1.000,00	0,00	1.000,00	1.000,00	$-1.000{,}00$
4	0,00	1.000,00	0,00	1.000,00	1.000,00	0,00
5	$-1.000{,}00$	1.000,00	0,00	1.000,00	1.000,00	1.000,00
6	$-2.000{,}00$	1.000,00	0,00	1.000,00	1.000,00	2.000,00

Kapitalbindung und Kapitalwert verlaufen spiegelbildlich. Im Jahr $t = 4$ ist der Amortisationszeitpunkt, da $C_0(4) = 0$ € und die Kapitalbindung ist ebenfalls auf Null gesunken, da $KB_4 = 0$ €. Nun stellt sich die Frage nach der Relation von internem Zins und Amortisationsdauer. Für eine Antwort wird das Beispiel 3.20 wieder aufgenommen.

Fortführung des Beispiels 3.20:

In einem nächsten Schritt wird der interne Zinssatz für das Objekt ermittelt. Dieser beträgt 12,9780 %. Die damit verbundene Entwicklung von Kapitalbindung und Kapitalwert als Funktion der Zeit ist in der Tab. 3.35 zu sehen.

Tab. 3.35: Verlauf von Kapitalbindung und Kapitalwert im Bspl. 3.20. Quelle: Eigene Darstellung.

t	KB_t	R_t	$Z_t = KB_{t-1} \cdot i$	$F_t = R_t - Z_t$	$R_t \cdot q^{-t}$	$C_0(t)$
			InternerZinssatz $i_{int} = 0{,}129780$			
0	4.000,00	–	–	–	–	$-4.000{,}00$
1	3.519,12	1.000,00	519,12	480,88	885,13	$-3.114{,}87$
2	2.975,83	1.000,00	456,71	543,29	783,45	$-2.331{,}42$
3	2.362,03	1.000,00	386,20	613,80	693,46	$-1.637{,}97$
4	1.668,58	1.000,00	306,54	693,46	613,80	$-1.024{,}17$
5	885,13	1.000,00	216,55	783,45	543,29	$-480{,}88$
6	0,00	1.000,00	114,87	885,13	480,88	0,00

Es wird deutlich, dass es sich um eine isoliert durchführbare Investition nach Def. 3.31 auf S. 286 handelt, da nun zu keinem Zeitpunkt negatives gebundenes Kapital existiert. Aus Tab. 3.35 ist erkennbar, dass sich der Amortisationszeitpunkt exakt am Ende der Nutzungsdauer befindet. Zu diesem Zeitpunkt betragen Kapitalbindung und Kapitalwert Null. Zur Demonstration des Zusammenhanges wird die Formel zur Ermittlung der Amortisationsdauer herangezogen:[371]

$$t_{a\,dyn} = \frac{-\ln\left(1 - \dfrac{I_0 \cdot i}{R}\right)}{\ln q}$$

$$t_{a\,dyn}(i_{int}) = \frac{-\ln\left(1 - \dfrac{4.000{,}00\,€ \cdot 0{,}129780}{1.000{,}00\,€}\right)}{\ln 1{,}129780}$$

$$= 6.$$

---

[371] Vgl. Def. 3.25 auf S. 256.

Die Entwicklung der dynamischen Amortisationsdauer und des Kapitalwertes als Funktion des Zinssatzes ist in der Abbildung 3.14 zu sehen. Darin ist die Kapitalwertfunktion auf der Primärachse und die Funktion der Amortisation auf der Sekundärachse abgetragen.

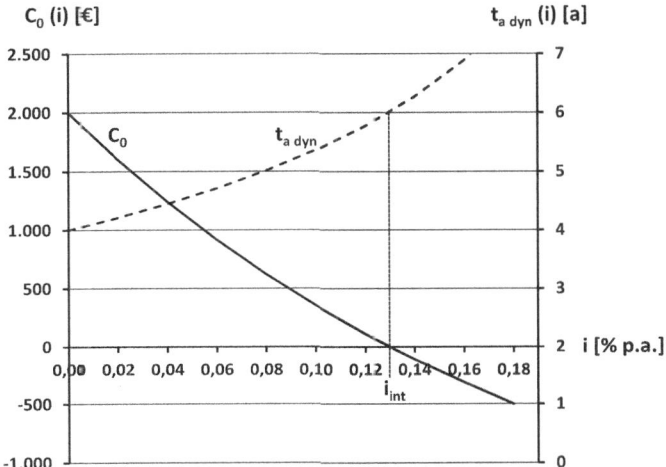

Abb. 3.14: Kapitalwert und dynamische Amortisationsdauer als Funktion des Zinssatzes. Quelle: Eigene Darstellung.

Aus der Abb. 3.14 wird deutlich, dass der interne Zinssatz zu einem Kapitalwert von Null führt und gleichzeitig dafür sorgt, dass die Amortisationsdauer exakt der Nutzungsdauer entspricht.

Der interne Zinssatz führt offensichtlich dazu, dass die Amortisationsdauer exakt auf das Ende der Nutzungsdauer $t = N$ fällt. Das ist vor dem Hintergrund der oben geschilderten Zusammenhänge erklärbar und definitionslogisch zwingend, da der interne Zinssatz am Ende der Laufzeit zu einer Kapitalbindung von Null führt.[372] Diese Relation von internem Zinssatz und Amortisationsdauer wird im Merksatz 3.18 festgehalten.

Merksatz 3.18: *Der interne Zinssatz ist derjenige Zinssatz, bei dessen Verwendung dynamische Amortisationsdauer und Nutzungsdauer identisch sind. Es gilt:* $t_{a\,dyn}(i_{int}) \overset{!}{=} N$.

Es wird darauf hingewiesen, dass Merksatz 3.18 nur für isoliert durchführbare Investition gilt, da nur für diese eine nicht-negative Kapitalbindung gesichert ist.[373] Der Informationsgehalt von IZM und Amortisationsrechnung ist dem-

---

[372] Vgl. Merksatz 3.11 auf S. 280 und Merksatz 3.15 auf S. 290.

[373] Vgl. Def. 3.31 auf S. 286.

zufolge ähnlich, jedoch sind die verwendeten Blickwinkel und Maßeinheiten unterschiedlich:

- Die Amortisationsrechnung bildet die Struktur der Rückflüsse in absoluten Werten auf der Zeitebene ab. Der Zinssatz ist **fixiert**, gesucht ist der minimale Zeitraum der Amortisation. Zur Ermittlung der absoluten Vorteilhaftigkeit wird die ermittelte Amortisationsdauer mit einem vorgegebenen Wert (z. B. der technischen Lebensdauer) verglichen.
- Bei der IZM wird das Jahr der Amortisation auf $t = N$ **fixiert**. Im Anschluss wird derjenige maximale Zinssatz gesucht, der dafür sorgt, dass dieser Amortisationszeitpunkt erreicht wird. Zur Ermittlung der absoluten Vorteilhaftigkeit wird der ermittelte interne Zinssatz mit einem vorgegebenen Wert – dem Kalkulationszinssatz – verglichen.

Der relative Vorteilhaftigkeitsvergleich mittels IZM und dynamischer Amortisationsrechnung führt deshalb – bei Identität der Nutzungsdauern – zu **identischen** Reihenfolgen der Alternativen (vgl. Merksatz 3.19).[374]

Merksatz 3.19: *Bei der Beurteilung der relativen Vorteilhaftigkeit von isoliert durchführbaren Investitionen (vgl. Def. 3.31 auf S. 286) mit identischen Nutzungsdauern führen die IZM und die Amortisationsrechnung zu identischen Reihenfolgen.*

Objekte, bei denen hohe Rückflüsse früher auftreten, haben tendenziell eine geringere Amortisationsdauer. Gleichzeitig sinkt bei diesen Objekten die Kapitalbindung. Das führt zu einer Erhöhung des internen Zinssatzes.

3.6.3.5.7 Resümee zum internen Zinssatz von Investitionen

Die bisherigen Ergebnisse sind im Merksatz 3.20 zusammengefasst.

Merksatz 3.20: *Der interne Zinssatz einer isoliert durchführbaren Investition (vgl. Def. 3.31 auf S. 286) ist derjenige Zinssatz, der:*

- *zu einem Kapitalwert von Null: $C_0(i_{int}) \overset{!}{=} 0$,*
- *zu einem Endwert von Null: $EW_N(i_{int}) \overset{!}{=} 0$,*
- *am Ende der Nutzungsdauer zur Kapitalbindung von Null: $KB_N(i_{int}) \overset{!}{=} 0$ sowie*
- *zur Identität von dynamischer Amortisationsdauer und Nutzungsdauer: $t_{a\,dyn}(i_{int}) \overset{!}{=} N$*

führt.

---

[374] Vgl. Busse von Colbe/Laßmann (1990: 124–125).

Bei der Beurteilung der absoluten Vorteilhaftigkeit ist Kapitalwertadäquanz nur für isoliert durchführbare Investitionen nach Def. 3.31 gesichert. Kapitalwertadäquanz zur Beurteilung der relativen Vorteilhaftigkeit[375] ist selbst für diese Klasse von Investitionen nicht erfüllt.

Der interne Zinssatz gibt an, wie sich das gebundene Kapital verzinst, wenn die Rückflüsse exakt die Investitionssumme freisetzen, so dass $KB_N = 0$. Deshalb verkörpert der interne Zins keine reale Verzinsung, sondern stellt den **Grenzzinssatz** dar, den die Investitionsmaßnahme maximal als Kapitalentgelt bedienen kann. Das Investitionsobjekt wird quasi fiktional im Sinne einer Worst-case-Analyse betrachtet. Es wird ermittelt, bis zu welchem Wert der für die Kapitalaufnahme zu entrichtende Zinssatz maximal steigen darf, damit das Objekt noch absolut vorteilhaft ist. Dieser Zinssatz wird primär durch die Kapitalbindung und somit durch die Struktur der Rückflüsse beeinflusst. Dieser hypothetische Grenzzinssatz hat jedoch keinen inhaltlich-realen Bezug zu dem Kalkulationszinssatz, der zur Ermittlung des Kapitalwertes verwendet wird. Deshalb kann keine Kapitalwertadäquanz zur Beurteilung der relativen Vorteilhaftigkeit erreicht werden.

Ebenso wenig stellt der interne Zinssatz eine endwertbezogene Rentabilität dar, da er ja zu einem Endwert von Null führt. Davon ausgenommen ist der Fall, wenn der Endwert bei Verwendung des Kalkulationszinssatzes i_{kalk} ohnehin den Wert Null aufweist, also wenn $i_{kalk} = i_{int}$. Die endwertbezogene Rentabilität ist dann jedoch Null, da der Endwert ebenfalls Null ist.

Die IZM liefert Informationen für isoliert durchführbare Investitionen, die für die Beurteilung der Vorteilhaftigkeit eines Objektes hilfreich sein können. Bei den Erläuterungen zur Amortisationsdauer wurde darauf hingewiesen, dass dieses Präferenzfunktional bestenfalls als ergänzendes Kriterium eingesetzt werden soll. Die IZM wird ähnlich eingeschätzt und kann **ergänzend** zur KWM eingesetzt werden, um Informationen zur zeitlichen Struktur der Rückflüsse zu erhalten. Diese Informationen sind jedoch vor dem Hintergrund der bisherigen Ausführungen zu interpretieren.

3.6.3.6 Interner Zinssatz von Finanzierungen

Die IZM ist neben der Bewertung von Investitionen auch zur Bewertung von Finanzierungen anwendbar. Der Entscheidungsträger steht oft vor der Wahl zwischen verschiedenen Finanzierungsangeboten. Um diese miteinander vergleichen zu können, bietet sich der **Effektivzins** an. Auf diese Weise können die unterschiedlichen Konditionen berücksichtigt werden. Zum Schutz von Verbrauchern sind Kreditinstitute entsprechend der Preisangabenverordnung (PAngV) gegenüber Privatkunden verpflichtet, den Effektivzinssatz anzuge-

---

[375] Vgl. Def. 3.22 auf S. 251.

ben,[376] nicht jedoch gegenüber anderen Kundengruppen. Dieser ist nichts anderes als der interne Zinssatz der jeweiligen Zahlungsreihe. Aus diesen Gründen werden die Grundlagen der Ermittlung des Effektivzinses nun kurz vorgestellt:[377]

- Die ursprüngliche Nominalsumme des Kredites wird mit U bezeichnet. Diese kann von der tatsächlich ausgezahlten Kreditsumme K_0 abweichen. Zur Ermittlung des Effektivzinses sind sämtliche **Kosten**, die dem Kunden entstehen, zu berücksichtigen. Dazu zählen z. B. Gebühren und Disagio. Auf diese Weise wird die im Zeitpunkt $t = 0$ an den Kunden ausgezahlte, tatsächliche Kreditsumme K_0 ermittelt.

- Das einfachste Problem ist der **Zwei-Zahlungs-Fall**. Es wird eine Summe K_0 ausgezahlt und nach $t = N$ Jahren die Rückzahlung inklusive Zinsen in einer Summe R_N vorgenommen. Aus den grundlegenden Darstellungen der Finanzmathematik kann der Zinssatz wie folgt ermittelt werden:

$$K_0 = R_N(1 + i)^{-N}$$

$$i_{eff} = \sqrt[N]{\frac{R_N}{K_0}} - 1$$

- In der Regel erfolgt die Rückzahlung jedoch über mehrere Jahre, weshalb dem Kreditbetrag K_0 die Summe aller **diskontierten Rückzahlungen** – bestehend aus Zins und Tilgung – R_t gegenübergestellt wird, die der Kunde während der **gesamten Laufzeit** an das Kreditinstitut oder andere Gläubiger leistet. Die Grundgleichung für die Summe S_0 dieser Zahlungsreihe lautet:

$$S_0 = -K_0 + \sum_{t=0}^{N} R_t \cdot (1 + i)^{-t}$$

Der effektive Zinssatz i_{eff} ist derjenige Zinssatz, bei dessen Verwendung der erhaltene (also tatsächlich ausgezahlte) Kreditbetrag ebenso groß ist, wie die Summe sämtlicher diskontierter Rückzahlungen an die Gläubiger während der Laufzeit. Beim effektiven Zinssatz handelt es sich also um den **internen Zinssatz** der Zahlungsreihe. Gesucht sind die Nullstellen dieser Funktion. Es muss also gelten:

$$S_0 \stackrel{!}{=} 0$$

$$0 \stackrel{!}{=} -K_0 + \sum_{t=0}^{N} R_t \cdot (1 + i_{eff})^{-t}$$

Die Situation ist identisch mit dem Internen-Zinssatz-Problem.

---

[376] Vgl. § 6 PAngV (2017).
[377] Vgl. Pape (2018: 171–172).

Beispiel 3.21:

Ein Unternehmen benötigt 30.000 € für 5 Jahre als Darlehen und kann zwischen den folgenden Alternativen entscheiden: Entweder ein Kredit, der zu 100 % ausgezahlt wird und einen Nominalzinssatz von 5 %p. a. aufweist oder einen anderen Kredit, der zu lediglich 95% ausgezahlt wird und mit einem Nominalzinssatz von 4,50 % p. a. ausgestattet ist. Beide Kredite werden jeweils einmal jährlich zum Jahresende mit Zins und Tilgung bedient. Gesucht ist das vorteilhafte Angebot. Für einen Vergleich muss der effektive Kreditzins i_{eff} der zweiten Alternative ermittelt werden. Die Annuität auf den ursprünglichen Kreditbetrag U folgt aus Def. 3.23 mit:

$$An = U \frac{(q-1) \cdot q^N}{q^N - 1}$$

$$= 30.000 \, € \cdot \frac{(1{,}045 - 1) \cdot 1{,}045^5}{1{,}045^5 - 1}$$

$$= 6.833{,}75 \, €$$

Damit kann die Bestimmungsgleichung aufgestellt werden:

$$30.000 \, € \cdot 0{,}95 \overset{!}{=} \sum_{t=0}^{N} 6.833{,}75 \, €_t \cdot (1 + i_{eff})^{-t}$$

Lösung mit dem Newton-Verfahren oder der Regula falsi ergibt den effektiven Jahres-Zinssatz von $i_{eff} \approx 6{,}37\%$. Dieser ist größer als der Zinssatz des ersten Angebotes, weshalb der erste Kredit zu bevorzugen ist.

Interessanterweise ist die IZM bei der Bewertung von Finanzierungen etabliert und nicht so umstritten, wie bei der Investitionsbewertung.[378] Das ist darin begründet, dass eine Finanzierung i. d. R. – wenn auch mit vertauschten Vorzeichen – die Eigenschaften einer Normalinvestition erfüllt.[379] Damit treten die für Investitionen spezifischen Probleme bei der Finanzierungsbewertung nicht auf.

---

[378] Vgl. Perridon/Steiner/Rathgeber (2017: 201–202); Kruschwitz/Lorenz (2019a: 96).
[379] Vgl. Def. 3.30 auf S. 281.

3.6.4 Alternative Verzinsungsmaße

3.6.4.1 Baldwin-Methode

3.6.4.1.1 Beschreibung und Definition

Die modifizierte interne Zinssatzmethode, auch als **BALDWIN-Methode** bzw. *Modified Internal Rate of Return (MIRR)* bezeichnet, wurde 1959 von BALDWIN vorgeschlagen.[380] Einführend wird das Verfahren in der einfachsten Variante erläutert. Ausgangspunkt ist der Vergleich des Endwertes der Rückflüsse mit dem Endwert der Alternativanlage der Investitionssumme I_0. Dabei wird davon ausgegangen, dass die jährlichen Einzahlungsüberschüsse R_t im Unternehmen zum Zinssatz i_U reinvestiert werden können. Dieses Gedankenexperiment führt zu folgender Darstellung:

$$Endwert\ der\ Anlage$$

$$der\ Investitionsauszahlung \overset{!}{=} Endwert\ sämtlicher\ Rückflüsse$$

$$I_0 \cdot (1 + r_B)^N \overset{!}{=} \sum_{t=1}^{N} R_t \cdot (1 + i_U)^{N-t}$$

$$r_B = \sqrt[N]{\frac{\sum_{t=1}^{N} R_t \cdot (1 + i_U)^{N-t}}{I_0}} - 1$$

In diesem Fall ist der BALDWIN-Zinssatz r_B derjenige Zins, bei dessen Verwendung zur Diskontierung des **Endwertes der Rückflüsse** dieser Barwert dieselbe Höhe aufweist wie die Investitionsauszahlung. Wenn es also gelingt, mit den Rückflüssen der Investition über die gesamte Nutzungsdauer eine Periodenrendite von i_U zu erwirtschaften, ergibt sich ein Endwert, den der Akteur erhalten hätte, wenn er I_0 nicht investiert, sondern statt dessen zum Zinssatz r_B angelegt hätte. Mit dieser Vorgehensweise wird ein Manko der KWM, nämlich die **Wiederanlageprämisse** behoben bzw. umgangen, da die Rückflüsse nicht mehr zum einheitlichen Marktzinssatz i_{kalk}, sondern zum spezifischen Unternehmenszinssatz i_U reinvestiert werden. Genau genommen wird die Prämisse der Wiederanlage zum Kalkulationszinssatz ersetzt durch die Prämisse der Wiederanlage zum Unternehmenszinssatz. Die resultierende Verzinsung, also der BALDWIN-Zins ist demzufolge abhängig von der Unternehmensverzinsung. Damit ergibt sich die Definition 3.33.[381]

---

[380] Vgl. Baldwin (1959). Interessanterweise stellt BALDWIN seine Methode rein verbal und anhand von Beispielen, jedoch ohne Formeln vor.

[381] Vgl. Busse von Colbe/Laßmann (1990: 119); Hax (1993: 30); Hering (2017: 132.)

Definition 3.33: *Die Rentabilität nach* BALDWIN *r_B in der einfachen Form wird ermittelt durch:*

$$r_B\left(i_U\right) = \sqrt[N]{\frac{\displaystyle\sum_{t=1}^{N} R_t \cdot \left(1 + i_U\right)^{N-t}}{I_0}} - 1$$

Definition 3.33 ähnelt stark der endwertbezogenen Rentabilität, die wie folgt formuliert wurde:[382]

$$r = \sqrt[N]{\frac{EW_N}{I_0}} - 1$$

Diese Ähnlichkeit ist inhaltlich begründet, da es sich beim BALDWIN-Zins um eine **endwertbezogene Rentabilität** handelt.[383] Dies wird im Merksatz 3.21 hervorgehoben.

Merksatz 3.21: *Der Baldwin-Zins ist die – durch den spezifischen Unternehmenszinssatz i_U induzierte – **endwertbezogene Rentabilität** des Objektes.*

Die Rentabilität nach Def. 3.33 wird auch als *realer Zinssatz* bezeichnet.[384] Beispiel 3.9 wird zur Demonstration wieder aufgegriffen und als Beispiel 3.22 fortgeführt.

Beispiel 3.22:

Es liegen folgende Investitionsalternativen vor:

$$a_1 : I_0 = 1.000 \text{ €}; R_1 = R_2 = R_3 = R_4 = 330 \text{ €}$$
$$a_2 : I_0 = 1.000 \text{ €}; R_1 = R_2 = 600 \text{ €}$$

Der Kalkulationszinssatz beträgt 8,00 %. Damit ergeben sich folgende Ergebnisse: $C_{0;a_1} = 93,00$ € und $C_{0;a_2} = 69,96$ €, die Rangfolge lautet: $a_1 \succ a_2$. Beide Alternativen sind absolut vorteilhaft. Nach dem Kapitalwertkriterium wird die relative Vorteilhaftigkeit der Alternative 1 geschlussfolgert. Die internen Zinssätze ergeben sich mit: $i_{int;a_1} = 12,11\,\%$ und $i_{int;a_2} = 13,066\,\%$.

Demnach ist die Alternative 2 relativ vorteilhaft. Dieses Ergebnis widerspricht dem Resultat des Vorteilhaftigkeitsvergleiches auf Basis des Kapitalwertkriteriums. Jedoch wurde bei der bereits durchgeführten Analyse gezeigt,[385] dass diese Kapitalwerte nicht unbedingt verwendet werden sollten, da sich die Laufzeiten unterscheiden. Anders ausgedrückt: Wenn dieses Ergebnis verwendet wird, wird gleichzeitig eine Ergänzungsinvestition bei Alternative 2 zum einzigen Kapitalmarktzins unterstellt.[386] Der Kapitalwert

---

[382] Vgl. Def. 3.11 auf S. 214.

[383] Vgl. Kruschwitz/Lorenz (2019b: 12).

[384] Vgl. Hering (2017: 133).

[385] Vgl. Bspl. 3.9 auf S. 241.

[386] Vgl. Tab. 3.16 auf S. 242.

dieser Ergänzungsinvestition ist Null. Wird für Alternative 2 jedoch eine einmalige Wiederholung der Investition im Unternehmen unterstellt, so dass bei beiden Alternativen die Mittel über vier Jahre im Unternehmen investiert werden, ergibt sich der Kapitalwert in Höhe von $C_{0;A_2;K} = 69,96\,€ + 69,96\,€ \cdot q^{-2} = 129,94\,€$. Nun ist Alternative 2 auch bei Verwendung des Kapitalwertkriteriums vorteilhaft, womit Kapitalwertäquivalenz des internen Zinssatzes erreicht wird.

Für Alternative 1 ergibt sich eine Verzinsung nach der BALDWIN*-Methode wie folgt:*

$$r_B = \sqrt[N]{\frac{\sum_{t=1}^{N} R_t \cdot q^{N-t}}{I_0}} - 1$$

$$= \sqrt[4]{\frac{330\,€ \cdot 1,08^3 + 330\,€ \cdot 1,08^2 + 330\,€ \cdot 1,08 + 330\,€}{1.000\,€}} - 1$$

$$r_{B;1} \approx 10,43\%.$$

Für Alternative 2 ergibt sich:

$$r_{B;2} = \sqrt[2]{\frac{600\,€ \cdot 1,08 + 600\,€}{1.000\,€}} - 1$$

$$\approx 11,71\%.$$

*Damit sind beide Alternativen absolut vorteilhaft, da diese Verzinsungen höher sind als der Kalkulationszinssatz. Alternative 2 ist nach diesem Kriterium relativ vorteilhafter als Alternative 1. Diese Rangordnung entspricht der Präferenzfolge nach dem Kapitalwertkriterium bei Bildung von **identischen Betrachtungszeiträumen**. Für den Fall abweichender Zeiträume, also bei lediglich einmaliger Investition von Alternative 2, führt die Verwendung der* BALDWIN*-Methode bei der Beurteilung der relativen Vorteilhaftigkeit zu einem Widerspruch im Vergleich zur KWM.*

Eine andere Renditekennzahl – die VoFi-Eigenkapital-Rentabilität – ist prinzipiell ähnlich aufgebaut und wird an anderer Stelle vorgestellt.[387] In der obigen Darstellung wird mit dem Faktor i_U eine unternehmensspezifische Rentabilität verwendet.[388] In einer Reihe von Quellen wird der Marktzinssatz i_{kalk} eingesetzt.[389] In diesem Fall wird der **vollkommene Kapitalmarkt** impliziert, was nicht der Ursprungsidee entspricht.

Verallgemeinert werden kann die oben beschriebene einfache Version der BALDWIN-Rentabilität durch die Berücksichtigung nicht nur einer Investitionsauszahlung, sondern mehrerer Auszahlungen I_t. Zusätzlich dazu kann für die Diskontierung der Investition ein weiterer Zinssatz, nämlich der Kapitalkostensatz i_F verwendet werden. Diese Variante wird in Def. 3.34 definiert.[390]

---

[387] Vgl. Def. 3.26 auf S. 263.

[388] Vgl. Busse von Colbe/Laßmann (1990: 118); Schäfer (2005: 165); Kruschwitz/Lorenz (2019b: 12).

[389] Vgl. Hax (1993: 30); Hering (2017: 131–132.)

[390] Vgl. Kruschwitz/Lorenz (2019a: 99).

Definition 3.34: *Die Rentabilität nach* BALDWIN r_B *in allgemeiner Form wird ermittelt durch:*

$$r_B\left(i_U, i_F\right) = \sqrt[N]{\dfrac{\displaystyle\sum_{t=1}^{N} R_t \cdot (1+i_U)^{N-t}}{\displaystyle\sum_{t=0}^{N} I_t \cdot (1+i_F)^{-t}}} - 1$$

Um in diesem Fall die Verzinsung zu ermitteln, müssen – neben den Rückflüssen – sämtliche mit dem Investitionsprojekt verbundenen Investitions- und Desinvestitionszahlungen berücksichtigt werden. Mit Blick auf die verwendeten Zahlungsgrößen bestehen einige Unklarheiten da die Ausführungen von BALDWIN im Original zu Missverständnissen führen.[391]

3.6.4.1.2 Einordnung

Streng genommen ist die Bezeichnung der BALDWIN-Rentabilität als *Modifizierte Interne-Zinssatz-Methode* bzw. *Modified Internal Rate of Return* irreführend. Es wurde gezeigt, dass es sich nicht um einen internen Zins, sondern vielmehr um eine endwertbezogene Rentabilität handelt.[392] Die IZM hingegen führt ja bekanntermaßen zu einem Endwert von Null.[393] Das ist jedoch nicht das Ziel und der Weg der BALDWIN-Rentabilität.

Als **Vorteil** des Verfahrens kann die relativ einfache Berechnungsweise erwähnt werden. Es existieren keine Berechnungsprobleme, wie bei der IZM. Bei der Beurteilung der absoluten Vorteilhaftigkeit führen die KWM und die BALDWIN-Methode zu äquivalenten Rangfolgen. Das lässt sich folgendermaßen zeigen:[394]

$$r_B = \sqrt[N]{\dfrac{\displaystyle\sum_{t=1}^{N} R_t \cdot q^{N-t}}{I_0}} - 1$$

$$= \sqrt[N]{\dfrac{q^N \cdot \displaystyle\sum_{t=1}^{N} R_t \cdot q^{-t}}{I_0}} - 1$$

---

[391] Vgl. Blohm/Lüder/Schaefer (2012: 101); Kruschwitz/Lorenz (2019b: 13–14). Die Differenzierung von Auszahlungen durch BALDWIN ist frühzeitig als *"... wenig glücklich..."* eingestuft worden. Altrogge (1973: 670).

[392] Vgl. Merksatz 3.21 auf S. 311.

[393] Vgl. Merksatz 3.11 auf S. 280.

[394] Vgl. Altrogge (1973: 671); Hering (2017: 132–133); Kruschwitz/Lorenz (2019a: 101).

$$= q \cdot \sqrt[N]{\frac{\sum_{t=1}^{N} R_t \cdot q^{-t}}{I_0}} - 1$$

$$= q \cdot \sqrt[N]{\frac{\sum_{t=1}^{N} R_t \cdot q^{-t}}{I_0} - \frac{I_0}{I_0} + 1} - 1$$

$$= q \cdot \sqrt[N]{\frac{\sum_{t=1}^{N} R_t \cdot q^{-t} - I_0}{I_0} + 1} - 1$$

$$= q \cdot \sqrt[N]{\frac{C_0}{I_0} + 1} - 1$$

$$1 + r_B = q \cdot \sqrt[N]{\frac{C_0}{I_0} + 1}$$

Mit $q = 1 + i_{kalk}$ folgt:

$$\frac{1 + r_B}{1 + i_{kalk}} = \sqrt[N]{\frac{C_0}{I_0} + 1}$$

Wenn $r_B > i_{kalk}$, folgt:

$$\frac{1 + r_B}{1 + i_{kalk}} > 1 \Leftrightarrow \sqrt[N]{\frac{C_0}{I_0} + 1} > 1$$

Damit wird geschlussfolgert:

$$\sqrt[N]{\frac{C_0}{I_0} + 1} > 1 \Leftrightarrow C_0 > 0$$

Das wird im Merksatz 3.22 zusammengefasst.

Merksatz 3.22: *Zwischen Kapitalwert und* BALDWIN-*Zinssatz besteht zur Beurteilung der absoluten Vorteilhaftigkeit folgende Relation:*

$$C_0 \quad \begin{matrix} > \\ = \\ < \end{matrix} \quad 0 \quad \Leftrightarrow \quad r_B \quad \begin{matrix} > \\ = \\ < \end{matrix} \quad i_{kalk}$$

Dieser Zusammenhang ist sowohl beim traditionellen internen Zins,[395] beim MAGNI-Zins,[396] als auch bei wertorientierten Rentabilitätsgrößen wiederzufinden, wie z. B. beim Cashflow Return on Investment.[397] Die Methode kann zur Beurteilung der **absoluten Vorteilhaftigkeit** ohne Einschränkung empfohlen werden (vgl. E.-regel 3.14).

---

[395] Vgl. S. 295.

[396] Vgl. Merksatz 3.24 auf S. 325.

[397] Vgl. Merksatz 4.6 auf S. 453.

Entscheidungsregel 3.14: *Bei Einsatz des* BALDWIN-*Zinssatzes ist eine Alternative $a \in A$ absolut vorteilhaft, wenn gilt:*

$$r_B(a) \geq i_{kalk}(a).$$

Die obige Formulierung stellt den Bezug zur Kapitalwertrate[398] wie folgt her:[399]

$$r_B = q \cdot \sqrt[N]{\frac{C_0}{I_0} + 1} - 1$$
$$= q \cdot \sqrt[N]{KWR + 1} - 1$$

Die BALDWIN-Verzinsung ist demnach – bei identischen Werten N und I_0 – eine monotone Transformation der Kapitalwertrate und demzufolge des Kapitalwertes selbst. Wird r_B als Präferenzfunktional interpretiert, so kann es nur dann kapitalwertäquivalent sein,[400] wenn für die Transformation von zwei verschiedenen Kapitalwerten dieselben Faktoren N und I_0 verwendet werden.

In den bisherigen Erläuterungen wurde gezeigt, welche Annahmen im Umgang mit Differenzen in Bezug auf N und I_0 möglich sind.[401] Das Beispiel 3.22 zeigte deutlich, dass die Rangfolgen zwischen den Projekten nur dann abweichen, wenn für die Ergänzungsinvestition der Alternative 2 von $t = 2$ bis $t = 4$ eine Anlage zum Kalkulationszinssatz am Markt erfolgt. Die Rentabilitäts-Rechnung nach BALDWIN legt diese Interpretation offen. Ebenso wie bei der Verwendung des Kapitalwertes selbst, erscheint es aus unternehmerischer Sicht plausibler, von einer Investition der Differenzmittel im Unternehmen anstatt am Kapitalmarkt auszugehen. Aus dem Beispiel 3.22 kann jedoch kein allgemeingültiges Vorgehen auf Basis identischer Investitionsketten abgeleitet werden. Dies wird am Beispiel 3.23 demonstriert.[402]

Beispiel 3.23: *Es stehen zwei Alternativen mit folgenden Daten zur Auswahl:*

$$a_1 : I_0 = 9 \text{ €}; \sum_{t=1}^{N} R_t \cdot q^{-t} = 12 \text{ €}; N = 7$$

$$a_2 : I_0 = 9 \text{ €}; \sum_{t=1}^{N} R_t \cdot q^{-t} = 10 \text{ €}; N = 2$$

Der Kalkulationszinssatz beträgt 10%. Es ergeben sich folgende Resultate:

Kapitalwerte ohne Wiederholung:

---

[398] Vgl. Def. 3.27 auf S. 270.
[399] Vgl. Hax (1993: 31).
[400] Vgl. Def. 3.22 auf S. 251.
[401] Vgl. Tab. 3.16 auf S. 242.
[402] Vgl. Kruschwitz/Lorenz (2019a: 103).

$$C_{0;a_1} = 3,00 \; €$$

$$C_{0;a_2} = 1,00 \; €$$

$$\textit{Rangfolge}: \; a_1 \succ a_2$$

Kapitalwerte für endliche Wiederholungen mit $\Omega = 14$:

$$C_{0;K} = C_0 \cdot \frac{q^N (1 - q^{-m \cdot N})}{q^N - 1}$$

$$C_{0;K;a_1} = 3,00 \; € \cdot \frac{1,1^{\,7}(1 - q^{-14})}{q^7 - 1}$$

$$\approx 4,539 \; €$$

$$C_{0;K;a_2} = 1,00 \; € \cdot \frac{1,1^{\,2}(1 - q^{-14})}{q^2 - 1}$$

$$\approx 4,245 \; €$$

$$\textit{Rangfolge}: \; a_1 \succ a_2$$

Ermittlung der BALDWIN-*Verzinsung:*

$$r_B = q \cdot \sqrt[N]{\frac{C_0}{I_0} + 1} - 1$$

$$r_{B;a_1} = 1,1 \cdot \sqrt[7]{\frac{3 \; €}{9 \; €} + 1} - 1$$

$$\approx 14,615\%$$

$$r_{B;a_2} = 1,1 \cdot \sqrt[2]{\frac{1 \; €}{9 \; €} + 1} - 1$$

$$\approx 15,950\%$$

$$\textit{Rangfolge}: \; a_2 \succ a_1$$

Der Einfluss der identischen Investitionsauszahlung kann wie folgt demonstriert werden: Es liegen zwei Investitionen A und B vor, mit $I_{0;A} < I_{0;B}$. Die Laufzeiten hingegen sind jedoch identisch, sodass $N_A = N_B = N$. Es wird eine Ergänzungsinvestition I_D gebildet, mit $I_{0;D} = I_{0;B} - I_{0;A}$. Der BALDWIN-Zins der Anlage A ergibt sich mit:[403]

$$r_{B;A} = \sqrt[N]{\frac{\displaystyle\sum_{t=1}^{N} R_t \cdot q^{N-t} + I_{0;D} \cdot q^N}{I_{0;A} + I_{0;D}}} - 1 \tag{1}$$

Der Kapitalwert der Anlage A und der Anlage des Differenzbetrages D folgt aus:

---

[403] Vgl. Busse von Colbe/Laßmann (1990: 119–120).

$$C_{0;A} + C_{0;D} = -I_{0;A} + \frac{\sum_{t=1}^{N} R_t \cdot q^{N-t}}{q^N} - I_{0;D} + \frac{I_{0;D} \cdot q^N}{q^N} \qquad (2)$$

Umformen von (2) führt zu:

$$\left[\sum_{t=1}^{N} R_t \cdot q^{N-t}\right] + I_{0;D} \cdot q^N = [I_{0;A} + I_{0;D} + C_{0;A} + C_{0;D}] \cdot q^N \qquad (3)$$

Ersetzen des Zählers in (1) mit der rechten Seite von (3) ergibt:

$$r_{B;A} = \sqrt[N]{\frac{[I_{0;A} + I_{0;D} + C_{0;A} + C_{0;D}] \cdot q^N}{I_{0;A} + I_{0;D}}} - 1 \qquad (4)$$

Umformen führt zu:

$$= q \cdot \sqrt[N]{\frac{C_{0;A} + C_{0;D}}{I_{0;A} + I_{0;D}} + 1} - 1 \qquad (5)$$

Dieses Vorgehen führt bei Anlage B zu:

$$r_{B;B} = q \cdot \sqrt[N]{\frac{C_{0;B}}{I_{0;B}} + 1} - 1 \qquad (6)$$

Verwendung von $I_{0;B} = I_{0;A} + I_{0;D}$ führt bei einem Vergleich von (5) und (6) zu:

$$r_{B;A} \gtreqqless r_{B;B} \Leftrightarrow C_{0;A} + C_{0;D} \gtreqqless C_{0;B} \qquad (7)$$

Identische Rangfolgen auf Basis der KWM und des BALDWIN-Zinssatzes ergeben sich dann – und nur dann – wenn das gebundene Kapital der Alternativen gleich groß ist.[404] Das bedeutet: Nur wenn die Nutzungsdauern und Investitionsauszahlungen identisch sind, ist die BALDWIN-Verzinsung kapitalwertäquivalent im hier definierten Sinn[405] (vgl E.-regel 3.15).[406]

Entscheidungsregel 3.15: *Wenn die Nutzungsdauern N sowie die Investitionsauszahlungen I_0 aller Alternativen $a \in A$ identisch sind, ist bei Einsatz des BALDWIN-Zinssatzes diejenige Alternative $a_{opt} \in A$ optimal, für die gilt:*

$$\Phi(a_{opt}) = \max_i \left[r_B(a_i) | r_B(a_i) \geq i_{kalk}\right].$$

Entscheidungsregel 3.15 gilt für einen Akteur, der das Ziel der Gewinnmaximierung verfolgt und deshalb Kapitalwertäquivalenz anstrebt. Die Forderung nach identischen Werten für I_0 und N widerspricht dem Zweck von Rentabilitätsrechnungen. Dieser besteht darin, Projekte mit unterschiedlichen

---

[404] Vgl. Kruschwitz/Lorenz (2019a: 101–104); Kruschwitz/Lorenz (2019b: 15).

[405] Vgl. Def. 3.22 auf S. 251.

[406] Vgl. Busse von Colbe/Laßmann (1990: 119); Hering (2017: 133–134).

Investitionsbeträgen und Nutzungsdauern zu vergleichen. Um Kapitalwertäquivalenz im Rahmen der relativen Vorteilhaftigkeit zu erreichen, ist es jedoch erforderlich, dass diese Daten identisch sind. Die abweichenden Reihenfolgen bei Nichterfüllung dieser Annahmen sind in der unterschiedlichen Charakteristik der Messgrößen zu suchen: Der BALDWIN-Zinssatz ist eine **relative** Größe, der Kapitalwert hingegen ist eine **absolute** Größe.[407] Wenn das Ziel der Renditemaximierung verfolgt wird, ist der Einsatz der BALDWIN-Methode unkritisch, jedoch wird dann die Kapitalwertäquivalenz aufgegeben.

Negativ anzumerken ist die Annahme, dass die Investitionssumme während der gesamten Laufzeit im Objekt gebunden ist. Bei Einführung der endwertbezogenen Rentabilität wurde darauf hingewiesen, dass diese Prämisse lediglich für sog. Reifeprojekte zutrifft.[408] Bei der überwiegenden Mehrzahl der Objekte wird das gebundene Kapital bereits während der Nutzung freigesetzt. Das wurde bereits detailliert erläutert.[409]

Daraus folgt als **positiver** Aspekt, dass der BALDWIN-Zinssatz auch für nicht isoliert durchführbare Investitionen eingesetzt werden kann.[410] Das tatsächlich gebundene Kapital ist für die Rentabilitäts-Berechnung unerheblich, was – je nach Sichtweise – als Vorteil im Vergleich zur IZM interpretiert werden kann.

3.6.4.2 Magni-Methode

3.6.4.2.1 Beschreibung und Definition

Ein jüngerer Versuch, die Schwächen der IZM zu beheben, stammt von MAGNI.[411] Ausgangspunkt ist eine Reihe von Kritikpunkten.[412] Als Lösung entwickelt MAGNI eine Methode, die auf folgenden Merkmalen beruht:[413]

- Die jährliche Kapitalbindung – und somit die Basis für die Zinsermittlung – ist ex ante definiert. Diese Größe wird demzufolge, ähnlich wie in einem Abschreibungsplan, fest vorgegeben.
- Zur Ermittlung der Rentabilität wird der **Überschuss** der Investition verwendet. Die Rückflüsse, als operative Einzahlungsüberschüsse, werden um Abschreibungen reduziert und die verbleibende Restgröße stellt den

---

[407] Vgl. Abschn. 3.4.2.5 auf S. 249.

[408] Vgl. Abschn. 3.3.3 auf S. 210.

[409] Vgl. Abschn. 3.3.4 auf S. 218.

[410] Vgl. Def. 3.31 auf S. 286.

[411] Vgl. Magni (2010); Magni (2013); Magni (2016).

[412] Vgl. MAGNI listet 18 "Fehler" der Internen-Zinssatz-Methode auf. Vgl. Magni (2013: 76–91). Darunter befinden sich auch die schon angeführten mathematischen Probleme.

[413] Vgl. Magni (2013: 74); Marchioni/Magni (2018: 363).

Überschuss der Investition dar. Das Resultat, also der verwendete Überschuss, entspricht damit dem *EBIT*.[414] Der jährliche Überschuss $EBIT_t$ der Investition ergibt sich als Differenz zwischen den operativen Rückflüssen R_t und den Abschreibungen Ab_t wie folgt: $EBIT_t = R_t - Ab_t$. Es gilt: $Ab_t = KB_{t-1} - KB_t$ und demzufolge: $EBIT_t = R_t - [KB_{t-1} - KB_t]$.

- Zur Diskontierung werden die tatsächlichen Kapitalkosten i_K verwendet.

Der Grundgedanke zur Berechnung der Rentabilität entstammt damit der Erstellung des Jahresabschlusses. Das Verfahren ist quasi ein Hybrid aus dynamischen und kalkulatorischen Verfahren und eher der wertorientierten Steuerung als der Investitionsrechnung zuzurechnen. Da es von Magni jedoch als Alternative zum internen Zinssatz konzipiert wurde, wird es an dieser Stelle behandelt.[415] Die Grundidee der Ermittlung des Magni-Zinssatzes ist folgende:[416]

Die Rendite eines Jahres ergibt sich aus:

$$r_t = \frac{EBIT_t}{Kapitalbindung_{t-1}}$$

Für das erste Jahr kann formuliert werden:

$$r_1 = \frac{EBIT_1}{KB_0}$$

Für eine zweijährige Investition folgt:

$$r = \frac{EBIT_1 + EBIT_2 \cdot q^{-1}}{KB_0 + KB_1 \cdot q^{-1}}$$

Allgemein gilt:

$$r = \frac{EBIT_1 + EBIT_2 \cdot q^{-1} + EBIT_3 \cdot q^{-2} + ... + EBIT_N \cdot q^{-(N-1)}}{KB_0 + KB_1 \cdot q^{-1} + KB_2 \cdot q^{-2} + ... + KB_{N-1} \cdot q^{-(N-1)}}$$

Diese Verzinsung wird in den englischsprachigen Quellen als *Average Internal Rate of Return (AIRR)* und im Folgenden als Magni-Zinssatz bezeichnet. zur Diskontierung der Jahres-Rentabilitäten werden die **Kapitalkosten** des Unternehmens i_K verwendet. Damit besteht auch die Möglichkeit, jährlich variierende Kostensätze zu berücksichtigen. Def. 3.35 präsentiert die allgemeine Form in der **ersten Version**.[417]

---

[414] Vgl. Abb. 4.4 auf S. 441.

[415] Magni ist der Meinung, dass bei der IZM keine Wiederanlageprämisse vorliegen würde. Vgl. Magni/Martin (2017).

[416] Vgl. Magni (2020: 419–422).

[417] Vgl. Magni (2013: 92); Magni (2016: 60); Magni/Veronese/Graziani (2018: 197).

Definition 3.35: *Die Rentabilität nach* MAGNI r_M *wird ermittelt durch:*

$$r_M = \frac{\displaystyle\sum_{t=1}^{N} EBIT_t \cdot (1 + i_K)^{-(t-1)}}{\displaystyle\sum_{t=1}^{N} KB_{t-1} \cdot (1 + i_K)^{-(t-1)}}$$

Das Problem, die Rentabilitäten der einzelnen Jahre konsistent zusammenzufassen, wird auf Basis des CHISINI-Mittelwertes gelöst.[418] Wie auch bei anderen Zinssatz-Kriterien wird der MAGNI-Zinssatz einem vom Unternehmen zu definierenden Mindest- oder Vergleichszinssatz gegenüber gestellt. Das ist in diesem Fall der Kapitalkostensatz des Unternehmens i_K. Das Präferenzfunktional lautet: $\Phi(a) = r_M(a)$. Auf dieser Basis kann die **absolute Vorteilhaftigkeit** eines Projektes mit Entscheidungsregel 3.16 geprüft werden.

Entscheidungsregel 3.16: *Bei Einsatz der* MAGNI-*Rentabilität ist eine Alternative* $a \in A$ *absolut vorteilhaft, wenn gilt:*

$$r_M(a) \geq i_K(a).$$

Stehen für die Durchführung der Maßnahme mehrere sich ausschließende Alternativen zur Verfügung, die die geforderte Mindestrentabilität erwirtschaften, so ist diejenige mit der größten Rentabilität zu wählen (vgl. E.-regel 3.17). Damit ist die relativ vorteilhafte Alternative gefunden.

Entscheidungsregel 3.17: *Bei Einsatz der* MAGNI-*Rentabilität ist diejenige Alternative* $a_{opt} \in A$ *optimal, für die gilt:*

$$\Phi(a_{opt}) = \max_{i} \left[r_M(a_i) | r_M(a_i) \geq i_K \right].$$

Zur Demonstration wird Beispiel 3.22 wieder aufgegriffen.

Fortführung des Beispiels 3.22 auf Basis der Def. 3.35:

Der Kapitalkostensatz beträgt 8,00 % und es wird angenommen, dass die Investitionen linear vollständig während der Laufzeit abgeschrieben werden.

---

[418] Vgl. Magni/Veronese/Graziani (2018).

Tab. 3.36: Ermittlung der MAGNI-Rentabilität. Quelle: Eigene Darstellung.

Zeitpunkte / Bewertungsgrößen	0	1	2	3	4
			Projekt 1		
KB_t	1.000,00	750,00	500,00	250,00	–
$KB_{t-1} \cdot q^{-(t-1)}$	–	1.000,00	694,44	428,67	198,46
$\sum_{t=1}^{N} KB_{t-1} \cdot q^{-(t-1)}$			2.321,57		
R_t	–	330,00	330,00	330,00	330,00
$EBIT_t = R_t - (KB_{t-1} - KB_t)$	–	80,00	80,00	80,00	80,00
$EBIT_t \cdot q^{-(t-1)}$	–	80,00	74,07	68,59	63,51
$\sum_{t=1}^{N} EBIT_t \cdot q^{-(t-1)}$			286,17		

	0	1	2	3	4
			Projekt 2		
KB_t	1.000,00	500,00	–	–	–
$KB_{t-1} \cdot q^{-(t-1)}$	–	1.000,00	462,96	–	–
$\sum_{t=1}^{N} KB_{t-1} \cdot q^{-(t-1)}$			1.462,96		
R_t	–	600,00	600,00	–	–
$EBIT_t = R_t - (KB_{t-1} - KB_t)$	–	100,00	100,00	–	–
$EBIT_t \cdot q^{-(t-1)}$	–	100,00	92,59	–	–
$\sum_{t=1}^{N} EBIT_t \cdot q^{-(t-1)}$			192,59		

Für Alternative 1 ergibt sich eine Verzinsung von $r_M = \dfrac{286,17\ \text{€}}{2.321,57\ \text{€}} \approx 12,33\%$. Für Alternative 2 ergibt sich $r_M = \dfrac{192,59\ \text{€}}{1.462,96\ \text{€}} \approx 13,16\%$. Damit sind beide Investitionen absolut vorteilhaft, da diese Verzinsungen höher sind als der Kalkulationszinssatz.

Der summierte Barwert der Kapitalbindungsbeträge

$$\sum_{t=1}^{N} KB_{t-1} \cdot (1 + i_K)^{-(t-1)} = \sum_{t=0}^{N-1} KB_t \cdot (1 + i_K)^{-t}$$

wird im weiteren Verlauf als Barwert der Kapitalbindung BKB_0 bezeichnet.

Aus didaktischer Sicht ist eine **zweite Ermittlungsmethode** des MAGNI-Zinssatzes interessant. Diese zeigt sehr deutlich, dass die Gesamtverzinsung des Projektes aus den gewichteten einzelnen Jahresrenditen besteht. Als Gewichtungsfaktor w_t dient das Verhältnis des diskontierten Barwertes des im Jahr $t-1$ gebundenen Kapitals zur Summe aller Barwerte der Kapitalbindungen. Dies wird in Def. 3.36 festgehalten.[419]

---

[419] Vgl. Magni (2016: 60); Magni (2020: 431).

Definition 3.36: *Die Rentabilität nach* MAGNI *kann wie folgt ermittelt werden:*

$$r_M = \sum_{t=1}^{N} r_t \cdot w_t, \ mit:$$

$$r_t = \frac{EBIT_t}{KB_{t-1}}$$

$$w_t = \frac{KB_{t-1} \cdot (1+i_K)^{-(t-1)}}{\sum\limits_{t=1}^{N} KB_{t-1} \cdot (1+i_K)^{-(t-1)}}$$

Diese Ermittlungsvorschrift wird am bisher verwendeten Beispiel demonstriert.

Fortführung des Beispiels 3.22 auf Basis von Def. 3.36:

Für Alternative 1 folgt: $r_M = r_1 \cdot w_1 + r_2 \cdot w_2 + r_3 \cdot w_3 + r_4 \cdot w_4$

$$= \frac{80 \ €}{1.000 \ €} \cdot \frac{1.000 \ €}{2.321,57 \ €} + \frac{80 \ €}{750 \ €} \cdot \frac{750 \ € \cdot 1,08^{-1}}{2.321,57 \ €}$$

$$+ \frac{80 \ €}{500 \ €} \cdot \frac{500 \ € \cdot 1,08^{-2}}{2.321,57 \ €} + \frac{80 \ €}{250 \ €} \cdot \frac{250 \ € \cdot 1,08^{-3}}{2.321,57 \ €}$$

$$\approx 0,1233$$

Für Alternative 2 folgt: $r_M = r_1 \cdot w_1 + r_2 \cdot w_2$

$$= \frac{100 \ €}{1.000 \ €} \cdot \frac{1.000 \ €}{1.462,96 \ €} + \frac{100 \ €}{500 \ €} \cdot \frac{500 \ € \cdot 1,08^{-1}}{1.462,96 \ €}$$

$$\approx 0,1316$$

Es wird deutlich, dass das Periodengewicht w_t mit zunehmender Zeit aufgrund der sinkenden Kapitalbindung kleiner wird. Im Fall negativer Kapitalbindung nimmt dieser Wert auch negative Werte an. Eine **dritte Ermittlungsmethode** der MAGNI-Rentabilität zeigt Def. 3.37.[420]

Definition 3.37: *Die Rentabilität nach* MAGNI *wird ermittelt durch:*

$$r_M = i_K + \frac{C_0}{BKB_0} \cdot (1+i_K).$$

Diese Ermittlungsvorschrift wird am bisher verwendeten Beispiel demonstriert.

---

[420] Vgl. Marchioni/Magni (2018: 363); Magni (2020: 434).

Fortführung des Beispiels 3.22 auf Basis der Def. 3.37:

Die Kapitalwerte wurden bereits ermittelt:[421] $C_{0;a_1} = 93,00 \, \text{€}$ *und* $C_{0;a_2} = 69,96 \, \text{€}$. *Damit werden die – bereits bekannten – Verzinsungen wie folgt ermittelt:*

$$r_{M;a_1} = 0,08 + \frac{93,00 \, \text{€}}{2.321,57 \, \text{€}} \cdot 1,08 \approx 0,1233.$$

$$r_{M;a_2} = 0,08 + \frac{69,96 \, \text{€}}{1.462,96 \, \text{€}} \cdot 1,08 \approx 0,1316.$$

Damit sind beide Alternativen absolut vorteilhaft, da diese Verzinsungen höher sind als der Kalkulationszinssatz.

3.6.4.2.2 Einordnung

Die vorstehenden Ausführungen haben gezeigt, dass der MAGNI-Zinssatz zur Beurteilung der **absoluten Vorteilhaftigkeit** ohne Einschränkungen geeignet ist. Offensichtlich handelt es sich bei der Methode nach MAGNI um eine Rentabilitätskennzahl im klassischen Sinn. Während bei der IZM nach den Nullstellen der Kapitalwertfunktion gesucht wird und der BALDWIN-Zinssatz zur Betragsgleichheit von Investitionsauszahlung und diskontiertem Endwert führt, basiert MAGNIs Methode auf dem traditionellen Rentabilitätsverständnis. Dieses wird auf Basis des CHISINI-Mittelwertes auf mehrere Perioden ausgeweitet. Der Unterschied zur IZM ist erkennbar groß und wird an anderer Stelle noch thematisiert.[422] In der Tab. 3.37 wird der Unterschied im Vergleich zum End- bzw. Kapitalwertverfahren deutlich. Die Abschreibung ist ex ante vorgegeben. Auf Basis von Definition 3.37 ergibt sich folgender Zusammenhang mit dem Kapitalwert:

$$r_M = i_K + \frac{C_0}{BKB_0} \cdot (1 + i_K)$$

$$r_M = i_K + \frac{C_0}{\displaystyle\sum_{t=1}^{N} KB_{t-1} \cdot (1 + i_K)^{-(t-1)}} \cdot (1 + i_K)$$

$$\frac{r_M - i_K}{(1 + i_K)} = \frac{C_0}{\displaystyle\sum_{t=1}^{N} KB_{t-1} \cdot (1 + i_K)^{-(t-1)}}$$

$$C_0 = \frac{(r_M - i_K)}{(1 + i_K)} \cdot \sum_{t=1}^{N} KB_{t-1} \cdot (1 + i_K)^{-(t-1)}$$

---

[421] Vgl. Bspl. 3.22 auf S. 311.

[422] Vgl. Abschn. 3.6.5 auf S. 327.

$$C_0 = (r_M - i_K) \cdot \sum_{t=1}^{N} KB_{t-1} \cdot (1 + i_K)^{-t}$$

Damit ergibt sich Merksatz 3.23.

Merksatz 3.23: *Zwischen Kapitalwert C_0 und dem* MAGNI-*Zinssatz r_M besteht folgende Relation:*

$$C_0 = (r_M - i_K) \cdot \sum_{t=1}^{N} KB_{t-1} \cdot (1 + i_K)^{-t}$$

Tab. 3.37: Unterschiede bei Kapitalbindung und Verzinsung zwischen Endwertermittlung und MAGNI-Rentabilität. Quelle: Eigene Darstellung.

			Endwertermittlung		
t	KB$_t$	R$_t$	Zinsen $Z_t = KB_{t-1} \cdot i$	Kapitalfreisetzung $F_t = R_t - Z_t$	
0	1.000,00	–	–	–	
1	750,00	330,00	80,00	250,00	
2	480,00	330,00	60,00	270,00	
3	188,40	330,00	38,40	291,60	
4	−126,53	330,00	15,07	314,93	
			$\sum_{t=1}^{4} Z_t = 193,47$	$\sum_{t=1}^{4} F_t = 1.126,53$	

		Ermittlung der Bestimmungsgrößen für die MAGNI-Rentabilität			
t	KB$_t$	R$_t$	Abschreibung Ab$_t$	EBIT$_t = R_t - Ab_t$	Zinsen $Z_t = KB_{t-1} \cdot i$
0	1.000,00	–	–	–	–
1	750,00	330,00	250,00	80,00	80,00
2	500,00	330,00	250,00	80,00	60,00
3	250,00	330,00	250,00	80,00	40,00
4	0,00	330,00	250,00	80,00	20,00
			$\sum_{t=1}^{4} Ab_t = 1.000,00$	$\sum_{t=1}^{4} EBIT_t = 320,00$	$\sum_{t=1}^{4} Z_t = 200,00$

Die Ähnlichkeit mit der Struktur der Darstellung im Merksatz 3.13 ist offensichtlich.[423] Der Kapitalwert ist das Produkt aus der Verzinsung des gebundenen Kapitals mit dem Zinssatz, der über den Mindestzins hinaus erwirtschaftet wird. Diese Darstellung weist eine große Ähnlichkeit mit den rentabilitätsorientierten Größen der wertorientierten Steuerung, z. B. mit der

---

[423] Vgl. S. 288.

Value-Spread-Formel des *EVA* oder dem *CVA* auf.[424] Diese Größen sind jedoch einperiodige Werte. Merksatz 3.23 wird am aktuellen Beispiel veranschaulicht.

Fortführung des Beispiels 3.22:

Es liegen zwei Investitionsalternativen vor:

$$a_1 : I_0 = 1.000\ €; R_1 = R_2 = R_3 = R_4 = 330\ €$$
$$a_2 : I_0 = 1.000\ €; R_1 = R_2 = 600\ €$$

Für Alternative 1 ergibt sich:

$$C_{0;a_1} = (0,1233 - 0,08) \cdot \left(\frac{1.000\ €}{1,08} + \frac{750\ €}{1,08^2} - \frac{500\ €}{1,08^3} + \frac{250\ €}{1,08^4} \right)$$
$$= (0,1233 - 0,08) \cdot 2.149,60\ €$$
$$\approx 93,00\ €$$

Für Alternative 2 resultiert:

$$C_{0;a_2} = (0,1316 - 0,08) \cdot \left(\frac{1.000\ €}{1,08} + \frac{500\ €}{1,08^2} \right)$$
$$= (0,1316 - 0,08) \cdot 1.354,60\ €$$
$$\approx 69,90\ €$$

Das wird im Merksatz 3.24 festgehalten.[425]

Merksatz 3.24: *Zwischen Kapitalwert und* MAGNI*-Zinssatz besteht zur Beurteilung der absoluten Vorteilhaftigkeit folgende Relation:*

$$C_0 \quad \begin{matrix} > \\ = \\ < \end{matrix} \quad 0 \quad \Leftrightarrow \quad r_M \quad \begin{matrix} > \\ = \\ < \end{matrix} \quad i_K$$

Dieser Zusammenhang ist sowohl beim traditionellen internen Zins,[426] beim BALDWIN-Zins,[427] als auch bei wertorientierten Rentabilitätsgrößen wiederzufinden, wie z. B. beim Cashflow Return on Investment.[428]

Nun stellt sich die Frage, unter welchen Bedingungen die MAGNI-Methode kapitalwertäquivalent ist.[429] Zur Beantwortung dieser Frage werden zuerst wiederum die Ergebnisse des bisherigen Beispieles herangezogen.

---

[424] Vgl. für den *EVA* Def. 4.5 auf S. 446 sowie für den *CVA* Def. 4.6 auf S. 447.

[425] Vgl. Magni (2010: 172); Magni (2016: 61).

[426] Vgl. Merksatz 3.16 auf S. 295.

[427] Vgl. Merksatz 3.22 auf S. 314.

[428] Vgl. Merksatz 4.6 auf S. 453.

[429] Vgl. Def. 3.22 auf S. 251.

Fortführung des Beispiels 3.22:

Für die Alternativen ergaben sich folgende Werte:

$$Kapitalwerte:$$
$$C_{0;a_1} = 93{,}00 \ \text{€}$$
$$C_{0;a_2} = 69{,}96 \ \text{€}$$
$$Rangfolge: a_1 \succ a_2$$
$$\text{MAGNI} - Zinssätze:$$
$$r_{M;a_1} = 0{,}1233$$
$$r_{M;a_2} = 0{,}1316$$
$$Rangfolge: a_2 \succ a_1$$

Projekt 2 ist auf Basis der MAGNI-Rentabilität vorteilhafter als Alternative 1. Diese Rangordnung scheint der Präferenzfolge nach dem Kapitalwertkriterium zu widersprechen. Jedoch wurde bereits im Beispiel 3.9 gezeigt,[430] dass das Ergebnis von der Annahme über die Ergänzungsinvestition abhängt. Alternative 1 erwirtschaftet den Kapitalwert über vier Jahre, wohingegen Alternative 2 nur für zwei Jahre läuft. Wird für Alternative 2 ebenfalls eine Dauer der Mittelbindung von vier Jahren im Unternehmen angenommen (und nicht von der Anlage der Mittel für die Restlaufzeit von zwei Jahren am Kapitalmarkt ausgegangen, wie bei der KWM implizit unterstellt), ergibt sich der Kapitalwert in Höhe von $C_{0;a_2;K} = 69{,}96 \ \text{€} + 69{,}96 \ \text{€} \cdot q^{-2} = 129{,}94 \ \text{€}$. Nun ist Alternative 2 auch bei Verwendung des Kapitalwertkriteriums relativ vorteilhaft. Beide Verfahren führen zur selben Rangfolge.

Die Antwort auf die oben gestellte Frage lautet: Die MAGNI-Methode ist ein kapitalwertäquivalentes Präferenzfunktional für die relative Vorteilhaftigkeit dann (und nur dann), wenn die Summen der diskontierten Kapitalbindungswerte BKB_0 für die zu vergleichenden Alternativen identisch sind (vgl. Merksatz 3.25).[431]

Merksatz 3.25: *Die MAGNI-Rentabilität erfüllt die Kapitalwertäquivalenz nach Def. 3.22 auf S. 251, wenn der Barwert der Kapitalbindungen BKB_0 aller Alternativen $a \in A$ identisch ist.*

Die Forderung nach identischen Werten für I_0 und N (die den Term BKB_0 definieren) widerspricht dem Zweck von Rentabilitäts-Kennzahlen. Dieser besteht darin, Projekte mit unterschiedlichen Investitionsbeträgen und Nutzungsdauern zu vergleichen. Um Kapitalwertäquivalenz im Rahmen der relativen Vorteilhaftigkeit zu erreichen, ist es jedoch erforderlich, dass diese Daten identisch sind.

Das ist auf die grundsätzliche Verschiedenheit der Konzepte zurückzuführen: Die MAGNI-Rentabilität ist eine **relative** Größe, der Kapitalwert hingegen

---

[430] Vgl. S. 241.

[431] Vgl. Magni (2010: 170); Magni (2013: 97); Marchioni/Magni (2018: 367).

ist eine **absolute** Größe.[432] Wenn das Ziel der Renditemaximierung verfolgt wird, ist der Einsatz der MAGNI-Rentabilität unkritisch, jedoch wird dann die Kapitalwertäquivalenz aufgegeben.

Eine weitere interessante Eigenschaft ist die **Additivität** des Kriteriums. Das bedeutet, der Durchschnitt der aggregierten MAGNI-Rendite mehrerer Projekte entspricht der MAGNI-Rentabilität für die zusammengefassten Zahlungsreihen dieser Projekte.[433]

Darüber hinaus kann diese Kennzahl auch für **nicht isoliert durchführbare** Investitionen berechnet werden.[434] Das ist – im Vergleich zur IZM – durchaus ein Vorteil. Perioden mit negativer Kapitalbindung sind demzufolge möglich.[435]

Ob sich mit der MAGNI-Rendite ein neues Paradigma entwickelt, wie der Begründer postuliert,[436] bleibt jedoch abzuwarten. Streng genommen ist die englischsprachige Bezeichnung der MAGNI-Rentabilität als *Average Internal Rate of Return* irreführend, da es sich nicht um einen internen Zins, sondern vielmehr um eine Rentabilität auf Basis von Jahresabschlussdaten handelt.[437]

3.6.5 Zusammenfassende Kritik

Nach der ausführlichen Vorstellung der Kennzahlen werden diese kurz miteinander verglichen, soweit dass nicht bereits in den vorstehenden Abschnitten erfolgte. In der Tab. 3.38 sind die wesentlichen Merkmale der Verfahren aufgelistet. Die Kapitalwertrate wird bei dem folgenden Vergleich nicht betrachtet, da es sich um keine Rentabilitätskennzahl handelt.

---

[432] Vgl. Abschn. 3.4.2.5 auf S. 249.

[433] Vgl. Magni (2016: 61).

[434] Vgl. Def. 3.31 auf S. 286.

[435] Vgl. Magni (2020: 435).

[436] Vgl. Magni (2013); Magni (2016: 54).

[437] „*Actually, the adjective "internal" is somewhat redundant. It refers to the fact that the income rates [...] are internal to the project [...] and that AIRR is an average of those rates (note that AIRR is not internal, [...]).*" Magni (2020: 430). Hervorh. im Original.

Tab. 3.38: Vergleich der Zinssatzmethoden. Quelle: Eigene Darstellung. Hinweis: $q = 1 + i_{kalk}$.

Merkmal / Verfahren	Interne-Zinssatz-Methode	BALDWIN-Methode	MAGNI-Methode
Bestimmungsgleichung	a) Kapitalwertgleichung nach Def. 3.28 auf S. 272: $$C_0(i_{int}) = -I_0 + \sum_{t=0}^{N} R_t \cdot (1+i_{int})^{-t} \overset{!}{=} 0$$ b) Endwertgleichung nach Def. 3.29 auf S. 277: $$EW_N(i_{int}) = -I_0 + \sum_{t=1}^{N} R_t - \sum_{t=1}^{N} KB_{t-1} \cdot i_{int} \overset{!}{=} 0$$	Einfache Form nach Def. 3.33 auf S. 311: $$r_B = \sqrt[N]{\dfrac{\sum_{t=1}^{N} R_t \cdot (1+i_U)^{N-t}}{I_0}} - 1$$	Nach Def. 3.35 auf S. 319: $$r_M = \dfrac{\sum_{t=1}^{N} EBIT_t \cdot (1+i_K)^{-(t-1)}}{\sum_{t=1}^{N} KB_{t-1} \cdot (1+i_K)^{-(t-1)}}$$

Ökonomische Interpretation	- keine endwertbezogene Rentabilität,
	- Grenzzinssatz, den die Investition maximal als Kapitalentgelt bedienen kann,
	- diejenige Verzinsung des gebundenen – jedoch niemals negativen – Kapitals, die zum Endwert Null führt
	- Zinssatz, dessen Verwendung:
	  ○ zu einem Kapitalwert von Null,
	  ○ zu einem Endwert von Null sowie
	  ○ zur Identität von dynamischer Amortisationsdauer und Nutzungsdauer führt
		- endwertbezogene Rentabilität, die durch den Unternehmenszinssatz i_U induziert wird
		- wenn mit den Rückflüssen im Unternehmen während der Nutzungsdauer eine Periodenrendite von i_U erzielt werden könnte, ergäbe sich ein Endwert, den der Akteur erhalten hätte, wenn er I_0 nicht investiert, sondern alternativ zum Zinssatz r_B angelegt hätte
			- keine endwertbezogene Rentabilität, kalkulatorische Rentabilität im Sinn einer Jahresabschlusserstellung
			- Gesamtverzinsung besteht aus den gewichteten einzelnen Jahresrenditen,
			- als Gewichtungsfaktor dient das Verhältnis des diskontierten Barwertes des im Jahr $t-1$ gebundenen Kapitals zur Summe aller Barwerte der Kapitalbindungen

Notwendige Annahmen	Isoliert durchführbare Investition nach Def. 3.31	Wiederanlage der Rückflüsse zum Unternehmenszinssatz i_U	Keine
Relation zum Kapitalwert	$$C_0(i_{kalk}) = (i_{int} - i_{kalk}) \cdot \sum_{t=0}^{N-1} KB_{i_{int};t} \cdot q^{-t}$$	$$r_B = (1+i_U) \cdot \sqrt[N]{\dfrac{C_0}{I_0} + 1} - 1$$	$$C_0(i_K) = (r_M - r_K) \cdot \sum_{t=0}^{N-1} KB_{t} \cdot (1+i_K)^{-t}$$
Kapitalwertäquivalenz bei absoluter Vorteilhaftigkeit (Def. 3.20)	Für isoliert durchführbare Investitionen nach Def. 3.31 erfüllt	Erfüllt	Erfüllt
Kapitalwertäquivalenz bei relativer Vorteilhaftigkeit (Def. 3.22)	Nicht erfüllt	Erfüllt, wenn N und I_0 für alle $a \in A$ identisch sind	Erfüllt, wenn der Barwert der Kapitalbindung für alle $a \in A$ identisch ist

Offensichtlich stellt die MAGNI-Rentabilität eine reale Verzinsung dar. Es wurde bereits darauf hingewiesen, dass der interne Zinssatz **keine reale** Verzinsung, sondern vielmehr ein kritischer **Grenzzinssatz** ist.[438] Ein Vergleich beider Konzepte ist deshalb vor diesem Hintergrund einzuordnen. Die von MAGNI geäußerte Kritik[439] lässt die Berücksichtigung dieses Hintergrundes etwas vermissen. Wenn beide Konzepte trotzdem verglichen werden, offenbaren sich folgende Gemeinsamkeiten und Unterschiede:

- Wesentliche **Unterschiede** sind folgende:

   - Die verwendeten Rechengrößen sind unterschiedlich. Während die IZM auf den Rückflüssen (also auf den Cashflows) aufbaut, wird die MAGNI-Rentabilität auf Basis der jährlichen *EBIT*-Werte berechnet. Diese beinhalten Abschreibungsbeträge.

   - Der interne Zinssatz führt zu einem Kapital- und zu einem Endwert von Null.[440] Es gilt: $EW_N(i_{int}) \overset{!}{=} C_0(i_{int}) \overset{!}{=} 0$. Der interne Zinssatz stellt demzufolge den **Grenzzinssatz** dar, den die Investitionsmaßnahme maximal als Kapitalentgelt bedienen kann. Dieser Zinssatz wird quasi als Worst-case-Analyse ermittelt. Im Gegensatz dazu wird die MAGNI-Rentabilität und auch der Kapitalwert auf Basis der prognostizierten Werte und der vorgegebenen Zinssatzes ermittelt. Es wird die de-facto-Rentabilität bei Verwendung der Prognosedaten ermittelt.

   - Der interne Zinssatz führt zur Identität von Amortisations- und Nutzungsdauer. Es gilt: $t_{a\,dyn}(i_{int}) \overset{!}{=} N$.[441] Die Ermittlung der MAGNI-Rentabilität hingegen lässt die Amortisationsdauer unverändert.

   - Der Verlauf der Kapitalbindung ist bei MAGNIs Methode durch die Verwendung des *EBIT* ex ante **fest definiert** und ermöglicht die Entwicklung einer geschlossenen Lösungsformel. Bei der IZM hingegen ist die Verzinsung und damit die Kapitalbindung eine gesuchte Größe. Auf diese Weise schreibt der interne Zinssatz eine ganz bestimmte Kapitalbindung fest. Die Kapitalbindung ist deshalb **nicht** vorab **definiert**, sondern Resultat des internen Zinssatzes. Aus diesen Gründen erlaubt die Darstellung keine geschlossene Lösungsformel sondern muss iterativ gelöst werden.

   - Die IZM ist lediglich für isoliert durchführbare Investitionen[442] einsetzbar, da nur dann die Existenz von negativen Kapitalbindungen ausgeschlossen ist. MAGNIs Verfahren hingegen ist für sämtliche Investitionen, also auch auch bei negativen Kapitalbindungen einsetzbar.

---

[438] Vgl. Merksatz 3.11 auf S. 280.

[439] Vgl. die von MAGNI aufgelisteten 18 "Fehler" des internen Zinssatzes. Vgl. Magni (2013: 76–91).

[440] Vgl. Merksatz 3.11 auf S. 280.

[441] Vgl. Merksatz 3.18 auf S. 305.

[442] Vgl. Def. 3.31 auf S. 286.

- **Gemeinsam** ist beiden Darstellungen die Interpretation der Kennzahl als Verzinsung des gebundenen Kapitals.

Darüber hinaus kann festgestellt werden, dass der BALDWIN- und der MAGNI-Zinssatz über ähnliche Anwendungsvoraussetzungen verfügen. Dies hebt beide positiv vom internen Zinssatz ab, der nur für isoliert durchführbare Investitionen sinnvoll ermittel- und interpretierbar ist. Ein weiterer wesentlicher **Vorteil** von BALDWIN- und MAGNI-Zinssatz besteht in der einfachen Berechnung. Die Bestimmungsgleichungen der beiden Kennzahlen sind durch Einsetzen der Ausgangswerte zu lösen. Beim internen Zinssatz hingegen ist ein iteratives Vorgehen erforderlich, was am besten mit Computerunterstützung erfolgt.

Es wird hier noch einmal darauf hingewiesen, dass die Kapitalwertmaximierung für die Gewinnmaximierung die handlungsleitende Maxime ist. Ob die Kapitalwertäquivalenz der Renditekennzahlen eine wünschenswerte Eigenschaft ist, hängt davon ab, ob der Gewinn oder die Rentabilität maximiert werden soll. Diese Diskussion wurde bereits geführt, weshalb darauf verwiesen wird.[443]

Abschließend wird erwähnt, dass die MAGNI-Rentabilität als einzige der drei Kennzahlen additiv ist. Der gewichtete Durchschnitt der summierten MAGNI-Renditen mehrerer Projekte entspricht der MAGNI-Rentabilität der zusammengefassten Zahlungsströme dieser Projekte.[444] Diese Eigenschaft spielt für die vorliegende Betrachtung von Auswahlentscheidungen jedoch keine Rolle.

---

[443] Vgl. Abschn. 3.4.2.5 auf S. 249.
[444] Vgl. Magni (2016: 61).

3.7 Berücksichtigung von Steuern

3.7.1 Einführung

Die bisherigen Ausführungen haben von einem wichtigen Umstand abstrahiert: den Steuern. Steuern sind auf Ebene des Unternehmens relevant, aber auch auf der Ebene der Eigentümer des Unternehmens. An dieser Stelle werden lediglich die Steuern auf **Unternehmensebene** dargestellt. Die Berücksichtigung von Eigentümersteuern findet in einem späteren Abschnitt statt.[445] Von den zahlreichen Steuerarten werden hier lediglich die zwei wichtigsten vorgestellt: die **Körperschaftssteuer** und die **Gewerbesteuer**. Für die Ermittlung einer Steuer sind für das weitere Vorgehen die folgenden zwei Komponenten bestimmend: die Bemessungsgrundlage und der Steuersatz. Die Bemessungsgrundlage definiert, „worauf" Steuern zu zahlen sind. Der Steuersatz legt dann fest, wie groß der Anteil der Steuern bezogen auf diese Bemessungsgrundlage ist.

Die **Körperschaftssteuer (KST)** ist quasi die Einkommensteuer von juristischen Personen, wie z. B. Kapitalgesellschaften. Als Bemessungsgrundlage wird für das weitere Vorgehen vereinfachend der Jahresüberschuss betrachtet. Der Steuersatz beträgt einheitlich 15 %.

Kapitalgesellschaften müssen unabhängig von der Höhe der Einkommensteuer den Solidaritätszuschlag entrichten. Diese Abgabe beträgt 5,5 % der Einkommensteuer. Deshalb kann der Körperschaftssteuersatz inklusive des Solidaritätszuschlags angegeben werden mit: $s_{KST} = 0{,}15825$. Seit dem 01.01.2021 gilt diese Regelung nicht mehr automatisch auch für Einzelunternehmer (EU) oder für eine natürliche Person als Gesellschafter von Personengesellschaften (PG). In diesem Fall ist die Frage, ob und in welcher Höhe der Solidaritätszuschlag anfällt, seit diesem Datum abhängig vom zu versteuernden Einkommen der natürlichen Person. Aus Vereinfachungsgründen wird im Folgenden ausschließlich von Kapitalgesellschaften ausgegangen.

Die **Gewerbesteuer** ist die zweite wichtige Komponente, die zu berücksichtigen ist. Diese Steuer dient der Finanzierung der Gemeinden, weshalb diese in die Bestimmung der Erhebung eingebunden sind. Die Gemeinden legen den sog. **Hebesatz H** fest. Mit diesem Hebesatz bestimmen die Gemeinden eigenverantwortlich über die Steuerlast der Unternehmen.[446] Ausgangspunkt der Berechnung ist hier – wiederum vereinfachend dargestellt – eine Form des Jahresüberschusses, der als Gewerbeertrag ermittelt und bezeichnet wird.

---

[445] Vgl. Abschn. 4.2.5.4 auf S. 454.

[446] Diese Eigenverantwortlichkeit ist durch den gesetzlich vorgeschriebenen Definitionsbereich des Hebesatzes eingeschränkt. Vgl. § 16, Abs. 4, Satz 2 GewStG. Dementsprechend gilt: $H \geq 2$.

Bei Personenunternehmen (also Einzelunternehmen und Personengesellschaften) wird zur Ermittlung des Gewerbeertrags vom – hier vereinfacht dargestellt - ermittelten Jahresüberschuss ein Freibetrag von 24.500 € abgezogen. Im Folgenden wird davon abstrahiert und es werden lediglich Kapitalgesellschaften betrachtet. Als weitere Besonderheit ist darauf zu verweisen, dass bei der Ermittlung des Gewerbeertrags 25 % der Fremdkapitalzinsen wieder hinzugerechnet werden müssen. Jedoch gilt für diese Hinzurechnung ein Freibetrag von mittlerweile 200.000 €. Auf den resultierenden Ertrag wird ein einheitlicher Umrechnungsfaktor angewendet, die sog. **Steuermesszahl**. Diese beträgt deutschlandweit 3,5 %. Daraus resultiert der **Steuermessbetrag**. Dieser wiederum wird mit dem **Hebesatz** der Gemeinde H multipliziert, wobei gilt: $H \geq 2$. Die vereinfachte Ermittlungsweise für den Gewerbeertrag und die Gewerbesteuer sieht wie folgt aus:

> Gewinn aus Gewerbebetrieb
> $+$ 25% der Finanzierungsentgelte, welche die Summe von 200.000 € übersteigen
> $-$ Kürzungen
> _____
> $=$ Gewerbeertrag vor Verlustabzug
> $-$ Gewerbeverlust aus Vorjahren
> _____
> $=$ Gewerbeertrag
> $-$ Freibetrag von 24.500 € bei EU und PG
> _____
> $=$ Gewerbeertrag
>   Gewerbeertrag $\cdot$ 3,5%
> _____
> $=$ Steuermessbetrag
>   Steuermessbetrag $\cdot$ H
> _____
> $=$ Gewerbesteuer

Die Gewerbesteuer ergibt sich also aus: *Gewerbeertrag* $\cdot 0,035 \cdot H$. Der Gewerbesteuersatz s_{GewST} resultiert demnach mit: $s_{GewST} = 0,035 \cdot H$. Legt eine Gemeinde den Hebesatz mit $H = 4$ fest, resultiert der Gewerbesteuersatz mit: $s_{GewST} = 4 \cdot 0,035 = 0,14$.

Aus diesen Komponenten ergibt sich der Steuersatz auf Unternehmensebene s_U bei dieser groben Betrachtung mit:

$$s_U = s_{KST} + s_{GewST}$$

Für das Beispiel gilt: $s_U = 0,15825 + 0,14 = 0,29825$.

Da diese Steuerzahlungen dem Unternehmen nicht zur Verfügung stehen und abgeführt werden müssen, muss auch eine Berücksichtigung dieser Faktoren im Rahmen der Ermittlung der absoluten und relativen Vorteilhaftigkeit geschehen. Wie dies vor sich geht, wird in den folgenden Abschnitten am Beispiel der KWM und der VoFi-Methode dargestellt.

3.7.2 Steuern im Kapitalwertmodell

Als erstes muss dargestellt werden, wie die Steuern in die Kapitalwertermittlung einfließen. Dies geschieht auf zwei Wegen: Veränderung der **Zahlungsströme** und Veränderung des **Kalkulationszinssatzes**. Zuerst wird die Veränderung der Zahlungsströme dargestellt. Wird vereinfachend davon ausgegangen, dass alle Aufwendungen und Erträge zahlungswirksam sind und auch steuerlich anerkannt werden, so lässt sich der Zusammenhang wie folgt darstellen:[447]

Rückfluss	R_t
– Abschreibung	$- Ab_t$
= steuerpflichtiger Gewinn	$R_t - Ab_t$
daraus resultierende Steuerschuld bei	
einem Unternehmenssteuersatz s_U:	$-s_U(R_t - Ab_t)$
Resultierender Gewinn nach Steuer	$R_t - Ab_t - s_U(R_t - Ab_t)$
+ Abschreibung	$+ Ab_t$
= Rückfluss nach Steuern	$R_t - s_U(R_t - Ab_t)$

Der Term $R_t - Ab_t$ verdient besondere Aufmerksamkeit. Wird von anderen Erlösen und Aufwendungen im Unternehmen abstrahiert, so stellt diese Größe den steuerpflichtigen **Gewinn vor Steuern** oder Jahresüberschuss vor Steuern dar. Diese Größe wird auch als EBIT bezeichnet (Earnings before Interest and Taxes).

Neben der Zahlungshöhe wird auch der **Kalkulationszinssatz** durch die Existenz von Steuern beeinflusst. Der Zinssatz nach Steuern i_S wird wie folgt formuliert:[448]

$$i_S = i \cdot (1 - s_U)$$

Daraus folgt der Diskontierungsfaktor nach Steuern q_S:

$$q_S = 1 + i \cdot (1 - s_U)$$

Der Kapitalwert nach Steuern $C_{0;NST}$ wird mit Def. 3.38 formuliert.[449]

Definition 3.38: *Der Kapitalwert nach Steuern $C_{0;NST}$ ist definiert durch:*

---

[447] Vgl. Busse von Colbe/Laßmann (1990: 67); Pape (2018: 411).

[448] Vgl. Hering (2017: 91).

[449] Bei dieser Darstellung wird die Liquidationseinzahlung in die laufenden Rückflüsse integriert. Gleichzeitig wird davon ausgegangen, dass Liquidationseinzahlung und Restbuchwert dieselben Werte aufweisen. Vgl. Blohm/Lüder/Schaefer (2012: 104).

$$C_{0;NST} = -I_0 + \sum_{t=1}^{N} [R_t - s_U(R_t - Ab_t)] q_S^{-t}$$

Zur Veranschaulichung dient Beispiel 3.24.

Beispiel 3.24:

Es gilt $I_0 = 1.000 \text{ €}$, $i = 0{,}08$ und $R_1 = R_2 = R_3 = R_4 = 330 \text{ €}$, womit ein $C_0 = 93{,}00 \text{ €}$ ermittelt wird. Nun wird angenommen, dass die Investition in den 4 Jahren komplett linear abgeschrieben wird, woraus Abschreibungen in Höhe von $Ab_t = 250 \text{ €}$ resultieren. Weiterhin wird davon ausgegangen, dass es sich um eine Kapitalgesellschaft handelt und dass die zuständige Gemeinde einen Hebesatz von $H = 4$ festgelegt hat. Daraus ergibt sich der Steuersatz s_U mit:

$$s_U = s_{KST} + s_{GewST} = 0{,}15825 + 4 \cdot 0{,}035$$
$$s_U = 0{,}29825$$

Daraus folgt der Zinssatz nach Steuern:

$$i_S = 0{,}08 \cdot (1 - 0{,}29825) = 0{,}05614$$

Der Kapitalwert nach Steuern folgt mit:

$$C_{0;NST} = -1.000 \text{ €} + \sum_{t=1}^{4} [330 \text{ €} - 0{,}29825 \cdot (330 \text{ €} - 250 \text{ €})] \cdot 1{,}05614^{-t}$$
$$= -1.000 \text{ €} + 306{,}14 \text{ €} \cdot \frac{1{,}05614^4 - 1}{1{,}05614^4 \cdot 0{,}05614}$$
$$= \underline{\underline{70{,}25 \text{ €}}}$$

Damit ist das Projekt immer noch absolut vorteilhaft.

Jedoch zeigt der Vergleich mit dem Beispiel ohne Steuern, dass der Kapitalwert durch die Besteuerung gesunken ist. Die eingangs dargestellten zwei Wege der Kapitalwertänderung durch Steuern werden nun detailliert untersucht. Die Differenz zwischen Kapitalwert nach Steuern und Kapitalwert vor Steuern wird bezeichnet mit ΔC_0 und ergibt sich aus: $\Delta C_0 = C_{0;NST} - C_0$. Damit kann unter Vernachlässigung von Liquidationseinzahlungen formuliert werden:[450]

$$
\begin{aligned}
\Delta C_0 &= C_{0;NST} & &- & &C_0 \\
&= -I_0 + \sum_{t=1}^{N} [R_t - s_U(R_t - Ab_t)] \cdot q_S^{-t} & &- & &\left[-I_0 + \sum_{t=1}^{N} R_t \cdot q^{-t} \right] \\
&= \sum_{t=1}^{N} [R_t - s_U(R_t - Ab_t)] q_S^{-t} & &- & &\sum_{t=1}^{N} R_t \cdot q^{-t}
\end{aligned}
$$

---

[450] Vgl. Hirth (2017: 85); Bitz/Ewert/Terstege (2018: 173).

$$= \sum_{t=1}^{N} R_t \cdot q_S^{-t} + \sum_{t=1}^{N} [-s_U(R_t - Ab_t)] q_S^{-t} \quad - \quad \sum_{t=1}^{N} R_t \cdot q^{-t}$$

$$= \underbrace{\sum_{t=1}^{N} R_t \cdot \left(q_S^{-t} - q^{-t}\right)}_{Zinseffekt\ (\Delta_{Zins})} \qquad\qquad + \quad \underbrace{\sum_{t=1}^{N} [-s_U(R_t - Ab_t)] q_S^{-t}}_{Volumeneffekt\ (\Delta_{Volumen})}$$

Der **Zinseffekt** resultiert aus der Veränderung des Kalkulationszinssatzes und führt zu einem positiven Effekt auf den Kapitalwert, da eine Steuererhöhung eine Senkung des Kalkulationszinssatzes und demzufolge eine Erhöhung des Kapitalwertes bewirkt. Der **Volumeneffekt** müsste korrekterweise „Steuerzahlungseffekt" heißen, da er nichts anderes beinhaltet als den Barwert der gezahlten Steuern. Diese Effekte werden am Beispiel 3.24 erläutert.

Fortführung des Beispiels 3.24:

Es ergibt sich ein Zinseffekt von:

$$330{,}00\ \text{€} \cdot \sum_{t=1}^{4} \left(1{,}05614^{-t} - 1{,}08^{-t}\right) = 60{,}66\ \text{€}$$

Für den betrachteten Fall ergibt sich der Volumeneffekt mit:

$$-0{,}29825 \cdot 80{,}00\ \text{€} \cdot \frac{1{,}05614^4 - 1}{1{,}05614^4 \cdot 0{,}05614} = -83{,}41\ \text{€}$$

In der Summe resultiert die Differenz der Kapitalwerte aus:

$$\Delta C_0 = C_{0;NST} - C_0$$
$$= 70{,}25\ \text{€} - 93{,}00\ \text{€}$$
$$= Zinseffekt + Volumeneffekt$$
$$= 60{,}66\ \text{€} - 83{,}41\ \text{€}$$
$$= \underline{-22{,}75\ \text{€}}$$

Im vorliegenden Fall ist der negative Volumeneffekt größer als der positive Zinseffekt, so dass die Kapitalwertdifferenz negativ ist.

Es ist jedoch auch der Fall denkbar, dass der Zinseffekt größer als der Volumeneffekt ist. Dies führt zu der paradoxen Situation der positiven Kapitalwertänderung bei steigendem Steuersatz. Dieses Resultat wird als **Steuerparadoxon** bezeichnet, da es paradox erscheint, durch Steuererhöhungen gleichzeitig den Kapitalwert zu erhöhen.[451] Die Bestimmungsgleichung für die Ermittlung der Kapitalwertdifferenz macht jedoch deutlich, in welchen Fällen es zu diesem Resultat kommt. Dazu wird Beispiel 3.24 modifiziert und als Beispiel 3.25 diskutiert.

---

[451] Vgl. Schneider (1969: 297–300); Adam (2000: 182–185).

Beispiel 3.25:

*Die Summe der Rückflüsse in Höhe von 1.320 € aus Beispiel 3.24 wird nicht gleichmäßig verteilt über die Laufzeit von vier Jahren erwirtschaftet, sondern fällt in **einer Summe** nach vier Jahren an. Der Kapitalwert dieser Maßnahme wäre negativ und würde $C_0 = -29{,}76$ € betragen. Wird das bisher betrachtete Steuerregime verwendet, ergibt sich ein Kapitalwert nach Steuern in Höhe von $C_{0;NST} = 5{,}18$ €. Das Verhältnis dieser Werte kann wie bereits dargestellt detailliert werden:*

$$\Delta C_0 = C_{0;NST} - C_0$$
$$= 5{,}18\,€ - (-29{,}76\,€)$$
$$= Zinseffekt + Volumeneffekt$$
$$= 90{,}70\,€ - 55{,}76\,€$$
$$= \underline{34{,}94\,€}$$

Der positive Effekt des durch die Steuern gesenkten Kalkulationszinssatzes ist größer als der Negativeffekt der veränderten Zahlungsreihe. Die Beziehungen von Zins- und Volumeneffekt für dieses Beispiel sind in der Abbildung 3.15 dargestellt.

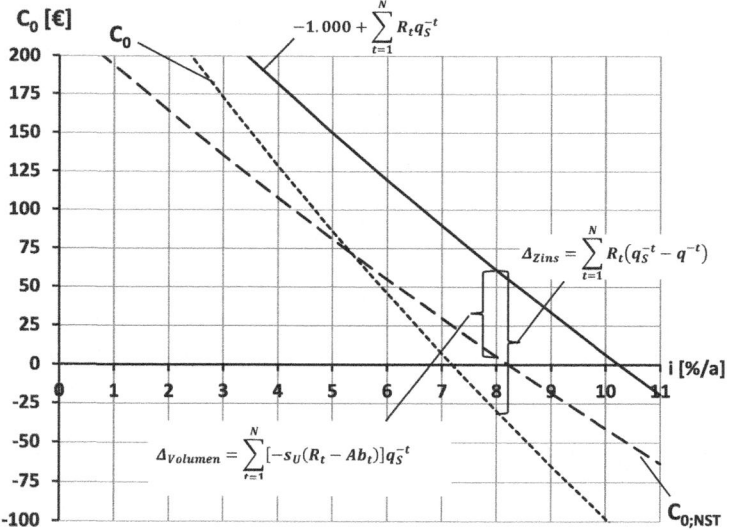

Abb. 3.15: Relation von Zins- und Volumeneffekt. Quelle: Eigene Darstellung auf Basis der Eingangsdaten aus dem Text.

In der Abbildung 3.15 wird ersichtlich, dass der Zinseffekt Δ_{Zins} in Höhe von ca. 90 € alternativ auch dadurch ermittelt werden kann, dass auf der Funktion des Kapitalwertes vor Steuern der Punkt gesucht wird, bei dem der Kapitalwert vor Steuern und bei Verwendung des Kalkulationszinssatzes i_S resultiert. Dies führt ebenfalls zu einem Kapitalwert von ca. 60 € und somit zu dem bereits erwähnten Wert des Zinseffektes.

In den bisherigen Darstellungen wurde der Liquidationserlös nicht betrachtet. Um diesen Bestandteil im Zusammenhang mit steuerlichen Aspekten in den Kapitalwert integrieren zu können, muss die Nutzungsdauer bekannt sein. Auf die verschiedenen Arten von Nutzungsdauern wurde ebenso schon hingewiesen, wie auf die Tatsache, dass sich die steuerliche und tatsächliche Nutzungsdauer unterscheiden können.[452] Um diese Unterschiede berücksichtigen zu können, wird im weiteren Verlauf die steuerliche Nutzungsdauer mit N_S und der steuerliche Restbuchwert mit RBW bezeichnet. Für den Fall, dass die Nutzungsdauern identisch sind und der Liquidationserlös L_N denselben Wert aufweist wie der Restbuchwert RBW, lautet die Kapitalwertgleichung:

$$C_{0;NST} = -I_0 + \sum_{t=1}^{N}[R_t - s_U(R_t - Ab_t)] \cdot q_S^{-t} + [L_N(1-s_U)] \cdot q_S^{-N}$$

Für den Fall, dass die steuerliche Nutzungsdauer größer ist als die tatsächliche Nutzungsdauer, unterliegt die Differenz zwischen Liquidationserlös und Restbuchwert der Besteuerung. Für den Kapitalwert gilt deshalb bei $N_S > N$:[453]

$$C_{0;NST} = -I_0 + \sum_{t=1}^{N}[R_t - s_U(R_t - Ab_t)] \cdot q_S^{-t} + [L_N - s_U(L_N - RBW_N)] \cdot q_S^{-N}$$

Tritt jedoch der Umstand ein, dass die steuerliche Nutzungsdauer geringer als die tatsächliche Nutzungsdauer ist ($N_S < N$), so muss berücksichtigt werden, dass nach Ablauf der steuerlichen Nutzungsdauer keine steuerlich wirksamen Abschreibungen vorgenommen werden können. Ein steuerlicher Restwert ist ebenfalls nicht mehr vorhanden. Es gilt:

$$C_{0;NST} = -I_0 + \sum_{t=1}^{N_S}[R_t - s_U(R_t - Ab_t)] \cdot q_S^{-t}$$

$$+ \sum_{t=N_S+1}^{N}[R_t - s_U(R_t)]q_S^{-t} + (L_N - s_U \cdot L_N) \cdot q_S^{-N}$$

3.7.3 Steuern im VoFi

Im VoFi wird prinzipiell dieselbe Vorgehensweise zur Berücksichtigung steuerlicher Effekte gewählt. Zuerst findet die Anpassung der Zahlungsreihen und die Ermittlung des Endwertes der Maßnahme nach Steuer $EW_{M;NST}$ statt.

---

[452] Vgl. Abschn. 3.8 auf S. 341.

[453] Vgl. Perridon/Steiner/Rathgeber (2017: 84).

Danach wird der Kalkulationszinssatz angepasst und die darauf aufbauende Berechnung des Endwertes der Opportunität nach Steuern $EW_{Opp;NST}$ durchgeführt. Jedoch ist die Anpassung der Zahlungsreihen etwas umfangreicher als beim Kapitalwert, da sich die Höhe der freien Mittel, die zur Tilgung der Kredite eingesetzt werden können, mit steigender Steuerbelastung verringert.

Dies führt zu einer Erhöhung der Zinszahlungen für Kredite und auf diese Weise zu einem verringerten Rückfluss aus dem Projekt. Der VoFi ist aus diesen Gründen um ein Modul zu erweitern, in dem die Steuerzahlungen oder Steuererstattungen ermittelt werden. In diesem Modul wird quasi die Ermittlung des Jahresüberschusses nachgebildet. Neben den Abschreibungen, die auch beim Kapitalwert berücksichtigt wurden, sind die Zinszahlungen und Zinserträge sowie die relevanten unternehmensrechtsform-spezifischen Sonderregelungen in Bezug auf weitere Hinzurechnungen oder Kürzungen zu berücksichtigen. Wie schon erwähnt, wird im weiteren Vorgehen von einer Kapitalgesellschaft ausgegangen. Zur Verdeutlichung wird das bisherige Beispiel zum VoFi an dieser Stelle aufgegriffen und weiter entwickelt.[454]

Fortführung des Beispiels 3.12:

In der Tabelle 3.39 ist das Ergänzungsmodul zur Ermittlung der Steuerbelastung bzw. Steuerentlastung dargestellt. Bei Ermittlung der Gewerbesteuer wurde der Freibetrag von 100.000 € berücksichtigt, so dass keine Hinzurechnungen vorgenommen wurden und die Einkünfte aus dem Investitionsobjekt die Basis sowohl für die Körperschafts- als auch für die Gewerbesteuer bilden. Der Hebesatz beträgt $H = 4$, der Solidaritätszuschlag ist bei der Ermittlung der Körperschaftssteuer ebenfalls zu berücksichtigen.

Tab. 3.39: Modul zur Ermittlung der Steuerlast/-erstattung. Quelle: Eigene Darstellung.

Zeitpunkte in Jahren / Positionen	t = 1	t = 2	t = 3	t = 4	t = 5
Einzahlungen	27.000	27.000	27.000	30.000	30.000
− Abschreibungen	19.000	19.000	19.000	19.000	19.000
− Zinsaufwand	5.550,00	3.156,49	2.640,00	2.160,00	1.680,00
+ Zinserträge	0	0	967,09	2.013,50	3.250,48
= Einkommen aus dem Objekt	2.450,00	4.843,51	6.327,09	10.853,50	12.570,48
Daraus resultierende Steuerzahlung bzw. -erstattung ($s_U = 0{,}29825$)	730,71	1.444,58	1.887,06	3.237,06	3.749,15

Für das Beispiel gilt: $s_U = 0{,}15825 + 0{,}14 = 0{,}29825$, wodurch mit dem Opportunitätszinssatz vor Steuern in Höhe von 7% der Diskontfaktor q_S folgendermaßen resultiert:

$$q_S = 1 + i \cdot (1 - s_U) = 1 + 0{,}07 \cdot (1 - 0{,}29825) = 1{,}0491225.$$

Das Investitionsobjekt wird komplett linear über die Laufzeit abgeschrieben. Das Steuermodul muss simultan mit dem Hauptmodul des VoFi erstellt werden, da wiederum für

---

[454] Vgl. Bspl. 3.12 auf S. 266.

jedes Jahr alle Transaktionen so zu gestalten sind, dass der Finanzierungssaldo den Wert null aufweist. Mit diesen Ergänzungsinformationen resultiert simultan der modifizierte VoFi, der in Tabelle 3.40 zu sehen ist.

Tab. 3.40: Beispiel des VoFi unter Berücksichtigung von Steuern. Quelle: Eigene Darstellung, in Anlehnung an: Schultz (2005: 161).

Zeitpunkte / Positionen	t = 0	t = 1	t = 2	t = 3	t = 4	t = 5
Rückflüsse	-95.000	27.000	27.000	27.000	30.000	30.000
Eigenkapital						
- Entnahme						
+ Einlage	35.000					
Ratenkredit						
+ Aufnahme	30.000					
- Tilgung		-6.000	-6.000	-6.000	-6.000	-6.000
- Sollzinsen		-2.400	-1.920	-1.440	-960	-480
Endfälliges Darlehen						
+ Aufnahme	15.000					
- Tilgung						-15.000
- Sollzinsen		-1.200	-1.200	-1.200	-1.200	-1.200
Kontokorrentkredit						
+ Aufnahme	15.000					
- Tilgung		-14.719,29	-280,71			
- Sollzinsen		-1.950	-36,49			
Ertragssteuern						
- Zahlung		-730,71	-1.444,58	-1.887,06	-3.237,06	-3.749,15
+ Erstattung						
Geldanlage						
- Anlage		0	-16.118,22	-17.440,04	-20.616,44	-6.821,34
+ Auflösung						
+ Habenzins				967,09	2.013,50	3.250,48
Finanzierungssaldo	0	0	0	0	0	0
Bestandsgrößen Kreditstand						
Ratentilgung	30.000	24.000	18.000	12.000	6.000	0
Endtilgung	15.000	15.000	15.000	15.000	15.000	0
Kontokorrent	15.000	280,71	0	0	0	0
Guthabenbestand		0	16.118,22	33.558,26	54.174,70	60.996,03
Bestandssaldo= Guthabenbestand -Kreditbestand	**-60.000**	**-39.280,71**	**-16.881,78**	**6.558,26**	**33.174,70**	**60.996,03**

Der Endwert der Maßnahme nach Steuern beträgt demzufolge $EW_{M;NST} = 60.996{,}03$ €. Um die absolute Vorteilhaftigkeit beurteilen zu können, ist als Vergleichswert der Endwert der Opportunität nach Steuern $EW_{Opp;NST}$ zu ermitteln. Dies geschieht unter Verwendung des steuer-adjustierten Kalkulationszinssatzes q_S wie folgt:

$$EW_{Opp;NST} = EK \cdot q_S^N$$

Für den Beispielfall resultiert der Endwert bei einem $q_S = 1{,}0491225$ in Höhe von $EW_{Opp;NST} = 44.483{,}51$ €. Dieser Endwert kann alternativ auch durch eine tabellarische Darstellung ermittelt werden (vgl. Tabelle 3.41).

Tab. 3.41: Alternative Ermittlung des Opportunitätsendwertes. Quelle: Eigene
Darstellung.

Zeitpunkte Positionen	t = 1	t = 2	t = 3	t = 4	t = 5
Guthabenbestand am Periodenbeginn	35.000	36.719,29	38.523,03	40.415,38	42.400,68
Zinserträge aus laufender Periode	2.450,00	2.570,35	2.696,61	2.829,08	2.968,05
− Steuerlast auf Zinserträge	730,71	766,61	804,26	843,77	885,22
= Für Wiederanlage verfügbarer Zinsbetrag	1.719,29	1.803,74	1.892,35	1.985,30	2.082,83
Guthabenbestand am Periodenende	36.719,29	38.523,03	40.415,38	42.400,68	44.483,51

*Da der Endwert der Maßnahme größer ist als der Endwert der Opportunität, ist das
Investitionsprojekt absolut vorteilhaft. Diese Aussage kann auch aufgrund eines Vergleiches der Verzinsungen getroffen werden. Dazu wird die VoFi-Eigenkapitalrentabilität
nach Steuern wie folgt berechnet:*

$$r_{VoFi;NST} = \sqrt[N]{\frac{EW_{M;NST}}{EK}} - 1$$

$$= \sqrt[5]{\frac{60.996,03\,€}{35.000\,€}} - 1$$

$$\approx 11,75\%$$

*Diese Rentabilität ist mit dem bereits ermittelten Opportunitätszinssatz nach Steuern
$i_{Opp;NST} = 4,91225\%$ zu vergleichen. Da $r_{VoFi;NST} > i_{Opp;NST}$, ergibt sich dieselbe Relation,
wie auf Basis der Absolutwerte.*

3.7.4 Zusammenfassende Kritik

Mit diesen Darstellungen wird die Betrachtung steuerlicher Wirkungen vor-
erst abgeschlossen. Gleichzeitig wird jedoch darauf hingewiesen, dass es sich
lediglich um prinzipielle Darstellungen handelt. Für eine detaillierte Betrachtung ist die konkrete Analyse und Beachtung der vielfältigen steuerlichen
Vorschriften und Besonderheiten in jedem Fall erforderlich. Die Diskussion
steuerlicher Aspekte wird im Rahmen der wertorientierten Unternehmenssteuerung wieder aufgenommen.[455]

---

[455] Vgl. Abschn. 4.2.5.4 auf S. 454.

3.8 Entscheidungen zu Nutzungsdauer und Ersatzzeitpunkt

3.8.1 Grundlagen

In den bisherigen Analysen wurde davon ausgegangen, dass die Nutzungsdauer des Investitionsobjektes vorgegeben ist. Dies ist jedoch oftmals nicht der Fall, sondern die wirtschaftlich optimale Nutzungsdauer ist vom Entscheidungsträger vor Beginn der Beschaffung und Installation eines Investitionsobjektes festzulegen.

Die Bestimmung dieser optimalen Nutzungsdauer zu Beginn des Lebenszyklus der Investition fußt auf der Annahme bestimmter zukünftiger Entwicklungen. Nach der Inbetriebnahme der Anlage kann sich durch nicht geplante Veränderungen im rechtlichen oder auch wirtschaftlichen Umfeld des Unternehmens bzw. durch technische Erneuerungen die bisher als optimal festgelegte Nutzungsdauer als nicht mehr aktuell herausstellen. In diesem Fall ist der optimale Ersatzzeitpunkt festzulegen. In beiden Fällen ist über die wirtschaftlich optimale Aussonderung der Anlage aus dem Produktionsprozess zu entscheiden. Der Unterschied besteht in dem Zeitpunkt der Betrachtung: die optimale Nutzungsdauer wird **vor Inbetriebnahme** und der optimale Ersatzzeitpunkt **nach Inbetriebnahme** der Anlage ermittelt.

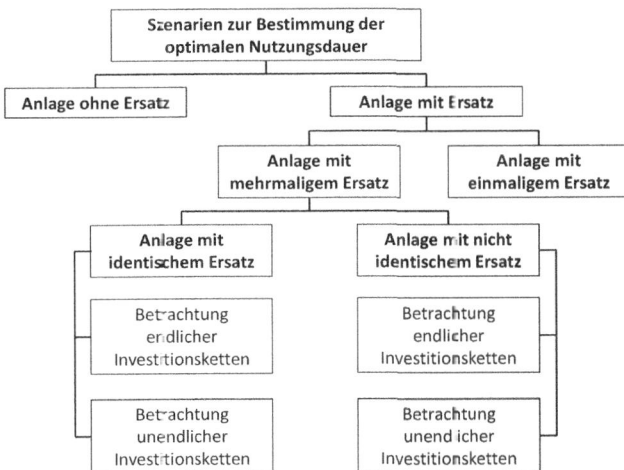

Abb. 3.16: Szenarien zur Bestimmung von Nutzungsdauer und Ersatzzeitpunkt. Quelle: Eigene Darstellung.

Die in der Abbildung 3.16 dargestellten Planungssituationen werden in den folgenden Abschnitten diskutiert. Dabei gilt die Annahme eines vollkommenen Kapitalmarktes.[456]

Um die Nutzungsdauer und den Ersatzzeitpunkt ermitteln zu können, sind Annahmen über die Entscheidungssituation erforderlich. Der Entscheidungsträger muss klären, ob die betrachtete Anlage eine Nachfolgeanlage besitzt. Wenn dies der Fall ist, muss außerdem festgestellt werden, wie viele Anlagen nachfolgen und welcher Art diese Nachfolgeanlagen sind (vgl. Abbildung 3.16).

3.8.2 Optimale Nutzungsdauer

3.8.2.1 Einführung

In diesem Zusammenhang sind die folgenden Arten von Nutzungsdauern zu unterscheiden:

- **Technische Nutzungsdauer:** Diese Nutzungsdauer wird ausschließlich durch technisch-physikalische Parameter bestimmt. Entscheidungen über Instandhaltungsmaßnahmen oder über den Weiterbetrieb werden ohne Rücksicht auf ökonomische Kriterien getroffen. Jede technisch realisierbare Instandhaltungsmaßnahme wird durchgeführt.
- **Ökonomisch optimale Nutzungsdauer:** Es muss jedoch berücksichtigt werden, dass nicht alle Maßnahmen, die technisch möglich sind, auch ökonomisch sinnvoll sind. Deshalb ist die Nutzungsdauer zu bestimmen, die unter Beachtung ökonomischer Gesichtspunkte optimal ist und deshalb als optimale Nutzungsdauer bezeichnet wird.
- **Steuerliche Nutzungsdauer:** Aus steuerlicher Sicht sind für viele technische Maschinen und Anlagen verbindliche Nutzungsdauern festgelegt. Diese Nutzungsdauern bilden die Grundlage für die Ermittlung der steuerlichen Abschreibungen, die als „Absetzung für Abnutzung" (AfA) bezeichnet werden.

Diese drei Formen der Nutzungsdauer werden für ein und dieselbe Anlage i. d. R. nicht identisch sein. Im weiteren Verlauf wird ausschließlich die **wirtschaftliche** Nutzungsdauer betrachtet.

Um die Effekte einer variierenden Nutzungsdauer zu modellieren, bieten sich die dynamischen Verfahren an. Es können sowohl die Modelle für den vollkommenen Kapitalmarkt (z. B. Kapitalwert) als auch für den unvollkommenen Kapitalmarkt (z. B. VoFi) dafür verwendet werden. Im weiteren Verlauf

---

[456] Vgl. Abschn. 3.3.6 auf S. 224.

wird ausschließlich der Kapitalwert eingesetzt, weshalb auf die für dessen Verwendung erforderlichen Annahmen verwiesen wird.[457]

3.8.2.2 Anlage ohne Ersatz

Zunächst wird die optimale Nutzungsdauer einer Anlage betrachtet, die am Ende ihrer Nutzungsdauer nicht durch eine andere Anlage ersetzt wird. Bei Verwendung des Kapitalwertkalküls ist diejenige Nutzungsdauer optimal, bei der der Kapitalwert als Funktion der Nutzungsdauer den maximalen Wert aufweist. Das Präferenzfunktional ist demzufolge der Kapitalwert. Jedoch ist keine optimale Alternative, sondern die optimale Nutzungsdauer zu bestimmten, weshalb gilt: $\Phi(N) = C_0(N)$. Die bisherigen Darstellungen beruhten auf der endlichen Menge zukünftiger Perioden $t \in T$ mit $T = \{1,2,3,...,N\}$, mit N als ex ante bekannter Nutzungsdauer.[458] In der jetzigen Situation muss N jedoch bestimmt werden. Basis dafür ist die endliche Menge S mit $S = \{1,2,3,...,\Omega\}$, wobei Ω die technisch maximale Nutzungsdauer bzw. das Ende des Zeithorizontes verkörpert. Gesucht ist optimale Nutzungsdauer $N_{opt} \in S$, bei welcher der Kapitalwert maximal ist. Das führt zur Entscheidungsregel 3.18.[459]

Entscheidungsregel 3.18: *Für eine Anlage ohne Ersatz ist diejenige Nutzungsdauer $N_{opt} \in S$ optimal, für die gilt:*

$$\Phi(N_{opt}) = \max_N \left[C_0(N) | C_0(N) \geq 0 \right].$$

Als zeitabhängige Einflussgrößen des Kapitalwertes sind die Aus- und die Einzahlungen während des Anlagenbetriebs sowie die Liquidationseinzahlungen betrachtungsrelevant. Die Rückflüsse als Differenz zwischen Ein- und Auszahlungen sinken im Zeitablauf. Das ist auf steigende Auszahlungen bzw. sinkende Einzahlungen zurückzuführen. Betriebs- und Instandhaltungsauszahlungen einer Anlage steigen oftmals im Zeitverlauf, wobei jedoch die Abhängigkeit von der gewählten Instandhaltungsstrategie zu beachten ist. Zu erzielende Liquidationseinzahlungen einer Anlage sinken ebenfalls im Zeitablauf. Sind am Ende der Nutzungsdauer noch Abbruchmaßnahmen erforderlich, so entstehen keine Einzahlungen, sondern Auszahlungen.

Aus der Zielfunktion der Maximierung des Kapitalwertes lässt sich die optimale Nutzungsdauer auch durch Betrachtung des **Grenzrückflusses** ermitteln. Auf dieser Basis wird der Grenzrückfluss hergeleitet. Ausgangspunkt ist

---

[457] Vgl. Abschn. 3.3.6 auf S. 224.

[458] Vgl. Abschn. 3.1.2 auf S. 165.

[459] Vgl. Busse von Colbe/Laßmann (1990: 132).

der Vergleich der Kapitalwerte zweier möglicher Nutzungsdauern N sowie $N-1$:[460]

$$C_0(N) \geq C_0(N-1)$$

$$C_0(N) = -I_0 + \sum_{t=1}^{N} R_t \cdot q^{-t} + L_N \cdot q^{-N}$$

$$= -I_0 + \sum_{t=1}^{N-1} R_t \cdot q^{-t} + R_N \cdot q^{-N} + L_N \cdot q^{-N}$$

$$C_0(N-1) = -I_0 + \sum_{t=1}^{N-1} R_t \cdot q^{-t} + L_{(N-1)} \cdot q^{-(N-1)}$$

$$C_0(N) = C_0(N-1) + R_N \cdot q^{-N} + L_N \cdot q^{-N} - L_{(N-1)} \cdot q^{-(N-1)}$$

$$= C_0(N-1) + R_N \cdot q^{-N} + L_N \cdot q^{-N} - L_{(N-1)} \cdot q^{-N} \cdot (1+i)$$

$$= C_0(N-1) + R_N \cdot q^{-N} + (L_N - L_{(N-1)}) \cdot q^{-N} - L_{(N-1)} \cdot q^{-N} \cdot i$$

Da für ein weiteres Jahr die Nutzungsdauer nur optimal ist, wenn gilt:

$$0 \leq C_0(N) - C_0(N-1)$$

muss gelten:

$$0 \leq R_N \cdot q^{-N} + (L_N - L_{(N-1)}) \cdot q^{-N} - L_{(N-1)} \cdot q^{-N} \cdot i$$

Multiplikation mit q^N ergibt:

$$0 \leq \underbrace{R_N + L_N - L_{(N-1)} - L_{(N-1)} \cdot i}_{\textit{Grenzeinzahlungsüberschuss } R'_N}$$

Es muss für R'_N gelten:

$$0 \leq R'_N$$

Das kann auch formuliert werden durch:

$$0 \leq R_N - (L_{(N-1)} - L_N) - L_{(N-1)} \cdot i$$
$$R_N \geq (L_{(N-1)} - L_N) + L_{(N-1)} \cdot i$$

---

[460] Vgl. Busse von Colbe/Laßmann (1990: 134–135).

Der Grenzrückfluss bzw. Grenzeinzahlungsüberschuss R'_N einer Anlage kann als derjenige Überschuss interpretiert werden, der über den Wertverlust der Anlage und die entgehenden Zinsen auf die Liquidationseinzahlung hinaus erwirtschaftet wird. Der Rückfluss des zusätzlichen Betriebsjahres R_N muss demzufolge größer sein als die beiden folgenden Wertkomponenten:

$$R_N \geq \underbrace{(L_{(N-1)} - L_N)}_{\textit{Wertverlust der Anlage}} + \underbrace{L_{(N-1)} \cdot i}_{\textit{Entgehende Zinsen auf Liquidationserlös}}$$

Diese Beziehung kann umformuliert werden zu:

$$i \leq \frac{R_N + L_N - L_{(N-1)}}{L_{(N-1)}}$$

Damit ist das Verhältnis von Grenzrendite und Kalkulationszinssatz im Kapitalwertmaximum beschrieben.[461] Um Aussagen über die optimale Nutzungsdauer zu treffen, wird im weiteren Verlauf angenommen, dass die jährlichen Grenzrückflüsse **streng monoton** sinken. Das kann auf sinkende

- Einzahlungsüberschüsse und/oder
- Liquidationseinzahlungen

zurückgeführt werden. Mit steigender Nutzungsdauer steigen i. d. R. die Auszahlungen für Instandhaltung, Instandsetzung und Wartung. Gleichzeitig sinken die Einzahlungen aus der Anlagennutzung, da die Wartungsmaßnahmen die Betriebszeit verkürzen. Der Restwert der Maschine sinkt ebenfalls mit zunehmender Nutzung. Mit der Annahme streng monoton sinkender Grenzrückflüsse wird eine idealtypische Entwicklung dieser Wertkomponenten modelliert.

Das Präferenzfunktional ist nun der Grenzrückfluss R'_N, weshalb gilt: $\Phi(N) = R'_N$. Ausgehend von streng monoton sinkenden Grenzrückflüssen R'_N kann die Entscheidungsregel 3.19 formuliert werden.

Entscheidungsregel 3.19: *Bei Annahme streng monoton sinkender Grenzrückflüsse R'_N ist für eine Anlage ohne Ersatz diejenige Nutzungsdauer $N_{opt} \in S$ optimal, für die gilt:*

$$\Phi(N_{opt}) = \min_N \, [R'_N | R'_N \geq 0].$$

Beispiel 3.26 dient der Veranschaulichung.

---

[461] Vgl. Schneider (1992: 103–104).

Beispiel 3.26:

Als Beispiel wird eine Anlage mit einer Investitionsauszahlung von 2.000 € betrachtet. Die Tabelle 3.42 führt weitere Eingangsdaten, die Grenzrückflüsse sowie die Kapitalwerte bei einmaliger Durchführung der Investition bei einem Kalkulationszinssatz von i = 0,05 auf.

Tab. 3.42: Optimale Nutzungsdauer ohne Wiederholung. Quelle: Eigene Darstellung.

Zahlungs-größen	Technisch mögliche Nutzungsdauer in Jahren						
	0	**1**	**2**	**3**	**4**	**5**	**6**
R_t	-2.000,00	900,00	800,00	700,00	500,00	300,00	200,00
L_N	1.600,00	1.350,00	1.100,00	850,00	600,00	350,00	0
R'_N		570,00	482,50	395,00	207,50	20,00	-167,50
$C_0(N)$		142,86	580,50	921,71	1.092,43	1.108,10	983,10

Im Jahr t = 5 ist die Bedingung $C_0(N) \geq C_0(N-1)$ bzw. $R'_N \geq 0$ letztmalig erfüllt, in den darauffolgenden Jahren nicht mehr. Eine Nutzungsdauer von 5 Jahren erweist sich demzufolge als optimal.

Das Beispiel verdeutlicht auch, dass der Kapitalwert aus der Summe der diskontierten Grenzrückflüsse besteht. Es kann also formuliert werden:

$$C_0(N) = \sum_{t=1}^{N} R'_t \cdot q^{-t}.$$

Damit wird erkennbar, dass der Kapitalwert steigt, solange die Grenzrückflüsse nicht negativ sind. Das Entscheidungskriterium des Grenzrückflusses liefert **didaktisch** wichtige Einsichten über den prinzipiellen Einfluss der Rückflüsse und Liquidationseinzahlungen für einen idealtypischen Wertverlauf. Eine rechentechnische Vereinfachung im Vergleich zur Kapitalwertermittlung ist mit der Verwendung dieses Kriteriums jedoch nicht verbunden.

3.8.2.3 Anlage mit einmaligem Ersatz

Nun wird die optimale Nutzungsdauer einer Anlage ermittelt, die einmal durch eine identische Anlage ersetzt wird. Identisch bedeutet in diesem Zusammenhang:[462]

- keine physische Identität der Objekte, sondern
- gleiche Ertragsfähigkeit, d. h. gleicher Kapitalwert bei gleicher Nutzungsdauer, was

---

[462] Vgl. Schäfer (2005: 139).

- gleiche Investitionsauszahlungen, aber ungleiche Zahlungsströme zulässt.

Das Ende der Nutzung der ersten Anlage fällt auf den Zeitpunkt, an dem die Nachfolgeanlage installiert wird, es resultiert eine Investitionskette.[463] Das Bestimmungskriterium für die optimale Nutzungsdauer bildet nun die Maximierung des Kapitalwertes nicht nur für eine Anlage, sondern für die Investitionskette (vgl. Abbildung 3.17).

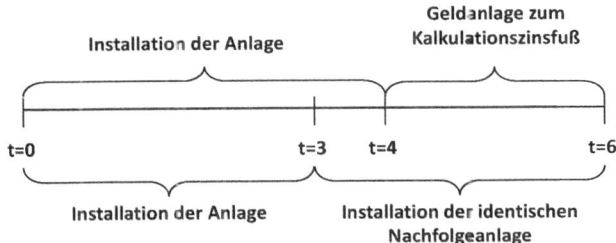

Abb. 3.17: Grundstruktur der Investitionskette. Quelle: Eigene Darstellung, in Anlehnung an: Schäfer (2005: 139).

Das Besondere an dieser „Zwei-Objekt-Kette" ist der Umstand, dass die zweite Anlage eine Anlage ohne Ersatz ist. Deren optimale Nutzungsdauer kann so ermittelt werden, wie es im vorangegangenen Abschnitt dargestellt wurde. Deshalb muss die Maximierung des Kapitalwertes der Investitionskette in Abhängigkeit von der Nutzungsdauer der ersten Anlage als Zielkriterium herangezogen werden.

Das Präferenzfunktional ist nun der Kapitalwert der zweigliedrigen Kette, weshalb gilt: $\Phi(N) = C_{0;K}(N)$. Gesucht ist die optimale Nutzungsdauer N_{opt}, bei welcher der Kapitalwert der Kette maximal ist. Das führt zur Entscheidungsregel 3.20.

Entscheidungsregel 3.20: *Für eine Anlage mit einmaligem, identischem Ersatz ist diejenige Nutzungsdauer $N_{opt} \in S$ optimal, für die gilt:*

$$\Phi(N_{opt}) = \max_{N} \left[C_{0;K}(N) | C_{0;K}(N) \geq 0 \right].$$

Auch für eine Anlage mit einmaligem Ersatz lässt sich die optimale Nutzungsdauer mittels des Kriteriums des Grenzrückflusses ermitteln, wenn die Rückflüsse streng monoton sinken. Als Grundlage dient wiederum die Forderung, dass die Nutzungsdauer der Anlage dann optimal ist, wenn der Kapitalwert ein Maximum aufweist. Im Fall der Anlage mit einmaligem Ersatz (A) folgt im Anschluss an die betrachtete Anlage eine Anlage ohne Ersatz

---

[463] Vgl. Def. 3.17 auf S. 240.

(B). Die optimale Nutzungsdauer der Anlage ohne Ersatz (B) wird mit der Vorgehensweise ermittelt, die oben dargestellt wurde. Deshalb ist nun lediglich die Frage nach der optimalen Nutzungsdauer der ersten Anlage – also der Anlage A – zu beantworten, und zwar unter Berücksichtigung des Kapitalwertes der Nachfolgeanlage B. Dieser Kapitalwert $C_{0;B}$ wird mit jedem weiteren Betriebsjahr der Anlage A in die Zukunft verschoben. Es ist der Kapitalwert der folgenden Investitionskette zu maximieren:[464]

$$C_{0;K} = \underbrace{C_{0;N_A}}_{\substack{Kapitalwert\,der\,Anlage\,A \\ im\,Zeitpunkt\,t=0}} + \underbrace{C_{0;B} \cdot q^{-N_A}}_{\substack{Auf\,t=0\,diskontierter\,Kapital- \\ wert\,der\,Anlage\,B\,ohne\,Ersatz}}$$

Da die optimale Nutzungsdauer der Anlage ohne Ersatz schon ermittelt wurde, ist lediglich die Frage nach der Nutzungsdauer der Anlage A zu beantworten. Um den Weiterbetrieb der Anlage A zu rechtfertigen, muss gelten:

$$C_{0;K}(N_A) \geq C_{0;K}(N_A - 1)$$

Deshalb muss gelten:

$$C_{0;K}(N_A) - C_{0;K}(N_A - 1) \geq 0$$

Der Kapitalwert der Investitionskette bei einem Betrieb der Anlage A über N_A Jahre ergibt sich mit:

$$C_{0;K}(N_A) = -I_0 + \sum_{t=1}^{N_A} R_t \cdot q^{-t} + L_{N_A} \cdot q^{-N_A} + C_{0;B} \cdot q^{-N_A}$$

$$= -I_0 + \sum_{t=1}^{N_A - 1} R_t \cdot q^{-t} + R_{N_A} \cdot q^{-N_A} + L_{N_A} \cdot q^{-N_A}$$

$$+ C_{0;B} \cdot q^{-N_A}$$

Der Kapitalwert der Investitionskette bei einem Betrieb der Anlage A über $N_A - 1$ Jahre resultiert aus:

$$C_{0;K}(N_A - 1) = -I_0 + \sum_{t=1}^{N_A - 1} R_t \cdot q^{-t} + L_{(N_A - 1)} \cdot q^{-(N_A - 1)}$$

$$+ C_{0;B} \cdot q^{-(N_A - 1)}$$

Für die Differenz des Weiterbetriebs über ein Jahr gilt:

$$C_{0;K}(N_A) - C_{0;K}(N_A - 1) = -I_0 + \sum_{t=1}^{N_A - 1} R_t q^{-t} + R_{N_A} q^{-N_A} + L_{N_A} q^{-N_A}$$

---

[464] Vgl. Schneider (1942: 105).

$$+ C_{0;B} \cdot q^{-N_A} - \left[-I_0 + \sum_{t=1}^{N_A-1} R_t q^{-t} \right]$$

$$- \left[L_{(N_A-1)} q^{-(N_A-1)} + C_{0;B} \cdot q^{-(N_A-1)} \right]$$

$$= R_{N_A} q^{-N_A} + L_{N_A} q^{-N_A} + C_{0;B} \cdot q^{-N_A}$$

$$- \left[L_{(N_A-1)} q^{-(N_A-1)} + C_{0;B} \cdot q^{-(N_A-1)} \right]$$

Da $0 \le C_{0;K}(N_A) - C_{0;K}(N_A - 1)$, folgt:

$$0 \le R_{N_A} q^{-N_A} + L_{N_A} q^{-N_A} + C_{0;B} \cdot q^{-N_A}$$

$$- \left[L_{(N_A-1)} q^{-(N_A-1)} + C_{0;B} \cdot q^{-(N_A-1)} \right]$$

Multiplizieren mit q^{N_A} führt zu:

$$0 \le R_{N_A} + L_{N_A} + C_{0;B} - L_{(N_A-1)} \cdot q + C_{0;B} \cdot q]$$

Umformulieren und vereinfachen führt zu:

$$0 \le R_{N_A} + L_{N_A} - L_{(N_A-1)} \cdot (1+i) + C_{0;B}$$

$$- C_{0;B} \cdot (1+i)$$

$$0 \le R_{N_A} + L_{N_A} - L_{(N_A-1)} - L_{(N_A-1)} \cdot i - C_{0;B} \cdot i$$

Mit $R'_{N_A} = R_{N_A} + L_{N_A} - L_{(N_A-1)} - L_{(N_A-1)} \cdot i$ kann formuliert werden:

$$0 \le R'_{N_A} - C_{0;B} \cdot i$$

Als Resultat folgt:

$$\boxed{R'_{N_A} \ge C_{0;B} \cdot i}$$

Der Grenzrückfluss R'_{N_A} einer Anlage mit einer Nachfolgeanlage ohne Ersatz muss größer sein als die Zinsen auf den Kapitalwert dieser Nachfolgeanlage. Der Grenzrückfluss eines weiteren Jahres Nutzungsdauer besteht aus den Rückflüssen des zusätzlichen Jahres R_{N_A}, der Minderung der Liquidationseinzahlung $\left(L_{(N_A-1)} - L_{N_A} \right)$ in der zusätzlichen Nutzungsperiode sowie den entgangenen Zinsen auf die Liquidationseinzahlung des Vorjahres $L_{(N_A-1)} \, i$. Nun kann die Entscheidungsregel 3.21 formuliert werden.

Entscheidungsregel 3.21: *Bei Annahme streng monoton sinkender Grenzrückflüsse R'_N ist für eine Anlage A mit einmaligem identischem Ersatz durch Anlage B diejenige Nutzungsdauer $N_{opt} \in S$ optimal, für die gilt:*

$$\Phi(N_{opt}) = \min_N \, [R'_N | R'_N \ge C_{0;B} \cdot i].$$

Wie auch im Fall der Anlage ohne Ersatz liefert das Kriterium des Grenzrückflusses primär **didaktische** Einsichten in die Struktur der Einflussgrößen. Das Beispiel 3.26 wird zur Erläuterung modifiziert und fortgesetzt.

Fortführung des Beispiels 3.26:

Die betrachtete Anlage kann einmalig wiederholt werden und wird als Anlage B bezeichnet. Diese Anlage ist eine Investition ohne Ersatz, weshalb die optimale Nutzungsdauer der Anlage aus der obigen Diskussion des Beispiels 3.26 übernommen werden kann. Diese beträgt fünf Jahre, der Kapitalwert der Anlage B liegt bei 1.108 € (vgl. Tabelle 3.43).

Tab. 3.43: Optimale Nutzungsdauer bei einmaliger Wiederholung. Quelle: Eigene Darstellung.

Zahlungs-größen	Technisch mögliche Nutzungsdauer in Jahren						
	0	**1**	**2**	**3**	**4**	**5**	**6**
R_t	-2.000,00	900,00	800,00	700,00	500,00	300,00	200,00
L_{NA}	1.600,00	1.350,00	1.100,00	850,00	600,00	350,00	0
R'_{NA}		570,00	482,50	395,00	207,50	20,00	-167,50
$C_{0;B} \cdot i$		55,41					
$C_{0;B} \cdot q^{-NA}$		1.055,33	1.005,08	957,21	911,63	868,22	826,88
$C_{0;N_A}$		142,86	580,50	921,71	1.092,43	1.108,10	983,10
$C_{0;K}(NA)$		1.198,19	1.585,57	1.878,93	2.004,06	1.976,32	1.809,98

Aus den vorgestellten Entscheidungskriterien resultiert eine optimale Nutzungsdauer von $t = 4$ Jahren. In dieser Periode ist die Bedingung $R'_{NA} \geq C_{0;B} \cdot i$ letztmalig erfüllt. Außerdem zeigt sich, dass in dieser Periode der Kapitalwert der zweigliedrigen Investitionskette den maximalen Wert von 2.004 € aufweist.

3.8.2.4 Anlage mit identischem, mehrmaligem Ersatz

Im vorangegangenen Abschnitt wurde davon ausgegangen, dass lediglich eine Nachfolgeanlage betrachtet wird. Jedoch ist es auch denkbar, dass nach dieser Nachfolgeanlage eine weitere Anlage im Unternehmen eingesetzt wird. Um in diesen Fällen die optimale Nutzungsdauer ermitteln zu können, wird die bereits dargestellte rekursive Vorgehensweise beibehalten. Ausgehend von dem letzten Kettenglied – einer Anlage ohne Ersatz – wird die optimale Nutzungsdauer des vorletzten Kettengliedes ermittelt. Dies ist wiederum die Basis für die Ermittlung der optimalen Nutzungsdauer des vorvorletzten Gliedes. In diesem Zusammenhang tritt der sog. „Ketteneffekt" bzw. das **„Gesetz der Ersatzinvestition"** auf. Damit wird die Tatsache beschrieben, dass in einer **endlichen Kette** identischer Investitionsobjekte die optimale Nutzungsdauer eines **jeden Kettengliedes** kürzer ist als die Nutzungsdauer des Nachfolgeobjektes und länger ist als die Nutzungsdauer des Vorgängerobjektes.[465]

Kann der Akteur nicht voraussagen, ob die Anlage einmal oder mehrmals ersetzt wird, bietet es sich an, von einer identischen unendlichen Wiederholung der Investition auszugehen.[466] Diese Annahme ist hinreichend gerechtfertigt, wenn angenommen wird, dass ein Investor sein Unternehmen auf langfristige Sicht betreibt und zur Aufrechterhaltung der Produktion eine entsprechende Anlage installieren muss. In diesem Fall kann eine unendliche Investitionskette betrachtet werden. Der Kapitalwert einer unendlichen Kette wurde ermittelt mit:[467]

$$C_{0;K;\infty} = C_{0;N}\frac{q^N}{q^N-1}$$

Das Präferenzfunktional ist nun der Kapitalwert der unendlichen Investitionskette, weshalb gilt: $\Phi(N) = C_{0;K;\infty}(N)$. Gesucht ist optimale Nutzungsdauer N_{opt}, bei welcher der Kapitalwert der Kette maximal ist. Das führt zur Entscheidungsregel 3.22.

Entscheidungsregel 3.22: *Für eine Anlage mit unendlichem, identischem Ersatz ist diejenige Nutzungsdauer $N_{opt} \in S$ optimal, für die gilt:*

$$\Phi(N_{opt}) = \max_N \left[C_{0;K;\infty}(N) | C_{0;K;\infty}(N) \geq 0 \right].$$

Es muss die Frage nach der optimalen Nutzungsdauer jeder Anlage der unendlichen Kette beantwortet werden, wobei jede Anlage eine identische Nutzungsdauer besitzt. Um den Weiterbetrieb der Anlage für ein weiteres Jahr zu rechtfertigen, muss gelten:

$$C_{0;K;\infty}(N) \geq C_{0;K;\infty}(N-1)$$
$$C_{0;K;\infty}(N) - C_{0;K;\infty}(N-1) \geq 0$$

Es gilt:

$$C_{0;K;\infty}(N) = C_0(N)\frac{q^N}{q^N-1}$$
$$= C_0(N)\frac{1}{1-q^{-N}}$$
$$C_{0;K;\infty}(N-1) = C_0(N-1)\frac{q^{N-1}}{q^{N-1}-1}$$

---

[465] Vgl. Preinreich (1940: 17). „*It is thus shown that, in any chain of replacements, each link must pay interest on the aggregate goodwills of all its successors. That is the general law of replacement.*" Preinreich (1953: 76). Zu einer Diskussion des Effektes für den Fall der Erweiterung bzw. Reduktion der Kapazität vgl. Zechner (1981). Dieses „Gesetz" ist jedoch nur im Fall einer flachen Zinsstruktur gültig. Vgl. Pfingsten/Ricke (2004).

[466] Vgl. Breuer (2012: 173–175).

[467] Vgl. Definition 3.18 auf S. 240.

$$= C_0(N-1)\frac{1}{1-q^{-(N-1)}}$$

Daraus folgt:

$$\frac{C_0(N)}{1-q^{-N}} - \frac{C_0(N-1)}{1-q^{-(N-1)}} \geq 0$$

$$C_0(N) \cdot \left(1 - q^{-(N-1)}\right) - C_0(N-1) \cdot \left(1 - q^{-N}\right) \geq 0$$

$$C_0(N) - C_0 \cdot q^{-(N-1)} - C_0(N-1) + C_0(N-1) \cdot q^{-N} \geq 0$$

mit:

$$R_N \cdot q^{-N} + (L_N - L_{(N-1)}) \cdot q^{-N} - L_{(N-1)} \cdot q^{-N} \cdot i = C_0(N) - C_0(N-1)$$

folgt:

$$R_N \cdot q^{-N} + (L_N - L_{(N-1)}) \cdot q^{-N} - L_{(N-1)} \cdot q^{-N} \cdot i$$
$$-C_0(N) \cdot q^{-(N-1)} + C_0(N) \cdot q^{-N} \geq 0$$

Multiplikation mit q^N führt zu:

$$\underbrace{R_N + L_N - L_{(N-1)} - L_{(N-1)} \cdot i}_{R'_N} - C_0(N) \cdot q + C_0(N) \geq 0$$

Damit folgt:

$$R'_N - C_0(N) \cdot q + C_0(N-1) \geq 0$$
$$C_0(N) \cdot q - C_0(N-1) \leq R'_N$$
$$C_0(N) \cdot (1+i) - C_0(N-1) \leq R'_N$$
$$C_0(N) + C_0(N) \cdot i - C_0(N-1) \leq R'_N$$

Mit:

$$R_N \cdot q^{-N} + (L_N - L_{(N-1)}) \cdot q^{-N}$$
$$-L_{(N-1)} \cdot q^{-N} \cdot i = C_0(N) - C_0(N-1)$$

folgt wiederum:

$$R_N \cdot q^{-N} + (L_N - L_{(N-1)}) \cdot q^{-N}$$
$$-L_{(N-1)} \cdot q^{-N} i + C_0(N) \cdot i \leq R'_N$$

Multiplikation mit q^N führt zu:

$$R'_N + C_0(N) \cdot i \cdot q^N \leq R'_N \cdot q^N$$

$$C_0(N) \cdot \frac{q^N \cdot i}{q^N - 1} \leq R'_N$$

Als Resultat folgt:

$$C_{0;K;\infty} \cdot i \leq R'_N$$

Der Grenzrückfluss R'_N muss demzufolge mindestens so groß sein, wie die Zinsen auf den Kapitalwert der unendlichen Kette. Damit kann die Entscheidungsregel 3.23 formuliert werden.

Entscheidungsregel 3.23: *Bei Annahme streng monoton sinkender Grenzrückflüsse R'_N ist für eine Anlage mit unendlichem identischem Ersatz diejenige Nutzungsdauer $N_{opt} \in S$ optimal, für die gilt:*

$$\Phi(N_{opt}) = \min_N \; [R'_N | R'_N \geq C_{0;K;\infty} \cdot i].$$

Der Kapitalwert der unendlichen Kette in der obigen Darstellung kann folgendermaßen umgeformt werden:

$$C_{0;K;\infty}(N) = C_0(N)\frac{q^N}{q^N - 1} \quad \bigg| \cdot i$$

$$C_{0;K;\infty}(N) \cdot i = C_0(N)\frac{q^N}{q^N - 1} \cdot i$$

Das entspricht der Annuität $An(N)$, da i der Annuitätenfaktor für unendliche Reihen ist bzw. $\frac{q^N \cdot i}{q^N - 1}$ der Annuitätenfaktor für endliche Reihen ist.[468]

Dieser Zusammenhang ermöglicht auch die folgende Interpretation: Der Kapitalwert einer unendlichen Investitionskette entspricht dem Barwert einer ewigen Rente in Höhe der Annuität $An(N)$. Das Maximum dieser Annuität bestimmt die optimale Nutzungsdauer. Somit kann die Annuität als Präferenzfunktional verwendet werden. Das führt zur Entscheidungsregel 3.24.[469]

Entscheidungsregel 3.24: *Für eine Anlage mit unendlichem, identischem Ersatz ist diejenige Nutzungsdauer $N_{opt} \in S$ optimal, für die gilt:*

$$\Phi(N_{opt}) = \max_N \; [An(N) | An(N) \geq 0].$$

Das Beispiel 3.26 wird wiederum zur Erläuterung modifiziert und fortgesetzt.

Fortführung des Beispiels 3.26:

Es wird das bisher diskutierte Beispiel modifiziert und eine unendliche Investitionskette unterstellt. Damit ergeben sich die in Tabelle 3.44 enthaltenen Resultate.

---

[468] Vgl. Tab. 3.8 auf S. 213.
[469] Vgl. Busse von Colbe/Laßmann (1990: 142).

Tab. 3.44: Optimale Nutzungsdauer bei unendlicher Wiederholung. Quelle: Eigene
Darstellung.

Zahlungs-größen	Technisch mögliche Nutzungsdauer in Jahren						
	0	1	2	3	4	5	6
R_t	-2.000,00	900,00	800,00	700,00	500,00	300,00	200,00
L_N	1.600,00	1.350,00	1.100,00	850,00	600,00	350,00	0
R'_N		570,00	482,50	395,00	207,50	20,00	-167,50
$C_0(N)$		142,86	580,50	921,71	1.092,43	1.108,10	983,10
$C_{0;K;\infty}(N)$		3.000,06	6.243,90	6.769,23	6.161,54	5.118,85	3.873,78
$An(N)$		150,00	312,20	338,46	308,08	255,94	193,69

Die optimale Nutzungsdauer beträgt drei Jahre. In dieser Periode weisen sowohl die zeit-
abhängige Annuität als auch der zeitabhängige Kapitalwert der unendlichen Kette ein
Maximum auf. Gleichzeitig ist in dem Jahr der optimalen Nutzungsdauer der Grenzein-
zahlungsüberschuss letztmalig größer als die Annuität. Die optimale Nutzungsdauer der
Anlage mit unendlicher Investitionskette ist in dem Beispiel ein Jahr kürzer als die
Nutzungsdauer einer Anlage mit einmaligem Ersatz.

Die Ergebnisse der bisherigen Analysen sind in der Abbildung 3.18 zu sehen.

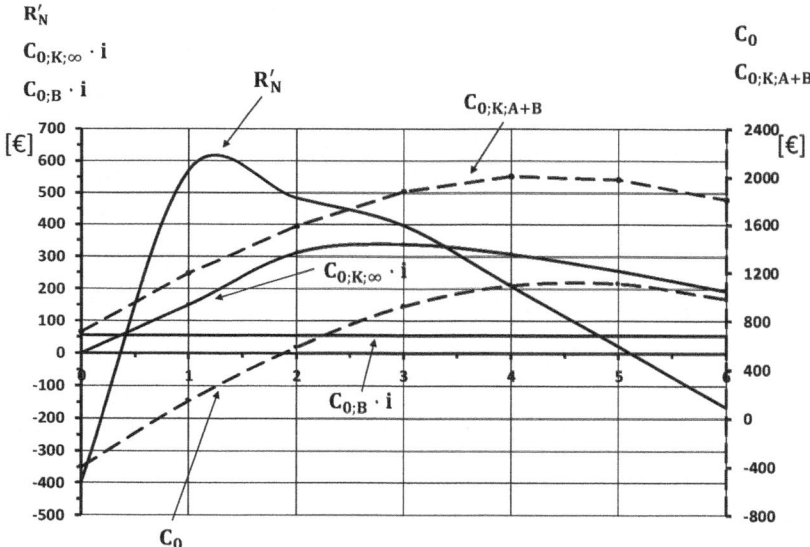

Abb. 3.18: Kapitalwerte und Grenzrückfluss in Abhängigkeit von der
Nutzungsdauer. Quelle: Eigene Darstellung.

In der Abbildung 3.18 sind:

- die Werte des Grenzrückflusses R'_N,

- der Wert der Zinsen auf den Kapitalwert der Nachfolgeanlage $C_{0;B} \cdot i$ und
- der Wert der Zinsen auf die unendliche Investitionskette $C_{0;K;\infty} \cdot i$

auf der **linken Achse** skaliert.

Für die Auswahl des Entscheidungskriteriums ist zu prüfen, ob eine Anlage durch identische Nachfolgeobjekte ersetzt werden kann und wie viele Wiederholungen möglich sind. Tabelle 3.45 fasst noch einmal die Entscheidungskriterien der unterschiedlichen Situationen zusammen.

Tab. 3.45: Entscheidungskriterien zur Ermittlung der optimalen Nutzungsdauer. Quelle: Eigene Darstellung.

Entscheidungs-kalkül / Situation	Kapitalwert	Grenzrückfluss
Anlage ohne Ersatz	$C_0(N) \to max$	$R'_N \geq 0$
Anlage mit einmaligem Ersatz	$C_{0;K} = C_{0;A} + C_{0;B} \cdot q^{-NA} \to max$	$R'_{NA} \geq C_{0;B} \cdot i$
Anlage mit unendlichem Ersatz	$C_{0;K;\infty} = C_0(N) \frac{q^N}{q^N - 1} \to max$	$R'_N \geq C_{0;K;\infty} \cdot i$

3.8.2.5 Anlage mit nicht identischem Ersatz

Die bisherigen Darstellungen waren dadurch gekennzeichnet, dass Investitionsketten betrachtet wurden, deren Glieder identisch sind. Diese Identität bewirkt identische Kapitalwerte und erlaubt die vereinfachte Konstruktion und Analyse von darauf basierenden Investitionsketten. Es lag eine **einstufige Entscheidung** vor.

Wenn die Voraussetzung identischer Investitionsobjekte nicht erfüllt ist, muss der Akteur Ketten bilden und analysieren, die aus nicht identischen Objekten bestehen. Dies impliziert einen **endlichen Zeithorizont**, da detaillierte Angaben zu den Einzelobjekten erforderlich sind, die gewöhnlich nur für einen begrenzten Planungshorizont verfügbar sind. Der Fall des nicht identischen, **unendlichen Ersatzes** aus der Abbildung 3.16 ist demzufolge **nicht sinnvoll** darstellbar. Aus diesem Grund wird an dieser Stelle lediglich das Szenario des **endlichen Ersatzes** nicht identischer Anlagen diskutiert.

Die Situation des Akteurs ist dadurch gekennzeichnet, dass er in jedem Jahr der Nutzungsdauer darüber entscheiden muss, ob die Anlage weiter genutzt oder durch eine nicht identische Nachfolgeanlage ersetzt wird. Der Akteur kann bzw. muss zu bestimmten Zeitpunkten eine Entscheidung herbeiführen. Er muss eine der Handlungsalternativen, die ihm zur Verfügung stehen, ergreifen. Die vom Akteur getroffene Entscheidung führt in der nächsten Periode zu einem Resultat. Wenn das Resultat eingetreten ist, kann der Akteur wiederum über seine weitere Vorgehensweise entscheiden. Auf diese Weise entsteht eine sequenzielle Entscheidungsabfolge, die auch als **mehrstufige Entscheidung** bezeichnet wird. Die Charakteristik sowie die notwendigen Annahmen von mehrstufigen Entscheidungen sind an anderer Stelle detailliert erläutert.[470]

Diese Annahmen werden auch für die vorliegende Situation getroffen. Für die weitere Betrachtung wird vorausgesetzt, dass der Akteur mit Sicherheit angeben kann, welche Resultate mit seinen Entscheidungen verbunden sind. Die Entscheidungssituation ist demzufolge durch **Sicherheit** über die eintretenden zukünftigen Ereignisse gekennzeichnet. Die Lösung dieses Problems erfolgt hier unter Rückgriff auf das **Entscheidungsbaumverfahren** in Kombination mit der rekursiven Vorgehensweise entsprechend dem **Optimalitätsprinzip**. Die Entscheidungsregel für diese Situation wird hier noch einmal rekapituliert (vgl. E.-regel 3.25).[471]

Entscheidungsregel 3.25: Bei Sicherheit ist diejenige Folge von Entscheidungen optimal, die die Summe der diskontierten Nutzenwerte maximiert. Es gilt:

$$\sum_{t=1}^{T} u_t(x_{t-1}, d_{t-1}) \cdot q^{-t} \to \underset{d_0, \ldots, d_{T-1}}{Max} !$$

In der E.-regel 3.25 beschreibt d_t die Entscheidung zum Zeitpunkt t und u_t verkörpert den Nutzen eines Ereignisses im Zeitpunkt t. Gesucht ist die nutzenmaximale Kombination von Anlagen und Nutzungsdauern. Als Entscheidungskriterium wird im Folgenden an der **Maximierung des Kapitalwertes** der Investitionsfolge festgehalten. Zur Erläuterung der rekursiven Vorgehensweise dient Beispiel 3.27.

Beispiel 3.27:

Es liegen die Ausgangsinformationen aus Tab. 3.46 vor. Anhand dieser Daten soll der Akteur die optimale Nutzungsdauer der Anlage A bestimmen. Diese hat eine technische Nutzungsdauer von drei Jahren. Jedes Jahr kann diese Anlage liquidiert werden. Anstelle der liquidierten Anlage A kann die Ersatzanlage B eingesetzt werden, die sich hinsichtlich technischer und ökonomischer Merkmale von der Maschine A unterscheidet. Alternativ kann der Akteur jedoch auch entscheiden, keine der Anlagen zu installieren. Die Anlage A steht nur in den Zeitpunkten t = 0 und t = 1 zur Auswahl. Danach kann ausschließlich in die modernere Anlage B investiert werden, die eine technische Nutzungsdauer von zwei Jahren hat und erst in einem Jahr zur Verfügung steht.

---

[470] Vgl. 2. Band, Abschn. 1.9 auf S. 221–225.
[471] Vgl. 2. Band, E.-regel 1.19 auf S. 226.

Tab. 3.46: Ausgangsdaten des Problems nicht identischer Nachfolger. Quelle: Eigene Darstellung.

Zeitpunkt	t=0	t=1	t=2	t=3
Anlage A:				
R_t	−2.000	1.000	900	800
L_N	2.000	1.000	500	0
Anlage B:				
R_t		−1.500	1.000	900
L_N		1.500	750	0

Die grafische Darstellung der Entscheidungssituation ist in der Abbildung 3.19 zu sehen. Der Zeithorizont des Akteurs beträgt drei Jahre. Das bedeutet, dass im Zeitpunkt t = 3 der Betrachtungshorizont rechnerisch geschlossen wird. Alle zu diesem Zeitpunkt noch bestehenden Anlagen werden rechnerisch liquidiert.

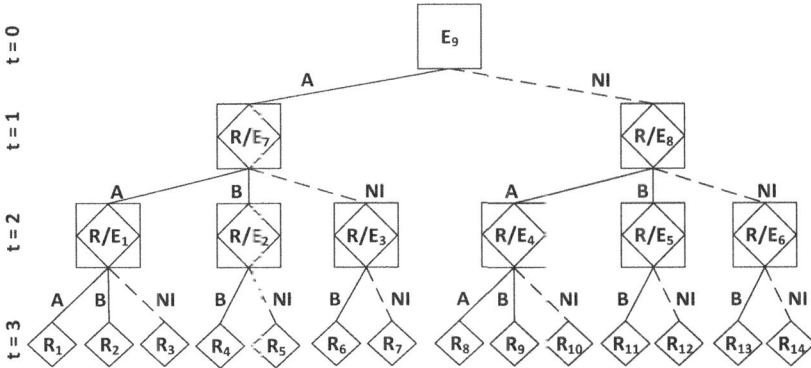

Abb. 3.19: Entscheidungsbaum der Nutzungsdauerentscheidung. Quelle: Eigene Darstellung.

*Die Ermittlung der optimalen Nutzungsdauer beginnt im Zeitpunkt der letztmöglichen Entscheidung, also in t = 2. Die Analyse beginnt auf der **linken Seite** der Grafik. Wenn sich der Akteur im Knoten $\bar{R}/E_1$ befindet, stehen ihm drei Alternativen zur Auswahl:*

- *Weiterbetrieb der Anlage A oder*
- *Liquidation der Anlage A und Installation der Anlage B oder*
- *Liquidation der Anlage A und Anlage der finanziellen Mittel zum Kalkulationszinssatz.*

Bei Verwendung eines Kalkulationszinssatzes von i = 10% resultieren folgende Ergebnisse:

$A \rightarrow A$:	$800 \, € \cdot 1{,}1^{-1}$	$= 727{,}27 \, €$
$A \rightarrow B$:	$500 \, € - 1.500 \, € + (1.000 \, € + 750 \, €) \cdot 1{,}1^{-}$	$= 590{,}91 \, €$
$A \rightarrow NI$:	$500 \, €$	$= 500 \, €$

Die Entscheidung, die im Knoten R/E_1 den Kapitalwert maximiert, ist der Weiterbetrieb der Anlage A im Jahr 3.

Der Knoten R/E_1 wird jedoch nur relevant, wenn sich der Akteur in der vorangegangenen Periode (t = 1) dafür entschieden hat, die Anlage A weiter zu betreiben. Er kann *sich jedoch auch dazu entschließen, die Anlage A zu liquidieren und an deren Stelle die Anlage B zu installieren. Diese Entscheidung führt ihn zum Knoten R/E_2. In diesem Knoten stehen lediglich zwei Alternativen zur Auswahl. Der Akteur kann die Anlage B weiter betreiben oder diese liquidieren und die Finanzmittel anlegen. Die Ergebnisse dieser Alternativen sind folgende:*

$$B \rightarrow B: \qquad 900\,€ \cdot 1,1^{-1} \qquad = 818,18\,€$$
$$B \rightarrow NI: \qquad 750\,€ \qquad\qquad = 750\,€$$

Die optimale Entscheidung in diesem Knoten ist der Weiterbetrieb der Anlage B.

Hätte der Akteur sich in der Vorperiode ($t = 1$) dazu entschieden die Anlage A zu liquidieren und gar keine Anlage zu installieren, würde ihn diese Entscheidung zum Knoten R/E_3 führen. In diesem Knoten kann sich der Akteur dazu entschließen die Anlage B für ein Jahr zu installieren oder für ein weiteres Jahr keine Anlage zu installieren. Der Wert der Unterlassung beträgt null. Der Wert der Installation der Maschine B für ein Jahr erwirtschaftet den folgenden Kapitalwert: $-1500\,€ + (1.000\,€ + 750\,€) \cdot 1,1^{-1}$. Dies ergibt einen Wert von 90,91 €, welcher größer ist als die konkurrierende Alternative. Im Knoten R/E_3 ist deshalb die Installation der Maschine B relativ vorteilhaft im Vergleich mit der Alternative „Nichts tun."

Diese Vorgehensweise wird nun für den Knoten R/E_7 verwendet und führt zu folgenden Resultaten:

$$A \rightarrow A \rightarrow max(R/E_1): \qquad (900\,€ + 727,27\,€) \cdot 1,1^{-1} \qquad = 1.479,34\,€^*$$
$$A \rightarrow B \rightarrow max(R/E_2): \qquad 1.000\,€ - 1.500\,€$$
$$+ (1.000\,€ + 818,18\,€) \cdot 1,1^{-1} \qquad = 1.152,89\,€$$
$$A \rightarrow NI \rightarrow max(R/E_3): \qquad 1.000\,€ + 90,91\,€ \cdot 1,1^{-1} \qquad = 1.082,65\,€$$

Die optimale Entscheidung im Knoten R/E_7 besteht im Weiterbetrieb der Anlage A. Der mit dem *-Zeichen versehene Wert stellt die relativ vorteilhafte Entscheidungsalternative des Knotens dar.

Als nächstes muss die **rechte Hälfte** *des Baumes analysiert werden. Für den Knoten R/E_4 folgt:*

$$A \rightarrow A: \qquad (900\,€ + 500\,€) \cdot 1,1^{-1} \qquad = 1.272,73\,€^*$$
$$A \rightarrow B: \qquad 1.000\,€ - 1500\,€ + (1.000\,€ + 750\,€) \cdot 1,1^{-1} \qquad = 1.090,91\,€$$
$$A \rightarrow NI: \qquad 1.000\,€ \qquad\qquad = 1.000\,€$$

Der Weiterbetrieb der Anlage A für das nächste Jahr ist die optimale Entscheidung. Da die Anlage A im Knoten R/E_4 erst das zweite Jahr in Betrieb ist, unterscheiden sich die Werte im Vergleich zum Knoten R/E_1. Für den Knoten R/E_5 hingegen resultieren dieselben Werte wie für den Knoten R/E_2, da die Situation identisch ist. Dasselbe gilt für die Relation von Knoten R/E_6 und Knoten R/E_3.

Für den Knoten R/E_8 folgt:

$$NI \rightarrow A \rightarrow max(R/E_4): \qquad -2.000\,€$$
$$+ [1.000\,€ + 1.272,73\,€] \cdot 1,1^{-1} \qquad = 66,11\,€$$
$$NI \rightarrow B \rightarrow max(R/E_5): \qquad -1.500\,€ + 1.000\,€ \cdot 1,1^{-1}$$
$$+ 818,18\,€ \cdot 1,1^{-1} \qquad = 152,89\,€^*$$
$$NI \rightarrow NI \rightarrow max(R/E_5): \qquad 90,91\,€ \cdot 1,1^{-1} \qquad = 82,65\,€$$

Im Knoten R/E_8 wäre die Installation der Anlage B die optimale Alternative.

*Als letzter Schritt muss die Betrachtung im Knoten E_9 erfolgen, der den Zeitpunkt der Bestimmung der optimalen Nutzungsdauer in $t = 0$ darstellt. Eine Alternative besteht in der **sofortigen Installation** der Anlage A. Dies ergibt den folgenden Kapitalwert:*

$$C_0(A) = -2.000\,€ + 1.000\,€ \cdot 1{,}1^{-1} + max\,(R/E_7) \cdot 1{,}1^{-1}$$
$$= -2.000\,€ + 1.000\,€ \cdot 1{,}1^{-1} + 1.479{,}34\,€ \cdot 1{,}1^{-1}$$
$$= \underline{253{,}94\,€}$$

Aus der bisherigen Betrachtung kann somit geschlussfolgert werden, dass bei einer sofortigen Installation der Maschine A und einem Betrieb dieser Anlage über drei Jahre ein Kapitalwert von 253,94 € erwirtschaftet wird. Die andere Alternative, die in $t = 0$ zur Auswahl steht, ist der Aufschub der Investition um ein Jahr. Der Kapitalwert dieser Alternative resultiert aus:

$$C_0(NI) = 0\,€ + max\,(R/E_8) \cdot 1{,}1^{-1}$$
$$= 152{,}89\,€ \cdot 1{,}1^{-1}$$
$$= \underline{138{,}99\,€}$$

Dieser Wert ist geringer, als der Wert der Sofortinvestition. Demzufolge beträgt die optimale Nutzungsdauer der Anlage A drei Jahre. Die Anlage sollte sofort installiert werden.

Diese Vorgehensweise beruht auf einer ganzen Reihe von Annahmen.[472] Besonders kritikwürdig ist die Annahme unveränderlicher Informationen und Präferenzen. Aus heutiger Sicht ist die ermittelte Vorgehensweise optimal. Trotz der angenommenen Sicherheit sind Veränderungen der Eingangsdaten bzw. Abweichungen von den Prognosen möglich sind. Damit ist jedoch – streng genommen – keine sichere Datenlage mehr gegeben.[473] Als "Lösung" kann die getroffene Entscheidung in einem Jahr daraufhin überprüft werden, ob neue Informationen vorliegen.

Das Problem kann auch durch vollständige Enumeration gelöst werden. Das besteht in der vollständigen Berechnung sämtlicher Handlungsvarianten. Für die Darstellung wird auf die Literatur verwiesen.[474]

---

[472] Vgl. 2. Band, Abschn. 1.3.1 auf S. 221.

[473] Vgl. 2. Band, Abschn. 1.3.4 auf S. 238 für eine umfangreiche Kritik.

[474] Vgl. Kruschwitz/Lorenz (2019a: 185).

3.8.3 Optimaler Ersatzzeitpunkt

3.8.3.1 Einführung

Nach der Inbetriebnahme einer Anlage sind die in der Investitionsplanung verwendeten Eingangsdaten und Annahmen zu überprüfen. Eine Reihe von finanziellen Bestimmungsgrößen wird sich nicht wie geplant entwickeln. Deshalb ist während des Betriebs der Anlage festzustellen, ob die ursprünglich als optimal ermittelte Nutzungsdauer noch gilt. Dies erfolgt im Rahmen der Ermittlung des optimalen Ersatzzeitpunktes. Aktuelle technische, rechtliche und finanzielle Informationen werden im Investitionslebenszyklus berücksichtigt. Auf dieser Basis wird der optimale Ersatzzeitpunkt der Anlage bestimmt. Es liegt dabei folgende Konstellation vor:

Soll die vorhandene Anlage sofort durch eine neue Anlage ersetzt oder weiter betrieben werden?

Die Beantwortung dieser Frage kann auf Basis der **statischen** und der **dynamischen** Verfahren erfolgen.

3.8.3.2 Verwendung von kalkulatorischen Verfahren

Kalkulatorische Verfahren werden i. d. R. zur Analyse des Ersatzes einer **einzigen** bestehenden Anlage eingesetzt. Die Betrachtung von Investitionsketten und weiteren Nachfolgeanlage erfolgt nicht.

Unter der Annahme von konstanten oder nicht existierenden Erlösen kann die **Kostenvergleichsrechnung** eingesetzt werden. Das entsprechende Entscheidungskriterium wurde von SCHNEIDER schon frühzeitig wie folgt formuliert: „*Die Entscheidung über sofortigen Ersatz oder Weiterbetrieb der alten Anlage beruht auf einem Vergleich der Summe aus dem jährlichen Kapitaldienst und den jährlichen Betriebsausgaben für die neue und die alte Anlage, wobei zu beachten ist, dass bei der Berechnung des Kapitaldienstes der alten Anlage an die Stelle der Anschaffungssumme der Anlage ihr Altwert im Kalkulationszeitpunkt tritt.*"[475] Das zugrunde liegende Kalkül lautet deshalb:

Die Altanlage ist zu ersetzen, wenn ihre Kosten höher sind, als diejenigen der Nachfolgeanlage.

---

[475] Schneider (1951: 100). Ähnlich auch Schneider (1942: 125–126).

Die Kosten der Neuanlage werden ermittelt, wie es bereits dargestellt wurde.[476] Die Kosten der Altanlage sind vom Grundsatz her **identisch strukturiert**, wie die Kosten der Neuanlage. Die Ermittlung der Betriebskosten gestaltet sich bei beiden Anlagen identisch, lediglich in Bezug auf den Kapitaldienst sind folgende Unterschiede darzustellen:

- Die Frage nach dem optimalen Ersatzzeitpunkt tritt nach der Inbetriebnahme auf und kann verschiedene Ursachen haben. Darauf wurde bereits hingewiesen.[477]

- Demzufolge existieren Unterschiede zwischen der ursprünglich geplanten Nutzungsdauer N_P[478] und der neu festgestellten tatsächlichen Nutzungsdauer N_T.

- Für die Ermittlung des Kapitaldienstes muss ermittelt werden, welche Auswirkungen die Änderung der ursprünglich geplanten Nutzungsdauer auf die Kostenbestandteile hat.

In diesem Zusammenhang werden folgende Szenarien unterschieden (vgl. Abb. 3.20):[479]

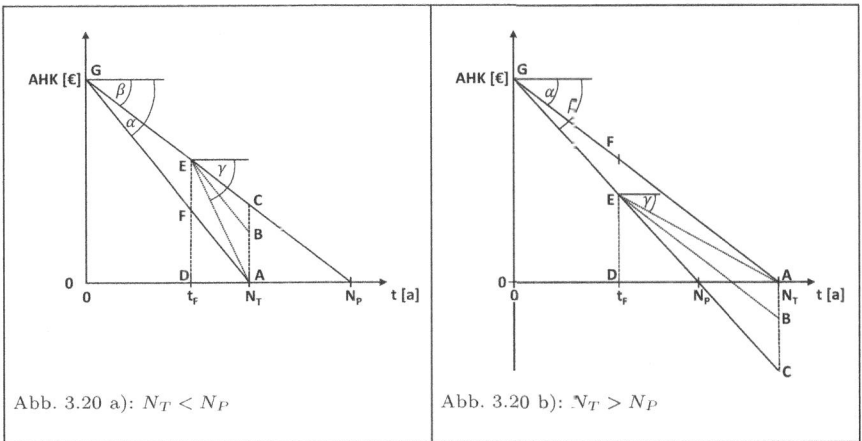

Abb. 3.20 a): $N_T < N_P$ Abb. 3.20 b): $N_T > N_P$

Abb. 3.20: Möglichkeiten bei falsch geschätzten Nutzungsdauern. Quelle: Eigene Darstellung, in Anlehnung an: Huch (1986: 59–60).

---

[476] Vgl. Def. 3.6 auf S. 191.

[477] Vgl. Abschn. 3.2.2.2.1 auf S. 179.

[478] Deren Ermittlung wurde im Abschn. 3.8.2 auf S. 342 vorgestellt.

[479] Vgl. Huch (1986: 59–61).

a) die tatsächliche Nutzungsdauer N_T ist kleiner als die geplante Nutzungsdauer N_P oder

b) die tatsächliche Nutzungsdauer N_T ist größer als die geplante Nutzungsdauer N_P.

Die Feststellung der Abweichung erfolgt zum Zeitpunkt t_F. Die bisherige
Abschreibung führte auf der Geraden $\overline{GE}$ zum Punkt E, in welchem der
Buchwert BW_F vorliegt. Wie in der Abb. 3.20 a) deutlich wird, sind im
ersten Fall drei Handlungsoptionen denkbar:[480]

a1) Es wird weiter mit dem ursprünglichen – also falschen – Jahresbetrag
    $tan\ \beta$ abgeschrieben. Damit ist am Ende der tatsächlichen Nutzungs-
    dauer ein Restbetrag $(\overline{AC})$ nicht abgeschrieben.

a2) Vom Zeitpunkt t_F an wird der – zu diesem Zeitpunkt vorliegende –
    Buchwert BW_F (entspricht der Strecke $\overline{DE}$) auf die Restnutzungsdauer
    $(N_T - t_F)$ verteilt. Das führt zum Abschreibungsbetrag $tan\ \gamma$ und einem
    Wertverlauf entlang der Geraden $\overline{AE}$. Damit erfolgt eine Abschreibung
    auf Null, die kostenrechnerisch betrachtet jedoch nicht korrekt ist. Wich-
    tig ist die Erfassung des tatsächlichen Werteverzehrs und nicht die Ab-
    schreibung der gesamten Anschaffungskosten. Schon der zum Zeitpunkt
    t_F vorliegende Buchwert ist kostenrechnerisch falsch. Damit ist eine wei-
    tere Abschreibung dieses Wertes ebenso inkorrekt. Der kostenrechnerisch
    korrekte Buchwert befindet sich im Punkt F. Die Differenz $\overline{EF}$ kann je-
    doch nicht mehr korrigiert werden.

a3) Wäre zum Zeitpunkt $t = 0$ die tatsächliche Nutzungsdauer bekannt ge-
    wesen, wäre die korrekte Abschreibung $tan\ \alpha$ gewesen. Eine Verwendung
    dieses Betrags vom Zeitpunkt t_F an führt zu einem nicht abgeschriebe-
    nen Restbuchwert $(\overline{AB})$. Dieser Betrag entspricht exakt der Differenz
    $\overline{EF}$ aus dem alten Buchwert E und dem neuen, korrigierten Buchwert
    F. Dass in den Vorperioden zu geringe Abschreibungsbeträge verwen-
    det wurden, ist vom Standpunkt der Betrachtung zum Zeitpunkt t_F aus
    Sicht der Kostenrechnung unerheblich. Die Vergangenheit kann nicht be-
    einflusst werden, jedoch kann in der Zukunft der Wert angesetzt werden,
    der bei Vorliegen der Information in $t = 0$ kalkuliert worden wäre. Dies
    ist der Betrag $tan\ \alpha$, so dass der korrigierte Wertverlauf $(\overline{BE})$ parallel
    zum ursprünglich korrekten Verlauf $(\overline{AG})$ erfolgt. Auf diese Weise wird
    ersichtlich, dass mit Eintreten der neuen Information in t_F kostenrech-
    nerisch und preiskalkulatorisch korrekt gehandelt wurde.

Die zweite Vorgehensweise ist aus Sicht des externen Rechnungswesens korrekt, wohingegen die erste Variante aus keiner Sicht korrekt ist. In keinem
der Fälle erfolgt eine Korrektur der Vorperioden. Die Buchung der **bilanziell**

---

[480] Vgl. Kosiol (1955: 200); Lücke (1959: 65); Huch (1986: 60).

zusätzlich notwendigen Abschreibungen $\overline{AB}$ erfolgt über das Anlagenwagnis-konto bzw. ein separates Abschreibungswagniskonto.[481] Diese Abschreibung hat den Charakter eines neutralen Aufwands,[482] und ist deshalb keine Kostenposition. Zur Erläuterung dient das Beispiel 3.28.

Beispiel 3.28:

Im Unternehmen wurde die Nutzungsdauer einer Maschine mit Anschaffungskosten von 120.000 € auf 10 Jahre geschätzt und lineare Abschreibung gewählt. In $t = 5$ wird festgestellt, dass die voraussichtliche Nutzungsdauer nur acht Jahre beträgt. Es ergeben sich folgende Handlungsoptionen:

1. *Es wird weiter mit dem ursprünglichen Jahresbetrag von 12.000 € abgeschrieben, so dass am Ende des achten Jahres 24.000 € nicht abgeschrieben wurden.*
2. *Vom Zeitpunkt $t = 5$ an wird der Buchwert in Höhe von 60.000 € auf die Restnutzungsdauer $N_T - t_F = 8 - 5 = 3$ verteilt. Das ergibt Abschreibungen in Höhe von 20.000 € jährlich, womit die Maschine komplett abgeschrieben ist.*
3. *Eine lineare Abschreibung von 120.000 € auf acht Jahre würde jährliche Abschreibungsbeträge von 15.000 € bewirken. Wenn diese ab dem Zeitpunkt $t_F = 5$ beginnend mit dem Buchwert von 60.000 € verwendet werden, wird ein Betrag von 15.000 € nicht abgeschrieben. Diese Differenz wird als neutraler Aufwand gebucht.*

Aus kostenrechnerischer Sicht ist die dritte Vorgehensweise korrekt.

Auf dieser Basis kann die Kalkulation der Kostenkomponenten der Altanlage erfolgen. Die Grundgleichung der Gesamtkosten lautete:[483]

$$K_{Gesamt} = K_{Betrieb} + \frac{I - L}{N} + \frac{I + L}{2} \cdot i_{kalk}$$
$$= K_{Betrieb} + (I - L)\left(\frac{1}{N} + \frac{i_{kalk}}{2}\right) + L \cdot i_{kalk}$$

Die Betriebskosten sind unkritisch und werden deshalb nicht analysiert. Die kalkulatorischen Komponenten sind im vorliegenden Fall noch zu ermitteln. Dazu werden folgende Äquivalenzen festgestellt:

$$Investitionssumme \ I \,\widehat{=}\, BW_F$$
$$Liquidationwert \ L \,\widehat{=}\, BW_F - \left[\frac{I_0}{N_T} \cdot (N_T - t_F)\right]$$
$$Nutzungsdauer \ N \,\widehat{=}\, N_T - t_F$$

---

[481] Vgl. Abschn. 3.2.2.2.3 auf S. 187.
[482] Vgl. Eisele/Knobloch (2019: 869–872).
[483] Vgl. Def. 3.7 auf S. 192.

Für die kalkulatorischen Abschreibungen folgt damit:

$$Ab_{kalk} = \frac{BW_F - \left[BW_F - \frac{I_0}{N_T} \cdot (N_T - t_F)\right]}{(N_T - t_F)}$$

$$= \frac{I_0}{N_T}$$

Die kalkulatorischen Zinsen ergeben sich mit:

$$Z_{kalk} = \frac{BW_F + \left[BW_F - \frac{I_0}{N_T} \cdot (N_T - t_F)\right]}{2} \cdot i_{kalk}$$

Diese Bestimmungsgleichungen sind in Def. 3.39 zusammengefasst.

Definition 3.39: *Weicht die tatsächliche Nutzungsdauer N_T von der geplanten Nutzungsdauer N_P ab, so ergeben sich folgende kalkulatorische Kostenkomponenten:*

$$Ab_{kalk} = \frac{I_0}{N_T}$$

$$Z_{kalk} = \frac{BW_F + \left[BW_F - \frac{I_0}{N_T} \cdot (N_T - t_F)\right]}{2} \cdot i_{kalk}$$

Zur Erläuterung wird das Beispiel 3.28 weitergeführt.

Fortführung des Beispiels 3.28:

Der Zeitpunkt der Feststellung der Nutzungsdaueränderung befindet sich in $t_F = 5$. Bis dahin wurden 5 Jahre lang jeweils 12.000 € abgeschrieben, so dass der Buchwert $BW_F = 60.000$ € ist. Der Kalkulationszinssatz beträgt 10% jährlich. Mit der Verkürzung der Nutzungsdauer von 10 Jahren auf 8 Jahre ergibt sich ein neuer Jahresabschreibungsbetrag in Höhe von:

$$Ab_{kalk} = \frac{120.000 \text{ €}}{8a}$$

$$= 15.000 \text{ €}/a$$

Kalkulatorische Zinsen resultieren jährlich mit:

$$Z_{kalk} = \frac{60.000 \text{ €} + \left[60.000 \text{ €} - \frac{120.000 \text{ €}}{8a} \cdot (8a - 5a)\right]}{2} \cdot 10\%/a$$

$$= 3.750 \text{ €}/a$$

Die Fortführung des Beispiels 3.28 zeigte die kostenrechnerisch korrekte Anpassung. Da die kalkulatorischen Verfahren auf den Informationen des internen Rechnungswesens aufbauen, müssten die Verfahrensweise und die Daten so in die Investitionsrechnung übernommen werden.

Es stellt sich die Frage, ob der nicht abgeschriebene Differenzbetrag $\overline{AB}$ in der Abb. 3.20 a), also der Restbuchwert, als neutraler Aufwand und Abschreibungswagnis erfasst wird, oder ob er im Rahmen der Investitionsrechnung dieser konkreten Maschine angerechnet wird. Aus Sicht der Kostenrechnung handelt es sich klar um einen neutralen Aufwand, der im Jahr der Feststellung zu verbuchen ist. Aus Sicht der Investitionsrechnung scheint diese Vorgehensweise ebenfalls konsistent, da auf diese Weise die Ersatzentscheidung nicht durch die Abschreibungen des Restbuchwertes unzulässig beeinflusst wird. Oftmals wird argumentiert, dem sofortigen Ersatz einer Altanlage stünde entgegen, dass sie noch nicht voll abgeschrieben ist, was jedoch beim Sofort-Ersatz erfolgen müsse.[484] Die skizzierte Vorgehensweise entkräftet diese Argumentation mit dem Verweis auf die kostenrechnerisch korrekte Behandlung: Eine Abschreibung des Restbuchwertes erfolgt, wird jedoch als neutraler Aufwand und nicht als Kosten behandelt. Das bedeutet gleichzeitig, dass an Stelle der zukünftigen, periodischen Abschreibungen dieses Betrags die sofortige, einmalige Erfassung als Aufwand erfolgt.

Für den Fall, dass die tatsächliche Nutzungsdauer größer ist, als die geplante Nutzungsdauer, sind drei ähnliche Handlungsalternativen möglich (vgl. Abb. 3.20 b)):[485]

b1) Es wird weiter mit dem ursprünglichen – also falschen – Jahresbetrag $tan\ \beta$ abgeschrieben. Damit ist am Ende der tatsächlichen Nutzungsdauer ein Betrag ($\overline{AC}$) zu viel abgeschrieben

b2) Vom Zeitpunkt t_F an wird der Buchwert ($\overline{DE}$) auf die Restnutzungsdauer ($N_T - t_F$) verteilt. Das führt zum Abschreibungsbetrag $tan\ \gamma$ und einem Wertverlauf entlang der Geraden $\overline{AE}$. Damit erfolgt eine Abschreibung auf Null, die kostenrechnerisch betrachtet jedoch nicht korrekt ist. Der zum Zeitpunkt t_F vorliegende Buchwert E ist kostenrechnerisch falsch, weshalb eine weitere Abschreibung dieses Wertes ebenso inkorrekt ist. Der kostenrechnerisch korrekte Buchwert befindet sich im Punkt F. Mit Eintreffen der neuen Information bezüglich der tatsächlichen Nutzungsdauer ergibt sich eine Buchwertdifferenz $\overline{EF}$, die jedoch kostenrechnerisch nicht mehr korrigiert werden kann.

b3) Wäre zum Zeitpunkt $t = 0$ die tatsächliche Nutzungsdauer bekannt gewesen, wäre die korrekte Abschreibung $tan\ \alpha$ gewesen. Eine Verwendung dieses Betrags vom Zeitpunkt t_F an führt zu einem zu viel abgeschriebenen Betrag ($\overline{AB}$). Trotzdem ist diese Verfahrensweise kostenrechnerisch richtig. Die korrigierte Wertentwicklung ($\overline{BE}$) verläuft parallel zum ursprünglich korrekten Verlauf ($\overline{AG}$). Der somit zu viel abgeschriebene

---

[484] Vgl. Hax (1993: 48).

[485] Vgl. Lücke (1959: 63); Huch (1986: 59); Coenenberg/Fischer/Günther (2016: 97–98).

Betrag $\overline{AB}$ entspricht exakt der Differenz $\overline{EF}$. Das ist die Differenz der Buchwerte bei Bekanntwerden der Nutzungsdauerabweichung zum Zeitpunkt t_F und ein Indikator dafür, dass seit Bekanntwerden der neuen Information kostenrechnerisch richtig gehandelt wurde.

Es werden in den Folgejahren demzufolge kostenrechnerisch Abschreibungen auf die Anlage vorgenommen, die jedoch finanzbuchmäßig bereits abgeschrieben ist. Die Erfassung dieser **Überabschreibungen** erfolgt wiederum über das Anlagen- bzw. Abschreibungswagniskonto. Der Belastung des Kontos „Kalkulatorische Abschreibungen" steht deshalb eine Gutschrift auf dem Wagniskonto (Wagnisgewinn) gegenüber, die als neutraler Ertrag zu interpretieren ist.[486]

Für die Ermittlung der Abschreibungen und der Zinsen gelten auch in diesem Fall die Bestimmungsgleichungen aus der Def. 3.39. Diese Vorgehensweise ergibt jedoch ein – zumindest aus investitionsrechnerischer Sicht – ungewohntes Ergebnis. Das wird am Beispiel 3.29 offensichtlich.

Beispiel 3.29:

Im Unternehmen wurde die Nutzungsdauer einer Maschine mit Anschaffungskosten von 252.000 € auf 6 Jahre geschätzt und lineare Abschreibung gewählt. In $t_F = 5$ wird festgestellt, dass die Nutzungsdauer voraussichtlich auf 7 Jahre verlängert wird. Der Kalkulationszinssatz beträgt 10% jährlich. Der Buchwert BW_F ergibt sich mit:

$$BW_F = 252.000\, € - \frac{252.000\, €}{6a} \cdot 5a$$
$$= 42.000\, €$$

Mit den Gleichungen aus Def. 3.39 ergeben sich für die Folgejahre nachstehende Werte:

$$Ab_{kalk} = \frac{252.000\, €}{7a}$$
$$= 36.000\, €/a$$

Kalkulatorische Zinsen resultieren jährlich mit:

$$Z_{kalk} = \frac{42.000\, € + \left[42.000\, € - \frac{252.000\, €}{7a} \cdot (7a - 5a) \right]}{2} \cdot 10\%/a$$
$$= 600\, €/a$$

Kalkulatorisch wird bis auf einen "negativen Restwert" von −30.000 € abgeschrieben. Dieser Wert stellt neutralen Ertrag dar. Die Summe der kalkulatorischen Zinsen ist gering, da neben der Kapitalbindung auch eine Kapitalfreisetzung durch die Überabschreibung, also die Zuschreibung, erfolgte.

An diesem Beispiel wird deutlich, dass Abschreibungen auch dann noch verrechnet werden, wenn das Investitionsobjekt bilanziell bereits vollständig ab-

---

[486] Vgl. Eisele/Knobloch (2019: 869–872).

geschrieben wurde. Das ist aus Sicht der Kostenkalkulation jedoch unerheblich.[487] Ziel ist eine möglichst reale Abbildung des Werteverzehrs, was nur auf diesem Wege erreicht wird.

Mit der erläuterten Vorgehensweise werden die erforderlichen Abschreibungen lediglich teilweise den kalkulatorischen Abschreibungen und somit als Kosten dem Investitionsobjekt zugerechnet, der Rest wird als neutrale Komponente (Aufwand/Ertrag) in die kalkulatorischen Wagnisse übernommen. Damit erfolgt:

- eine veränderte Zuordnung, was dazu führt, dass die Investitionsentscheidung nicht von den Abschreibungsmodalitäten beeinflusst wird sowie
- eine unterschiedliche Verteilung auf die Perioden, da der kalkulatorische Saldo (neutraler Aufwand oder Ertrag) im Jahr der Erfassung als Gesamtsumme ergebniswirksam wird und nicht – wie im Fall der Abschreibungen – über die Nutzungsdauer verteilt wird.

Die auf diese Weise kalkulierten Kosten der bestehenden Anlage sind den Kosten der Neuanlage gegenüberzustellen.

In den statischen Modellen werden lediglich Kosten berücksichtigt. Darüber hinaus wird die Betrachtung lediglich auf die alte und eine neue Anlage konzentriert und diejenigen Anlagen vernachlässigt, welche auf die Neuanlage folgen. Um diesen Nachteil zu überwinden, bietet sich die Verwendung des Kapitalwertes an.

3.8.3.3 Verwendung von dynamischen Verfahren

Um die Effekte des Ersatzes nicht nur für eine einzige Nachfolgeanlage, sondern für eine Kette von Folgeanlagen zu modellieren, bieten sich die dynamischen Verfahren an. Es können sowohl die Modelle für den vollkommenen Kapitalmarkt (z. B. Kapitalwert) als auch für den unvollkommenen Kapitalmarkt (z. B. VoFi) dafür verwendet werden. Im weiteren Verlauf wird nur der Kapitalwert eingesetzt, weshalb auf die für dessen Verwendung erforderlichen Annahmen verwiesen wird.[488]

Um das Problem lösen zu können, muss im ersten Schritt bestimmt werden, durch **welche Art von Nachfolger** die Anlage ersetzt werden soll. Dafür bieten sich die schon vorgestellten Szenarien an,[489] die auch für die Bestimmung des optimalen Ersatzzeitpunktes verwendet werden können.

---

[487] Vgl. Lücke (1959: 64).

[488] Vgl. Abschn. 3.3.6 auf S. 224.

[489] Vgl. Abb. 3.16 auf S. 341.

Wird von einem langfristig existierenden Unternehmen ausgegangen, kann die Annahme von **unendlich vielen** identischen **Nachfolgeobjekten** verwendet werden. Der optimale Ersatzzeitpunkt der Altanlage ist derjenige Zeitpunkt, bei dem der ersatzzeitpunktabhängige Kapitalwert der Kette – bestehend aus dem Kapitalwert der Altanlage und dem diskontierten Kapitalwert der unendlichen Nachfolgekette – maximal ist.

Das Präferenzfunktional ist nun der Kapitalwert der unendlichen Investitionskette. Gesucht ist die Restnutzungsdauer RND, bei welcher der Kapitalwert dieser Kette maximal ist, weshalb gilt: $\Phi(RND) = C_{0;Kette;\infty}(RND)$. Für den Kapitalwert dieser Investitionskette bei einem Ersatz in $t = RND$ gilt:

$$C_{0;Kette;\infty}(RND) = C_{0;Alt}(RND) + C_{0;Neu;\infty} \cdot q^{-RND}$$

Der Kapitalwert der Altanlage ergibt sich aus der Summe der Rückflüsse dieser Anlage in der verbleibenden Nutzungsdauer zuzüglich der Liquidationseinzahlung:

$$C_{0;Alt}(RND) = \sum_{t=0}^{RND} R_{t,Alt} \cdot q^{-t} + L_{RND} \cdot q^{-RND}$$

Der Kapitalwert der unendlichen Kette von identischen Nachfolgeobjekten ergibt sich mit einer vorher ermittelten optimalen Nutzungsdauer $N_{opt;Neu}$ aus:[490]

$$C_{0;Neu;\infty} = C_{0;Neu}(N_{opt;Neu}) \cdot \frac{q^{N_{opt;Neu}}}{q^{N_{opt;Neu}} - 1}$$

Mit diesen Komponenten kann der Kapitalwert der Kette wie folgt formuliert werden:

$$C_{0;Kette;\infty}(RND) = \sum_{t=0}^{RND} R_{t,Alt} \cdot q^{-t} + L_{RND} \cdot q^{-RND}$$

$$+ \; C_0 \; \frac{q^{N_{opt;Neu}}}{q^{N_{opt;Neu}} - 1} \cdot q^{-RND}$$

Damit kann Entscheidungsregel 3.26 formuliert werden.

Entscheidungsregel 3.26: _Für eine Anlage mit unendlichem, identischem Ersatz ist diejenige Restnutzungsdauer $RND_{opt} \in S$ optimal, für die gilt:_

$$\Phi(RND_{opt}) = \max_{RND} \left[C_{0;Kette;\infty}(RND) \,|\, C_{0;Kette;\infty}(RND) \geq 0 \right].$$

---

[490] Vgl. Def. 3.18 auf S. 240.

Auch für diese Problemstellung kann das Konzept des Grenzrückflusses eingesetzt werden, wenn die Grenzrückflüsse der Altanlage streng monoton sinken. Ist dies der Fall, wird die Altanlage so lange weiter betrieben, so lange gilt:

$$R'_{Alt} \geq An_{Neu}$$

Der Grenzrückfluss der Altanlage für den Betrieb über RND Jahre ergibt sich auf Basis der bereits bekannten Darstellungen aus:[491]

$$R' = R_{RND} - (L_{RND-1} - L_{RND}) - L_{RND-1} \cdot i$$

Die Annuität der Neuanlage kann ermittelt werden mit:

$$An_{Neu} = C_{0;Neu;\infty} \cdot i$$

Bei streng monoton sinkenden Grenzeinzahlungsüberschüssen reicht die Betrachtung von Annuität und Grenzeinzahlungsüberschüssen aus. Die alte Anlage ist so lange zu betreiben, wie deren Grenzeinzahlungsüberschüsse größer sind als die Annuität (der Durchschnittsgewinn) der neuen Anlage. Das Präferenzfunktional ist nun der Grenzrückfluss R'_{Alt}, weshalb gilt: $\Phi(RND) = R'_{Alt}$. Damit kann die Entscheidungsregel 3.27 formuliert werden.

Entscheidungsregel 3.27: *Bei Annahme streng monoton sinkender Grenzrückflüsse R'_N ist für eine Anlage mit unendlichem, identischem Ersatz diejenige Restnutzungsdauer $RND_{opt} \in S$ optimal, für die gilt:*

$$\Phi(RND_{opt}) = \min_{RND} [R'_{Alt}(RND) | R'_{Alt}(RND) \geq An_{Neu}].$$

Zur Veranschaulichung dient Beispiel 3.30.

Beispiel 3.30:

Tabelle 3.47 enthält die Ausgangsinformationen, wobei mit einem Zinssatz von 5 % gerechnet wurde. Der Kapitalwert der Neuanlage resultiert aus einer erforderlichen Investitionsauszahlung von 3.000 €, einer optimalen Nutzungsdauer $N_{opt;Neu}$ von vier Jahren und jährlichen Rückflüssen von 1.500 € mit: $C_{0;Neu} = 2.318,93$ €. Der Kapitalwert der unendlichen Reihe dieser Nachfolgeanlagen ergibt sich aus:

$$C_{0;Neu \infty}(N_{opt;Neu}) = C_0 \frac{q^{N_{opt;Neu}}}{q^{N_{opt;Neu}} - 1}$$

$$= 2.318,93 \text{ €} \frac{1,05^4}{1,05^4 - 1}$$

$$= 13.079,29 \text{ €}.$$

Mit diesen Informationen kann die Tab. 3.47 erstellt werden.

---

[491] Vgl. Abschn. 3.8.2.2 auf S. 343.

Tab. 3.47: Ermittlung des optimalen Ersatzzeitpunktes. Quelle: Eigene Darstellung.

Zahlungsgrößen	Technisch mögliche Nutzungsdauer in Jahren				
	0	1	2	3	4
Altanlage					
R_t	0	800,00	600,00	300,00	0
L_{RND}	500,00	400,00	300,00	200,00	100,00
R'_{Alt}	500,00	675,00	480,00	185,00	-110,00
$C_{0;Alt}(RND)$	500,00	1.142,86	1.578,23	1.738,04	1.647,54

	Neuanlage: $C_{0;Neu;\infty} = 13.079,29$				
$C_{0;Neu;\infty} \cdot q^{-RND}$	13.079,29	12.456,47	11.863,30	11.298,38	10.760,36

Investitionskette aus Altanlage und Barwert der unendlichen Nachfolgekette					
$C_{0;Kette;\infty}(RND)$	13.579,29	13.599,32	13.441,53	13.036,42	12.407,91
$An_{Neu} = C_{0;Neu;\infty} \cdot i$	653,96				

Das Maximum des Kapitalwertes der Kette aus Altanlage und unendlicher Kette an Nachfolgeanlagen wird mit einem Wert von 13.599,32 € erreicht, wenn die Altanlage noch ein weiteres Jahr betrieben wird. In diesem Jahr ist der Wert des Grenzeinzahlungsüberschusses der Altanlage mit 675,00 € letztmalig größer als die Annuität der Neuanlage in Höhe von 653,96 €. Die Altanlage sollte deshalb nicht sofort ersetzt, sondern noch ein weiteres Jahr betrieben werden.

Bei der vorgestellten Lösung handelt es sich um eine **einstufige Entscheidung**, die nur bei Annahme einer unendlichen Reihe identischer Nachfolgeanlagen zutreffend ist. Für andere Entscheidungssituationen sind diejenigen Vorgehensweisen anzuwenden bzw. zu adaptieren, die im Rahmen der Bestimmung der optimalen Nutzungsdauer vorgestellt wurden. Es handelt sich dann um nicht identische Anlagen, die eine **mehrstufige Entscheidungsfolge** erforderlich machen.[492]

3.8.4 Zusammenfassende Kritik

Die vorgestellten Verfahren bilden die Entscheidungssituation idealtypisch ab. Mit dem „**Gesetz der Ersatzinvestition**" wird ein wichtiger Effekt fortlaufender Investitionstätigkeit abgebildet. Die entwickelten Modelle können um weitere Aspekte, wie z. B. unvollkommener Kapitalmarkt, Steuern oder Unsicherheit, erweitert werden. Dazu bietet sich der vollständige Finanzplan an, der bereits erläutert wurde.[493]

---

[492] Vgl. Abschn. 3.8.2.5 auf S. 355.
[493] Vgl. Abschn. 3.5.1 auf S. 261.

3.9 Kritische Würdigung

Die im vorliegenden Abschnitt vorgestellten dynamischen Verfahren basieren sämtlich auf der Annahme von Sicherheit. Die Unsicherheit der Parameter wird nicht berücksichtigt. Trotzdem vermitteln die Modelle einen grundlegenden Einblick in das Zusammenwirken der Einflussgrößen. Darüber hinaus bilden die Verfahren die Grundlage für die Modellierung von Unsicherheit. Dies wird an anderer Stelle ausführlich erläutert.[494] Weiterhin ist die Berücksichtigung von lediglich finanziellen Aspekten zu kritisieren. Dies wurde in den einleitenden Bemerkungen ebenso herausgestellt, wie der Verweis auf die ergänzenden Methoden. Deshalb wird auf diese Ausführungen verwiesen.[495]

3.10 Aufgaben und Lösungen

3.10.1 Aufgaben

Hinweis: Bei sämtlichen Zahlungen handelt es sich um nachschüssige Zahlungen!

Aufgabe 3.1:

Ein Unternehmen weist in der Jahresbilanz folgende Werte aus:

- Anlagevermögen: 320.000 €,
- Umlaufvermögen: 400.000 €,
- Eigenkapital: 500.000 €,
- Darlehen bei Kreditinstituten: 200.000 €,
- Kundenanzahlungen: 20.000 €.

Im Anlagevermögen sind stille Reserven von 50.000 € enthalten. Ermitteln Sie die kalkulatorischen Zinsen für das Jahr, wenn der kalkulatorische Zinssatz $10\,\%$/a beträgt!

Hinweis: Die Lösung befindet sich auf S. 381.

Aufgabe 3.2:

Ihnen liegt eine Zahlungsreihe vor, die von $t = 1$ bis $t = 7$ jährlich denselben Betrag B erwirtschaftet. Im Zeitraum von $t = 8$ bis $t = 20$ wird wiederum jährlich ein konstanter Betrag erzielt, diesmal jedoch in Höhe von β. Ermitteln

---

[494] Vgl. Kap. 5 auf S. 483.
[495] Vgl. Abschn. 3.1.1 auf S. 161.

Sie für eine einfache Berechnung des Barwertes die Rentenbarwertfaktoren für die beiden Zeiträume!

Hinweis: Die Lösung befindet sich auf S. 382.

Aufgabe 3.3:

Gegeben sei folgende vereinfachte Schlussbilanz (Angaben in €):

Bilanz zum 31.12.2021

Aktiva		Passiva	
Grundstücke	200.000	Eigenkapital	600.000
Gebäude	600.000		
Maschinen	500.000	Rückstellungen	100.000
Fuhrpark	100.000		
Rohstoffe	150.000	Hypothek	700.000
Kasse	50.000	Verbindlichkeiten LuL	200.000
	1.600.000		1.600.000

Bestimmen Sie unter Verwendung dieser Bilanz sowie der folgenden Informationen die monatlichen kalkulatorischen Zinsen bei einem Referenzzinssatz von 7 % p.a.!

- 15 % der Gebäude sind fremd vermietet und werden nicht betrieblich genutzt,
- die Gebäude werden jährlich mit 3 % abgeschrieben,
- die Maschinen haben in 2019 ein Fünftel ihres Wertes verloren,
- die Abschreibung auf den Fuhrpark betrug 25.000 €,
- der durchschnittliche Rohstoffbestand lag bei 100.000 €,
- der Anfangsbestand der Kasse in 2019 lag bei 10.000 €,
- die Verbindlichkeiten aus Lieferungen und Leistungen (LuL) sind ohne Skonto zahlbar.

Hinweis: Die Lösung befindet sich auf S. 383.

Aufgabe 3.4:

In Ihrem Unternehmen wurde die Nutzungsdauer einer Maschine mit Anschaffungskosten von 100.000 € auf 5 Jahre geschätzt und lineare Abschreibung gewählt. Am 31. Dezember des dritten Jahres wird festgestellt, dass die voraussichtliche Nutzungsdauer voraussichtlich zehn Jahre betragen wird. Der Kalkulationszinssatz beträgt 10% jährlich. Wie hoch sind die korrigierten kalkulatorischen Abschreibungen und kalkulatorischen Zinsen pro Jahr?

Hinweis: Die Lösung befindet sich auf S. 383.

Aufgabe 3.5:

Sie haben am 01.01.2008 Fondsanteile im Wert von 20.000,-€ erworben. Zum Stichtag 31.12.2020 beträgt der Rücknahmekurs dieser Anteile 27.500,-€. Welche jährliche Verzinsung haben Sie erzielt?

Hinweis: Die Lösung befindet sich auf S. 384.

Aufgabe 3.6:

Sie haben einen Unfall mit Ihrem Kfz verursacht. Im Verlauf der Schadens-regulierung kristallisieren sich folgende Möglichkeiten heraus:

- Sie bezahlen den Schaden des Unfallgegners in Höhe von 2.500 € selbst.
- Sie schalten Ihre Haftpflichtversicherung ein, die diesen Schaden reguliert. Im Gegenzug werden Sie von der Schadensfreiheitsklasse (SFK) 15 in die SFK 9 zurückgestuft. Dass bewirkt folgende Erhöhungen der Jahresbei-träge:

t	0	1	2	3	4	5	6
Z_t [€]	700	600	500	400	300	200	100

Wie entscheiden Sie sich bei einem Kalkulationszinssatz von 1,5% p. a.?

Hinweis: Die Lösung befindet sich auf S. 384.

Aufgabe 3.7:

Ihnen und Ihren Erben wird ein lebenslanges, exklusives Fischereirecht für einen der 35 Seen im Lausitzer Seenland angeboten. Nach einigen Recherchen finden Sie heraus, dass Sie mit diesem Recht jährlich ca. 2.000 € erwirtschaf-ten könnten. Welchen Preis wären Sie bereit, für das Recht zu bezahlen? Gehen Sie von einem Zinssatz von 5 % p. a. aus!

Hinweis: Die Lösung befindet sich auf S. 384.

Aufgabe 3.8:

Sie erhalten eine Erbschaft in Höhe von 100.000€. Sie wollen das Geld so anlegen, dass Sie aus den Zinsen für 3 Jahre ein Leasing-Fahrzeug finanzie-ren können. Der Guthabenzinssatz beträgt aktuell 3 % pro Jahr und bleibt in Zukunft konstant. Sie kalkulieren mit Leasing-Raten von 3.000 € jährlich für das Fahrzeug. Für welchen Zeitraum müssen Sie die Erbschaft anlegen? Gehen Sie davon aus, dass sämtliche Zahlungen jährlich, nachschüssig anfal-len!

Hinweis: Die Lösung befindet sich auf S. 385.

Aufgabe 3.9:

Eine Investition verursacht eine Anschaffungszahlung von 80.000 €. Innerhalb der folgenden fünf Jahre ist mit laufenden Auszahlungen für den Anlagebetrieb von 25.000 €/a zu rechnen. Die Erlöse aus dem Betrieb der Anlage belaufen sich in den ersten beiden Jahren auf jeweils 35.000 € und in den restlichen Jahren auf jeweils 50.000 €. Der Liquidationserlös beträgt unabhängig von der Nutzungsdauer 5.000 €. Der Kalkulationszinssatz beträgt 7 %. Berechnen Sie:

- den statischen Durchschnittsgewinn pro Jahr
- die statische Durchschnittsrendite und
- die statische Amortisationsdauer!

Hinweis: Die Lösung befindet sich auf S. 385.

Aufgabe 3.10:

Ein Unternehmen plant die Durchführung eines Investitionsprojektes. Es liegen die zwei Alternativen A und B mit folgenden Daten vor:

Merkmale / Alternativen	Anlage A	Anlage B
Nutzungsdauer in Jahren	8	
Absatzmenge pro Jahr	25.000	24.000
Absatzpreis pro Produkteinheit [€/Stück]	8	
Anschaffungspreis [€]	220.000	240.000
Einrichtungs- und Frachtkosten [€]	25.000	30.000
Liquidationserlös am Laufzeitende [€]	15.000	
Fixe Betriebskosten [€/a]	10.000	24.000
Variable Stückkosten [€/Produkteinheit]	4,60	4,40
Kalkulationszinssatz [%/a]	7	

Ermitteln Sie das vorteilhaftere Projekt mit der:

a) Gewinnvergleichsrechnung,

b) Rentabilitätsrechnung sowie

c) statischen Amortisationsrechnung!

Hinweis: Die Lösung befindet sich auf S. 387.

Aufgabe 3.11:

Ein Unternehmen plant die Durchführung eines Investitionsprojektes und kann zwischen den beiden folgenden Alternativen wählen:

Merkmale \ Alternativen	Anlage A	Anlage B
Nutzungsdauer [Jahre]	6	
Auslastung [Stück/Jahr]	12.000	15.000
Anschaffungskosten [€]	60.000	90.000
Liquidationserlös am Laufzeitende [€]	0	
Fixe Betriebskosten [€/a]	2.850	3.150
Variable Stückkosten [€/Stück]	2,10	1,20
Kalkulationszinssatz [%/a]	7	

- Ermitteln Sie die relative Vorteilhaftigkeit der Anlagen!
- Da die Auslastung unsicher ist, werden Sie gebeten, die kritische Menge der Auslastung, bei der die Anlagen gleich vorteilhaft sind, zu ermitteln!

Hinweis: Die Lösung befindet sich auf S. 389.

Aufgabe 3.12:

Zu einer bereits installierten Anlage und zu deren potenzieller Nachfolge-Anlage stehen folgende Daten zur Verfügung:

Merkmale \ Alternativen	Altanlage	Neuanlage
geplante Nutzungsdauer der Neuanlage		8 Jahre
Restnutzungsdauer der Altanlage	3 Jahre	
Auslastung [Stück/Jahr]	12.000	
Fixe Betriebskosten [€/a]	2.000	
Anschaffungskosten [€]	40.000	90.000
Liquidationserlös zu Beginn der Restnutzungs-dauer [€]	18.000	
Liquidationserlös am Ende der Nutzungsdauer [€]	0	10.000
Variable Stückkosten [€/a]	19.000	10.000
Kalkulationszinssatz [%/a]	10	

Ermitteln Sie die Vorteilhaftigkeit des Sofort-Ersatzes mit der Kostenvergleichsrechnung!

Hinweis: Die Lösung befindet sich auf S. 391.

Aufgabe 3.13:

Gegeben seien die beiden Projekte A und B bei einem Kalkulationszinssatz von i = 8 % und folgenden Zahlungsreihen:

Zeitpunkte Alternativen	0	1	2	3	4	5
Projekt A	-100	30	40	30	20	20
Projekt B	-60	25	25	25		

Welches der Projekte ist bei Verwendung der:

a) Kapitalwertmethode,

b) Annuitätenmethode,

c) Internen-Zinssatz-Methode vorteilhaft?

Hinweis: Die Lösung befindet sich auf S. 391.

Aufgabe 3.14:

Ermitteln Sie die Vorteilhaftigkeit der Projekte aus der vorangegangenen Aufgabe mittels der Kapitalwertmethode und unter Berücksichtigung von Ertragssteuern! Gehen Sie dabei von den folgenden Annahmen aus:

• die Anlagen werden linear und vollständig über die Laufzeit abgeschrieben,

• die Anlagen werden komplett über Eigenkapital finanziert,

• es handelt sich um eine Kapitalgesellschaft,

• als Ertragssteuern sind zu berücksichtigen:

  – die Körperschaftssteuer zzgl. des Solidaritätszuschlages,

  – die Gewerbesteuer mit einem Hebesatz von 400 %.

Hinweis: Die Lösung befindet sich auf S. 392.

Aufgabe 3.15:

Die Betonhuber AG hat die Möglichkeit, ein Kiesvorkommen über einen Zeitraum von 10 Jahren auszubeuten. Dabei treten folgende Zahlungsströme auf:

Zahlungsgrößen Zeiträume	E_t [€]	A_t [€]
Erstes bis einschließlich fünftes Jahr	1.500.000	900.000
Sechstes bis einschließlich zehntes Jahr	2.000.000	1.000.000

Zum Erwerb und zur Erschließung sind insgesamt 5 Mio. € erforderlich, wovon eine Hälfte bei Vertragsabschluss in $t = 0$ und die zweite Hälfte nach einem Jahr zu zahlen ist. Zum Ende der Nutzungsdauer kann das Grundstück nach Rekultivierungsmaßnahmen als Naherholungsgebiet genutzt werden. Die in $t = 11$ erforderlichen Auszahlungen zur Rekultivierung belaufen sich auf 1 Mio. €. Die erzielbaren Einzahlungsüberschüsse aus der touristischen Nutzung werden mit jährlich 100.000 € angenommen, die beginnend ab t = 12 über einen unendlichen Zeitraum erzielt werden. Der Kalkulationszinssatz beträgt 8 %. Beurteilen Sie die Vorteilhaftigkeit der Maßnahme mit der Kapitalwertmethode!

Hinweis: Die Lösung befindet sich auf S. 393.

Aufgabe 3.16:

Der Planungszeitraum eines Investors beträgt 7 Jahre, das zu analysierende Investitionsobjekt verursacht Investitionsauszahlungen in Höhe von 2.000 €. Damit werden jährlich Rückflüsse in Höhe von 700 € erzielt. In Periode t=2 werden Instandhaltungsauszahlungen in Höhe von 100 € erforderlich, die in den darauf folgenden Jahren jährlich um 100 € ansteigen. Ein Verkauf des Investitionsobjektes ist zu jedem Zeitpunkt möglich. Die dabei erzielbaren Einzahlungen sinken bezogen auf den Vorjahreswert jährlich um 20 %.

a) Welche Nutzungsdauer ist bei einem Kalkulationszinssatz von 10 % optimal?

b) Wie groß ist der Grenzeinzahlungsüberschuss in t=3 und was besagt diese Zahl?

c) Welche Nutzungsdauer ist bei einem unendlichen Planungszeitraum und unter Annahme unendlicher, identischer Wiederholungen optimal?

Hinweis: Die Lösung befindet sich auf S. 393.

Aufgabe 3.17:

Eine Anlage ist durch folgende Informationen gekennzeichnet:

Zahlungs- größen	Technisch mögliche Nutzungsdauer in Jahren						
	0	1	2	3	4	5	6
R_t[€]	-580	180	150	150	140	140	85
L_N[€]		490	410	310	250	210	150

a) Wie lautet die optimale Nutzungsdauer ohne Ersatzanlage bei einem Kalkulationszinssatz von 10 %?

b) Welchen Betrag weist der Kapitalwert in dieser Periode auf?

c) Wie lautet die optimale Nutzungsdauer mit einmaliger, identischer Ersatzanlage bei einem Kalkulationszinssatz von 10 %? Welchen Betrag weist der Kapitalwert in dieser Periode auf?

Hinweis: Die Lösung befindet sich auf S. 394.

Aufgabe 3.18:

Ihr Unternehmen erhält eine Rechnung über 5.000 €, Zahlungsziel 60 Tage, bei Zahlung innerhalb von 10 Tagen 2,5 % Skonto. Ihre Finanzsituation ist so gestaltet, dass Sie für die Nutzung des Skontos Ihren Kontokorrentkredit für die komplette Summe in Anspruch nehmen müssten. Der nominelle Jahreszins des Kontokorrentkredits beträgt 7,5 % p. a. Wie entscheiden Sie sich?

Hinweis: Die Lösung befindet sich auf S. 394.

Aufgabe 3.19:

Für Ihr Unternehmen wollen Sie einen Firmenwagen für den Kaufpreis von 20.000 € erwerben. Ein Autohaus bietet Ihnen ein Leasing-Konzept mit konstant 375,– € pro Monat für eine Laufzeit von 72 Monaten an. Ihre Hausbank bietet Ihnen einen Kredit mit einer jährlichen Nominalverzinsung von 5 % an. Der Restwert des Fahrzeuges beträgt Null, eine Anzahlung wird durch Sie nicht vorgenommen. Die Leasingraten fallen immer am Ende des Monats an. Für welches Angebot entscheiden Sie sich, wenn keine steuerlichen Effekte zu berücksichtigen sind?

Hinweis: Die Lösung befindet sich auf S. 395.

Aufgabe 3.20:

Ihr Unternehmen benötigt einen Kredit in Höhe von 100.000 €. Ihre Hausbank bietet Ihnen einen Zinssatz von 3,5 % p. a. bei einer Auszahlung von 95 % an. Die Gesamtlaufzeit beträgt 15 Jahre, wovon die ersten 5 Jahre tilgungsfrei sind. Nach der tilgungsfreien Zeit wird der Kredit mittels Annuität bedient. Ermitteln Sie den Effektivzins dieses Angebotes!

Hinweis: Die Lösung befindet sich auf S. 395.

Aufgabe 3.21:

Der Kapitalwert einer Investition mit sechsjähriger Nutzungsdauer und bei Verwendung eines Kalkulationszinssatzes von 9 % beträgt 1.000 €. Wie groß ist der Kapitalwert einer unendlichen Kette identischer Investitionen?

Hinweis: Die Lösung befindet sich auf S. 396.

Aufgabe 3.22:

Zu einer Investitionsmaßnahme sind folgende Ausgangsdaten gegeben:

Investitionssumme:	$I_0 = 90.000\,€$
Rückflüsse:	$R_1 = R_2 = R_3 = 35.000\,€$
Eigenmittel:	$30.000\,€$
Kredit mit Endtilgung:	$25.000\,€$ zu 6 % p. a.
Ratenkredit:	$30.000\,€$ zu 5 % p. a.
Kontokorrentkredit:	$5.000\,€$ zu 11 %p. a.
Guthabenzinssatz:	4 % p. a.
Opportunitätszinssatz:	4,5 % p. a.

a) Ermitteln Sie die absolute Vorteilhaftigkeit mit der Methode des vollständigen Finanzplanes! Nutzen Sie folgende Struktur:

Zeitpunkte Positionen	t = 0	t = 1	t = 2	t = 3
Zahlungsreihe				
Eigenmittel				
Kredit mit Ratentilgung				
Tilgung				
Zinsen				
Kredit mit Endtilgung				
Tilgung				
Zinsen				
Kontokorrentkredit				
Tilgung				
Zinsen				
Geldanlage				
Habenzinsen				
Finanzierungssaldo				
Bestandsgrößen				
Ratentilgung				
Endtilgung				
Kontokorrent				
Guthabenbestand				
Bestandssaldo (EW_M)				

b) Ermitteln Sie die Rentabilität der eingesetzten eigenen Finanzmittel!

c) Welches ist der wesentliche Unterschied zwischen der Kapitalwertmethode und der Methode der vollständigen Finanzpläne?

Hinweis: Die Lösung befindet sich auf S. 397.

Aufgabe 3.23:

Verwenden Sie die Ausgangsdaten aus Aufgabe 3.22 und erweitern Sie die Analyse um Ertragssteuern inkl. des Solidaritätszuschlags. Berücksichtigen Sie dabei folgende Punkte:

- Es handelt sich um eine Kapitalgesellschaft.
- Der Hebesatz der Gemeinde, in der die Gesellschaft ihren Sitz hat, beträgt $H = 3$.
- Das Investitionsobjekt wird linear und vollständig während der Laufzeit abgeschrieben.

a) Ermitteln Sie die absolute Vorteilhaftigkeit auf Basis des VoFi-Endwertes nach Steuern!

b) Ermitteln Sie die VoFi-Eigenkapitalrentabilität nach Steuern und interpretieren Sie diese!

Hinweis: Die Lösung befindet sich auf S. 398.

Aufgabe 3.24:

In einer Kapitalgesellschaft soll ein Investitionsprojekt mit der folgenden Zahlungsreihe beurteilt werden:

t =	0	1	2	3	4	5
Z_t [€]	-2.000	600	600	600	600	600

Ermitteln Sie die Vorteilhaftigkeit des Projektes auf Basis der Kapitalwertmethode bei Verwendung eines Kalkulationszinssatzes von $i = 0{,}05$:

a) ohne Berücksichtigung von Ertragssteuern und

b) mit Berücksichtigung von Ertragssteuern!

Gehen Sie dabei von den folgenden Annahmen aus:

- Die Anlage wird komplett über Eigenkapital finanziert und die Abschreibung geschieht linear und vollständig über die Laufzeit.
- Als Ertragssteuern sind die Körperschaftssteuer zzgl. des Solidaritätszuschlages sowie die Gewerbesteuer mit einem Hebesatz von 200 % zu berücksichtigen.

c) Analysieren Sie die Kapitalwertdifferenz indem Sie eine Aufspaltung in den Volumeneffekt und in den Zinseffekt vornehmen!

d) Welche Zahlungen verkörpert der Volumeneffekt?

e) Durch welche Relation von Volumen- und Zinseffekt kann es zu dem sog. Steuerparadoxon kommen?

Hinweis: Die Lösung befindet sich auf S. 400.

Aufgabe 3.25:

In Ihrem Unternehmen muss eine Nachfolgeinvestition getätigt werden. Es stehen Ihnen zwei Anlagen mit den Informationen aus der folgenden Tabelle zur Auswahl.

Merkmale \ Alternativen	Anlage A	Anlage B
Anschaffungsauszahlung [€]	9.000	12.000
Nutzungsdauer [Jahren]	3	4
Liquidationseinzahlung [€]	0	0
Rückflüsse [€]		
t=1	3.000	3.000
t=2	4.000	4.000
t=3	5.000	4.000
t=4	0	6.000

Die Anlagen werden vollständig in Übereinstimmung mit den Steuervorschriften linear abgeschrieben, der Kalkulationszinssatz beträgt i=10 % p. a. Die Anlagen befinden sich im Besitz einer Kapitalgesellschaft, der Hebesatz der betreffenden Gemeinde beträgt 300 %.

Ermitteln Sie die relative Vorteilhaftigkeit der Anlagen mit der Kapitalwertmethode unter Berücksichtigung der Gewerbesteuer und der Körperschaftssteuer (inkl. Solidaritätszuschlag)!

Hinweis: Die Lösung befindet sich auf S. 401.

3.10.2 Lösungen

Lösung zur Aufgabe 3.1 auf S. 371:

1. Berechnung des betriebsnotwendigen Vermögens:

	Anlagevermögen	320.000 €
+	Stille Reserven	50.000 €
+	Umlaufvermögen	400.000 €
=	Betriebsnotwendiges Vermögen	770.000 €

2. Berechnung des betriebsnotwendigen Kapitals:

	Betriebsnotwendiges Vermögen	770.000 €
−	Abzugskapital	20.000 €
=	Betriebsnotwendiges Kapital	750.000 €

3. Berechnung kalkulatorische Zinsen

Kalkulatorische Zinsen = 750.000 € · 0,1
Kalkulatorische Zinsen =   75.000 €

Lösung zur Aufgabe 3.2 auf S. 371:

Der gesamte Barwert G_0 der Zahlungsreihe wird wie folgt ermittelt:

$$G_0 = \sum_{t=1}^{t=7} B_t \cdot q^{-t} + \sum_{t=8}^{t=20} \beta_t \cdot q^{-t}$$

Da die Beträge B_t und β_t in den Summen jeweils gleich groß sind, kann formuliert werden:

$$G_0 = B_t \cdot \sum_{t=1}^{t=7} q^{-t} + \beta_t \cdot \sum_{t=8}^{t=20} q^{-t}$$

Der Rentenbarwertfaktor der ersten Summe folgt:

$$G_0 = B_t \cdot \frac{q^7 - 1}{q^7 \cdot i} + \beta_t \cdot \sum_{t=8}^{t=20} q^{-t}$$

Der Rentenbarwertfaktor der zweiten Summe ergibt sich folgendermaßen:

$$S = \sum_{t=8}^{t=20} q^{-t}$$

$$S = \qquad q^{-8} + q^{-9} + q^{-10} + \cdots + q^{-18} + q^{-19} + q^{-20}$$

$$S \cdot q = q^{-7} + q^{-8} + q^{-9} + q^{-10} + \cdots + q^{-18} + q^{-19}$$

$$S \cdot q - S = q^{-7} - q^{-20}$$

$$S \cdot (q - 1) = q^{-7} - q^{-20}$$

$$S = \frac{q^{-7} - q^{-20}}{q - 1}$$

Üblicherweise wird noch folgende Umformung vorgenommen:

$$S = \frac{q^{-7} - q^{-20}}{q - 1} \quad | \quad \cdot \frac{q^{20}}{q^{20}}$$

$$S = \frac{q^{13} - 1}{q^{20}(q - 1)}.$$

Mit diesen Termen kann die Gesamtsumme wie folgt gebildet werden:

$$G_0 = B_t \cdot \frac{q^7 - 1}{q^7 \cdot i} + \beta_t \cdot \frac{q^{13} - 1}{q^{20} \cdot i}$$

Lösung zur Aufgabe 3.3 auf S. 372:

nicht abnutzbares Anlagevermögen (volle AK bzw. WBK)

Grundstücke	200.000,00 €	

+ abnutzbares Anlagevermögen (halbe AK bzw. WBK)

Gebäude: $\dfrac{0{,}85 \cdot 600.000 \, € \cdot (1 + {}^{1}/_{0{,}97})}{2}$ = + 517.886,60 €

Maschinen: $\dfrac{500.000 \, € \cdot (1 + {}^{1}/_{0{,}80})}{2}$ = + 562.500,00 €

Fuhrpark: $\dfrac{125.000 \, € + 100.000 \, €}{2}$ = + 112.500,00 €

= betriebsnotwendiges Anlagevermögen = 1.392.886,60 €

+ betriebsnotwendiges Umlaufvermögen (Durchschnittswerte)

Rohstoffe: + 100.000,00 €

Kasse: $\dfrac{10.000 \, € + 50.000 \, €}{2}$ = + 30.000,00 €

= betriebsnotwendiges Vermögen = 1.522.886,60 €

− Abzugskapital

Rückstellungen − 100.000,00 €

zinslose Verbindlichkeiten − 200.000,00 €

= betriebsnotwendiges Kapital = 1.222.886,60 €

Zinsbetrag: $\dfrac{1.222.886{,}60 \, € \cdot 7\% \; p.a.}{12}$ = 7.133,51 €

Lösung zur Aufgabe 3.4 auf S. 372:

Der Buchwert BW_F ergibt sich mit:

$$BW_F = 100.000 \, € - \frac{100.000 \, €}{5a} \cdot 3a$$
$$= 40.000 \, €$$

Mit den Gleichungen aus Def. 3.39 ergeben sich für die Folgejahre nachstehende Werte:

$$Ab_{kalk} = \frac{100.000 \, €}{10a}$$
$$= 10.000 \, €/a$$

Kalkulatorische Zinsen resultieren jährlich mit:

$$Z_{kalk} = \frac{40.000\,€ + \left[40.000\,€ - \dfrac{100.000\,€}{10a} \cdot (10a - 3a)\right]}{2} \cdot 10\%/a$$

$$= 500\,€/a$$

Lösung zur Aufgabe 3.5 auf S. 373:

$$EW_N = AW_0 \cdot (1+i)^N$$

$$i = \sqrt[N]{\frac{EW_N}{AW_0}} - 1$$

$$\approx 2,48\,\%\,p.a.$$

Die Verzinsung beträgt 2,48 % pro Jahr.

Lösung zur Aufgabe 3.6 auf S. 373:

Das Entscheidungsproblem ist durch den Vergleich der Sofortzahlung von 2.500 € mit dem Barwert der Reihe der Zahlungserhöhungen zu lösen. Die diskontierten Einzelbeträge und die Gesamtsumme sind in der folgenden Tabelle aufgeführt:

t	0	1	2	3	4	5	6	Summe
$Z_t\,[€]$	700	600	500	400	300	200	100	
$B_t = Z_t \cdot q^{-t}$	700	594,06	490,15	388,24	288,29	190,29	94,21	2.745,24

Es ist für Sie besser, den Schaden selbst zu bezahlen.

Lösung zur Aufgabe 3.7 auf S. 373:

Um den Preis für das Fischereirecht zu ermitteln, berechnen Sie den Barwert der unendlichen Zahlungsreihe. Die Formel dafür lautet:

$$B_0 = \sum_{t=1}^{\infty} Z_t \cdot q^{-t}$$

$$= \frac{Z_t}{i}$$

$$= \frac{2.000\,€}{0,02}$$

$$= 100.000\,€$$

Das lebenslange Fischereirecht hat einen Gegenwartswert von 100.000 €.

Lösung zur Aufgabe 3.8 auf S. 373:

Die Lösung besteht in folgendem Gedankengang: Wenn der Betrag B_0 für N Jahre angelegt wird, entsteht durch Zins und Zinseszinseffekte der Betrag sämtlicher Zinsen nach N Jahren, Z_N. Dieser wird ermittelt durch: $Z_N = B_0 \cdot q^N - B_0$. Diese Summe steht zur Verfügung, um für 3 Jahre jährlich 3.000 € nachschüssig zu finanzieren. Anders herum betrachtet kann formuliert werden: Die Zinssumme Z_N muss dem Barwert der Zahlungsreihe von 3.000 € über 3 Jahre entsprechen. Damit kann folgende Bestimmungsgleichung aufgestellt werden:

$$Z_N = 3.000\,\text{€} \cdot RBF$$

Der Rentenbarwertfaktor RBF wird aus Tab. 3.8 auf S. 213 entnommen, so dass folgt:

$$= 3.000\,\text{€} \cdot \frac{q^N - 1}{q^N \cdot (q - 1)}$$

Der RBF für 3 Jahre und Zinssatz $i = 0{,}03$ führt zu:

$$= 3.000\,\text{€} \cdot \frac{1{,}03^3 - 1}{1{,}03^3 \cdot 0{,}03}$$

Nun wird Z_N ersetzt durch $Z_N = B_0 \cdot q^N - B_0$:

$$100.000\,\text{€} \cdot 1{,}03^N - 100.000\,\text{€} = 3.000\,\text{€} \cdot \frac{1{,}03^3 - 1}{1{,}03^3 \cdot 0{,}03}$$

$$1{,}03^N = \frac{3.000\,\text{€} \cdot \frac{1{,}03^3 - 1}{1{,}03^3 \cdot 0{,}03} + 100.000\,\text{€}}{100.000\,\text{€}}$$

$$N = \frac{\ln\left(\dfrac{3.000\,\text{€} \cdot \frac{1{,}03^3 - 1}{1{,}03^3 \cdot 0{,}03} + 100.000\,\text{€}}{100.000\,\text{€}}\right)}{\ln 1{,}03}$$

$$\underline{\underline{\approx 2{,}76}}$$

Nach ca. 2 Jahren und 9 Monaten beträgt die Summe der Zinsen ca. 8.485 €. Dies entspricht dem barwertigen Betrag der Zahlungsreihe von 3.000 € für drei Jahre.

Lösung zur Aufgabe 3.9 auf S. 374:

a) Kalkulatorischer Durchschnittsgewinn pro Jahr

Ermittlung der durchschnittlichen Erlöse E pro Jahr €/Jahr:

$$E = \frac{2 \cdot 35.000 \,€ + 3 \cdot 50.000 \,€}{5 \text{ Jahre}} = 44.000 \,€/\text{Jahr}$$

Ermittlung des kalkulatorischen Abschreibungsbetrags Ab_{kalk} und der kalkulatorischen Zinsen Z_{kalk}:

$$
\begin{aligned}
Ab_{kalk} &= \frac{I - L}{N} = \frac{Investitionszahlungen - Liquidationserlöse}{Nutzungsdauer} \\
&= \frac{80.000\,€ - 5.000\,€}{5 \text{ Jahre}} \\
&= \underline{15.000\,€/\text{Jahr}}
\end{aligned}
$$

$$
\begin{aligned}
Z_{kalk} &= \frac{I + L}{2} \cdot i_{kalk} \\
&= \frac{Investitionszahlungen + Liquidationserlös}{2} \cdot Zinssatz \\
&= \frac{80.000\,€ + 5.000\,€}{2} \cdot 0{,}07 \\
&= \underline{2.975\,€}
\end{aligned}
$$

Ermittlung des kalkulatorischen Gewinns G_{kalk}:

$$
\begin{aligned}
G_{vor\,Zinsen} &= E - K_B - Ab_{kalk} \\
G_{kalk} &= G_{vor\,Zinsen} - Z_{kalk} \\
&= 44.000\,€ - 25.000\,€ - 15.000\,€ - 2.975\,€ \\
&= \underline{1.025\,€}
\end{aligned}
$$

Die Anlage ist vorteilhaft.

b) Kalkulatorische Durchschnittsrendite r:

$$
\begin{aligned}
r &= \frac{G_{kalk} + Z_{kalk}}{KB} = \frac{Gewinn\ vor\ Zinsen}{durchschnittlicher\ Kapitaleinsatz} \\
KB &= \frac{I + L}{2} = \frac{80.000\,€ + 5.000\,€}{2} = 42.500\,€ \\
r &= \frac{1.025\,€ + 2.975\,€}{42.500\,€} \\
r &= \underline{0{,}0941}
\end{aligned}
$$

Die Rendite beträgt 9,41 %. Der Wert ist größer als der Kalkulationszinssatz von 7 %, die Anlage ist absolut vorteilhaft.

c) Statische Amortisationsdauer

Vorgegebene Zahlungsreihe R_t:

0 €; 10.000 €; 10.000 €; 25.000 €; 25.000 €; 25.000 €.

Es muss das kumulative Verfahren angewendet werden, da Rückflüsse in verschiedener Höhe vorliegen (vgl. Tabelle 3.48)!

Tab. 3.48: Kumulative Ermittlung der dynamischen Amortisationsdauer.

$t=n$	Rückflüsse in €	$\sum_{t=0}^{n} -I_0 + L_N + R_t$
0	0	-75.000
1	10.000	-65.000
2	10.000	-55.000
3	25.000	-30.000
4	25.000	-5.000
5	25.000	20.000

Aus der Tabelle 3.48 ergibt sich die Amortisationsdauer wie folgt:

$$t_a = 5$$

$$\hat{t}_a = t_{a-1} - \frac{\sum_{t=1}^{t_{a-1}} R}{\sum_{t=1}^{t_a} R - \sum_{t=1}^{t_{a-1}} R}$$

$$\hat{t}_a = 4 - \frac{-5.000 \,€}{20.000 \,€ - (-5.000 \,€)}$$

$$\hat{t}_a = 4{,}2$$

Lösung zur Aufgabe 3.10 auf S. 374:

a) Gewinnvergleichsrechnung

Anlage A

Ermittlung der durchschnittlichen Erlöse E pro Jahr:

$$E = \text{Absatzmenge} \cdot \text{Absatzpreis}$$
$$= 25.000 \,€ \cdot 8\,€/\text{Stück}$$
$$= 200.000 \,€$$

Ermittlung der variablen Kosten pro Jahr K_{var}:

$$K_{var} = \text{Absatzmenge} \cdot \text{variable Stückkosten}$$
$$= 25.000 \,\text{Stück} \cdot 4{,}60\,€/\text{Stück}$$

$$= 115.000 \, \text{€}$$

Ermittlung der fixen Kosten pro Jahr K_{fix}:
$$K_{fix} = 10.000 \, \text{€}$$

Ermittlung der kalkulatorischen Abschreibungen Ab_{kalk} und der kalkulatorischen Zinsen Z_{kalk}:

$$Ab_{kalk} = \frac{I - L}{N} = \frac{\text{Investitionszahlungen} - \text{Liquidationserlöse}}{\text{Nutzungsdauer}}$$

$$= \frac{(220.000 \, \text{€} + 25.000 \, \text{€}) - 15.000 \, \text{€}}{8 \, \text{Jahre}}$$

$$= 28.750 \, \text{€/Jahr}$$

$$Z_{kalk} = \frac{I + L}{2} \cdot i_{kalk}$$

$$= \frac{\text{Investitionszahlungen} + \text{Liquidationserlös}}{2} \cdot \text{Zinssatz}$$

$$= \frac{(220.000 \, \text{€} + 25.000 \, \text{€}) + 15.000 \, \text{€}}{2} \cdot 0{,}07$$

$$= 9.100 \, \text{€}$$

Ermittlung des kalkulatorischen Gewinns G_{kalk}:

$$G_{vor\,Zinsen} = E - K_{var} - K_{fix} - Ab_{kalk}$$

$$G_{kalk} = G_{vor\,Zinsen} - Z_{kalk}$$

$$= 37.150 \, \text{€}$$

Dieselbe Vorgehensweise ergibt für die Anlage B folgende Resultate:

Anlage B:

$E = 192.000 \, \text{€}; K_{var} = 105.600 \, \text{€}; K_{fix} = 24.000 \, \text{€}; Ab_{kalk} = 31.875 \, \text{€};$
$Z_{kalk} = 9.975 \, \text{€}; G_{kalk} = 20.550 \, \text{€}.$

b) Rentabilitätsrechnung

Anlage A:

$$r = \frac{G_{kalk} + Z_{kalk}}{KB} = \frac{\text{Gewinn vor Zinsen}}{\text{durchschnittlicher Kapitaleinsatz}}$$

$$KB = \frac{I + L}{2} = 130.000 \, \text{€}$$

$$r = \frac{37.150 \, \text{€} + 9.100 \, \text{€}}{130.000 \, \text{€}}$$

$$r = 0{,}3557$$

Die Rendite beträgt bei Anlage A 35,6 %. Da der Kalkulationszinssatz 7 % beträgt, ist die Anlage absolut vorteilhaft.

Anlage B:

$$r = \frac{20.550 \,€ + 9.975 \,€}{142.500 \,€} = 0,2142$$

Die Rendite von Anlage B beträgt 21,42 %.

c) statische Amortisationsrechnung

Anlage A:

$$t_a = \frac{I - L}{R_t} = \frac{(220.000 \,€ + 25.000 \,€) - 15.000 \,€}{75.000 \,€} = 3,067$$

$$R_t = G_{kalk} + Ab_{kalk} + Z_{kalk}$$
$$= 37.150 \,€ + 28.750 \,€ + 9.100 \,€ = 75.000 \,€$$

$$t_a^{Grenz} = \frac{1}{\dfrac{1}{N} + \dfrac{i_{kalk}}{2} + \dfrac{L \cdot i_{kalk}}{I - L}}$$

$$= \frac{1}{\dfrac{1}{8} + \dfrac{0,07}{2} + \dfrac{15.000 \,€ \cdot 0,07}{230.000 \,€}} = 6,08$$

Die Anlage ist absolut vorteilhaft, da $t_a < t_a^{Grenz}$.

Anlage B:

$$t_a = \frac{I - L}{R_t} = \frac{(240.000 \,€ + 30.000 \,€) - 15.000 \,€}{62.400 \,€} = 4,09$$

$$t_a^{Grenz} = \frac{1}{\dfrac{1}{8} + \dfrac{0,07}{2} + \dfrac{15.000 \,€ \cdot 0,07}{255.000 \,€}} = 6,09$$

Die Anlage ist ebenfalls absolut vorteilhaft, da $t_a < t_a^{Grenz}$. Anlage A ist relativ vorteilhaft gegenüber Anlage B.

Lösung zur Aufgabe 3.11 auf S. 374:

a) relative Vorteilhaftigkeit

Anlage A:

$$Ab_{kalk} = \frac{I - L}{N} = \frac{Investitionszahlungen - Liquidationserlöse}{Nutzungsdauer}$$

$$= 10.000 \, \text{€}/\text{Jahr}$$

$$Z_{kalk} = \frac{I + L}{2} \cdot i_{kalk}$$

$$= \frac{\text{Investitionszahlungen} + \text{Liquidationserlös}}{2} \cdot \text{Zinssatz}$$

$$= 2.100 \, \text{€}/\text{Jahr}$$

$$K_{Betrieb,fix} = 2.850 \, \text{€}/\text{Jahr}$$

$$K = K_{fix} + K_{var}$$

$$K = 14.950 \text{€}/\text{Jahr} + 25.200 \, \text{€}/\text{Jahr} = 40.150 \, \text{€}/\text{Jahr}$$

Aus diesen Gesamtkosten resultieren bei einer Auslastung von 12.000 Stück Stückkosten von $\approx 3{,}35 \, \text{€}/\text{Stück}$.

Anlage B:

$$Ab_{kalk} = 15.000 \, \text{€}/\text{Jahr}$$

$$Z_{kalk} = 3.150 \, \text{€}/\text{Jahr}$$

$$K_{Betrieb,fix} = 3.150 \, \text{€}/\text{Jahr}$$

$$K = K_{fix} + K_{var}$$

$$K = 21.300 \text{€}/\text{Jahr} + 18.000 \, \text{€}/\text{Jahr}$$

$$K = 39.300 \, \text{€}/\text{Jahr}$$

Aus diesen Gesamtkosten resultieren bei einer Auslastung von 15.000 Stück Stückkosten von $\approx 2{,}62 \, \text{€}/\text{Stück}$. Im Hinblick auf die Stückkosten ist bei der gegebenen Auslastung deshalb die Anlage B die relativ vorteilhafte Anlage. Da die Auslastung unterschiedlich und unsicher ist, stellt sich die Frage nach derjenigen Auslastung, bei der sich die relative Vorteilhaftigkeit verändert. Dies ist die kritische Menge, die im Folgenden ermittelt wird.

b) Kritische Menge

$$K_{fix,A} + k_{var,A} \cdot x = K_{fix,B} + k_{var,B} \cdot x$$

$$K_{fix,A} - K_{fix,B} = (k_{var,B} - k_{var,A}) \cdot x$$

$$x = \frac{K_{fix,A} - K_{fix,B}}{k_{var,B} - k_{var,A}}$$

$$= \frac{14.950 \, \text{€}/\text{Jahr} - 21.300 \, \text{€}/\text{Jahr}}{1{,}2 \, \text{€}/\text{Stück} - 2{,}1 \, \text{€}/\text{Stück}}$$

$$= 7.056 \, \text{Stück}/\text{Jahr}$$

Bis zu einer Auslastung von 7.055 Stück pro Jahr ist die Anlage A relativ vorteilhaft im Vergleich zu Anlage B.

Lösung zur Aufgabe 3.12 auf S. 375:

$$K_{Gesamt,ALT} = K_{B,ALT} + KD_{ALT}$$
$$= K_{B,ALT} + (L_{Beginn} - L_{Ende}) \cdot \left(\frac{1}{RND} + \frac{i_{kalk}}{2} \right) + L_{Ende} \cdot i_{kalk}$$
$$= 27.900 \, \text{€/Jahr}$$
$$K_{Gesamt,NEU} = (K_{fix} + K_{var}) + Ab_{kalk} + Z_{kalk}$$
$$= 12.000 \, \text{€/Jahr} + 10.000 \, \text{€/Jahr} + 5.000 \, \text{€/Jahr}$$
$$= 27.000 \, \text{€/Jahr}$$

Das Fazit lautet: Der Sofortersatz ist zu empfehlen, da die jährlichen Kosten der Neuanlage geringer sind als die Kosten der Altanlage.

Lösung zur Aufgabe 3.13 auf S. 375:

a) Kapitalwertmethode

$$C_{0;A} = -100 \, \text{€} + \frac{30 \, \text{€}}{1{,}08^1} + \frac{40 \, \text{€}}{1{,}08^2} + \frac{30 \, \text{€}}{1{,}08^3} + \frac{20 \, \text{€}}{1{,}08^4} + \frac{20 \, \text{€}}{1{,}08^5}$$
$$= 14{,}20 \, \text{€}$$
$$C_{0;B} = -60 \, \text{€} + \frac{25 \, \text{€}}{1{,}08^1} + \frac{25 \, \text{€}}{1{,}08^2} + \frac{25 \, \text{€}}{1{,}08^3}$$
$$= 4{,}43 \, \text{€}$$

Beide Anlagen sind absolut vorteilhaft. A ist relativ vorteilhaft im Vergleich mit B.

b) Annuitätenmethode

$$An_A = C_{0;A} \cdot \frac{q^N \cdot i}{q^N - 1} = 14{,}20 \, \text{€} \cdot \left(\frac{1{,}08^5 \cdot 0{,}08}{1{,}08^5 - 1} \right)$$
$$= 3{,}56 \, \text{€}$$
$$An_B = C_{0;B} \cdot \frac{q^N \cdot i}{q^N - 1} = 4{,}43 \, \text{€} \cdot \left(\frac{1{,}08^5 \cdot 0{,}08}{1{,}08^5 - 1} \right)$$
$$= 1{,}11 \, \text{€}$$

Beide Anlagen sind absolut vorteilhaft. A ist relativ vorteilhaft im Vergleich mit B. Falsch wäre folgende Vorgehensweise für die Anlage B:

$$An_B = C_{0;B} \cdot \frac{q^N \cdot i}{q^N - 1} = 4{,}43 \, \text{€} \cdot \left(\frac{1{,}08^3 \cdot 0{,}08}{1{,}08^3 - 1} \right) = 1{,}72 \, \text{€}$$

c) Interne-Zinssatz-Methode

Der interne Zinssatz der Anlagen ergibt sich durch Programmierung bzw. die regula falsi mit $i_{INT,A} = 13,805\%$ und $i_{INT,B} = 12,045\%$. Deshalb sind beide Anlagen absolut vorteilhaft. Gleichzeitig wird festgestellt, dass beide Objekte **isoliert durchführbare Investition** sind.[496] Deshalb kann der interne Zinssatz zur Beurteilung der absoluten Vorteilhaftigkeit herangezogen werden. Zur Beurteilung der **relativen Vorteilhaftigkeit** hingegen kann dieses Kriterium **nicht** herangezogen werden.[497]

Lösung zur Aufgabe 3.14 auf S. 376:

Bei Berücksichtigung von Steuern müssen:

- sowohl die Zahlungsreihen,
- als auch der Kalkulationszinssatz korrigiert werden.

Korrektur des Kalkulationszinssatzes:
$i_S = i(1 - s_U)$, mit s_U als Steuersatz des Unternehmens. Aus den Eingangsdaten ergibt sich dieser mit: $s_U = 0,15825 + 4 \cdot 0,035 = 0,29825$

Daraus resultiert der korrigierte Kalkulationszinssatz i_S:

$i_S = 0,08(1 - 0,29825) = 0,05614$

Der Kapitalwert nach Steuern ergibt sich aus:

$$C_{0;NST} = -I_0 + \sum_{t=1}^{N} [R_t - s_U(R_t - Ab_t)] \cdot q_s^{-t}$$

Anlage A:

t=	0	1	2	3	4	5
R_t	-100	30	40	30	20	20
Ab		20	20	20	20	20
$R_t - s_U(R_t - Ab_t)$		27,02	34,04	27,02	20	20
$\{R_t - s_U(R_t - Ab_t)\} q_s^{-t}$		25,58	30,52	22,93	16,07	15,22

Daraus resultiert der Kapitalwert nach Steuern:

$\underline{\underline{C_{0;NST;A} = 10,32\,€}}$

Für Anlage B ergibt sich:

$$C_{0;NST;B} = -60\,€ + \sum_{t=1}^{3} [25\,€ - 0,29825 \cdot (25\,€ - 20\,€)] \cdot 1,05614^{-t}$$

---

[496] Vgl. Def. 3.31 auf S. 286.
[497] Vgl. Merksatz 3.17 auf S. 299.

$$= -60\,€ + 23{,}50875\,€ \cdot \frac{1{,}05614^3 - 1}{1{,}05614^3 \cdot 0{,}05614}$$

$$C_{0;NST;B} = 3{,}29\,€$$

Lösung zur Aufgabe 3.15 auf S. 376:

Die folgenden Zahlenwerte sind Angaben in Mio €.

$$C_0 = -2{,}5 - 2{,}5 \cdot q^{-1} + 0{,}3 \cdot \sum_{t=1}^{5} q^{-t} + 1 \cdot \sum_{t=6}^{10} q^{-t} - 1 \cdot q^{-11} + 0{,}1 \cdot \sum_{t=12}^{\infty} q^{-t}$$

$$= -2{,}5 - 2{,}5 \cdot q^{-1} + 0{,}3 \cdot \frac{q^5 - 1}{q^5 \cdot (q-1)} + 1 \cdot \frac{q^5 - 1}{q^{10} \cdot (q-1)} - 1 \cdot q^{-11} + \frac{0{,}1}{i} \cdot q^{-12}$$

$$= 0{,}365692$$

Mit 365.692 € Kapitalwert ist die Maßnahme vorteilhaft.

Lösung zur Aufgabe 3.16 auf S. 377:

t=	0	1	2	3	4	5	6	7
L_N	2.000	1.600	1.280	1.024	819,20	655,36	524,29	419,43
R_t		700	600	500	400	300	200	100
$R'(N)$		100	120	116	92,80	54,24	3,39	-57,29
$R'(N)q^{-N}$		90,91	99,17	87,15	63,38	33,68	1,91	-29,4
$C_0(N)$		90,91	190,08	277,23	340,61	374,29	376,20	346,8

a) Daraus resultiert eine optimale Nutzungsdauer bei einem Kalkulations-zinssatz von 10 % von 6 Jahren.

b) Der Grenzrückfluss von 116,00 € bedeutet, dass der Kapitalwert um 116,00 € steigt, wenn die Anlage 3 statt 2 Jahre genutzt wird.

c) aus $An(N) = C_0(N)\ \frac{q^N \cdot 1}{q^N - 1}$ folgt $C_{0;K;\infty} = An(N) \cdot \frac{1}{i}$

t=	0	1	2	3	4	5	6	7
$An(N)$		100	109,52	111,49	107,45	98,75	86,74	71,24
C		1000	1095,20	1114,90	1074,50	987,4	863,8	712,4

Lösung zur Aufgabe 3.17 auf S. 377:

t=	0	1	2	3	4	5	6
R_t	-580	180	150	150	140	140	85
L_N	580	490	410	310	250	210	150
Grenzrückfluss (GRF)		32	21	9	49	75	4
GRF abgezinst		29,09	17,36	6,76	33,47	46,57	2,26
Kapitalwert	-580	29,09	46,45	53,21	86,68	133,24	135,50
$C_0 B \cdot i$	13,55	13,55	13,55	13,55	13,55	13,55	13,55
Barwert von $C_0 B$		123,18	111,99	101,81	92,55	84,14	76,49
$C_0 K$		152,28	158,43	155,01	179,23	217,38	211,99

Aus dieser Darstellung resultieren die folgenden Ergebnisse:

a) $N_{opt} = 6$

b) $C_0 = 135,5 \, €$

c) $N_{opt} = 5 \qquad C_{0;K;\infty} = 217,38 \, €$

Lösung zur Aufgabe 3.18 auf S. 378:

Die Lösung besteht in der Ermittlung der Verzinsung des angebotenen Skontos. Ihrem Unternehmen wird mit dem Skonto ein Kredit von 125 € für eine Laufzeit von 50 Tagen eingeräumt. Die Effektivzinsermittlung ergibt:

$$i_{eff} = \sqrt[\frac{d}{365}]{\frac{Zielpreis}{Barpreis}} - 1$$

$$= \sqrt[\frac{50}{365}]{\frac{5.000}{4.875}} - 1$$

$$\approx \underline{\underline{20\,\% \; pro \; Jahr.}}$$

Alternative Vorgehensweise:

$$i_{rel} = \frac{5.000 - 4.875}{4.875}$$

$$i_{rel} \approx 2,5641\% \; für \; 50 \; Tage$$

$$i_{eff} = \sqrt[\frac{50}{365}]{(1 + 0,025641)} - 1$$

$$\approx \underline{\underline{20\,\% \; pro \; Jahr}}$$

Es ergibt sich ein effektiver Jahres-Zinssatz von $i \approx 20\,\%$ p.a., wenn das Skonto nicht genutzt wird. Ein Vergleich mit der Verzinsung des Kontokorrentkredites in Höhe von 7,5 % zeigt, dass es für Sie vorteilhaft ist, den Kontokorrent zu nutzen, um das Skonto in Anspruch nehmen zu können.

Lösung zur Aufgabe 3.19 auf S. 378:

Zur Lösung muss der effektive Jahreszins des Finanzierungsangebotes des Autohauses ermittelt werden. Die Monatsraten werden bezeichnet mit MR_t, der Monatszins mit i_M, die Anzahl der Gesamtperioden T folgt bei m jährlichen Zahlungen aus $m \cdot N$. Damit ergeben sich folgende Schritte:

Erster Schritt - Ermittlung des monatlichen Zinssatzes:

$$0 = -K_0 + \sum_{t=1}^{T} MR_t \cdot q^{-t}$$

Da die monatlichen Raten konstant sind, kann der Rentenbarwertfaktor aus Tab. 3.8 von S. 213 verwendet werden:

$$0 = -K_0 \cdot MR_t \cdot \frac{(1+i_M)^T - 1}{(1+i_M)^T \cdot i_M}$$

$$K_0 = MR_t \cdot \frac{(1+i_M)^T - 1}{(1+i_M)^T \cdot i_M}$$

$$20.000 = 375 \cdot \frac{(1+i_M)^{72} - 1}{(1+i_M)^{72} \cdot i_M}$$

Lösung mit Regula falsi oder NEWTON-Verfahren führt zu:

$$i_M \approx 0{,}80725\,\% \; pro \; Monat$$

Zweiter Schritt - Ermittlung des jährlichen, effektiven Zinssatzes.

$$i_{eff} = (1+i_M)^{12} - 1$$

$$\approx 10{,}96\,\% \; pro \; Jahr$$

Die Verzinsung des Leasing-Angebotes liegt mit 10,96 % pro Jahr deutlich über dem Finanzierungsangebot der Bank.

Lösung zur Aufgabe 3.20 auf S. 378:

Zur Lösung muss der interne Zinssatz der Zahlungsreihe ermittelt werden. Die Vorgehensweise ist folgende:

$$0 \overset{!}{=} -K_0 + diskontierte \; Summe \; der \; Zinsen \; f\ddot{u}r \; tilgungsfreie \; Zeit$$
$$+ diskontierte \; Summe \; der \; Annuit\ddot{a}ten$$
$$K_0 = diskontierte \; Summe \; der \; Zinsen \; f\ddot{u}r \; tilgungsfreie \; Zeit$$
$$+ diskontierte \; Summe \; der \; Annuit\ddot{a}ten$$

$$K_0 \stackrel{!}{=} \sum_{t=1}^{5} Z_t \cdot (1 + i_{\mathit{eff}})^{-t} + \sum_{t=6}^{15} An_t \cdot (1 + i_{\mathit{eff}})^{-t}.$$

Der Rentenbarwertfaktor von t=1 bis t=5 lautet: $\dfrac{(1 + i_{\mathit{eff}})^5 - 1}{(1 + i_{\mathit{eff}})^5 \cdot i_{\mathit{eff}}}$, der ent-

sprechende Faktor von t=6 bis t=15 folgt mit: $\dfrac{(1 + i_{\mathit{eff}})^{10} - 1}{(1 + i_{\mathit{eff}})^{15} \cdot i_{\mathit{eff}}}$.

Damit wird formuliert:

$$K_0 \stackrel{!}{=} Z_t \cdot \frac{(1 + i_{\mathit{eff}})^5 - 1}{(1 + i_{\mathit{eff}})^5 \cdot i_{\mathit{eff}}} + An_t \cdot \frac{(1 + i_{\mathit{eff}})^{10} - 1}{(1 + i_{\mathit{eff}})^{15} \cdot i_{\mathit{eff}}}.$$

Die Zinszahlungen während der tilgungsfreien Zeit sowie die anschließenden Annuitäten sind abhängig vom **nominellen** Zinssatz und den ursprünglichen Nennbeträgen U. Es ergeben sich:

$$Z_t = U \cdot i_{nom} = 100.000\,\text{€} \cdot 0{,}035 = 3.500\,\text{€},$$

$$An_t = U \cdot \frac{(1 + i_{nom})^{15-5} \cdot i_{nom}}{(1 + i_{nom})^{15-5} - 1} = 100.000\,\text{€} \cdot \frac{1{,}035^{10} \cdot 0{,}035}{1{,}035^{10} - 1}$$

$$\approx 12.024{,}14\,\text{€}.$$

Damit folgt:

$$95.000\,\text{€} \stackrel{!}{=} 3.500\,\text{€} \cdot \frac{(1 + i_{\mathit{eff}})^5 - 1}{(1 + i_{\mathit{eff}})^5 \cdot i_{\mathit{eff}}} + 12.024{,}14\,\text{€} \cdot \frac{(1 + i_{\mathit{eff}})^{10} - 1}{(1 + i_{\mathit{eff}})^{15} \cdot i_{\mathit{eff}}}.$$

Lösung mit einem Verfahren aus Abschn. 3.6.3.1 auf S. 271 führt zu $i_{\mathit{eff}} \approx 4{,}09\%$.

Lösung zur Aufgabe 3.21 auf S. 378:

$$C_{0;K;\infty} = C_0 \cdot \frac{q^N}{q^N - 1}$$

$$= 1000\,\text{€} \cdot \frac{1{,}09^6}{1{,}09^6 - 1}$$

$$= 2.476{,}89\,\text{€}$$

Lösung zur Aufgabe 3.22 auf S. 379:

a) Ermittlung des Endwertes

Tab. 3.49: Ermittlung des Endwertes des Maßnahme.

Zeitpunkte / Positionen	t = 0	t = 1	t = 2	t = 3
Zahlungsreihe	-90.000	35.000	35.000	35.000
Eigenmittel	30.000			
Ratenkredit	30.000			
Tilgung		-10.000	-10.000	-10.000
Zinsen		-1.500	-1.000	-500
Kredit mit Endtilgung	25.000			
Tilgung				-25.000
Zinsen		-1.500	-1.500	-1.500
Kontokorrentkredit	5.000			
Tilgung		-5.000		
Zinsen		-550		
Geldanlage				
Anlage		-16.450	-23.158	
Auflösung				416
Habenzinsen			658	1.584
Finanzierungssaldo	**0**	**0**	**0**	**0**
Bestandsgrößen				
Ratentilgung	-30.000	-20.000	-10.000	0
Endtilgung	-25.000	-25.000	-25.000	0
Kontokorrent	-5.000	0	0	0
Guthabenbestand	0	16.450	39.608	39.192
Bestandssaldo (EW_M)	**-60.000**	**-28.550**	**4.608**	**39.192**

Beurteilung der Vorteilhaftigkeit: Der Endwert der alternativen Anlageform (Opportunität) ergibt sich aus: $EW_{Opp} = 30.000\,€ \cdot 1{,}045^3 = 34.234{,}98\,€$. Dieser Wert ist geringer als der Endwert der Maßnahme $39.192\,€$, weshalb die Realisierung der Maßnahme vorteilhaft ist.

b) Die Rentabilität der eingesetzten Mittel ergibt sich aus:

$$r_{VOFI;EK} = \sqrt[N]{\frac{EW_M}{Eigenmittel}} - 1$$
$$= \sqrt[3]{\frac{39.192}{30.000}} - 1$$
$$= 0{,}0932$$

Die Rentabilität liegt bei 9,32 %. Da dieser Wert größer ist als der Opportunitätszinssatz von 4,50 %, ist die Maßnahme absolut vorteilhaft.

c) In der Kapitalwertmethode wurde von einem vollkommenen Kapitalmarkt ohne die Existenz von Steuern und von identischen Haben- und Sollzinsen ausgegangen. Die Methode der Vollständigen Finanzpläne (VoFi) erfüllt die Annahmen der Realität, indem sie die Eigenschaften von unterschiedlichen Kreditkonditionen und Steuersätzen integriert. Mit dem VoFi kann berücksichtigt werden, dass:

- verschiedene Kreditarten mit unterschiedlichen Zinssätzen und Tilgungsmodalitäten existieren,
- aufgenommene Kredite zuzüglich der Zinsen aus den jährlichen Rückflüssen getilgt werden und darüber hinausgehende Überschüsse als Guthaben angelegt werden,
- die Finanzierung des Investitionsobjektes mit Fremd- und Eigenkapital stattfinden kann.

Lösung zur Aufgabe 3.23 auf S. 380:

a) Im ersten Schritt ist der Steuersatz s_U zu ermitteln. Bei einem Hebesatz von $H = 3$ resultiert:

$$s_U = s_{KST} + s_{GewST} = 0{,}15825 + 3 \cdot 0{,}035 = 0{,}26325$$

Um die absolute Vorteilhaftigkeit beurteilen zu können, ist als Vergleichswert der Endwert der Opportunität nach Steuern $EW_{Opp;NST}$ zu ermitteln. Dies erfolgt unter Verwendung des steuer-adjustierten Kalkulationszinssatzes. Für das Beispiel ergibt sich dieser mit $q_S = 1 + 0{,}045 \cdot (1 - 0{,}26325) = 1{,}03315375$. Der Endwert der Opportunität nach Steuern ergibt sich wie folgt: $EW_{Opp;NST} = 30.000 \,€ \cdot 1{,}03315375^3 = 33.083{,}86 \,€$. Im nächsten Schritt ist die Tabelle mit der steuerlichen Nebenrechnung zu erstellen, wofür jedoch die Tabelle 3.49 die Ausgangswerte liefert. Dieses Modul wird zusammen mit der Tab. 3.51 simultan jahresweise erstellt!

Tab. 3.50: Steuermodul für die Ermittlung des Endwertes der Maßnahme, jahresweise simultan ermittelt mit Tab. 3.51.

Zeitpunkte / Positionen	t = 1	t = 2	t = 3
Einzahlungen	35.000	35.000	35.000
− Abschreibungen	-30.000	-30.000	-30.000
− Zinsaufwand	-3.550,00	-2.500,00	-2.000,00
+ Zinserträge	0	642,73	1.535,35
= Einkommen aus dem Objekt	1.450,00	3.142,73	4.535,35
Steuerzahlung ($s_U = 0{,}26325$)	381,71	827,32	1.193,93

Tab. 3.51: Vollständiger Finanzplan mit Steuern, jahresweise simultan ermittelt mit Tab. 3.50.

Zeitpunkte / Positionen	t = 0	t = 1	t = 2	t = 3
Zahlungsreihe	-90.000	35.000	35.000	35.000
Eigenmittel	30.000			
Ratenkredit	30.000			
Tilgung		-10.000	-10.000	-10.000
Zinsen		-1.500	-1.000	-500
Kredit mit Endtilgung	25.000			
Tilgung				-25.000
Zinsen		-1.500	-1.500	-1.500
Kontokorrentkredit	5.000			
Tilgung		-5.000		
Zinsen		-550		
Ertragssteuern				
Zahlung		-381,71	-827,32	-1.193,93
Erstattung				
Geldanlage				
Anlage		-16.068,29	-22.315,41	
Auflösung				1.658,58
Habenzinsen			642,73	1.535,35
Finanzierungssaldo	0	0	0	0
Bestandsgrößen				
Ratentilgung	-30.000	-20.000	-10.000	0
Endtilgung	-25.000	-25.000	-25.000	0
Kontokorrent	-5.000	0	0	0
Guthabenbestand	0	16.068,29	38.383,69	36.725,11
Bestandssaldo (EW_M)	-60.000	-28.931,71	3.383,69	36.725,11

Der Endwert der Maßnahme beträgt nach Steuern 36.725,11 €. Dieser Wert ist größer als der Endwert der Opportunität, weshalb die Realisierung der Maßnahme vorteilhaft ist.

b) Die Rentabilität der eingesetzten Mittel ergibt sich aus:

$$r_{VOFI;EK} = \sqrt[N]{\frac{EW_M}{Eigenmittel}} - 1$$

$$= \sqrt[3]{\frac{36.725{,}11}{30.000}} - 1$$

$$= 0{,}06975$$

Die Rentabilität nach Steuern liegt bei 6,975 %. Da dieser Wert größer ist als der Opportunitätszinssatz **nach Steuern** von 3,315375 %, ist die Maßnahme auch bei Verwendung dieses Entscheidungskalküls absolut vorteilhaft.

Lösung zur Aufgabe 3.24 auf S. 380:

a) Der Kapitalwert ohne Ertragssteuern ergibt sich mit:

$$C_0 = -2.000\,€ + 600{,}00\,€ \cdot \frac{1{,}05^5 - 1}{1{,}05^5 \cdot 0{,}05} = \underline{597{,}69\,€}$$

b) Mit den Eingangsdaten resultiert ein Unternehmenssteuersatz von $s_U = 0{,}22825$ und ein Diskontierungsfaktor nach Steuern von $q_S = 1{,}0385875$. Der Kapitalwert ergibt sich damit aus:

$$C_{0;NST} = -2.000\,€ + \sum_{t=1}^{5} [600\,€ - 0{,}22825 \cdot 600\,€] \cdot 1{,}0385875^{-t}$$

$$= -2.000\,€ + 554{,}35\,€ \cdot \frac{1{,}0385875^5 - 1}{1{,}0385875^5 \cdot 0{,}0385875}$$

$$= \underline{477{,}69\,€}$$

Die Kapitalwertdifferenz beträgt $\Delta C_0 = C_{0;NST} - C_0 = -120{,}00\,€$. Die Berücksichtigung der Steuereffekte führt demzufolge zu einer Senkung des Kapitalwertes.

c) Diese Differenz der Kapitalwerte kann aufgespalten werden:

$$\Delta C_0 = C_{0;NST} - C_0$$

$$= \Delta_{Zins} + \Delta_{Volumen}$$

Der Zinseffekt resultiert mit:

$$\Delta_{Zins} = \sum_{t=1}^{5} 600,00 \, \text{€} \cdot (1,0385875^{-t} - 1,05^{-t})$$

$$= 84,04 \, \text{€}$$

Der Volumeneffekt resultiert mit:

$$\Delta_{Volumen} = \sum_{t=1}^{N} [-s_U(R_t - Ab_t)] q_S^{-t}$$

$$= -200,00 \, \text{€} \cdot 0,22825 \cdot \frac{1,0385875^5 - 1}{1,0385875^5 \cdot 0,0385875}$$

$$= -204,04 \, \text{€}$$

In der Gesamtdarstellung resultiert die bekannte Differenz:

$$\Delta C_0 = 84,04 \, \text{€} - 204,04 \, \text{€}$$

$$= -120,00 \, \text{€}$$

d) Der Volumeneffekt entspricht dem Barwert sämtlicher Steuerzahlungen während der Projektlaufzeit. Er verkörpert die Reduktion der Zahlungsreihe aufgrund der Steuerzahlungen.

e) Im Fall des Steuerparadoxons führt die Berücksichtigung von Steuereffekten zu einer Erhöhung des Kapitalwertes. Damit es zu dem Paradoxon kommt, muss der Volumeneffekt, der immer negativ ist, kleiner sein als der Zinseffekt. Dies ist in dem vorliegenden Beispiel nicht der Fall.

Lösung zur Aufgabe 3.25 auf S. 381:

In einem ersten Schritt wird der Steuersatz des Unternehmens s_U wie folgt berechnet:

$$s_U = s_{KST} + s_{GewST}$$

$$= 0,035 \cdot 3 + 0,15825$$

$$= 0,26325$$

Damit können der steuerkorrigierte Kalkulationszinssatz i_S und der steuerkorrigierte Diskontierungsfaktor q_s wie folgt ermittelt werden:

$$q_S = 1 + i_S$$

$$i_S = i \cdot (1 - s_U)$$

$$= 0,10 \cdot 0,73675$$

$$= 0,073675$$

$$q_S = 1 + i_S$$

$$= 1,073675$$

Die Grundgleichung zur Berechnung des Kapitalwertes nach Steuern lautet:

$$C_{0;NST} = -I_0 + \sum_{t=1}^{N} [R_t - s_U(R_t - Ab_t)] q_S^{-t}$$

Für Anlage A ergeben sich Abschreibungen von 3.000 € jährlich und der Kapitalwert folgt mit:

$$\begin{aligned}
C_{0;NST;A} = &-9.000\,€ + 3.000\,€ \cdot 1{,}073675^{-1} \\
&+ [4.000\,€ - 0{,}26325\,(4.000\,€ - 3.000\,€)] \cdot 1{,}073675^{-2} \\
&+ [5.000\,€ - 0{,}26325\,(5.000\,€ - 3.000\,€)] \cdot 1{,}073675^{-3} \\
= &\ 650{,}00\,€
\end{aligned}$$

Für Anlage B ergeben sich ebenfalls Abschreibungen von 3.000 € jährlich und es resultiert:

$$\begin{aligned}
C_{0;NST;B} = &-12.000\,€ + 3.000 \cdot 1{,}073675^{-1} \\
&+ [4.000\,€ - 0{,}26325\,(4.000\,€ - 3.000\,€)] \cdot 1{,}073675^{-2} \\
&+ [4.000\,€ - 0{,}26325\,(4.000\,€ - 3.000\,€)] \cdot 1{,}073675^{-3} \\
&+ [6.000\,€ - 0{,}26325\,(6.000\,€ - 3.000\,€)] \cdot 1{,}073675^{-4} \\
= &\ 975{,}48\,€
\end{aligned}$$

Beide Anlagen sind absolut vorteilhaft. Anlage B ist relativ vorteilhaft im Vergleich zu Anlage A.

3.11 Literaturverzeichnis

Adam, D. (2000): Investitionscontrolling. 3. Aufl., München: Oldenbourg.

Alchian, A. A. (1955): The rate of interest, Fisher's rate of return over cost and Keynes' internal rate of return. In: American Economic Review, 45 (5): 938–943.

Altrogge, G. (1973): Zur Beurteilung einzelner Investitionen durch Rentabilitätskennziffern und Volumenangaben. In: Zeitschrift für Betriebswirtschaft, 43 (9): 663–680.

Altrogge, G. (1996): Investition. 4. Aufl., München u. a.: Oldenbourg.

Baldwin, R. H. (1959): How to assess investment proposals. In: Harvard Business Review, 37 (3): 98–104.

Bamberg, G./Coenenberg, A. G./Krapp, M. (2019): Betriebswirtschaftliche Entscheidungslehre. 16. Aufl., München: Vahlen.

Beck, H. (2014): Behavioral Economics. Wiesbaden: Springer Gabler.

Bieg, H./Kußmaul, H./Waschbusch, G. (2016): Investition. 3. Aufl., München: Vahlen.

Bitz, M. (1977): Der interne Zinsfuß in Modellen zur simultanen Investitions- und Finanzplanung. In: Schmalenbachs Zeitschrift für betriebswirtschaftliche Forschung, 29 (3): 146–162.

Bitz, M. (1981): Entscheidungstheorie. München: Vahlen.

Bitz, M./Ewert, J./Terstege, U. (2018): Investition: Multimediale Einführung in finanzmathematische Entscheidungskonzepte. 3. Aufl., Wiesbaden: Springer Gabler.

Blavatskyy, P. (2015): Intertemporal choice with different short-term and long-term discount factors. In: Journal of Mathematical Economics, 61 (Dez.): 139–143.

Bleichrodt, H./Keskin, U./Rohde, K. I. M./Spinu, V./Wakker, P. (2015): Discounted utility and present value - a close relation. In: Operations Research, 63 (6): 1420–1430.

Bleichrodt, H./Rohde, K. I. M./Wakker, P. (2008): Koopmans' constant discounting for intertemporal choice: A simplification and a generalization. In: Journal of Mathematical Psychology, 52 (6): 341–347.

Blohm, H./Lüder, K./Schaefer, C. (2012): Investition. 10. Aufl., München: Vahlen.

Böckling, F./Ortner, J./Velthuis, L. (2015): Abschreibungen mal anders. In: Controlling & Management Review, 59 (6): 34–39.

Böhm-Bawerk, Eugen v. (1921): Kapital und Kapitalzins. Zweite Abteilung. Positive Theorie des Kapitales. Zweiter Band, 4. Aufl., Jena: Gustav Fischer.

Boulding, K. E. (1935): The theory of a single investment. In: Quarterly Journal of Economics, 49 (3): 475–494.

Brealey, R. A./Myers, S. S./Allen, F. (2020): Principles of corporate finance. 13. Aufl., New York: McGraw-Hill.

Breuer, W. (2012): Investition I: Entscheidungen bei Sicherheit. 4. Aufl., Wiesbaden: Springer Gabler.

Breyer, F. (2020): Mikroökonomik - Eine Einführung. 7. Aufl., Wiesbaden: Springer Gabler.

Brockhoff, K. (2021): Betriebswirtschaftslehre in Wissenschaft und Geschichte. 6. Aufl., Wiesbaden: Springer Gabler.

Brühl, R. (1996): Führungsorientierte Kosten- und Erfolgsrechnung. München u. a.: Oldenbourg.

Busse von Colbe, W./Laßmann, G. (1990): Betriebswirtschaftstheorie. Bd. 3: Investitionstheorie. 3. Aufl., Berlin u. a.: Springer.

Canning, J. B. (1929): The economics of accountancy. New York: Ronald Press.

Coenenberg, A./Fischer, T. M./Günther, T. (2016): Kostenrechnung und Kostenanalyse. 9. Aufl., Stuttgart: Schäffer-Poeschel.

Copeland, T. E./Weston, J. F./Shastri, K. (2008): Finanzierungstheorie und Unternehmenspolitik: Konzepte der kapitalmarktorientierten Unternehmensfinanzierung. 4. Aufl., München: Pearson.

Däumler, K.-D./Grabe, J. (2014): Grundlagen der Investitions- und Wirtschaftlichkeitsrechnung. 13. Aufl., Herne/Berlin: Neue Wirtschafts-Briefe.

DeAngelo, H. (1981): Competition and unanimity. In: American Economic Review, 71 (1): 18–27.

Dearden, J. (1969): The case against ROI control. In: Harvard Business Review, 47 (3): 124–135.

Doyle, J. R. (2013): Survey of time preference, delay discounting models. In: Judgment and Decision Making, 8 (2): 116–135.

Drukarczyk, J. (1970): Investitionstheorie und Konsumpräferenz. Berlin: Duncker & Humblot.

Dudley jr., C. L. (1972): A note on reinvestment assumptions in choosing between net present value and internal rate of return. In: The Journal of Finance, 27 (4): 907–915.

Dyckhoff, H. (1988): Zeitpräferenz. In: Zeitschrift für betriebswirtschaftliche Forschung, 40 (11): 990–1008.

Eilenberger, G./Ernst, D./Toebe, M. (2013): Betriebliche Finanzwirtschaft: Einführung in Investition und Finanzierung, Finanzpolitik und Finanzmanagement von Unternehmungen. 8. Aufl., München u. a.: Oldenbourg.

Eisele, W./Knobloch, A. P. (2019): Technik des betrieblichen Rechnungswesens. 9. Aufl., München: Vahlen.

Eisenführ, F./Weber, M./Langer, T. (2010): Rationales Entscheiden. 5. Aufl., Berlin u. a.: Springer.

Feigenbaum, J. (2016): Equivalent representations of non-exponential discounting models. In: Journal of Mathematical Economics, 66 (Oct.): 58–71.

Ferejohn, J./Page, T. (1978): On the foundations of intertemporal choice. In: American Journal of Agricultural Economics, 60 (2): 269–275.

Fishburn, P. C. (1968): Utility theory. In: Management Science, 14 (5): 335–378.

Fishburn, P. C./Edwards, W. (1997): Discount-neutral utility models for denumerable time streams. In: Theory and Decision, 43 (2): 139–166.

Fisher, I. (1930): The theory of interest. New York: MacMillan.

Franke, G./Hax, H. (2009): Finanzwirtschaft des Unternehmens und Kapitalmarkt. 6. Aufl., Berlin u. a.: Springer.

Freidank, C.-C./Sassen, R. (2020): Grundlagen des Management Accounting, Konzepte des Kostenmanagements und zentrale Schnittstellen. 10. Aufl., München u. a.: De Gruyter Oldenbourg.

French, S. (1988): Decision theory: An introduction to the mathematics of rationality. New York: Horwood.

Friedl, B. (2010): Kostenrechnung: Grundlagen, Teilrechnungen und Systeme der Kostenrechnung. 2. Aufl., München u. a.: Oldenbourg.

Ganske, H. (1966): Investitionstheorie und ökonomische Realität. In: Zeitschrift für Betriebswirtschaft, 36 (6): 381–402.

Ganter, B. (2013): Diskrete Mathematik: Geordnete Mengen. Berlin u. a.: Springer Spektrum.

Götze, U. (2014): Investitionsrechnung. 7. Aufl., Berlin u. a.: Springer.

Grob, H. L. (1984): Investitionsrechnung auf der Grundlage vollständiger Finanzpläne – Vorteilhaftigkeitsanalyse für ein einzelnes Investitionsobjekt. In: Wirtschaft und Studium, 13 (1): 6–13.

Grob, H. L. (1989): Investitionsrechnung mit vollständigen Finanzplänen. München: Vahlen.

Grob, H. L. (1990): Das System der VOFI-Rentabilitätskennzahlen bei Investitionsentscheidungen. In: Zeitschrift für Betriebswirtschaft, 60 (2): 179–192.

Grob, H. L. (2006): Einführung in die Investitionsrechnung. 5. Aufl., München: Vahlen.

Grob, H. L./Bensberg, F. (2009): Controllingsysteme: Entscheidungstheoretische und informationstechnische Grundlagen. München: Vahlen.

Grüne-Yanoff, T. (2015): Models of temporal discounting 1937–2000: an interdisciplinary exchange between economics and psychology. In: Science in Context, 28 (4): 675–713.

Halevy, Y. (2015): Time consistency: stationarity and time invariance. In: Econometrica, 83 (1): 335–352.

Hax, H. (1963): Rentabilitätsmaximierung als unternehmerische Zielsetzung. In: Zeitschrift für handelswissenschaftliche Forschung, 15 (7): 337–344.

Hax, H. (1993): Investitionstheorie. 5. Aufl., Heidelberg: Physica.

Heister, M. (1962): Rentabilitätsanalyse von Investitionen: Ein Beitrag zur Wirtschaftlichkeitsrechnung. Köln u. a.: Westdt. Verlag.

Hering, T. (2017): Investitionstheorie. 5. Aufl., München u. a.: De Gruyter Oldenbourg.

Hirth, H. (2017): Grundzüge der Finanzierung und Investition. 4. Aufl., München u. a.: De Gruyter Oldenbourg.

Huch, B. (1986): Einführung in die Kostenrechnung. 8. Aufl., Berlin u. a.: Springer.

Jacob, H. (1981): Investitionsrechnung. In: Jacob, H. (Hg.): Allgemeine Betriebswirtschaftslehre. 4. Aufl., Wiesbaden: Gabler, S. 609–720.

Jonas, H. H. (1964): Investitionsrechnung. Berlin: Walter de Gruyter.

Käfer, K. (1947): Fragen der Abschreibung. In: Die Unternehmung, 1 (4): 145–163.

Keane, S. M. (1979): The internal rate of return and the reinvestment fallacy. In: Abacus, 15 (1): 44–55.

Kilger, W. (1965): Zur Kritik am internen Zinsfuß. In: Zeitschrift für Betriebswirtschaft, 35 (12): 765–798.

Koopmans, T. C./Diamond, P. A./Williamson, R. E. (1964): Stationary utility and time perspective. In: Econometrica, 32 (1/2): 82–100.

Kosiol, E. (1955): Anlagenrechnung: Theorie und Praxis der Abschreibungen. Wiesbaden: Gabler.

Kosiol, E. (1979): Kostenrechnung der Unternehmung. 2. Aufl., Wiesbaden: Gabler.

Krantz, D. H./Luce, R. D./Suppes, P./Tversky, A. (1971): Foundations of measurement. Vol. 1: Additive and polynomial representations. New York: Dover.

Kruschwitz, L./Lorenz, D. (2019a): Investitionsrechnung. 15. Aufl., München u. a.: De Gruyter Oldenbourg.

Kruschwitz, L./Lorenz, D. (2019b): Die *Baldwin*-Verzinsung: Rekonstruktion und Kritik. In: Wirtschaftswissenschaftliches Studium, 48 (5): 10–16.

Kruschwitz, L./Husmann, S. (2012): Finanzierung und Investition. 7. Aufl., München: Oldenbourg.

Küpper, H.-U. (1984): Kosten- und entscheidungstheoretische Ansatzpunkte zur Behandlung des Fixkostenproblems in der Kostenrechnung. In: Schmalenbachs Zeitschrift für betriebswirtschaftliche Forschung, 36 (10): 794–811.

Küpper, H.-U. (1985): Investitionstheoretische Fundierung der Kostenrechnung. In: Schmalenbachs Zeitschrift für betriebswirtschaftliche Forschung, 37 (1): 26–46.

Küpper, H.-U. (1990): Verknüpfung von Investitions- und Kostenrechnung als Kern einer umfassenden Planungs- und Kontrollrechnung. In: Betriebswirtschaftliche Forschung und Praxis, 41 (4): 253–267.

Küpper, H.-U. (1993): Kostenrechnung auf investitionstheoretischer Basis. In: Weber, J. (Hg.): Zur Neuausrichtung der Kostenrechnung – Entwicklungsperspektiven für die 90er Jahre. Stuttgart: Schäffer-Poeschel, S. 79–136.

Kuhner, C./Maltry, H. (2017): Unternehmensbewertung. 2. Aufl., Wiesbaden: Springer Gabler.

Laux, H. (2006): Unternehmensrechnung, Anreiz und Kontrolle. 3. Aufl., Berlin u. a.: Springer.

Laux, H./Gillenkirch, R. M./Schenk-Mathes, H. Y. (2018): Entscheidungstheorie. 10. Aufl., Berlin u. a.: Springer.

Lücke, W. (1959): Fehlschätzung der Nutzungsdauer in der kalkulatorischen Abschreibung. In: Kostenrechnungspraxis, S. 61–66.

Magni, C. A. (2010): Average internal rate of return and investment decisions: A new perspective. In: The Engineering Economist, 55 (2): 150–180.

Magni, C. A. (2013): The internal rate of return approach and the AIRR paradigm: A refutation and a corroboration. In: The Engineering Economist, 58 (2): 73–111.

Magni, C. A. (2016): Capital depreciation and the underdetermination of rate of return: A unifying perspective. In: Journal of Mathematical Economics, 67 (Dec.) 54–79.

Magni, C. A. (2020): Investment decisions and the logic of valuation: Linking finance, accounting, and engineering. Cham: Springer.

Magni, C. A./Martin, J. D. (2017): The reinvestment rate assumption fallacy for IRR and NPV: A pedagogical note. MPRA Paper No. 83889.

Magni, C. A./Veronese, P./Graziani, R. (2018): Chisini means and rational decision making: equivalence of investment criteria. In: Mathematics and Financial Economics, 12 (2): 193–217.

Marchioni, A./Magni, C. A. (2018): Investment decisions and sensitivity analysis: NPV-consistency of rates of return. In: European Journal of Operational Research, 268 (1): 361–372.

Matschke, M. J. (1993): Investitionsplanung und Investitionskontrolle. Herne/Berlin: Neue Wirtschafts-Briefe.

Millner, A./Heal, G. (2018): Time consistency and time invariance in collective intertemporal choice. In: Journal of Economic Theory, 176 (July): 158–169.

Moxter, A. (1964): Präferenzstruktur und Aktivitätsfunktion des Unternehmers. In: Schmalenbachs Zeitschrift für betriebswirtschaftliche Forschung, 16 (1): 6–35.

Müller, D. (2009): Einsatz und Beurteilung formaler und mentaler Modelle des Investitionscontrollings. In: Müller, D. (Hg.): Controlling für kleine und mittlere Unternehmen. München u. a.: Oldenbourg, S. 475–505.

Müller, D. (2020): Betriebswirtschaftslehre für Ingenieure. 3. Aufl., Wiesbaden: Springer Gabler.

Norstrøm, C. J. (1972): A sufficient condition for a unique nonnegative internal rate of return. In: The Journal of Financial and Quantitative Analysis, 7 (3): 1835–1839.

Norstrøm, C. J. (1990): Kritische Würdigung des internen Zinsfußes, In: Schmalenbachs Zeitschrift für betriebswirtschaftliche Forschung, 42 (2): 107–118.

Ohse, D. (2004): Mathematik für Wirtschaftswissenschaftler. Bd. 1: Analysis. 6. Aufl., München: Vahlen.

Ok, E. A./Masatlioglu, Y. (2007): A theory of (relative) discounting. In: Journal of Economic Theory, 137 (1): 214–245.

Opfermann, K. (1994): Anmerkungen zum internen Zinsfuß einer Realinvestition. In: Wagner, H. (Hg.): Betriebswirtschaftslehre und Unternehmensforschung: aktuelle problemorientierte Konzepte – Ludwig Pack zum 65. Geburtstag. Wiesbaden: Gabler, S. 75–102.

Ortmann, K. M. (2017): Praktische Finanzmathematik. Wiesbaden: Springer.

Pack, L. (1959): Betriebliche Investition. Wiesbaden: Gabler.

Pape, U. (2018): Grundlagen der Finanzierung und Investition. 4. Aufl., Berlin u. a.: De Gruyter Oldenbourg.

Perridon, L./Steiner, M./Rathgeber, A. (2017): Finanzwirtschaft der Unternehmung. 17. Aufl., München: Vahlen

Pfingsten, A./Ricke, M. (2004): Das „Gesetz" der Ersatzinvestition bei nicht-flachen Zinsstrukturen. ifk Discussion Paper Series DB 04-01.

Preinreich, G. A. (1940): The economic life of industrial equipment. In: Econometrica, 8 (1): 12–44.

Preinreich, G. A. (1953): Replacement in the theory of the firm. In: Metroeconomica, 5 (2): 68–86.

Promislow, S. D./Spring, D. (1996): Postulates for the internal rate of return of an investment project. In: Journal of Mathematical Economics, 26 (3) 325–361.

Rich, S. P./Rose, J. T. (2014): Re-examining an old question: does the IRR method implicitly assume a reinvestment rate? In: Journal of Financial Education, 40 (1/2): 152–166.

Rudolph, B. (1983): Zur Bedeutung der kapitaltheoretischen Separationstheoreme für die Investitionsplanung. In: Zeitschrift für Betriebswirtschaft, 53 (3): 261–287.

Samuelson, P. A. (1937): Some aspects of the pure theory of capital. In: The Quarterly Journal of Economics, 51 (3): 469–496.

Samuelson, P. A. (1952): Probability, utility, and the independence axiom. In: Econometrica, 20 (4): 670–678.

Schäfer, H. (2005): Unternehmensinvestitionen. 2. Aufl., Heidelberg: Physica.

Schneider, D. (1969): Korrekturen zum Einfluß der Besteuerung auf die Investitionen. In: Schmalenbachs Zeitschrift für betriebswirtschaftliche Forschung, 21 (5): 297–325.

Schneider, D. (1981): Geschichte betriebswirtschaftlicher Theorie: Allgemeine Betriebswirtschaftslehre für das Hauptstudium. München u. a.: Oldenbourg.

Schneider, D. (1992): Investition, Finanzierung und Besteuerung. 7. Aufl., Wiesbaden: Gabler.

Schneider, D. (2001): Betriebswirtschaftslehre. Bd. 4: Geschichte und Methoden der Wirtschaftswissenschaft. München u. a.: Oldenbourg.

Schneider, E. (1942): Die wirtschaftliche Lebensdauer industrieller Anlagen: Grundlagen einer einzelwirtschaftlichen Theorie der Reinvestition. In: Weltwirtschaftliches Archiv, 55 (o. A.): 90–128.

Schneider, E. (1951): Wirtschaftlichkeitsrechnung. Tübingen: J. C. B Mohr.

Schulte, K.-W. (1986): Wirtschaftlichkeitsrechnung. 4. Aufl., Heidelberg u. a.: Physica.

Schultz, M. B. (2005): Anreizorientiertes Investitionscontrolling mit vollständigen Finanzplänen: Ein Referenzmodell für Investment Center. Berlin: Logos.

Schweitzer, M./Küpper, H.-U./Friedl, G./Hofmann, C./Pedell, B. (2016): Systeme der Kosten- und Erlösrechnung. 11. Aufl., München: Vahlen.

Strotz, R. H. (1955): Myopia and inconsistency in dynamic utility maximization. In: The Review of Economic Studies, 23 (3): 165–180.

Swoboda, P. (1964): Die betriebliche Anpassung als Problem des betrieblichen Rechnungswesens. Wiesbaden: Gabler.

Takemura, K. (2021): Behavioral decision theory. 2. Aufl., Singapore: Springer.

Teichroew, D./Robichek, A. A./Montalbano, M. (1965): An analysis of criteria for investment and financing decisions under certainty. In: Management Science, 12 (3): 151–179.

Trost, R./Fox, A. (2017): Investitionsplanung bei unvollkommenen Kapitalmärkten: die VOFI-Methode. In: Müller, D. (Hg.): Controlling für kleine und mittlere Unternehmen. 2. Aufl., München: Oldenbourg, S. 523–552.

Varnholt, N./Hoberg, P./Gerhards, R./Wilms, S. A. (2018): Investitionsmanagement. Berlin u. a.: De Gruyter Oldenbourg.

VDMA (Verband Deutscher Maschinen- und Anlagenbau) (Hg.) (2017): Kennzahlenkompass: Informationen für Unternehmer und Führungskräfte. Frankfurt/M.: VDMA.

Weber, J./Meyer, M./Birl, H./Knollmann, R./Schlüter, H./Sieber, C. (2006): Investitionscontrolling in deutschen Großunternehmen. Weinheim: WILEY-VCH.

Wilts, J. (1974): Zur ökonomischen Bedeutung von Rentabilitätsgrößen. In: Schmalenbachs Zeitschrift für betriebswirtschaftliche Forschung, 26 (7): 473–479.

Witten, P./Zimmermann, H.-G. (1977): Zur Eindeutigkeit des internen Zinssatzes und seiner numerischen Bestimmung. In: Zeitschrift für Betriebswirtschaft, 47 (2): 99–114.

Zechner, J. (1981): Der Ketteneffekt bei Investitionsentscheidungen in wachsenden und schrumpfenden Unternehmungen. In: Zeitschrift für Betriebswirtschaft, 51 (6): 559–572.

Normen und Richtlinien

HGB (2020): Handelsgesetzbuch in der Fassung vom 12.12.2019. In: Wichtige Wirtschaftsgesetze. 33. Aufl., Herne: nwb, S. 1–201.

PAngV (2019): Preisangabenverordnung in der Fassung vom 17.07.2017. 40. Aufl., München: dtv Verlagsgesellschaft.

VDI 6025 (11/2012): Betriebswirtschaftliche Berechnungen für Investitionsgüter und Anlagen.

Kapitel 4

Lebenszyklusrechnung und wertorientierte Steuerung

4.1 Lebenszyklusrechnung

4.1.1 Technologische Grundlagen

Zu einer grundlegenden Darstellung des Lebenszyklus sowie der verschiedenen Modelle wird auf die ausführlichen Darstellungen verwiesen.[1] Wichtige Anwendungsbereiche von Investitionsrechenmodellen bilden die Analyse und Gestaltung von Kosten und Erlösen im gesamten Produktlebenszyklus. In den letzten Jahren hat sich bei Herstellern und Kunden von langlebigen Wirtschaftsgütern die Erkenntnis durchgesetzt, dass nicht nur der Kauf des Produktes mit Kosten verbunden ist, sondern auch dessen Gebrauch und Entsorgung (vgl. Abb. 4.1). Die Entscheidung zum Erwerb des Produktes ist demzufolge nicht nur vom Kaufpreis abhängig, sondern auch von den Folgekosten. Dies erfordert eine Betrachtung sämtlicher Kosten über den gesamten Lebenszyklus eines Produktes.

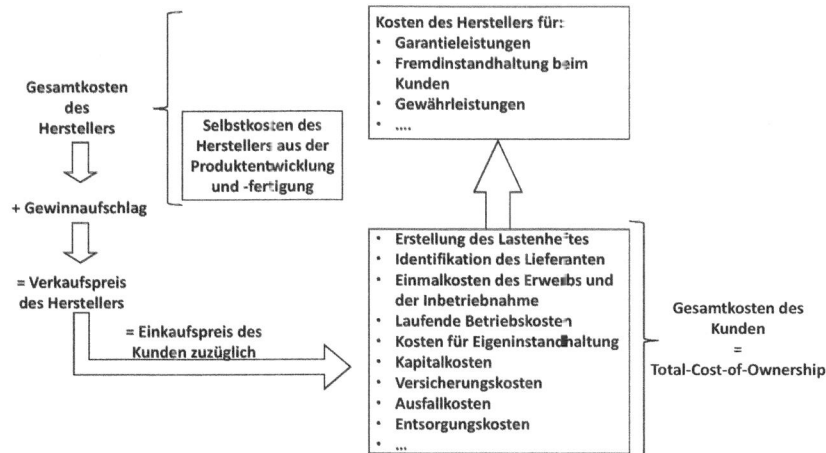

Abb. 4.1: Kostendimensionen aus unterschiedlicher Sicht. Quelle: Eigene Darstellung, in Anlehnung an: Ehrlenspiel et al. (2014: 128).

---

[1] Vgl. Abschn. 1.4.2.1 auf S. 45.

Um die Konzentration der Betrachtung auf die Herstellkosten zu überwinden sind verschiedene Lebenszyklusmodelle entwickelt worden. Analyse und Gestaltung von unternehmerischen Aktivitäten während des gesamten Produktlebenszyklus werden mit unterschiedlichen Begriffen (z. B. Lebenszyklusrechnung, Lebenszykluskostenrechnung, Total-Cost-of-Ownership, Life-cycle-costing) bezeichnet.[2] Im technischen Bereich ist der Ansatz des Life-cycle-design entstanden, der die Berücksichtigung sämtlicher mit der Herstellung, Nutzung und Entsorgung eines Produktes verbundenen Effekte beinhaltet. Im weiteren Verlauf wird der Begriff Lebenszyklusrechnung als summierender Oberbegriff für diese Ansätze verwendet.

Die Lebenszyklusrechnung dient **aus Herstellersicht** neben der Produktgestaltung auch der Bestimmung von Konditionen für Verkauf, Kundendienst, Wartung und Rücknahme des Produktes. **Aus Kundensicht** erfolgt der Erwerb von Investitionsgütern i. d. R. immer unter Berücksichtigung der Lebenszyklusrechnungen, äußerst selten jedoch der Erwerb von Konsumgütern.

Der Lebenszyklus ist beschrieben als Zeitintervall zwischen der Konzipierung und Aussonderung eines Produktes.[3] In einer Lebenszyklusbetrachtung werden die Beschaffungs-, Besitz- und Entsorgungskosten eines Produktes analysiert. Diese Analyse liefert Informationen zur Gestaltung und Beeinflussung der Kosten im Rahmen von Entwurf, Entwicklung, Nutzung und Entsorgung des Produktes, was als Lebenszykluskostenmanagement bezeichnet wird.[4] Eine Lebenszyklusrechnung ist gekennzeichnet durch die Orientierung auf:

- ein klar definiertes Projekt, Produkt, Einheit,
- sämtliche Lebenszyklusphasen,
- die Identifikation von zahlungs- bzw. kostenrelevanten Einflussgrößen und Entscheidungen sowie
- die Integration verschiedener betrieblicher Funktionsbereiche.

Die Bezeichnung Lebenszykluskosten lässt vermuten, dass es sich um eine Kostenbetrachtung handelt. Im Rahmen der Lebenszyklusbetrachtung werden mehrere Perioden in die Analyse einbezogen, woraus mit einem Blick auf die Kostendefinition folgt, dass streng genommen keine Kosten betrachtet werden, sondern Ein- und Auszahlungen. Kennzeichen der Lebenszyklusrechnung ist demzufolge die Verwendung der mit einem Projekt oder Produkt verbundenen Ein- und Auszahlungen.

Ziel der Lebenszyklusrechnung ist die Ermittlung der wichtigsten, zahlungswirksamen Einflussgrößen und die Darstellung der Auswirkungen von Entscheidungen auf die Zahlungsgrößen. Dazu ist die Integration verschiedener Funktionsbereiche (F&E, Produktion, Kundendienst etc.) sowie eine enge

---

[2] Vgl. Geissdörfer/Gleich/Wald (2009: 705–711); Schweitzer et al. (2016: 237–239).

[3] Vgl. Abb. 1.11 auf S. 47.

[4] Vgl. VDI 2884 (2005).

Zusammenarbeit zwischen Herstellern und Kunden erforderlich. Für jedes Produkt bzw. jede Einheit ergeben sich spezielle Einflussfaktoren der Lebenszykluskosten, so z. E.:[5]

- Produktart einschließlich des Fertigungsverfahrens,
- Entwicklungszeit und -kosten,
- Konstruktionsprinzip,
- Produktnutzung,
- Wartung und Instandhaltungsstrategie,
- Kostenstrukturen des Nutzers,
- Kosten für einzusetzende Roh-, Hilfs- und Betriebsstoffe,
- Produktlebensdauer und Zuverlässigkeit sowie
- gesetzliche Vorgaben, Verordnungen

In der Abbildung 4.1 sind die zwei Sichtweisen auf den Lebenszyklus eines Produktes deutlich erkennbar. Diese werden nun getrennt analysiert.

4.1.2 Lebenszykluskosten aus Kundensicht

Im Rahmen der Beschaffungsentscheidung wird die Investitionsrechnung eingesetzt, um verschiedene Alternativen zu bewerten. Ob eine umfassende Lebenszyklusrechnung durchgeführt wird ist abhängig:[6]

- vom Investitionsvolumen,
- von der Relation der Folgekosten zu dem Investitionsvolumen und
- von der geplanten Nutzungsdauer.

Wenn die Entscheidung für die Durchführung einer Lebenszyklusrechnung getroffen wurde, sind die unterschiedlichen, auf dem Investitionsgütermarkt verfügbaren Anschaffungsalternativen zu ermitteln. Nach der Alternativensuche sind die Einflussgrößen der Lebenszykluskosten festzulegen. Einflussgrößen in der Nutzungsphase sind die geforderte Zuverlässigkeit, die Instandhaltungsstrategie, die Einsatzbedingungen und die Nutzungsdauer (vgl. Abbildung 4.2).

---

[5] Vgl. DIN EN 60300-3-3 (2014: 9–10).
[6] Vgl. VDI 2884 (2005: 8).

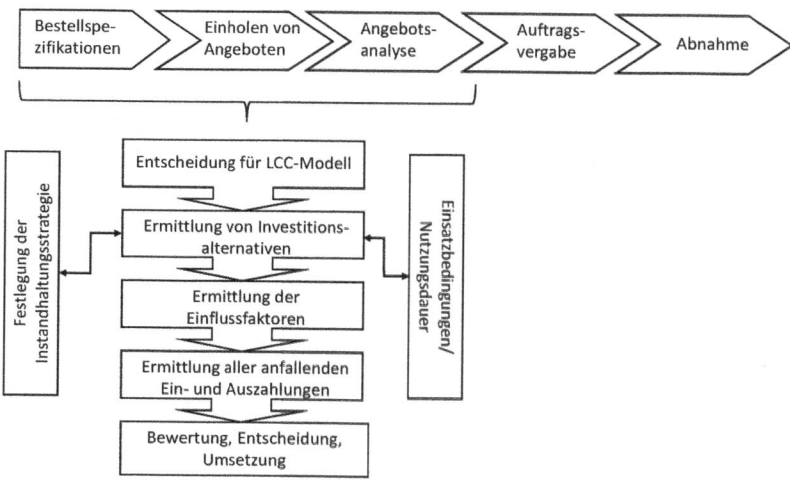

Abb. 4.2: Lebenszyklusanalyse im Beschaffungsprozess von Ressourcen. Quelle: Eigene Darstellung, in Anlehnung an: VDI 2884 (2005: 7).

Die Instandhaltungsstrategie bestimmt, nach welchen Grundsätzen und in welchem Umfang Instandhaltung betrieben wird. Instandhaltung umfasst alle technischen und administrativen Maßnahmen und Managementmaßnahmen während des Lebenszyklus einer Einheit zur Erhaltung des funktionsfähigen Zustands oder der Rückführung in diesen, so dass die Einheit die geforderte Funktion erfüllen kann. Mit der Instandhaltungsstrategie werden die Nutzungskosten in erheblichem Maße beeinflusst.[7]

Einsatzbedingungen von Ressourcen werden durch Nutzungshäufigkeit, Nutzungsintensität, Umfeld und Umweltbedingungen festgelegt. Die Einsatzbedingungen beeinflussen die erforderlichen Instandhaltungs- bzw. Instandsetzungsmaßnahmen. Die Nutzungsdauer ergibt sich aus technischen und wirtschaftlichen Rahmendaten.[8]

Ein Vertreter der Lebenszyklusanalyse von Ressourcen ist der Ansatz der **Total-Cost-of-Ownership** (TCO). Dieser wurde ursprünglich für die Beschaffung von IT-Systemen (PC, Netzwerke, Drucker, etc.) entwickelt. Es wurde frühzeitig erkannt, dass die originären Beschaffungskosten lediglich ca. 20 % der Lebenszykluskosten betragen. Der überwiegende restliche Teil entfällt auf - bisher kaum - beachtete Komponenten. Neben dem erforderlichen geplanten technischen Support und der Verwaltung der EDV-Abteilungen

---

[7] Vgl. VDI 2891 (2008).

[8] Vgl. S. 341.

sind indirekte Kosten zu berücksichtigen. Dazu zählen einerseits die sog. **end-user-operations**, wie z. B.:

- erforderliche Schulungen,
- Lernen im Arbeitsalltag, self- und peer-to-peer-support,
- Entwicklung von Software durch Endanwender (z. B. Makroprgrammie-rung, Entwicklung von Datenbankanwendungen) sowie
- Nutzung der zur Verfügung stehenden Infrastruktur für private Zwecke.

Andererseits sind **Ausfallzeiten** zu berücksichtigen, die mit dem Ausfall der IT-Struktur verbunden sind.

Der Ansatz findet zunehmende Verbreitung in anderen Branchen. Grundge-danke ist die Berücksichtigung sämtlicher mit der Beschaffung von Ressour-cen anfallenden direkten und indirekten Kosten (vgl. Abbildung 4.1). Diese werden üblicherweise wie folgt unterteilt:[9]

- Vor-Transaktions-Kosten,
- Transaktions-Kosten,
- Nach-Transaktions-Kosten.

In der VDI 2884 erfolgt die Unterteilung wie folgt:[10]

- Vor-Nutzungsphase,
- Nutzungsphase,
- Nach-Nutzungsphase.

Im Industriegüterbereich stellen die **vom Kunden festgelegten** Produkt-anforderungen den Ausgangspunkt für die Produktentwicklung dar. Die An-forderungen, die ein Produkt erfüllen muss, definieren die Produktkosten zu einem Großteil.[11] Deshalb ist es ein Trugschluss zu vermuten, dass die Kun-den die Produktkosten nicht beeinflussen können. Die Kundenanforderungen werden im **Lastenheft** zusammengetragen. Es wird definiert „was" und „wo-für" zu lösen ist. Das Lastenheft wird durch den Hersteller „übersetzt" in das **Pflichtenheft**. Damit wird festgelegt „wie" und „womit" diese Anforderun-gen zu erfüllen sind.[12]

Während das Lastenheft die Anforderungen aus Nutzersicht enthält, bein-haltet das Pflichtenheft das Lastenheft, die daraus abgeleiteten Angaben zur Realisierung der Kundenanforderungen sowie die normativen Anforderungen, Vermarktungsanforderungen und die Unternehmensanforderungen aus Her-stellersicht. Das Pflichtenheft stellt demzufolge das Verzeichnis sämtlicher Forderungen in der „Sprache" des Herstellers dar

---

[9] Vgl. Coenenberg/Fischer/Günther (2016: 620).

[10] Vgl. VDI 2884 (2005: 5).

[11] Vgl. Ehrlenspiel et al. (2014: 168–169).

[12] Vgl. VDI 2519-1 (2001).

Nach dem Abschluss der Produktentwicklung durch den Hersteller bzw. vor der Beschaffung durch den Nutzer können die Kosten des gesamten Lebenszyklus intern prognostiziert werden und es wird mittels eines Investitionsrechenverfahrens die relativ vorteilhafte Alternative ausgewählt. Da es sich um Betrachtungen zukünftiger Zahlungen handelt, ist es i. d. R. angebracht, unsichere Einflussgrößen adäquat zu modellieren.[13]

4.1.3 Lebenszykluskosten aus Herstellersicht

Auf der anderen Seite der Lebenszyklusbetrachtung einer Investition steht der Hersteller der Maschine. Die im Industriegüterbereich zunehmende Berücksichtigung von Produkteigenschaften, welche nach dem Produkterwerb zahlungsrelevante Effekte haben, führt zu einer steigenden Bedeutung von Gesamtlebenszyklusanalysen auf Kunden- und demzufolge auch auf Herstellerseite.[14] Die Grundlage für Höhe und Struktur dieser Zahlungen wird zu einem Großteil durch den Hersteller in der Phase der Konstruktion und Entwicklung gelegt. In dieser Phase werden, in Abhängigkeit von dem Produkt, 70–90 % der Herstellungsauszahlungen und ein ähnlich hoher Anteil der Zahlungen der Nutzungs- und Entsorgungsphase festgelegt. Die Einfluss- und Gestaltungsmöglichkeiten sind in dieser Phase am größten und die Beeinflussung der Zahlungsströme ist am effizientesten möglich.[15]

Deshalb muss der Hersteller:

- nicht nur die Kosten der Produktherstellung, sondern
- auch die Kosten der Produktnutzung berücksichtigen.

Im Gegensatz zum Kunden kann der Hersteller die Kosten der Produktnutzung in den Lebenszyklusphasen Konzept und Definition, Entwurf und Entwicklung sowie Herstellung entscheidend beeinflussen. Die gezielte Steuerung der Lebenslaufkosten dient dazu, den Produktnutzen aus Kundensicht zu erhöhen und bildet die Basis für eine geeignete Preisgestaltung.[16]

Unter Umständen kann es zum **Zielkonflikt** zwischen den einzelnen Lebenszyklusphasen kommen: eine **Senkung** der Lebenslaufkosten aus **Kundensicht** erfordert aus **Herstellersicht erhöhte Aufwendungen** in der Forschung und Entwicklung sowie in Konstruktion und Herstellung. Diese Konflikte werden im weiteren Verlauf genauer analysiert.

---

[13] Vgl. das Kapitel 5 auf S. 483 zur Berücksichtigung von Unsicherheit.
[14] Vgl. Müller (2020: 297–299).
[15] Vgl. Müller (2020: 312–313).
[16] Vgl. Abb. 4.1 auf S. 411.

4.1.3.1 Zielkonflikte zwischen Lebenszyklusphasen

Für die Berücksichtigung des Einflusses konstruktiver Aktivitäten auf die für den Hersteller relevanten Zahlungsströme späterer Lebenszyklusphasen stehen verschiedene Ansätze und Modelle zur Verfügung. Analyse und Beeinflussung der Auszahlungen, die in der Produktherstellung entstehen, sind Gegenstand sowohl von Modellen der konstruktionsbegleitenden Kalkulation als auch des Zielkostenmanagements.

Im Rahmen der **konstruktionsbegleitenden Kalkulation** werden unterschiedliche Verfahren zur stückbezogenen Kosteninformationsermittlung und -bereitstellung während des Konstruktionsprozesses eingesetzt.[17] Im Rahmen der Entwicklung und Konstruktion können die Zahlungen der späteren Lebenszyklusphasen entscheidend beeinflusst werden. Dabei kann es sich:

- um Auszahlungen in der Forschung & Entwicklung oder der Herstellung, aber auch
- um eine Erhöhung des Produktpreises durch eine Verbesserung der Produktqualität

handeln. Gesenkte Nutzungskosten werden vom Kunden im Rahmen seiner Wirtschaftlichkeitsbetrachtung herangezogen und dem von ihm zu zahlenden Produktpreis gegenübergestellt. Geringere Nutzungskosten ermöglichen dann einen höheren Produktpreis, wenn die Preisdifferenz aus Kundensicht die geringeren Auszahlungen der Nutzung widerspiegelt.

Besonders bei Produkten, bei denen der Anteil der Nutzungsauszahlungen sehr hoch ist – Schienenfahrzeuge, Flugzeuge, Schiffe – liegt ein wesentlicher Schwerpunkt der Produktentwicklung deshalb auf der Senkung dieser Zahlungsgröße. Darüber hinaus besteht für die Produktentwicklung die Möglichkeit, die mit dem Produktbetrieb erzielbaren Einzahlungen zu erhöhen, indem entsprechende Produktfunktionen (z. B. Qualitätsgrad, Fertigungsleistung) verbessert werden. Dies spiegelt sich für den Hersteller ebenfalls in einem höheren erzielbaren Preis wider, da aus Kundensicht der Produktwert steigt.

Um derartige nutzenorientierte Preise ermitteln zu können, ist eine enge Zusammenarbeit von Hersteller und Kunde erforderlich, damit die erforderlichen Informationen sowohl in Bezug auf die Produktnutzung als auch bezüglich der vom Kunden verwendeten Wirtschaftlichkeitsrechnung für den Hersteller verfügbar sind.[18]

---

[17] Vgl. Ehrlenspiel et al. (2014: 457–492).

[18] Vgl. Müller (2010: 210).

Unter Umständen kann es jedoch zu folgenden **Zielkonflikten** zwischen den einzelnen Lebenszyklusphasen kommen:[19]

- **Entwicklungsauszahlungen ⇔ Auszahlungen der Herstellung:**[20] Die Beziehung zwischen Entwicklungsaktivitäten und Auszahlungen der Produktherstellung ist konfliktärer Natur, da die Suche nach Lösungsalternativen mit geringen Herstellungsauszahlungen i. d. R. höhere Entwicklungsauszahlungen verursacht. So können Auszahlungen der Herstellung durch geringe Montagezeiten und die Senkung des Materialeinsatzes reduziert werden, zwei Effekte, die jedoch größere Anstrengungen in der Entwicklung erfordern.

- **Entwicklungsauszahlungen ⇔ zahlungsrelevanten Eigenschaften der Nutzungs- und Entsorgungsphase:**[21] Ein ähnlicher Zielkonflikt kann zwischen Entwicklungsauszahlungen sowie zahlungsrelevanten Eigenschaften der Nutzung und Entsorgung vorliegen. Eine Senkung der nutzungs- und entsorgungsbedingten Auszahlungen erfordert aus Herstellersicht i. d. R. erhöhte Entwicklungsauszahlungen. So sind z. B. für die Gewichtsreduktion eines Flugzeugs um 1 kg zur Senkung des Treibstoffverbrauches innerhalb einer Flugzeugbaureihe Entwicklungsauszahlungen in Höhe von 1 Mio. € ökonomisch vorteilhaft, da Flugzeuge sehr lange Lebensdauern aufweisen und der Anteil der Nutzungsauszahlungen an den Gesamtauszahlungen hoch ist.[22]

- **Auszahlungen der Herstellung ⇔ zahlungsrelevanten Eigenschaften der Nutzungs- und Entsorgungsphase:** Zusätzlich zu diesen Zielkonflikten, die als unidirektional beschrieben werden können, da die Zahlungserhöhung einer Lebenszyklusphase – Entwicklungszahlungen – die Senkung anderer Phasenzahlungen zur Folge hat, sind die Beziehungen zwischen Herstellungsauszahlungen und zahlungsrelevanten Nutzungs- und Entsorgungseigenschaften zu analysieren. Produkte, die geringe Nutzungs- und Entsorgungsauszahlungen aufweisen, können höhere Anforderungen an die Herstellung stellen.[23] Eine ähnliche konfliktäre Zielbeziehung zwischen diesen Phasen entsteht, wenn die Verwendung von billigerem Material, die Miniaturisierung und Verbundbauweise von komplexen Bauteilen oder eine geringere Auslegung des Produktes zu sinkenden Auszahlungen der Herstellung, jedoch gleichzeitig zu steigenden nutzungs- und entsorgungsbedingten Auszahlungen führt. Demzufolge kann die Senkung der Herstellungsauszahlungen zu einer Erhöhung der Nutzungs- und Entsorgungsauszahlungen führen und vice versa. Daraus können bidirektionale Zielkonflikte entstehen, da eine Erhöhung der Entwicklungsaus-

---

[19] Vgl. Woodward (1997: 340); Belecheanu/Riedel/Pawar (2006: 517); Mueller (2011: 207–209).

[20] Vgl. Curran et al. (2007: 31–32).

[21] Vgl. Müller (2020: 313–314).

[22] Vgl. Ehrlenspiel et al. (2014: 205).

[23] Vgl. Lee/Cho/Choi (2004: 1587); Yadav/Goel (2008: 1004–1008).

zahlungen zwar zu einer Senkung von Herstellungsauszahlungen, aber auch zu einer Erhöhung der Nutzungs- und Entsorgungsauszahlungen führen kann.

Aus Herstellersicht ist es wichtig, die Relationen zwischen den Lebenszyklusphasen zu identifizieren und zu berücksichtigen. Im Folgenden werden die Beziehungen zwischen den ersten beiden Phasen – Produktentwicklung und Herstellung – untersucht. Damit fügt sich die Betrachtung in die Zielkostenrechnung ein, stellt jedoch den Investitionscharakter der Produktentwicklung heraus.

4.1.3.2 Modellierungsansatz

Vor dem Hintergrund der obigen Ausführungen stellt sich die Frage, in welcher Höhe die Investitionsauszahlungen getätigt werden sollen. Es ist also zu klären, welches Niveau an F&E-Investitionen für den Hersteller optimal ist. Da der überwiegende Teil von Produktentwicklungen (ca. zwei Drittel) auf Änderungen eines bestehenden Produktes basiert (sog. Anpassungs- bzw. Variantenkonstruktionen),[24] ist der Ausgangspunkt der folgenden Betrachtung ein bestehendes Produkt, für das eine Anpassungskonstruktion durchzuführen ist. Die Dauer von Anpassungskonstruktionen ist nach empirischen Daten durchschnittlich geringer als ein Jahr zu veranschlagen.[25] Im Folgenden wird deshalb davon ausgegangen, dass die Konstruktionsaktivitäten inklusive einer Reifezeit und Umsetzungszeit für die Konstruktionsergebnisse maximal 1 Jahr dauern. Zusätzlich wird davon ausgegangen, dass die erforderlichen Ressourcen und die benötigte Zeit zur Verfügung stehen. Für dieses Produkt sind die Auszahlungen der Herstellung bekannt. Die Aus- und Einzahlungen der Nutzungs- und Entsorgungsphase werden aus Platzgründen nicht in die Betrachtung eingeschlossen.

Die Summe der Auszahlungen auf Herstellerseite ergibt sich aus der Summe der Investitionsauszahlungen für Forschung und Entwicklung sowie Konstruktion und der Summe der Auszahlungen für die Herstellung des Produktes. Es gilt:

GA_0 – Gesamtauszahlungen zum Zeitpunkt t=0

$I_{0;F\&E}$ – Investitionsauszahlungen für F&E zum Zeitpunkt t=0

$A_{0;H}$ – Auszahlungen für Herstellung zum Zeitpunkt t=0

Damit resultiert:

---

[24] Vgl. Ehrlenspiel (2009: 257–260); VDMA (2017: 163).

[25] So beträgt die Durchlaufzeit eines Entwicklungsauftrags für eine Anpassungskonstruktion im Maschinenbau ca. 17 Wochen. Für Neukonstruktionen liegt die Durchlaufzeit bei 43,5 Wochen. Vgl. VDMA (2017: 157).

$$GA_0 = I_{0;F\&E} + A_{0;H} \qquad\qquad\qquad (1)$$

Die Summe der Auszahlungen für die Herstellung zum Zeitpunkt t=0 ergibt sich aus der Menge der hergestellten Produkteinheiten und den Herstellauszahlungen pro Stück aus:

$$A_{0;H} = \sum_{t=1}^{N} a_{H;ALT}\ q^{-t}\ m_t \qquad\qquad\qquad (2)$$

worin:

$a_{H;ALT}$ – Auszahlungen der Herstellung je Stück vor der Optimierung

m_t – Menge der in t produzierten Einheiten

$q = 1 + i$ – Diskontierungsfaktor mit i als Kalkulationszinssatz

Bei Verwendung von (2) in (1) ergibt sich:

$$GA_0 = I_{0;F\&E} + \sum_{t=1}^{N} a_{H;ALT}\ q^{-t}\ m_t \qquad\qquad\qquad (3)$$

Folgende Annahmen werden verwendet:

- Es handelt sich um ein Produkt, das vom Zeitraum $t = 1$ bis $t = N$ von dem Unternehmen selbst produziert wird.
- Zum Zeitpunkt t=0 kann das Produkt durch F&E-Investitionen im Hinblick auf die Herstelleigenschaften verbessert werden.
- Eine Erhöhung der bisherigen F&E-Auszahlungen um $\Delta\ I_{0;F\&E}$ führt zu einer Senkung der Herstellauszahlungen pro Stück um den Betrag a, mit $a > 0$.
- Jede nochmalige Erhöhung der F&E-Investitionen um $\Delta\ I_{0;F\&E}$ führt jedoch nicht zu einer nochmaligen Senkung der Herstellauszahlungen um a, sondern lediglich um $a \cdot b$, wobei $0 < b < 1$. Dies spiegelt den abnehmenden Grenznutzen der Konstruktionsaktivitäten wider.

Gesucht ist das Minimum der Auszahlungen von Investitionen in den Entwicklungsprozess und Auszahlungen für die Produktherstellung. Für die M-malige, endliche **wiederholte** Erhöhung der F&E-Investitionen resultiert eine geometrische Reihe der Form:[26]

$$s = a\ b^0 + a\ b^1 + a\ b^2 + ... + a\ b^{M-1}$$
$$s\ b = a\ b^1 + a\ b^2 + ... + a\ b^{M-1} + a\ b^M$$
$$s - s\ b = a - a\ b^M$$
$$s(1 - b) = a\left(1 - b^M\right)$$
$$s = a\frac{\left(1 - b^M\right)}{1 - b}$$

---

[26] Vgl. Schild (2005: 349); Müller (2010: 211); Mueller (2011: 478).

Da es sich um eine Reduktion der Herstellauszahlungen handelt, kann für die Summe formuliert werden:

$$s = -a\frac{(1-b^M)}{1-b} \qquad (4)$$

Sehr hohe Werte von b deuten darauf hin, dass jeder Verbesserungsschritt fast dieselben Effekte erzielt. Die Anzahl der identischen, wiederholten Erhöhungen der F&E-Investitionen M ergibt sich aus:

$$M = \frac{I_{0;F\&E;OPT} - I_{0;F\&E}}{\Delta\, I_{0;F\&E}} \qquad (5)$$

wobei

$I_{0;F\&E;OPT}$ – Investitionsauszahlungen für die Produktentwicklung nach der Produktverbesserung

$I_{0;F\&E}$ – Investitionsauszahlungen für die Produktentwicklung vor der Produktverbesserung

$\Delta\, I_{0;F\&E}$ – F&E-Investitionen pro Produktverbesserungsschritt

Für die Herstellauszahlungen pro Stück nach der Produktverbesserung $a_{H;NEU}$ resultiert damit aus (4) und (5):

$$a_{H;NEU} = \left(-a\,\frac{1-b^M}{1-b}\right) + a_{H;ALT} \qquad (6)$$

Für die neuen Gesamtauszahlungen nach der Produktverbesserung $GA_{0;NEU}$ folgt:

$$GA_{0;NEU} = I_{0;F\&E;OPT} + \sum_{t=1}^{N} a_{H;NEU}\; q^{-t}\; m_t \qquad (7)$$

Da q und m_t konstant sind, kann die Summe vereinfacht werden mit:

$$\sum_{t=1}^{N} q^{-t}\; m_t = \gamma \qquad (8)$$

Einsetzen von (6) und (8) in (7) ergibt:

$$GA_{0;NEU} = I_{0;F\&E;OPT} + \left[\left(-a\,\frac{1-b^M}{1-b}\right) + a_{H;ALT}\right]\gamma$$

Umformulieren führt zu:

$$GA_{0;NEU} = I_{0;F\&E;OPT} + a_{H;ALT}\;\gamma - a\,\gamma\,\frac{1-b^M}{1-b}$$

Mit Gleichung (5) kann formuliert werden:

$$GA_{0;NEU} = I_{0;F\&E;OPT} + a_{H;ALT} \; \gamma - \frac{a \, \gamma}{1-b} + \frac{a \, \gamma}{1-b} \; b^{\dfrac{I_{0;F\&E;OPT} - I_{0;F\&E}}{\Delta \, I_{0;F\&E}}}$$

Ableiten nach $I_{0;F\&E;OPT}$ führt zu:

$$\frac{\partial \, GA_{0;NEU}}{\partial \, I_{0;F\&E;OPT}} = 1 + \frac{a \, \gamma}{1-b} \; b^{\dfrac{I_{0;F\&E;OPT} - I_{0;F\&E}}{\Delta \, I_{0;F\&E}}} \; ln \, b \; \frac{1}{\Delta \, I_{0;F\&E}}$$

Null setzen ergibt:

$$1 = -\frac{a \, \gamma \, ln \, b}{(1-b) \, \Delta \, I_{0;F\&E}} \; b^{\dfrac{I_{0;F\&E;OPT} - I_{0;F\&E}}{\Delta \, I_{0;F\&E}}}$$

Nach $I_{0;F\&E;OPT}$ umstellen:

$$-\frac{(1-b) \, \Delta \, I_{0;F\&E}}{a \, \gamma \, ln \, b} = b^{\dfrac{I_{0;F\&E;OPT} - I_{0;F\&E}}{\Delta \, I_{0;F\&E}}}$$

$$ln \left(-\frac{(1-b) \, \Delta \, I_{0;F\&E}}{a \, \gamma \, ln \, b} \right) = \frac{I_{0;F\&E;OPT} - I_{0;F\&E}}{\Delta \, I_{0;F\&E}} \; ln \, b$$

Letztendlich resultiert:

$$\boxed{I_{0;F\&E;OPT} = I_{0;F\&E} + \frac{\Delta \, I_{0;F\&E} \cdot ln \left(-\dfrac{(1-b) \, \Delta \, I_{0;F\&E}}{a \, \gamma \, ln \, b} \right)}{ln \, b}}$$

Zur Veranschaulichung dient Beispiel 4.1.

Beispiel 4.1:

Es sind folgende Eingangsdaten bekannt:

$I_{0;F\&E}$	$\Delta I_{0;F\&E}$	$a_{H;ALT}$	b	a	q	m_t	N
10.000 €	1.000 €	$50,-\dfrac{€}{Stück}$	0,80	$5,-\dfrac{€}{Stück}$	1,06	500	5

Damit ergibt sich ein γ von 2.106,18 Stück und Gesamtauszahlungen vor der Investition in Forschung, Entwicklung und Konstruktion in Höhe von $GA_0 = 115.309$ €. Optimale – weil zu einem Gesamtminimum an Auszahlungen führende – Gesamtinvestitionsauszahlungen für F&E ergeben sich mit $I_{0;F\&E;OPT} = 21.041,38$ €. Diese resultieren aus:

$$21.041,38 \, € = 10.000 \, € + \frac{1.000 \, € \cdot ln \left(-\dfrac{(1-0,8) \; 1.000 \, €}{5\dfrac{€}{Stück} \cdot 2.106,18 \; Stück \cdot ln \, 0,8} \right)}{ln \, 0,8}$$

Damit werden Gesamtauszahlungen für Produktentwicklung und Produktherstellung in Höhe von $GA_{0;NEU} = 78.177\,€$ erzielt. Neue Auszahlungen für die Produktherstellung resultieren mit $a_{H;NEU} = 27{,}127\,\frac{€}{Stück}$. Diese ergeben sich aus:

$$27{,}127\,\frac{€}{Stück} = \left(-5\,\frac{€}{Stück} \cdot \frac{1 - 0{,}8^{\frac{21.041{,}38\,€ - 10.000\,€}{1.000\,€}}}{1 - 0{,}8} \right) + 50\,\frac{€}{Stück}$$

An diesem Punkt erreicht die Summe aus Investitionsauszahlungen und Auszahlungen zur Produktherstellung ein Minimum (vgl. Abbildung 4.3).

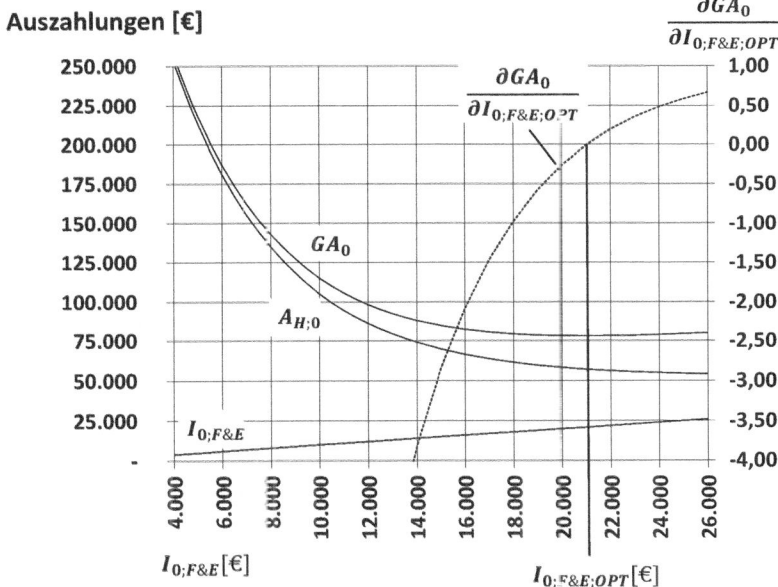

Abb. 4.3: Abbildung optimaler F&E-Investitionen. Quelle: Eigene Darstellung auf Basis der Eingangsdaten aus dem Text.

Diese Vorgehensweise kann auf die übrigen Phasen des Lebenszyklus ausgeweitet werden, um weitere Zielbeziehungen zu analysieren.[27] Zu kritisieren ist an dieser Modellierung zum einen, dass Konstruktionsmaßnahmen die einzigen Einflussfaktoren der Zahlungen für die Produktherstellung sind, und zum anderen die Annahme, die Wirkungen konstruktiver Maßnahmen bestimmen und quantifiziert prognostizieren zu können (hier die Faktoren a, b

---

[27] Vgl. Müller (2010).

und $\Delta\,I_{0;F\&E;OPT}$).[28] In der Realität sind die zahlungsrelevanten Auswirkungen und die Effizienz konstruktiver Maßnahmen jedoch häufig abhängig von Personen, Situationen und der Organisation des Konstruktionsprozesses und demzufolge auch unsicher.[29]

4.1.4 Zusammenfassende Kritik

Kritik der Modelle kann auf zwei Ebenen vorgebracht werden. Zuerst ist die Übertragung des Lebenszyklusgedankens in der Ökonomie anzusprechen. Dies wurde schon diskutiert, weshalb auf diese Ausführungen verwiesen wird.[30] Der zweite Kritikpunkt besteht in den verwendeten Verfahren, die auf der exponentiellen Diskontierung beruhen. Das erfordert einen vollkommenen Kapitalmarkt bzw. die Erfüllung der entsprechenden Axiome der Zeitpräferenz. Dieser Punkt wird an anderer Stelle ausführlich diskutiert.[31]

4.2 Wertorientierte Steuerung

4.2.1 Gewinnmaximierung und Gewinnbegriffe

Ausgangspunkt der bisherigen und der weiteren Darstellungen ist das erwerbswirtschaftliche Prinzip, das Bestandteil der zugrunde liegenden Unternehmensdefinition ist und nun näher analysiert wird. Prinzipiell kann das erwerbswirtschaftliche Prinzip durch das Gewinnstreben konkretisiert werden. In der traditionellen Sichtweise bildete der Eigenkapitalgeber eine Personalunion mit dem Unternehmer. Unternehmensziele waren deshalb komplementär zu den Zielen des Eigenkapitalgebers. Eigenkapitalgeber streben nach Sicherheit der Kapitalanlage und verfolgen mit dieser Anlage Erwerbsziele (Wertsteigerung der Anlage und Erträge aus der Anlage) und Gestaltungsziele (Einflussnahme auf das Management und die Entscheidungsprozesse).[32] Das Gewinnstreben stellt in dieser Sicht ein Instrumentalziel zur Erreichung

---

[28] Vgl. Mueller/Ganseforth (2012) zu einer Bestimmung der Faktoren.

[29] Vgl. Mueller (2011) zur Berücksichtigung von Unsicherheit.

[30] Vgl. Abschn. 1.4.2.1 auf S. 45.

[31] Vgl. 2. Band, Abschn. 1.7.3 auf S. 214.

[32] Vgl. Rieger (1928: 44–50 und 60–67); Gutenberg (1983: 464–469).

der Erwerbsziele der Eigenkapitalgeber dar. Die Interpretation des Gewinnstrebens als Gewinnmaximierung wird dahingehend kritisiert, dass:[33]

- der Maximierung moralische Gründe entgegenstehen und
- die Gewinnmaximierung nicht Fundamental- sondern Instrumentalziel sei.

Dem **ersten Argument** wird hier mit dem Hinweis auf die für eine langfristige Gewinnerzielung notwendige Berücksichtigung der unterschiedlichen Anspruchsgruppen des Unternehmens begegnet und geschlussfolgert, dass die Gewinnmaximierung eine Maximierung unter Berücksichtigung der zu erfüllenden Ansprüche als Nebenbedingungen darstellt.[34] In diesem Sinne kann von einer Limitierung der Gewinnmaximierung ausgegangen werden, die durch die Fixierung von Nebenbedingungen entsteht, die das Unternehmen erfüllt sehen möchte bzw. erfüllen muss. Das Gewinnprinzip stellt eine Konsequenz der sozialethischen Norm dar, die den eigenverantwortlichen Einkommenserwerb als Ausprägung eines Subsidiaritätsprinzips versteht, durch das die Gesellschaft ihren Mitgliedern diejenigen Aufgaben überlässt, die diese selbst besser lösen können als die Gesellschaft.[35] Nicht der Fakt, dass Unternehmen Gewinne erzielen, kann demzufolge Gegenstand ethisch-moralischer Analysen sein, sondern es bleiben lediglich die Fragen zu diskutieren, welche Komponenten zur Berechnung herangezogen werden und auf welche Weise der Gewinn erzielt wird.[36]

Zum **zweiten Argument**, ob die Gewinnmaximierung ein fundamentales Formal- oder Instrumentalziel darstellt, wurde bereits festgestellt, dass die Einschätzung dazu vom Betrachtungskontext abhängt.[37] Zusammenfassend wird festgehalten, dass das formale Fundamentalziel in dem Streben nach einem real-objektiven bzw. real-subjektiven Gewinnmaximum unter Berücksichtigung von Nebenbedingungen besteht. Als zusätzliche Ziele sind die Liquiditätssicherung und die Risikoreduktion sowie per definitionem das ökonomische Prinzip in Form von Rentabilitätszielen und die Sicherung der Unternehmensautonomie festzuhalten.

---

[33] Vgl. Schneider (2001a: 247).

[34] Vgl. Schiemenz/Seiwert (1979: 584–587).

[35] Es sei hier erwähnt, dass auch in der Theorie der deutschsprachigen sozialistischen Betriebswirtschaftslehre der Gewinn einen unentbehrlichen Maßstab für die ökonomische Leistung des Betriebes sowie ein grundlegendes Kriterium des ökonomischen Nutzens der betrieblichen Maßnahmen darstellte. Dieser Gewinn war wesentlicher Bestandteil des Nationaleinkommens, weshalb Gewinne für die Erhöhung des Nationaleinkommens erforderlich waren. Ohne im Detail auf die Gewinnermittlungsvorschriften einzugehen, bleibt festzuhalten, dass die Gewinnerzielung nicht das Primärziel des Wirtschaftens darstellte (primäres Ziel war die Planerfüllung), jedoch als Instrumentalziel notwendig war. Vgl. Gutenberg (1983: 474–479); Gallenmüller et al. (1988: 449–450).

[36] Vgl. Hax (1926: 117); Henen (1976: 59–60); Schneider (1990: 869–873).

[37] Für die weitere Betrachtung wird von der Einordnung des Gewinnstrebens als Fundamentalziel des Unternehmens bzw. Unternehmers ausgegangen. Zu einer Darstellung der historischen Entwicklung der Diskussion des Prinzips der Gewinnmaximierung in der Betriebswirtschaftslehre vgl. Deges (1993: 161–166).

Nun stellt sich die Frage, welcher Gewinnbegriff dieser Zielsetzung zugrunde liegt, da – trotz der weitgehenden Einigkeit über die Gewinnmaximierung – verschiedene Definitionen des Gewinns existieren. Für das vorliegende Werk sind die folgenden Gewinnbegriffe relevant:[38]

- der bilanzielle Gewinn,
- der kalkulatorische Gewinn,
- der finanzwirtschaftliche Gewinn und
- der Übergewinn.[39]

Im Rahmen des handelsrechtlichen Jahresabschlusses wird für das Gesamtunternehmen der **bilanzielle Gewinn** ermittelt. Dieser stellt die Differenz von Erträgen und Aufwendungen dar und wird auch als Jahresüberschuss/Jahresfehlbetrag bezeichnet. Diese Größen beziehen sich auf die Betrachtungsperiode von einem Geschäftsjahr. Die Vorschriften zu dieser Art Gewinn- bzw. Verlustermittlung sowie zu der Ermittlung der Erträge und Aufwendungen sind größtenteils gesetzlich geregelt. Ziel dieser Vorschriften ist eine möglichst einheitliche und deshalb vergleichbare Ergebnisermittlung aller Unternehmen und der darauf basierenden Kommunikation des Unternehmens mit seinen externen und internen Anspruchsgruppen.

Für das Gesamtunternehmen und/oder einzelne Betrachtungsobjekte (z. B. Produkte, Investitionen) wird darüber hinaus ebenfalls auf Jahresebene eine andere Art des Gewinns ermittelt, der **kalkulatorische Gewinn**.[40] Dieser dient dazu, den tatsächlichen Werteverzehr im Zusammenhang mit der Leistungserstellung zu ermitteln und unternehmerische Entscheidungen zu fundieren, z. B. über das Produktionsprogramm oder über Investitionen. Ziel dieser Ergebnisermittlung sind primär interne Anspruchsgruppen.

Wird der Zeithorizont auf mehrere Jahre erweitert, resultiert der **finanzwirtschaftliche Gewinn**. Zu diesem Zweck werden alle Zahlungen auf ein und denselben Betrachtungszeitpunkt transformiert. Die Differenz zwischen Ein- und Auszahlungen eines Betrachtungszeitraumes entspricht dem finanzwirtschaftlichen Gewinn und wird auch als Kapitalwert bezeichnet.[41] Der Begriff des finanzwirtschaftlichen Gewinns ist jedoch nicht sonderlich trennscharf. Bei Vorstellung der Grundlagen wird gezeigt, dass der Endwert die **Eigenkapitaländerung** darstellt, die eine Investition erwirtschaftet.[42] Der Kapi-

---

[38] Neben diesen Gewinnbegriffen existieren weitere Gewinnarten, wie z. B. der steuerliche Gewinn. Zu einer Darstellung historischer Gewinnauffassungen vgl. Schneider (1976).

[39] Für die weitere Lektüre sei an dieser Stelle festgehalten, dass neben den entsprechenden Gewinnbegriffen auch korrespondierende Verlustbegriffe existieren. Aus Gründen der Sprachvereinfachung werden im Folgenden jedoch nur die Gewinnbegriffe expressis verbis diskutiert.

[40] Vgl. Abschn. 3.2.3 auf S. 191.

[41] Vgl. Abschn. 3.4.2 auf S. 236.

[42] Vgl. Merksatz 3.4 auf S. 222.

talwert stellt deshalb die – auf $t = 0$ diskontierte – **Eigenkapitaländerung** dar, die mit der Investition erwirtschaftet wird. Endwert und Kapitalwert spiegeln demzufolge Eigenkapitaländerungen wider und können ebenfalls als Residualgewinn bzw. -verlust bezeichnet werden. Dies ist jedoch unüblich, da beide Größen aus dem investitionstheoretischen Bereich stammen, indem dieser Zusammenhang ebenso bekannt, wie die Berücksichtigung von Fremd- und Eigenkapitalzinsen Standard ist.

Eng mit diesem finanzwirtschaftlichen Erfolgsbegriff verbunden ist der Begriff des **Übergewinns**, auch als **Residualgewinn** bezeichnet. Dieser Gewinn entspricht der positiven Differenz der Ein- und Auszahlungen eines Projektes oder auch des Gesamtunternehmens unter Berücksichtigung der Tatsache, dass zusätzlich zu den Grundkosten der Leistungserstellung (z. B. Material-, Lohn-, Fremdkapital- und Abschreibungskosten) auch ein Entgelt für die Eigenkapitalgeber (Shareholder) für die Überlassung ihres Kapitals zu berücksichtigen ist. Es sind demzufolge **Fremd- und Eigenkapitalzinsen** bei der Gewinnermittlung zu berücksichtigen. Der Wert, der nach Abzug all dieser Kosten verbleibt, ist der geschaffene Projekt-/Unternehmenswert. Dieser wird auch als Residualgewinn bzw. Übergewinn bezeichnet (vgl. Def. 4.1).[43]

Definition 4.1: *Der jährliche Residualgewinn RG_t wird wie folgt ermittelt:*

$$RG_t = R_t - Ab_t - Z_t$$

In der Def. 4.1 bezeichnen:

R_t = Rückfluss (*Cashflow*) als Differenz der objektbezogenen Ein- und Auszahlungen

= zahlungswirksames Ergebnis vor Finanzierungsaktivitäten,

Ab_t = Abschreibungen als jährlicher, buchhalterischer Ausdruck der Wertminderung der Investitionssumme I_0 mit $\sum_{t=1}^{N} Ab_t = I_0$,

Z_t = Zinsen für Fremd- und Eigenkapital

= effektive Zinszahlungen für Fremdkapital zuzüglich fiktiver Anteile für Eigenkapital

Dass der Endwert und der Residualgewinn identisch sind, wurde schon erwähnt und wird an anderer Stelle demonstriert.[44] Die Frage, warum es zur Entwicklung inhaltlich identischer Kenngrößen gekommen ist, kann hier jedoch nicht beantwortet werden. Oftmals entstanden die Größen aus dem Blickwinkel einer Anspruchsgruppe oder aus dem Bestreben heraus, die Betrachtung besonders auf ein Teil des Problem zu konzentrieren.

---

[43] Vgl. Breuer (2012: 103); Pape (2018: 458–460). Vgl. Lohse (2021: 1–2) für einen kurzen historischen Abriss der Idee des Residualgewinns.

[44] Vgl. Abschn. 4.2.2 auf S. 429.

Die Frage, welche dieser Gewinngrößen verwendet wird, ist deshalb ebenfalls abhängig von der Betrachtungsweise, also von der Art des Betrachters bzw. der Anspruchsgruppe. Der Eigenkapitalgeber stellt andere Anforderungen an den Gewinn des Unternehmens als z. B. das zuständige Finanzamt. Die Merkmale der beschriebenen Gewinnarten sind in der Tabelle 4.1 zusammengefasst.

Tab. 4.1: Merkmale relevanter Gewinnbegriffe. Quelle: Eigene Darstellung.

Gewinnbegriff / Merkmale	Handelsrechtlicher Gewinn	Kalkulatorischer Gewinn	Finanzwirtschaftlicher Gewinn	Residualgewinn
Betrachtungszeitraum	• 1 Jahr	• 1 Jahr	• 1 Jahr • mehrere Jahre • Totalperiode	
Betrachtungsobjekt	• Unternehmen	• Unternehmen • Unternehmensbereich • Investitionsobjekt		
Rechengrößen	• Erträge und Aufwendungen	• Kosten und Leistungen	• Ein- und Auszahlungen	
Synonym	• Jahresüberschuss	• Betriebsergebnis	• Endwert • Übergewinn	
Wichtigste Adressaten	• externe Anspruchsgruppen	• interne Entscheidungsträger • Eigenkapitalgeber		
Hauptzweck	• normierte Gewinnermittlung im Rahmen des Jahresabschlusses	• Entscheidungsfundierung bei Maßnahmen, wie z. B. Produktionsprogramm, Entwicklungsprojekte, Investitionsmaßnahmen • Identifikation von Wertsteigerungspotenzialen		

Als Fazit dieser Analyse kann der zentrale Grundsatz festgehalten werden, an dem sich das betriebliche Rechnungswesen – und somit auch die Verfahren der Investitionsrechnung – orientiert. Dieser Grundsatz ist im Merksatz 4.1 dargestellt.[45]

Merksatz 4.1: Der Rechnungszweck bestimmt über das Rechnungsziel den Rechnungsinhalt.

Damit wird deutlich und auch verständlich, dass unterschiedliche Rechengrößen, Betrachtungshorizonte und auch unterschiedliche Definitionen ein und desselben Begriffes existieren und verwendet werden.

---

[45] Schneider (1997: 46).

4.2.2 Endwert, Kapitalwert und Residualgewinn

Einführend werden einige Relationen wiederholt bzw. neu hergestellt. Es scheint hilfreich, auf den Zusammenhang von Endwert, Kapitalwert und Residualgewinnen einzugehen. Es wurde gezeigt, dass der Endwert einer Investition EW_N die – am Ende der Nutzungsdauer $t = N$ resultierende – Differenz zwischen sämtlichen Einzahlungen aus der Nutzung des Objektes und:

- den Auszahlungen für den Betrieb des Objektes,
- der Rückzahlung der Investitionssumme sowie
- den Zinsauszahlungen für die Kapitalnutzung (bzw. Zinseinzahlungen für die Kapitalanlage)

darstellt. Es wurde gezeigt, dass der Endwert die **Eigenkapitaländerung** darstellt, die eine Investition erwirtschaftet.[46] Der **Kapitalwert** entsteht durch die Diskontierung des Endwertes und stellt deshalb ebenfalls die – auf $t = 0$ diskontierte – Eigenkapitaländerung dar.[47] Endwert und Kapitalwert verkörpern Residualgewinne bzw.- verluste und sind demzufolge Größen der wertorientierten Steuerung (vgl. Merksatz 4.2).

Merksatz 4.2: Endwert und Kapitalwert stellen die Eigenkapitalveränderung dar, die mit einer Investition erwirtschaftet wird und sind deshalb genuine Residualgrößen.

Beide Größen – End- und Kapitalwert – sind quasi das Urmeter für die Verfahren der wertorientierten Steuerung. Der Endwert einer Investitionsmaßnahme zum Zeitpunkt $t = N$ ergibt sich wie folgt:[48]

$$EW_N = \sum_{t=1}^{N} R_t - I_0 - \sum_{t=1}^{N} Z_t.$$

Dieser Endwert ist identisch zur Summe der **Endwerte der Residualgewinne** zum Zeitpunkt $t = N$:

$$EW_N = \sum_{t=1}^{N} RG_t \cdot q^{N-t}$$

wobei:[49] $RG_t = R_t - Ab_t - Z_t$. Das wird im Folgenden am Beispiel 4.2 gezeigt.

---

[46] Vgl. Merksatz 3.4 auf S. 222.

[47] Vgl. Merksatz 3.7 auf S. 238.

[48] Vgl. Def. 3.13 auf S. 229.

[49] Vgl. Def. 4.1 auf S. 427.

Beispiel 4.2:

Eine Investition erwirtschaftet mit einer Auszahlung in Höhe von 1.000,– € folgende Rückflüsse: $R_1 = R_2 = R_4 = 330{,}00$ € und $R_3 = 600{,}00$ €. Es wird ein vollkommener Kapitalmarkt angenommen, dessen Zinssatz 8 % p. a beträgt. Der Verlauf von Bindung und Freisetzung des Kapitals ist in der Tab. 4.2 abgebildet.

Tab. 4.2: Ermittlung des Endwertes im Bspl. 4.2. Quelle: Eigene Darstellung.

t	KB_t	R_t	$Z_t = KB_{t-1} \cdot i$	$F_t = R_t - Z_t$
0	1.000,00	–	–	–
1	750,00	330,00	80,00	250,00
2	480,00	330,00	60,00	270,00
3	−81,60	600,00	38,40	561,60
4	−418,13	330,00	−6,53	336,53
		$\sum_{t=1}^{4} R_t = 1.590{,}00$	$\sum_{t=1}^{4} Z_t = 171{,}87$	$\sum_{t=1}^{4} F_t = 1.418{,}13$

Am Ende der Nutzungsdauer resultiert mit der bekannten Relation[50] folgendes Ergebnis:

Summe der Rückflüsse	1.590,00 €
− Freisetzung der Investitionssumme	1.000,00 €
− Zinsauszahlungen für Kapitalnutzung	178,40 €
+ Zinseinzahlungen für Kapitalanlage	6,53 €
= Endwert der Investition	418,13 €

Nun wird der Residualgewinn ermittelt.[51] Die Ergebnisse sind in der Tab. 4.3 zu sehen.

Tab. 4.3: Investitionstheoretische Ermittlung des Residualgewinns im Bspl. 4.2. Quelle: Eigene Darstellung.

t	KB_t	R_t	$Z_t = KB_{t-1} \cdot i$	$Ab_t = KB_{t-1} - KB_t$	$RG_t = R_t - Z_t - Ab_t$	$Habenzins_t = RG_{t-1} \cdot i$
0	1.000,00	–	–	–		
1	750,00	330,00	80,00	250,00	0,00	
2	480,00	330,00	60,00	270,00	0,00	
3	0,00	600,00	38,40	480,00	81,60	
4	0,00	330,00	0,00	0,00	330,00	6,53
				$\sum_{t=1}^{4} Ab_t = 1.000{,}00$	$\sum_{t=1}^{4} RG_t + \sum_{t=1}^{4} RG_{t-1} \cdot i = 418{,}13$	

Der Endwert der Residualgewinne ist inklusive der Zinsen für die Wiederanlage mit 418,13 € genauso groß, wie der Endwert der Investition.

---

[50] Vgl. Def. 3.12 auf S. 221.

[51] Vgl. Def. 4.1 auf S. 427.

Die beiden Berechnungen werden wie folgt erklärt:

- Zur Ermittlung des Endwertes werden von den Rückflüssen **zuerst** die **Zinsen** abgezogen. Wenn danach noch Mittel verfügbar sind, wird Kapital freigesetzt. In dem Maße, wie Kapital freigesetzt wird, ändert sich die Kapitalbindung. Wenn mehr Kapital als die Investitionssumme freigesetzt wird, entsteht eine negative Kapitalbindung. Am Ende der Laufzeit gilt die Beziehung: $KB_N = -EW_N$. Demzufolge erfolgt ohne explizite Berücksichtigung der Investitionssumme deren "Abschreibung" über die Reduktion der Kapitalbindung. Der Betrag dieser Reduktion ist eine Restgröße nach Abzug der Zinsen.

- Die oben vorgestellte Ermittlung des Residualgewinns ist unüblich. Stattdessen basiert die Berechnung i. d. R. auf folgender Logik: Ausgehend von den Rückflüssen werden **zuerst** die **Abschreibungen** als ex ante **fest definierte** Größe abgezogen. Wenn die Investitionssumme vollständig abgeschrieben wurde, entfällt diese Position. Im Anschluss daran wird der verbleibende Betrag um die Zinsen reduziert. Der danach verbleibende Betrag stellt den Residualgewinn dar.

Zur Demonstration wird Beispiel 4.2 herangezogen und fortgeführt.

Fortführung des Beispiels 4.2:

Im Gegensatz zu den bisherigen Darstellungen wird eine Abschreibung in Höhe von 250,00 € jährlich festgesetzt. Den daraus resultierenden Endwert zeigt Tab. 4.4.

Tab. 4.4: Kostenrechnerische Ermittlung des Residualgewinns im Bspl. 4.2. Quelle: Eigene Darstellung.

t	KB_t	R_t	$Ab_t =$ $KB_{t-1} - KB_t$	$Z_t =$ $KB_{t-1} \cdot i$	$RG_t =$ $R_t - Ab_t - Z_t$	$RG_t \cdot (1+i)^{N-t}$
0	1.000,00	–	–	–	–	–
1	750,00	330,00	250,00	80,00	0,00	0,00
2	500,00	330,00	250,00	60,00	20,00	23,33
3	250,00	600,00	250,00	40,00	310,00	334,80
4	0,00	330,00	250,00	20,00	60,00	60,00
				$\sum\limits_{t=1}^{4} RG_t \cdot (1+i)^{N-t} = 418,13$		

Der ermittelte Endwert der Summe der Residualgewinne ist mit 418,13 € genauso groß, wie der bisher berechnete Wert. Die Summe der Zinsen, die für die Kapitalnutzung zu entrichten sind, bleibt ebenfalls konstant und setzt sich wie folgt zusammen:

Summe der Sollzinsen für das gebundene Kapital	*200,00 €*
− Habenzinsen für die Anlage von RG_2	*3,33 €*
− Habenzinsen für die Anlage von RG_3	*24,80 €*
= Summe der Sollzinsen	*171,87 €*

Der Unterschied zwischen den beiden Vorgehensweisen wurde deutlich. Die Methodik nach Tab. 4.4 entspricht der Logik der Kostenrechnung. Die Kapitalbindung sinkt im Vergleich zur investitionstheoretischen Vorgehensweise langsamer, weshalb die Summe der Sollzinsen mit 200 € bei der kostenrechnerischen Berechnung größer ist, als bei der investitionstheoretischen Ermittlung mit 178,40 €. Diese Differenz wird jedoch durch die Anlage der Residualgewinne zum Kapitalmarktzins perfekt kompensiert, für die während der Laufzeit Habenzinsen in Höhe von 28,13 € entstehen.

Beispiel 4.2 zeigt, dass die ökonomische Logik der Ermittlung von Endwert und Residualgewinn identisch ist, was auch die identischen Ergebnisse erklärt. Ausgehend von den Einzahlungsüberschüssen muss das Kapital verzinst und zurückgeführt werden. Darüber hinausgehende Beträge erhöhen das Eigenkapital. Diese Beziehung wurde schon bei Vorstellung der Zusammenhänge von Investition und Finanzierung erläutert.[52]

Die Identität der Endwerte kann allgemein gezeigt werden. Der Residualgewinn einer Periode RG_t ergibt sich aus Def. 4.1 wie folgt:

$$
\begin{aligned}
RG_t &= R_t - Ab_t - Z_t \\
&= R_t - (KB_{t-1} - KB_t) - KB_{t-1} \cdot i \\
&= R_t + KB_t - KB_{t-1} \cdot (1+i) \\
&= R_t + KB_t - KB_{t-1} \cdot q
\end{aligned}
$$

Für die auf $t = N$ aufgezinsten jährlichen Residualgewinne wird formuliert:

$$
\begin{aligned}
\sum_{t=0}^{N} RG_t \cdot q^{N-t} &= \sum_{t=0}^{N} [R_t + KB_t - KB_{t-1} \cdot q] \cdot q^{N-t} \\
&= \sum_{t=0}^{N} R_t \cdot q^{N-t} + \sum_{t=0}^{N} KB_t \cdot q^{N-t} - \sum_{t=0}^{N} KB_{t-1} \cdot q \cdot q^{N-t} \\
&= \sum_{t=0}^{N} R_t \cdot q^{N-t} + \underbrace{\sum_{t=0}^{N} KB_t \cdot q^{N-t} - \sum_{t=-1}^{N-1} KB_t \cdot q^{N-t}}_{= KB_N \cdot q^{-N} \cdot q^N - KB_{-1} \cdot q \cdot q^N}
\end{aligned}
$$

Mit $KB_N = KB_{-1} = 0$, kann formuliert werden:

$$
\begin{aligned}
\sum_{t=0}^{N} RG_t \cdot q^{N-t} &= \sum_{t=0}^{N} R_t \cdot q^{N-t} \\
&= -I_0 \cdot q^N + \sum_{t=1}^{N} R_t \cdot q^{N-t} \\
&= \text{Endwert nach Def. 3.15 auf S. 232.}
\end{aligned}
$$

---

[52] Vgl. Abschn. 3.3.4 auf S. 218.

Da diese Relation im weiteren Verlauf wichtig ist, wird sie im Merksatz 4.3 zusammengefasst.

Merksatz 4.3: *Der Endwert einer Investition entspricht auf einem vollkommenen Kapitalmarkt der Summe der Endwerte der Residualgewinne.*

Die Ermittlung von Residualgewinnen erscheint vor diesem Hintergrund überflüssig. Wird eine Investition jedoch aus Sicht der Kostenrechnung und speziell der Erstellung des Jahresabschlusses betrachtet, so tritt das Problem der Periodisierung des Gesamtergebnisses auf. Deshalb ist es wichtig, auf den soeben geschilderten Zusammenhang hinzuweisen. Der Residualgewinn stellt quasi den investitionstheoretisch korrekt ermittelten Gewinn dar, der in der Kostenrechnung anzusetzen ist. Die damit verbundenen Jahresabschlusswerte sind entsprechend zu korrigieren.

Im Merksatz 4.3 ist auch der Hinweis auf die *conditio sine qua non* für die Identität enthalten: Nur wenn der Sollzinssatz für die Verzinsung des gebundenen Kapitals genauso groß ist, wie der Habenzinssatz für die Anlage der Residualgewinne, sind die ermittelten Endwerte gleich groß. Dazu ist die Annahme eines vollkommenen Kapitalmarktes notwendig. Aus den Erläuterungen zu diesem theoretischen Konstrukt[53] wurde deutlich, dass der einheitliche Kapitalmarktzins als im Zeitablauf konstant und ohne Risikozu- oder -abschläge zu verstehen ist.

Im Beispiel 4.2 auf S. 430 wurde auch deutlich, dass die Summe der Zinsen bei allen Berechnungsmethoden konstant bleibt (171,87 €). Der Verlauf der Kapitalbindung (und in der Kostenrechnung demzufolge die Wahl der Abschreibungsmethode) ist demzufolge **irrelevant** für das Ergebnis. Durch die Verrechnung von kalkulatorischen Soll- und Habenzinsen werden die zeitlichen Differenzen kompensiert. Das bedeutet jedoch nicht, dass die Verrechnung der Zinsen lediglich zeitliche Unterschiede im Anfall von Abschreibungen ausgleicht.[54] Die Zinsen stellen das Entgelt für die Kapitalnutzung dar und sind in jedem Fall anzusetzen. Jedoch ist die Summe der Zinsen lediglich abhängig von der Höhe des Zinssatzes und nicht vom zeitlichen Verlauf der Kapitalbindung.

In der Literatur erfolgt regelmäßig eine Diskontierung der Residualgewinne und es wird auf die Identität mit dem Kapitalwert hingewiesen. Da die Summe der Residualgewinne identisch mit dem Endwert ist, überrascht diese Wertgleichheit nicht. Im nächsten Abschnitt wird das sog. LÜCKE-Theorem bzw. PREINREICH-LÜCKE-Theorem vorgestellt. Dieses basiert auf der kapitalwertorientierten Analyse des soeben beschriebenen Zusammenhangs.

---

[53] Vgl. Abschn. 3.3.6 auf S. 224.
[54] Vgl. Laux (2006: 106).

4.2.3 Preinreich-Lücke-Theorem

Nun wird die Beziehung zwischen dem Residualgewinn und dem Kapitalwert vertiefend dargestellt. Dies erscheint nach dem vorangegangenen Kapitel überflüssig. Wird jedoch eine periodisierte Rechnung durchgeführt, tritt das Problem von periodenübergreifenden Ein- und Auszahlungen auf, das durch eine zeitliche Abgrenzung gelöst wird. In diesem Zusammenhang werden aus den Einzahlungen Erträge und aus den Auszahlungen Aufwendungen abgeleitet. Die bei deren Verwendung resultierende positive Differenz stellt den bilanziellen bzw. buchhalterischen Gewinn, den Jahresüberschuss bzw. Reinvermögenszuwachs dar. Werden anstelle von Aufwendungen und Erträgen die betrieblichen Leistungen und Kosten als Rechengrößen verwendet, resultiert der kostenrechnerische bzw. kalkulatorische Gewinn.

Werden lediglich die Werte der Einzelperioden miteinander verglichen, treten starke Differenzen zwischen den Gewinngrößen auf. Wird für einen Vergleich jedoch die Totalperiode verwendet, entsprechen sich die Werte der unterschiedlichen Gewinngrößen. Bei Annahme von **Sicherheit** und der Existenz eines **vollkommenen Kapitalmarktes** kann gezeigt werden, dass bei Durchführung von Korrekturrechnungen, die die unterschiedlichen Betrachtungsweisen der Rechnungssysteme kompensieren, jede Reihe aus periodisierten Erfolgsgrößen (z. B. Kosten- und Leistungsgrößen, Aufwands- und Ertragsgrößen) unter Berücksichtigung von kalkulatorischen Zinsen in eine Reihe von Periodengewinnen (Residualgewinnen) transformiert werden kann, deren Kapitalwert dem Kapitalwert der Zahlungsgrößen entspricht.[55] Dieser Zusammenhang wird durch das LÜCKE-Theorem bzw. PREINREICH-LÜCKE-Theorem beschrieben.[56] Es wird dabei vorausgesetzt, dass:[57]

a) die Summe der Zahlungsüberschüsse $Z\ddot{U}$ aller Perioden denselben Wert aufweist wie die Summe aller handelsbilanziell ermittelten Periodengewinne HG,

b) nachschüssige Zahlungen vorliegen,

c) die Zahlungsreihe mit Auszahlungen beginnt,

d) im Zeitpunkt t = 0 kein Gewinn resultiert und

e) der handelsbilanzielle Periodengewinn HG als Differenz von Kosten und Erlösen bzw. Erträgen und Aufwendungen um kalkulatorische Zinsen Z_{kalk} auf den Kapitalbestand der Vorperiode verringert wird.

---

[55] Vgl. Drukarczyk/Schüler (2016: 391–395).

[56] Nach GABRIEL PREINREICH (1893–1951) und WOLFGANG LÜCKE (1926–2021).

[57] Vgl. Preinreich (1937: 224); Lücke (1955: 313–316); Lücke (1960: 371–375); Schweitzer et al. (2016: 253–255). Zu einer kritischen Diskussion dieser Voraussetzungen vgl. Schneider (1997: 57–58); Schneider (2001b: 2510–2511).

Die Voraussetzungen a) bis d) werden in der Literatur unter dem Begriff
„**Kongruenzprinzip**" zusammengefasst und wie folgt dargestellt:

$$\sum_{t=0}^{N} HG_t = \sum_{t=0}^{N} Z\ddot{U}_t$$

Damit wird festgehalten, dass die Summe der buchhalterischen Periodener-
folge identisch zum Totalerfolg auf Basis der Zahlungsgrößen sein muss. Im
englischsprachigen Raum wird dies als *clean surplus relation* bzw. *clean surplus accounting* bezeichnet.

Der Residualgewinn einer Periode RG ergibt sich aus dem handelsrechtlichen
Gewinn HG, der um kalkulatorische Zinsen zu vermindern ist. Die kalkulatorischen Zinsen werden auf das Kapital verrechnet, das in der Vorperiode
gebunden war. Der Residualgewinn ergibt sich aus:

$$RG_t = HG_t - Z_{kalk;t}$$

$$RG_t = HG_t - KB_{t-1} \cdot i$$

Die Kapitalbindung KB ist definiert als Differenz zwischen den bis dato
kumulierten Zahlungen und den kumulierten Gewinnen und wird wie folgt
ermittelt:[58]

$$KB_t = \sum_{s=0}^{t} HG_s \ - \ \sum_{s=0}^{t} Z\ddot{U}_s$$

Dabei wird angenommen, dass:

$$KB_N = KB_{-1} = 0$$

Dann kann für die Kapitalbindung der Vorperiode auch formuliert werden:

$$KB_{t-1} = \sum_{s=0}^{t-1} HG_s - \sum_{s=0}^{t-1} Z\ddot{U}_s$$

Für die Differenz zwischen den Beträgen der Kapitalbindung resultiert:

$$KB_t - KB_{t-1} = \sum_{s=0}^{t} \left(HG_s - Z\ddot{U}_s \right) - \sum_{s=0}^{t-1} \left(HG_s - Z\ddot{U}_s \right)$$

$$KB_t - KB_{t-1} = HG_t - Z\ddot{U}_t$$

Dann kann der Gewinn der Periode auch formuliert werden als:

$$HG_t = Z\ddot{U}_t + KB_t - KB_{t-1}$$

---

[58] Vgl. Küpper et al. (2013: 202–205).

Für die Ermittlung des Residualgewinns RG_t kann deshalb auch formuliert werden:

$$RG_t = HG_t - KB_{t-1} \cdot i$$
$$= Z\ddot{U}_t + KB_t - KB_{t-1} - KB_{t-1} \cdot i$$
$$= Z\ddot{U}_t + KB_t - KB_{t-1} \cdot (1+i)$$

Nun wird die Gesamtsumme aller derartigen Periodengewinne betrachtet und es wird formuliert:

$$\sum_{t=0}^{N} RG_t \cdot q^{-t} = \sum_{t=0}^{N} \left[Z\ddot{U}_t + KB_t - KB_{t-1} \cdot (1+i) \right] \cdot q^{-t}$$

$$= \sum_{t=0}^{N} Z\ddot{U}_t \cdot q^{-t} + \sum_{t=0}^{N} \left[KB_t - KB_{t-1} \cdot q \right] \cdot q^{-t}$$

$$= \sum_{t=0}^{N} Z\ddot{U}_t \cdot q^{-t} + \sum_{t=0}^{N} KB_t \cdot q^{-t} - \sum_{t=0}^{N} KB_{t-1} \cdot q \cdot q^{-t}$$

$$= \sum_{t=0}^{N} Z\ddot{U}_t \cdot q^{-t} + \underbrace{\sum_{t=0}^{N} KB_t \cdot q^{-t} - \sum_{t=-1}^{N-1} KB_t \cdot q^{-t}}_{= KB_N \cdot q^{-N} - KB_{-1} \cdot q}$$

Da laut Annahme gilt $KB_N = KB_{-1} = 0$, kann formuliert werden:

$$\sum_{t=0}^{N} RG_t \cdot q^{-t} = \sum_{t=0}^{N} Z\ddot{U}_t \cdot q^{-t}$$

Die Summe der diskontierten Residualgewinne ist gleich der Summe der diskontierten Rückflüsse mittels Kapitalwertmethode. Merksatz 3.25 kann deshalb zum Merksatz 4.4 umformuliert werden.[59]

Merksatz 4.4: Der Kapitalwert einer Investition entspricht dem Barwert der Residualgewinne.

Das bedeutet: Der Kapitalwert einer Investition ist genauso groß wie die Summe der diskontierten Gewinne, wenn diese um kalkulatorische Zinsen auf die Mittelbindung der Vorperiode reduziert werden. Deshalb wird das Theorem bzw. der zugrundeliegende Sachverhalt als **Barwertidentität** oder auch **Barwertkompatibilität** bezeichnet.[60] Mit Verwendung des Kapitalwertes wird automatisch auch der vollkommene Kapitalmarkt impliziert. Zur Veranschaulichung wird das Beispiel 4.3 eingeführt.

---

[59] Vgl. Breuer (2012: 106–107).

[60] Vgl. Fischer/Möller/Schultze (2015: 362–363).

Beispiel 4.3:

Eine Investition erfordert eine Auszahlung von $I_0 = 200$ € und erwirtschaftet über den Zeitraum von 4 Jahren Rückflüsse von $R_t = 80$ €/a. Die Abschreibung erfolgt linear ohne Restwert, der Zinssatz beträgt $i = 0{,}10$/a. Die resultierenden Ergebnisse sind in Tabelle 4.5 zu sehen.

Tab. 4.5: Barwertidentität von Residualgewinnen und Kapitalwert. Quelle: Eigene Darstellung.

Bewertungsgrößen \ Zeitpunkte	0	1	2	3	4
$ZÜ_t$	- 200,00	80,00	80,00	80,00	80,00
$ZÜ_t \cdot q^{-t}$	- 200,00	72,73	66,12	60,10	54,64
$C_0 = \sum\limits_{t=0}^{4} ZÜ_t \cdot q^{-t}$	53,59				
Ab_t		50,00	50,00	50,00	50,00
$HG_t = ZÜ_t - Ab_t$		30,00	30,00	30,00	30,00
KB_t	200,00	150,00	100,00	50,00	0,00
$Z_{kalk;t} = KB_{t-1} \cdot i$		20,00	15,00	10,00	5,00
$RG_t = HG_t - Z_{kalk;t}$		10,00	15,00	20,00	25,00
$RG_t \cdot q^{-t}$		9,09	12,39	15,03	17,08
$\sum\limits_{t=0}^{4} RG_t \cdot q^{-t}$	53,59				
KB_t	200,00	150,00	100,00	50,00	0,00
$KB_{t-1} \cdot q$	0,00	220,00	165,00	110,00	55,00
$(KB_t - KB_{t-1} \cdot q)$	200,00	-70,00	-65,00	-60,00	-55,00
$(KB_t - KB_{t-1} \cdot q) \cdot q^{-t}$	200,00	-63,64	-53,72	-45,08	-37,56
$\sum\limits_{t=0}^{4} (KB_t - KB_{t-1} \cdot q) \cdot q^{-t}$	0				

Zusammenfassend ist darauf hinzuweisen, dass die mittels dieses Theorems gewonnenen Aussagen durch Deduktion aus anderen Aussagen – den Grundannahmen sowie den zugrunde liegenden Definitionen von Rechengrößen – gewonnen werden und lediglich einen logischen, jedoch keinen empirischen Wahrheitsgehalt aufweisen.[61] Da es für das Verständnis des Zusammenhangs

---

[61] Vgl. Ewert/Wagenhofer (2014: 62–63). SCHNEIDER formuliert: „*Die Lücke, die ein Verzicht auf das Lücke-Theorem hinterlässt, ersetzt es vollkommen.*" Schneider (1997: 64). Zur Unterscheidung von logischer und faktischer Wahrheit vgl. Chmielewicz (1994: 90–95).

zwischen den Rechensystemen jedoch hilfreich erscheint und im weiteren Verlauf noch relevant sein wird, wurde das Theorem an dieser Stelle kurz präsentiert. Dieses Aussagensystem beinhaltet demzufolge die Definitionen, Rechenregeln und Axiome, die zur Überführung von Aussagen aus **einem System** - dem System der Zahlungsgrößen – in ein **anderes System** – das System von Kosten- und Leistungsgrößen - notwendig sind.[62] Es zeigt also die logischen Verknüpfungen zwischen **zwei axiomatisierten** Aussagensystemen auf. Der Vorwurf, bei dem Theorem handele es sich um eine tautologische Transformation,[63] ist zum einen der Natur von Theoremen geschuldet. Zum anderen kann er dahingehend abgeschwächt werden, dass das auf diese Weise gewonnene Ergebnis Informationen enthält, die aus den zugrunde liegenden Aussagesystemen nicht unmittelbar ersichtlich sind. Wesentliche Erkenntnis ist die Äquivalenz von Kapitalwertmaximierung und Residualgewinnmaximierung unter Berücksichtigung der skizzierten Annahmen.

4.2.4 Einordnung der wertorientierten Steuerung

Auf diesen Zusammenhängen basieren die Konzepte wertorientierter Unternehmensführung. Wertorientierte Steuerungskonzepte (value based management) haben sich in den letzten drei Dekaden in der betriebswirtschaftlichen Praxis verbreitet und sind heutzutage in vielen Unternehmen auch in Deutschland Standard geworden, auch wenn diese Konzepte nicht unumstritten sind. Auf diese Diskussion wird hier nicht eingegangen, sondern stattdessen auf die Literatur verwiesen.[64] Die Grundidee wertorientierter Unternehmensführung wurde bereits herausgestellt: Sinn und oberstes Formalziel unternehmerischer Tätigkeit ist die Erzielung eines Einkommens für den/die Eigentümer des Unternehmens.[65] Da der Eigentümer der Eigenkapitalgeber ist, bedeutet dies:

Primäres Ziel unternehmerischer Tätigkeit ist die Erwirtschaftung von Gewinnen für die Eigenkapitalgeber.

Der Gewinn, der in diesem Zusammenhang betrachtet wird, ist **nicht** der handelsrechtliche Gewinn. Vielmehr ist zu berücksichtigen, dass auch die Bereitstellung des Eigenkapitals zu entlohnen ist, weshalb das **Eigenkapital auch zu verzinsen** ist. Der Wert, der nach **Abzug sämtlicher Kosten** – also **auch der Eigenkapitalkosten** – verbleibt, ist der Gewinn für den

---

[62] Vgl. Schweitzer (1972: 65–67); Schweitzer (1981: 101–102).

[63] Vgl. Schweitzer et al. (2016: 258).

[64] Vgl. Schneider (1998); Schneider (2001b); Friedl (2013: 280).

[65] Vgl. dazu die Diskussion des Gewinnbegriffes in Abschn. 4.2.1.

Eigenkapitalgeber und wird als **Residualgewinn** bezeichnet.[66] Allein dieser Wert – und nicht der handelsrechtliche Gewinn – trägt zu einer Erhöhung des **Unternehmenswertes** bei.

Es wurde bereits darauf hingewiesen, dass der Endwert und der Kapitalwert **genuine Residualgrößen** sind.[67] Beide Kennzahlen werden jedoch aus investitionstheoretischer Sicht und nicht aus Sicht des Jahresabschlusses ermittelt. Um das Unternehmen aus Basis von internen Jahresinformationen zu steuern, kann der Residualgewinn herangezogen werden. Dieser Aspekt wird nun für Nach-Steuer-Betrachtungen erweitert. Ausgangspunkt der Erläuterungen ist die einfache Gewinnformel. Mit G_{NST} als Gewinn nach Steuern, U als Umsatzbetrag, K als Kostensumme und ST als Steuersumme folgt:

$$
\begin{aligned}
G_{NST} &= U - K - ST \\
&= U - K - [(U - K) \cdot s] \\
&= (U - K) \cdot (1 - s)
\end{aligned}
$$

Zahlungswirksame Erlöse und zahlungswirksame Kosten werden als Rückfluss bezeichnet. Dabei werden Zinszahlungen erst einmal nicht berücksichtigt, so dass ein Rückfluss vor Zinsen R_{vZ} verwendet wird. Außerdem werden Abschreibungen als nicht zahlungs-, aber ergebnisrelevante Größe betrachtet. Somit kann formuliert werden:

$$
G_{NST} = (R_{vZ} - Ab) \cdot (1 - s)
$$

Bei einer Betrachtung der Gesamtkosten sind die Kapitalkosten K_K zu berücksichtigen. Es folgt der Residualgewinn nach Steuern RG_{NST}:

$$
\begin{aligned}
RG_{NST} &= (R_{vZ} - Ab - K_K) \cdot (1 - s) \\
&= \underbrace{(R_{vZ} - Ab) \cdot (1 - s)}_{\substack{Gewinn\,nach\,Steuern, \\ aber\,vor\,Zinsen}} - \underbrace{K_K \cdot (1 - s)}_{Gesamtkapitalkosten}
\end{aligned}
$$

Fremdkapitalkosten wirken als Zinszahlungen steuermindernd in der GuV, wohingegen Eigenkapitalkosten in der GuV nicht relevant sind. Deshalb kann formuliert werden:

$$
RG_{NST} = \underbrace{(R_{vZ} - Ab) \cdot (1 - s)}_{\substack{Gewinn\,nach\,Steuern, \\ aber\,vor\,Zinsen}} - \underbrace{K_{FK} \cdot (1 - s) - K_{EK}}_{Gesamtkapitalkosten}
$$

Mit $K_{FK} = Z$ folgt:

---

[66] Vgl. Def. 4.1 auf S. 427.

[67] Vgl. Abschn. 4.2.2 auf S. 429.

$$RG_{NST} = \underbrace{(R_{vZ} - Ab - Z) \cdot (1 - s)}_{\substack{\text{Gewinn nach Steuern,} \\ \text{und nach Zinsen}}} - K_{EK}$$

$$RG_{NST} = G_{NST} - K_{EK}$$

Diese Erkenntnis ist in der Betriebswirtschaftslehre nicht neu,[68] geriet jedoch mit der steigenden Berücksichtigung weiterer Anspruchsgruppen und die steigende Ausdifferenzierung des internen Rechnungswesens zunehmend in den Hintergrund. Mit der Entstehung und Verbreitung des **Shareholder-Value-Konzeptes** Anfang der 1990-er Jahre rückte diese Ziel- bzw. Feststellung wieder in den Mittelpunkt der Betrachtung.[69]

Wertorientierte Führung zielt auf die Berücksichtigung, Gestaltung und Steigerung eines derart verstandenen Unternehmenswertes. Begründet und motiviert werden die wertorientierten Konzepte mit folgender Kritik traditioneller Erfolgsmessung:[70]

- mangelnder Zusammenhang zwischen Kennzahlen aus dem Jahresabschluss und der Wertentwicklung am Kapitalmarkt,
- keine Abbildung des Kapitalbedarfes zur Wachstumsfinanzierung,
- Vergangenheitsorientierung der Betrachtung,
- unterschiedliche Ermittlung gewinnorientierter Größen aufgrund von Spielräumen in Rechnungslegungsnormen,
- mangelnde Berücksichtigung des Zeitwertes des Geldes und des Vermögens sowie
- keine Berücksichtigung ökonomischer Wirkungen nach dem Betrachtungszeitraum.

Traditionelle Erfolgsmaße geben deshalb nur ein unzutreffendes Bild der realen Verhältnisse ab, das darüber hinaus auch noch vergangenheitsorientiert ist. Die „Unzulänglichkeiten" traditioneller Kennzahlen[71] werden im Wesentlichen durch die Anwendung von Verfahren der Investitionsrechnung und der Unternehmensbewertung „behoben". Aus der vergangenheitsorientierten Betrachtung wird eine zukunftsorientierte Betrachtung.

---

[68] Vgl. Rieger (1928: 44–50 und 60–67) sowie Abschn. 3.3.5 auf S. 221 und Abschn. 4.2.2 auf S. 429.

[69] Vgl. Bühner (1990); Rappaport (1998); Lingnau (2008: 10–12); Lingnau/Koffler (2013).

[70] Vgl. Baum/Coenenberg/Günther (2013: 316–317).

[71] Für eine kritische Diskussion dieser „Unzulänglichkeiten" vgl. Raab (2001: 149–155).

4.2.5 Ausgewählte Steuerungsgrößen

4.2.5.1 Einführung

Einführend werden einige zentrale Rechengrößen vorgestellt. Eine in diesem Zusammenhang wichtige Größe ist der *EBIT* (*Earnings Before Interest and Taxes*). Zu dessen Ermittlung wird die Bestimmungsgleichung des Jahresüberschusses stark vereinfacht und wie folgt umgeformt:

$$R_t - Ab_t - Z_t - ST_t = J\ddot{U}_t$$
$$R_t - Ab_t = \underbrace{J\ddot{U}_t + Z_t + ST_t}_{EBIT_t}$$

Die Rückflüsse können in diesem Zusammenhang als *EBITDA* bezeichnet werden, als Earnings Before Interest, Taxes, Depreciation and Amortization. In der Abbildung 4.4 sind diese Zusammenhänge noch einmal zusammengefasst.

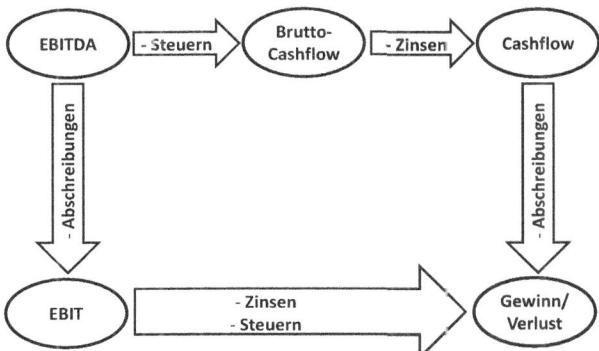

Abb. 4.4: Zusammenhang unterschiedlicher Jahresabschlussdaten. Quelle: Eigene Darstellung, in Anlehnung an: Spremann (2010: 69).

Zu erläutern ist nun noch die **Ermittlung der Kapitalkosten**. Diese ergeben sich aus dem gebundenen, betriebsnotwendigen Kapital der Vorperiode, welches mit dem Kapitalkostensatz multipliziert wird. Der dabei verwendete Zinssatz ist ein **gewichteter Gesamtkapitalkostensatz** (Weighted Average Cost of Capital – WACC) und resultiert aus Def. 4.2.[72]

---

[72] Vgl. Perridon/Steiner/Rathgeber (2017: 245).

Definition 4.2: *Der Satz der gewichteten Gesamtkapitalkosten* k_{GK} *wird ermittelt durch:*

$$k_{GK} = k_{EK} \cdot \frac{EK}{GK} + k_{FK} \cdot (1-s) \cdot \frac{FK}{GK}$$

In Def. 4.2 bedeuten:

k_{GK}	= Gesamtkapitalkostensatz [% p.a.]	k_{EK}	= Eigenkapitalkostensatz [% p.a.]
k_{FK}	= Fremdkapitalkostensatz [% p.a.]	s	= Ertragssteuersatz [%]
FK	= Marktwert des Fremdkapitals [€]	EK	= Marktwert des Eigenkapitals [€]

Die Eigen- und Fremdkapitalbestandteile werden auf Basis der sog. Zielkapitalstruktur ermittelt. Während die Fremdkapitalkosten leicht aus Kreditverträgen oder Anleihebedingungen zu ermitteln sind, ist zur Bestimmung der Eigenkapitalkosten eine zusätzliche Betrachtung notwendig. Dazu wird hier das sog. *CAPM* (Capital Asset Pricing Model) herangezogen. Dessen Grundgedanke ist folgender:[73]

Aus Sicht eines Anlegers wird das Risiko einer Geldanlage aufgeteilt in:[74]

- einen systematischen Teil und
- einen unsystematischen Anteil.

Das systematische Risiko stellt das Marktrisiko dar, das **alle Unternehmen** aus einer Branche betrifft. Dieser Risikobestandteil kann von dem Anleger **nicht** durch eine geeignete Auswahl an Wertpapieren „wegdiversifiziert" werden, er ist nicht eliminierbar. Im Gegensatz dazu kann das **unsystematische Risiko** sehr wohl **eliminiert werden**, nämlich durch eine geeignete Auswahl an Wertpapieren. Der Kapitalmarkt honoriert **nur** die Übernahme des **systematischen Risikos**, so dass für die Übernahme des unsystematischen Risikos auch keine Prämie zu erwarten ist. Für die Kosten des Eigenkapitals gilt Def. 4.3.[75]

Definition 4.3: *Der Satz der Eigenkapitalkosten* k_{EK} *wird ermittelt durch:*

$$k_{EK} = r_f + \beta \cdot (r_M - r_f)$$

In Def. 4.3 beschreiben:

r_f	= Zinssatz einer risikolosen Anlage
r_M	= Rendite des Marktportfolios
β	= Gradmesser der Entwicklung des einzelnen Wertpapiers im Verhältnis zum Gesamtmarkt

Der Faktor β repräsentiert die Veränderung des betrachteten Wertpapieres in Abhängigkeit von der Veränderung des Gesamtmarktes. Ist $\beta = 1$, reagiert

---

[73] Vgl. Ballwieser/Hachmeister (2016: 102–104).

[74] Vgl. Pape (2018: 422–423).

[75] Vgl. Perridon/Steiner/Rathgeber (2017: 292).

die Rendite des Wertpapieres proportional zur Entwicklung der Marktrendite. Ist $\beta < 1$, reagiert die Wertpapierrendite unterproportional. Als Marktrendite können die Renditen von entsprechenden Indizes (z. B. DAX, S&P 500) herangezogen werden. Der Term $\beta \cdot (r_M - r_f)$ stellt die Risikoprämie des betrachteten Unternehmens dar.[76] Es wird ersichtlich, dass für die risikolose Anlage $\beta = 0$ und für das Marktportfolio selbst $\beta = 1$ gilt.[77]

Streng genommen lässt sich die dargestellte Bestimmungsgleichung der Gesamtkapitalkosten nicht empirisch testen, was auch durch zahlreiche Untersuchungen bestätigt wurde.[78] Die kritisierte Vorgehensweise wird hier jedoch als Näherung verwendet. Dies erfolgt in dem Wissen um die Unzulänglichkeit und mit dem - aus theoretischer Sicht nicht akzeptablen - Hinweis auf die weite Verbreitung. In der Abbildung 4.5 ist der Gesamtzusammenhang der Ermittlung der Kapitalkosten nochmals dargestellt.

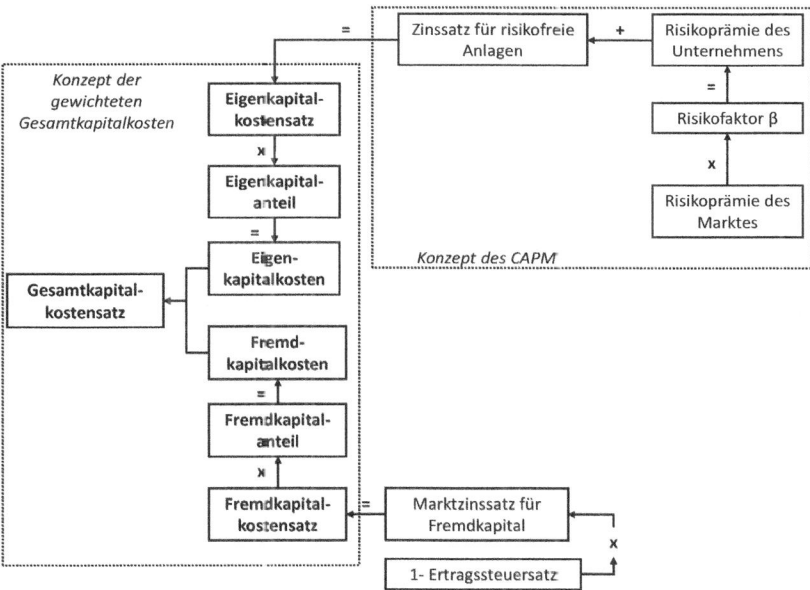

Abb. 4.5: Berechnungsschema der gewichteten Kapitalkosten. Quelle: Eigene Darstellung, in Anlehnung an: Hahn/Hungenberg (2001: 160).

Es existiert eine Menge wertorientierter Kennzahlen. Die Vielzahl der verfügbaren Konzepte und Methoden kann wie folgt gruppiert werden:[79]

---

[76] Vgl. Eilenberger/Ernst/Toebe (2013: 248).

[77] Vgl. Perridon/Steiner/Rathgeber (2017: 295).

[78] Vgl. Schneider (2001a: 848).

[79] Vgl. Troßmann (2013: 396); Ewert/Wagenhofer (2014: 516).

- Periodenbezogene Überschussgrößen: Cash Value Added (*CVA*), Economic Value Added (*EVA*),
- Rentabilitätsgrößen: Cashflow Return on Investment (*CFRoI*), Return on Net Assets (*RONA*), Return on Capital Employed (*ROCE*),
- Gesamtwertgrößen: Shareholder Value, Market Value Added (*MVA*).

Einige Vertreter dieser Gruppen werden im Folgenden vorgestellt. Es erscheint wichtig, noch einmal auf die Verwendung der Kennzahlen bei der Beurteilung der **absoluten** und der **relativen** Vorteilhaftigkeit hinzuweisen sowie auf die damit verbundenen Konsequenzen für die Kapitalwertrelevanz.[80]

4.2.5.2 Periodenbezogene Überschussgrößen

Als erster Vertreter dieser Gruppe wird der **Economic Value Added (EVA)** vorgestellt. Der *EVA*[81] ist ein periodenspezifischer Residualgewinn und resultiert demzufolge durch die Erhöhung der Gewinnschwelle um die Ansprüche der Eigenkapitalgeber. Ausgangspunkt der Ermittlung ist der Jahresüberschuss **nach Steuern** und **vor Kapitalkosten**, der Net Operating Profit After Taxes (*NOPAT*). Von diesem werden die Kapitalkosten abgezogen. Es resultiert:[82]

$$EVA_t = NOPAT_t - Kosten \ des \ Gesamtkapitals_t$$

Ein positiver *EVA* indiziert Wertschaffung, ein negativer *EVA* bedeutet Wertvernichtung. Zur Ermittlung des *EVA* müssen die Bestimmungsgrößen vorgestellt werden. Der *NOPAT* als Ergebnisgröße wird unter Verwendung der Annahme ermittelt, dass das Unternehmen **komplett eigenfinanziert** wäre. Deshalb werden aus den Jahresabschlussdaten die Fremdkapitalzinsen und die damit verbundene Steuerreduktion (der sog. *Tax shield*) herausgerechnet. Das führt zu einem Ergebnis, das hypothetisch entstanden wäre, wenn kein Fremdkapital aufgenommen worden und zu bedienen gewesen wäre. Der tax shield wird in einem späteren Schritt mit dem gewichteten Kapitalkostensatz wieder in die Betrachtung integriert.

Zur Ermittlung des *NOPAT* ist ein direkter und ein indirekter Weg möglich:[83]

---

[80] Vgl. Abschn. 3.4.2.5 auf S. 249.

[81] EVA® ist eine von der Unternehmensberatung STERN STEWART & CO. registrierte Marke. Das deutsche Pendant, der Geschäftswertbeitrag (GWB®), ist von der Siemens AG urheberrechtlich geschützt. Vgl. Hahn/Hungenberg (2001: 1059).

[82] Vgl. Küting/Weber (2012: 462); Bieg/Kußmaul/Waschbusch (2016: 334).

[83] Vgl. Fackler/Wimschulte (2009: 317).

	Direkte Methode		Indirekte Methode
1.	Umsatz	1.	Jahresergebnis
2.	− Operative Aufwendungen	2.	+ Anpassungen
3.	= Operatives Ergebnis	3.	= Modifiziertes Jahresergebnis
4.	+ Anpassungen	4.	+ Fremdkapitalzinsen
5.	− Steuern	5.	− Steuervorteil aus Fremd- kapitalzinsen
6.	= NOPAT	6.	= NOPAT

Die Anpassungen, von denen es insgesamt 164 gibt, sind erforderlich, da die Bilanzierungs- und Bewertungsgrundsätze der handelsrechtlichen Rechnungs- legung nicht die Ermittlung von Eigenkapitalrenditen als Zweck verfolgen. Der *NOPAT* muss deshalb von einer Größe des externen Rechnungswesens in eine ökonomische Erfolgsgröße überführt werden. Auf diese Anpassungen wird hier nicht im Detail eingegangen, sondern auf die weiterführende Lite- ratur verwiesen.[84]

Die zu verzinsende Kapitalbasis ist das betriebsnotwendige Vermögen – auch als Net Operating Assets (*NOA*) bezeichnet – welches zur Erwirtschaftung des *NOPAT* erforderlich war. Zur Ermittlung dieser Position ist ein aktivischer und ein passivischer Weg möglich:[85]

	Aktivische Methode		Passivische Methode
1.	Umlaufvermögen	1.	Eigenkapital
2.	− kurzfristige, nicht verzins- liche Verbindlichkeiten	2.	+ Fremdkapital
3.	= Working Capital	3.	= Bilanzsumme
4.	+ Anlagevermögen	4.	− unverzinsliche Verbindlich- lichkeiten
5.	= Nettovermögen		
6.	+ Anpassungen	5.	+ Anpassungen
7.	= Investiertes Kapital	6.	= Investiertes Kapital

Der *EVA* resultiert dann aus:[86]

$$EVA_t = (Gewinn\ vor\ Zinsen\ und\ nach\ Steuern)_t\ -\ Kapitalkosten_t$$
$$= NOPAT_t\ -\ Kapitalkosten_t$$
$$= NOPAT_t\ -\ [betriebsnotwendiges\ Vermögen_{t-1} \cdot k_{GK;t}]$$

Definition 4.4 beschreibt den *EVA* mit sog. **Capital-Charge-Formel.**

---

[84] Vgl. Nowak (2003: 142–148). Zur Kritik der Anpassungen vgl. Schneider (2008: 33–34).

[85] Vgl. Fackler/Wimschulte (2009: 319).

[86] Vgl. Küpper et al. (2013: 330–333).

Definition 4.4: *Mit der Capital-Charge-Formel wird der EVA wie folgt bestimmt:*

$$EVA_t = NOPAT_t - \left(NOA_{t-1} \cdot k_{GK;t} \right)$$

Der *EVA* kann auch auf einem anderen Weg ermittelt werden. Dazu wird das folgende Verhältnis von *NOPAT* und investiertem Kapital verwendet, welches auch als STEWART'S R bezeichnet wird:

$$Stewart's\ R = \frac{NOPAT_t}{NOA_{t-1}}$$

Damit ergibt sich in Def. 4.5 der *EVA* mit der sog. **Value-Spread-Formel.**[87]

Definition 4.5: *Der EVA auf Basis der Value-Spread-Formel ist bestimmt durch:*

$$EVA_t = \underbrace{\left(\frac{NOPAT_t}{NOA_{t-1}} - k_{GK} \right)}_{\ddot{U}berrendite\ bzw.\ Spread} \cdot NOA_{t-1}$$

Die Gleichung in Def. 4.5 weist Ähnlichkeiten mit der Gleichung aus Def. 3.13 auf,[88] die den Bezug zwischen Kapitalwert und internem Zins beinhaltet. In beiden Darstellungen wird die Frage, ob ein Wertzuwachs durch das Projekt erwirtschaftet wird, durch das Produkt aus der Differenz zwischen erzielter Rendite und (Kapitalkosten-)Kalkulationszinssatz einerseits sowie dem gebundenen Kapital andererseits beantwortet.

In beiden Darstellungen wird deutlich, dass ein Wertbeitrag nur dann resultiert, wenn über alle Kosten hinaus – auch über die Kapitalkosten hinaus – Werte geschaffen werden. Wertorientierte Unternehmensführung besteht nach diesem Konzept in sämtlichen Maßnahmen, welche den *EVA* erhöhen. Ansatzpunkte für derartige Maßnahmen ergeben sich aus der Bestimmungsgleichung des *EVA* sowie aus der Ermittlungsvorschrift für die Gesamtkapitalkosten. Demzufolge sind die Kapitalkosten zu senken und der Jahresüberschuss ist zu erhöhen.

Eine ebenfalls periodenorientierte Größe, die jedoch auf Zahlungsströmen basiert, ist der **Cash Value Added** (*CVA*). Wie beim *EVA* lässt sich der Übergewinn durch den Vergleich der tatsächlich erzielten Rentabilität mit der geforderten Mindestverzinsung ermitteln. Die tatsächliche Rentabilität wird durch den **Cashflow Return on Investment** (*CFRoI*) abgebildet.

---

[87] Vgl. Fischer/Möller/Schultze (2015: 361).
[88] Vgl. S. 288.

Die Mindestverzinsung folgt aus den Gesamtkapitalkosten. Es resultiert der Cash Value Added (*CVA*) aus Def. 4.6.[89]

Definition 4.6: *Der Cash Value Added wird ermittelt durch:*

$$CVA_t = (CFROI - k_{GK})_t \cdot BIB$$

Aus dieser Bestimmungsgleichung werden zwei weitere Definitionsbeziehungen abgeleitet.[90] Die Bruttoinvestitionsbasis (*BIB*) stellt das gesamte investierte Kapital abzüglich nicht verzinslicher Verbindlichkeiten wie folgt dar:[91]

	Buchwert des Sachanlagevermögens (SAV)
+	Summe aller darauf getätigten Abschreibungen
=	Anschaffungs- und Herstellungskosten des SAV
+	Inflationsaufschlag
=	Marktwert des SAV
+	Sonstige Vermögenswerte (AV und UV)
−	nicht zu verzinsendes Fremdkapital
=	Brutto-Investitionsbasis (BIB)

Deutlich ist das Ziel zu erkennen, als Bezugsbasis der Renditeermittlung eine möglichst **umfassende** und **aktuelle** Grundlage zu verwenden. Deshalb werden die Werte des Anlagevermögens auch mit einem Inflationsaufschlag versehen. Aus der Darstellung wird jedoch auch deutlich, dass es in der Realität kaum möglich sein wird, eine *BIB* für das Gesamtunternehmen zu ermitteln. Dazu würden die bisherigen Abschreibungen sowie die bisherigen und zukünftigen Nutzungsdauern sämtlicher Positionen des *SAV* benötigt. Deshalb ist es realistischer, die *BIB* für einzelne Projekte bzw. Produkte zu ermitteln.

Der *CFRoI* kann in unterschiedlichen Varianten ermittelt werden. Diese werden im folgenden Abschnitt dargestellt.

4.2.5.3 Rentabilitätsgrößen

Rentabilitätsgrößen beziehen den Wertbeitrag bzw. die Wertvernichtung auf das eingesetzte Kapital. Neben den im Folgenden vorgestellten Kennzahlen ist die MAGNI-Rentabilität (synonym: *Average Internal Rate of Return*) zu er-

---

[89] Vgl. Fischer/Möller/Schultze (2015: 375).
[90] Vgl. Def. 4.9 auf S. 450.
[91] Vgl. Hahn/Hungenberg (2001: 207–208); Gräfer/Gerenkamp (2016: 146).

wähnen, die an anderer Stelle ausführlich erläutert wird.[92] Als erstes Konzept wird der *CFRoI* vorgestellt, der in drei Varianten ermittelt werden kann:[93]

- als kalkulatorische Variante $CFRoI_{kalk}$,
- in erweiterter Form $CFRoI_{erw}$,
- auf Basis der Internen-Zinssatz-Methode $CFRoI_{int}$.

Die kalkulatorische Variante ist in Def. 4.7 definiert.[94]

Definition 4.7: *Die kalkulatorische Variante des CFRoI wird folgendermaßen ermittelt:*

$$CFRoI_{kalk;t} = \frac{BCF_t}{BIB}$$

Der Brutto-Cashflow wird unterschiedlich definiert. Im weiteren Verlauf wird er wie folgt ermittelt:[95]

$$
\begin{array}{rl}
& \text{Jahresüberschuss nach Steuern} \\
+ & \text{Zinsaufwand} \\
+ & \text{Abschreibungen} \\
\hline
= & \text{Brutto-Cashflow}
\end{array}
$$

Dieses Verhältnis ähnelt sehr stark der statischen Rentabilitätsvergleichsrechnung[96] und weist die Nachteile der statischen Verfahren auf.[97]

Der *CFRoI* kann dadurch dynamisiert werden, dass der Brutto-Cashflow um eine sog. ökonomische Abschreibung $Ab_{ök}$ bereinigt wird. Ziel dieser Abschreibung ist die Ermittlung und "Rücklage" von jährlichen Beträgen, die unter Berücksichtigung von Zinseszinseffekten erforderlich sind, um die abschreibbaren Bestandteile des Vermögens (BIB_{Ab}) in Zukunft wiederbeschaffen zu können. Die ökonomische Abschreibung $Ab_{ök}$ wird wie folgt berechnet:[98]

$$Ab_{ök} = BIB_{Ab} \cdot \frac{k_{GK}}{\left(1 + k_{GK}\right)^N - 1}$$

---

[92] Vgl. Abschn. 3.6.4.2 auf S. 318.

[93] Vgl. Hachmeister (1997: 557–561); Plaschke (2003: 142–146). Die erweiterte Form wird in der Literatur auch als algebraische Variante bezeichnet. Vgl. Stelter (1999: 233); Crasselt/Pellens/Schremper (2000: 205).

[94] Vgl. Hachmeister (1997: 559); Gräfer/Gerenkamp (2016: 147).

[95] Vgl. Abb. 4.4 auf S. 441 sowie Gräfer/Gerenkamp (2016: 146).

[96] Vgl. Abschn. 3.2.4 auf S. 197.

[97] Vgl. Abschn. 3.2.6 auf S. 203.

[98] Vgl. Stelter (1999: 235); Plaschke (2003: 142–146).

Der Term $\frac{k_{GK}}{(1+k_{GK})^N-1}$ stellt den Restwertverteilungsfaktor (RVF) dar.[99] Damit ergibt sich die Bestimmungsgleichung in Def. 4.8.

Definition 4.8: *Der erweiterte CFRoI wird folgendermaßen ermittelt:*

$$CFRoI_{erw;t} = \frac{BCF_t - Ab_{ök\ t}}{BIB}$$

Die Bestimmungsgleichung des $CFRoI_{erw}$ kann wie folgt formuliert werden:

$$CFRoI_{erw;t} = \frac{BCF_t - Ab_{ök;t}}{BIB}$$

$$\text{mit } Ab_{ök} = BIB_{Ab} \cdot RVF \text{ folgt:}$$

$$CFRoI_{erw;t} = \frac{BCF_t - BIB_{At} \cdot RVF}{BIB}$$

$$= \frac{BCF_t}{BIB} - RVF$$

$$CFRoI_{erw;t} + RVF = \frac{BCF_t}{BIB}$$

Offensichtlich bestimmt das Verhältnis von BCF und BIB den $CFRoI_{erw}$ ebenso, wie der RVF. Der RVF wiederum wird von dem Gesamtkapitalkostensatz k_{GK} und der Betrachtungszeit bzw. der Nutzungsdauer N beeinflusst. Bei einem konstanten Verhältnis von BCF und BIB bewirkt eine Erhöhung des RVF eine Senkung des $CFRoI_{erw}$ und vice versa. Gleichzeitig entspricht die rechte Seite der Gleichung dem $CFRoI_{kalk;t}$.

Bei Verwendung des $CFRoI_{erw}$ in der Bestimmungsgleichung des CVA ergibt sich folgende Darstellung:

$$CVA_t = (CFRoI_{erw;t} - k_{GK}) \cdot BIB$$

$$= \left(\frac{BCF_t - Ab_{ök;t}}{BIB} - k_{GK} \right) \cdot BIB$$

$$= BCF_t - \underbrace{Ab_{ök;t}}_{Abschreibungen} - \underbrace{k_{GK} \cdot BIB}_{Kapitalkosten}$$

Damit wird deutlich, dass der CVA den Wert darstellt, der nach Abzug von ökonomischer Abschreibung und Kapitalkosten verbleibt. Eine weitere Umformung führt zu:

$$= BCF_t - BIB \cdot \frac{k_{GK}}{(1+k_{GK})^N - 1} - BIB \cdot k_{GK}$$

$$= BCF_t - BIB \cdot \underbrace{\frac{(1+k_{GK})^N \cdot k_{GF}}{(1+k_{GK})^N - 1}}_{Annuitätenfaktor}$$

$$= BCF_t - Ab_{Annuität}$$

---

[99] Vgl. Tab. 3.8 auf S. 213.

Damit wird die Interpretation der ökonomischen Abschreibung deutlich. Sie beschreibt die Summe, die den Werteverzehr des ursprünglich investierten Kapitals kompensieren muss. Zusätzlich müssen noch die Zinsen auf dieses Kapital erwirtschaftet werden. In der Annuitätenabschreibung $Ab_{Annuität}$ sind beide Komponenten zusammengefasst. Der Vorteil in der Verwendung der Annuitätenabschreibung liegt in der besseren Verständlichkeit. Die BIB wird unter Berücksichtigung von Abschreibungen und Zinsen konstant über den Planungszeitraum verteilt.

Damit können in Ergänzung der bisherigen Darstellungen[100] zwei weitere Bestimmungsgleichungen für den CVA festgehalten werden (vgl. Def. 4.9).

Definition 4.9: *Der Cash Value Added kann durch folgende Beziehungen berechnet werden:*

$$
\begin{aligned}
CVA_t &= (CFRoI_{erw;t} - k_{GK}) \cdot BIB \\
&= BCF_t - Ab_{ök;t} - k_{GK} \cdot BIB \\
&= BCF_t - Ab_{Annuität}
\end{aligned}
$$

Durch die Verteilung des BIB mittels Annuitäten- bzw. Restwertverteilungsfaktor wird dieser Wert über die Laufzeit konstant gehalten. Gegen die Verwendung der Annuitätenabschreibung wird aus kosten- und investitionsrechnerischer Sicht Kritik geübt.[101] Zur Veranschaulichung wird das Beispiel 4.3 fortgeführt.

Fortführung des Beispiels 4.3:

Eine Investition erfordert eine Auszahlung von $I_0 = 200\,€$ und erwirtschaftet über den Zeitraum von 4 Jahren Rückflüsse von $R_t = 80\,€/a$. Die Abschreibung erfolgt linear, der Zinssatz beträgt $i = 0{,}10/a$. Die resultierenden Ergebnisse sind in Tabelle 4.6 zu sehen. Vereinfachend wird angenommen, dass $BIB = BIB_{Ab;0} = 200\,€$, $k_{GK} = 0{,}10/a$ und $BCF_t = 80\,€\,\forall\,t$. Gleichzeitig wird in der Tabelle 4.6 der CVA-Ansatz auf Basis des $CFRoI_{erw}$ dargestellt.

---

[100] Vgl. Def. 4.6 auf S. 447.

[101] Vgl. Abschn. 3.2.2.2.1 auf S. 179.

Tab. 4.6: Barwertidentität von Kapitalwert und CVA. Quelle: Eigene Darstellung.

Bewertungsgrößen \ Zeitpunkte	1	2	3	4
BCF_t [€]	80	80	80	80
Mit ökonomischer Abschreibung: $$Ab_{\ddot{o}k} = BIB_{Ab} \cdot \frac{k_{GK}}{(1+k_{GK})^N - 1}$$ $$= 200{,}00\,€ \cdot \frac{0{,}1}{(1.1)^4 - 1}$$	43,09			
$BCF_t - Ab_{\ddot{o}k;t}$ [€]	36,91	36,91	36,91	36,91
$CFRoI_{erw;t}$	0,1845	0,1845	0,1845	0,1845
$CVA_t = (CFRoI_{erw;t} - k_{GK})_t \cdot BIB$ [€]	16,9058	16,9058	16,9058	16,9058
Mit Annuitätenabschreibung: $$CVA_t = BCF_t - BIB \cdot \frac{(1+k_{GK})^N \cdot k_{GK}}{(1+k_{GK})^N - 1}$$ $$= 80{,}00\,€ - 200{,}00\,€ \cdot \frac{(1{,}1)^4 \cdot 0{,}1}{(1{,}1)^4 - 1}$$	16,9058	16,9058	16,9058	16,9058
$CVA_t \cdot (1+k_{GK})^{-t}$ [€]	15,3689	13,9718	12,7016	11,5469
$\sum_{t=1}^{4} CVA_t \cdot (1+k_{GK})^{-t}$ [€]	53,5892			

Im Vergleich mit der Tabelle 4.5 wird deutlich, dass der Barwert der $CVA's$ identisch mit dem Kapitalwert ist. Demzufolge ist auch mit diesem Ansatz die Barwertidentität gewährleistet. Dies ist im Merksatz 4.5 zusammengefasst.[102]

Merksatz 4.5: *Kapitalwert, Kapitalkosten und* $CFRoI_{erw}$ *stehen im Rahmen der Beurteilung der absoluten Vorteilhaftigkeit eines Projektes in folgender Relation:*

$$C_0 \overset{>}{\underset{<}{=}} 0 \quad \Leftrightarrow \quad CFRoI_{erw} \overset{>}{\underset{<}{=}} k_{GK}$$

Wenn der $CFRoI_{erw}$ geringer ist als die Kapitalkosten, sind sowohl Kapitalwert als auch der Barwert der CVA's negativ. Ein Wertzuwachs erfolgt nur, wenn der $CFRoI_{erw}$ größer ist als die Kapitalkosten. Dieser Zusammenhang ist:

- bei der Internen-Zinssatz-Methode,[103]

---

[102] Vgl. Pfaff/Bärtl (1999: 97).

[103] Vgl. Merksatz 3.16 auf S. 295.

- beim BALDWIN-Zins[104] und
- beim MAGNI-Zinssatz[105]

wiederzufinden.

Die dritte Variante des $CFRoI$ - der $CFRoI_{int}$ - basiert auf der Methode des internen Zinssatzes.[106] Es wird derjenige Zinssatz $CFRoI_{int}$ gesucht, bei dessen Verwendung der Barwert aller zukünftigen $BCF's$ dem aktuellen Wert der BIB entspricht, wobei die Nutzungsdauer des Sachanlagevermögens geschätzt wird. Auch bei diesem Ansatz wird ein zusätzlicher Restwert für den Zeitraum nach der Detailbetrachtung (RW_N) berücksichtigt. Der $CFRoI_{int}$ resultiert aus Def. 4.10.[107]

Definition 4.10: *Die auf der internen Verzinsung beruhende Variante des CFRoI wird folgendermaßen ermittelt:*

$$BIB \overset{!}{=} \sum_{t=1}^{N} BCF_t (1 + CFRoI_{int})^{-t} + RW_N (1 + CFRoI_{int})^{-N}$$

Der kalkulatorische $CFRoI$ entspricht bei einer unendlichen Betrachtungsweise dem Internen-Zinssatz-$CFRoI$.[108] Zur Kritik an diesem Ansatz wird auf die detaillierten Ausführungen verwiesen.[109] Zur Demonstration wird das Beispiel aus Tabelle 4.6 fortgeführt und der $CFRoI_{int}$ wird ermittelt.

Fortführung des Beispiels 4.3:

Es ergibt sich ein Wert von $CFRoI_{int} = 0{,}218623$ (vgl. Tab. 4.7). In dieser Tabelle wird gleichzeitig der $CFRoI_{erw}$ berechnet. Es zeigt sich, dass in diesem Punkt gilt: $CFRoI_{erw} = CFRoI_{int} = k_{GK}$. In dieser Konstellation ist der CVA Null, da die Summe aus ökonomischer Abschreibung und Kapitalkosten genauso groß ist, wie die BCF. Aufgrund der Barwertkompatibilität ist der Kapitalwert ebenfalls Null. Das liegt darin begründet, dass in diesem Fall die Wiederanlage der Mittel zum Zinssatz $CFRoI_{int}$ der Verzinsung zum k_{GK} entspricht.

---

[104] Vgl. Merksatz 3.22 auf S. 314.

[105] Vgl. Merksatz 3.24 auf S. 325.

[106] Vgl. dazu Abschn. 3.6.3 auf S. 271.

[107] Vgl. Pape (2010: 137).

[108] Vgl. Hachmeister (1997: 559).

[109] Vgl. Abschn. 3.6.3.5 auf S. 288.

Tab. 4.7: Beispiel zum Internen-Zinssatz-*CFRoI*. Quelle: Eigene Darstellung.

Bewertungsgrößen \ Zeitpunkte	1	2	3	4
$\mathbf{BCF_t}$ [€]	80	80	80	80
Ermittlung per Kalkulationsprogramm: $\mathbf{CFRoI_{int} = 0{,}218623}$				
Probe				
$\mathbf{BCF_t \cdot (1 + CFRoI_{int})^{-t}}$ [€]	65,65	53,87	44,20	36,28
$\displaystyle\sum_{t=1}^{4} \mathbf{BCF_t \cdot (1 + CFRoI_{int})^{-t}}$ [€]	200,00			
Ermittlung des $\mathbf{CFRoI_{erw}}$ mit $\mathbf{k_{GK} = CFRoI_{int}}$				
$\mathbf{Ab_{ök} = BIB_{Ab} \cdot \dfrac{k_{GK}}{(1 + k_{GK})^N - 1}}$ [€]	36,275461			
$\mathbf{BCF_t - Ab_{ök;t}}$ [€]	43,724539			
$\mathbf{k_{GK} \cdot BIB}$ [€]	43,724539			
$\mathbf{CFRoI_{erw;t} = \dfrac{BCF_t - Ab_{ök;t}}{BIB}}$	0,218623			
$\mathbf{CVA_t = BCF_t - Ab_{ök;t} - k_{GK} \cdot BIB}$ [€]	0,00			

Für das Verhältnis der beiden Größen für $CFRoI_{erw} \neq CFRoI_{int}$ gilt folgender Zusammenhang:[110]

$$CFRoI_{int} > CFRoI_{erw}, \text{ wenn } k_{GK} < CFRoI_{int},$$

$$CFRoI_{int} < CFRoI_{erw}, \text{ wenn } k_{GK} > CFRoI_{int}.$$

Merksatz 4.6 fasst diese Beziehung zusammen.

Merksatz 4.6: *Zwischen Kapitalwert und $CFRoI_{int}$ besteht zur Beurteilung der absoluten Vorteilhaftigkeit folgende Relation:*

$$C_0 \; \substack{> \\ = \\ <} \; 0 \quad \Leftrightarrow \quad CFRoI_{int} \; \substack{> \\ = \\ <} \; k_{GK}$$

Dieser Zusammenhang besteht:

- bei der Internen-Zinssatz-Methode,[111]
- beim BALDWIN-Zins[112] und
- beim MAGNI-Zinssatz[113]

ebenfalls.

---

[110] Vgl. Pfaff/Bärtl (1999: 97).

[111] Vgl. Merksatz 3.16 auf S. 295.

[112] Vgl. Merksatz 3.22 auf S. 314.

[113] Vgl. Merksatz 3.24 auf S. 325.

Als weitere rentabilitätsbasierte Kennzahlen sind der Return on Net Assets ($RONA$) und der Return on Capital Employed ($ROCE$) vorzustellen.

Der $ROCE$ ergibt sich aus:[114]

$$ROCE_t = \frac{EBIT_t}{(Capital\ Employed)_{t-1}}$$
$$= \frac{EBIT_t}{(Eigenkapital + Verzinsliches\ Fremdkapital)_{t-1}}$$

Der $RONA$ wird berechnet mit:

$$RONA_t = \frac{EBIT_t}{(Net\ Assets)_{t-1}}$$
$$= \frac{EBIT_t}{(Anlagevermögen + Nettoumlaufvermögen)_{t-1}}$$

Beide Kennzahlen konzentrieren auf die Abbildung der Verzinsung der eingesetzten Mittel. Der wesentliche Unterschied liegt in der Bezugsbasis: der $RONA$ nähert sich dem Ziel von der Aktivseite und der $ROCE$ verwendet als Bezugsbasis Größen von der Passivseite.

4.2.5.4 Gesamtwertgrößen

Als erster Vertreter wird der **Shareholder Value** vorgestellt. Hauptmerkmal dieses Konzeptes ist, dass es sich um ein Verfahren der Unternehmensbewertung handelt, welches als Gesamtbewertungsverfahren durchgeführt wird. Dabei wird der Unternehmenswert **nicht** als Saldo aus Aktiva und Passiva ermittelt. Stattdessen werden **ausschließlich** die Rückflüsse betrachtet, die mit dem betriebsnotwendigen Vermögen erwirtschaftet werden können.[115] Grundlage ist die Idee der Unternehmensfortführung, woraus folgt, dass das nicht-betriebsnotwendige Vermögen veräußert wird und das Unternehmen nur mit dem Vermögen wirtschaftet, das zur Generierung von Rückflüssen erforderlich ist. Gleichzeitig sind betriebsnotwendige Schulden zu berücksichtigen, die zurückgezahlt werden müssen.[116]

---

[114] Vgl. Fischer/Möller/Schultze (2015: 345); Gräfer/Gerenkamp (2016: 149).

[115] *„Companies create value for their owners by investing cash now to generate more cash in the future. The amount of value they create is the difference between cash inflows and the cost of the investments made,...".* Koller/Goedhart/Wessels (2015: 17–18).

[116] Vgl. Ballwieser/Hachmeister (2016: 8–10).

Eine Steigerung des Unternehmenswertes - und damit auch des Eigenkapitalwertes - wird über die Wertsteigerung in den einzelnen Investitionsprojekten
realisiert. Die Ermittlungsweise ist folgende:[117]

	Barwert der prognostizierten betrieblichen freien Rückflüsse (Free Cashflows - FCF)
+	Barwert des Restwertes
+	Marktwert der nicht-betriebsnotwendigen Vermögensgegen-stände
=	Wert des Gesamtunternehmens
−	Marktwert des Fremdkapitals
=	Wert des Eigenkapitals (Shareholder Value)

Der gesamte Barwert der FCF resultiert aus:[118]

$$Barwert\ der\ FCF = \sum_{t=1}^{D} FCF_t \cdot (1 + k_{GK})^{-t} + \frac{FCF_{D+1}}{k_{GK} \cdot (1 + k_{GK})^D}$$

Darin stellt der erste Summand den Barwert der FCF des Detailplanungszeitraumes dar und der zweite Summand beschreibt den Barwert des Restwertes der unendlichen Laufzeit.

In einer vereinfachten Betrachtungsweise wird der zukünftige FCF_t auf Basis
historischer bzw. prognostizierter Informationen wie folgt ermittelt:[119]

$$FCF_t = \underbrace{U_{t-1} \cdot (1 + \delta_U) \cdot r_U}_{\substack{\textit{Zukünftiges Ergebnis} \\ \textit{nach Abschreibungen,} \\ \textit{aber vor Zinsen und Steuern}}} \cdot (1 - s) - \underbrace{U_{t-1} \cdot \delta_U \cdot \delta_I}_{\substack{\textit{Zukünftige Investitionen,} \\ \textit{die die Abschreibungen} \\ \textit{übersteigen}}}$$

worin:

U_{t-1} - Umsatz des Vorjahres

δ_U - Umsatzwachstumsrate

r_U - Umsatzrentabilität

s - Ertragssteuersatz

δ_I - Rate der gesamten Erweiterungsinvestitionen als Summe der Erweiterungsinvestitionen in das Anlagevermögen $\delta_{I(AV)}$ und in das Working
Capital $\delta_{I(WC)}$

RAPPAPORT bezeichnet den Term r_U als *operating profit margin*. Das ist die
Relation von Gewinn vor Steuern und vor Zinsen zum Umsatz. In dieser Grö-

---

[117] Vgl. Rappaport (1998: 33); Koller/Goedhart/Wessels (2015: 139–140).

[118] Vgl. Perridon/Steiner/Rathgeber (2017: 245).

[119] Vgl. Rappaport (1998: 34); Friedl (2013: 274).

ße sind auch die - nicht zahlungs- aber ergebniswirksamen - Abschreibungen enthalten.[120] Es handelt sich also um die Relation von *EBIT* zu Umsatz.

Der Minuend in der obigen Gleichung ist der *NOPAT*.[121] Es kann also formuliert werden:

$$FCF_t = NOPAT_{t-1} - U_{t-1} \cdot \delta_U \cdot \delta_I$$

Der Subtrahend in der Gleichung enthält Investitionszahlungen, die über die Abschreibungen hinaus getätigt werden und als Netto-Investitionen bezeichnet werden.[122] Diese Größe wird auch als Werttreiber bezeichnet, da sie zeigt, in welchem Maße das Unternehmen die Basis für zukünftige Rückflüsse schafft. Zur Erläuterung wird das Beispiel 4.4 betrachtet.

Beispiel 4.4:

Es sind folgende Informationen verfügbar:

U_{t-1}	:	*100 Mio. €,*	k_{GK}	:	*15,00 %*
δ_U	:	*10,50 %,*	$\delta_{I(AV)}$	:	*24,00 %*
r_U	:	*8,00 %,*	$\delta_{I(WC)}$	:	*20,00 %*
s	:	*40,00 %,*			

Der Detailplanungszeitraum beträgt 5 Jahre. Nach Ablauf des Detailplanungszeitraumes werden annahmegemäß keine Erweiterungsinvestitionen mehr getätigt.[123] Gesucht ist der Gesamtwert der FCF. Mit diesen Daten ergeben sich die Resultate in Tabelle 4.8. An diesem Beispiel wird deutlich, dass der Fortführungswert (bzw. Restwert) einen erheblichen Anteil am Gesamtunternehmenswert darstellt. Daraus ergibt sich die Frage, wie valide die Prognosen für diesen Zeitraum sind.

---

[120] Vgl. Rappaport (1998: 35).

[121] In einigen Quellen wird dieser Term als *NOPLAT* (*Net operating profit less adjusted taxes*) bezeichnet, um darauf hinzuweisen, dass die Fremdkapitalzinsen bei der Ermittlung der Steuerlast nicht berücksichtigt werden. Vgl. Koller/Goedhart/Wessels (2015: 40); Kuhner/Maltry (2017: 137–138). Da auf diesen Fakt schon hingewiesen wurde (vgl. Abschn. 4.2.5.2 auf S. 444), wird der Begriff *NOPAT* beibehalten.

[122] Vgl. Kuhner/Maltry (2017: 137–138). Andere Bezeichnungen sind *incremental capital investment* - vgl. Rappaport (1998: 35) - oder *net investment* - vgl. Koller/Goedhart/Wessels (2015: 40).

[123] Vgl. Rappaport (1998: 40–42).

Tab. 4.8: Vereinfachte Ermittlung der FCF und des Restwertes. Quelle: Eigene Darstellung.

t	$100\,\text{Mio}\,€\cdot(1+\delta_U)^t$ $\cdot\,r_U\cdot(1-s)$	$100\,\text{Mio}\,€\cdot(1+\delta_U)^{t-1}$ $\cdot\,\delta_U\cdot\delta_I$	FCF_t	$\dfrac{\text{FCF}_t}{(1+k_{GK})^t}$
1	5.304.000	4.620.000	684.000	594.783
2	5.860.920	5.105.100	755.820	571.509
3	6.476.317	5.641.136	835.181	549.145
4	7.156.330	6.233.455	922.875	527.657
5	7.907.744	6.887.967	1.019.777	507.009

Summe der diskontierten *FCF* für den Detailplanungszeitraum:	2.750.103

Ermittlung des Fortführungswertes:

    Basiswert für die Ermittlung: 7.907.744

    Ermittlung der ewigen Rente: $\dfrac{7.907.744}{0,15} = 52.718.293$

    Diskontierung der ewigen Rente: $\dfrac{52.718.293}{(1,15)^5} = 26.210.309$

Ermittlung des Gesamtwertes: $2.750.103 + 26.210.309 = 28.960.412$

Die Beziehungen von unternehmerischen Entscheidungen und Unternehmenswert sind in der Abbildung 4.6 zusammengefasst.

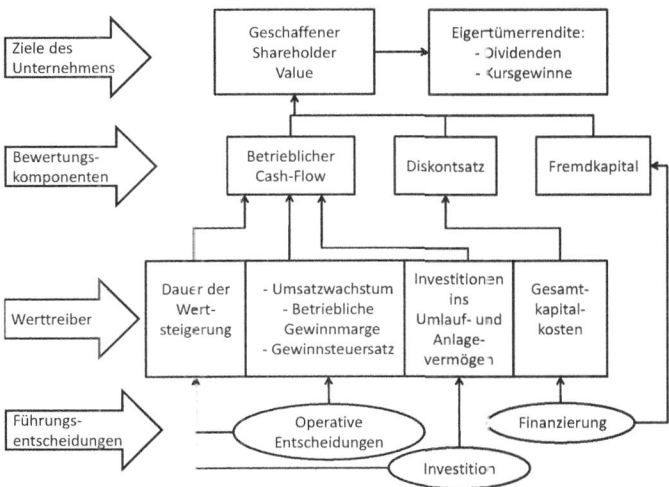

Abb. 4.6: Shareholder-Value-Netzwerk. Quelle: Eigene Darstellung, in Anlehnung an: Rappaport (1998: 56).

Es wird deutlich, dass die sog. „Wertgeneratoren" bzw. „Werttreiber" schon aus dem Kapitalwertmodell bekannt sind. Es handelt sich um die **Nutzungsdauer**, den **Kalkulationszinssatz** und die **Rückflüsse**. Zusätzlich dazu werden die Erweiterungsinvestitionen als Werttreiber charakterisiert.[124]

Der Verdienst des Shareholder-Value-Ansatzes besteht darin, diese – grundsätzlich bekannten – Zusammenhänge mit der Konzentration auf die Eigenkapitalgeber zu verbinden. Auch wenn der Sinn und die Ausgestaltung einer derartigen Verbindung umstritten ist. Damit wird der Zusammenhang zwischen Investitionserfolg und Unternehmenserfolg sowie deren Einflussfaktoren prägnant herausgehoben. Nachteilig ist, dass mit der Verortung des Verfahrens in dem Bereich der Unternehmensbewertung sämtliche Fragen und Diskussionen aus diesem Bereich (insbesondere die Frage nach Funktion, Zweck und Konzept der Bewertung)[125] mit übernommen werden.

In der bisherigen Betrachtung wurde lediglich die steuerliche Abzugsfähigkeit im Rahmen der Ermittlung der Gesamtkapitalkosten berücksichtigt, also auf Ebene des Unternehmens. Da jedoch auch die Eigenkapitalgeber Steuern auf ihre Einkünfte aus eben diesen Eigenkapitalerträgen entrichten müssen ($s_{Kapitalgeber}$), ist zur Ermittlung der Eigenkapitalkosten folgende Nachsteuerrendite zu verwenden:[126]

$$k_{EK;NST} = k_{EK} \cdot (1 - s_{Kapitalgeber})$$

$$k_{EK;NST} = [r_f + \beta \cdot (r_M - r_f)] \cdot (1 - s_{Kapitalgeber})$$

Darin beschreibt $s_{Kapitalgeber}$ den Steuersatz der Kapitalgeber. Auch bei der Ermittlung von Fremdkapitalkosten sind steuerliche Effekte zu berücksichtigen, was im ersten Schritt wie folgt geschieht:

$$k_{FK;NST} = (1 - s_{Kapitalgeber}) \cdot k_{FK} \cdot (1 - s_U)$$

Hierbei bezeichnet s_U den Steuersatz des Unternehmens. Dieser beinhaltet Gewerbe- und Körperschaftssteuer sowie den Solidaritätszuschlag. Bei der Ermittlung der Fremdkapitalkosten nach Steuern muss berücksichtigt werden, dass im Rahmen der Ermittlung der Bemessungsgrundlage für die Gewerbesteuer 25 % der Zinszahlungen dem Jahresüberschuss wieder hinzuzurechnen sind. Deshalb muss formuliert werden:[127]

$$k_{FK;NST} = (1 - s_{Kapitalgeber}) \cdot k_{FK} \cdot [1 - (s_{KST} + 0{,}75 \cdot s_{GewST})]$$

---

[124] Vgl. Rappaport (1998: 35).

[125] Zur Dogmengeschichte der Unternehmensbewertung vgl. Kuhner/Maltry (2017: 37–82).

[126] Vgl. Eilenberger/Ernst/Toebe (2013: 217).

[127] Vgl. Ballwieser/Hachmeister (2016: 146–147). Es sei erwähnt, dass auf den Gesamtbetrag der Finanzierungsentgelte aktuell ein Freibetrag von 100.000 € angerechnet wird, der hier vernachlässigt wird.

Mit diesen Bestandteilen resultiert der Gesamtkapitalkostensatz nach Steuern mit:[128]

$$k_{GK;NST} = k_{EK} \cdot (1 - s_{Kapitalgeber}) \cdot \frac{EK}{GK}$$
$$+ \; (1 - s_{Kapitalgeber}) \cdot k_{FK} \cdot [1 - (s_{KST} + 0{,}75 \cdot s_{GewST})] \cdot \frac{FK}{GK}$$

Zur Verdeutlichung des Shareholder-Value-Ansatzes wird das Beispiel 4.5 betrachtet.[129]

Beispiel 4.5:

Die Rendite risikofreier Anleihen beträgt 4 % jährlich. Der Fremdkapitalkostensatz beträgt 9 % jährlich. Für die Branche, in welchem das Unternehmen tätig ist, wird am Aktienmarkt eine Rendite von 8% prognostiziert. Der β-Faktor des Unternehmens wurde mit 1,5 ermittelt. Vereinfachend wird angenommen, dass sowohl Eigen- als auch Fremdkapitalgeber ihre Kapitaleinkünfte mit 25 % zzgl. des Solidaritätszuschlags von 5,5 % besteuern müssen, so dass ein Steuersatz der Kapitalgeber von 26,375 % resultiert. Die Steuerlast des Unternehmens resultiert aus:

- *der Körperschaftssteuer (15 %) zzgl. dem darauf aufbauenden Solidaritätszuschlag (5,5 % der Körperschaftssteuer), so dass $s_{KST} = 0{,}15825$, sowie*
- *einer Gewerbesteuer von 14 % (resultierend aus der Steuermesszahl von 3,5 % sowie der Annahme einer Gemeinde mit einem Hebesatz von 400 %), so dass $s_{GewST} = 0{,}14$.*

Es resultiert ein Wert der Ertragssteuern auf Unternehmensebene von:

$s_U = 0{,}29825$.

Der bilanzielle Fremdkapitalbestand beträgt 833 Tsd. €. Dieser wird künftig angepasst, um einen angestrebten Verschuldungsgrad auf Basis der Marktwerte von $^1/_3$ zu erreichen. Die Fremdkapitalkosten nach Steuern ergeben sich mit:

$$\begin{aligned} k_{FK;NST} &= k_{FK} \; \cdot \; [1 - (s_{KST} + 0{,}75 \cdot s_{GewST})] \; \cdot \; (1 - s_{Kapitalgeber}) \\ &= \; 0{,}09 \; \cdot \; [1 - (0{,}1585 \; + \; 0{,}75 \cdot 0{,}14)] \; \cdot \; (1 - 0{,}26375) \\ &= \; 0{,}04880. \end{aligned}$$

Die Eigenkapitalkosten nach Steuern ergeben sich aus:

$$\begin{aligned} k_{EK;NST} &= \; [r_f \; + \; \beta \cdot \; (r_M - r_f)] \cdot (1 - s_{Kapitalgeber}) \\ &= [0{,}04 \; - \; 1{,}5 \cdot \; (0{,}08 - 0{,}04)] \cdot (1 - 0{,}26375) \\ &= \; 0{,}073625. \end{aligned}$$

Für die Gesamtkapitalkosten nach Steuern ergibt sich:

$$k_{GK;NST} = k_{EK;NST} \cdot \frac{EK}{GK} + k_{FK;NST} \cdot \frac{FK}{GK}$$

---

[128] Dabei wird davon ausgegangen, dass der Einkommenssteuersatz von Eigenkapitalgeber und Fremdkapitalgeber identisch ist.

[129] Vgl. Eilenberger/Ernst/Toebe (2013: 220–222); Ballwieser/Hachmeister (2016: 180–185); Perridon/Steiner/Rathgeber (2017: 245).

$$= 0{,}073625 \cdot \frac{2}{3} + 0{,}04880 \cdot \frac{1}{3}$$

$$= 0{,}065367.$$

Für die Ermittlung der freien Rückflüsse sind – ebenso wie bei der Ermittlung der Kapitalkosten – folgende steuerliche Aspekte zu beachten: Der Jahresüberschuss – der annahmegemäß auch die Bemessungsgrundlage für Körperschafts- und Gewerbesteuer ist – wird zunächst mit Unternehmenssteuern belastet, welche im vorliegenden Beispiel mit 29,825 % angegeben wurden. Auf den verbleibenden Restbetrag, der den Kapitalgebern zusteht, müssen diese ebenfalls Steuern - ihre Einkommenssteuer - entrichten. Für den gesamten Steuersatz ergibt sich damit:[130]

$$s_{Gesamt} = s_U + (1 - s_U) \cdot s_{Kapitalgeber}$$

$$= 0{,}29825 + (1 - 0{,}29825) \cdot 0{,}26375$$

$$= \underline{\underline{0{,}48334}}.$$

Die weiteren Informationen und Zwischenergebnisse sind in der Tabelle 4.9 enthalten.

Damit ergibt sich die Summe aller zukünftigen, auf den heutigen Betrachtungszeitpunkt abgezinsten Free Cashflows aus:

$$Gesamtwert = \sum_{t=1}^{\infty} FCF_t \cdot (1 + k_{GK;NST})^{-t}$$

$$= \sum_{t=1}^{D} FCF_t \cdot (1 + k_{GK;NST})^{-t} + \frac{FCF_{D+1}}{k_{GK;NST} \cdot (1 + k_{GK;NST})^{D}}$$

$$= 157{,}50 \ Tsd. \ € \cdot 1{,}065367^{-1} + 699{,}75 \ Tsd. \ € \cdot 1{,}065367^{-2}$$

$$+ \ 647 \ Tsd. \ € \cdot 1{,}065367^{-3} - 93{,}33 \ Tsd. \ € \ \cdot \ 1{,}065367^{-4}$$

$$+ \ \frac{51{,}67 \ Tsd. \ €}{0{,}065367 \cdot 1{,}065367^{4}}$$

$$\approx \underline{\underline{1.840{,}5 \ Tsd. €}}$$

---

[130] Vgl. Fox (2010: 152–153). Es sei hier am Rande darauf hingewiesen, dass bei diesem Vorgehen von einem fiktiven, rein eigenfinanzierten Unternehmen ausgegangen wird. Die tatsächliche Abzugsfähigkeit der Fremdkapitalzinsen wurde bereits im Rahmen der Anpassung der gewichteten Kapitalkosten vorgenommen. Aus diesem Grunde wird die Steuerlast in Tabelle 4.9 als fiktiv bezeichnet.

Tab. 4.9: Beispielhafte Ermittlung der freien Rückflüsse Quelle: Eigene Darstellung, in Anlehnung an: Perridon/Steiner/Rathgeber (2017: 245).

Folgende Daten (Angaben in Tsd. €) resultieren aus den Jahresabschlüssen

Position \ Zeitpunkte	0	1	2	3	4	t = 5…∞
Jahresüberschuss vor Zinsen und Steuern (EBIT)		150	135	120	100	100
Abschreibungen		350	400	360	300	300
Bestand Sachanlagevermögen	1.750	2.000	1.800	1.500	2.000	2.300
Bestand Vorräte	40	60	20	100	50	50
Bestand Forderungen aus Lieferungen und Leistungen	10	10	20	15	10	10

Daraus ergeben sich die freien Rückflüsse (Angaben in Tsd. €) mit:

Position	0	1	2	3	4	t = 5…∞
Jahresüberschuss vor Zinsen und Steuern (EBIT)		150	135	120	100	100
fiktive Steuern (48,334 %)		- 72,50	- 65,25	- 58,00	- 48,33	- 48,33
Abschreibungen		+ 350	+ 400	− 360	+ 300	+ 300
Investitionen in das Anlagevermögen		- 250	+ 200	− 300	- 500	- 300
Veränderung des Umlaufvermögens		- 20	+ 30	- 75	+ 55	0
= Freier Rückfluss (Free Cashflow)		157,50	699,75	€47,00	- 93,33	51,67

Ausgehend von dem eingangs beschriebenen Marktwert des Fremdkapitals von 833 Tsd. € beläuft sich der Wert des Eigenkapitals auf ca. 1.007,5 Tsd. €.

Für das Beispiel ist festzustellen, dass der Anteil des Fortführungswertes einen erheblichen Bestandteil am Gesamtunternehmenswert darstellt. Im vorliegenden Fall beträgt dieser Wert 614 Tsd. €, was fast 1/3 des Gesamtwertes entspricht. Der Einfluss des Kalkulationszinssatzes ist ebenfalls erheblich. Ein niedriger Kalkulationszinssatz führt zu hohen Barwerten, was besonders für den Wert der „ewigen" Rückflüsse relevant ist.

Ein ähnliches Verfahren ist der **Market Value Added (MVA)**. Dieser wird auf Basis des *EVA* als Summe aller zukünftigen, auf den heutigen Tag diskontierten Wertbeiträge ermittelt.[131] Der gesamte Marktwert des Unternehmens ergibt sich aus der Summe des MVA und des investierten Vermögens. Der MVA ergibt sich als Summe der jährlichen Wertbeiträge des Detailbetrachtungszeitraumes zuzüglich der Wertbeiträge des darüber hinausgehenden Betrachtungszeitraumes als **Summe aller zukünftigen, diskontierten EVA**:

---

[131] Vgl. Eilenberger/Ernst/Toebe (2013: 232–233).

$$MVA = \sum_{t=1}^{\infty} EVA_t \cdot (1 + k_{GK})^{-t}$$

Dieser Zeithorizont wird üblicherweise unterteilt in einen **Detailplanungs-horizont** und einen **Fortführungshorizont**. Es ergibt sich für den MVA:[132]

$$MVA = \sum_{t=1}^{D} EVA_t \cdot (1 + k_{GK})^{-t} + Fortführungswert \cdot (1 + k_{GK})^{-D}$$

Bei der Ermittlung des Fortführungswertes wird eine unendliche Laufzeit unterstellt und es wird angenommen, dass auch in dieser „Restphase" Rück-flüsse erzielt werden. Es resultiert für den Wert dieser „ewigen" Überschüsse EVA_{D+1} zum Zeitpunkt D:

$$Fortführungswert = \sum_{t=D+1}^{\infty} EVA_t \cdot (1 + k_{GK})^{-t} = \frac{EVA_{D+1}}{k_{GK}}$$

Somit ergibt sich der Gesamt-MVA aus:

$$MVA = \sum_{t=1}^{D} EVA_t \cdot (1 + k_{GK})^{-t} + \frac{EVA_{D+1}}{k_{GK} \cdot (1 + k_{GK})^{D}}$$

Der MVA und das investierte Kapital ergeben zusammen dieselbe Summe wie der Marktwert des Eigen- und des Fremdkapitals. Das bedeutet, dass nur ein Wert für die Eigenkapitalgeber geschaffen wird, wenn über das investierte Kapital hinaus Werte geschaffen werden.

4.2.6 Zusammenfassende Kritik

Nach der Vorstellung wertorientierter Konzepte müssen einige Kritikpunkte vorgebracht werden. Einerseits wird das Ziel der Maximierung des Eigenka-pitals als solches kritisiert. Eine ähnliche Diskussion wurde im vorliegenden Werk schon in Bezug auf die Gewinnmaximierung geführt, weshalb nun auf diese Ausführungen verwiesen wird.[133] Für die vorliegende Problematik ver-bleibt lediglich festzustellen, dass die Maximierung des Eigenkapitalwertes als Maximierung unter Nebenbedingungen zu verstehen ist.

Kritisiert wird darüber hinaus die Verwendung bzw. Ermittlung der gewich-teten Kapitalkosten im Zusammenhang mit den WACC. Grundlage dieser Kritik ist der Hinweis auf die Verwendung des CAPM, welches ein Kon-

---

[132] Vgl. Pape (2017: 869).
[133] Vgl. dazu Abschn. 4.2.1 auf S. 424.

kurrenzgleichgewicht für den Gesamtmarkt unterstellt. In einem derartigen Gleichgewicht ist jedoch die Kapitalstruktur und somit die Höhe des Marktwertes des Eigenkapitals irrelevant. Das Rechnen mit gewichteten Kapitalkosten jedoch basiert auf einer entgegengesetzten Theorie, welche die Irrelevanz der Irrelevanz-Theorie beweisen möchte.[134] Weiterhin ist zu hinterfragen, auf welcher Basis die verwendete Zielkapitalstruktur zu ermitteln ist und wann die Erreichung dieser Zielstellung festgestellt werden kann.

Ein weiterer methodischer Einwand resultiert aus folgendem **Zirkularitätsproblem** im Zusammenhang mit der Ermittlung des Marktwertes des Eigenkapitals.[135] Im Rahmen der Ermittlung des Gesamtunternehmens sind Angaben zum Anteil und damit zur Höhe des Eigenkapitalanteils erforderlich. Dies ist jedoch genau die Größe, welche erst ermittelt werden soll. Anders formuliert: **Um den Wert des Eigenkapitalanteils zu ermitteln, muss dieser bekannt sein** (vgl. Abb. 4.7).

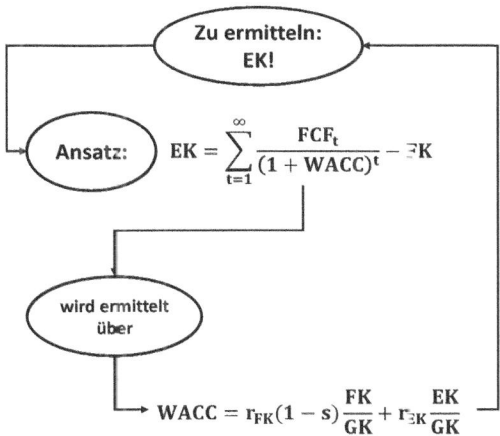

Abb. 4.7: Zirkularitätsproblem der Eigenkapitalwertermittlung. Quelle: Eigene Darstellung, in Anlehnung an: Enzinger/Kofler (2011: 3); Perridon/Steiner/Rathgeber (2017: 248).

Abschließend kann festgestellt werden, dass die Konzepte der wertorientierten Unternehmensführung den Fokus richtigerweise zurück auf die Interessen der Eigenkapitalgeber gerichtet haben, ohne deren Risikobereitschaft kein Unternehmertum möglich wäre. Gleichzeitig muss den Konzepten Methodenkritik mit auf den Weg gegeben werden, die für eine zutreffende Interpretation der erzielten Ergebnisse unverzichtbar ist. Es ist zu vermeiden, dass in späteren Jahren rückblickend wiederum festgestellt werden muss „... *wie sehr in*

---

[134] Vgl. Schneider (2001c: 45–50).

[135] Vgl. Schneider (2001a: 849); Raab (2001: 80).

der Betriebswirtschaftslehre die Lust am Rechnen das Nachdenken über die Anwendungsvoraussetzungen von Kalkülen verdrängt hat."[136]

4.3 Aufgaben und Lösungen

4.3.1 Aufgaben

Hinweis: Sämtliche Zahlungen sind nachschüssig zu betrachten!

Aufgabe 4.1:

In der Abteilung, in der Sie tätig sind, wird die verbesserte Entwicklung und Herstellung eines Betonmischers diskutiert. Die Herstellkosten auf Basis der gegenwärtigen Technologie betragen 33.000 €, pro Jahr werden ca. 50 Stück abgesetzt. Die Kosten der verschiedenen Baugruppen sind in folgender Tabelle zusammengestellt:

Antrieb	12.000 €
Mischtrog	10.000 €
Mischwelle/Lager	4.000 €
Mischwerk	2.000 €
Entleerschieber	750 €
Entleerschieberantrieb	3.500 €
Sonstiges	750 €
Summe	33.000 €

Die Preisverhandlungen mit den Kunden ergaben einen maximal möglichen Preis, aus dem zulässige Herstellkosten in Höhe von 25.100 € resultieren.

Im Rahmen des Lebenszyklusmanagements besteht für den Hersteller eines Produktes die Möglichkeit, durch gezielte Maßnahmen in der Konstruktion die Herstellkosten des Produktes zu senken. Dazu bedarf es jedoch Anstrengungen in der Produktentwicklung, die selbst wiederum Kosten verursachen. Dazu müssen Sie den Konstruktionsprozess analysieren, um zu erfahren, mit welchen Kosten für Veränderungen zu rechnen ist.

Sie gehen bei Ihrer Betrachtung davon aus, dass die Konstruktionsmaßnahmen zum Zeitpunkt $t = 0$ durchgeführt werden. Das Produkt wird danach in einem Zeitraum von 5 Jahren unverändert hergestellt. Weiterhin gehen Sie von einem Kalkulationszinssatz in Höhe von 5 % pro Jahr aus. Die bisherigen Maßnahmen der Produktentwicklung haben Kosten in Höhe von 10.000 €

---
[136] Schneider (1984: 121).

verursacht. Die Konstrukteure versichern Ihnen, dass sie im ersten Schritt zur Senkung der Herstellkosten um 1.500 € je Stück Konstruktionskosten in Höhe von 2.000 € benötigen. Darüber hinaus wissen die Konstrukteure, dass die Schritte zur weiteren Kostensenkung schwieriger, d. h. kostenintensiver werden. Die Relation von Konstruktionsanstrengung zur Senkung der Herstellkosten wird dabei immer ungünstiger. Sie als Ökonom wissen, dass es sich hierbei um den abnehmenden Grenznutzen der Konstruktionsaktivitäten handelt, der mit b bezeichnet wird. Dieser Wert b ist aus den Analysen bisheriger Entwicklungsprojekte bekannt. Jedoch ist es fraglich, ob sich dieser Wert für das aktuelle Projekt einstellen wird.

Aufgabenstellungen:

a) Ermitteln Sie den Wert des abnehmenden Grenznutzens zusätzlicher Entwicklungskosten b, der bei den avisierten Zielkosten der Herstellung in Höhe von 25.100 € je Stück zu einem Minimum der Gesamtkosten für Produktentwicklung und Herstellung führt! (Hinweis: Geben Sie das Ergebnis mit fünf Stellen nach dem Komma an!)

b) Ermitteln Sie die:

   1. resultierenden Konstruktionskosten,

   2. Gesamtkosten vor der Optimierung sowie

   3. Gesamtkosten nach der Optimierung!

c) Stellen Sie die Gesamtkosten grafisch als Funktion der Konstruktionskosten dar! Wählen Sie für diese Darstellung ein Intervall der Konstruktionskosten von [0; 70.000 €].

d) Stellen Sie – in derselben Grafik oder in einer gesonderten Grafik – die 1. Ableitung der Gesamtkosten nach den Konstruktionskosten dar, damit Sie das Gesamtkostenminimum besser identifizieren können!

Die Angaben zu den bisherigen Kosten aus der Aufgabenstellung gelten für die Herstellung des ersten Produktes. Sie wissen jedoch um Kostenreduktionen bei steigender Produktionsmenge aufgrund von Lerneffekten.

Aufgabenstellungen:

e) Welche Stückzahl müsste bei einer Lernrate von 0,95 mit den bisher verwendeten Eingangsdaten hergestellt werden, damit die **durchschnittlichen** Zielkosten pro Stück ohne die in den bisherigen Teilaufgaben diskutierten Maßnahmen zur Kostenreduktion erreicht werden können?

f) Stellen Sie die Entwicklung der Stückkosten in Abhängigkeit von der hergestellten Stückzahl vom ersten bis zum 150. Stück im Intervall [22.000 €; 33.000 €] grafisch dar!

Hinweis: Die Lösung befindet sich auf S. 468.

Aufgabe 4.2:

Ihnen liegen folgende Informationen für die Produktion des nächsten Abrechnungsjahres vor:

- Absatzmenge: 20.000 Stück,
- Stückpreis: 100 € pro Stück,
- Fixkosten: 100.000 €,
- Ziel-EVA: 250.000 €,
- Gesamte Kapitalkosten: 150.000 €,
- Steuersatz: 40 %.

Ermitteln Sie die zulässigen variablen Kosten pro Stück! (Hinweis: Die Fixkosten sind zahlungswirksam.)

Hinweis: Die Lösung befindet sich auf S. 472.

Aufgabe 4.3:

Für ein Unternehmen sind folgende Informationen verfügbar:

Aktiva		Bilanz zum 01.01.2022 in Tsd. €	Passiva
Anlagevermögen:		Eigenkapital:	
Immaterielle VG:	27.045	Gezeichnetes Kapital:	15.400
Gebäude, Maschinen, BGA:	43.471	Gewinnrücklage:	11.394
Umlaufvermögen:		Verbindlichkeiten:	
Vorräte	9.554	Langfristige Verb.:	57.995
Forderungen:	12.423	Verb. aus LuL	16.433
Kasse, Bankguthaben:	8.729		
Summe:	101.222	Summe:	101.222

GuV vom 01.01. bis 31.12.2022 in Tsd. €	
Umsatzerlöse	92.145
− Material- und Personalaufwand	− 48.121
− Abschreibungen	− 29.749
= EBIT	= 14.275
− Zinsaufwand	− 2.319,8
− Ertragssteuern	− 3.586,56
= Jahresüberschuss	= 8.368,64

Aus den Unterlagen können Sie darüber hinaus entnehmen, dass der Eigenkapitalkostensatz mit 9,80 % angegeben wird und dass sich die Zinsaufwendungen nur auf die langfristigen Verbindlichkeiten beziehen.

a) Ermitteln Sie den EVA!

b) Interpretieren Sie das Resultat!

Hinweis: Die Lösung befindet sich auf S. 473.

Aufgabe 4.4:

Ein mittelständiges Industrieunternehmen besteht aus drei Geschäftsberei-
chen. In der nachfolgenden Tabelle sind die jeweiligen Finanzdaten des aktuellen Geschäftsjahres dargestellt (Angaben in Tausend €). Entsprechende
Zinsen fallen nur auf der Gesamtunternehmensebene an. Der Steuersatz beträgt 30 %.

GuV	Bereich 1	Bereich 2	Bereich 3	Gesamt
Umsatzerlöse	10.433	12.367	14.285	37.135
Variable Kosten	7.114	9.038	10.138	26.289
Fixe Kosten	2.900	2.430	3.100	8.430
Betriebsergebnis (EBIT)	470	900	1.047	2.416
Zinsen				747
Ergebnis vor Steuern				1.669
Ertragssteuern				501
Jahresüberschuss				1.169
Bilanz				
Anlagevermögen	3.500	7.000	7.000	17.500
Umlaufvermögen	1.050	1.700	1.100	3.850
Gesamtvermögen	4.550	8.700	8.100	21.350
kurzfr. Verbindlichkeiten				2.450
langfr. Verbindlichkeiten				10.000
Eigenkapital				8.900
Bilanzsumme				21.350

a) Berechnen Sie den Return on Capital Employed (ROCE) für das gesamte
   Unternehmen und bewerten Sie anschließend das Ergebnis!

b) Berechnen Sie die Gesamtkapitalrentabilität für die drei Geschäftsbereiche!

c) Berechnen Sie den Economic Value Added (EVA) für die drei Geschäftsbereiche! Zinsfreie Verbindlichkeiten sind nicht vorhanden. Der gewichtete Kapitalkostensatz (WACC) beträgt 7,1 %.

d) Beurteilen Sie die Leistung der drei Geschäftsbereiche unter Berücksichtigung der ermittelten Performance-Kennzahlen! Diskutieren Sie mögliche
   Schwächen aus der Perspektive eines Shareholders!

Hinweis: Die Lösung befindet sich auf S. 474.

Aufgabe 4.5:

Sie sind als Controller bei der *Prometheus AG* eingesetzt und werden beauftragt, den Wert des Eigenkapitals zu ermitteln. Es liegen Ihnen die folgenden Informationen vor:

U_{t-1}	:	100 Mio. €,	k_{EK}	:	10,00 %
s	:	39,50 %,	k_{FK}	:	5,00 %
δ_U	:	10,50 %,	$\delta_{I(AV)}$	:	15,00 %
r_U	:	8,00 %,	$\delta_{I(WC)}$	:	10,00 %

Ein Marktwert für nicht-betriebsnotwendige Vermögensgegenstände ist nicht zu berücksichtigen. Der Marktwert des Fremdkapitals beträgt 10 Mio. €. Der Detailplanungszeitraum beträgt 5 Jahre. Sie sehen sich mit dem Problem konfrontiert, dass Sie die Gesamtkapitalkosten - also die Finanzierungsstruktur - simultan mit dem Wert des Eigenkapitals ermitteln müssen. Nach Ablauf des Detailplanungszeitraumes werden annahmegemäß keine Erweiterungsinvestitionen mehr getätigt. Beantworten Sie die folgenden Fragen:

a) Wie hoch ist der Wert des Eigenkapitals?

b) Wie hoch sind die damit verbundenen Gesamtkapitalkosten?

Hinweis: Die Lösung befindet sich auf S. 475.

4.3.2 Lösungen

Lösung zur Aufgabe 4.1 auf S. 464:

a) Für die Herstellauszahlungen pro Stück nach der Produktverbesserung $a_{H;NEU}$ gilt:

$$a_{H;NEU} = \left(-a \; \frac{1-b^M}{1-b} \right) + a_{H;ALT}$$

Nach der Produktverbesserung soll resultieren: $a_{H;NEU} = 25.100\,€$. Für die neuen Gesamtauszahlungen nach der Produktverbesserung $GA_{0;NEU}$

folgt:
$$GA_{0;NEU} = I_{0;F\&E;OPT} + \sum_{t=1}^{N} a_{H;NEU} \; q^{-t} \; m_t$$

Es resultiert mit $\sum_{t=1}^{N} q^{-t} \; m_t = \gamma$:

$$GA_{0;NEU} = I_{0;F\&E;OPT} + \left[\left(-a \; \frac{1-b^M}{1-b} \right) + a_{H;ALT} \right] \gamma$$

Umformulieren führt zu:

$$GA_{0;NEU} = I_{0;F\&E;OPT} + a_{H;ALT} \; \gamma - a \; \gamma \; \frac{1 - b^M}{1 - b}$$

Weiterhin gilt:

$$I_{0;F\&E;OPT} = I_{0;F\&E} + \frac{\Delta I_{0;F\&E} \cdot ln\left(-\dfrac{(1 - b) \; \Delta I_{0;F\&E}}{a \; \gamma \; ln \; b}\right)}{ln \; b}$$

Der Wert des abnehmenden Grenznutzens b kann aus diesen Beziehungen nur durch Programmierung ermittelt werden und beträgt: b=0,81118.

b) Mit einem γ von 216,47 Stück und diesem Wert folgen:

1. Gesamtkostenminimale Investitionen ergeben sich mit $I_{0;F\&E;OPT} = $ 59.627,44 € aus:

$$59.627,44 \; € \approx 10.000 \; €$$
$$+ \frac{2.000 \; € \cdot ln\left(-\dfrac{(1 - 0,81118) \; 2.000 \; €}{1.500\dfrac{€}{St\ddot{u}ck} \cdot 216,47 \; St\ddot{u}ck \cdot ln \; 0,81118}\right)}{ln \; 0,81118}$$

2. Gesamtauszahlungen vor der Optimierung: $GA_0 = 7.153.636,51 \; €$
3. Damit werden Gesamtauszahlungen für Produktentwicklung und Produktherstellung in Höhe von $GA_{0;NEU} = 5.493.120,66 \; €$ erzielt.

c) und d) Folgende Abbildung zeigt die Funktionen der beiden Teilaufgaben:

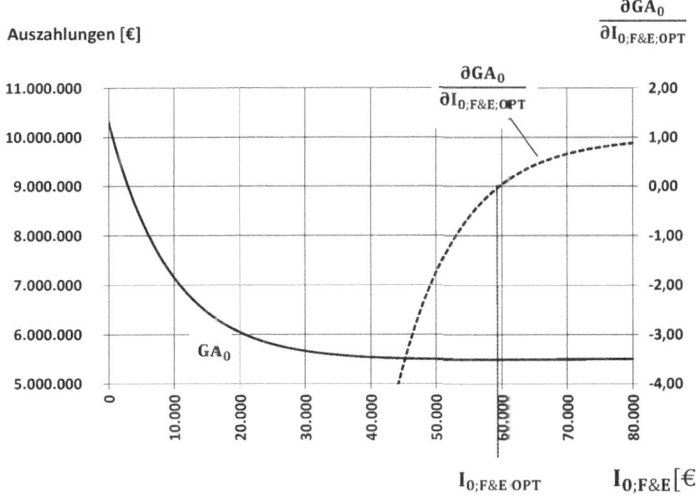

e) In der Aufgabe wurde nach der Stückzahl gefragt, die bei einer Lernrate von 0,95 hergestellt werden müsste, damit die **durchschnittlichen Zielkosten pro Stück** ohne die Maßnahmen zur Kostenreduktion erreicht werden können. Das heißt, bei welcher produzierten Gesamtstückzahl sinken die Kosten von anfänglich 33.000 € auf 25.100 €? Gesucht ist also das x_β, das zu folgender Darstellung passt:

$$25.100 \ \text{€} = \frac{K_{Gesamt}}{x_\beta}$$

Dazu müssen die Gesamtkosten für die Herstellung von x_β Einheiten unter Berücksichtigung von Lerneffekten ermittelt werden. Die exakte Lösung besteht in der folgenden Summe:

$$K_{Gesamt} = \sum_{x_\alpha}^{x_\beta} k_\alpha x^{-d}$$

$$= \sum_{1}^{x_\beta} 33.000 \ \text{€} \ x^{-d}$$

Damit ist zu formulieren:

$$25.100 \ \text{€} = \frac{\sum_{1}^{x_\beta} 33.000 \ \text{€} \ x^{-d}}{x_\beta}$$

Aufsummieren und Umstellen dieser Gleichung führt zu:

- einer Stückzahl von $x_\beta = 111$ Stück und
- Gesamtkosten in Höhe von **2.784.419 €** .

Dies ist die exakte Lösung. Diese kann auch näherungsweise ermittelt werden durch:

$$K_{Gesamt} \approx \int_{x_\alpha}^{x_\beta} 33.000 \ \text{€} \ x^{-d} dx$$

Bei Verwendung dieser Approximation ergibt sich:

$$25.100 \ \text{€} = \frac{K_{Gesamt}}{x_\beta}$$

$$= \frac{\displaystyle\int_{x_\alpha}^{x_\beta} 33.000 \,\text{€}\; x^{-d} dx}{x_\beta}$$

$$= \frac{\dfrac{33.000\,\text{€} \cdot x_\beta^{(1-0,074)})}{1-0,074} - \dfrac{33.000\,\text{€}}{1-0,074}}{x_\beta}$$

Umstellen und Auflösen führt zu einer Lösung von $x_\beta = 93$ und zu Gesamtkosten von $2.334.193\,\text{€}$.

Eine verbesserte Approximation wird über die Veränderung der Integrationsgrenzen erreicht. Dies erfolgt mit:[137]

$$K_{Gesamt} \approx \int_{x_\alpha-0,5}^{x_\beta+0,5} 33.000 \,\text{€}\; x^{-d} dx$$

Bei Verwendung dieser Vorgehensweise ergibt sich:

$$25.100 \,\text{€} = \frac{K_{Gesamt}}{x_\beta}$$

$$= \frac{\displaystyle\int_{x_\alpha-0,5}^{x_\beta+0,5} 33.000 \,\text{€}\; x^{-d} dx}{x_\beta+0,5}$$

$$25.100 \,\text{€} = \frac{\dfrac{33.000\,\text{€} \cdot \left(x_\beta+0,5\right)^{(1-0,074)}}{1-0,074} - \dfrac{33.000\,\text{€} \cdot\, 0,5^{(1-0,074)}}{(1-0,074)}}{x_\beta+0,5}$$

Umstellen und Auflösen dieser Gleichung führt zu einer Stückzahl von $x_\beta = 110,17$ bei Gesamtkosten von $2.765.343\,\text{€}$. Sinnvoll gerundet resultiert $x_\beta = 111$ bei Gesamtkosten von $2.784.601\,\text{€}$ und durchschnittlichen Stückkosten von $25.086,50\,\text{€}$. Das entspricht viel besser dem exakten - über Summenbildung - ermittelten Wert.

f) Die grafische Darstellung der Entwicklung der Stückkosten ist in der folgenden Abbildung zu sehen.

---

[137] Vgl. Laarmann (2005: 48).

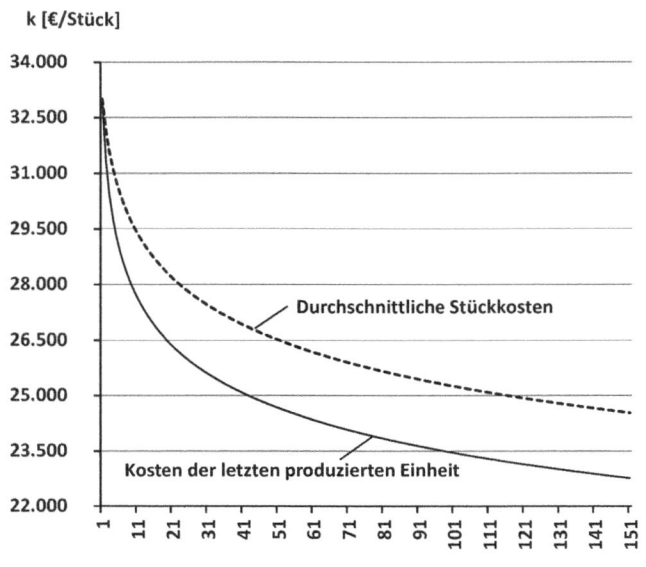

Kumuliertes Produktionsvolumen

Lösung zur Aufgabe 4.2 auf S. 466:

Herleitung der allgemeinen Bestimmungsgleichung:
$$EVA = (U - K_V - K_F)(1 - s) - Kapitalkosten\ (KK)$$
$$\frac{EVA + KK}{1 - s} = (U - K_V - K_F)$$
$$\frac{EVA + KK}{1 - s} - U + K_F = K_V$$
$$K_V = U - \frac{EVA + KK}{1 - s} - K_F$$

Einsetzen der Eingangsdaten:
$$K_V = 2.000.000\,€ - \frac{400.000\,€}{0,60} - 100.000\,€$$
$$K_V = 1.233.333\frac{1}{3}\,€$$
$$k_V = 61\frac{2}{3}\,€\ pro\ Stück$$

Lösung zur Aufgabe 4.3 auf S. 466:

a) Ermittlung des EVA:

- Ermittlung des EVA nach der sog. **Capital-Charge-Formel** (vgl. Def. 4.4 auf S. 446):

$$EVA_t = NOPAT_t - Gesamtkapitalkosten_t$$
$$= NOPAT_t - k_{GK} \cdot NOA_{t-1}$$

Zur Ermittlung der GK-Kosten wird der k_{GK} benötigt. Dieser ist wie folgt definiert:

$$k_{GK} = k_{EK} \cdot \frac{EK}{GK} + k_{FK} \cdot (1-s) \cdot \frac{FK}{GK}$$

Der Fremdkapitalkostensatz k_{FK} muss aus den Informationen abgeleitet werden. Es resultiert:

$$k_{FK} = \frac{Zinsaufwand}{Langfristige \ Verbindlichkeiten} = \frac{2.319,80 \ €}{57.995 \ €} = 0,04$$

Der Steuersatz s muss ebenfalls aus den Unterlagen abgeleitet werden. Das führt zu:

$$s = \frac{Steueraufwand}{Ergebnis \ vor \ Steuern} = \frac{Steueraufwand}{EBIT - Zinsaufwand} =$$
$$= \frac{3.586,56 \ €}{11.955,22 \ €} = 0,30$$

Damit kann k_{GK} folgendermaßen berechnet werden:

$$k_{GK} = 0,098 \cdot \frac{26.794 \ €}{101.222 \ €} + 0,04 \cdot (0,70) \cdot \frac{74.428 \ €}{101.222 \ €} = 0,04653$$

Die NOA ergeben sich aus:
$$NOA = 101.222 \ € - 16.433 \ € = 84.789 \ €$$

Der NOPAT resultiert aus:
$$NOPAT = EBIT \cdot (1-s) = 14.275 \ € \cdot 0,7 = 9.992,50 \ €$$

Schlussendlich folgt der EVA mit:
$$EVA = 9.992,50 \ € - 0,04653 \cdot 84.789 \ € = 6.047,32 \ €$$

- Der EVA kann auch über die **Value-Spread-Formel** ermittelt werden (vgl. Def. 4.5 auf S. 446):

$$EVA_t = \left(\frac{NOPAT_t}{NOA_{t-1}} - k_{GK} \right) \cdot NOA_{t-1}$$
$$= \left(\frac{9.992,50 \ €}{84.789 \ €} - 0,04653 \right) \cdot 84.789 \ €$$
$$= 6.047,32 \ €$$

b) Interpretation:

Der Wert von 6.047,32 € ist der Residualgewinn, der nach Abzug sämtlicher Kosten erwirtschaftet wurde. Im Gegensatz zum Jahresüberschuss von 8.368,64 € beträgt der *EVA* lediglich 6.047,32 €. Das ist damit zu begründen, dass beim *EVA* die Verzinsung des Eigenkapitals mit berücksichtigt wird. Aus Sicht der Eigenkapitalgeber ist deshalb der *EVA* relevant.

Lösung zur Aufgabe 4.4 auf S. 467:

a) Der Return on Capital Employed (ROCE) ergibt sich aus dem Verhältnis des Betriebsergebnisses (EBIT) zum Capital Employed:

	Gesamt
EBIT	2.416
Capital Employed	18.900
ROCE	0,128
ROCE in %	12,8%

Der ROCE misst den operativen Rückfluss von Investitionen und ist deshalb besonders als Kennzahl für zentrale Entscheidungsträger geeignet. Im vorliegenden Fall weist der ROCE darauf hin, dass durch die getätigten Investitionen zusätzliche Werte im Unternehmen geschaffen wurden.

b) Die Gesamtkapitalrentabilität r_{GK} ergibt sich aus dem Verhältnis des Betriebsergebnisses (EBIT) zum Gesamtvermögen:

	Bereich 1	Bereich 2	Bereich 3
EBIT	470	900	1.047
Gesamtvermögen	4.550	8.700	8.100
r_{GK}	10,3%	10,3%	12,9%

c) Der Economic Value Added (EVA) setzt sich aus den Net Operating Profit After Taxes abzüglich der Kapitalkosten zusammen:

	Bereich 1	Bereich 2	Bereich 3
NOPAT = EBIT ·(1-Steuersatz)	329	630	732,9
NOA	4.550	8.700	8.100
NOA · WACC	323.05	617,7	575,1
EVA	5,95	12,3	157,8

d) In der nachfolgenden Tabelle sind die berechneten Kennzahlen der Geschäftsbereiche dargestellt und gemäß ihrer Höhe eingestuft:

	Bereich 1	Bereich 2	Bereich 3
r_{GK}	10,3 %	10,3 %	12,9 %
Rang	2	2	1
EVA	5,95	12,3	157,8
Rang	3	2	1

Bei der Betrachtung der Kennzahlen werden die z. T. konträren Ergebnisse deutlich. So wird im Vergleich der Geschäftsbereiche die Leistung des ersten Geschäftsbereichs bei der Verwendung der r_{GK} höher eingeschätzt als bei der Verwendung des EVA. Die r_{GK} repräsentiert eine traditionelle Kennzahl, die aus Sicht der Shareholder zur Leistungsbeurteilung ungeeignet ist. Während die r_{GK} weder die Kapitalverteilung noch die Anpassung aller Kosten - inklusive Eigenkapitalkosten - berücksichtigt, werden diese Sachverhalte beim EVA entsprechend abgebildet. Somit stellt der EVA im Vergleich zur r_{GK} eine geeignetere Kennzahl zur Leistungsmessung im Unternehmen dar.

Lösung zur Aufgabe 4.5 auf S. 468:

Die Bestimmungsgleichung des Gesamtwertes lautet:

	Barwert der prognostizierten betrieblichen FCF
+	Barwert des Restwertes
+	Marktwert der nicht-betriebsnotwendigen Vermögensgegenstände
=	Wert des Gesamtunternehmens
−	Marktwert des Fremdkapitals
=	Wert des Eigenkapitals (Shareholder Value)

Damit ergibt sich für die vorliegende Konstellation:

	Gesamtwert der FCF (für Detailplanungszeitraum und unendlichen Restwert)
+	0
=	Wert des Gesamtunternehmens
−	10 Mio. €
=	Wert des Eigenkapitals (Shareholder Value)

Für den Gesamtwert der FCF gilt:

$$Gesamtwert\ der\ FCF = \sum_{t=1}^{D} FCF_t \cdot (1 + k_{GK})^{-t} + \frac{FCF_{D+1}}{k_{GK} \cdot (1 + k_{GK})^{D}}$$

Die gewichteten Gesamtkapitalkosten resultieren aus:

$$k_{GK} = k_{EK} \cdot \frac{EK}{GK} + k_{FK} \cdot (1 - s) \cdot \frac{FK}{GK}$$

Mit den Eingangsdaten folgt:

$$k_{GK} = 0{,}10 \cdot \frac{EK}{GK} + 0{,}05 \cdot (1 - 0{,}40) \cdot \frac{10 \ Mio. \ \text{\euro}}{GK}$$

Damit wird das Zirkelproblem deutlich: der Wert des Eigenkapitals EK ist gesucht, jedoch ist dieser Wert erforderlich, um die Gesamtkapitalkosten k_{GK} zu ermitteln.

Die Lösung ist mittels computergestützten Rechenprogrammen möglich. Im vorliegenden Fall ergibt sich durch Programmierung:

$$k_{GK} = 0{,}10 \cdot \frac{60.342.579 \ \text{\euro}}{70.342.579 \ \text{\euro}} + 0{,}05 \cdot (1 - 0{,}395) \cdot \frac{10.000.000 \ \text{\euro}}{70.342.579 \ \text{\euro}}$$

$$k_{GK} = 0{,}090084$$

Mit diesen Daten ergeben sich simultan die Resultate in Tabelle 4.10.

Tab. 4.10: Ermittlung der Komponenten des Shareholder Values

t	$100\,\text{Mio.}\,\text{\euro} \cdot (1+\delta_U)^t$ $\cdot\ r_U \cdot (1-s)$	$100\,\text{Mio.}\,\text{\euro} \cdot (1+\delta_U)^{t-1}$ $\cdot\ \delta_U \cdot \delta_I$	FCF_t	$\dfrac{FCF_t}{(1+k_{GK})^t}$
1	5.348.200	2.625.000	2.723.200	2.498.156
2	5.909.761	2.900.625	3.009.136	2.532.338
3	6.530.286	3.205.191	3.325.095	2.566.988
4	7.215.966	3.541.736	3.674.230	2.602.113
5	7.973.642	3.913.618	4.060.024	2.637.718
Summe der diskontierten FCF für den Detailplanungszeitraum				12.837.313

Ermittlung des Fortführungswertes:

Ermittlung der ewigen Rente: $\dfrac{7.973.642 \ \text{\euro}}{0{,}090084} = 88.513.176 \ \text{\euro}$

Diskontierung der ewigen Rente: $\dfrac{88.513.176 \ \text{\euro}}{(1{,}090084)^5} = 57.505.266 \ \text{\euro}$

Ermittlung des Gesamtwertes: 12.837.313 € + 57.505.266 € = 70.342.579 €

Abzug des FK: 70.342.579 € − 10.000.000 € = 60.342.579 €= Marktwert des EK

4.4 Literaturverzeichnis

Ballwieser, W./Hachmeister, D. (2016): Unternehmensbewertung: Prozess, Methoden und Probleme. 5. Aufl., Stuttgart: Schäffer-Poeschel

Baum, H.-G./Coenenberg, A. G./Günther, T. (2013): Strategisches Controlling. 5. Aufl., Stuttgart: Schäffer-Poeschel.

Belecheanu, R./Riedel, J./Pawar, K. (2006): A conceptualisation of design context to explain design trade-offs in the automotive industry. In: R&D-Management, 36 (5): 517–529.

Bieg, H./Kußmaul, H./Waschbusch, G. (2016): Investition. 3. Aufl., München: Vahlen.

Breuer, W. (2012): Investition I : Entscheidungen bei Sicherheit. 4. Aufl., Wiesbaden: Springer Gabler.

Bühner, R. (1990): Das Management-Wert-Konzept. Stuttgart: Schäffer.

Crasselt, N./Pellens, B./Schremper, R. (2000): Konvergenz wertorientierter Erfolgskennzahlen (II). In: Das Wirtschaftsstudium, 29 (2): 205–208.

Curran, R./Gomis, G./Castagne, S./Butterfield, J./Edgar, T./Higgins, C./McKeever, C. (2007): Integrated digital design for manufacture for reduced life cycle costs. In: International Journal of Production Economics, 109 (1): 27–40.

Deges, F. (1993): Die Beschäftigung mit den Unternehmerzielen in der Literatur der alten und neuen Betriebswirtschaftslehre bis 1966. Köln: Wirtschaftsverlag Bachem.

Drukarczyk, J./Schüler, A. (2016): Unternehmensbewertung. 7. Aufl., München: Vahlen.

Ehrlenspiel, K. (2009): Integrierte Produktentwicklung. 4. Aufl., München u. a.: Hanser.

Ehrlenspiel, K./Kiewert, A./Lindemann, U./Mörtl, M. (2014): Kostengünstig Entwickeln und Konstruieren. 7. Aufl., Berlin u. a.: Springer.

Eilenberger, G./Ernst, D./Toebe, M. (2013): Betriebliche Finanzwirtschaft: Einführung in Investition und Finanzierung, Finanzpolitik und Finanzmanagement von Unternehmungen. 8. Aufl. München u. a.: Oldenbourg.

Enzinger, A./Kofler, P. (2011): Das Roll-Back-Verfahren zur Unternehmensbewertung. In: Bewertungspraktiker, Nr. 4: 2–10.

Ewert, R./Wagenhofer, A. (2014): Interne Unternehmensrechnung. 8. Aufl., Berlin u. a.: Springer.

Fackler, M./Wimschulte, J. (2009): Residualgewinnverfahren zur Unternehmensbewertung und -steuerung. In: Schacht, U./Fackler, M. (Hg.): Praxishandbuch Unternehmensbewertung: Grundlagen, Methoden, Fallbeispiele. 2. Aufl., Wiesbaden: Gabler, S. 313–334.

Fischer, T. M./Möller, K./Schultze, W. (2015): Controlling: Grundlagen, Instrumente und Entwicklungsperspektiven. 2. Aufl., Stuttgart: Schäffer-Poeschel.

Fox, A. (2010): Die Bewertung von Content-Anbietern unter besonderer Berücksichtigung von Web 2.0. Wiesbaden: Gabler Research.

Friedl, B. (2013): Controlling. 2. Aufl., Konstanz: UVK.

Gallenmüller, O./Hieke, H./Hülsenberg, F./Neubert, J. (1988): Leistung, Kosten, Ergebnis. 4. Aufl., Leipzig: Dt. Verlag für Grundstoffindustrie.

Geissdörfer, K./Gleich, R./Wald, A. (2009): Standardisierungspotentiale lebenszyklusbasierter Modelle des strategischen Kostenmanagements. In: Zeitschrift für Betriebswirtschaft, 79 (6): 693–716.

Gräfer, H./Gerenkamp, T. (2016): Bilanzanalyse. 13. Aufl., Herne/Berlin: Verl. Neue Wirtschafts-Briefe.

Gutenberg, E. (1983): Grundlagen der Betriebswirtschaftslehre. Bd. 1: Die Produktion. 24. Aufl., Berlin u. a.: Springer.

Hachmeister, D. (1997): Der Cash Flow Return on Investment als Erfolgsgröße einer wertorientierten Unternehmensführung. In: Zeitschrift für betriebswirtschaftliche Forschung, 49 (6): 556–579.

Hahn, D./Hungenberg, H. (2001): PuK: Wertorientierte Controllingkonzepte. 6. Aufl., Wiesbaden: Gabler.

Hax, K. (1926): Der Gewinnbegriff in der Betriebswirtschaftslehre. In: Zeitschrift für handelswissenschaftliche Forschung, Ergänzungsband 5. Leipzig: Gloeckner.

Heinen, E. (1976): Grundlagen betriebswirtschaftlicher Entscheidungen. 3. Aufl., Wiesbaden: Gabler.

Koller, T./Goedhart, M./Wessels, D. (2015): Valuation - measuring and managing the value of companies. 6. Aufl., Hoboken: Wiley.

Küpper, H.-U./Friedl, G./Hofmann, C./Hofmann, Y./Pedell, B. (2013): Controlling: Konzeption – Aufgaben – Instrumente. 6. Aufl., Stuttgart: Schäffer-Poeschel.

Küting, K./Weber, C.-P. (2012): Die Bilanzanalyse: Beurteilung von Abschlüssen nach HGB und IFRS. 10. Aufl., Stuttgart: Schäffer-Poeschel.

Kuhner, C./Maltry, H. (2017): Unternehmensbewertung. 2. Aufl., Wiesbaden: Springer Gabler.

Laarmann, A. (2005): Lerneffekte in der Produktion. Wiesbaden: DUV.

Laux, H. (2006): Wertorientierte Unternehmenssteuerung und Kapitalmarkt. 2. Aufl., Berlin u. a.: Springer.

Lee, K.-M./Cho, H.-N./Choi, Y.-M. (2004): Life-cycle cost effective optimum design of steel bridges. In: Journal of Constructional Steel Research, 60 (11): 1585–1613.

Lingnau, V. (2008): Controlling, BWL und Privatwirtschaftslehre. Beiträge zur Controlling-Forschung, Nr. 14. TU Kaiserslautern.

Lingau, V./Koffler, U. (2013): Wilhelm Riegers Privatwirtschaftslehre und seine Bedeutung für das Controlling: Eine Würdigung zum 135. Geburtstag. Beiträge zur Controlling-Forschung, Nr. 23. TU Kaiserslautern.

Lohse, C. M. (2021): Das Residualgewinnverfahren aus Sicht der funktionalen Unternehmensbewertung. Wiesbaden: Springer Gabler.

Lücke, W. (1955): Investitionsrechnungen auf der Grundlage von Ausgaben oder Kosten? In: Zeitschrift für handelswissenschaftliche Forschung, 7 (o. A.): 310–324.

Lücke, W. (1960): Wesen und Bedeutung der kalkulatorischen Zinsen. In: Zeitschrift für handelswissenschaftliche Forschung, 12 (6): 353–375.

Müller, D. (2010): Konstruktionsbegleitende Analyse und Modellierung intertemporaler Beziehungen im Produktlebenszyklus von Investitionsgütern. In: Die Betriebswirtschaft, 70 (3): 205–222.

Müller, D. (2020): Betriebswirtschaftslehre für Ingenieure. 3. Aufl., Berlin u. a.: Springer Gabler.

Mueller, D. (2011): A cost calculation model for the optimal design of size ranges. In: Journal of Engineering Design, 22 (7): 467–485.

Mueller, D./Ganseforth, M.-M. (2012): Analysis and modelling of intertemporal relationships in lifecycle design: a case study for investment goods. In: Research in Engineering Design, 23 (3): 191–202.

Nowak, K. (2003): Marktorientierte Unternehmensbewertung: Discounted Cash Flow, Realoption, Economic Value Added und der Direct Comparison Approach. 2. Aufl., Wiesbaden: DUV.

Pape, U. (2010): Wertorientierte Unternehmensführung. 4. Aufl., Sternenfels: Wissenschaft und Praxis.

Pape, U. (2017): Wertorientierte Unternehmensführung. In: Petersen, K./Zwirner, C. (Hg.): Handbuch Unternehmensbewertung. 2. Aufl., Köln: Bundesanzeiger-Verlag, S. 861–876.

Pape, U. (2018): Grundlagen der Finanzierung und Investition. 4. Aufl., Berlin u. a.: De Gruyter Oldenbourg.

Perridon, L./Steiner, M./Rathgeber, A. (2017): Finanzwirtschaft der Unternehmung. 17. Aufl., München: Vahlen.

Pfaff, D./Bärtl, O. (1999): Wertorientierte Unternehmenssteuerung - Ein kritischer Vergleich ausgewählter Konzepte. In: Gebhard, G./Pellens, B. (Hg.): Rechnungswesen und Kapitalmarkt. Zeitschrift für betriebswirtschaftliche Forschung, Sonderheft 41, S. 85–115.

Plaschke, F. J. (2003): Wertorientierte Management-Incentivesysteme auf Basis interner Wertkennzahlen. Wiesbaden: DUV.

Preinreich, G. A. (1937): Valuation and amortization. In: The Accounting Review, (12) 3: 209–226.

Raab, H. (2001): Shareholder Value und Verfahren der Unternehmensbewertung – Leitmaxime für das Management? Herne/Berlin: Verl. Neue Wirtschafts-Briefe.

Rappaport, A. (1998): Creating shareholder value - a guide for managers and investors. 2. Aufl., New York: Free Press.

Rieger, W. (1928): Einführung in die Privatwirtschaftslehre. Nürnberg: Krische.

Schiemenz, B./Seiwert, L. (1979): Ziele und Zielbeziehungen in der Unternehmung. In: Zeitschrift für Betriebswirtschaft, 49 (7): 581–603.

Schild, U. (2005): Lebenszyklusrechnung und lebenszyklusbezogenes Zielkostenmanagement. Wiesbaden: DUV.

Schneider, D. (1976): Der Gewinnbegriff vor der Betriebswirtschaftslehre und die Substanzerhaltungsdiskussion. In: Schmalenbachs Zeitschrift für betriebswirtschaftliche Forschung, 28 (10/11): 724–743.

Schneider, D. (1984): Managementfehler durch mangelndes Geschichtsbewusstsein in der Betriebswirtschaftslehre. In: Zeitschrift für Unternehmensgeschichte, 29 (2): 114–130.

Schneider, D. (1990): Unternehmensethik und Gewinnprinzip in der Betriebswirtschaftslehre. In: Schmalenbachs Zeitschrift für betriebswirtschaftliche Forschung, 42 (10): 869–891.

Schneider, D. (1997): Betriebswirtschaftslehre. Bd. 2: Rechnungswesen. 2. Aufl., München u. a.: Oldenbourg.

Schneider, D. (1998): Marktwertorientierte Unternehmensrechnung: Pegasus mit Klumpfuß. In: Der Betrieb, 51 (30): 1473–1478.

Schneider, D. (2001a): Betriebswirtschaftslehre. Bd. 4: Geschichte und Methoden der Wirtschaftswissenschaft. München u. a.: Oldenbourg.

Schneider, D. (2001b): Oh, EVA, EVA, schlimmes Weib: Zur Fragwürdigkeit einer Zielvorgabe-Kennzahl nach Steuern im Konzerncontrolling. In: Der Betrieb, 54 (48): 2509–2514.

Schneider, D. (2001c): Substanzerhaltung bei Preisregulierungen: Ermittlung der „Kosten der effizienten Leistungsbereitstellung" durch Wiederbeschaffungsabschreibungen und WACC-Salbereien mit Steuern? In: Laßmann, G. (Hg.): Neuere Ansätze der Betriebswirtschaftslehre: In memoriam Karl Hax: anlässlich der 100. Wiederkehr des Geburtstages von Professor Dr. Dres. h. c. Karl Hax am 13.11.2001. Schmalenbachs Zeitschrift für betriebswirtschaftliche Forschung, Sonderheft, S. 37–59.

Schneider, D. (2008): Wider ein Controlling mit EVA und WACC (Economic Value Added und Weighted Average Cost of Capital). In: Altenburger, O. A. (Hg.): Steuern: Steuern, Steuerung, Regulierung und Prüfung. Wien: Linde, S. 31–45.

Schweitzer, M. (1972): Struktur und Funktion der Bilanz. Grundfragen der betriebswirtschaftlichen Bilanz in methodologischer und entscheidungstheoretischer Sicht. Berlin: Duncker & Humblot.

Schweitzer, M. (1981): Axiomatik des Rechnungswesens. In: Kosiol, E./Chmielewicz, K./ Schweitzer, M. (Hg.): Handwörterbuch des Rechnungswesens. 2. Aufl., Stuttgart: Poeschel, Sp. 100–110.

Schweitzer, M./Küpper, H.-U./Friedl, G./Hofmann, C./Pedell, B. (2016): Systeme der Kosten- und Erlösrechnung. 11. Aufl., München: Vahlen.

Spremann, K. (2010): Finance. 4. Aufl., München u. a.: Oldenbourg.

Stelter, D. (1999): Wertorientierte Anreizsysteme. In: Bühler, W./Siegert, T. (Hg.): Unternehmenssteuerung und Anreizsysteme: Kongress-Dokumentation - 52. Deutscher Betriebswirtschafter Tag 1998. Stuttgart: Schäffer-Poeschel, S. 207–241.

Troßmann, E. (2013): Investition als Führungsentscheidung. 2. Aufl., München: Vahlen.

VDMA (Verband Deutscher Maschinen- und Anlagenbau) (Hg.) (2017): Kennzahlenkompass: Informationen für Unternehmer und Führungskräfte. Frankfurt/M.: VDMA.

Wilts, J. (1974): Zur ökonomischen Bedeutung von Rentabilitätsgrößen. In: Schmalenbachs Zeitschrift für betriebswirtschaftliche Forschung, 26 (7): 473–479.

Woodward, D. (1997): Life cycle costing – theory, information acquisition and application. In: International Journal of Project Management, 15 (6): 335–344.

Yadav, O./Goel, P. (2008): Customer satisfaction driver quality improvement target planning for product development in automotive industry. In: International Journal of Production Economics, 113 (2): 997–1011.

Normen und Richtlinien

DIN EN 60300-3-3 (09/2014): Entwurf - Zuverlässigkeitsmanagement - Teil 3-3: Anwendungsleitfaden Lebenszykluskosten.

VDI 2519-1 (12/2001): Vorgehensweise bei der Erstellung von Lasten-/Pflichtenheften.

VDI 2884 (12/2005): Beschaffung, Betrieb und Instandhaltung von Produktionsmitteln unter Anwendung von Life Cycle Costing

VDI 2891 (11/2008): Instandhaltungskriterien bei der Beschaffung von Investitionsgütern.

Kapitel 5

Investitionsrechenverfahren unter Unsicherheit

5.1 Einführung

5.1.1 Einordnung und Annahmen

In diesem Kapitel werden Verfahren zur Berücksichtigung von Unsicherheit vorgestellt. Diese Modelle basieren auf den Grundlagen, die im Kapitel 3 erläutert wurden. Weitere Charakteristika von Entscheidungen unter Unsicherheit sind an anderer Stelle erläutert:

- Definition und Unterscheidung verschiedener Arten von Unsicherheit und Risiko,[1]
- grundlegende Reaktionsformen bei Unsicherheit,[2]
- Entscheidungen bei Risiko,[3]
- Entscheidungen bei Ungewissheit[4] sowie
- Charakteristika und Lösungsansätze für mehrstufige Entscheidungen.[5]

Diese Darstellungen bilden die Grundlage für das vorliegende Kapitel, weshalb an entsprechender Stelle darauf verwiesen wird. Prinzipiell basieren – außer den Realoptionsmodellen – sämtliche in diesem Kapitel vorgestellten Verfahren auf entscheidungstheoretischen Grundlagen.

Der Entscheidungsträger muss aus einer Menge, sich gegenseitig ausschließender, Investitionsmöglichkeiten die optimale Alternative identifizieren. Gemäß Annahme ist er ein homo oeconomicus[6] und strebt nach **Nutzenmaximierung**. Die zu realisierende Investition muss zur Nutzenmaximierung beitragen, weshalb die Nutzenmaximierung selbst wiederum das Ziel jeder Maßnahme darstellt. Für die weiteren Ausführungen gelten folgende Annahmen und Notationen:

- Die Anzahl der Alternativen, der Zeitperioden und der Zustände sind bekannt, sicher und endlich.

---

[1] Vgl. Abschn. 1.2.2.3 auf S. 25.

[2] Vgl. Abschn. 2.1.3.1.3 auf S. 109.

[3] Vgl. 2. Band, Abschn. 1.5 auf S. 98–160.

[4] Vgl. 2. Band, Abschn. 1.6 auf S. 160–180.

[5] Vgl. 2. Band, Abschn. 1.9 auf S. 221–239.

[6] Vgl. 2. Band, Abschn. 1.1 auf S. 3.

© Der/die Autor(en), exklusiv lizenziert an Springer Fachmedien Wiesbaden GmbH, ein Teil von Springer Nature 2022
D. Müller, *Investitionscontrolling: Entscheidungsfindung bei Investitionen I*,
https://doi.org/10.1007/978-3-658-36593-6_5

- Die endliche Aktionenmenge $A = \{a_1, ..., a_m\}$ ist gegeben durch m Alternativen $a_i (i = 1, ..., m)$, die sich gegenseitig ausschließen.
- Auch die **Unterlassung** einer Investitionsmaßnahme a_x stellt eine Handlungsalternative dar, so dass gilt $a_x \in A$.
- Zeit wird in identische äquidistante Abschnitte unterteilt, d. h. jede Periode ist gleichlang.
- Es existiert eine Menge an Zeitpunkten $\Pi = \{0,1,2,3,...,N\}$ mit $t \in \Pi$, die bekannt und nicht leer ist.
- Jede Periode wird von einem Anfangs- und Endzeitpunkt begrenzt. Der Anfangszeitpunkt einer Periode bildet gleichzeitig den Endzeitpunkt der Vorperiode. Ausgehend vom Startzeitpunkt $t = 0$ stellt der Zeitpunkt $t = 1$ den Endzeitpunkt der ersten Periode und gleichzeitig den Startzeitpunkt der zweiten Periode dar, usw.
- In jedem Zeitpunkt $t \in \Pi$ sind mehrere bekannte Zustände möglich.
- Die nichtleere Zustandsmenge $Z = \{1,2,...,v\}$ mit $p \in Z$ wird gebildet durch die endliche Anzahl zukünftig möglicher, sich gegenseitig ausschließender Zustände zum Zeitpunkt t.
- Jeder Alternative kann zu jedem Zeitpunkt und in jedem Zustand ein Ergebnis x wie folgt zugeordnet werden: $x_{itp} = f(a_i, t, p)$. Ein Ergebnis resultiert aus der Wahl einer Alternative und dem Eintritt eines bestimmten Umweltzustands zu einem Zeitpunkt.
- Auf diese Weise entsteht die **Ergebnismatrix** (vgl. Tab. 5.1).

Tab. 5.1: Grundstruktur der intertemporalen Ergebnismatrix bei Unsicherheit. Quelle: Eigene Darstellung.

Aktion	Zeitpunkt	t = 1			t = 2			···	t = N		
	Zustand	p = 1	p = 2	p = 3	p = 1	p = 2	p = 3	···	p = 1	p = 2	p = 3
a_1		x_{111}	x_{112}	x_{113}	x_{121}	x_{122}	x_{123}		x_{1n1}	x_{1n2}	x_{1n3}
a_2		x_{211}	x_{212}	x_{213}	x_{221}	x_{222}	x_{223}		x_{2n1}	x_{2n2}	x_{2n3}
a_3		x_{311}	x_{312}	x_{313}	x_{321}	x_{322}	x_{323}		x_{3n1}	x_{3n2}	x_{3n3}
a_x		x_{x11}	x_{x12}	x_{x13}	x_{x21}	x_{x22}	x_{x23}		x_{xn1}	x_{xn2}	x_{xn3}
⋮		⋮	⋮	⋮	⋮	⋮	⋮	⋱	⋮	⋮	⋮
a_m		x_{m11}	x_{m12}	x_{m13}	x_{m21}	x_{m22}	x_{m23}		x_{mn1}	x_{mn2}	x_{mn3}

- Der Kalkulationszinssatz ist **exogen** vorgegeben.
- Die zukünftigen Zustände werden nicht vom Akteur selbst und auch nicht von einem bewusst handelnden Gegenspieler beeinflusst.
- Für Situationen unter Risiko – Entscheidungsbaumverfahren, Realoptionsverfahren, Risikoanalyse – sind die Eintrittswahrscheinlichkeiten für alle $p \in Z$ bekannt. Ob es sich dabei um subjektive oder objektive Wahrscheinlichkeiten handelt, ist für die weitere Betrachtung nicht relevant.[7]

---

[7] Zur Erläuterung dieser Formen der Wahrscheinlichkeit vgl. Abschn. 1.2.2.3 auf S. 25.

- Die Ergebnisse sämtlicher Alternativen in sämtlichen Zuständen sind bekannt und treten mit Sicherheit mit der angegebenen Wahrscheinlichkeit ein. Es besteht quasi Sicherheit über die Unsicherheit.

- Alternativen-, Ergebnis- und Zustandsmenge sowie Höhen,- Zeit- und Unsicherheitspräferenzen bleiben während des Betrachtungszeitraumes unverändert. Auf die Intention (z. B. Vermeidung von „Geldpumpen") dieser Forderung und die damit verbundenen Schwierigkeiten im praktischen Entscheidungsverhalten wird an anderer Stelle eingegangen.[8]

- Diese Entscheidungssituation wird auch als **„Spiel gegen die Natur"** bezeichnet. Der Akteur wird als Spieler interpretiert, dem mehrere Spielzüge (also Alternativen) zur Auswahl stehen. Im Anschluss daran wird durch den Gegenspieler (die Natur) zufällig und nicht bewusst in jedem Zeitpunkt $t \in \Pi$ ein Zustand $p \in Z$ herbeigeführt.[9]

- In Bezug auf die Höhenpräferenz des Akteurs wird angenommen, dass diese monoton ist, d. h. „Mehr ist besser".[10]

Die Situation kann danach unterschieden werden:

- ob der Akteur in einer **einstufigen** oder einer **mehrstufigen** Entscheidung aus A die optimale Alternative herausfiltern kann und

- ob die Eintrittswahrscheinlichkeiten der Zustände bekannt sind oder nicht.

Deshalb muss der Akteur auf diese Matrix eine Nutzenfunktion, ein Funktional für die Zeitpräferenz und ein Funktional für die Unsicherheitspräferenz anwenden.[11] Dieses Präferenzfunktional ordnet einer Handlungsalternative eine reelle Zahl so zu, dass über die Rangfolge dieser Zahlen die subjektive Wertvorstellung des Akteurs ausgedrückt wird.[12] Zur Entscheidungsfindung muss die beste Alternative ausgewählt werden, es ist diejenige Alternative zu wählen, welche den Wert des Präferenzfunktionals maximiert oder - in einigen wenigen Fällen - minimiert.[13] Die Kombination von Präferenzfunktional und Optimierungskriterium wird als **Entscheidungsregel** bezeichnet. Wie auch bei Investitionsentscheidungen unter Sicherheit sind im nächsten Schritt folgende wichtige Fragen zu beantworten:[14]

- Welchen Nutzen haben die Ergebnisse der unterschiedlichen Zustände in verschiedenen Zeitpunkten für den Akteur?

- Welches Präferenzfunktional ist auf diese Nutzengrößen anzuwenden?

---

[8] Vgl. 2. Band, Abschn. 1.3.3 auf S. 40.

[9] Vgl. Milnor (1954); Krelle (1968: 119).

[10] Vgl. 2. Band, Anf. 1.3.5 auf S. 35.

[11] Vgl. 2. Band, Abschn. 1.2.2 auf S. 14–18 für eine detaillierte Erläuterung.

[12] Vgl. Def. 3.2 auf S. 169.

[13] Vgl. Def. 3.3 auf S. 170.

[14] Vgl. 2. Band, Abb. 1.1 auf S. 4.

- Kann ein Präferenzfunktional durch die Zusammenfassung der einzelnen Nutzenwerte zu einem Gesamtwert gebildet werden?

Im vorliegenden Kapitel werden die Situationen unterteilt in:

- **einstufige** Entscheidungen und
- **mehrstufige** Entscheidungen.

Im Fall einstufiger Auswahlentscheidungen wählt der Akteur in $t = 0$ mit einer **einzigen** Entscheidung die optimale Alternative. Diese wird anschließend realisiert, weitere Entscheidungen werden nicht getroffen.

Bei mehrstufigen Entscheidungen kann der Akteur nach der Entscheidung in $t = 0$ weitere Entscheidungen treffen. Gesucht ist in einer solchen Situation die **optimale Folge** von Entscheidungen. Da auch die **Unterlassung** einer Investitionsmaßnahme eine zulässige Alternative darstellt, ergibt sich die Frage nach dem optimalen **Investitionszeitpunkt**. Der Akteur kann mit der ersten Entscheidung in $t = 0$ festlegen, keine Investitionsmaßnahme zu veranlassen und die Finanzmittel stattdessen am Kapitalmarkt anlegen. Zu einem späteren Zeitpunkt, kann er dann wiederum prüfen, welche Alternative aus der dann verfügbaren Alternativenmenge optimal ist.

5.1.2 Ergebnisse, Präferenzen und Nutzen

Die grundsätzliche Vorgehensweise ist folgende:[15]

a) Der Akteur legt seine Nutzenfunktion fest und bestimmt damit seine **Höhenpräferenz**.

b) Auf dieser Basis kann die Alternativenmenge auf ineffiziente Alternativen untersucht werden.

c) Der Akteur wählt ein Präferenzfunktional zur Abbildung seiner individuellen **Unsicherheits-** bzw. **Risikopräferenz**.[16]

d) Der Akteur wählt ein Präferenzfunktional zur Abbildung seiner individuellen **Zeitpräferenz**.[17]

Zeitpräferenzen einerseits und Unsicherheits- bzw. Risikopräferenzen andererseits sind realiter nicht voneinander zu trennen, was an anderer Stelle erläutert wird.[18] Im weiteren Verlauf werden diese Präferenzen jedoch **unabhängig** voneinander erfasst und diskutiert. Für die Darstellung von Modellen, die

---

[15] Vgl. Abschn. 3.1.2 auf S. 165 sowie Dyckhoff (2007: 986).

[16] Vgl. 2. Band, Abschn. 1.5 auf S. 98.

[17] Vgl. 2. Band, Abschn. 1.7.2 auf S. 188.

[18] Vgl. 2. Band, Abschn. 1.2.1 auf S. 8–14.

beide Präferenzdimensionen gemeinsam erfassen, wird auf die weiterführende Literatur verwiesen.[19]

Ein allgemeingültiger **erster Schritt** besteht in der Umwandlung der Ergebnismatrix in eine Nutzen- bzw. Entscheidungsmatrix. Dabei muss für die Ergebnisgrößen eine Nutzenfunktion bekannt sein, so dass folgt: $u(x_p) = f(x_p)$. Mit dieser Funktion wird also die **Höhenpräferenz** des Akteurs abgebildet. Dies ist detailliert an anderer Stelle erläutert.[20] Im weiteren Verlauf wird eine Nutzenfunktion der Form $u(x_{itp}) = x_{itp}$ unterstellt. Bei den Ergebnissen in der obigen Matrix handelt es sich deshalb um positiv-ökonomische Absolutwerte, wie z. B. Gewinn, Umsatz, Einzahlungen.

In Verbindung mit der Annahme einer monotonen Höhenpräferenz des Akteurs kann darauf aufbauend im **zweiten Schritt** die Alternativenmenge auf **Dominanz** untersucht werden. Ein Selektionskriterium bietet die **Zustandsdominanz** nach Definition 5.1.[21]

Definition 5.1: *Gegeben ist die Zustandsmenge $Z = \{1,2,3,...,v\}$ mit $p \in Z$ und die Alternativenmenge A. Eine Aktion $a_k \in A$ heißt genau dann effizient bezüglich A und Z, wenn es keine Aktion $a_q \in A$ gibt, für welche gilt:*

a) $\quad u_{qp} \geq u_{kp} \; \forall \; p \in Z$

$\quad$ *sowie*

b) $\quad u_{qp} > u_{kp}$ *für mindestens ein p.*

In der vorliegenden Konstellation sind zu mehreren Zeitpunkten mehrere Zustände möglich. Deshalb wird diese Dominanzart mit der **Zeitdominanz**[22] kombiniert. Es entsteht die **intertemporale Zustandsdominanz** nach Def. 5.2.

Definition 5.2: *Gegeben ist die Alternativenmenge A, die Zeitpunktmenge $\Pi = \{0,1,2,3,...,N\}$ und für jeden Zeitpunkt $t \in \Pi$ die Zustandsmenge $Z = \{1,2,...,v\}$ mit $p \in Z$. Eine Aktion a_k aus der Alternativenmenge A heißt genau dann effizient bezüglich A, Z und Π, wenn es keine Aktion $a_q \in A$ gibt, für welche gilt:*

a) $\quad u_{qtp} \geq u_{ktp} \; \forall \; p \in Z$ *in jedem $t \in \Pi$*

$\quad$ *sowie*

b) $\quad u_{qtp} > u_{ktp}$ *für mindestens ein p in irgend einem $t \in \Pi$.*

---

[19] Vgl. Gerber/Rhode (2010); Zuber (2011); Lu/Saito (2018); Rambaud/Sánchez Pérez (2020); Pennesi (2021).

[20] Vgl. 2. Band, Abschn. 1.7.2 auf S. 188.

[21] Vgl. Kruschwitz/Husmann (2012: 86–87).

[22] Vgl. Def. 3.1 auf S. 169 sowie 2. Band, Anf. 1.7.8 auf S. 211.

Wenn es eine Aktion $a_q \in A$ gibt, welche diese beiden Kriterien erfüllt, so dominiert a_q die Alternative a_k bzw. es kann formuliert werden: a_k ist ineffizient. Ineffiziente Alternativen können aus der weiteren Betrachtung ausgeschlossen werden.

In den Definitionen 5.1 und 5.2 beschreibt u_{itp} den Nutzen des Ergebnisses im Zustand p zum zukünftigen Zeitpunkt t, also nach Festlegung lediglich der Höhenpräferenz. Somit ist dies der noch nicht in der Zeit transformierte – noch nicht diskontierte – "*Brutto-Nutzen*" des Ergebnisses. Ebenso wenig wurde die Unsicherheit berücksichtigt.

Deshalb wird nach der Festlegung der Höhenpräferenz und der Dominanzprüfung im **dritten Schritt** i. d. R. die **Unsicherheitspräferenz** bestimmt. Diese kann durch entsprechende Präferenzfunktionale abgebildet werden.[23] Ein häufig verwendetes Kriterium ist z. B. die BAYES-Regel (μ-Regel), so dass sich der Akteur am Erwartungswert orientiert.

Im **vierten Schritt** werden die so ermittelten Werte durch Festlegung der **Zeitpräferenz** in der Zeit transformiert. Dazu wird standardmäßig die exponentielle Diskontierung verwendet.[24] Sämtliche folgenden Darstellungen beruhen auf dem **exponentiellen** Diskontierungsmodell der Zinseszinsrechnung. Mit Blick auf die Auswahl der Funktionale zur Abbildung der Risiko- und der Zeitpräferenz können folgende Ergänzungen vorgenommen werden:

- **Risikopräferenz:** Häufig wird als Präferenzfunktional zur Abbildung der Risikopräferenz die BAYES-Regel (μ-Regel) verwendet.[25] Der Entscheidungsträger orientiert sich ausschließlich am Erwartungswert μ_i einer Alternative.[26] Damit wird der **Erwartungswert** sämtlicher Handlungsfolgen zum Präferenzfunktional. Statt der BAYES-Regel kann auch der **Erwartungsnutzen** und damit verbunden die verschiedenen Einstellungen zum Risiko (risikoavers, risikoneutral, risikofreudig) zum Einsatz kommen.[27] Das setzt die Erfüllung der entsprechenden Axiome voraus.[28] Aber auch wenn nicht die Erwartungsnutzentheorie, sondern ein anderes Risikopräferenzfunktional in Verbindung mit dem Roll-back-Verfahren angewendet wird, sind folgende Axiome zu erfüllen:[29]

  - Ordnung (Vollständigkeit, Reflexivität, Transitivität) und
  - **Unabhängigkeit.**[30]

---

[23] Vgl. Fußnote 16 auf S. 486.

[24] Vgl. Abschn. 3.3.3 auf S. 210.

[25] Vgl. Hax (1993: 174); Bamberg/Coenenberg/Krapp (2019: 247).

[26] Vgl. 2. Band, Abschn. 1.5.3 auf S. 104.

[27] Vgl. Bamberg/Coenenberg/Krapp (2019: 251); Obermaier/Saliger (2020: 153–155).

[28] Vgl. 2. Band, Merksatz 1.9 auf S. 117.

[29] Vgl. LaValle/Wapman (1986); Hammond (1988: 511–513); Seidenfeld (1988: 275–284); Machina (1989: 1626–1628); Trost (1991: 167–169); Eisenführ/Weber/Langer (2010: 287); Hammond/Zank (2014: 70–75).

[30] Vgl. 2. Band, Axiom 1.5.5 auf S. 116.

Da bei dem Roll-back-Verfahren einzelne Bereiche bzw. Teilbäume durch
das damit verbundene bzw. daraus resultierende komprimierte Ergebnis ersetzt werden, ist die Unabhängigkeit eine notwendige Voraussetzung für dieses Verfahren. Das bedeutet, dass bei Einsatz der BAYES-
Regel in Verbindung mit der Rückwärtsinduktion implizit das BERNOUL-
LI-Prinzip und ein **risikoneutraler Akteur** angenommen wird. Damit
wird die Verwendung der Erwartungsnutzentheorie in Verbindung mit
nicht-risikoneutralen Einstellungen in diesem Zusammenhang erschwert.

- **Zeitpräferenz:** Es wurde im vorhergehenden Abschnitt bereits darauf
  hingewiesen, dass Zeitpräferenzen standardmäßig durch exponentielle Dis-
  kontierung erfasst werden. Das setzt **entweder** einen vollkommenen Ka-
  pitalmarkt voraus **oder** es wird angenommen, dass die Präferenzen des
  Akteurs den Anforderungen zur Bildung eines additiven intertemporalen
  Präferenzfunktionals genügen. Diese sind:[31]
  - Ordnung (Vollständigkeit, Reflexivität, Transitivität),
  - Stetigkeit,
  - wechselseitige Unabhängigkeit und
  - Stationarität.

Folgende Vorgehensweisen zur Abbildung von Unsicherheits- und Zeitpräferenz werden im vorliegenden Kapitel erläutert:

- Korrekturverfahren und Sensitivitätsanalyse,
- Risikoanalyse,
- Entscheidungsbaumverfahren sowie
- Realoptionsmodelle.

Korrekturverfahren und Sensitivitätsanalyse sind keine eigenständigen Berechnungsmethoden. Vielmehr stellen sie Vorgehensweisen zur Aufdeckung
von Unsicherheiten dar und können prinzipiell bei jedem Verfahren eingesetzt werden.

Die **Risikoanalyse** basiert im Wesentlichen auf dem Konzept der stochastischen Dominanz, das an anderer Stelle ausführlich vorgestellt wird.[32] Das
Entscheidungsbaumverfahren wird ebenfalls an anderer Stelle en détail
erläutert.[33] Der Vollständigkeit halber werden beide Verfahren auch im vorliegenden Kapitel – jedoch nicht so ausführlich – präsentiert.

Realoptionsmodelle haben keine Entsprechung in der Entscheidungstheorie. Aus diesem Grund werden sie im vorliegenden Band ausführlich vorgestellt.

---

[31] Vgl. 2. Band, Abschn. 1.7.2 auf S. 188. Die Eigenschaften Wesentlichkeit und begrenzte Lösbarkeit sind primär Anforderungen an die Struktur des Problems, weshalb
sie hier nicht aufgeführt werden.

[32] Vgl. 2. Band, Abschn. 1.5.4.5 auf S. 146–160.

[33] Vgl. 2. Band, Abschn. 1.9 auf S. 221–239.

5.2 Korrekturverfahren und Sensitivitätsanalyse

Als **Korrekturverfahren** werden Methoden bezeichnet, bei denen durch die Korrektur eines oder mehrerer Berechnungsparameter die Unsicherheit berücksichtigt wird. Dabei werden sog. Risikozuschläge oder Risikoabschläge in die Eingangsdaten des Basisverfahrens eingerechnet.[34] Bei Verwendung des Kapitalwertkriteriums können

- der Kalkulationszinssatz,
- die Zahlungsgrößen und/oder
- die Nutzungsdauer

entsprechend korrigiert werden. Rückflüsse werden in diesem Verständnis an eine steigende Unsicherheit angepasst, indem deren Werte reduziert werden. Wenn der Kapitalwert nach der Anpassung der Rückflüsse immer noch positiv ist, so scheint die Investitionsmaßnahme selbst bei der auf diese Weise berücksichtigten Unsicherheit vorteilhaft zu sein.

In der Erhöhung des Kalkulationszinssatzes aus Vorsichtsgründen um einen Risikozuschlag besteht eine andere Möglichkeit, die Unsicherheit zu berücksichtigen. In der einfachsten, aber zugleich am wenigsten aussagekräftigen Variante geschieht die Adjustierung durch einen pauschalen Zinsfuß für Planungsunsicherheit. Offen bleibt dabei, aufgrund welcher inhaltlichen Annahmen und in welcher Höhe diese Zinserhöhung erfolgt. Eine so berücksichtigte Unsicherheit führt tendenziell zu sinkenden Kapitalwerten. Dahinter steht dasselbe Entscheidungskalkül wie bei der Reduktion der Rückflüsse: eine Investition, die trotz Erhöhung des Kalkulationszinssatzes noch einen positiven Kapitalwert aufweist, scheint absolut vorteilhaft zu sein. Die Erhöhung des Kalkulationszinssatzes führt aufgrund des Zinseszinseffektes jedoch zu einer überproportionalen Belastung weiter in der Zukunft liegender Zahlungsgrößen.

Eine Reduktion der geplanten Nutzungsdauer soll ebenfalls einer gestiegenen Unsicherheit Rechnung tragen. Auch damit lässt sich eine Verringerung des Kapitalwertes in Abhängigkeit von der Unsicherheit abbilden.

Korrekturverfahren sind in keiner Weise geeignet, Unsicherheiten von Investitionsmaßnahmen zu berücksichtigen. Das gründet in der pauschalen Vorgehensweise und der mangelnden Transparenz bei der Behandlung der Unsicherheit und deren Ursachen. Mit den vorgestellten Verfahren werden ausschließlich negative Abweichungen, also Risiken im materiellen Sinn, und nicht die dafür die Grundlage bildende Unsicherheit berücksichtigt. Möglicherweise mit unsicheren Zukunftsszenarien verbundene Chancen werden nicht abgebildet,

---

[34] Vgl. Busse von Colbe/Laßmann (1990: 158–161); Adam (2000: 353–354); Grob (2006: 434–438).

es besteht deshalb die Gefahr, Projekte ungerechtfertigterweise als nicht vorteilhaft abzulehnen.

Im Rahmen der **Sensitivitätsanalyse** werden Zusammenhänge zwischen den angenommenen Parametern der Investition (z. B. Durchsätze, Preise, Nutzungsdauer) und den ermittelten Wirtschaftlichkeitskriterien aufgezeigt. Dabei wird die Sensitivität der Bewertungsergebnisse in Bezug auf die angenommenen Werte der Parameter ermittelt. Sensitivitätsanalysen sind unter zwei Gesichtspunkten durchführbar:

- Verfahren der kritischen Werte:[35] In welchem Maße dürfen die Parameter von den Planwerten abweichen, ohne dass der Wert des ermittelten Wirtschaftlichkeitskriteriums einen kritischen Wert über- oder unterschreitet?

- Wie ändert sich der Wert des ermittelten Wirtschaftlichkeitskriteriums (z. B. Kapitalwert), wenn die angenommenen Parameter von den Planwerten abweichen?

Im Rahmen des Verfahrens der kritischen Werte wird analysiert, wie weit die Werte der als unsicher betrachteten Eingangsgrößen von den zur Bewertung verwendeten Werten abweichen dürfen, ohne die Vorteilhaftigkeit der Investitionsmaßnahme zu gefährden. Die Vorgehensweise ist folgende:[36]

a) Bestimmung des Kriteriums der Vorteilhaftigkeit und der als unsicher zu betrachtenden Eingangsgröße.

b) Formulierung der Bestimmungsgleichung zur Ermittlung der Vorteilhaftigkeit unter Berücksichtigung der unsicheren Determinanten einzelner Einflussgrößen.

c) Auflösung der Gleichung nach der bzw. den ausgewählten Determinanten.

Ein grundlegendes Beispiel zur Bedeutung und Bestimmung kritischer Werte wurde schon bei der Vorstellung der Kostenvergleichsrechnung diskutiert.[37] Ein weiteres Beispiel für die Bestimmung eines kritischen Wertes ist die schon vorgestellte Ermittlung der dynamischen Amortisationsdauer.[38] Sie stellt die kritische Nutzungsdauer eines Objektes dar und ergibt sich aus der Umstellung und Auflösung der Kapitalwertgleichung nach der Nutzungsdauer.

Die andere Variante der Sensitivitätsanalyse variiert einen oder mehrere Eingangswerte um einen bestimmten Prozentsatz und stellt fest, um wie viel Prozent sich die Zielgröße ändert.[39] Dazu wird das Beispiel 5.1 betrachtet.

---

[35] Vgl. Kilger (1965).

[36] Vgl. Schneider (1951: 62–66); Blohm/Lüder/Schaefer (2012: 232).

[37] Vgl. Abschn. 3.2.3 auf S. 191.

[38] Vgl. Abschn. 3.4.4 auf S. 255.

[39] Vgl. Busse von Colbe/Laßmann (1990: 158–161).

Beispiel 5.1:

Es wird eine Anlage mit den folgenden Eingangsdaten betrachtet: $I_0 = 400.000$ €; $R_t = 100.000$ €; $L_N = 50.000$ €; $i = 10\%$ p.a. und $N=5$. Der Kapitalwert beträgt $C_0 = 10.124{,}74$ €. Da der kritische Wert der Rückflüsse 105.519 € und die dynamische Amortisationsdauer 5,36 Jahre beträgt, möchte der Entscheidungsträger klären, wie der Kapitalwert auf Änderungen der Eingangsgrößen reagiert. Das Ergebnis der dazu durchgeführten Sensitivitätsanalyse gibt Abbildung 5.1 wieder.

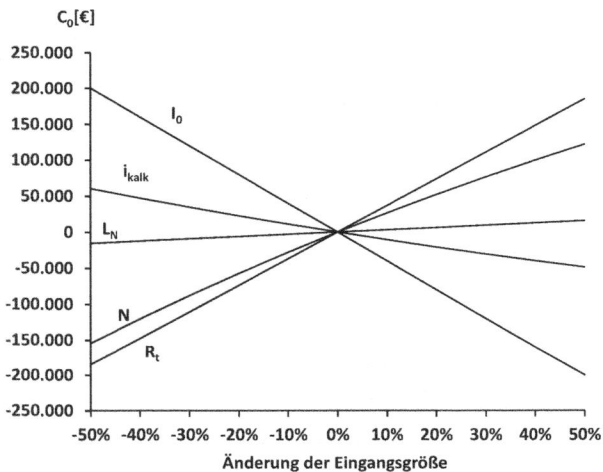

Abb. 5.1: Ergebnisse der Sensitivitätsanalyse im Bspl. 5.1. Quelle: Eigene
Darstellung.

Den größten Einfluss auf den Kapitalwert üben in dem Beispiel die Investitionsauszahlung, die Rückflüsse und die Nutzungsdauer aus. Einen geringeren Einfluss dagegen besitzen der Kalkulationszinssatz und die Liquidationseinzahlung.

Die Sensitivitätsanalyse liefert mit relativ geringem Rechenaufwand wertvolle Informationen über die Struktur der Investition und zeigt mögliche Schwachstellen auf. Mit diesem Verfahren lassen sich die für das jeweilige Entscheidungskriterium besonders relevanten Einflussparameter und möglichen Zusammenhänge zwischen diesen aufdecken und analysieren. Wechselwirkungen zwischen den Einflussgrößen können jedoch nicht dargestellt werden.

5.3 Einstufige Entscheidungen bei Unsicherheit

5.3.1 Einordnung

Für einstufige Entscheidungen bei Unsicherheit wurden in der präskriptiven Entscheidungstheorie eine Reihe von Methoden entwickelt. Folgende bekannte Präferenzfunktionale sind an anderer Stelle erläutert:[40]

- Entscheidungen unter Ungewissheit: WALD-Regel, Maximax-Regel, HURWICZ-Prinzip, LAPLACE-Regel, SAVAGE-NIEHANS-Regel sowie
- Entscheidungen bei Risiko: BAYES-Regel, μ-σ-Prinzip, μ-ρ-Prinzip, HODGES-LEHMANN-Prinzip, BERNOULLI-Prinzip bzw. Erwartungsnutzentheorie.

Diese **entscheidungstheoretischen Verfahren** können prinzipiell **ebenfalls** zur Feststellung der relativen Vorteilhaftigkeit von Investitionsalternativen unter Unsicherheit eingesetzt werden. Interessanterweise basieren einige Modelle, die als Verfahren der Investitionsrechnung unter Unsicherheit aufgeführt werden, auf entscheidungstheoretischen Grundlagen. Die Risikoanalyse z. B. basiert auf dem BERNOULLI-Prinzip (synonym: Erwartungsnutzentheorie). Da sie häufig als eigenständiges Verfahren Erwähnung findet, wird sie im Folgenden vorgestellt. Auch das Entscheidungsbaumverfahren nutzt entsprechende Grundlagen. Diese werden an geeigneter Stelle erläutert.[41]

5.3.2 Risikoanalyse

5.3.2.1 Erläuterung des Verfahrens

Die Risikoanalyse, welche unter diesem Namen erstmals 1964 vorgestellt wurde,[42] wird an anderer Stelle ausführlich erklärt.[43] Diese Erläuterungen bilden die Basis für die folgenden – eher anwendungsorientierten – Darstellungen.

Die zur Gewinnung von Wahrscheinlichkeitsverteilungen für ein Entscheidungskriterium eingesetzten Verfahren (analytische oder simulative Methoden) werden unter dem Begriff Risikoanalyse subsumiert. Auf der Basis von Wahrscheinlichkeitsverteilungen für die Bewertungsparameter wird eine voll-

---

[40] Vgl. 2. Band, Abschn. 1.5 und Abschn. 1.6 auf S. 98–180.

[41] Vgl. Abschn. 5.4.2 auf S. 505.

[42] Dies erfolgte durch DAVID B. HERTZ (1919–2011). Vgl. Hertz (1964).

[43] Vgl. 2. Band, Abschn. 1.5.4.5 auf S. 146–160.

ständige Wahrscheinlichkeitsverteilung für die Ergebnisgröße ermittelt. Dabei werden folgende Schritte durchlaufen:[44]

- In der Voruntersuchung muss ein geeignetes Modell (Investitionsrechenverfahren) gewählt und die als unsicher betrachteten Parameter definiert werden.
- Im Anschluss daran werden die notwendigen Wahrscheinlichkeiten ermittelt und mögliche stochastische Abhängigkeiten zwischen den unsicheren Inputparametern abgebildet.
- Als nächstes werden die Eingabedaten entsprechend dem Modell verarbeitet und es wird eine Wahrscheinlichkeitsverteilung für die Zielgröße ermittelt.
- Anschließend werden die Funktionen interpretiert bzw. auf stochastische Dominanz hin untersucht.

Im einfachsten Fall kommt ein statisches Verfahren zum Einsatz, für welches die Wahrscheinlichkeit des Über- oder Unterschreitens eines vorgegebenen Wertes ermittelt wird. Im Folgenden wird dargestellt, wie Unsicherheit bezüglich der Absatzmenge im Rahmen der Gewinnvergleichsrechnung berücksichtigt werden kann. Allgemein ergibt sich die erforderliche Absatzmenge $x_{G_{krit}}$ bei vorgegebenem kritischen Gewinn G_{krit}:

$$x_{G_{krit}} = \frac{K_{Fix} + G_{krit}}{p - k_{var}}$$

In Abhängigkeit von der erwarteten, unsicheren Absatzmenge $\tilde{x}$ ergibt sich ein erwarteter Gewinn aus:

$$E\left[\tilde{G}\right] = E[\tilde{x}](p - k_{var}) - K_{vFix}.$$

Die Wahrscheinlichkeit, dass ein Gewinn erzielt wird, also $Pr\{\tilde{G} \geq 0\}$, ergibt sich aus der Wahrscheinlichkeit, dass die unsichere Absatzmenge mindestens so groß ist wie die Break-even-Absatzmenge $x_{G=0}$, d. h. $Pr\{\tilde{x} \geq x_{G=0}\}$. Bei Verwendung einer stetigen Zufallsverteilung ergibt sich diese Wahrscheinlichkeit aus:

$$Pr\{\tilde{x} \geq x_{G=0}\} = 1 - F(x_{G=0})$$

mit $F(x_{G=0})$ als Wert der Verteilungsfunktion der Break-even-Absatzmenge.

Die Berücksichtigung von Werten für den kalkulatorischen Gewinn, die größer sind als null, geschieht auf identischem Weg. Ausgangspunkt ist die Ermittlung der kritischen Absatzmenge $x_{G_{krit}}$. Beispiel 5.2 verdeutlicht das Vorgehen.

---

[44] Vgl. Perridon/Steiner/Rathgeber (2017: 144–145); Kruschwitz/Lorenz (2019: 295–304).

Beispiel 5.2:

Für ein Ein-Produkt-Unternehmen mit $K_{Fix} = 120.000\,€$ und einem Stückdeckungsbeitrag von $db = 15,00\,€$ ergibt sich eine Gewinnschwelle von $x_{G=0} = 8.000$. Bei Annahme einer normalverteilten Absatzmenge mit einem Mittelwert von 7.000 und einer Standardabweichung von 2.500 ergibt sich die Verteilungsfunktion in der Abb. 5.2.

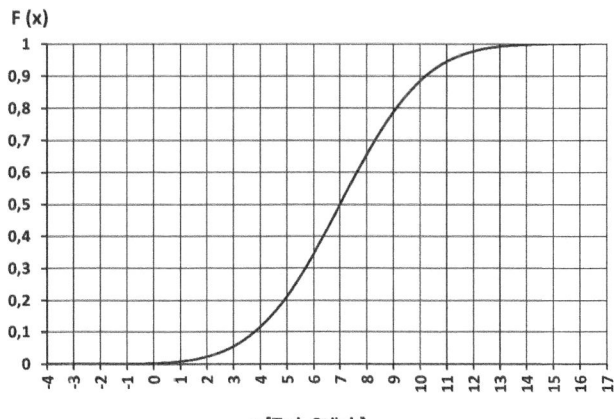

Abb. 5.2: Verteilungsfunktion des Gewinns. Quelle: Eigene Darstellung mit den Eingangsdaten aus dem Text.

Der Wert der Verteilungsfunktion für die Break-even-Menge beträgt $F(8.000) = 0,655$. Mit der Transformation der Verteilungsfunktion in die Wahrscheinlichkeitsfunktion lässt sich die Gewinnschwellenwahrscheinlichkeit bestimmen (vgl. Abb. 5.3).

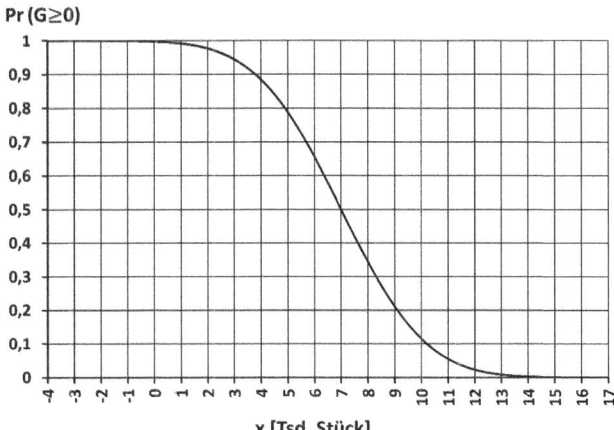

Abb. 5.3: Wahrscheinlichkeitsfunktion des Gewinns. Quelle: Eigene Darstellung mit den Eingangsdaten aus dem Text.

Im vorliegenden Fall beträgt die Wahrscheinlichkeit für die Erreichung der Gewinn-schwelle 34,5 %.

Diese Vorgehensweise liefert folgende mögliche Entscheidungskriterien:

- Wähle diejenige Alternative, die bei vorgegebenem Ergebnis die maximale Wahrscheinlichkeit einer positiven Ergebniserreichung aufweist.
- Wähle diejenige Alternative, die bei vorgegebener Wahrscheinlichkeit den höheren Gewinn erzielt.

Neben der Verwendung statischer Verfahren und einfacher Verteilungsfunktionen werden oftmals dynamische Verfahren als Grundlage eingesetzt. Darauf aufbauend werden ein oder mehrere Eingangsparameter ebenfalls als unsicher angenommen und adäquat modelliert. Dies ist auf analytischem oder simulativem Weg möglich. Die analytischen Ansätze sind aufgrund der restriktiven Annahmen nur beschränkt verwendbar. Im Rahmen der simulativen Ermittlung wird für mehrere unterschiedliche, zufallsverteilte Datensätze die Zielgröße ermittelt. Nach einer hinreichend großen Anzahl von Simulationsläufen ergibt sich eine Verteilungsfunktion der Zielfunktionswerte, aus der sich das Risikoprofil der Investition ableitet. Zur Durchführung einer Risikoanalyse ist es i. d. R. unerlässlich, auf eine standardisierte Software zurückzugreifen. Die Lage und Form der Verteilungsfunktion ermöglicht Schlussfolgerungen in Bezug auf die Verteilung und Höhe des Zielfunktionswertes. Zusätzlich sind Aussagen über die Verlustwahrscheinlichkeit möglich. Im Folgenden wird das Beispiel 5.2 wieder aufgegriffen.

Fortführung des Beispiels 5.2:

Die Eingangsdaten werden nun mit folgenden Zufallsverteilungen belegt:

Eingangsparameter	Verteilung
R_t	Normalverteilung (100.000; 40.000)
L_N	Dreiecksverteilung (30.000; 50.000; 70.000)
N	Dreiecksverteilung (4; 5; 6)
i	Normalverteilung (0,10; 0,03)

Das Ergebnis der Risikoanalyse auf Simulationsbasis ist in Abbildung 5.4 dargestellt. Auf dieser Basis können die Wahrscheinlichkeiten für das Überschreiten von Kapitalwerten ermittelt werden. Die Wahrscheinlichkeit, dass bei einer Alternative a_i ein gegebener kritischer Kapitalwert $C_{0;Kritisch}$ erreicht bzw. überschritten wird, resultiert aus:[45]

$$Pr_{a_i}(C_0 \geq C_{0;Kritisch}) = 1 - F_{a_i}(C_{0;Kritisch}).$$

---

[45] Vgl. Kruschwitz/Husmann (2012: 463).

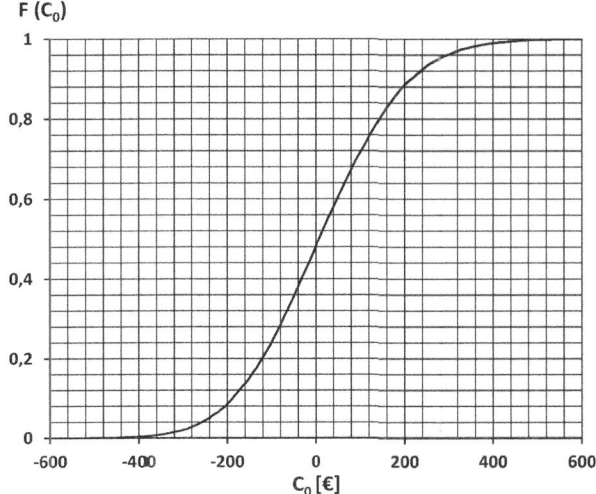

Abb. 5.4: Verteilungsfunktion des Kapitalwertes. Quelle: Eigene Darstellung mit den Eingangsdaten aus dem Text und bei Verwendung des Simulationsprogramms @RISK®.

Im Beispiel ist die Wahrscheinlichkeit, einen Kapitalwert von $C_0 = 600$ € zu erreichen bzw. zu überschreiten, gleich null. Mit absoluter Sicherheit hingegen wird ein Kapitalwert von $C_0 = -400$ € erreicht. Die Wahrscheinlichkeit, einen Kapitalwert von $C_0 \geq 0$ € zu erwirtschaften, beträgt ca. 56 %, woraus eine Verlustwahrscheinlichkeit von ca. 44 % resultiert.

Die Ergebnisse sind dahingehend zu interpretieren, dass aus einer Investition, die auf keinen Fall einen negativen Kapitalwert zur Folge hat, kein Risiko – im materiellen Sinn[46] – resultiert. Verschiedene Alternativen können durch die Gegenüberstellung der kumulierten Wahrscheinlichkeiten verglichen werden.

5.3.2.2 Stochastische Dominanz

Für die weitere Analyse wird das Konzept der **stochastischen Dominanz** verwendet. Diese Dominanzart wird an anderer Stelle ausführlich vorgestellt,[47] wobei zwei Formen unterschieden werden:

- stochastische Dominanz **erster Ordnung**[48] und
- stochastische Dominanz **zweiter Ordnung**.[49]

---

[46] Vgl. Abb. 1.2 auf S. 27.

[47] Vgl. 2. Band, Abschn. 1.5.4.5 auf S. 146–160.

[48] Vgl. 2. Band, Def. 1.39 auf S. 148.

[49] Vgl. 2. Band, Def. 1.42 auf S. 153.

Beide Arten werden kurz rekapituliert. Grundlage für beide Dominanzformen ist die Annahme eines Akteurs, der seinen **Erwartungsnutzen maximieren** möchte.[50] Definition 5.3 beschreibt die Dominanz erster Ordnung für einen Akteur mit einer streng monoton wachsenden Nutzenfunktion.[51]

Definition 5.3: *Eine Aktion $a_1 \in A$ dominiert die Aktion $a_2 \in A$ stochastisch in erster Ordnung wenn gilt:*

$$F_{a_1}(x) \leq F_{a_2}(x) \;\forall\; x, \; sowie$$

$$F_{a_1}(x) < F_{a_2}(x) \; für \; mindestens \; ein \; x.$$

Die stochastische Dominanz auf Basis der Verteilungsfunktion lässt sich ergänzend durch die Transformation in die Wahrscheinlichkeitsfunktion erläutern. Die Wahrscheinlichkeit, dass bei einer Alternative a_i mit einer stetigen, unsicheren Ergebnisgröße x ein Wert z erreicht oder überschritten wird, wird bezeichnet mit $Pr_{a_i}(x \geq z)$ und resultiert aus:[52]

$$Pr_{a_i}(x \geq z) = 1 - F_{a_i}(z)$$

Hohe Werte der Verteilungsfunktion bedeuten demzufolge geringe Werte der Wahrscheinlichkeitsfunktion. Je geringer die Wahrscheinlichkeit des Erreichens positiver Ergebnisgrößen ist, desto weniger attraktiv ist eine Alternative. Für einen erwartungsnutzenmaximierenden Akteur, der **risikoavers** ist, kann neben der stochastischen Dominanz erster Ordnung auch Dominanz zweiter Ordnung vorliegen (vgl. Def. 5.4).

Definition 5.4: *Es seien zwei Verteilungsfunktionen $F(x)$ und $G(x)$ und $u(x)$ eine streng konkave Nutzenfunktion. Eine notwendige und hinreichende Bedingung für die Dominanz von $F(x)$ über $G(x)$ ist:*

$$\int_{-\infty}^{x} [G(t) - F(t)] \, dt \geqq 0 \;\forall\; x \; und \; G(x) > F(x) \; für \; ein \; x_0.$$

Zur Diskussion wird das Beispiel 5.3 eingeführt.

Beispiel 5.3:

Gegeben sind zwei Alternativen. Bei der Alternative a_1 ist der Kapitalwert normalverteilt, mit $\mu = 7{,}00\;€$ und $\sigma = 2{,}50\;€$. Der Kapitalwert von Alternative a_2 ist ebenfalls normalverteilt, jedoch mit $\mu = 8{,}00\;€$ und $\sigma = 4{,}50\;€$. Die Verteilungsfunktionen der Kapitalwerte für Beispiel 5.3 sind in der Abbildung 5.5 zu sehen. Offensichtlich ist stochastische Dominanz erster Ordnung nicht gegeben.

---

[50] Zum Erwartungsnutzen vgl. 2. Band, Abschn. 1.5.4 auf S. 109–146.

[51] Vgl. Hanoch/Levy (1969: 336); Bawa (1975: 99); Levy (2016: 47).

[52] Vgl. Kruschwitz/Husmann (2012: 463).

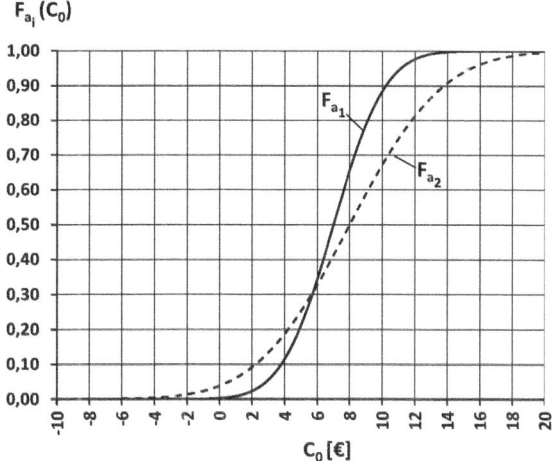

Abb. 5.5: Verteilungsfunktionen der Kapitalwerte im Bspl. 5.3. Quelle: Eigene Darstellung.

Im Bspl. 5.3 startet der Vergleich bei dem Wert $C_0 = -\infty$ €, die Darstellung beginnt jedoch erst bei dem Wert $C_0 = -10$ € (vgl. Abb. 5.5).[53] Die Differenz der Flächen $F_{a_1} - F_{a_2}$ ist zu Beginn negativ, weshalb a_2 nicht über a_1 dominieren kann. Hingegen ist die Differenz der Flächen $F_{a_2} - F_{a_1}$ anfangs positiv, so dass a_1 über a_2 dominieren könnte. Die Summe dieser Differenzen steigt weiter bis zum Wert $C_0 \approx 5,7$ € (vgl. Abb. 5.6).

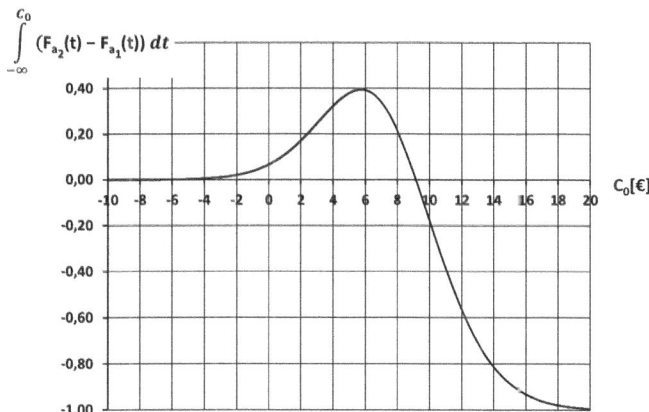

Abb. 5.6: Differenzfunktion der integrierten Verteilungsfunktionen. Quelle: Eigene Darstellung.

Das ist der Schnittpunkt der Verteilungsfunktionen, ab dem erstmals $F_{a_1} > F_{a_2}$ und ab welchem die Summe der Differenzen beginnt, geringer zu werden. Bei dem Wert

---

[53] Dies erfolgt in der Annahme, dass im Bereich von $-\infty \leq C_0 < -10$ kein weiterer Schnittpunkt zwischen den Funktionen existiert.

$C_0 \approx 9 \, €$ *beträgt die Summe dieser Differenzen Null, d. h. an diesem Punkt ist die Fläche mit $F_{a_1} > F_{a_2}$ genauso groß, wie die Fläche mit $F_{a_2} > F_{a_1}$. Ab diesem Wert ist die Summe der Differenzen negativ, so dass auch für a_1 keine stochastische Dominanz zweiter Ordnung über a_2 vorliegt.*

In Abbildung 5.5 ist ersichtlich, dass sich die Verteilungsfunktionen nur einmal schneiden. Für diesen Spezialfall kann eine notwendige und hinreichende Bedingung für die stochastische Dominanz zweiter Ordnung einer Alternative angegeben werden (vgl. Definition 5.5).

Definition 5.5: *Es seien für $x_0 < \infty$ zwei Verteilungsfunktionen F und G mit den Erwartungswerten μ_F und μ_G so, dass gilt $F \leqq G$ für $x < x_0$ (und $F < G$ für mindestens ein $x_1 < x_0$) sowie $F \geqq G$ für $x \geqq x_0$. Ein notwendiges und hinreichendes Kriterium für die Dominanz von F über G bei Existenz einer streng konkaven Nutzenfunktion $u(x)$ ist: $\mu_F \geqq \mu_G$.*

Zur Erläuterung von Def. 5.5 wird Beispiel 5.3 zum Beispiel 5.4 modifiziert.

Beispiel 5.4:

Gegeben sind zwei Alternativen a_1 und a_2 deren Kapitalwerte normalverteilt sind mit $\mu = 7,00 \, €$. Die Standardabweichungen sind: $\sigma_{a_1} = 2,50 \, €$ und $\sigma_{a_2} = 4,50 \, €$. Die resultierenden Dichte-, Verteilungs- und Differenzenfunktionen sind in Abbildung 5.7 zu sehen. Die Dichtefunktion von Alternative 1 liegt im Bereich links vom Erwartungswert unterhalb der Funktion der Alternative 2 (vgl. Abb. 5.7 a). Auch die Verteilungsfunktion von Alternative 1 liegt in diesem Bereich unterhalb von Alternative 2 und schneidet diese ein einziges Mal beim Erwartungswert (vgl. Abb. 5.7 b). Die Differenz zwischen den kumulierten Flächen unter den Verteilungsfunktionen ist jedoch an keiner Stelle negativ (vgl. Abb. 5.7 c).

Aus diesem Grund dominiert Alternative 1 die Alternative 2. Aus Sicht eines risikoaversen Akteurs kann dies mit Blick auf die Dichtefunktion begründet werden: Bei identischem Erwartungswert ist das Risiko der Alternative 2 - ausgedrückt durch die Standardabweichung - größer als bei der Vergleichsalternative. Dies wird mit dem Konzept der stochastischen Dominanz zweiter Ordnung aus Definition 5.5 beschrieben.

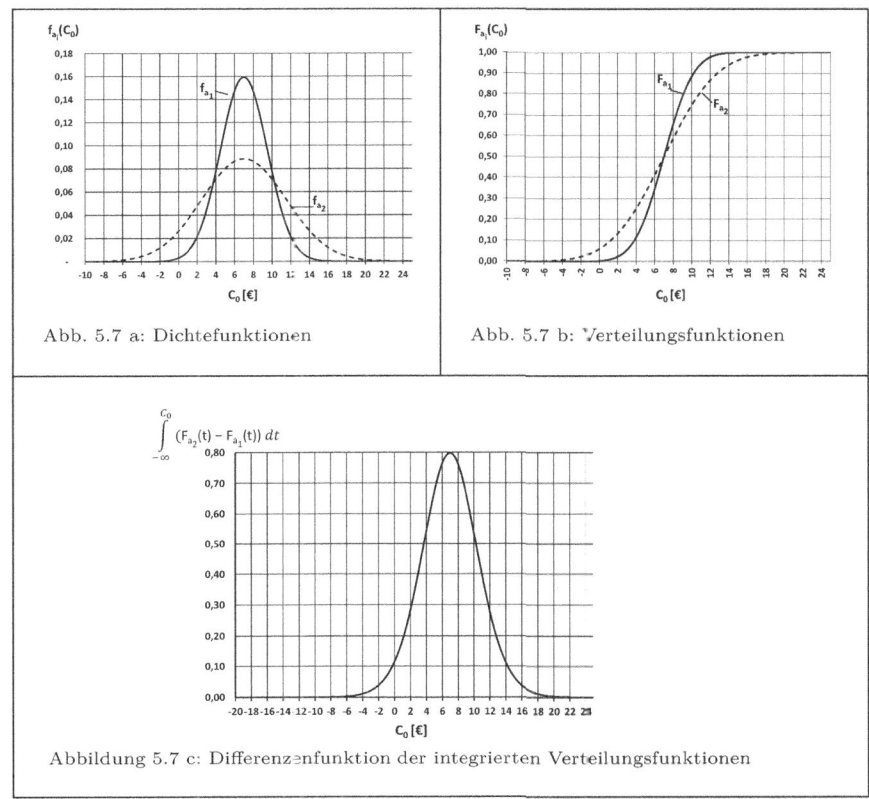

Abb. **5.7:** Dichte-, Verteilungs- und Differenzenfunktionen im Bspl. 5.4. Quelle: Eigene Darstellung.

5.3.2.3 Zusammenfassende Kritik

Der Vorteil der Risikoanalyse liegt in der simultanen Berücksichtigung unterschiedlicher Wahrscheinlichkeitsverteilungen und deren Aggregation im Endergebnis. Damit wird die Bandbreite der zukünftigen Entwicklungen der Zielgröße abgebildet. Nachteilig bei der Risikoanalyse ist, dass auch die verwendeten Wahrscheinlichkeitsverteilungen der Eingangsdaten beschafft bzw. gewonnen werden müssen. Für die Gewinnung dieser Daten auf Basis von Analysen historischer Entwicklungen sind die Datenverfügbarkeit und der Auswertungsaufwand zu überprüfen. Darüber hinaus ist ein entsprechendes Simulationsprogramm erforderlich, was in Großunternehmen jedoch häufig zur Verfügung steht.

Mit der Prüfung auf stochastische Dominanz ist es möglich, ineffiziente Alternativen aus der weiteren Betrachtung auszuschließen. Positiv hervorzuheben ist der Umstand, dass das Konzept der stochastischen Dominanz vergleichsweise wenig Informationen erfordert. Für die stochastische Dominanz erster Ordnung genügt die Annahme eines Akteurs, der seinen Erwartungsnutzen maximieren möchte und eine streng monotone Nutzenfunktion besitzt. Um das Konzept der stochastischen Dominanz zweiter Ordnung anwenden zu können, muss zusätzlich Risikoaversion unterstellt werden. Eine darüber hinaus gehende Kenntnis bzw. Analyse der individuellen Nutzenfunktion ist nicht erforderlich (vgl. Tab. 5.2).

Zustandsdominanz in einfacher sowie in intertemporaler Formulierung können auch bei Entscheidungen verwendet werden, bei denen keine Wahrscheinlichkeiten bekannt sind. Dies wird an anderer Stelle erläutert[54] und ist in Tab. 5.2 ebenfalls abgebildet.

Tab. 5.2: Einordnung der Konzepte der stochastischen Dominanz. Quelle: Eigene Darstellung, in Anlehnung an: Nitzsch (2021: 236).

		Wahrscheinlichkeiten	
		Bekannt	**Unbekannt**
Informationen über Risikonutzenfunktion	Monotonie ist bekannt	- Zustandsdominanz (Def. 5.1 auf S. 487), - intertemporale Zustandsdominanz (Def. 5.2 auf S. 487).	
	Monotonie ist bekannt	Stochastische Dominanz erster Ordnung (Def. 5.4 auf S. 498)	
	Monotonie und Risikoaversion sind bekannt	Stochastische Dominanz zweiter Ordnung (Def. 5.5 auf S. 500)	
	Im Detail bekannt	Dominanz der Alternative mit dem größten positiven Erwartungswert des Risikonutzens (2. Band, E.-regel 1.11 auf S. 119)	

Negativ sind folgende Aspekte zu erwähnen:

1. Kenntnis der Verteilungsfunktionen,
2. Annahmen über den Akteur,
3. bedingte Lösungsmächtigkeit sowie
4. hoher Aufwand.

zu 1.: Sämtliche Darstellungen gehen davon aus, dass die Verteilungsfunktionen bekannt sind. Dies ist gleichbedeutend mit der Sicherheit über die Unsicherheit.

zu 2.: Die Konzepte der stochastischen Dominanz setzen einen Akteur voraus, der seinen Erwartungsnutzen maximieren möchte. Demzufolge wird implizit

---

[54] Vgl. Abschn. 5.1.2 auf S. 486.

davon ausgegangen, dass dieser Akteur die Axiome rationalen Handelns bei Risiko erfüllt.[55] Dies muss vor dem Hintergrund der dagegen vorgebrachten Kritik geprüft werden.[56]

zu 3.: Stochastische Dominanz erster und zweiter Ordnung erzeugen lediglich partielle Ordnungen. Die Beispiele hatten gezeigt, dass nur festgestellt werden kann ob eine Alternative dominiert wird oder nicht. Wenn eine Alternative in erster bzw. zweiter Ordnung dominiert wird, kann sie – bei Maximierung des Erwartungsnutzens – nicht als optimale Alternative resultieren. Über die Menge der nicht-dominierten Alternativen hingegen liefert das Konzept der stochastischen Dominanz keine Aussagen.

zu 4.: Die Überprüfung auf stochastische Dominanz erfolgt durch Paarvergleiche. Bei m Alternativen sind $\frac{1}{2} \cdot m \cdot (m-1)$ Paarvergleiche erforderlich.

5.3.3 Kritische Würdigung

Die Risikoanalyse wurde bereits kritisch gewürdigt. Da auch die anderen vorgestellten Verfahren aus der präskriptiven Entscheidungstheorie stammen, kann für deren Kritik auf die entsprechenden Ausführungen verwiesen werden.[57] Ergänzend dazu ist anzumerken, dass kaum eine Entscheidung in der Praxis lediglich einstufig ist. In der Regel besteht immer die Möglichkeit, die Maßnahme aufzuschieben. Die einstufigen Verfahren können diese Flexibilität nicht abbilden.

5.4 Mehrstufige Entscheidungen bei Risiko

5.4.1 Grundlagen

Bisher wurde davon ausgegangen, dass der Entscheidungsträger lediglich zu einem Zeitpunkt eine Entscheidung treffen kann. Im Anschluss daran treten die Ergebnisse ein und die Handlung ist abgeschlossen. In der Realität sind Entscheidungen jedoch häufig sequenzieller Natur. Die heutige Entscheidung ist in diesen Fällen die Basis für darauffolgende weitere Entscheidungen, die wiederum selbst die Basis für Folgeentscheidungen sind. Gesucht wird in die-

---

[55] Vgl. 2. Band, Abschn. 1.5.4.1 auf S. 109.

[56] Vgl. 2. Band, Abschn. 2.3 auf S. 301 sowie 2. Band, Abschn. 1.5.4.4 auf S. 141.

[57] Vgl. die Verweise in der Fußnote 56 sowie 2. Band, Abschn. 1.6.5 auf S. 179 zur Kritik der Entscheidungsverfahren bei Ungewissheit.

sen Fällen nicht eine einzige optimale Entscheidung, sondern die **Folge** an optimalen Entscheidungen.

In Situationen unter Unsicherheit ist es häufig hilfreich, eine Entscheidung in eine Folge von Teilentscheidungen zu zerlegen. Auf diese Weise kann:[58]

- das Risiko (im materiellen Verständnis)[59] gesenkt und
- der Wissensstand im Zeitablauf verbessert

werden. Die grundsätzlichen Annahmen über den stufenweisen Entscheidungsprozess sind an anderer Stelle beschrieben.[60] Von den dort vorgestellten Annahmen werden folgende Prämissen aufgrund ihrer Bedeutung hier wiederholt aufgeführt:

- Sämtliche Informationen bleiben während des Planungszeitraumes konstant, d. h. es treten keine Veränderungen bezüglich der Ergebnisse, Alternativenmenge, Zeitpunkte o. ä. auf.
- Die Präferenzen des Akteurs, insbesondere Zeit- und Risikopräferenz, bleiben während des Betrachtungszeitraumes unverändert.
- Ziel des Akteurs ist die Maximierung der Nutzensumme der gesamten Folge durch seine Entscheidungen bezüglich der Alternativenmenge A, d. h.: $\displaystyle\sum_{t=1}^{T} u_t(x_{t-1}, d_{t-1}) \to \underset{d_0, \ldots, d_{T-1}}{Max}$!
- Diejenige Folge von Entscheidungen wird als **optimale Entscheidungsfolge** bezeichnet, die den Gesamtnutzenwert maximiert.
- Da auch die Unterlassung einer Investitionsmaßnahme eine zulässige Alternative darstellt, ergibt sich die Frage nach dem optimalen **Investitionszeitpunkt**. Der Akteur kann mit der ersten Entscheidung in $t = 0$ festlegen, keine Investitionsmaßnahme zu veranlassen. Zu einem späteren Zeitpunkt kann er dann prüfen, ob es vorteilhaft ist, die Investition durchzuführen.

Diese Prämissen stellen zusammen mit den bereits erwähnten Rahmenbedingungen[61] die Grundlage für die weiteren Ausführungen dar.

---

[58] Vgl. Jacob (1967a: 158).

[59] Vgl. Abschn. 1.2.2.3 auf S. 25 zur Unterscheidung zwischen materiellem und formalem Risikoverständnis.

[60] Vgl. 2. Band, Abschn. 1.9.1 auf S. 221–239.

[61] Vgl. Abschn. 5.1.1 auf S. 483.

5.4.2 Entscheidungsbaumverfahren

5.4.2.1 Einführung

Ein Verfahren zur Berücksichtigung von **endlich vielen** möglichen **Entscheidungsalternativen** und **Handlungsfolgen** unter Unsicherheit stellt das Entscheidungsbaumverfahren dar.[62] Die theoretischen Grundlagen dazu werden an anderer Stelle vorgestellt.[63]

Dieses Verfahren wurde für mehrstufige Entscheidungen unter Sicherheit in den vorherigen Kapiteln schon eingesetzt.[64] Zur Berücksichtigung von Unsicherheit muss noch das Unsicherheitspräferenzfunktional festgelegt werden. Im Folgenden wird dazu die BAYES-Regel (μ-Regel) eingesetzt bzw. ein Akteur unterstellt, der seinen Erwartungsnutzen maximieren möchte und risikoneutral ist. Auf Basis dieser Annahmen (sowie der Prämisse einer monotonen Höhenpräferenz des Akteurs $u_t(x_t) = x_t$) wird die Entscheidungsregel formuliert (vgl. E.-regel 5.1).

Entscheidungsregel 5.1: Bei Verwendung der BAYES-Regel als Präferenzfunktional ist diejenige Folge von Entscheidungen optimal, die die Summe der diskontierten Erwartungswerte maximiert. Es gilt:

$$\sum_{t=1}^{T} E\left[x_t(x_{t-1}, d_{t-1})\right] \cdot q^{-t} \to \underset{d_0, \ldots, d_{T-1}}{Max} !$$

Auf dieser Basis wird das Verfahren an dieser Stelle lediglich wiederholend skizziert und für detaillierte Erläuterungen auf die entsprechenden Ausführungen verwiesen.[65]

5.4.2.2 Erläuterung des Verfahrens

Das Verfahren zur Berücksichtigung von Unsicherheit besteht – wie die sequentielle Entscheidungsfindung unter Sicherheit – aus den zwei Hauptbestandteilen der **grafischen Abbildung** der Situation und der **Ermittlung der optimalen Handlungsfolge**. Als Ergänzung zu der **detaillierten Prognose** der zukünftigen Alternativen ist die **Prognose der Wahrscheinlich-**

---

[62] Das Verfahren wurde 1964 von JOHN F. MAGEE (1926–2014) vorgestellt. Vgl. Magee (1964a); Magee (1964b). Die Bezeichnung „Entscheidungsbaum" wird jedoch nicht auf MAGEE, sondern auf eine frühere Quelle zurückgeführt. Vgl. Gass (2011: 621).

[63] Vgl. 2. Band, Abschn. 1.9 auf S. 221.

[64] Vgl. Abschn. 3.8.2.5 auf S. 355 sowie Abschn. 3.8.3.3 auf S. 367.

[65] Vgl. Fußnote 60 auf S. 504.

keiten für den Eintritt der Handlungsergebnisse erforderlich. Damit wird berücksichtigt, dass im Anschluss an die Entscheidungen des Akteurs mehrere Umweltzustände möglich sind, die der Akteur nicht beeinflussen kann. Der Akteur kann jedoch die Eintrittswahrscheinlichkeiten der Ereignisse angeben. Nach dem Eintritt des jeweiligen Zustands kann der Akteur wiederum eine Entscheidung treffen. Dies geschieht vor dem Hintergrund von sich daran anschließenden Zufallsereignissen. Entscheidungsknoten und Entscheidungskante wurden bereits als Bestandteile des Entscheidungsbaumes unter Sicherheit eingeführt. Zur Entscheidungsfindung unter Unsicherheit sind folgende zusätzliche Elemente bzw. Änderungen der bisherigen Interpretationen erforderlich:[66]

Z – Zufallsknoten:	Eintritt des Zufallsereignisses
z – Zufallskante:	eine Kante, die eine Folge des Zufallsereignisses und deren Wahrscheinlichkeit repräsentiert
R – Resultatsknoten:	bildet das Resultat der Entscheidung bei Eintritt des Zufallsereignisses ab
R/E – Resultats-Entscheidungsknoten:	kombinierter Knoten aus dem Resultat eines Zufallsereignisses und der sich anschließenden Entscheidung

Werden diese Bestandteile zusammengefügt, entsteht der Entscheidungsbaum unter Unsicherheit (vgl. Abbildung 5.8).

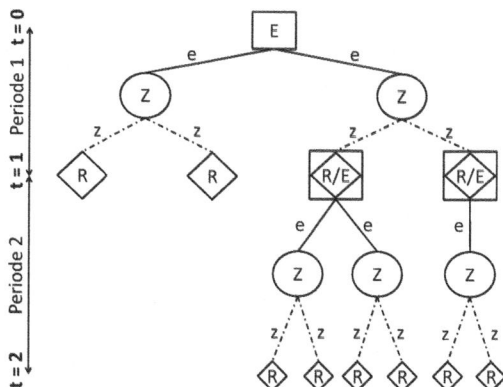

Abb. 5.8: Formalstruktur eines Entscheidungsbaumes unter Unsicherheit. Quelle: Eigene Darstellung, in Anlehnung an: Blohm/Lüder/Schaefer (2012: 262); Götze (2014: 408).

---

[66] Vgl. Götze (2014: 408); Eisenführ/Weber/Langer (2010: 48–49).

Auf diesem basiert der **zweite Hauptbestandteil** des Verfahrens, die Ermittlung der optimalen Handlungsreihenfolge. Dazu werden in einem **ersten Schritt alle möglichen Alternativen** und Ergebnisse (z. B. Kosten, Umsätze, Kapitalwerte oder EVA) ermittelt. Es resultiert eine große Anzahl an möglichen Ergebnissen, die als Erwartungswerte für die gewählte Zielgröße unter Berücksichtigung der Zufallsereignisse zu interpretieren sind.

In einem **zweiten Schritt** wird die relativ vorteilhafte Entscheidungsalternative ermittelt. Als Verfahren stehen dafür die vollständige Enumeration oder das Optimalitätsprinzip von BELLMAN zur Auswahl.[67]

Für die weiteren Darstellungen wird das Optimalitätsprinzip verwendet. Das dabei verwendete Roll-back-Verfahren liefert nur für einen erwartungsnutzenmaximierenden Akteur die optimale Alternative und Vorgehensweise, da es die Erfüllung des **Unabhängigkeits-Axioms** erfordert.[68]

Im Bereich der Investitionsrechnung wird i. d. R. das Kapitalwertverfahren als Grundlage des Entscheidungsbaumverfahrens verwendet. Ziel ist es dann, den Erwartungswert der Folge von Kapitalwerten zu maximieren. Damit wird ein vollkommener Kapitalmarkt oder ein vollkommener Akteur unterstellt, woraus die Erfüllung sämtlicher Annahmen zu den Zeitpräferenzen des Akteurs folgt.[69] Zur Erläuterung der Vorgehensweise dient Beispiel 5.5

Beispiel 5.5:

Ein Entscheidungsträger mit einem zweijährigen Planungshorizont verfügt im Zeitpunkt $t = 0$ über die Möglichkeit, eine große Anlage (G) oder eine kleine Anlage (K) zu installieren. Die große Anlage erfordert Investitionsauszahlungen in Höhe von 50 Tsd. €, die kleine Anlage lediglich 50 Tsd. €. Zum Zeitpunkt $t = 1$ kann der Akteur die große Anlage verkleinern (GK), die kleine Anlage vergrößern (KG) oder seine in $t = 0$ getroffene Entscheidung auch für die zweite Periode beibehalten und keine Aktion einleiten (NT). Die Vergrößerung der kleinen Anlage in $t = 1$ erfordert nochmals Investitionsauszahlungen in Höhe von 25 Tsd. €. Wird jedoch die große Anlage verkleinert, wird in $t = 1$ eine Liquidationseinzahlung von 20 Tsd. € erzielt. Gesucht ist die optimale Investitionsentscheidung auf Basis des Kapitalwertkriteriums im Zeitpunkt $t = 0$. Die Höhe der Rückflüsse ist abhängig von der Investitionsentscheidung selbst und von der unsicheren Nachfrageentwicklung. Die Entwicklung der Nachfrage wird unterteilt in zwei Kategorien: hohe Nachfrage und geringe Nachfrage. Die kleine Anlage erzielt in jeder dieser Kategorien Rückflüsse von 50 Tsd. €/a. Die große Anlage erzielt im Fall der geringen Nachfrage ebenfalls 50 Tsd. €/a, im Fall der hohen Nachfrage hingegen 100 Tsd. €/a. Die Wahrscheinlichkeiten, dass eine hohe oder geringe Nachfrage eintritt, sind der Tabelle 5.3 zu entnehmen.

Die Wahrscheinlichkeiten der 2. Periode sind als bedingte Wahrscheinlichkeiten zu verstehen. Diese resultieren, wenn in der 1. Periode eine entsprechende Entwicklung stattgefunden hat. In der Abbildung 5.9 ist die Entscheidungssituation abgebildet.

---

[67] Vgl. 2. Band, Abschn. 1.9 auf S. 221.

[68] Vgl. 2. Band, Axiom 1.5.5 auf S. 116 sowie LaValle/Wapman (1986); Hammond (1988: 511–513); Seidenfeld (1988: 275–284); Machina (1989: 1626–1628); Trost (1991: 167–169); Eisenführ/Weber/Langer (2010: 287).

[69] Vgl. Abschn. 3.3.2 auf S. 205 sowie 2. Band, Abschn. 1.7 auf S. 181–216.

Im nächsten Schritt werden für den letzten Zeitpunkt zu dem eine Entscheidung möglich ist - Zeitpunkt $t = 1$ - die Erwartungswerte der Kapitalwerte $EW[\tilde{C}_1]$ ermittelt. Von den 4 Knoten wird der Resultats- und Entscheidungsknoten R/E_1 detailliert betrachtet.

Tab. 5.3: Wahrscheinlichkeiten des Beispiels.

In der 1. Periode		In der 2. Periode	
niedrig	$\varpi(N) = 0{,}6$	niedrig	$\varpi(N,N) = 0{,}5$
		hoch	$\varpi(N,H) = 0{,}5$
hoch	$\varpi(H) = 0{,}4$	niedrig	$\varpi(H,N) = 0{,}2$
		hoch	$\varpi(H,H) = 0{,}8$

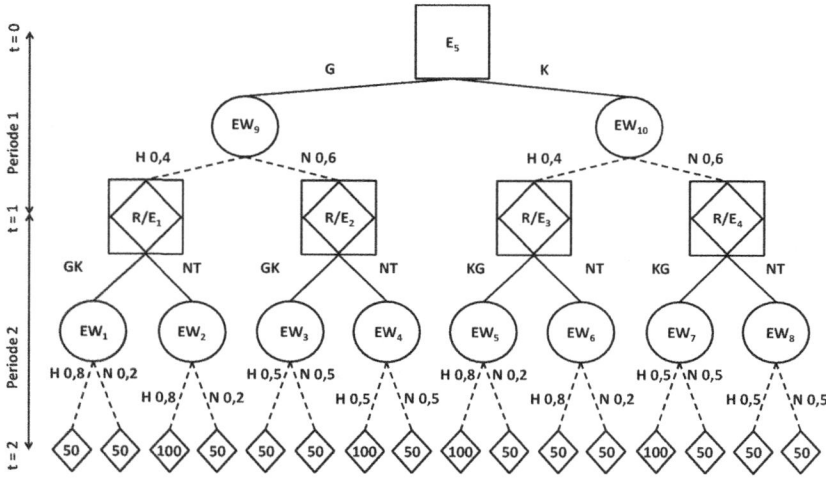

Abb. 5.9: Ausgangssituation von Beispiel 5.5. Quelle: Eigene Darstellung.

In diesem Knoten muss sich der Akteur zum Zeitpunkt $t = 1$ entscheiden, ob er die große Anlage verkleinert (GK) oder ob er nichts tut (NT). Er muss also zwischen den zwei Erwartungswerten der Kapitalwerte EW_1 und EW_2 entscheiden. Aus Vereinfachungsgründen wird anstatt mit Tsd. € lediglich mit € gerechnet.

$$EW_1[\tilde{C}_{1;GK}] = 20 \text{ €}+ \qquad [(0{,}8 \cdot 50 \text{ €}) + (0{,}2 \cdot 50 \text{ €})] \cdot 1{,}1^{-1} = 65{,}46 \text{ €}$$

$$EW_2[\tilde{C}_{1;NT}] = \qquad [(0{,}8 \cdot 100 \text{ €}) + (0{,}2 \cdot 50 \text{ €})] \cdot 1{,}1^{-1} = 81{,}82 \text{ €}$$

Der Erwartungswert der Alternative „Nichts tun" ist im Entscheidungsknoten R/E_1 größer als der Erwartungswert der Alternative „Anlage verkleinern". Die Ergebnisse für die anderen 3 Resultats- und Entscheidungsknoten lauten:

Knoten R/E_2 :

$$EW_3[\tilde{C}_{1;GK}] = 20 \text{ €}+ \qquad [(0{,}8 \cdot 50 \text{ €}) + (0{,}2 \cdot 50 \text{ €})] \cdot 1{,}1^{-1} = 65{,}46 \text{ €}$$

$$EW_4[\tilde{C}_{1;NT}] = \qquad [(0,5 \cdot 100\ \text{€}) + (0,5 \cdot 50\ \text{€})] \cdot 1,1^{-1} = 68,18\ \text{€}^*$$

Knoten R/E_3 :

$$EW_5[\tilde{C}_{1;KG}] = -25\ \text{€} + \quad [(0,8 \cdot 100\ \text{€}) + (0,2 \cdot 50\ \text{€})] \cdot 1,1^{-1} = 56,82\ \text{€}^*$$

$$EW_6[\tilde{C}_{1;NT}] = \qquad [(0,5 \cdot 50\ \text{€}) + (0,5 \cdot 50\ \text{€})] \cdot 1,1^{-1} = 45,46\ \text{€}$$

Knoten R/E_4 :

$$EW_7[\tilde{C}_{1;KG}] = -25\ \text{€} + \quad [(0,5 \cdot 100\ \text{€}) + (0,5 \cdot 50\ \text{€})] \cdot 1,1^{-1} = 43,19\ \text{€}$$

$$EW_8[\tilde{C}_{1;NT}] = \qquad [(0,5 \cdot 50\ \text{€}) + (0,5 \cdot 50\ \text{€})] \cdot 1,1^{-1} = 45,46\ \text{€}^*$$

Die mit dem Asterisk versehenen Werte stellen die relativ vorteilhaften Werte des jeweiligen Knotens dar. Für diese Handlungsalternativen wird sich ein rationaler Akteur in $t = 1$ entscheiden. In der Ausgangsdarstellung aus Abbildung 5.9 werden nun die ermittelten Erwartungswerte der Kapitalwerte eingetragen und die jeweils relativ nichtvorteilhafte Alternative wird durch Streichung des Entscheidungskantens aus der weiteren Betrachtung eliminiert (vgl. Abb. 5.10).

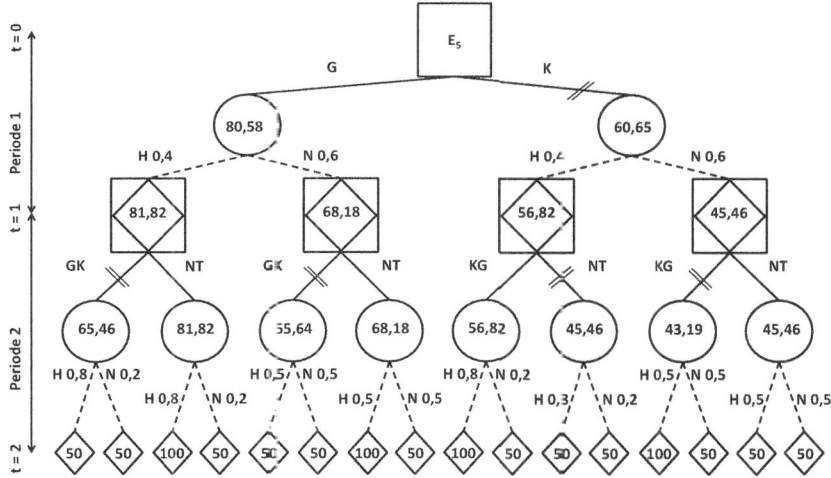

Abb. 5.10: Ergebnisse für Beispiel 5.5. Quelle: Eigene Darstellung.

Es verbleibt noch die Frage nach der optimalen Handlungsalternative in $t = 0$ zu beantworten. Dazu werden die Erwartungswerte der Kapitalwerte im Knoten E_5 unter Verwendung der soeben ermittelten vorteilhaften Handlungsalternativen wie folgt ermittelt:

$$EW_9[\tilde{C}_{0;G}] = -50\ \text{€} - \quad [(0,4 \cdot 100\ \text{€}) + (0,6 \cdot 50\ \text{€})] \cdot 1,1^{-1}$$
$$+ [(0,4 \cdot max(R/E_1)) + (0,6 \cdot max(R/E_2))] \cdot 1,1^{-1}$$
$$= -50\ \text{€} - \quad [(0,4 \cdot 100\ \text{€}) + (0,6 \cdot 50\ \text{€})] \cdot 1,1^{-1}$$
$$+ [(0,4 \cdot 81,82\ \text{€}) + (0,6 \cdot 68,18\ \text{€})] \cdot 1,1^{-1}$$
$$= 80,58\ \text{€}$$
$$EW_{10}[\tilde{C}_{0;K}] = -30\ \text{€} - \quad [(0,5 \cdot 50\ \text{€}) + (0,5 \cdot 50\ \text{€})] \cdot 1,1^{-1}$$

$$+ [(0{,}4 \cdot max(R/E_3)) + (0{,}6 \cdot max(R/E_4))] \cdot 1{,}1^{-1}$$
$$= -30 \text{ } € + [(0{,}5 \cdot 50 \text{ } €) + (0{,}5 \cdot 50 \text{ } €)] \cdot 1{,}1^{-1}$$
$$+ [(0{,}4 \cdot 56{,}82 \text{ } €) + (0{,}6 \cdot 45{,}46 \text{ } €)] \cdot 1{,}1^{-1}$$
$$= 60{,}91 \text{ } €$$

Der Erwartungswert der großen Anlage EW_9 ist der größere der beiden und stellt die optimale Investitionsalternative dar. Der Investor sollte also in $t = 0$ die große Anlage installieren, um den Erwartungswert des Kapitalwertes zu maximieren. Die unterlegene Alternative wird wiederum durch Streichung der Entscheidungskante eliminiert.

Mit diesem Verfahren können die Handlungssequenzen detailliert abgebildet werden und eine Entscheidung unter Berücksichtigung von Zufallsereignissen getroffen werden.

5.4.2.3 Zusammenfassende Kritik

Das Verfahren basiert auf einer Reihe von Annahmen, die in den grundlegenden Darstellungen erläutert wurden.[70] Besonderes Augenmerk ist auf folgende Punkte zu richten:[71]

- Die Ergebnisse jeder Handlungsalternative zu jedem Zeitpunkt müssen bekannt sein.
- Alternativen- und Ergebnismenge sowie Präferenzen bleiben während des Planungszeitraumes unverändert.
- Das Roll-back-Verfahren liefert nur für einen erwartungsnutzen-maximierenden Akteur die optimale Alternative und Vorgehensweise, da es die Erfüllung des **Unabhängigkeits-Axioms** erfordert.[72]
- Das Roll-back-Verfahren erfordert in jedem Fall separierbare Präferenzen.[73]
- Der Abbildungs- und Berechnungsaufwand steigt mit zunehmender Alternativenanzahl und mit wachsendem Betrachtungszeitraum enorm an, so dass die Übersichtlichkeit nur bei wenig komplexen Situationen gewährleistet ist.

Es existieren vielfältige Software-Angebote zur Erstellung von Entscheidungsbäumen, was in Verbindung mit steigender Rechnerleistung und verbesserten

---

[70] Vgl. 2. Band, Abschn. 1.9.1 auf S. 221 sowie 2. Band, Abschn. 1.9.3 auf S. 230.

[71] Vgl. Blohm/Lüder/Schaefer (2012: 267–268); Bamberg/Coenenberg/Krapp (2019: 246–251).

[72] Vgl. 2. Band, Axiom 1.5.5 auf S. 116 sowie LaValle/Wapman (1986); Hammond (1988: 511–513); Seidenfeld (1988: 275–284); Machina (1989: 1626–1628); Trost (1991: 167–169); Eisenführ/Weber/Langer (2010: 287); Hammond/Zank (2014: 70–75).

[73] Vgl. Machina (1989: 1655–1656).

Grafikfähigkeiten die Anwenderfreundlichkeit und die Verbreitung im praktischen Einsatz wesentlich erhöht. Damit lassen sich die Verfahren bei Projekten einsetzen, welche durch eine lange Dauer, mehrere Entscheidungsstufen und Unsicherheit gekennzeichnet sind.

Ein grundlegender Kritikpunkt besteht in der Annahme der **Unveränderlichkeit** sämtlicher Informationen, Rahmenbedingungen sowie der Präferenzen. Die mit den Modellen ermittelte optimale Entscheidungsfolge ist aus heutiger Sicht optimal, also auf Basis der heute verfügbaren Informationen. Die Rahmendaten – wie z. B. Zahlungsgrößen, Zeitpunkte, Alternativenmenge – können sich im Zeitverlauf jedoch ebenso ändern, wie die Präferenzen des Akteurs. Offensichtlich wurde das Problem von stabilen Präferenzen bei intertemporalen Entscheidungen anhand der Eigenschaften Stationarität, Zeitinvarianz und Zeitkonsistenz. In der Realität treten oft und vielfältige Verletzungen dieser Annahmen auf.[74] Wird jedoch ein **vollkommener Kapitalmarkt** unterstellt, gelten diese Prämissen implizit als erfüllt.[75]

Beim Entscheidungsbaumverfahren wird für jede Entscheidung in der Zukunft von gleichbleibenden Werten ausgegangen. Das ist ein wesentlicher Kritikpunkt gegenüber dieser Vorgehensweise. Jede Information, die als sicher angenommen wird, kann sich theoretisch im Zeitablauf als unsicher oder unzutreffend erweisen. Bei dem Verfahren der rekursiven Bewertung geht der Akteur jedoch rückwärts durch den Baum, in der Annahme von Sicherheit bzw. von zutreffenden Prognosen. Sind diese jedoch schlussendlich nicht gegeben, stellt sich die Frage nach der Optimalität des Ergebnisses.[76]

Prinzipiell bestehen zwei "Auswege" aus dieser Situation:

- Es wird die Entscheidung getroffen, eine Alternative zu realisieren, z. B. ein Investitionsprojekt durchzuführen oder ein bestehendes Projekt zu beenden. Gleichzeitig wird festgelegt, dass und zu welchem Zeitpunkt geprüft wird, ob neue Informationen vorliegen, die eine Revision der Entscheidung erfordern.
- Die Realisierung der Maßnahme wird aufgrund der Unsicherheit über die Informationen aufgeschoben. Die Zeit wird genutzt, um bessere Informationen zu gewinnen. Ebenso ist es denkbar, dass in dieser Zeit heute bekannte Ereignisse eintreten (z. B. Wahlen, Urteile, Hauptversammlungen), von denen neue Informationen erwartet werden. D. h. auch wenn das Modell die Unterlassungsalternative nicht als die in $t = 0$ optimale Alternative identifiziert, wird die Maßnahme aufgeschoben.

---

[74] Vgl. 2. Band, Abschn. 2.3.4 auf S. 333.
[75] Vgl. Abschn. 3.3.2 auf S. 205.
[76] Vgl. Schneider (1971: 848–850).

5.4.3 Realoptionsmodelle

5.4.3.1 Einführung

5.4.3.1.1 Analogien von Finanzoptionen und Investitionsentscheidungen

Handlungsmöglichkeiten im Zusammenhang mit Investitionsentscheidungen über Real- bzw. Sachwerte werden unter dem Begriff „Realoption" seit ca. fünf Dekaden in der Literatur entwickelt und diskutiert.[77] Ein wesentlicher Ausgangspunkt der jüngeren Entwicklung waren Analysen in der Umweltökonomie. Diese zielten auf die Berücksichtigung von irreversiblen Entscheidungen bzw. hatten die Bewertung von einmaligen Naturressourcen zum Inhalt.[78] In diesem Zusammenhang wurde der Gedanke bzw. das Sinnbild der Option als Entscheidungsmöglichkeit formuliert.[79] Im Gegensatz zu Entscheidungen im ökonomischen Kontext spielt die **Unumkehrbarkeit** (Irreversibilität) von Handlungen bzw. Entwicklungen im ökologischen Kontext eine viel bedeutsamere Rolle. So ist z. B. das Aussterben einer Spezies oder die Vernichtung eines Habitats absolut unumkehrbar und muss bei der Entscheidungsfindung zwingend berücksichtigt werden. Schnell wurde das Potenzial dieser Idee auch für andere Fragestellungen diskutiert.[80]

Ausgehend von diesen Ursprüngen hat sich die Idee realer Optionen äußerst weit in verschiedene Bereiche der Betriebswirtschaftslehre verbreitet, wie z. B.:

- strategische Planung,   - Rohstoffgewinnung,
- Unternehmensbewertung,   - Infrastrukturentwicklung,
- Energieerzeugung,   - Finanzierung,
- Forschung und Entwicklung,   - Supply Chain Management.

Die Realoptionsmodelle konzentrieren auf die folgenden Eigenschaften von Realinvestitionen:

---

[77] Vgl. Robichek/van Horne (1967); Myers (1977); Emery et al. (1978); Rao/Martin (1981). OLBRICH wendet richtigerweise ein, dass der Begriff „Realoption" unpassend sei, da auch im Fall von Finanzoptionen eine reale Handlungsoption vorliegt. Besser wäre daher der Begriff „Sachoption". Vgl. Olbrich (2002: 693). Mit Blick auf die für das vorliegende Buch vorgenommene Unterscheidung zwischen Real- und Finanzinvestitionen (vgl. Abb. 1.10 auf S. 44) wird der Begriff der Realoption hier beibehalten. Dies erfolgt auch aufgrund der weiten Verbreitung des Begriffes.

[78] Vgl. Weisbrod (1964: 472); Fisher/Krutilla/Cicchetti (1972); Arrow/Fisher (1974: 312–319); Henry (1974a).

[79] *„Because options are traded on the market in connection with other economic values, one may ask why no market has developed where option value exists for the preservation of natural environment."* Krutilla (1967: 780).

[80] Vgl. Arrow (1968); Cicchetti/Freeman III (1971).

- Investitionsprojekte sind häufig durch das **Recht**, aber nicht die Verpflichtung gekennzeichnet, das Projekt zu beginnen, fortzuführen oder abzubrechen, wenn es für den Entscheidungsträger wirtschaftlich sinnvoll erscheint.

- In Bezug auf wesentliche Einflussgrößen der Investition besteht **Unsicherheit**.

- Investitionsentscheidungen sind in der Regel **unumkehrbar** oder wenigstens teilweise irreversibel bzw. nicht ohne Zeitverlust und zusätzliche Kosten rückgängig zu machen.[81] Diese **Irreversibilität** von Investitionsentscheidungen ermöglicht die Interpretation der Handlungsmöglichkeit als Option. Die Irreversibilität als Entscheidungsmerkmal wurde schon einführend erwähnt.[82]

Für diejenigen Entscheidungen, die irreversibel und mit Wahlmöglichkeiten verbunden sind, bestehen Analogien zu den Finanzoptionen. Der Akteur ist in der Lage, eine irreversible Entscheidung treffen zu können, aber nicht zu müssen. Er verfügt damit über ein bestimmtes Maß an Flexibilität. Der Begriff „Realoption" wurde erstmalig von MYERS geprägt, der den Unternehmenswert als Summe aus realen Vermögensgegenständen (real assets) und realen Optionen (real options) bestimmte.[83] Die Berücksichtigung und Bewertung realer Optionen für einzelwirtschaftliche Investitionsentscheidungen wird seit Ende der 1980er Jahre in der wirtschaftswissenschaftlichen Forschung sehr umfangreich diskutiert.[84] Die diesbezügliche Literatur ist kaum noch zu überblicken.[85]

Im Zusammenhang mit der Verwendung von Realoptionsmodellen sind zwei Schritte erforderlich (vgl. Merksatz 5.1).

Merksatz 5.1: Mit Realoptionsmodellen wird im **ersten Schritt** der Wert der Handlungsmöglichkeit und auf dieser Grundlage im **zweiten Schritt** der optimale Ausübungszeitpunkt ermittelt.

---

[81] JACOB formulierte schon frühzeitig: „*Charakteristisch für nahezu eine jede Investitionsentscheidung ist die Tatsache, dass sie das Unternehmen für einen längeren Zeitraum bindet. Eine solche Entscheidung nachträglich abzuändern oder gar aufzuheben ist in der Regel mit relativ großen Opfern verbunden.*" Jacob (1967b: 1).

[82] Vgl. Abschn. 1.2.2 auf S. 15. Zu einer umfassenden Diskussion der Irreversibilität von Investitionsentscheidungen vgl. Abschn. 5.4.3.5 auf S. 571.

[83] Vgl. Myers (1977: 150 und 163).

[84] Vgl. Pindyck (1988); Kulatilaka/Marcus (1988); Pindyck (1991); Kulatilaka/Marcus (1992); Bowman/Hurry (1993); Dixit/Pindyck (1994); Koch (1999); Tomaszewski (2000); Werner (2000); Bockemühl (2001); Schwartz/Trigeorgis (2001); Müller (2004); Götze (2014: 420–435); Kruschwitz/Lorenz (2019: 362–40.).

[85] So listet SCIENCEDIRECT unter der Suchkombination „real options" für den Zeitraum 2000–2020 ca. 5.800 Artikel und Buchbeiträge auf. Für aktuelle Überblicksaufsätze vgl. Kozlova (2017); Trigeorgis/Reuer (2017); Trigeorgis/Tsekrekos (2018); Chi et al. (2019).

In vielen Anwendungsbeispielen in der Literatur wird mit der Realoptionsmethode ein – im Vergleich zur Kapitalwertmethode – großer Wert eines Objektes (Investition, Projekt oder Unternehmen) ermittelt. Dies ist aus zwei Gründen problematisch:

- Dies widerspricht dem Grundsatz des Vergleiches von vollständigen Alternativen.[86]
- Ein hoher Optionswert hat starke Auswirkungen auf den Zeitpunkt der optimalen Ausübung. Diese Konsequenzen sind erst im zweiten Schritt erkennbar, weshalb dieser Analyseschritt nicht vernachlässigt werden sollte.

Deshalb wird – nach der Vorstellung der wichtigsten Arten von Realoptionen – zuerst die Bewertung von Realoptionen erläutert[87] und im Anschluss wird die optimale Ausübung thematisiert.[88]

5.4.3.1.2 Arten von Realoptionen

Im Verlauf der Entwicklung der Realoptionstheorie haben sich vier wesentliche Konzepte von Realoptionen herausgebildet. Es sind dies die Sichtweisen von Realoptionen als:[89]

a) Bestandteile des Unternehmenswertes,
b) Flexibilität eines Akteurs,
c) Investitionsprojekte bzw. -objekte mit Optionscharakter oder
d) strategische Heuristik.

Für die weiteren Darstellungen sind lediglich die Interpretationen b) und c) relevant. Je nach Entscheidungssituation können folgende Arten von Realoptionen vorliegen:[90]

- Investitionsoption (synonym: *option to defer*),
- Option auf schrittweise Investition (synonym: *option to stage*),
- Abbruchoption (synonym: Desinvestitions- bzw. Liquidationsoption, *option to abandon* bzw. *exit option*),
- Erweiterungs- bzw. Einschränkungsoption (synonym: *option to expand* bzw. *option to contract*),
- Stilllegungs- und Wiedereröffnungsoption (synonym: *option to temporarily shutdown and reopen*),

---

[86] Vgl. Abschn. 3.1.3 auf S. 173.
[87] Vgl. Abschn. 5.4.3.2.1 auf S. 522.
[88] Vgl. Abschn. 5.4.3.3 auf S. 554.
[89] Vgl. McGrath/Ferrier/Mendelow (2004: 86–88).
[90] Vgl. Bockemühl (2001: 29–53); Götze (2014: 421); Trigeorgis/Reuer (2017: 45); Hull (2019: 976).

- Wechseloption (synonym: Umstellungsoption bzw. *option to switch*).

Diese Arten beschreiben die ökonomische Entscheidungssituation. Zur Unterscheidung von Finanz- und Realoptionen können weitere Kriterien herangezogen werden, die die Ausprägung einzelner Parameter berücksichtigen (vgl. Tab. 5.4).

Tab. 5.4: Differenzierungskriterien von Optionen. Quelle: Eigene Darstellung.

Unterscheidungs-kriterium	Ausprägungsform
Art der Ausübung	europäisch ⇔ amerikanisch
Laufzeit	endlich ⇔ unendlich
Ausübungspreis	fix ⇔ stochastisch (= exchange option bzw. Tauschoption)
Art des Basiswertes	Vermögensgegenstand ⇔ weitere Option (= compound option bzw. zusammengesetzte Option)
Anzahl der Basiswerte	ein Basiswert ⇔ mehrere Basiswerte (= Portfoliooption)
Verbrieftes Geschäft	Kauf ⇔ Verkauf oder bei Vertragsabschluss noch nicht festgelegt (= chooser option bzw. Wahloption)

In der Literatur werden häufig folgende Gruppen von Realoptionen unterschieden:[91]

- Lern- bzw. Flexibilitätsoption,
- Versicherungsoption,
- Wachstumsoption.

Bei genauer Betrachtung wird jedoch deutlich, dass allen diesen Optionen die Flexibilität des Entscheidungsträgers innewohnt. Dass diese Flexibilität in unterschiedlichen Kontexten unterschiedlich genutzt wird, ergibt sich aus den vielfältigen möglichen Situationen.

Die Realisierung einer Investitionsmaßnahme entspricht, bei entsprechend abstrahierter Betrachtung, einem Tauschgeschäft. Der Investor tauscht den Vermögensgegenstand „Investitionssumme" gegen den Vermögensgegenstand „Barwert der Rückflüsse". Der Ausübungspreis von Investitionsoptionen, also die Investitionsauszahlung, ist realiter häufig stochastischer Natur, so z. B. bei F&E-Projekten und bei Projekten zur Exploration und Gewinnung von Rohstoffen. Dasselbe gilt für die Entscheidungssituation einer Abbruchoption, da Liquidationseinzahlungen i. d. R. ebenfalls mit Unsicherheiten verbunden sind. In dieser Situation steht dem Akteur die Möglichkeit offen, die unsicheren Rückflüsse, über die er verfügt, gegen den Erwerb der Liquidationseinzahlung, die ebenfalls unsicher ist, zu tauschen. Vor diesem Hintergrund betrachtet sind alle Realoptionen Tauschoptionen, beinhalten diese doch immer die Umwandlung von Zahlungsströmen in unterschiedlichen Projekten

---

[91] Vgl. Meise (1998: 97); Weber (2002: 144); Schäfer (2005: 389); Hilpisch (2006: 65–67).

oder Handlungsalternativen. Die Investitions- und die Abbruchoption sind demzufolge Sonderformen der Tauschoptionen und durch den deterministischen Ausübungspreis charakterisiert (vgl. Def. 5.6).[92]

Definition 5.6: *Eine Realoption beschreibt die Handlungsmöglichkeit des Akteurs, eine Tauschtransaktion von Vermögensgegenständen realisieren zu können, aber nicht zu müssen. Mit der Ausübung der Handlungsmöglichkeit wird diese aufgegeben.*

Aus optionstheoretischer Sicht ergibt sich im Verlauf des Investitionslebenszyklus eine Reihe von Handlungsmöglichkeiten bzw. Realoptionen. Die entscheidungsorientierte Phasenstruktur des Investitionscontrollings[93] verdeutlicht die mögliche Nutzung realoptionstheoretischer Ansätze im Investitionslebenszyklus. In Abhängigkeit der Lebenszyklusphasen und der fallspezifischen Entscheidungsparameter lassen sich unterschiedliche Optionsarten und -typen identifizieren, welche dem Akteur zur Verfügung stehen. In der lebenszyklusspezifischen Entscheidungsplanung werden diese Optionen auf ihren Wert und den Zeitpunkt der Ausübung hin untersucht. Auf Grundlage der Bewertung wird über den Ausübungszeitpunkt befunden und die Entscheidung realisiert und kontrolliert.

Jeder Phase in dem Investitionslebenszyklus lassen sich verschiedene Optionsarten zuordnen (vgl. Tab. 5.5). In den einzelnen Phasen existieren verschiedene reale Optionen. Schon in der bindungsdominierten Phase verfügt der Entscheidungsträger über unterschiedliche Handlungsalternativen. So besteht die Möglichkeit, mit der Investitionsauszahlung entweder nur die Rückflüsse aus einem Projekt zu erwerben, oder zusätzlich auch die Möglichkeit zum Abbruch des Projektes zu erwerben. Darüber hinaus ist es vorstellbar, dass mit der Investitionsauszahlung erst einmal keine Rückflüsse erworben werden, sondern lediglich das Recht, in der nächsten Phase gegen Zahlung der Investitionssumme Rückflüsse zu erwerben. Im Rahmen von Investitionsprojekten resultieren die Rückflüsse oftmals nicht nur aus einer Quelle (z. B. dem Absatz eines Produktes), sondern die Rückflüsse werden mit verschiedenen Zahlungsquellen generiert. Ist das der Fall, muss dies auch bei der Entscheidungsfindung berücksichtigt werden. Bestimmte Optionen ergeben sich erst im Zeitverlauf der freisetzungsdominierten Phase durch die Realisierung zeitlich vorgelagerter Optionen.

---

[92] Vgl. Müller (2005b: 50–52); Mueller (2013: 25–26).
[93] Vgl. Tab. 1.5 auf S. 58.

Tab. 5.5: Mögliche Realoptionen im Investitionslebenszyklus. Quelle: Eigene Darstellung, in Anlehnung an: Müller (2004: 112).

Mögliche Realoptionen in der bindungsdominierten Phase	Mögliche Realoptionen in der freisetzungsdominierten Phase
• Option, gegen Zahlung der sicheren Investitionssumme unsichere Rückflüsse zu erwerben, • Option, gegen Zahlung der sicheren Investitionssumme unsichere Rückflüsse und zusätzlich eine Abbruchmöglichkeit zu erwerben, • Option, gegen Zahlung der unsicheren Investitionssumme unsichere Rückflüsse in einer Stufe zu tauschen, • Option, gegen Zahlung mehrerer unsicherer Investitionssummen unsichere Rückflüsse in mehreren Stufe zu tauschen, • Option, gegen Zahlung der sicheren Investitionssumme unsichere Rückflüsse aus unterschiedlichen Quellen zu erwerben, • Option, gegen Zahlung der sicheren Investitionssumme keine Rückflüsse, sondern lediglich eine weitere Investitionsoption zu erwerben, • Option, gegen Zahlung der sicheren Investitionssumme keine unsicheren Rückflüsse, sondern lediglich eine Abbruchoption zu erwerben.	• Option, das Projekt bei Aufgabe der unsicheren Rückflüsse aus einer Quelle gegen Erhalt der sicheren Liquidationseinzahlung abzubrechen, • Option, das Projekt bei Aufgabe der unsicheren Rückflüsse aus mehreren Quellen gegen Erhalt der sicheren Liquidationseinzahlung abzubrechen, • Option, gegen Erhalt von unsicheren Liquidationseinzahlungen die unsicheren Rückflüsse durch Abbruch in einer Stufe aufzugeben, • Option, nach einer Wartezeit das bestehende Projekt gegen Erhalt der sicheren Liquidationseinzahlung abzubrechen oder das Projekt mit einer weiteren Investitionsauszahlung fortzuführen, • Option, gegen Zahlung der sicheren Investitionssumme eine weitere Investitionsoption zu erwerben, • Option, mit dem Projektabbruch eine Investitionsoption aufzugeben.

Eine kurze Erläuterung ist zu den sog. **Wahloptionen** erforderlich.[94] Im Vorfeld von Entscheidungen über politische Eingriffe besteht häufig eine erhebliche Unsicherheit über die Grundrichtung der staatlichen Maßnahmen. Insbesondere vor Wahlen, die mit einem politischen Macht- und Kurswechsel verbunden sein könnten, lassen sich solche Situationen feststellen. Entscheidungssituationen dieses Charakters werden mit Modellen, welche auf einfachen Optionen basieren, nur unzureichend abgebildet. Besser eignet sich dazu die Bewertung unter dem Gesichtspunkt von Wahloptionen. Bei diesen Optionen hat der Akteur zum Bewertungszeitpunkt zwar eine Option vorliegen, aber es ist nicht definiert, ob dies eine Investitions- oder eine Abbruchoption sein wird.[95]

Die Darstellungen machen deutlich, dass im Unternehmen Handlungsmöglichkeiten existieren, die jedoch auch entdeckt bzw. identifiziert werden müssen. Deshalb muss der Akteur feststellen ob – und wenn ja welche Form von – Realoptionen vorliegen. Nur diejenigen Realoptionen, welche identifiziert wurden, können auch bewertet und in der zukünftigen Entscheidungsfindung berücksichtigt werden. Die fehlende vertragliche Fixierung vieler realer Optionen kann dazu führen, dass diese Realoptionen bestehen, ohne wahrgenommen zu werden (sog. "Schatten-Optionen").[96]

Die Wahrnehmung ist aber eine Voraussetzung zur aktiven Gestaltung der Handlungsmöglichkeiten. Deshalb ist die gezielte realoptionsorientierte Analyse des Entscheidungsproblems wichtig. In diesem Zusammenhang werden die Lösungsalternativen auch daraufhin untersucht, inwieweit gezielt Handlungsmöglichkeiten geschaffen werden können.

5.4.3.1.3 Investitionsoption

Zur Einführung in die Thematik wird im ersten Schritt lediglich die **Investitionsoption** erläutert. Die Abbruchoption wird zu einem späteren Zeitpunkt diskutiert.[97] Liegt einem Akteur die Handlungsmöglichkeit zur Investition vor, lassen sich ähnliche Strukturen von Flexibilität, Unsicherheit und Irreversibilität wie bei einer Kaufoption feststellen. Grundlage ist die Beschreibung einer Finanzkaufoption (vgl. Def. 5.7).

---

[94] Vgl. Tab. 5.4 auf S. 515.

[95] Vgl. Mueller (2016).

[96] Vgl. Bowman/Hurry (1993: 763).

[97] Vgl. Abschn. 5.4.3.1.4 auf S. 520.

Definition 5.7: *Der Käufer einer Kaufoption erwirbt vom Verkäufer (Stillhalter) gegen Zahlung des Optionspreises:*

- *das Recht, aber nicht die Verpflichtung,*
- *einen bestimmten Vermögensgegenstand (Basiswert),*
- *zu einem festgelegten Preis (Ausübungspreis),*
- *zu oder bis zu einem bestimmten Zeitpunkt (Verfallstermin)*
- *zu erwerben.*

Für die Bewertung einer Handlungsmöglichkeit ist es von entscheidender Bedeutung, dass die Investition aufgeschoben werden kann und eventuell nicht durchgeführt werden muss. Gegenüber einer Investition, die sofort und nur heute realisiert werden muss, weist die Möglichkeit zu warten einen zusätzlichen Wert auf, den Flexibilitätswert. Im Zeitverlauf sinkt dieser Wert, da die Wahrscheinlichkeit geringer wird, dass dem Entscheider zusätzliche Informationen zugehen. Sind die Voraussetzungen bezüglich Handlungsmöglichkeiten, Irreversibilität und Unsicherheit erfüllt, wird eine Analogie zwischen Finanz- und Realoptionen entsprechend Tabelle 5.6 ersichtlich.

Tab. 5.6: Merkmale einer finanziellen Kauf- und einer realen Investitionsoption. Quelle: Eigene Darstellung, in Anlehnung an: Müller (2004: 95).

Merkmale der finanziellen Kaufoption	Symbol	Merkmale der realen Investitionsoption (InvRO)
Recht, den Basiswert gegen Zahlung des Ausübungspreises zu erwerben		Recht, die aus der Investition resultierenden Rückflüsse gegen Zahlung der Investitionssumme zu erwerben
Aktueller Kurs des Basisobjektes (Basiswert)	$S \leftrightarrow B$	Barwert der Rückflüsse
Ausübungspreis	$X \leftrightarrow I$	Investitionsauszahlung
Laufzeit der Option	T	Zeitraum, in dem die Investitionsmöglichkeit besteht
Risikofreier Zinssatz	r	Risikofreier Zinssatz
Dividendenrendite	δ	Jährliche Rückflüsse in % von B
Volatilität des Basisobjektes	σ	Volatilität der Rückflüsse

Die gesamte Investitionsmöglichkeit entspricht einem Recht, aber nicht einer Verpflichtung, die Investition zu tätigen. Die Summe der barwertigen Einzahlungsüberschüsse stellt den aktuellen Wert des Basiswertes dar. Die an die Aktieninhaber, nicht aber die Optionsinhaber gezahlten Dividenden werden mit den aus dem Investitionsprojekt resultierenden Rückflüssen abgebildet. Der Ausübungspreis ist der Wert, zu dem bei einer finanziellen Kaufoption die Aktie bezogen werden kann. Im Falle der realen Investitionsmöglichkeit entspricht dieser Wert den Investitionsauszahlungen. Die Laufzeit der Option wird durch den Zeitraum, in dem die Investitionsmöglichkeit besteht, abgebildet.[98]

Die Volatilität bezeichnet die jährliche zeitkontinuierliche Standardabweichung der Rendite, die der Basiswert erzielt, also der Kursänderung. Die Ermittlung der Volatilität wird in einem eigenständigen Abschnitt vorgestellt.[99]

Wichtig ist die Unterscheidung in europäische und amerikanische Optionen. Kann die Option zu jedem Zeitpunkt innerhalb der Laufzeit ausgeübt werden, spricht man von einer amerikanischen Option. Ist die Ausübung nur am Ende der Optionslaufzeit möglich, so handelt es sich um eine europäische Option. Realoptionen sind in der Regel amerikanische Optionen, da zeitstetig über die Ausübung entschieden werden kann.

Als ein früher Beleg für die Existenz und Nutzung von Realoptionen wird in einigen Quellen das Beispiel des THALES VON MILET aus der Antike angeführt.[100] Dieser erwarb - nach Berichten des ARISTOTELES - schon im Winter des Vorjahres die Nutzungsrechte sämtlicher Ölmühlen in MILET und CHIOS und spekulierte auf eine gute Ernte in der nächsten Saison. Als die Ernte wie von ihm prognostiziert eintraf, nutzte er die Pressen nicht selbst, sondern verpachtete sie - mit einem Gewinnaufschlag versehen - an die Bauern weiter.[101] Dieses Beispiel ist jedoch in der verwendeten Interpretation nicht aussagefähig. THALES VON MILET erwarb keine Option auf die Nutzung der Ölpressen, sondern er pachtete die Ölpressen im Voraus, schloss demzufolge einen bindenden Pachtvertrag. Die Pacht musste er in jedem Fall entrichten - unabhängig von der Güte der Ernte. Er verfügte deshalb über keinerlei Handlungsmöglichkeit, sondern musste den Pachtvertrag erfüllen. Er spekulierte auf eine gute Ernte und erwarb die Nutzungsrechte im Jahr zuvor.

5.4.3.1.4 Abbruchoption

Für die Situation eines bestehenden Investitionsprojektes sind ebenfalls Analogien zu Finanzoptionen zu identifizieren. Der Entscheidungsträger ist i. d. R. nicht gezwungen, das Investitionsprojekt bis zum ursprünglich geplanten Ende (nach Ablauf der im Rahmen des Auswahlplanung ermittelten optimalen Nutzungsdauer) zu Ende zu führen, sondern kann das Projekt jederzeit abbrechen. Es handelt sich demzufolge um eine **Verkaufsoption**. Grundlage ist die Beschreibung einer Finanzverkaufsoption (vgl. Def. 5.8).

---

[98] Vgl. Müller (2017: 423–424).

[99] Vgl. Abschnitt 5.4.3.2.4 auf S. 545.

[100] Vgl. Copeland/Keenan (1998: 40); Wieland (2002: 120); Adams/Rudolf (2009: 365–366); Fink/Siebe (2011: 307).

[101] Vgl. Aristoteles: Politik, 1. Buch, 11. Kapitel, zitiert nach: Bernays (1872: 40–41).

Definition 5.8: Der Käufer einer Verkaufsoption erwirbt vom Verkäufer (Stillhalter) gegen Zahlung des Optionspreises:

- *das Recht, aber nicht die Verpflichtung,*
- *einen bestimmten Vermögensgegenstand (Basiswert),*
- *zu einem festgelegten Preis (Ausübungspreis),*
- *zu oder bis zu einem bestimmten Zeitpunkt (Verfallstermin)*
- *zu veräußern.*

Analog existiert im Fall eines bestehenden Investitionsobjektes die reale Option, die Rückflüsse gegen Erhalt der Liquidationseinzahlung zu verkaufen.[102] Diese wird im weiteren Verlauf als **Abbruchoption** bezeichnet, da sie die Möglichkeit verkörpert, ein Projekt bzw. eine Maßnahme vorzeitig abzubrechen. Synonym ist in der Literatur der Begriff der Desinvestitions- bzw. Liquidationsoption, „*option to abandon*" oder „*exit option*" zu finden.[103] Dabei stellen die (um die eventuelle Abbruchauszahlungen bereinigten) Liquidationseinzahlungen den Ausübungspreis und die aufgegebenen Rückflüsse den Basispreis dar. Damit wird eine Abbruchoption (AbbRO) beschrieben (vgl. Tab. 5.7).

Tab. 5.7: Merkmale einer finanziellen Verkauf- und einer realen Abbruchoption. Quelle: Eigene Darstellung, in Anlehnung an: Müller (2004: 143–144).

Merkmale der finanziellen Verkaufsoption	Symbol	Merkmale der realen Abbruchoption (AbbRO)
Recht, den unsicheren Basiswert gegen Erhalt des sicheren Ausübungspreises zu verkaufen		Recht, die aus dem bestehenden Projekt resultierenden unsicheren Rückflüsse gegen Erhalt der sicheren Liquidationseinzahlung aufzugeben
Aktueller Kurs des Basisobjektes (Basiswert)	$S \leftrightarrow B$	Barwert der Rückflüsse
Ausübungspreis	$X \leftrightarrow L$	Liquidationseinzahlung
Laufzeit der Option	T	Zeitraum, in dem die Abbruchmöglichkeit besteht
Risikofreier Zinssatz	r	Risikofreier Zinssatz
Dividendenrendite	δ	Jährliche Rückflüsse in % von B
Volatilität des Basisobjektes	σ	Volatilität der Rückflüsse

Der Einfluss der Parameter auf den Optionswert ist identisch zu den Wirkungen bei Finanzoptionen.[104] Je geringer die Projektrückflüsse und je höher die erzielbaren Liquidationseinzahlungen, umso größer ist der Wert der Abbruchoption. Der Einfluss der Volatilität und der Laufzeit auf den Preis der Abbruchoption ist ähnlich wie auf den Wert einer Investitionsoption. Hohe

---

[102] Vgl. Robichek/van Horne (1967); Myers/Majd (1990).

[103] Vgl. Koch (1999: 150); Groß-Schuler (2002: 90).

[104] Vgl. Tab. 5.8 auf S. 550.

Unsicherheiten und lange Laufzeiten wirken sich auf die Option wertsteigernd aus.

Abbruchoptionen sind fast allen bestehenden Investitionsprojekten und auch existierenden Unternehmen inhärent. Von entscheidender Bedeutung für den Wert der Abbruchoption ist der Grad der Spezifität des zu liquidierenden Projektes und der Reversibilität. Oftmals besteht keine Möglichkeit die bereits errichteten Anlagen zu veräußern, da diese so unternehmensspezifisch sind, dass sie für andere Marktteilnehmer keinen Wert aufweisen. Das dürfte für viele güterwirtschaftliche Investitionen gelten. Da jedes Unternehmen eigene Produktionsstrukturen und Wertschöpfungscharakteristika aufweist, sind in vielen Fällen die Anlagen unternehmensspezifisch konstruiert und errichtet. Besser zu beenden und besser handelbar sind dagegen Innovationsprojekte, ganze Unternehmen oder komplexere güterwirtschaftliche Anlagen, welche physisch nicht verändert werden und bei denen lediglich ein Eigentümerwechsel durchgeführt wird.

Beispiele dafür sind Entscheidungen über Weiterbetrieb oder Aufgabe der Rohstoffförderung sowie Entscheidungen von Beteiligungsgesellschaften über die Aufgabe einer Unternehmensbeteiligung. Besonders in Innovationsprozessen gibt es eine Reihe von Revisions- und Abbruchsmöglichkeiten, die von den im Zeitablauf erzielten Resultaten und Informationen bestimmt werden.[105] Dasselbe gilt für die einzelnen Phasen im Lebenszyklus von Beteiligungen an jungen Technologieunternehmen.

5.4.3.2 Verfahren der Optionsbewertung

5.4.3.2.1 Grundlagen

Im Folgenden werden zwei bekannte Klassen von Optionsbewertungsmodellen vorgestellt, für weitere Modelle wird auf die Literatur verwiesen.[106] Die hier vorgestellten Ansätze der Optionsbewertung basieren auf folgenden Annahmen:[107]

- Der Kapitalmarkt ist vollkommen. Diese Eigenschaft wurde bereits erläutert.[108] Wichtig in diesem Zusammenhang erscheint der Hinweis auf die Annahmen der Marktteilnehmer als homo oeconomicus mit Blick auf die Risiko- und die Zeitpräferenz.

---

[105] Vgl. Abschn. 1.4.2.1.2 auf S. 50.

[106] Vgl. Perridon/Steiner/Rathgeber (2017: 380–383).

[107] Vgl. Wilkens (2003: 57–59); Korn (2014: 12–16); Laux/Gillenkirch/Schenk-Mathes (2018: 449).

[108] Vgl. Abschn. 3.3.6 auf S. 224.

-   Der Kapitalmarkt ist informationseffizient. Sämtliche Informationen stehen allen Marktteilnehmern sofort zur Verfügung und werden sofort und zeitstetig in den Wertpapierkursen abgebildet.[109]

Von zentraler Bedeutung für die Optionsbewertung sind die beiden folgenden Annahmen:[110]

-   **Vollständiger Kapitalmarkt:** Der Kapitalmarkt ist vollständig, wenn für jeden Zustand ein Wertpapier existiert und die Rückflüsse der Wertpapiere linear unabhängig voneinander sind. Demzufolge kann jeder beliebige Zahlungsstrom gehandelt werden und jeder beliebige zukünftige Zahlungsstrom kann als Linearkombination von heute existierenden Zahlungsströmen abgebildet werden.

-   **Arbitragefreier Kapitalmarkt:** Es existiert keine Möglichkeit, einen risikolosen Gewinn zu erzielen, ohne dafür eigenes Kapital einsetzen zu müssen. Demzufolge existieren am Markt keine Preis- bzw. Kursunterschiede, die risikolos zur Gewinnerzielung ausgenutzt werden können.

Aus diesen beiden Grundannahmen werden die folgenden zwei Bewertungsprinzipien abgeleitet:[111]

-   **Duplikationsprinzip:** Bei Existenz eines vollständigen und arbitragefreien Kapitalmarktes kann für die zu bewertende Option ein äquivalentes risikoloses Portfolio aus zugrundeliegender Aktie und risikoloser Anleihe konstruiert werden. Option und äquivalentes Portfolio weisen denselben Wert auf. Die Bewertung der Option setzt demzufolge deren perfekte Duplikation voraus.[112]

-   **Risikoneutrale Bewertung:** Durch die perfekte Korrelation zwischen der Entwicklung von Option und äquivalentem Portfolio wird die risikoneutrale Bewertung möglich. Dies ist ein Prinzip zur Bewertung von Wertpapieren, das die risikolose Diskontierung ihrer erwarteten, zukünftigen Rückflüsse erlaubt. Dazu wird der Erwartungswert der Rückflüsse nicht mit den statistischen Eintrittswahrscheinlichkeiten, sondern mit sog. risikoneutralen Wahrscheinlichkeiten ermittelt.[113] Es liegt also kein Erwartungswert im statistischen Sinn vor, sondern ein Pseudoerwartungswert. Es kann jeder zukünftige Zahlungsstrom mit dem risikolosen Zinssatz diskontiert werden. Der Erwartungswert der Rendite eines Wertpapieres entspricht dem risikolosen Zinssatz. Es wird nicht angenommen,

---

[109] Zu einer kritischen Diskussion dieser Annahme vgl. Wilkens (2003: 50–57).

[110] Vgl. Korn (2014: 38–41); Laux/Gillenkirch/Schenk-Mathes (2018: 450–455); Kruschwitz/Lorenz (2019: 369–372).

[111] Vgl. Zimmermann (1998: 27–30); Wilkens (2003: 89–90); Kwok (2008: 107); Kruschwitz/Husmann (2012: 263–264); Korn (2014: 16–17); Kruschwitz/Lorenz (2019: 374–376).

[112] Für eine Diskussion des damit verbundenen Zirkelschlusses vgl. Wilkens (2003: 120).

[113] Vgl. Def. 5.12 auf S. 535

dass die Akteure risikoneutral sind.[114] Vielmehr wird unterstellt, dass
der Markt als Instanz die Wertpapiere risikoneutral bewertet, es existiert
also keine Kompensation für eine riskante Investition in Form einer Überrendite.

Die Präferenzen der Marktteilnehmer sind bewertungsirrelevant. Mit Blick
auf die umfangreichen Darstellungen zu den Anforderungen an die Präferenzen des Entscheidungsträgers[115] wird hier noch einmal hervorgehoben, dass
die Betrachtung und Analyse **individueller Präferenzen** auf dem vollkommenen Kapitalmarkt **nicht notwendig** ist. Diese Annahmen gelten als implizit erfüllt. Der Optionswert ist unabhängig von den Präferenzen, weshalb
die Modelle auch als präferenzunabhängige Modelle bezeichnet werden. Prä-
ferenzfreiheit bedeutet nicht, dass die Risikopräferenzen der Marktteilnehmer
irrelevant für den Optionswert sind. Die Option beruht auf einem Basiswert.
Für diesen Basiswert hat sich auf der Grundlage der Risikopräferenzen sämtlicher Marktteilnehmer ein Preis herausgebildet. Somit sind die Präferenzen
durchaus – jedoch nur indirekt – wertrelevant für die Option. Die bisher
genannten und diskutierten Annahmen werden kurz zusammengefasst (vgl.
Merksatz 5.2).

Merksatz 5.2: *Folgende Annahmen gelten bei der Optionsbewertung:*

a) *Der Kapitalmarkt ist vollkommen.*[116]

b) *Der Kapitalmarkt ist vollständig.*

c) *Der Kapitalmarkt ist arbitragefrei.*

d) *Die Zinsstrukturkurve ist flach und konstant.*

e) *Zukünftige Aktienkurse sind unsicher. Jedoch ist bekannt, welche Werte
   prinzipiell auftreten können.*

Eine weitere Grundannahme für die Entwicklung von Aktienkursen ist die
Random-Walk-Hypothese. Diese geht davon aus, dass ausschließlich künftige Informationen den Kurs von Aktien beeinflussen. Da zum heutigen Zeitpunkt aber unklar ist, ob sich diese Informationen positiv oder negativ auf die
Kursentwicklung auswirken, kann auch keine Prognose über die zukünftige
Entwicklung getroffen werden. Deshalb wird davon ausgegangen, dass Aktienkurse einem Zufallspfad (Random Walk) folgen, also stochastischer Natur
sind. In Abhängigkeit davon, welche Arten von Zufallsprozessen verwendet
werden, können zwei grundlegende Herangehensweisen unterschieden werden:

---

[114] „Unfortunately, much of the research on derivatives has left the impression that
the *use of risk neutrality* is equivalent to the *assumption of risk neutrality*. Derivatives
researchers, however, do not assume risk neutrality." Chance (1999: 37). Hervorh. im
Original.

[115] Für einen Überblick vgl. 2. Band, Tab. 1.59 auf S. 217.

[116] Vgl. Merksatz 3.5 auf S. 224. Das schließt die Annahme der Marktteilnehmer als
homo oeconomicus und somit die Erfüllung der Axiome der Risiko- und der Zeitpräferenz
ein.

- analytische Verfahren und
- numerische Verfahren.

Analytische Verfahren basieren auf einer zeitstetigen Modellierung des Kursverlaufes, wohingegen numerische Verfahren eine zeitdiskrete Modellierung verwenden. Das bedeutet, dass im Folgenden ohne weitere Erklärungen bei analytischen Verfahren der **zeitstetige Zinssatz** und bei numerischen Verfahren der **zeitdiskrete Zinssatz** verwendet wird.[117] Die Bewertung von Optionen blickt auf eine lange Geschichte zurück. Für deren Darstellung wird auf die Literatur verwiesen.[118]

5.4.3.2.2 Analytische Verfahren

Der bekannteste analytische Ansatz zur Bewertung von Finanzoptionen stammt von BLACK und SCHOLES sowie MERTON (BSM-Modell) und wurde für europäische Optionen entwickelt.[119] Für die Bewertung werden die Annahmen entsprechend spezifiziert (vgl. Merksatz 5.3).

Merksatz 5.3: Zusätzlich zu den Annahmen im Merksatz 5.2 wird für die analytischen Modelle folgendes vorausgesetzt:

- *Der Aktienkurs folgt einem stetigen Zufallspfad in Form einer geometrischen BROWN'schen Bewegung mit konstanter Drift μ und konstanter Volatilität σ.*
- *Die Veränderungen des Aktienkurses sind log-normalverteilt mit der Varianz $\sigma^2 \cdot t$. Somit sind die logarithmierten Renditen normalverteilt.*
- *Die zugrundeliegende Aktie wirft keine Dividenden ab.*

Die dritte Annahme wird im weiteren Verlauf aufgegeben. Die ersten beiden Punkte und die grundlegende Vorgehensweise werden nun kurz erläutert. Kennzeichnend für zeitstetige Prozesse ist die Möglichkeit einer kontinuierlichen Änderung der Zufallsvariablen. Für die Modellierung zeitstetiger, stochastischer Prozesse wird angenommen, die Zufallsvariable x vollziehe in einem infinitesimal kleinen Zeitintervall eine infinitesimal kleine Veränderung dz.[120] Ein einfacher WIENER-Prozess (auch als BROWN'sche Bewegung oder

---

[117] Vgl. Merksatz 3.3 auf S. 217 für eine Darstellung der Relation zwischen diesen Zinssätzen.

[118] Vgl. Bossert (2017: 52–63).

[119] Benannt nach FISCHER BLACK (1938–1995), MYRON SCHOLES (geb. 1941) und ROBERT C. MERTON (geb. 1944). SCHOLES und MERTON erhielten für ihren Beitrag 1997 den „Wirtschaftsnobelpreis". Vgl. Black/Scholes (1973: 637–659); Merton (1973: 141–183).

[120] Zur folgenden Darstellung vgl. Pindyck (1991: 1144); Hull (2019: 383–388).

GAUSS-WIENER-Prozess bezeichnet)[121] liegt vor, wenn die Veränderung dz vom Zeitintervall dt in folgender Form abhängig ist: $dz = \epsilon \cdot \sqrt{dt}$, wobei ϵ die Zufallsstichprobe aus einer Standardnormalverteilung ist. Daraus folgt, dass dz eine Normalverteilung mit dem Mittelwert $\mu(dz) = 0$ und eine Standardabweichung $\sigma(dz) = \sqrt{dt}$ aufweist.

Da diese Eigenschaften die Eignung des Prozesses zur Abbildung der Kursverläufe am Kapitalmarkt einschränken, wird der Zufallsvariablen x eine pro Zeiteinheit dt definierte Wachstumsrate a mit $a = \dfrac{dx}{dt}$, sowie eine allgemeine Diffusionskomponente b hinzugefügt. Damit entsteht ein genereller bzw. allgemeiner WIENER-Prozess (auch als BROWN'sche Bewegung mit Drift bezeichnet) der Form $dx = a\,dt + b\,dz$ wobei a als Driftrate und b als Varianzrate Konstanten sind. Eine Zufallsvariable, die der BROWN'schen Bewegung mit Drift folgt, kann auch negative Werte aufweisen.[122] Das schränkt die Verwendung dieses Prozesses zur Modellierung von Aktienkursverläufen ein, da diese Werte realiter niemals negativ sind.

Wenn a und b von der Zufallsvariablen x und der Zeit t abhängig sind, handelt es sich um einen ITÔ-Prozess, der wie folgt formuliert wird: $dx = a(x,t)dt + b(x,t)dz$. Ein Wiener-Prozess ist demzufolge ein spezieller ITÔ-Prozess mit $a = 0$ und $b = 1$.[123] ITÔ's Lemma erlaubt es, den stochastischen Prozess der Funktion einer Variablen aus dem stochastischen Prozess selbst, dem die Variable folgt, zu errechnen. Es handelt sich also um eine Differentiationsregel, mit der Zufallsvariablen, die einem stetigen Prozess folgen, differenziert werden.[124]

Eine Eigenschaft der bisher dargestellten Prozesse ist die Markov-Eigenschaft. Ein Prozess, bei dem nur der augenblickliche Wert von x relevant für den zukünftigen Werteverlauf ist, d. h. die Vergangenheit bereits im augenblicklichen Wert berücksichtigt ist, besitzt die Markov-Eigenschaft und wird auch als Markov-Prozess bezeichnet. Die bisherige Entwicklung der Zufallsvariablen zu dem augenblicklichen Wert ist für die zukünftige Entwicklung dieses Wertes ohne Bedeutung. Die Markov-Eigenschaft ist konsistent mit der schwachen Form der Informationseffizienz, die besagt, dass die historische Entwicklung keinen Einfluss auf die zukünftige Entwicklung hat. Würde keine schwache Effizienz auf den Märkten existieren, könnten durch die Interpre-

---

[121] Auf einen Tropfen Wasser aufgetragene Teilchen (z. B. Blütenpollen) bewegen sich in zufälliger Weise, was erstmals 1827 vom Botaniker ROBERT BROWN (1773–1858) festgestellt und 1923 vom Mathematiker NORBERT WIENER (1894–1964) mathematisch exakt erfasst wurde. Deshalb werden die Begriffe WIENER-Prozess und BROWN'sche Bewegung häufig auch synonym verwendet.

[122] Vgl. Hilzenbecher (2002: 155).

[123] Vgl. Seydel (2017: 33).

[124] Zum ITÔ-Integral und zur ITÔ-Formel vgl. Korn (2014: 73–101).

tation historischer Aktiencharts überdurchschnittliche Renditen erzielt werden.[125]

Durch die Koeffizientenwahl $a(x,t) = ax$ und $b(x,t) = \sigma x$ lässt sich die BROWN'sche Bewegung mit Drift zu einem geometrischen BROWN'schen Prozess der Form $dx = axdt + \sigma xdz = x(adt + \sigma dz)$ erweitern, bei dem die Entwicklung der Werte a und b von der Zufallsvariablen x und der Zeit t abhängig ist. Der BROWN'sche Prozess bildet sowohl die Standardabweichung als auch den Erwartungswert proportional zum Zustand ab und definiert auf diese Weise eine logarithmisch normalverteilte Zufallsvariable. Eine Zufallsvariable, die einer geometrischen BROWN'schen Bewegung folgt, kann grundsätzlich niemals negative Werte aufweisen. Das macht die geometrische BROWN'sche Bewegung besonders für die Modellierung von Preis- und Kursverläufen geeignet. Schon 1900 wurde von LOUIS BACHELIER eine Optionsbewertungstheorie vorgestellt, die nicht in der von BLACK, SCHOLES und MERTON begründeten Formel mündet, weil bei diesem Ansatz die Preise selbst – und nicht die logarithmierten Preise – normalverteilt sind.[126] Die log-normale Verteilung der Aktienpreise wurde erst später unter Verwendung des aus der Psychologie stammenden WEBER-FECHNER-Gesetzes begründet und in die Finanzmarkttheorie eingeführt.[127] Der wesentliche Beitrag des BSM-Modells lag zur Zeit seines Erscheinens in der neuen, konsistenten Begründung von Optionswerten. Die Relevanz des Models im täglichen Optionshandel ist mittlerweile äußerst gering.[128] Jedoch ist es aus didaktischer Sicht gut für die Vermittlung der Grundlagen geeignet, weshalb es hier auch vorgestellt wird.

Ausgangspunkt des Ansatzes von BLACK und SCHOLES ist die Modellierung des Aktienkurses $S(t)$ als zeitkontinuierlicher ITÔ-Prozess mit dem Wachstumsparameter μ und der Streuung σ, so dass gilt: $dS = \mu\,S\,dt + \sigma\,S\,dz$. Die Optionsbewertung wird durch den folgenden Gedankengang ermöglicht:[129] Die Abbildung eines risikofreien Hedge-Portfolios (HP) geschieht durch den Kauf von N Stück des Basiswertes zum Kurs von S und dem Verkauf einer auf diesem Basiswert beruhenden Kaufoption C. Die Verzinsung des risikofreien HP findet mit dem risikolosen Zinssatz r_F statt. Dieses risikolose Portfolio wird im Zeitablauf stetig an die Wertentwicklung angepasst. Dies geschieht durch den zeitstetigen Handel mit der zugrundeliegenden Aktie und der Kaufoption. Der Term $\dfrac{\partial C}{\partial S}$ wird als Delta der Option bezeichnet und gibt die Wertänderung der Option mit der Änderung des Aktienkurses an. Der Wert des Portfolios ergibt sich mit:

---

[125] Vgl. Hull (2019: 383).

[126] Vgl. Briys et al. (1998: 88–89); van de Locht (2009: 11); Merk (2011: 20–21).

[127] Vgl. Black/Scholes (1973: 640); Singer (1999: 205–209).

[128] Vgl. Haug/Taleb (2011); Bossert (2017: 62).

[129] Zur folgenden Darstellung vgl. Hilzenbecher (2002: 193–195); Schäfer (2005: 377–380).

$$HP = \frac{\partial C}{\partial S} S - C$$

Eine Wertänderung des Portfolios wird beschrieben durch:

$$dHP = \frac{\partial C}{\partial S} \cdot dS - dC$$

Ausgehend von der beschriebenen geometrischen BROWN'schen Bewegung, ergibt sich die Wertänderung der Kaufoption aus ITÔs Lemma mit:

$$dC = \frac{\partial C}{\partial t} \cdot dt + \frac{\partial C}{\partial S} \cdot dS + \frac{1}{2} \frac{\partial^2 C}{\partial S^2} \cdot dS^2$$

Die Wertänderung des Portfolios dHP ergibt sich aus:

$$dHP = \frac{\partial C}{\partial S} \cdot dS - \left(\frac{\partial C}{\partial t} \cdot dt + \frac{\partial C}{\partial S} \cdot dS + \frac{1}{2} \frac{\partial^2 C}{\partial S^2} \cdot dS^2 \right)$$

Daraus folgt:

$$dHP = - \left(\frac{\partial C}{\partial t} \cdot dt + \frac{1}{2} \frac{\partial^2 C}{\partial S^2} \cdot \sigma^2 \cdot S^2 \cdot dt \right)$$

Da das Portfolio risikofrei ist, muss es sich mit dem risikofreien Zinssatz verzinsen, woraus folgt:

$$dHP = \left(\frac{\partial C}{\partial S} S - C \right) \cdot r_F \cdot dt$$

Die Wertänderung, die durch diese beiden Darstellungen beschrieben wird, muss auf einem vollkommenen, effizienten Kapitalmarkt identisch sein. Deshalb gilt:[130]

$$\left(\frac{\partial C}{\partial S} S - C \right) \cdot r_F \cdot dt = - \left(\frac{\partial C}{\partial t} \cdot dt + \frac{1}{2} \frac{\partial^2 C}{\partial S^2} \cdot \sigma^2 \cdot S^2 \cdot dt \right)$$

Diese Gleichung und einige Umformungen ergeben eine partielle Differentialgleichung zweiter Ordnung, deren Lösung aus der Theorie der Wärmeleitung bekannt ist (vgl. Abbildung 5.11).[131]

---

[130] Vgl. Hilzenbecher (2002: 194).
[131] Vgl. Black/Scholes (1973: 644).

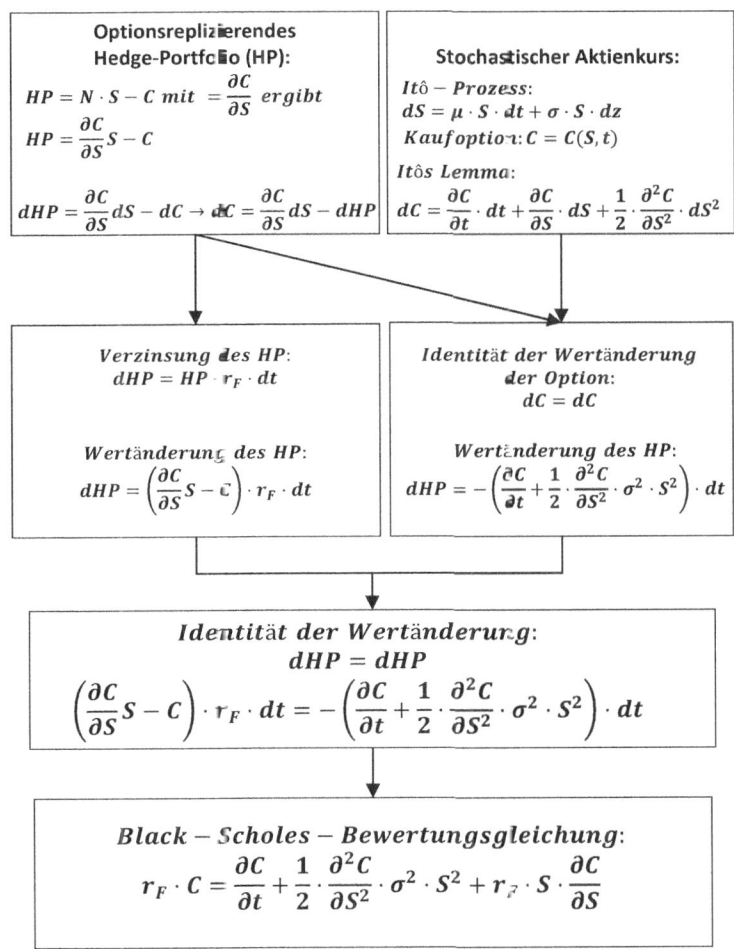

Abb. 5.11: Schematische Darstellung des BLACK-SCHOLES-Ansatzes zur Bewertung einer europäischen Kaufoption auf eine dividendenlose Aktie. Quelle: Eigene Darstellung, in Anlehnung an: Hilzenbecher (2002: 196).

Um diese Gleichung lösen zu können, müssen einige Randbedingungen erfüllt sein (vgl. Merksatz 5.4).[132]

---

[132] Vgl. Merton (1973: 143); Black/Scholes (1973: 643). Bockemühl (2001: 132–134); Hilzenbecher (2002: 195).

Merksatz 5.4: *Zur Bewertung einer europäischen Kaufoption C gelten folgende Randbedingungen:*

- **Endbedingung:** *Der Wert einer Kaufoption am Laufzeitende entspricht der Differenz aus dem Basiswert S und dem Ausübungspreis X, wenn dieser Wert positiv ist. Ist diese Differenz negativ, beträgt der Optionswert Null. Es muss gelten:* $C(S,0,X) = max(S - X; 0)$.

- **Untere Randbedingung:** *Der Optionswert während der gesamten Laufzeit kann niemals negativ sein. Ein Basiswert von Null führt minimal zu einem Optionswert von Null. Es gilt:* $C(0,t,X) = 0$.

- **Obere Randbedingung:** *Die Kaufoption auf eine Aktie kann nie mehr wert sein, als die Aktie selbst. Es muss gelten:* $\lim\limits_{S\to\infty} \dfrac{\partial C}{\partial S} = 1$.

Die obere und die untere Randbedingung ergeben sich aus der vorausgesetzten Arbitragefreiheit des Marktes.[133] Die Herleitung des BSM-Modells ist neben dem geschilderten Konstrukt des Hedge-Portfolios durch zwei weitere Argumentationswege möglich. Auf diese wird hier nicht eingegangen, sondern stattdessen auf die Literatur verwiesen.[134]

Als Lösung des Bewertungsproblems ergibt sich der Wert einer europäischen Kaufoption C ohne Dividendenzahlungen bei zeitstetiger Verzinsung[135] entsprechend Def. 5.9.[136]

Definition 5.9: *Der Wert der europäischen Kaufoption C ohne Dividendenzahlungen resultiert mit:* $C = S \cdot N(d_1) - X \cdot e^{-rT} \cdot N(d_2)$.

In Def. 5.9 gelten:[137]

S   - Kurs des Basiswertes zum Zeitpunkt t=0,

T   - Restlaufzeit der Option in Jahren,

r   - risikofreier Zinssatz,

X   - Ausübungspreis,

$N(d_i)$ - Wert der Verteilungsfunktion der Standardnormalverteilung an der Stelle d_i

Der Term $N(d_i)$ ist bestimmt durch:[138] $N(d_i) = \dfrac{1}{\sqrt{2\pi}} \displaystyle\int_{-\infty}^{d_i} e^{\frac{x^2}{2}}\ dx$.

---

[133] Vgl. Wilkens (2003: 60–62); Kruschwitz/Husmann (2012: 287–288).

[134] Vgl. Merk (2011: 42–48).

[135] Vgl. Abschn. 3.3.3 auf S. 210.

[136] Vgl. Black/Scholes (1973: 644); Kruschwitz/Lorenz (2019: 389).

[137] Vgl. Tab. 5.6 auf S. 519.

[138] Vgl. Steiner/Uhlir (2001: 248). Zu einer Ableitung der in der Optionsbewertung verwendeten Standard-Normalverteilung aus der postulierten log-Normalverteilung der Wertpapierpreise vgl. Loistl (1994: 188–190).

Die Werte d_1 und d_2 sind wie folgt definiert:

$$d_1 = \frac{ln\left(\frac{S}{X}\right) + \left(r + \frac{\sigma^2}{2}\right)T}{\sigma\sqrt{T}} \, ; \, d_2 = \frac{ln\left(\frac{S}{X}\right) + \left(r - \frac{\sigma^2}{2}\right)T}{\sigma\sqrt{T}} = d_1 - \sigma\sqrt{T}.$$

Die Bewertung einer europäischen, dividendenlosen Kaufoption mit dieser Formel wird an anderer Stelle dargestellt.[139] Der Wert einer Option setzt sich aus zwei grundlegenden Komponenten zusammen (vgl. Merksatz 5.5).

Merksatz 5.5: *Der Optionswert besteht aus dem inneren Wert und dem Zeitwert.*

Der **innere Wert** einer Kaufoption wird durch die Differenz aus Basispreis S und Ausübungspreis X determiniert. Entsprechend Merksatz 5.4 ist dieser Wert minimal Null. Der **Zeitwert** quantifiziert aus Sicht des Optionsinhabers die Chance, dass sich der Basiswert in eine für ihn positive Richtung entwickelt. Eine Volatilität von Null führt ebenso zu einem Zeitwert von Null wie eine Restlaufzeit von Null, da in beiden Fällen keine Chance auf eine – wie auch immer gerichtete – Entwicklung des Basiswertes besteht. Die Einflussgrößen des Zeitwertes werden an anderer Stelle erläutert.[140]

Für die Bewertung von Verkaufsoptionen europäischer Art gelten quasi spiegelbildliche Randbedingungen (vgl. Merksatz 5.6).[141]

Merksatz 5.6: *Zur Bewertung einer europäischen Verkaufsoption P gelten folgende Randbedingungen:*

- *Endbedingung: Der Wert einer Verkaufsoption am Ende der Laufzeit ist gleich der Differenz aus Ausübungspreis X und Basiswert S, wenn dieser Wert positiv ist. Ist diese Differenz negativ, beträgt der Optionswert null. Es gilt: $P(S,0,X) = max(X - S; 0)$.*

- *Untere Randbedingung: Der Wert der Verkaufsoption kann während der gesamten Laufzeit niemals negativ sein. Selbst wenn der Basiswert unendlich groß wird, ist der Wert einer Verkaufsoption minimal Null. Es muss gelten: $\lim\limits_{S \to \infty} \frac{\partial P}{\partial S} = 0$.*

- *Obere Randbedingung: Der Wert der Verkaufsoption kann nicht größer sein, als der Barwert des am Laufzeitende resultierenden Ausübungspreises. Es gilt: $P(0,t,X) = X \cdot e^{-r \cdot (T-t)}$.*

Die obere und die untere Randbedingung ergeben sich aus der vorausgesetzten Arbitragefreiheit des Marktes.[142] Mit diesen Bedingungen wird analog

---

[139] Vgl. Bspl. 5.7 auf S. 542.

[140] Vgl. Abschn. 5.4.3.2.5 auf S. 549.

[141] Vgl. Merton (1973: 143); Black/Scholes (1973: 643); Bockemühl (2001: 132–134); Hilzenbecher (2002: 195).

[142] Vgl. Wilkens (2003: 68–69); Kruschwitz/Husmann (2012: 288–289).

zur Kaufoption der Wert einer europäischen Verkaufsoption ermittelt (vgl. Def. 5.10).

Definition 5.10: *Der Wert der europäischen Verkaufsoption P ohne Dividendenzahlungen resultiert mit: $P = X \cdot e^{-rT} \cdot N(-d_2) - S \cdot N(-d_1)$.*

Der Wert einer Verkaufsoption besteht ebenfalls aus dem inneren Wert und dem Zeitwert, wie in Merksatz 5.5 beschrieben. Jedoch wird der **innere Wert** einer Verkaufsoption durch die Differenz aus Ausübungspreis X und Basispreis S determiniert.

Bisher wurden keine Dividendenzahlungen berücksichtigt.[143] Bei Verwendung einer konstanten, jährlichen Dividendenrate δ der zugrunde liegenden Aktie resultieren die Werte der Optionen aus Def. 5.11.[144]

Definition 5.11: *Der Wert der europäischen Option mit Dividendenzahlungen ergibt sich:*

- *für die Kaufoption: $C = S \cdot e^{-\delta T} \cdot N(d_1) - X \cdot e^{-rT} N(d_2)$,*
- *für die Verkaufsoption: $P = X \cdot e^{-rT} N(-d_2) - S \cdot e^{-\delta T} \cdot N(-d_1)$.*

Dabei sind d_1 und d_2 wie folgt definiert:

$$d_1 = \frac{ln\left(\frac{S}{X}\right) + \left(r - \delta + \frac{\sigma^2}{2}\right)T}{\sigma \sqrt{T}} \; ; \; d_2 = \frac{ln\left(\frac{S}{X}\right) + \left(r - \delta - \frac{\sigma^2}{2}\right)T}{\sigma \sqrt{T}} = d_1 - \sigma\sqrt{T}.$$

Im Fall einer Kaufoption stellt die Dividendenrendite Zahlungen dar, die dem Optionsinhaber entgehen, dem Aktieninhaber jedoch zufließen. Demzufolge reduzieren Dividendenzahlungen den Wert von Kaufoptionen. Für Verkaufsoptionen gilt die gegensätzliche Argumentation. Die Existenz von Dividendenzahlungen ist mit Blick auf Realoptionen von besonderer Bedeutung.[145]

Mit diesen Annahmen und der Vorgehensweise lassen sich sowohl einfache als auch verbundene europäische Optionen bewerten.[146] Bei einer analytischen Bewertung **amerikanischer Optionen** sind zusätzliche Randbedingungen zu beachten. Dies resultiert aus der Tatsache, dass bei amerikanischen Optionen mit der Bewertung auch die optimale Ausübungsstrategie identifiziert werden muss. Die Möglichkeit, eine Option zu unterschiedlichen Zeitpunkten ausüben zu können, beeinflusst den Wert der Option. Bei der Bewertung amerikanischer Derivate ist der kritische Wert des Basiswertes zu ermitteln, bei dem die vorzeitige Ausübung der Option optimal ist. Bei Erreichen dieses **kritischen Basiswertes** S^* (engl. trigger value, trigger oder auch treshold) wird die Option ausgeübt. Dieses Vorgehen entspricht der Ermittlung

---

[143] Vgl. Merksatz 5.2 auf S. 524.

[144] Vgl. Steiner/Uhlir (2001: 258–259); Schäfer (2005: 384).

[145] Vgl. Abschn. 5.4.3.3 auf S. 554.

[146] Vgl. Geske (1979); Kwok (2008: 135–138).

der optimalen Stoppzeit zur formalen Beschreibung der Ausübungsstrategie amerikanischer Optionen. Zu beachten ist, dass es in einigen Fällen optimal sein kann, nicht zu stoppen, d. h. der Trigger wird nicht erreicht. Diese Randbedingungen sind im Merksatz 5.7 zusammengefasst.[147]

Merksatz 5.7: *Zur Bewertung einer amerikanischen Kaufoption C gelten in Ergänzung zu Merksatz 5.4 folgende Randbedingungen:*

- **Nichtnegativität:** *Der Optionswert muss zu jedem Zeitpunkt mindestens so groß sein wie das Maximum aus dem inneren Wert und Null. Es gilt:* $C(S,t,X) \geq max(S - X; 0)$.

- **Wertgleichheit:** *Der Wert des Ausübens und des Haltens der Option muss identisch sein. Bei Ausübung muss der Optionswert mit dem inneren Wert übereinstimmen. Es muss gelten:* $C(S^*,t,X) = S^* - X$.

- **Tangentialbedingung:** *Die Ausübung ist an der Stelle optimal, an der sich der Optionswert und ihr innerer Wert tangential treffen. An der Stelle S^* ist die erste Ableitung von Optionswert und innerem Wert identisch. Es muss gelten:* $\frac{\partial C}{\partial S}(S^*,t,X) = 1$.

Die Nichtnegativität ergibt sich aus der vorausgesetzten Arbitragefreiheit des Marktes[148] und ist selbsterklärend. Die zweite Bedingung der **Wertgleichheit** (synonym: *value-matching-condition*) fordert, dass der Optionswert bei dem Basiswert S^* der Differenz aus eben diesem Wert und dem Ausübungspreis entspricht. Bei dem Wert S^* wird die Option ausgeübt, womit gleichzeitig auf eine eventuelle bessere Entwicklung in der Zukunft verzichtet wird. Der Erhalt des Wertes $S^* - X$ kompensiert die Aufgabe des Optionswertes an dieser Stelle. Anders ausgedrückt: Bei dem Wert S^* ist der Zeitwert Null und der Optionswert besteht **ausschließlich** aus dem inneren Wert.[149]

Die **Tangentialbedingung** (synonym: *Smooth-pasting-condition* bzw. *high-order-contact*) sichert die optimale Ausübung durch den Vergleich der Alternative "Warten" mit der Alternative "Option ausüben". Wenn $S \geq S^*$, wird die Option ausgeübt. Gilt hingegen $S < S^*$, so wird das Warten vorgezogen. An dieser Stelle ist die erste Ableitung von Optionswert und innerem Wert identisch. Dadurch wird für die Maximierung des Optionswertes gesorgt.

Für amerikanische Verkaufsoptionen gelten wiederum ähnliche, jedoch quasi spiegelbildliche Randbedingungen (vgl. Merksatz 5.8).[150]

---

[147] Vgl. Dixit (1989: 212); Pindyck (1991: 1121); Dixit/Pindyck (1994: 128–134); Sureth (1999: 175–177); Wirl/Dangl (2000: 215); Bockemühl (2001: 134–135); Lucke (2001: 65–94); Kwok (2008: 255–256); Seydel (2017: 153).

[148] Vgl. Wilkens (2003: 66–67).

[149] Zur Erläuterung von innerem Wert und Zeitwert vgl. Merksatz 5.5 auf S. 531.

[150] Vgl. Myers/Majd (1990: 7); Kwok (2008: 255–256); Seydel (2017: 152).

Merksatz 5.8: Zur Bewertung einer amerikanischen Verkaufsoption P gelten in Ergänzung zu Merksatz 5.6 folgende Randbedingungen:

- **Nichtnegativität:** $P(S,t,X) \geq max\,(X - S; 0)$,
- **Wertgleichheit:** $P(S^*,t,X) = X - S^*$ *sowie*
- **Tangentialbedingung:** $\dfrac{\partial P}{\partial S}(S^*,t,X) = -1$.

Gerade bei der Bewertung amerikanischer Optionen ist die Bandbreite der Anwendung analytischer Verfahren durch die zahlreichen Nebenbedingungen und die Spezifität der mathematischen Lösung auf einige wenige Optionstypen beschränkt. Eine analytische Lösung ist beispielsweise dann möglich, wenn es sich um amerikanische Optionen mit **unendlicher Laufzeit** handelt. In diesem Fall entfällt die Endlichkeitsbedingung, was die Lösung vereinfacht.[151] Darüber hinaus sind zahlreiche zeitstetige Modelle zur Approximation amerikanischer Optionen mit endlicher Laufzeit entstanden,[152] wobei diese Methodik auch anfällig für systematische Bewertungsfehler ist.[153] Einige der analytischen Modelle sind auch zur Realoptionsbewertung eingesetzt worden.[154] Besser geeignet zur Bewertung von amerikanischen Optionen sind die numerischen Verfahren, welche nun vorgestellt werden.

5.4.3.2.3 Numerische Verfahren

Numerische Verfahren versuchen, entweder den stochastischen Prozess der Entwicklung des Basiswertes zu approximieren (Gitterverfahren und Monte-Carlo-Analyse) oder die partiellen Differentialgleichungen der Optionsbewertung in diskrete Differenzengleichungen zu transformieren und zu lösen (finite Differenzierung). Die Gitterverfahren approximieren den Wertentwicklungsprozess des Basispapiers. Bekanntester Vertreter ist das Binomialmodell von COX/ROSS/RUBINSTEIN (CRR-Modell).[155]

Die Grundannahmen bezüglich der Eigenschaften des Marktes sowie die Prinzipien der risikoneutralen Bewertung und der Bildung eines risikofreien Duplikationsportfolios für die Entwicklung des CRR-Modells sind identisch mit den Voraussetzungen des BSM-Modells. Lediglich zur Modellierung des Zufallsprozesses werden andere Prämissen verwendet (vgl. Merksatz 5.9).

---

[151] Vgl. Abschn. 5.4.3.3.2 auf S. 555.

[152] Vgl. Geske/Johnson (1984); Barone-Adesi/Whaley (1987); Bjerksund/Stensland (1993a); Bjerksund/Stensland (1993b); Broadie/Detemple (1996); Ju/Zhong (2000); Alghalith (2018); Alghalith (2020); Goard (2021).

[153] Vgl. Areal/Rodrigues (2010).

[154] Vgl. Müller (2005a); Mueller (2013).

[155] Benannt nach JOHN C. COX (geb. 1943), STEPHEN ROSS (1944–2017) und MARK RUBINSTEIN (1944–2019). Vgl. Cox/Ross/Rubinstein (1979).

Merksatz 5.9: *Zusätzlich zu den Annahmen im Merksatz 5.2[156] wird für die numerischen Modelle folgendes vorausgesetzt:*

- *Der Aktienkurs folgt einem zeitdiskreten Binomial- oder Trinomialprozess mit konstanter Volatilität.*
- *Die zugrundeliegende Aktie wirft keine Dividenden ab.*

Die zweite Bedingung gilt nur für die einführende Darstellung und wird im weiteren Verlauf aufgehoben. Der Unterschied im Vergleich zum BSM-Modell besteht also in der Modellierung des Basiswertes nicht als zeitstetiger, sondern als zeitdiskreter Prozess. Im Binomialmodell wird davon ausgegangen, dass der Kurs des zugrunde liegenden Wertes einem multiplikativen binomialverteilten Prozess in zeitlich gleichen Abständen folgt. Die Kurzbezeichnung lautet deshalb Binomialmodell. Die Optionslaufzeit T unterteilt sich in n diskrete, äquidistante Intervalle der Länge $\Delta t = \frac{T}{n}$. Der Kurs des Basisobjektes S kann am Ende einer Periode nur zwei mögliche Werte haben: Er kann mit der Wahrscheinlichkeit w um den Wert u steigen oder mit der Wahrscheinlichkeit $1 - w$ um den Wert d fallen (mit $u > 1$, $d < 1$). In einem einfachen Ein-Perioden-Zwei-Zustandsmodell ergibt sich damit:[157]

$$S_0 = e^{-rT}\left[w \cdot S \cdot u + (1-w) \cdot S \cdot d\right]$$
$$w = \frac{S_0 \cdot e^{rT} - S \cdot d}{S \cdot u - S \cdot d}$$

Diese Wahrscheinlichkeit wird als **risikoneutrale** Wahrscheinlichkeit oder auch als **Pseudowahrscheinlichkeit** bezeichnet, da sie aus den Werten u und d abgeleitet wird (vgl. Def. 5.12).

Definition 5.12: *Die risikoneutrale Wahrscheinlichkeit w ergibt sich aus:*
$$w = \frac{e^{r\Delta t} - d}{u - d}.$$

Zur Ermittlung dieser Wahrscheinlichkeit sind keine detaillierten Informationen über die tatsächlich erwarteten Wahrscheinlichkeiten und auch keine Informationen über die **Risikopräferenzen** der Marktteilnehmer notwendig. Diese Parameter haben annahmegemäß für die Entwicklung des aktuellen Kurses des Basiswertes gesorgt, weshalb davon ausgegangen wird, dass die Informationen schon im Kurs enthalten sind.[158] Gemäß den Modellannahmen zur Optionsbewertung liegt ein arbitragefreier Markt vor.[159] Deshalb muss gelten: $d < e^{r\Delta t} < u$ womit Arbitragefreiheit sichergestellt wird.

---

[156] Vgl. S. 524.

[157] Vgl. Pascucci (2011: 7–9)

[158] Vgl. Cox/Ross/Rubinstein (1979: 235).

[159] Vgl. Merksatz 5.2 auf S. 524.

Mit dieser Vorgehensweise werden die möglichen Werte des Basispapiers zu den einzelnen diskreten Zeitpunkten bestimmt, woraus sich ein Binomialbaum ergibt (vgl. Abb. 5.12). Dazu werden folgende Parameter verwendet:[160]

$$u = e^{\sigma\sqrt{\Delta t}}; d = e^{-\sigma\sqrt{\Delta t}}; 1 - w = \frac{u - e^{r\Delta t}}{u - d}$$

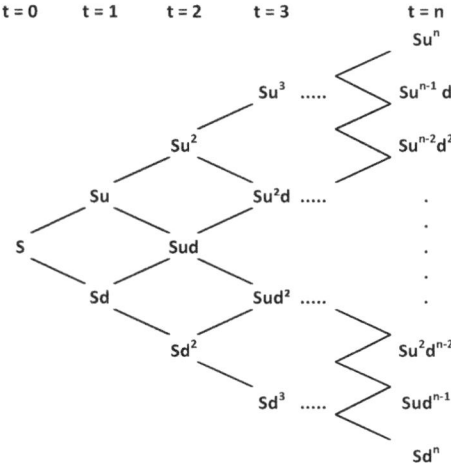

Abb. 5.12: Kursbewegungen im Binomialbaum über n Perioden. Quelle: Eigene Darstellung, in Anlehnung an: Schäfer (2005: 369).

In einem ersten Schritt können durch Festlegung und Ermittlung der Parameter die Auf- und Abwärtsbewegungen des Basiswertes ermittelt werden. Nach der Modellierung des Basiswertes wird der Wert der Option vom Ende des Binomialbaumes her (retrograd bzw. rekursiv) ermittelt.[161] Grundlage bildet das Optimalitätsprinzip von BELLMAN.[162]

Dazu wird der Knoten j zum Zeitpunkt i bezeichnet als Knoten (i,j), wobei $0 \leq i \leq N$ sowie $0 \leq j \leq i$. Der Wert einer Kaufoption in diesem Knoten wird bezeichnet als $C_{i,j}$. Der Basiswert in diesem Knoten weist den Wert $S_0 u^j d^{i-j}$ auf. Der Wert der Kaufoption am Laufzeitende T beträgt: $max(S_T - X; 0)$. Das kann auch formuliert werden mit: $C_{n;j} = max(S_0 u^j d^{n-j} - X; 0)$. Ausgehend von diesem Zeitpunkt wird der unmittelbar davor liegende Zeitpunkt betrachtet und es werden die Optionswerte in den einzelnen Knoten ermittelt.

---

[160] Vgl. Kruschwitz/Husmann (2012: 299); Hull (2019: 563).

[161] Vgl. Hull (2019: 563–568).

[162] Vgl. 2. Band, Abschn. 1.9 auf S. 221.

Der Wert der Option eine Periode vor dem Laufzeitende ist dabei abhängig von der Wahrscheinlichkeit, dass sich der Optionswert in der letzten Periode aufwärts w oder abwärts $1-w$ bewegt. Der Wert der europäischen Kaufoption im Knoten i,j wird deshalb wie folgt ermittelt:[163]

$$C_i = e^{-r\Delta t}\left[w \cdot C_{up;i+1} + (1-w) \cdot C_{down;i+1}\right].$$

Der Wert der europäischen Verkaufsoption am Laufzeitende T beträgt: $max(X - S_T; 0)$. Zum Zeitpunkt t folgt der Optionswert aus:

$$P_i = e^{-r\Delta t}\left[w \cdot P_{up;i+1} + (1-w) \cdot P_{down;i+1}\right].$$

Ausgehend vom Laufzeitende werden auf diese Weise alle Knoten bis zum Zeitpunkt $t=0$ bewertet. Die Vorgehensweise wird am Bspl. 5.6 dargestellt.

Beispiel 5.6:

Es liegt eine Option mit den folgenden Eingangswerten vor: S=90,00 €; X=100,00 €; r = 10 %; σ = 50 %; T=0,5; n=5. Die Entwicklung des Basiswertes ist in der Abbildung 5.13 zu sehen.

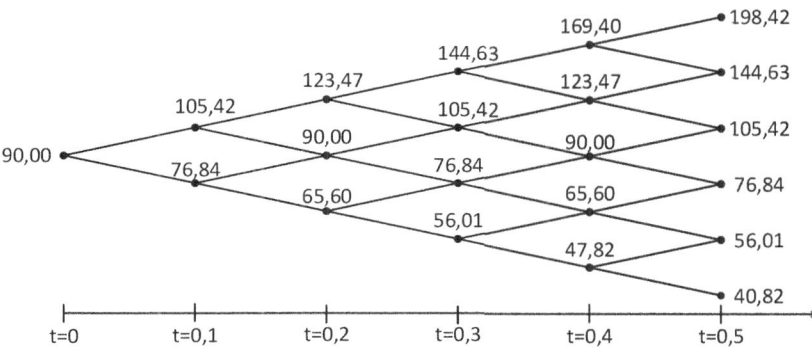

Abb. 5.13: Binomialbaum des Basiswertes im Bspl. 5.6. Quelle: Eigene Darstellung.

Aufbauend auf diesem Baum wird die betrachtete Option nach der geschilderten Vorgehensweise bewertet. In der Abbildung 5.14 ist die rekursive Bewertung sowohl einer europäischen Kauf- als auch einer Verkaufsoption auf die Aktie mit den bisher betrachteten Spezifikationen zu sehen.

---

[163] Vgl. Hull (2019: 568).

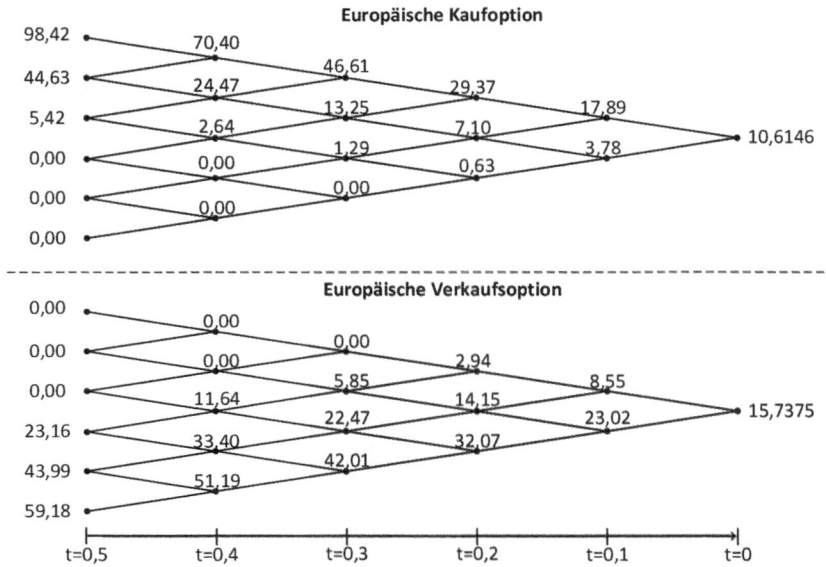

Abb. 5.14: Rekursive Bewertung der europäischen Optionen im Bspl. 5.6. Quelle:
Eigene Darstellung.

Dieses Vorgehen entspricht dem **Roll-back-Verfahren** (synonym: Rückwärtsinduktion). Dabei wird im Zeitpunkt $t = 0$ ein – intertemporal sowie dynamisch konsistentes – Entscheidungsverhalten des Akteurs während sämtlicher zukünftiger Perioden modelliert. Dafür muss zwingend das
Unabhängigkeits-Axiom erfüllt sein.[164] Die Erfüllung dieses Axioms folgt
indirekt aus der Annahme des vollkommenen Marktes[165] und der damit verbundenen Prämisse rationaler Akteure.[166] Rational bedeutet in diesem Zusammenhang erwartungsnutzenmaximierend. Damit wird die Erfüllung der
entsprechenden Axiome impliziert, von denen eines das Unabhängigkeits-
Axiom ist.[167]

Der Vorteil des Binomialmodells ist die Möglichkeit, auch amerikanische Optionen bewerten zu können. Dazu wird die Modellierung des Basiswertes und
die rekursive Vorgehensweise beibehalten. Jedoch wird bei der Rückwärtsinduktion in jedem Knoten die Möglichkeit der vorzeitigen Ausübung geprüft.

[164] Vgl. 2. Band, Axiom 1.5.5 auf S. 116 sowie LaValle/Wapman (1986); Hammond
(1988: 511–513); Seidenfeld (1988: 275–284); Machina (1989: 1626–1628); Gul/Lantto
(1990: 165–167); Trost (1991: 167–169); Eisenführ/Weber/Langer (2010: 287); Ham-
mond/Zank (2014: 70–75).

[165] Vgl. Merksatz 5.2 auf S. 524.

[166] Vgl. Merksatz 3.5 auf S. 224.

[167] Vgl. 2. Band, Merksatz 1.9 auf S. 117.

Diese Maximalwertregel stellt sicher, dass der Optionswert der vorangegangenen Periode aus dem Maximalwert der Optionswerte bei Ausübung und bei Nichtausübung der nachfolgenden Periode ermittelt wird. Der Wert der Kaufoption im Knoten i,j wird deshalb wie folgt ermittelt:[168]

$$C_{i,j} = max\left(S_0 u^j d^{i-j} - X; e^{-r\Delta t}\left[w \cdot C_{up;i+1} + (1-w) \cdot C_{down;i+1}\right]\right).$$

Der Wert der amerikanischen Verkaufsoption zum Zeitpunkt i folgt aus:

$$P_{i,j} = max\left(X - S_0 u^j d^{i-j}; e^{-r\Delta t}\left[w \cdot P_{up;i+1} + (1-w) \cdot P_{down;i+1}\right]\right).$$

Zu Veranschaulichung wird Beispiel 5.6 wieder aufgegriffen.

Fortführung des Beispiels 5.6:

In der Abbildung 5.15 ist die rekursive Bewertung sowohl einer amerikanischen Kauf- als auch einer Verkaufsoption auf die Aktie mit den bisher betrachteten Spezifikationen dargestellt. Die Entwicklung des Basiswertes beruht auf Abbildung 5.13.

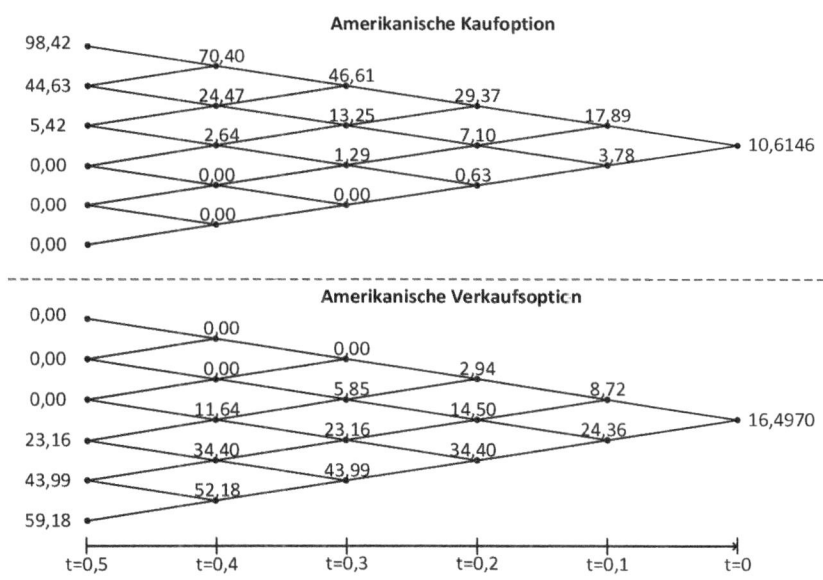

Abb. 5.15: Rekursive Bewertung der amerikanischen Optionen im Bspl. 5.6. Quelle: Eigene Darstellung.

Im Vergleich zu den korrespondierenden Werten der europäischen Optionen ist der Wert der amerikanischen Verkaufsoption größer. Da in dem Fall keine Dividendenrendite existiert, besitzt die Möglichkeit der vorzeitigen Ausübung der Verkaufsoption einen positiven Wert. Dieser Wert sinkt jedoch mit

---

[168] Vgl. Hull (2019: 568).

steigender Dividendenrendite. Die Wertidentitäten der europäischen und der amerikanischen Kaufoptionen sind ebenfalls auf die nicht existierende Dividendenrendite zurückzuführen. Für die Kaufoption ist eine vorzeitige Ausübung zu keinem Zeitpunkt vorteilhaft, weshalb auch kein Wertunterschied existiert.

Die Berücksichtigung von Dividenden ist auch im Binomialmodell möglich. Dies kann wie bei den analytischen Verfahren durch die Annahme einer konstanten Dividendenrate geschehen. Diese jährliche Rate wird als Prozentsatz des Basiswertes angegeben und mit δ bezeichnet. Der Anpassung liegt die folgende Argumentation zugrunde: Wenn die Wertentwicklung des Basiswertes bei S_0 beginnt, beträgt nach dem Zeitintervall Δt der erwartete Basiswert $S_0 \cdot e^{(r-\delta)\cdot\Delta t}$. Demzufolge muss gelten:[169]

$$w \cdot S_0 \cdot u + (1-w) \cdot S_0 \cdot d = S_0 \cdot e^{(r-\delta)\cdot\Delta t}.$$

Dies führt zu der angepassten risikoneutralen Wahrscheinlichkeit w, wobei:

$$w = \frac{e^{(r-\delta)\cdot\Delta t} - d}{u - d}.$$

Ebenfalls möglich ist die Berücksichtigung diskreter Dividendenzahlungen, deren absolute Höhe als bekannt vorausgesetzt wird, indem der Kurs des Basiswertes zum entsprechenden Zeitpunkt um diese Zahlung verringert wird. Wie auch das BSM-Modell wurde das CRR-Modell durch zahlreiche Spezifikationen und Beiträge weiterentwickelt und dadurch sein Einsatzbereich erweitert. Mit der relativ einfachen Konstruktion der spezifischen Binomialbäume lassen sich auch exotische Optionen mit einem vertretbaren Rechenaufwand bewerten. Die mathematischen Restriktionen erweisen sich im Vergleich zum BSM als weniger umfangreich.[170]

Alternativ zu den Binomialbäumen werden Trinomialbäume verwendet, die eine Entwicklung des Basiswertes in jedem diskreten Zeitpunkt zu drei Werten erlauben und die auf den dargestellten Bewertungsgrundlagen der Binomialbäume basieren. Der Basiswert kann sich vom Ausgangspunkt entweder mit der Wahrscheinlichkeit w_u zu dem Wert Su oder mit der Wahrscheinlichkeit w_d zum Wert Sd entwickeln oder der Wert in der Folgeperiode entspricht mit einer Wahrscheinlichkeit w_m dem Ausgangswert (vgl. Abb. 5.16).

---

[169] Vgl. Hull (2019: 573).

[170] Zur Bewertung komplexer Realoptionen mit einem dreidimensionalen Binomialbaum vgl. Müller (2005b: 53–54).

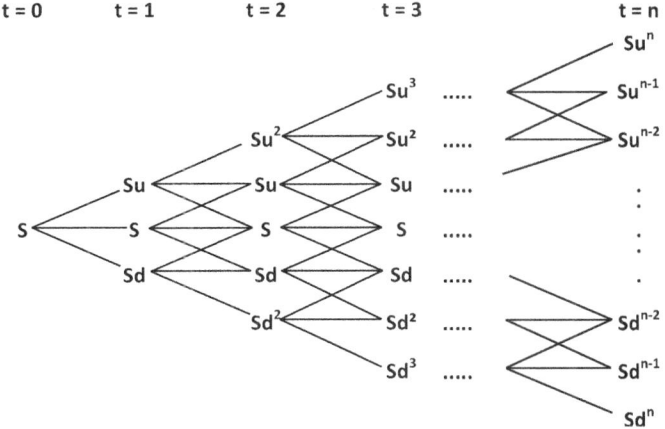

Abb. 5.16: Kursbewegungen im Trinomialbaum über n Perioden. Quelle: Eigene
Darstellung, in Anlehnung an: Hull (2019: 581).

Die zur Konstruktion des Gitters des Basiswertes und der anschließenden
rekursiven Optionswertermittlung notwendigen Parameter sind folgende:[171]

$$u = e^{\sigma\sqrt{2\Delta t}}; \ d = \frac{1}{u} = e^{-\sigma\sqrt{2\Delta t}}$$

$$w_u = \left(\frac{e^{\frac{r\Delta t}{2}} - e^{-\sigma\sqrt{\frac{\Delta t}{2}}}}{e^{\sigma\sqrt{\frac{\Delta t}{2}}} - e^{-\sigma\sqrt{\frac{\Delta t}{2}}}} \right)^2; \ w_d = \left(\frac{e^{\sigma\sqrt{\frac{\Delta t}{2}}} - e^{\frac{r\Delta t}{2}}}{e^{\sigma\sqrt{\frac{\Delta t}{2}}} - e^{-\sigma\sqrt{\frac{\Delta t}{2}}}} \right)^2$$

$$w_m = 1 - w_u - w_d$$

$$C_{n-1} = e^{-r\Delta t} [w_u \cdot C_u + w_d \cdot C_d + w_m \cdot C_m].$$

Im Vergleich zum Binomialmodell besitzt das Trinomialmodell den Vorteil,
dass durch die drei möglichen Umweltzustände, die von einem Ausgangswert
möglich sind, eine bessere Approximation des zeitstetigen Entwicklungspro-
zesses erreicht wird, was zu einer verbesserten Berechnungseffizienz des Verfahrens führt.

Das Trinomialmodell kann als ein spezielles Finite-Differenzen-Verfahren auf-
gefasst werden, womit die konzeptionelle Verwandtschaft dieser numerischen
Verfahren deutlich wird. Die Approximationsgüte von numerischen Verfahren kann anhand der drei Kriterien Stabilität, Konvergenz und Konsistenz
überprüft werden. Numerische Lösungen sind:[172]

---

[171] Vgl. Clewlow/Strickland (1998: 52–57); Kwok (2008: 323–324).

[172] Vgl. Loistl (1996: 368–369).

- stabil, wenn sich Fehler bei geringer Variation der Schrittweite nur wenig ändern
- konvergent, wenn sie bei zunehmend feiner Diskretisierung gegen einen bestimmten Wert streben
- konsistent, wenn diese Lösungen gegen den analytisch ermittelten Wert streben.

Zur Veranschaulichung der Approximationsgüte der Gitterverfahren wird das Beispiel 5.7 herangezogen.

Beispiel 5.7:

Der Wert einer europäischen Kaufoption auf eine dividendenlose Aktie wird mit dem BSM-Modell, dem Binomialmodell und dem Trinomialmodell berechnet. Es gelten folgende Ausgangswerte: S=90,00 €; X=100,00 €; r = 10 %; σ = 50 %; T=0,5.

- *Mit dem BSM-Modell werden folgende Werte ermittelt:*

$$d_1 = \frac{ln\left(\frac{90,00\,€}{100,00\,€}\right)+\left(0,10+\frac{0,50^2}{2}\right)\cdot 0,50}{0,50\cdot\sqrt{0,50}}$$

$$d_2 = d_1 - 0,50\cdot\sqrt{0,50}$$

$$N(d_1) = 0,508056$$

$$N(d_2) = 0,369431$$

$$C_{BSM} = 90,00\,€\cdot N(d_1) - 100,00\,€\cdot e^{-0,05}\cdot N(d_2)$$

$$C_{BSM} = 10,5836\,€$$

- *Mit dem Binomialmodell ergeben sich für n = 1 folgende Werte:*

$$u = e^{0,50\cdot\sqrt{0,50}} = 1,424119;$$

$$d = e^{-0,50\cdot\sqrt{0,50}} = 0,702189;$$

$$w = 0,483540;$$

Der Basiswert nach einer Aufwärtsbewegung beträgt in t = 1:

$$90,00\,€\cdot 1,424119 = 128,17\,€$$

Der Optionswert nach der Aufwärtsbewegung beträgt in t = 1:

$$C_{up} = max(S_u - X; 0) = max(128,17\,€ - 100\,€; 0)$$

$$= 28,17\,€$$

Der Optionswert nach einer Abwärtsbewegung folgt:

$$C_{down} = max(S_d - X; 0) = max(63,197\,€ - 100\,€; 0)$$

$$= 0\,€$$

Der Optionswert beträgt in t = 0:

$$C_{CRR} = e^{-0,05}[w\cdot 28,17\,€ + (1-w)\cdot 0\,€]$$

$$C_{CRR} = 12,9573\,€$$

- *Mit dem Trinomialmodell ergeben sich für n = 1 folgende Werte:*

$$u = e^{0,50} = 1,648721;$$

$$d = \frac{1}{u} = e^{-0,50} = 0,606531$$

$$w_d = \left(\frac{e^{0,25} - e^{0,025}}{e^{0,25} - e^{-0,25}} \right)^2 = 0,262215;$$

$$w_u = \left(\frac{e^{0,025} - e^{-0,25}}{e^{0,25} - e^{-0,25}} \right)^2 = 0,238076;$$

$$w_m = 0,499709$$

$$C_{TRIN} = e^{-0,05} [w_u \cdot max\,(S_u - X;\,0)$$
$$+ \; w_d \cdot max\,(S_d - X;\,0) + w_m \cdot max\,(S_m - X;\,0)]$$

$$C_{TRIN} = e^{-0,05} [w_u \cdot 48,3849 \, \text{€} + w_d \cdot 0 + w_m \cdot 0]$$

$$C_{TRIN} = 10,9575 \, \text{€}$$

Die Güte der numerischen Approximation mittels der Gitterverfahren ist in der Abbildung 5.17 ersichtlich. Sowohl die Ergebnisse des Binomial- als auch des Trinomialverfahrens sind stabil, konvergent und konsistent.

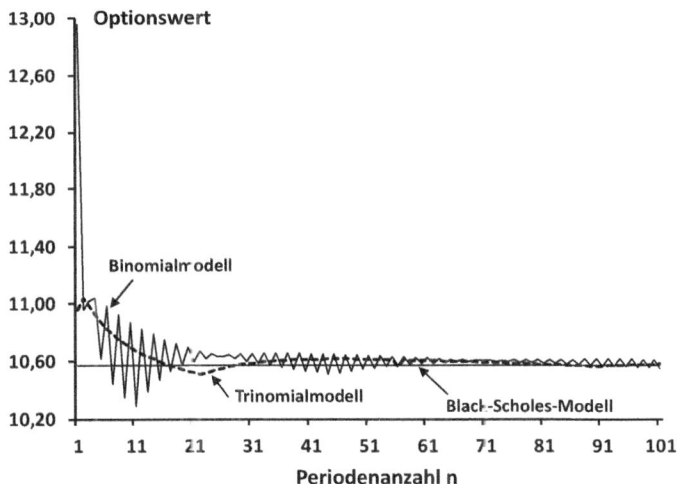

Abb. 5.17: Konvergenz der Gitterverfahren im Bspl. 5.7. Quelle: Eigene Darstellung.

Es wird deutlich, dass die mit dem Trinomialmodell ermittelten Optionswerte konsistenter sind und besser gegen den analytisch ermittelten Optionswert konvergieren. Nachteilig ist die Unmöglichkeit der Duplikation der Zahlungsströme einer Option im Rahmen des Trinomialverfahrens. Mathematisch sind mehrere Lösungen möglich, was mit der Grundannahme des vollständigen Marktes unvereinbar ist. Um das Verfahren konsistent einsetzen zu können, müsste eine eigenständige Optionsbewertungstheorie für unvollständige Märkte entwickelt werden. Diese Faktoren schränken einen umfassenden Einsatz der Trinomialmodelle ein.[173]

Am Beispiel 5.7 und der Abb. 5.17 wird erkennbar, dass die Ergebnisse der numerischen Verfahren gegen den – mit dem BSM auf analytischem Weg ermittelten – Optionswert konvergieren. Das analytische Modell von BLACK, SCHOLES und MERTON kann als Grenzfall der numerischen Verfahren interpretiert werden (vgl. Merksatz 5.10).[174]

Merksatz 5.10: *Das analytische Modell nach* BLACK, SCHOLES *und* MERTON *ist der Grenzfall des numerischen Binomialmodells nach* COX, ROSS *und* RUBINSTEIN, *wenn die Anzahl der Intervalle gegen unendlich konvergiert, d. h., wenn* $\Delta t \to 0$.

Dieselbe Relation gilt auch für das Trinomialmodell. Mit diesen Darstellungen wird deutlich, dass bei Verwendung entsprechend großer Teilperioden die numerischen Verfahren im Vergleich mit den analytischen Verfahren hinreichend genaue und konsistente Ergebnisse liefern. Die Implementierung der Gitterverfahren erweist sich als relativ einfach. Amerikanische Optionen können hinreichend genau bewertet und Dividendenzahlungen auf einfachem Wege berücksichtigt werden. Auch bei diskreten Dividendenzahlungen mit unterschiedlicher absoluter Höhe ändert sich der Rechenaufwand nur unwesentlich.

Als Nachteil der Gitterverfahren ist festzuhalten, dass die Effizienz der Berechnung stark vom Optionstyp abhängt. Zu beachten ist stets, dass es sich um approximierende Verfahren handelt, deren Lösungen teilweise langsam (und erst bei einer hohen Zahl von Intervallen) und unregelmäßig gegen die analytisch exakten Werte konvergieren. Hinzu kommen Schwierigkeiten beim Nachweis des Konvergenzverhaltens.[175] Der Rechenaufwand der Gitterverfahren steigt in Abhängigkeit von der Anzahl der Zeitintervalle und der zugrunde liegenden Basiswerte stark an. Damit wird die Nutzung der Gitterverfahren für große Baumtiefen und mehrere Basisvariablen erschwert. Die Anwendungsvielfalt und Flexibilität der Gitterverfahren, die Möglichkeit, mit diesen Verfahren Optionen zu bewerten, die sich geschlossenen analytischen Lösungen entziehen, und die für Anwender leicht nachvollziehbare Bewertungsmethodik sind geeignet, die Genauigkeitsdefizite in der Bewertung gegenüber den analytischen Lösungen zu kompensieren bzw. mehr als auszugleichen.

---

[173] Vgl. Wilkens (2000: 162); Pascucci (2011: 65).

[174] Vgl. Cox/Ross/Rubinstein (1979: 246–251); Fox (2010: 190).

[175] Vgl. Wilkens (2000: 152–153).

5.4.3.2.4 Ermittlung der Volatilität

Die Volatilität bezeichnet die jährliche zeitkontinuierliche Standardabweichung der Rendite einer Aktie.[176] Die Volatilität hat einen hohen Einfluss auf den Optionswert, ist jedoch nicht direkt beobachtbar. Es stehen zwei Möglichkeiten zur Auswahl, Informationen über die Volatilität für die Optionsbewertung - also für die Bewertung von zukünftigen Entwicklungen - zu gewinnen:

- **historische Volatilität:** Analyse historischer Aktienkursentwicklungen und Fortschreibung in die Zukunft oder
- **implizite Volatilität:** Analyse aktueller Optionspreise.

Zur Ermittlung der **historischen Volatilität** wird die Standardabweichung historischer Kursnotierungen verwendet. Ausgangspunkt ist die Grundgleichung der Schätzfunktion der Stichprobenvarianz von n beobachteten Renditen r_i:[177]

$$\hat{\sigma}^2 = \frac{1}{n-1} \cdot \sum_{i=1}^{n} (r_i - \overline{r})^2$$

Die Volatilität als Standardabweichung resultiert dann aus:

$$\hat{\sigma} = \sqrt{\hat{\sigma}^2}$$

Der Term r_i beschreibt die Rendite zwischen zwei Handelszeitpunkten, so dass n die Anzahl der Kursveränderungen zwischen den Zeitpunkten darstellt. Allgemein gilt für die Rendite r auf der Basis der Kursnotierungen K zwischen zwei Handelszeitpunkten i und $i-1$ folgende Beziehung:

$$r_i = \frac{K_i - K_{i-1}}{K_{i-1}}$$

Da bei der Optionsbewertung annahmegemäß eine zeitstetige Betrachtung erfolgt, resultiert die Rendite r_i mit:

$$r_i = ln\left(\frac{K_i}{K_{i-1}}\right)$$

Der Mittelwert $\overline{r}$ resultiert auf dieser Basis aus:

$$\overline{r} = \frac{1}{n}\sum_{i=1}^{n} r_i = \frac{1}{n}\sum_{i=1}^{n} ln\left(\frac{K_i}{K_{i-1}}\right)$$

---

[176] Vgl. Batran (2008: 226–229)
[177] Vgl. Auer/Rottmann (2020: 319).

Damit kann für die Schätzung der Varianz formuliert werden:

$$\hat{\sigma}^2 = \frac{1}{n-1} \cdot \sum_{i=1}^{n} \left[ln\left(\frac{K_i}{K_{i-1}}\right) - \frac{1}{n}\sum_{i=1}^{n} ln\left(\frac{K_i}{K_{i-1}}\right) \right]^2$$

Mit $\sum_{i=1}^{n} ln\left(\frac{K_i}{K_{i-1}}\right) = \sum_{i=1}^{n} (ln\ K_i - ln\ K_{i-1}) = ln\left(\frac{K_n}{K_0}\right)$ folgt:

$$\hat{\sigma}^2 = \frac{1}{n-1} \cdot \sum_{i=1}^{n} \left[ln\left(\frac{K_i}{K_{i-1}}\right) - \frac{1}{n} \cdot ln\left(\frac{K_n}{K_0}\right) \right]^2$$

$$= \frac{1}{n-1} \cdot \left[\sum_{i=1}^{n} \left[ln\left(\frac{K_i}{K_{i-1}}\right) \right]^2 - \frac{2}{n} \cdot \sum_{i=1}^{n} ln\left(\frac{K_i}{K_{i-1}}\right) \cdot ln\left(\frac{K_n}{K_0}\right) \right]$$

$$+ \frac{1}{n-1} \cdot \frac{1}{n^2} \cdot \sum_{i=1}^{n} \left[ln\left(\frac{K_n}{K_0}\right) \right]^2$$

$$= \frac{1}{n-1} \cdot \sum_{i=1}^{n} \left[ln\left(\frac{K_i}{K_{i-1}}\right) \right]^2 - \frac{2}{n \cdot (n-1)} \cdot \left[ln\left(\frac{K_n}{K_0}\right) \right]^2$$

$$+ \frac{1}{(n-1) \cdot n^2} \cdot n \cdot \left[ln\left(\frac{K_n}{K_0}\right) \right]^2$$

$$= \frac{1}{n-1} \cdot \sum_{i=1}^{n} \left[ln\left(\frac{K_i}{K_{i-1}}\right) \right]^2 - \frac{1}{n \cdot (n-1)} \cdot \left[ln\left(\frac{K_n}{K_0}\right) \right]^2$$

$$\hat{\sigma}^2 = \frac{1}{n-1} \cdot \sum_{i=1}^{n} ln\left(\frac{K_i}{K_{i-1}}\right)^2 - \frac{1}{n \cdot (n-1)} \cdot \left[\sum_{i=1}^{n} ln\left(\frac{K_i}{K_{i-1}}\right) \right]^2$$

Bei n beobachteten Änderungen des **Schlusskurses** (SK) (z. B. Tage, Wochen oder Monate) ergibt sich aus den bisherigen Darstellungen die Schätzung der Volatilität wie folgt:[178]

$$\hat{\sigma} = \sqrt{\frac{1}{n-1} \cdot \sum_{i=1}^{n} ln\left(\frac{SK_i}{SK_{i-1}}\right)^2 - \frac{1}{n \cdot (n-1)} \cdot \left[\sum_{i=1}^{n} ln\left(\frac{SK_i}{SK_{i-1}}\right) \right]^2}$$

Im Rahmen der Optionsbewertung beziehen sich die Angaben auf ein Jahr. So werden Zinssatz und Dividendenrate pro Jahr angegeben und die Optionslaufzeit wird ebenfalls in Jahren gemessen. Deshalb müssen auch die beobachteten Volatilitätsdaten auf diesen Zeitraum skaliert werden. Dazu dient die sog. **„Wurzel-t-Regel"**. Diese unterstellt Unabhängigkeit zwischen den Renditen des beobachteten Zeitraumes und den Renditen für den „umgerechneten" Zeitraum. Folgende Gleichung beschreibt die Relation der Volatilität eines Gesamtzeitraumes L zur Volatilität eines Subzeitraumes l:[179]

---

[178] Vgl. Hull (2019: 410).
[179] Vgl. Wenninger (2004: 28).

$\sigma_L = \sqrt{t} \cdot \sigma_l$, wobei $L = t \cdot l$.

Damit resultiert der Faktor t aus dem Verhältnis $t = \frac{L}{l}$. L stellt die Länge des Gesamtzeitraumes dar, gemessen in Einheiten des Subzeitraumes l. Im Gegensatz zur Verzinsung, die auf Basis von Kalendertagen erfolgt, werden bei der Volatilität nur die Handelstage berücksichtigt. Dabei gelten folgende Konventionen:[180]

| 1 Jahr | = 252 Handelstage, | 1 Monat | = 20 Handelstage, |
| 1 Woche | = 5 Handelstage, | 1 Jahr | = 52 Wochen. |

Für die Ermittlung der Jahresvolatilität auf Basis von Tageswerten gilt z. B.:

$$\hat{\sigma}_{Jahr} = \hat{\sigma}_{Tag} \sqrt{\frac{252}{1}}$$

Für die Berechnung der Jahresvolatilität auf Basis von wöchentlich beobachteten Daten gilt z. B.:

$$\hat{\sigma}_{Jahr} = \hat{\sigma}_{Woche} \sqrt{\frac{52}{1}}$$

Wird beispielsweise eine Wochenvolatilität auf Basis der Tagesvolatilität ermittelt, folgt:

$$\hat{\sigma}_{Woche} = \hat{\sigma}_{Tag} \sqrt{\frac{5}{1}}$$

Die oben dargestellte Schätzung der Volatilität auf Basis historischer Daten berücksichtigt lediglich die Tagesschlusskurse, ignoriert jedoch die Schwankungen während des Handelstages (sog. intraday-Schwankungen). Diese sind ein Bestandteil der Schwankungsbreite des Aktienkurses. Zur Berücksichtigung dieser Schwankungen kann die Volatilität auf der Basis von Tageshöchstkursen (HK) und Tagestiefstkursen (TK) (high-low volatility) wie folgt geschätzt werden:[181]

$$\hat{\sigma}_{Tag} = \frac{1}{2n \cdot \sqrt{ln(2)}} \cdot \sum_{i=1}^{n} ln\left(\frac{HK_i}{TK_i}\right)$$

Diese Tagesvolatilität muss ebenfalls in eine Jahresvolatilität umgerechnet werden. Zusätzlich ist es möglich, die beiden bisher dargestellten Verfahren zu kombinieren, was zur Schätzung der Tagesvolatilität auf Basis von Höchst-, Tiefst- und Schlusskursen (high-low-close volatility) führt:[182]

---

[180] Die Anzahl der Handelstage pro Zeitraum lässt sich aufgrund von Feiertagen u. ä. nicht durch Multiplikation bzw. Division ineinander überführen.

[181] Vgl. Haug (2007: 447).

[182] Vgl. Haug (2007: 448).

$$\hat{\sigma}_{Tag} = \sqrt{\frac{1}{n} \cdot \sum_{i=1}^{n} \frac{1}{2} \cdot \left[ln\left(\frac{HK_i}{TK_i}\right)\right]^2 - \frac{1}{n} \cdot \sum_{i=1}^{n} (2 \cdot ln(2) - 1) \cdot \left[ln\left(\frac{SK_i}{SK_{i-1}}\right)\right]^2}$$

Mit dem beschriebenen Verfahren wird diese Tagesvolatilität auf ein Jahr skaliert.

Charakter und wichtiger Nachteil der beschriebenen Verfahren ist die Orientierung an vergangenen Werten und der Fortschreibung dieser Werte in die Zukunft. Die **implizite Volatilität** vermeidet diesen Nachteil, indem aus den aktuell zu beobachtenden Optionspreisen die Volatilität abgeleitet wird. Diese Werte verkörpern die von den Marktteilnehmern geteilte Annahme über die zukünftige Volatilität. Folgende Vorgehensweise stehen dabei zur Auswahl:

- **Einerseits** können diese Werte für jede Option selbst ermittelt werden. Dazu wird am Markt eine Option mit identischen Rahmendaten (Basiswert, Ausübungspreis, Laufzeit, risikofreier Zinssatz, Dividendenrendite) identifiziert. Der Marktpreis dieser Option wird als Eingangsgröße verwendet. Im Anschluss wird diejenige Volatilität ermittelt, die diesem Preis entspricht. Dazu wird die Optionsbewertungsgleichung nach der Volatilität umgestellt und gelöst. Dies erfolgt i. d. R. mittels computergestütztem Berechnungsprogramm.

- **Andererseits** stellen die Börsen Volatilitätsindizes zur Verfügung. Der VDAX-NEW® (ISIN: DE000A0DMX99) z. B. prognostiziert die implizite Volatilität für den *Deutschen Aktienindex (DAX)* für die nächsten 30 Tage. Die Grundlage der Berechnung bilden die an der Terminbörse EUREX gehandelten Optionen auf DAX-Werte. Pendants dazu existieren an anderen Börsen, z. B. an der *Chicago Board Options Exchange* mit dem *CBOE VIX* (ISIN: US12497K1007).

Die Volatilität in den vorgestellten Optionsmodellen ist als **konstante Eingangsgröße** unterstellt. In der Realität ist sie jedoch veränderlich, was zu unterschiedlichen empirisch festgestellten Phänomenen führt (so z. B. das Volatility-Smile und das Volatility-Skew).[183] Um diese Ergebnisse theoretisch fundieren zu können, wurden verschiedene Modelle in die Finanzoptionsbewertung eingeführt. Dazu gehören die ARCH-Modelle (AutoRegressive Conditional Heteroskedasticity) und die daraus entstandene verallgemeinerte Form der GARCH-Modelle (Generalised ARCH-Modelle).[184] Für die Bewertung von Optionen mit ARCH-Modellen existieren keine geschlossenen Lösungen, da die ARCH-Prozesse per definitionem diskreter Natur sind. Daraus folgt die Notwendigkeit des Einsatzes numerischer Verfahren oder von Simulationsmodellen. Die Schätzung von zusätzlichen Parametern und Probleme bei der Parametergenerierung führen jedoch zu Anwendungsproblemen. Aus

---

[183] Vgl. van de Locht (2009: 25–29).

[184] Der Begriff „Heteroskedastizität" steht für die Nichtkonstanz der Varianz.

diesem Grunde werden die Modelle zur Abbildung einer nicht-konstanten
Volatilität im weiteren Verlauf nicht berücksichtigt.

5.4.3.2.5 Einfluss der Bestimmungsgrößen

Aus den Darstellungen zu den Optionsbewertungsverfahren geht hervor, dass
unabhängig vom verwendeten Verfahren:

- der Wert des Basisobjektes,   - die Volatilität,
- der Ausübungspreis,   - der risikofreie Zinssatz sowie
- die Laufzeit,   - die Dividendenzahlungen

wertbestimmend sind.[185] Diese sechs Einflussgrößen werden kurz genauer
dargestellt, weil sie auch die wertbestimmenden Parameter von Realoptionen
sind. Ausgangspunkt sind die Bewertungsgleichungen europäischer Optionen
auf Aktien mit konstanter Dividendenrendite.[186] Auf Basis dieser Gleichungen wird die Sensitivität des Optionswertes auf die Variation der Bewertungsparameter analysiert. Dazu werden die Bestimmungsgleichungen nach den
jeweiligen Einflussparametern abgeleitet.[187] Traditionell erhalten die einzelnen Ableitungen eigenständige Bezeichnungen und werden als „Greek letters"
bzw. „Greeks" bezeichnet. Diese Sensitivitätskennzahlen werden im Folgenden erläutert.[188]

Eine wesentliche Einflussgröße auf den Optionswert ist der aktuelle Kurs des
Basiswertes, dargestellt durch **Delta** (Δ). Delta misst die Reaktion des Optionswertes auf Änderungen des Basiswertes. Die detaillierten Bestimmungsgleichungen für das Delta von europäischer Kauf- und Verkaufsoption sind
in Tabelle 5.8 dargestellt. Das Delta einer Kaufoption ist **immer positiv**,
wohingegen das Delta einer Verkaufsoption **immer negativ** ist.

Gamma (Γ) spiegelt nicht die Sensitivität des Optionswertes, sondern die
Sensitivität des Delta einer Option in Abhängigkeit vom Basiswert wider. Das
Gamma von Kauf- und Verkaufsoption ist **immer identisch**. Die detaillierte
Bestimmungsgleichung für das Gamma ist in Tabelle 5.8 dargestellt.

---

[185] Neben diesen in der mathematischen Bewertung berücksichtigten Wertbestimmungsfaktoren beeinflussen zusätzlich die Transaktionskosten, steuerliche und rechtliche Vorschriften, das Handelsvolumen und die organisatorischen Regelungen des Optionshandels
den Wert von Finanzoptionen.

[186] Vgl. Def. 5.11 auf S. 532.

[187] Zu einer ausführlichen Darstellung der Ableitungen vgl. Haug (2007: 90–95).

[188] Zur Vertiefung bzw. Erläuterung dient die Übungsaufgabe 5.12 auf S. 585.

Tab. 5.8: Sensitivitätskennzahlen für europäische Optionen. Quelle: Eigene Darstellung, in Anlehnung an: Haug (2007: 22–25); Kolb/Overdahl (2013: 478–479).

Name	Bestimmungsgleichung für Kaufoption	Bestimmungsgleichung für Verkaufsoption
Delta - Δ	$\Delta_C = \dfrac{\partial C}{\partial S} = e^{-\delta \cdot T} \cdot N(d_1) > 0$	$\Delta_P = \dfrac{\partial P}{\partial S} = e^{-\delta \cdot T} \cdot [N(d_1) - 1] < 0$
Gamma - Γ	$\Gamma_C = \dfrac{\partial \Delta_C}{\partial S} = \dfrac{\partial^2 C}{\partial S^2} = \Gamma_P = \dfrac{\partial \Delta_P}{\partial S} = \dfrac{\partial^2 P}{\partial S^2} = \dfrac{N'(d_1) \cdot e^{-\delta \cdot T}}{S \cdot \sigma \cdot \sqrt{T}} > 0$	
Theta - Θ	$\begin{aligned} \Theta_C = -\dfrac{\partial C}{\partial T} = &-\dfrac{S \cdot N'(d_1) \cdot \sigma \cdot e^{-\delta \cdot T}}{2 \cdot \sqrt{T}} \\ &+ \delta \cdot S \cdot N(d_1) \cdot e^{-\delta \cdot T} - r \cdot X \cdot e^{-r \cdot T} \cdot N(d_2) \\ &\lessgtr 0 \end{aligned}$	$\begin{aligned} \Theta_P = -\dfrac{\partial P}{\partial T} = &-\dfrac{S \cdot N'(d_1) \cdot \sigma \cdot e^{-\delta \cdot T}}{2 \cdot \sqrt{T}} \\ &- \delta \cdot S \cdot N(-d_1) \cdot e^{-\delta \cdot T} + r \cdot X \cdot e^{-r \cdot T} \cdot N(-d_2) \\ &\lessgtr 0 \end{aligned}$
Vega - $\mathcal{V}$	$\mathcal{V}_C = \dfrac{\partial C}{\partial \sigma} = \mathcal{V}_P = \dfrac{\partial P}{\partial \sigma} = S \cdot \sqrt{T} \cdot N'(d_1) \cdot e^{-\delta \cdot T} > 0$	
Rho - ρ	$\rho_C = \dfrac{\partial C}{\partial r} = T \cdot X \cdot N(d_2) \cdot e^{-r \cdot T} > 0$	$\rho_P = \dfrac{\partial P}{\partial r} = -T \cdot X \cdot N(-d_2) \cdot e^{-r \cdot T} < 0$
Phi - Φ	$\Phi_C = \dfrac{\partial C}{\partial \delta} = -T \cdot S \cdot N(d_1) \cdot e^{-\delta \cdot T} < 0$	$\Phi_P = \dfrac{\partial P}{\partial \delta} = T \cdot S \cdot N(-d_1) \cdot e^{-\delta \cdot T} > 0$

$N'(x)$ ist der Wert der Dichtefunktion einer standardnormalverteilten Variablen. Es gilt: $N'(d_1) = \dfrac{1}{\sqrt{2 \cdot \pi}} \cdot e^{-0,5 \cdot (d_1)^2}$

Ein weiterer wertrelevanter Bestandteil der quantitativen Bewertung ist die **Optionslaufzeit**, berücksichtigt durch **Theta** (Θ), die erste Ableitung der Optionsgleichung nach der Zeit. Für alle Optionen gilt: Je mehr sich die Restlaufzeit verringert, desto stärker reduziert sich c. p. der Zeitwert, da die Wahrscheinlichkeit von Kursschwankungen in der verbleibenden Zeit sinkt. Am Verfallstag ist der Zeitwert gleich Null, übrig bleibt, wenn vorhanden, der innere Wert. Die detaillierten Bestimmungsgleichungen für das Theta von europäischer Kauf- und Verkaufsoption sind in Tabelle 5.8 dargestellt. Da die Laufzeit der Option fix ist, kann in der Zukunft nur eine Reduktion der Restlaufzeit erfolgen. Deshalb wird die erste Ableitung der Optionsbewertungsformel üblicherweise mit einem negativen Vorzeichen versehen.[189]

Eine weitere Eigenschaft der Finanzoptionen – amerikanischer und europäischer Art – ist die, dass eine steigende **Volatilität** des Basiswertes einen steigenden Optionswert zur Folge hat. Abgebildet wird das durch den Faktor **Vega** ($\mathcal{V}$), der die erste Ableitung der Optionsgleichung nach der Volatilität darstellt.[190]

Das Vega ist **für Kauf- und für Verkaufsoption identisch**. Das liegt darin begründet, dass eine Änderung der Volatilität bei Kauf- und auch bei Verkaufsoptionen zu einer identischen Wertänderung führt. Die detaillierte Bestimmungsgleichung für das Vega ist in Tabelle 5.8 dargestellt. Die erhöhte Volatilität steigert den Zeitwert der Option, was sich im Gesamtoptionspreis niederschlägt. Das Vega von europäischen und von amerikanischen Optionen ist **immer positiv**.

Zur Verdeutlichung wird das Beispiel 5.7 aufgegriffen. Bei Konstanz der übrigen Parameter wird die Volatilität variiert, so dass $\sigma_1 = 0{,}5$ und $\sigma_2 = 1$. Mit der steigenden Volatilität erhöht sich die Wahrscheinlichkeit, dass sich der Basiswert in einer für den Optionsinhaber positiven Richtung verändert. Je höher diese Wahrscheinlichkeit ist, desto größer ist der Zeitwert der Option (vgl. Abbildung 5.18).

Der Einfluss des Zinssatzes wird abgebildet durch **Rho** (ρ), welcher die erste Ableitung der Optionsbewertungsgleichung nach dem risikolosen Zinssatz verkörpert. Die detaillierten Bestimmungsgleichungen für Rho sind in Tabelle 5.8 dargestellt. Steigende **Zinsen** haben als einen Effekt erhöhte Kaufoptionswerte und sinkende Verkaufsoptionspreise zur Folge. Deshalb ist das Rho von **Kaufoptionen immer positiv** und das Rho von **Verkaufsoptionen ist immer negativ**. Das lässt sich damit begründen, dass steigende Zinsen zu einem verringerten Gegenwartswert aller zukünftigen Rückflüsse führen. Die Ausübungskosten bei der Kaufoption und der Ausübungsnutzen der Verkaufsoption fallen in der Zukunft an. Je höher der risikolose Zinssatz ist,

---

[189] Vgl. Haug (2007: 64). Zum Sonderfall einer Option mit einem positiven Theta vgl. Kolb/Overdahl (2013: 511).

[190] Dieses Symbol entstammt nicht dem griechischen Alphabet, wird jedoch üblicherweise zu den „Greeks" dazugezählt.

desto geringer sind beide Werte. Während der Besitzer einer Kaufoption den
Kaufbetrag bis zur Optionsausübung anlegen kann, entgehen dem Verkaufs-
optionsbesitzer entsprechende Zinserträge während der Nichtausübung.

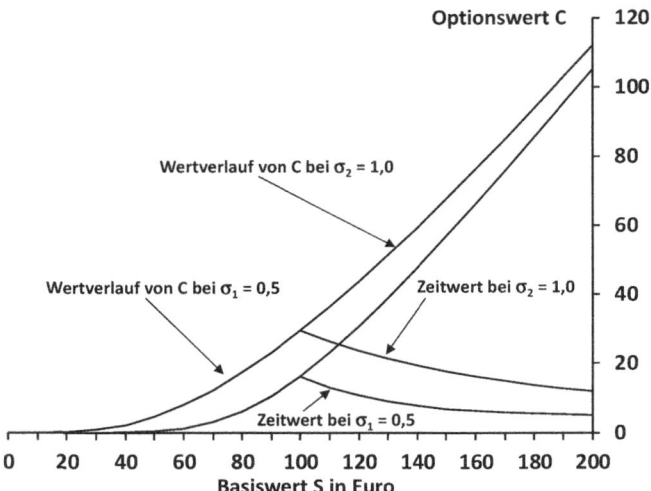

Abb. 5.18: Einfluss der Volatilität auf Zeit- und Gesamtwert im Bspl. 5.7. Quelle:
Eigene Darstellung.

Einen großen Einfluss auf den Optionswert haben **Dividenden**. Bei der Optionsbewertung wird zwischen dividendengeschützten und dividendenunge-
schützten Optionen unterschieden. Im Falle dividendengeschützter Optionen
erhalten die Optionsbesitzer eine adäquate Kompensation, was dazu führt,
dass Dividendenzahlungen nicht in der Bewertung berücksichtigt werden. Optionsinhaber ungeschützter Optionen erfahren keine derartige Kompensation,
weshalb der Einfluss der Dividenden auf den Optionswert zu berücksichtigen
ist.[191] Da dividendengeschützte Optionen selten vorkommen und über die
Berücksichtigung der Dividendenzahlung der Finanzoptionen ein Analogon
zu den Erträgen von realen Investitionsprojekten verfügbar ist, werden im
weiteren Verlauf ausschließlich die ungeschützten Optionen analysiert.

Da Dividendenzahlungen im ursprünglichen BLACK-SCHOLES-Modell nicht
vorgesehen waren, existierte auch kein standardisiertes griechisches Zeichen
für diese Sensitivität. Inzwischen ist in einigen Quellen das Symbol **Phi** (Φ)
zu finden, das in der BLACK-SCHOLES-MERTON-Formel die erste Ableitung
des Optionswertes nach der stetigen Dividendenrendite δ beschreibt.[192] Die
detaillierten Bestimmungsgleichungen für Phi von europäischer Kauf- und

---

[191] Vgl. Steiner/Uhlir (2001: 255–274); Steiner/Bruns/Stöckl (2017: 358–363).
[192] Vgl. Haug (2007: 71–73).

Verkaufsoption sind in Tabelle 5.8 dargestellt. Es wird deutlich, dass der Wert Phi für **Kaufoptionen immer negativ** ist, da die Dividendenzahlungen dem Aktieninhaber und nicht dem Optionsinhaber zufliessen. Das bewirkt eine Reduktion des Optionswertes bei steigender Dividendenrendite. Das ist gleichzeitig die Begründung dafür, dass Phi für **Verkaufsoptionen immer positiv** ist.

Dividendenzahlungen bewirken eine Preissenkung der Kaufoptionen und eine Preissteigerung der Verkaufsoptionen. Eine Ausübung vor dem Verfallstag ist bei amerikanischen Kaufoptionen auf dividendenlose Aktien niemals optimal, bei entsprechenden Verkaufsoptionen kann die vorzeitige Ausübung optimal sein. Bei amerikanischen Kaufoptionen kann der Effekt der Dividendenzahlung die vorzeitige Ausübung optimal werden lassen.[193]

In der Tabelle 5.9 sind die beschriebenen Effekte für Finanzoptionen in vereinfachter Weise zusammengefasst. Diese sechs Faktoren stellen somit die expliziten Wertbestimmungsfaktoren bzw. Werttreiber von Finanz- und Realoptionen dar.

Tab. 5.9: Explizite Determinanten des Wertes von Finanzoptionen. Quelle: Eigene Darstellung.

Erhöhung / führt zur Wertänderung	einer einfachen amerikanischen	
	Kaufoption	Verkaufsoption
des Basiswertes	↗	↘
des Ausübungspreises	↘	↗
der Laufzeit der Option	↗	↗
des risikofreien Zinssatzes	↗	↘
der Dividendenrendite	↘	↗
der Volatilität des Basisobjektes	↗	↗

Wie bei der Vorstellung von Delta bereits dargestellt wurde, gewinnen Kaufoptionen bei steigendem Basisobjekt an Wert, bei erhöhtem Ausübungspreis verlieren sie an Wert. Verkaufsoptionen verhalten sich genau umgekehrt.

Für eine Betrachtung der Optionswertentwicklung in Abhängigkeit vom Basiswert wird derselbe variiert und die Entwicklung des Gesamtwertes sowie des Zeitwertes der Option ermittelt.[194] Der Kaufoptionspreis ergibt sich mit: $C = max(0; S - Xe^{-rT})$. Die Wertobergrenze der Kaufoption entspricht dem Kurs des Basiswertes und ergibt sich aus: $C = S$. Diese Grenze wird theoretisch erreicht, wenn die Laufzeit gegen unendlich strebt, also $T = \infty$. Dann konvergiert der Term Xe^{-rT} gegen Null. In diesem Fall kann die Aktie als Option auf sich selbst interpretiert werden, und die Laufzeit der Option resp.

---

[193] Vgl. Bspl. 5.6 auf S. 537.
[194] Vgl. Merksatz 5.5 auf S. 531.

Aktie ist mit der Lebensdauer der emittierenden Aktiengesellschaft gegeben. Für die Wertuntergrenze gilt, dass der Wert der Kaufoption nie negativ ist, sondern mindestens den Wert null aufweist. Der Wert der Kaufoption bewegt sich innerhalb dieser theoretischen Grenzen. Der Zeitwert der Option erreicht in dem Beispiel sein Maximum bei $S = X$. Bei einer Wertentwicklung von $S \leq X$ besteht der Optionswert komplett aus dem Zeitwert der Option, da der innere Wert null ist. Eine weitere Erhöhung des Basiswertes über diesen Wert hinaus verringert den Zeitwert der Option, da der innere Wert steigt.

5.4.3.3 Wertkomponenten und Ausübung von Realoptionen

5.4.3.3.1 Komponenten von Realoptionen

Nach den Erläuterungen zu den Finanzoptionen werden die Analogien zu den Realoptionen erläutert. Im Kontext der Realoptionen wird der traditionelle Kapitalwert, wenn dieser positiv ist, als innerer Wert bezeichnet. Das ist der Wert, der bei der sofortigen Ausübung existieren würde. Der Flexibilitätswert der Handlungssituation entspricht in diesem Verständnis dem Zeitwert einer Finanzoption. Diese Interpretation ist jedoch nur dann zulässig, wenn der traditionelle Kapitalwert positiv ist, da der innere Wert von Finanzoptionen mindestens einen Wert von null aufweist.[195] Das wird im Merksatz 5.11 zusammengefasst.

Merksatz 5.11: Der Wert einer Realoption besteht aus:

- *dem Kapitalwert ohne Berücksichtigung von Unsicherheit als innerem Wert und*
- *dem Wert der Handlungsflexibilität als Zeitwert.*

Je höher der aktuelle Basiswert (hier: Barwert der Rückflüsse) über dem Ausübungspreis (Investitionsauszahlungen) liegt, umso:

- größer ist c. p. der innere Wert und somit der Optionswert und
- geringer ist der Anteil des Zeitwertes am gesamten Optionswert.

Für eine Investitionsoption bedeutet das, je geringer die Investitionsauszahlungen sind und je größer die Einzahlungsüberschüsse, desto wertvoller ist die reale Option zur Realisierung des Projektes. Diese Erkenntnis ist nicht neu, wird sie doch auch von klassischen Investitionsbewertungsverfahren generiert.

In Analogie zu den Finanzoptionen wird der traditionelle Kapitalwert, wenn dieser positiv ist, in dem Kontext der Realoptionen als innerer Wert bezeich-

---

[195] Vgl. Dixit/Pindyck (1994: 37).

net, dass heißt als der Wert, welcher bei der sofortigen Ausübung existieren würde. Der Flexibilitätswert der Handlungssituation entspricht in diesem Verständnis dem Zeitwert einer Finanzoption. Kennzeichen des Zeitwertes ist die Nicht-Negativität sowie die starke Abhängigkeit von der Restlaufzeit der Option. Die Realoptionstheorie liefert als neue Erkenntnis, dass eine reale Handlungsmöglichkeit trotz des nicht vorhandenen inneren Wertes oder gar negativen Kapitalwertes durch den in der Investitionsmöglichkeit enthaltenen Wert der Flexibilität insgesamt mindestens einen Wert von Null aufweist. Beispiel 5.8 verdeutlicht diese Aussage.

Beispiel 5.8:

Es wird angenommen, ein Akteur verfügt über die Handlungsmöglichkeit (= Realoption) eine Investition mit den Bewertungsdaten aus Tabelle 5.10 schon heute (in $t = 0$) oder wenn es sich als wirtschaftlich erweist, im Verlauf der nächsten drei Jahre ($T = 3$) durchzuführen.

Tab. 5.10: Bewertungsdaten der Investitionsoption

Bewertungsparameter	Wert	Bewertungsparameter	Wert
Barwert der Rückflüsse B_0 [€]	100	Volatilität σ [% pro Jahr]	30
Investitionsauszahlung I_0 [€]	100	Dividendenrendite δ [% pro Jahr]	10
Laufzeit der Option T [Jahre]	3	Risikofreier Zinssatz r [% pro Jahr]	5

Der Wert dieser amerikanischen Investitionsoption beläuft sich auf 13.700 €, wohingegen der Kapitalwert einen Wert von Null aufweist. Daraus folgt ein Flexibilitätswert von 13.700 €.

Nach der Bewertung der Option ist die wesentliche Frage zu beantworten, ob die Option ausgeübt werden soll. Dies führt zur Frage der optimalen Ausübung von Realoptionen, die im nächsten Abschnitt beantwortet wird.

5.4.3.3.2 Optimale Ausübung von Investitionsoptionen

Da der Akteur über die Möglichkeit zur freien Entscheidung verfügt, muss er bestimmen, wann die Investition realisiert, die reale Option also ausgeübt wird. Mit der Ausübung der Option geht der Optionswert verloren. Dieser Ansatz führt zu dem Kriterium des kritischen Barwertes der Rückflüsse. Bei Verwendung des Kapitalwertkriteriums muss der Barwert aller Einzahlungsüberschüsse mindestens genauso groß sein wie die Investitionsauszahlung. Der Kapitalwert C_0 wird wie folgt definiert:[196]

---

[196] Vgl. Abschn. 3.4.2 auf S. 236.

$$C_0 = -I_0 + \sum_{t=1}^{N} R_t q^{-t}$$

Wird der Barwert der Rückflüsse B_0 wie folgt definiert:

$$B_0 = \sum_{t=1}^{N} R_t q^{-t}$$

kann der Kapitalwert als Differenz der Summe der Barwerte der Rückflüsse B_0 und der Investitionszahlungen I_0 dargestellt werden:

$$C_0 = B_0 - I_0$$

Damit kann der Wert der barwertigen Rückflüsse ermittelt werden, die notwendig sind, um eine Durchführung der Investition nach dem Kapitalwertkriterium zu rechtfertigen, und wie folgt formuliert werden:

$$B_0 - I_0 \geq 0$$

Die Umstellung nach B_0 ergibt die notwendigen Barwerte der Rückflüsse, den Wert der kritischen Rückflüsse B_0^*, die für eine Ausübung erforderlich sind. Es folgt $B_{0;KW}^* = I_0$, was heißt, dass der Barwert der Rückflüsse mindestens genauso groß sein muss wie die Investitionsauszahlungen I_0 (vgl. Def. 5.13).

Definition 5.13: *Der kritische Wert der Rückflüsse B_0^* bei Verwendung des Kapitalwertkriteriums lautet: $B_{0;KW}^* = I_0$.*

Die Summe der Barwerte aller Rückflüsse muss größer sein als die Investitionsauszahlung, um die Maßnahme sofort durchzuführen (vgl. Merksatz 5.12).

Merksatz 5.12: *Um die Sofortinvestition einer Maßnahme auf Basis des Kapitalwertkriteriums zu rechtfertigen, muss gelten: $B_0 \overset{!}{\geq} I_0$.*

Nun muss festgelegt werden, wie das Entscheidungskriterium bei Berücksichtigung des möglichen Aufschubs der Maßnahme ermittelt wird. Ein grundlegender Ansatz zur Bestimmung der – für eine sofortige Ausübung erforderlichen – Rückflüsse stammt von PINDYCK.[197] Dieser Ansatz – der Dividendenzahlungen während der Optionslaufzeit in Form einer kontinuierlichen Dividendenrate δ berücksichtigt – basiert auf der analytischen Optionsbewertung. Unter Verwendung von ITÔS Lemma wird das Bewertungsproblem

---

[197] Vgl. Carr (1988: 1248); Pindyck (1991: 1118–1122); Groß-Schuler (2002: 74–80); Schäfer (2005: 397–401).

gelöst. Dabei müssen die Randbedingungen beachtet werden, welche bei einer analytischen Lösung für amerikanische Optionen gelten.[198]

Dabei entsteht jedoch das folgende Problem: Der kritische Barwert der Rückflüsse wird ermittelt durch den Wert der Option auf diese Rückflüsse. Um diesen Zirkelschluss zu umgehen, wird eine **unendliche Laufzeit** der amerikanischen Optionen angenommen, so dass eine ewige Option vorliegt.[199] Der Wert des Basisobjektes, welcher zu einer sofortigen Ausübung erforderlich ist, ergibt sich aus Def. 5.14.[200]

Definition 5.14: *Der für die sofortige Ausübung einer unendlichen Investitionsoption erforderliche Basiswert S^* folgt mit:*

$$S^* = \frac{\beta \cdot I_0}{\beta - 1}, \; wobei: \beta = \frac{1}{2} - \frac{r - \delta}{\sigma^2} + \sqrt{\left(\frac{r - \delta}{\sigma^2} - \frac{1}{2}\right)^2 + \frac{2\,r}{\sigma^2}}.$$

Der Wert dieser unendlichen Investitionsmöglichkeit $C(S)$ resultiert mit $C(S) = a\,S^\beta$, worin $a = \dfrac{S^* - I_0}{(S^*)^\beta}$.

Aus diesen Darstellungen wird deutlich, dass bei Verwendung des Realoptionskriteriums zusätzlich zur Erwirtschaftung der investierten Summe der Verlust der Handlungsmöglichkeit, dargestellt durch den Realoptionswert $InvRO$, zu berücksichtigen ist.[201] Die Summe der barwertigen Rückflüsse muss demzufolge die Investitionsauszahlungen **und** den aufgegebenen Realoptionswert kompensieren. Aus dieser Überlegung folgt:

$$B_0 - I_0 - InvRO \geq 0.$$

und somit gilt: Zur Veranlassung der sofortigen Ausübung einer Investitionsoption muss der Barwert der Rückflüsse mindestens ebenso groß sein wie die Summe aus den Investitionsauszahlungen und dem Wert der bei der sofortigen Ausübung aufgegebenen Handlungsmöglichkeit $InvRO$. Def. 5.15 enthält die allgemein gültige Darstellung.

Definition 5.15: *Der kritische Wert der Rückflüsse B_0^* einer endlichen Investitionsoption resultiert aus: $B_{0;InvRO}^* = I_0 + InvRO(B_0^*)$.*

---

[198] Vgl. Merksatz 5.7 auf S. 533. Zur Kritik dieser Vorgehensweise für reale Entscheidungsprobleme vgl. Wirl/Dangl (2000).

[199] Vgl. Pindyck (1991: 1118).

[200] Vgl. Pindyck (1991: 1121).

[201] Vgl. Pindyck (1991: 1123); Dixit/Pindyck (1994: 141); Schäfer (2005: 400–402).

Dieser Wert kann jedoch **nicht** mit einer geschlossenen Formel berechnet, sondern muss iterativ ermittelt werden. Dazu wird der Barwert der Rückflüsse gesucht, der die:[202]

- **Wertgleichheit** (synonym: *value-matching-condition*)
- **Tangentialbedingung** (synonym: *smooth-pasting-condition* bzw. *high-order-contact*)

erfüllt. Daraus folgt, dass die barwertigen Einzahlungsüberschüsse der Investition zur Veranlassung einer sofortigen Durchführung, also der Wert der kritischen barwertigen Rückflüsse $B^*_{0;InvRO}$, um den Wert der aufgegebenen Investitionsoption $InvRO$ größer sein müssen als bei Verwendung des Kapitalwertkriteriums.[203] Damit kann der Merksatz 5.13 formuliert werden.

Merksatz 5.13: *Um die Sofortausübung einer Investitionsoption zu rechtfertigen, muss gelten:* $B_0 \overset{!}{\geq} I_0 + InvRO(B^*_0)$.

Zur Veranschaulichung dieses Zusammenhanges dient das Beispiel 5.9.

Beispiel 5.9:

Dem Akteur liegt die Möglichkeit vor, für Investitionsauszahlungen in Höhe von 10 € einen Zahlungsstrom mit dem Barwert von 15 € zu erwerben. Bei Annahme eines sicheren Zahlungsstromes würde ein Kapitalwert von $C_0 = 5$ € resultieren, die Alternative wäre absolut vorteilhaft. Nun wird jedoch von unsicheren Rückflüssen ausgegangen, die eine jährliche Volatilität von $\sigma = 30\%$ aufweisen und es wird zusätzlich berücksichtigt, dass dem Investor im Falle der Verzögerung der Investition jährlich Rückflüsse in Höhe von 5 % entgehen. Der risikolose Zinssatz beträgt ebenfalls 5 % jährlich. Die Investitionsmöglichkeit steht dem Investor zeitlich unbegrenzt zur Verfügung. Mit diesen Informationen resultieren die folgenden Zwischenwerte:

$$\beta = \frac{1}{2} - \frac{r-\delta}{\sigma^2} + \sqrt{\left(\frac{r-\delta}{\sigma^2} - \frac{1}{2}\right)^2 + \frac{2 \cdot r}{\sigma^2}}$$

$$= \frac{1}{2} + \sqrt{\left(-\frac{1}{2}\right)^2 + \frac{2 \cdot 0,05}{0,30^2}}$$

$$= \frac{10}{6}$$

Der kritische Barwert der Rückflüsse kann damit wie folgt ermittelt werden:

$$B^*_{0;InvRO} = \frac{\beta \cdot I_0}{\beta - 1} = \frac{\frac{10}{6} \cdot 10}{\frac{2}{3}}$$

$$= 25,00 \text{ €}.$$

Der daraus resultierende Wert für a beträgt:

---

[202] Vgl. Merksatz 5.7 auf S. 533.

[203] Diese Aussage gilt nur, wenn eine Volatilität vorliegt, die einen Zeitwert der Option begründet.

$$a = 0{,}07017.$$

Mit diesen Zwischenergebnisse ergibt sich der Wert der Investitionsoption von:

$$InvRO(B_0) = 6{,}4024 \, \text{€}$$

Dieser Optionswert würde bei sofortiger Realisierung der Investition aufgegeben und ist deshalb zu den Investitionsauszahlungen hinzuzurechnen. Der Summe aus diesen beiden Komponenten steht jedoch lediglich ein Barwert der Rückflüsse von 15 € gegenüber. Eine sofortige Ausübung ist deshalb nicht vorteilhaft.

Es wird nun noch kurz der kritische Barwert der Rückflüsse B_0^* untersucht bzw. interpretiert. Wenn Rückflüsse in der ermittelten Höhe von 25,90 € vorliegen würden, ergäbe sich ein Wert der Investitionsoption von $InvRO(B_0) = 15\,00$ €. Zusammen mit der erforderlichen Investitionsauszahlung resultiert eine Summe von 25,00 €. Diese Summe wird durch die sofortige Realisierung der Maßnahme „investiert".[204] In diesem Punkt wären beide Werte identisch, der Akteur wäre indifferent gegenüber beiden Alternativen. Bei Barwerten größer als 25,00 € hingegen ist die sofortige Ausübung vorteilhaft, da neben der getätigten Investitionsauszahlung auch der Wert der aufgegebenen Handlungsmöglichkeit erwirtschaftet wird.

Diese Vorgehensweise ist jedoch nur für unendliche Optionen anwendbar. Für Optionen mit begrenzter Laufzeit muss die Bestimmung der Optionswerte und der Werte der kritischen Rückflüsse iterativ ablaufen. Zum Verständnis sei das Beispiel 5.10 betrachtet.

Beispiel 5.10:

Mit einer Investitionsauszahlung von $I_0 = 800$ € lassen sich sichere barwertige Rückflüsse i. H. v. $B_0 = 900$ € erzielen. Der Kapitalwert bei Investition in t=0 beträgt demzufolge $C_0 = 100$ €. Der kritische Barwert der Rückflüsse, der zu einer sofortigen Investition erforderlich ist, beträgt $B_{0;KW}^* = 800$ €. Wenn es sich um sichere Rückflüsse handelt, ist eine sofortige Investition deshalb vorteilhaft. Wird nun angenommen, dass die Rückflüsse der Investition unsicher sind und dass das Unternehmen nicht zur Investition zum heutigen Zeitpunkt verpflichtet ist, sondern im Verlauf der folgenden fünf Jahre über die Investition entscheiden kann, stellt sich wiederum die Frage nach der Vorteilhaftigkeit der sofortigen Investition. Die Situation kann als amerikanische Option interpretiert werden. Die übrigen zur Bewertung erforderlichen Daten werden aus den entsprechenden Marktinformationen abgeleitet und sind der Tabelle 5.11 zu entnehmen.

Tab. 5.11: Bewertungsdaten der Investitionsoption. Quelle: Eigene Darstellung.

Bewertungsparameter	Wert	Bewertungsparameter	Wert
Barwert der Rückflüsse B_0 [€]	900	Volatilität σ [% pro Jahr]	20
Investitionsauszahlung I_0 [€]	800	Dividendenrendite δ [% pro Jahr]	10
Laufzeit der Option T [Jahre]	5	Risikofreier Zinssatz r [% pro Jahr]	5

---

[204] Bei korrekter Betrachtung werden lediglich 10 € investiert. Der Wert der aufgegebenen Investitionsmöglichkeit ist als aufgegebene Handlungsoption zu interpretieren.

Der Wert dieser Investitionsoption InvRO beträgt 125,80 €.[205] *Das bedeutet, es besteht eine Differenz zum Kapitalwert in Höhe von 25,80 €. Diese Differenz stellt den Flexibilitätswert dar. Der Flexibilitätswert ist demzufolge Bestandteil der Realoption.*

Nach der Bewertung der Beispieloption ist die Frage nach der optimalen Ausübung zu klären. Wenn die Option sofort ausgeübt wird, wird auch der gesamte Optionswert in Höhe von 125,80 € aufgegeben. Der Barwert der Rückflüsse muss diesen Verlust kompensieren. Der kritische Barwert der Rückflüsse wird durch Iteration ermittelt und resultiert mit $B^*_{0;InvRO} = 1.015,86$ €.[206] *In diesem Punkt beträgt der Flexibilitätswert Null und der Wert der Investitionsoption entspricht dem inneren Wert dieser Option, also dem Kapitalwert (vgl. Abbildung 5.19).*

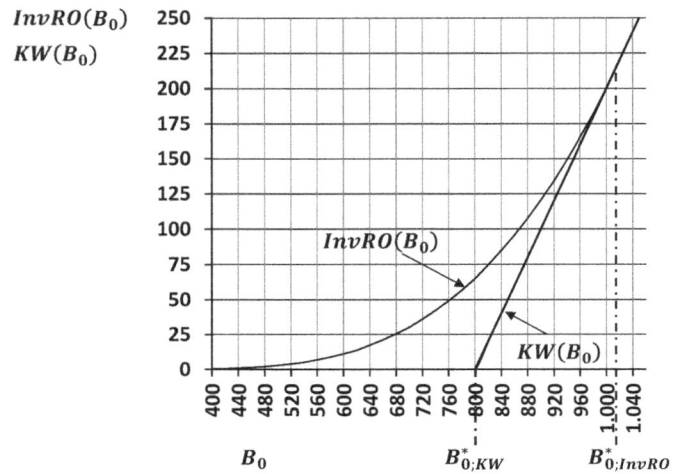

Abb. 5.19: Kritischer Wert der Rückflüsse der Investitionsoption. Quelle: Eigene Darstellung.

Ein wesentlicher Bestimmungsparameter des Optionswertes ist die Volatilität der Rückflüsse. Wird statt der bisher angenommenen Volatilität ein Wert von $\sigma = 0,30$ verwendet, resultiert ein Wert der Investitionsoption von InvRO = 176,64 €. Der kritische Barwert der Rückflüsse steigt in diesem Fall auf $B^*_{0;InvRO} = 1.223,83$ € (vgl. Abbildung 5.20).

---

[205] Die Bewertung erfolgte mit dem Binomialmodell und 100 Zeitintervallen.

[206] Würde es sich um eine unendliche Investitionsoption handeln, würde die Vorgehensweise von PINDYCK zu folgenden Werten führen: $\beta = 4,1085$ und $B^*_{0;InvRO} = 1.057,36$ €.

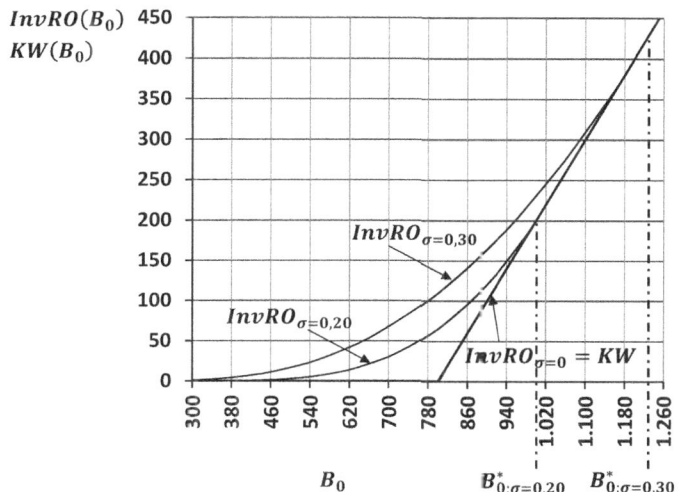

Abb. 5.20: Einfluss der Volatilität auf Optionswert und kritischen Wert. Quelle: Eigene Darstellung.

Im Beispiel 5.10 wird der Zusammenhang zwischen Unsicherheit und Investitionstätigkeit deutlich und quantifizierbar: Eine erhöhte Unsicherheit führt zu einem erhöhten Wert der aufgegebenen Option. Deshalb sind höhere Rückflüsse erforderlich, um eine sofortige Investition zu rechtfertigen. Dies führt zu einer Senkung der Investitionstätigkeit (vgl. Merksatz 5.14).[207]

Merksatz 5.14: Wenn die Unsicherheit steigt, dann sinkt die Investitionstätigkeit, weil:

- *der Wert der Investitionsoption steigt, was **gleichzeitig***
- *zu einem steigenden Wert der Rückflüsse führt, die für eine sofortige Ausübung dieser Option erforderlich sind.*

Dieser Zusammenhang ist von **zentraler Bedeutung** und eine der wesentlichen Aussagen von Realoptionsmodellen.[208] Dass eine große Unsicherheit die Investitionstätigkeit verringert, lässt sich besonders gut aus volkswirtschaftlicher Perspektive beobachten.[209] Der Optionswert, der bei einer sofortigen Ausübung vernichtet wird, steigt bei zunehmender Unsicherheit. Um die Sofortausübung ökonomisch zu rechtfertigen, müssten höhere Rückflüsse erzielt werden, als bei geringerer Unsicherheit. Die Realoptionsmodelle erklären und quantifizieren dieses Zusammenspiel.

---

[207] Vgl. Dangl/Wirl (1998); Dunne/Mu (2010); Bredin/Elder/Fountas (2011).

[208] Vgl. Müller (2017: 425).

[209] Vgl. Böhm/Funke/Siegfried (1999); Stockey (2016); Drobetz et al. (2018); Ilyas et al. (2021).

An dieser Stelle wird die bereits erwähnte Einheit von Bewertung einer Investitionsmaßnahme und der Feststellung der optimalen Ausübung deutlich.[210] Die Feststellung des Wertes der Investitionsoption ist lediglich der erste Schritt der Problemlösung. Ebenso wichtig ist die Analyse der optimalen Ausübung.

In den bisherigen Betrachtungen wurde untersucht, welcher Barwert zum Zeitpunkt $t = 0$ vorliegen müsste, um eine Option sofort auszuüben. Die numerischen Verfahren bieten jedoch auch die Möglichkeit zu prognostizieren, zu welchem Zeitpunkt in der Zukunft die Ausübung der Option vorteilhaft ist. Zur Erläuterung wird das Beispiel 5.10 aufgegriffen und als Beispiel 5.11 abgewandelt analysiert.

Beispiel 5.11:

Es gelten die Eingangsdaten aus Tab. 5.11 und es wird angenommen, dass die **Laufzeit** *von fünf Jahren in* **fünf Intervalle unterteilt** *wird. Damit folgt:*

$$u = e^{\sigma \sqrt{\Delta t}} = e^{0,20} = 1{,}2214{0};\ d = e^{-\sigma \sqrt{\Delta t}} = e^{-0{,}20} = 0{,}81873;$$

$$w = \frac{e^{(r-\delta)\cdot \Delta t} - d}{u - d} = \frac{e^{(-0{,}05)\cdot \Delta t} - 0{,}81873}{1{,}22140 - 0{,}81873} = 0{,}32905.$$

Die daraus resultierende Entwicklung des Basiswertes ist in Abbildung 5.21 zusehen.

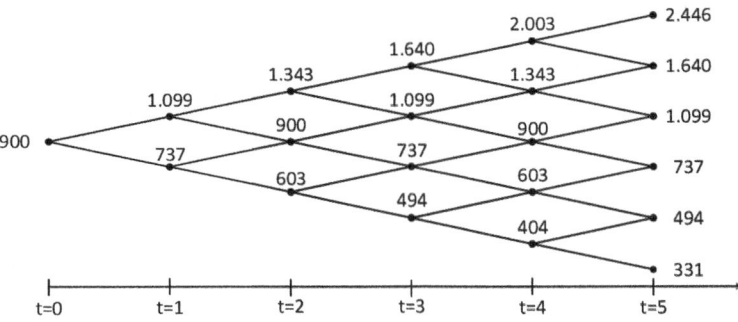

Abb. 5.21: Entwicklung des Basiswertes. Quelle: Eigene Darstellung.

Ausgehend von den Endwerten im Jahr $t = 5$ werden die folgenden Werte rekursiv bis zum Zeitpunkt $t = 0$ entwickelt und dargestellt (vgl. Abbildung 5.22):

- *Optionswert aus der Beziehung:*
  $$C_{i,j} = max\left(S_0 u^j d^{i-j} - X; e^{-r\Delta t}[w \cdot C_{up;i+1} + (1-w) \cdot C_{down;i+1}]\right),$$
- *innerer Wert, definiert durch:* $S_0 u^j d^{i-j} - X$,
- *diskontierter Wert der Nichtausübung, ermittelt aus:*
  $$e^{-r\Delta t}[w \cdot C_{up;i+1} + (1-w) \cdot C_{down;i+1}].$$

---

[210] Vgl. Merksatz 5.1 auf S. 513.

Es wird noch einmal auf die zwei Bestandteile des Optionswertes hingewiesen:

$$Optionswert = innerer~Wert + Zeitwert.$$

Der Zeitwert ergibt sich demzufolge aus folgender Beziehung:

$$Zeitwert = Optionswert - innerer~Wert.$$

Es wurde in den bisherigen Ausführungen dargestellt, dass die Ausübung der Realoption nur dann vorteilhaft ist, wenn der aufgegebene Zeitwert Null ist. D. h. wenn der innere Wert größer bzw. gleich dem diskontierten Wert der Nichtausübung ist, entspricht der Optionswert dem inneren Wert und die Ausübung ist vorteilhaft.

In der Abbildung 5.22 sind die Zeit- und Zustandsknoten, in denen eine Ausübung vorteilhaft ist, mit gestricheltem Rahmen versehen. Es wird deutlich, dass eine Ausübung in $t = 0$ nicht vorteilhaft ist. In diesem Zeitpunkt beträgt der innere Wert 100 €, der Optionswert hingegen beträgt 120 €. Bei sofortiger Ausübung würde ein Zeitwert von 20 € aufgegeben bzw. vernichtet. Die Abbildung 5.22 zeigt, dass eine Ausübung der Option im Zeitpunkt $t = 1$ vorteilhaft ist, wenn sich der Basiswert positiv entwickelt hat. Das ist der frühestmögliche Zeitpunkt einer vorteilhaften Optionsausübung.

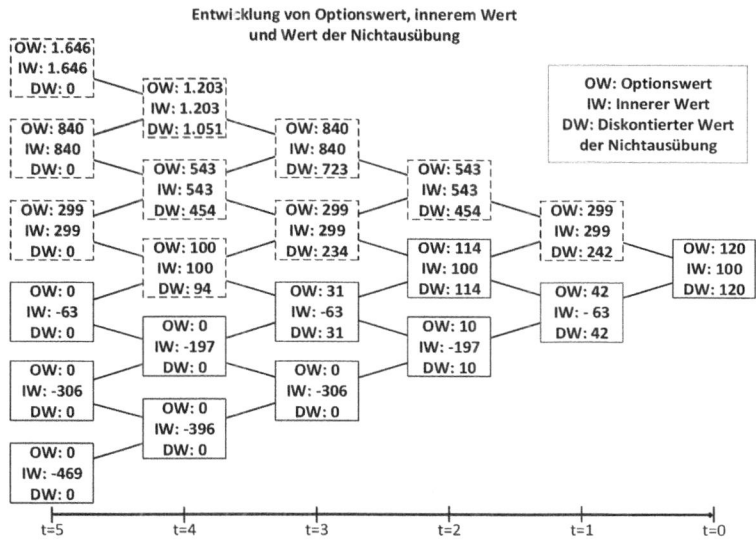

Abb. 5.22: Identifikation des Ausübungsbereiches. Quelle: Eigene Darstellung.

In diesem Zusammenhang muss noch einmal der **Einfluss der Dividendenrendite** auf die Ausübung diskutiert werden. Im Fall einer Kaufoption stellt die Dividendenrendite Zahlungen dar, die dem Optionsinhaber entgehen, dem Aktieninhaber jedoch zufließen. Je größer die Dividendenzahlungen, desto geringer ist der Optionswert. Das Beispiel 5.12 demonstriert die Bedeutung von Rückflüssen (vgl. Merksatz 5.15).

Merksatz 5.15: *Die Ausübung einer amerikanischen Investitionsoption auf einen Basiswert ohne entgehende Rückflüsse ist vor dem Verfallstag niemals optimal.*

Der Grund dafür ist, dass dem Optionsinhaber während der Wartezeit keine Rückflüsse entgehen. Die „Kosten des Wartens" sind demzufolge Null. Ohne entgehende Rückflüsse stellt sich die Frage der vorzeitigen Ausübung einer Investitionsoption deshalb nicht.

Beispiel 5.12:

Das Beispiel 5.10 (vgl. Tab. 5.11) wird so modifiziert, dass keine Dividendenrendite exis-tiert, d. h. $\delta = 0$. Die Entwicklung des Basiswertes wird nicht beeinflusst, wohl aber die Höhe der Optionswerte (vgl. Abbildung 5.23). Offensichtlich ist es zu keinem Zeitpunkt vor dem Verfallstermin vorteilhaft, die Option auszuüben. Lediglich am Laufzeitende ist in drei Zuständen eine Optionsausübung vorteilhaft.

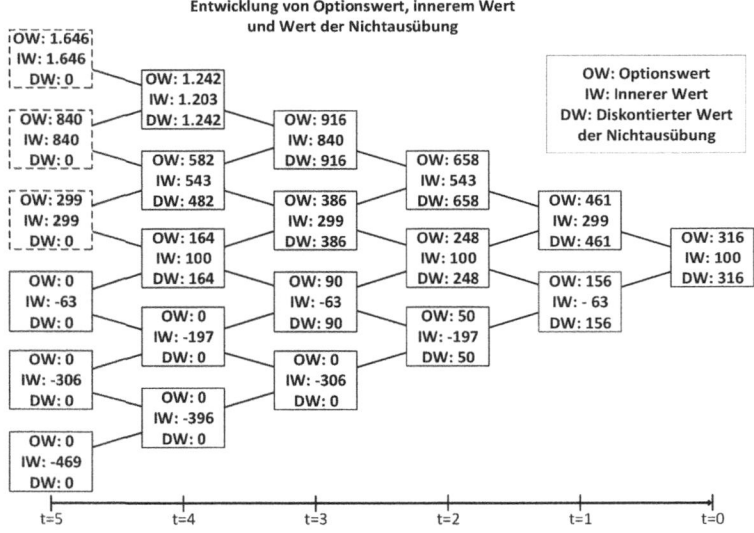

Abb. 5.23: Entwicklung einer dividendenlosen Investitionsoption. Quelle: Eigene Darstellung.

5.4.3.3.3 Optimale Ausübung von Abbruchoptionen

Aufgrund der anderen Grundstruktur der Situation – im Gegensatz zur Investitionsoption besteht das Projekt bereits und erwirtschaftet i. d. R. Rückflüsse – ist für die Bestimmung der optimalen Ausübung eine eigenständige Betrachtung erforderlich. Die Situation ist quasi spiegelbildlich zur Investitionsoption, weshalb die Frage für den Akteur wie folgt lautet: Wie groß müssen die zu erzielenden Liquidationseinzahlungen sein, um den sofortigen Abbruch zu rechtfertigen?

Ausgangspunkt für die Beantwortung ist hier wiederum das Kapitalwertkriterium. Da das Projekt bereits realisiert ist, ergibt sich der Kapitalwert der zu treffenden Abbruch-Entscheidung $C_{0;Abb}$ aus der Differenz des Barwertes der durch die Liquidation aufgegebenen Rückflüsse B_0 und der Netto-Liquidationseinzahlung L_0 in der Form: $C_{0;Abb} = L_0 - B_0$.

Der Term L_0 verkörpert diejenige Einzahlung, die bei sofortigem Verkauf der Anlage erzielt werden kann. Damit kann der kritische Wert bzw. der Mindestwert der Liquidationseinzahlung L_0^* ermittelt werden (vgl. Def. 5.16).

Definition 5.16: *Der kritische Wert der Liquidationseinzahlung L_0^* bei Verwendung des Kapitalwertkriteriums lautet: $L_{0;FW}^* = B_0$.*

Die zu erzielende Liquidationseinzahlung muss mindestens so groß sein wie die Summe aller aufgegebenen Rückflüsse, um die Maßnahme sofort abzubrechen und zu veräußern (vgl. Merksatz 5.16).

Merksatz 5.16: *Um den Sofortabbruch einer Maßnahme auf Basis des Kapitalwertkriteriums zu rechtfertigen, muss gelten: $\bar{L}_0 \overset{!}{\geq} B_0$.*

Auch im Falle der Abbruchoption wird mit deren Ausübung der Wert der gesamten Handlungsmöglichkeit vernichtet. Die zu erzielende Liquidationseinzahlung muss aus diesem Grund die aufgegebenen barwertigen Rückflüsse und darüber hinaus den Verlust der Handlungsmöglichkeit kompensieren. Aus diesen Überlegungen ergibt sich Def. 5.17.

Definition 5.17: *Die Mindestliquidationseinzahlung $L_{0;AbbRO}^*$ einer Abbruchoption resultiert aus: $L_{0;AbbRO}^* = B_0 + AbbRO(L_0^*)$.*

Auf diese Weise kann der Wert der Mindestliquidationseinzahlung zur Beurteilung der Vorteilhaftigkeit des Sofortabbruchs verwendet werden (vgl. Merksatz 5.17).

Merksatz 5.17: *Um die Sofortausübung einer Abbruchoption zu rechtfertigen, muss gelten: $L_0 \overset{!}{\geq} B_0 + AbbRO(L_0^*)$.*

Die Liquidationseinzahlung muss demzufolge größer sein, als die Summe aus aufgegebenen Rückflüssen und aufgegebenem Realoptionswert. Zur Veranschaulichung dieses Zusammenhanges dient das Beispiel 5.13.

Beispiel 5.13:

Ein Investitionsprojekt erzielt bis zum Ende der prognostizierten, planmäßigen Laufzeit von 5 Jahren unsichere barwertige Rückflüsse i. H. v. $B_0 = 1.000$ €. Ein Verkauf wäre aktuell an einen Mitwettbewerber möglich, welcher einen Preis i. H. v. $L_0 = 1.200$ € zahlen würde. Der Kapitalwert bei Abbruch in t=0 beträgt demzufolge $C_{0;Abb} = 200$ €. Der Mindestliquidationswert, der zu einem sofortigen Verkauf erforderlich ist, beträgt $L^*_{0;KW} = 1.000$ €. Die Situation kann als amerikanische Verkaufsoption interpretiert werden. Die übrigen Daten sind der Tabelle 5.12 zu entnehmen.

Tab. 5.12: Bewertungsdaten der Abbruchoption. Quelle: Eigene Darstellung.

Bewertungsparameter	Wert	Bewertungsparameter	Wert
Barwert der Rückflüsse B_0 [€]	1.000	Volatilität σ [% pro Jahr]	20
Liquidationseinzahlung L_0 [€]	1.200	Dividendenrendite δ [% pro Jahr]	10
Laufzeit der Option T [Jahre]	5	Risikofreier Zinssatz r [% pro Jahr]	5

Der Wert dieser Abbruchoption AbbRO beträgt ca. 363 €.[211] Das bedeutet, es besteht eine Differenz zum Kapitalwert in Höhe von 163 €. Diese Differenz stellt den Flexibilitätswert dar.

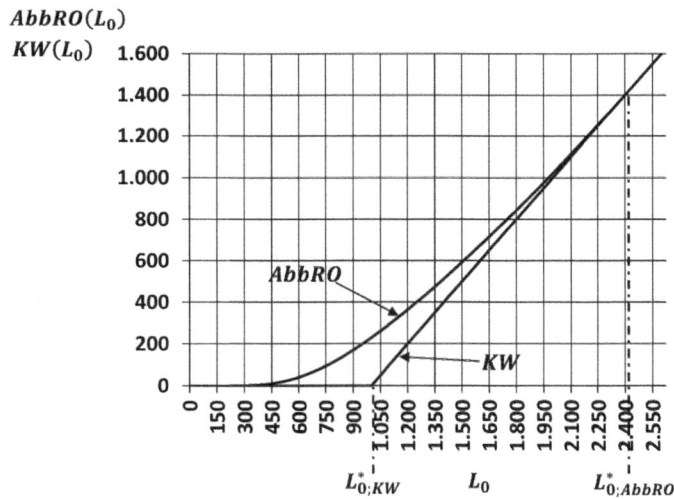

Abb. 5.24: Kritischer Wert der Liquidationszahlungen der Abbruchoption. Quelle: Eigene Darstellung.

---

[211] Die Bewertung erfolgte mit dem Binomialmodell und 100 Zeitintervallen.

Nach der Bewertung der Beispieloption ist die Frage nach der optimalen Ausübung zu klären. Wenn die Option sofort ausgeübt wird, wird auch der gesamte Optionswert in Höhe von ca. 363 € aufgegeben. Die zu erzielenden Liquidationseinzahlungen müssen diesen Verlust kompensieren. Unter Berücksichtigung dieses Zusammenhanges ergibt sich der Mindestwert der Liquidationseinzahlungen aus Def. 5.17 durch Iteration mit: $L^*_{0;AbbRO} \approx 2.420$ €. Der Zusammenhang zwischen Kapital-, Options- und Flexibilitätswert ist in der Abb. 5.24 dargestellt und ähnelt der Relation bei Investitionsoptionen.[212]

Je größer die Liquidationseinzahlungen sind, desto geringer ist der Flexibilitätswert. Bei dem bereits ermittelten kritischen Wert $L^*_{0;AbbRO} \approx 2.420$ € ist der Flexibilitätswert Null und der Kapitalwert entspricht mit 1.420 € dem Wert der Abbruchoption. In diesem Fall sollte die Option sofort ausgeübt werden.

Die Frage in der vorliegenden Situation kann jedoch auch in der anderen Richtung gestellt werden: Unter welchen Wert müssten die Rückflüsse sinken, damit bei einer gegebenen Liquidationseinzahlung der sofortige, irreversible Abbruch ökonomisch sinnvoll ist? In diesem Szenario muss ebenfalls gelten: $L_0 - B_0 \geq AbbRO$, woraus sich Def. 5.18 ergibt.

Definition 5.18: *Der kritische Barwert B^*_0 einer Abbruchoption resultiert aus: $B^*_0 = L_0 - AbbRO(B^*_0)$.*

Auf diese Weise kann der kritische Barwert zur Beurteilung der Vorteilhaftigkeit des Sofortabbruchs verwendet werden (vgl. Merksatz 5.18).

Merksatz 5.18: *Um die Sofortausübung einer Abbruchoption zu rechtfertigen, muss gelten: $B_0 \overset{!}{\leq} L_0 - AbbRO(B^*_0)$.*

Die barwertigen Rückflüsse müssen demzufolge unter den Wert B^*_0 sinken, damit das Projekt irreversibel abgebrochen wird. Zur Erläuterung wird das Beispiel 5.13 modifiziert und als Beispiel 5.14 weitergeführt.

Beispiel 5.14:

Mit den Eingangsdaten aus Tabelle 5.12, der Definition 5.18 und der Beziehung aus Merksatz 5.18 wird der Wert der Rückflüsse, der einen sofortigen, irreversiblen Abbruch des Projektes rechtfertigt mittels Iteration ermittelt. Der Wert der Abbruchoption beträgt weiterhin ca. 363 €. Es ergibt sich ein Wert der kritischen Rückflüsse von $B^*_0 \approx 496$ €. Die Entwicklung des kritischen Wertes der Rückflüsse in Abhängigkeit vom Barwert des abzubrechenden Projektes sowie die Entwicklung des Kapitalwertes sind in der Abb. 5.25 ersichtlich. Erst wenn die aufzugebenden Rückflüsse unter den Wert von $B^*_0 \approx 496$ € sinken, ist es ratsam, das Projekt irreversibel abzubrechen. Bei einem aufzugebenden Barwert in Höhe von 496 € beträgt der Wert der Abbruchoption und der Kapitalwert ca. 704 €. An diesem Punkt ist der Flexibilitätswert deshalb Null, womit auch die Hoffnung auf eine positive Entwicklung des Basiswertes beschrieben wird.

---

[212] Vgl. Abb. 5.19 auf S. 560.

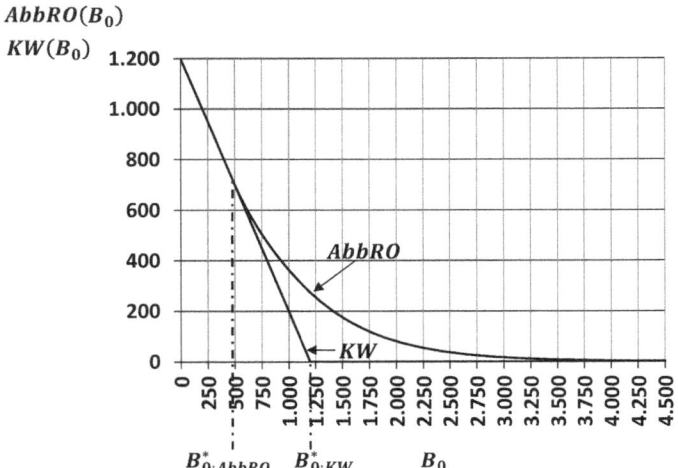

Abb. 5.25: Kritischer Wert der Rückflüsse der Abbruchoption (Werte in €). Quelle: Eigene Darstellung.

Deshalb werden Projekte oftmals vorübergehend stillgelegt, um bei einer besseren Entwicklung der Rohstoffpreise wieder betrieben werden zu können. Auf diese Weise werden irreversible Entscheidungen vermieden.

5.4.3.4 Vergleich Entscheidungsbaum und Realoption

Beispiel 5.15 verdeutlicht Gemeinsamkeiten und Unterschiede zwischen dem Entscheidungsbaumverfahren und der Realoptionsmethodik.

Beispiel 5.15:

Für eine Investitionsmöglichkeit gelten die Eingangsdaten aus Tab. 5.13.

Tab. 5.13: Bewertungsdaten der Investitionsoption. Quelle: Eigene Darstellung.

Bewertungsparameter	Wert	Bewertungsparameter	Wert
Barwert der Rückflüsse B_0 [€]	900	Volatilität σ [% pro Jahr]	20
Investitionsauszahlung I_0 [€]	800	Dividendenrendite δ [% pro Jahr]	10
Laufzeit der Option T [Jahre]	3	Risikofreier Zinssatz r [% pro Jahr]	5

Die Volatilität, zur Ermittlung der Parameter für die Auf- und Abwärtsbewegung des Basiswertes, lässt sich durch eine Monte-Carlo-Simulation mit einer entsprechenden Simulationssoftware bestimmen.[213] Es wird unterstellt, dass die prognostizierten Rückflüsse in jedem Endknoten normalverteilt um 10% des prognostizierten Wertes schwanken.

[213] Für diese Berechnung wurde die Anwendung *Crystal Ball*® genutzt. Zur Methodik vgl. Copeland/Antikarow (2003: 244–251).

*Für die Eintrittswahrscheinlichkeiten wird eine logarithmische Normalverteilung ange-
nommen, wobei $\mu = 0{,}5$ und $\sigma = 0{,}15$. Es ergibt sich für $n = 1000$ Simulationen eine
Volatilität von 20%.*

*Der Optionswert beträgt ca. 114 €, der kritische Barwert der Rückflüsse $B^{*}_{0;InvRO}$ beträgt
ca. 935 €. In der Abbildung 5.26 ist die Entwicklung der Werte dargestellt. Die Ausübung
zum Zeitpunkt $t = 0$ ist nicht optimal, die Investition sollte aufgeschoben werden. Bei
einer günstigen Entwicklung ist die Durchführung nach einem Jahr optimal.*

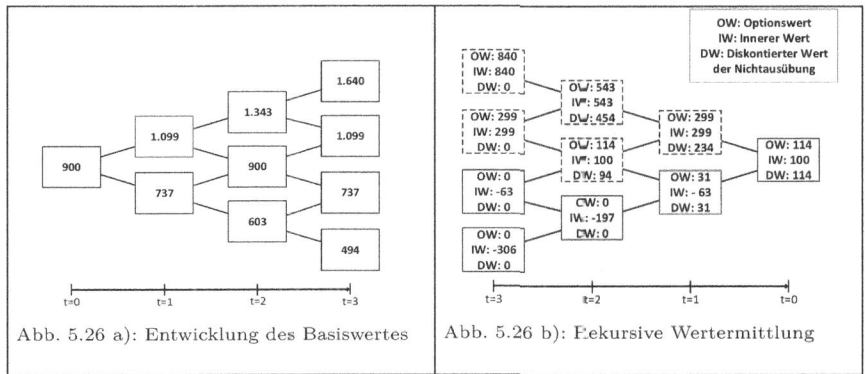

Abb. 5.26 a): Entwicklung des Basiswertes   Abb. 5.26 b): Rekursive Wertermittlung

Abb. 5.26: Wertentwicklungen und Ausübungsbereiche. Quelle: Eigene Darstellung.

*Nun wird das Beispiel mittels Entscheidungsbaumverfahren analysiert. In der Abbildung
5.27 ist der Zustandsbaum dargestellt.*

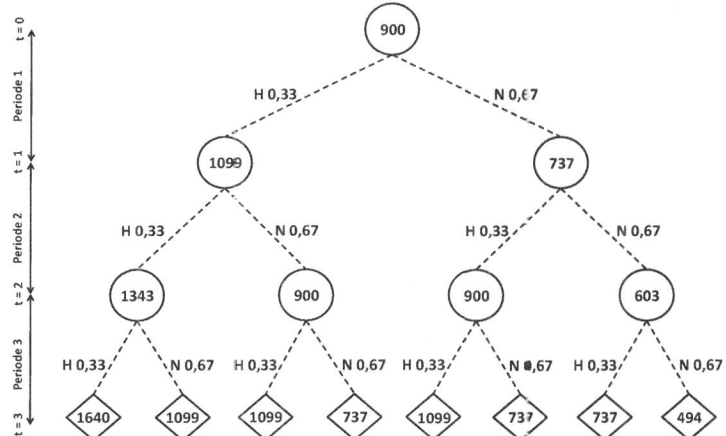

Abb. 5.27: Zustandsbaum im Bspl. 5.15. Quelle: Eigene Darstellung.

Der daraus resultierende Entscheidungsbaum ist in der Abbildung 5.28 zu sehen.

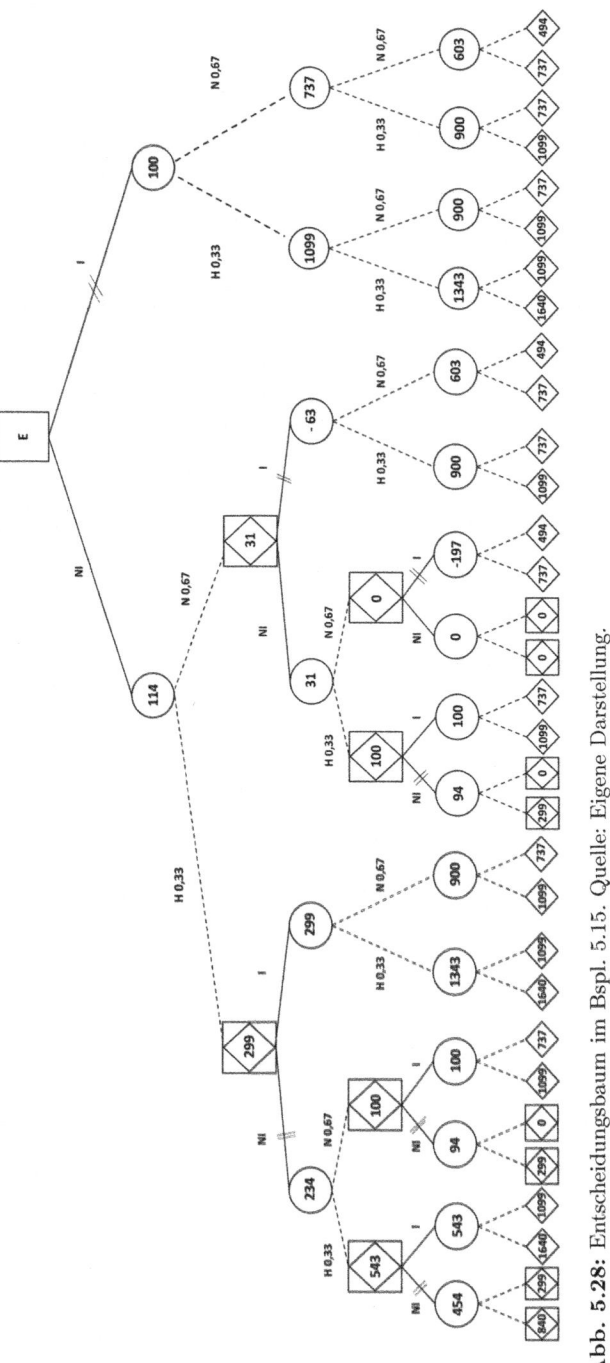

Abb. 5.28: Entscheidungsbaum im Bspl. 5.15. Quelle: Eigene Darstellung.

Zur Bewertung wurden aus der Volatilität die risikoneutralen Wahrscheinlichkeiten wie folgt ermittelt:

$$u = e^{\sigma\sqrt{\Delta t}} \qquad = e^{0,20} \qquad\qquad\qquad \approx 1{,}22140$$

$$d = e^{-\sigma\sqrt{\Delta t}} \qquad = e^{-0,20} \qquad\qquad\qquad \approx 0{,}81873$$

$$w = \frac{e^{(r-\delta)\Delta t} - d}{u - d} = \frac{e^{(0,05-0\ 10)} - 0{,}81873}{1{,}22140 - 0{,}81873} \qquad \approx \tfrac{1}{3}$$

Der Erwartungswert des Kapitalwertes beträgt bei optimaler Ausübung ca. 114 € und ist damit genauso groß wie der zuvor ermittelte Wert der Investitionsoption. Die optimale Ausübungsstrategie ist ebenfalls identisch: Keine Investition in $t = 0$ und anschließende Investition in $t = 1$, wenn die Entwicklung positiv verläuft.

Der Vergleich mit der Abb. 5.26 zeigt die Identität der Werte in den verschiedenen Zustands-Zeitpunkt-Knoten beider Verfahren. Der Wert im jeweiligen Resultats-Entscheidungs-Knoten entspricht genau dem Optionswert in den korrespondierenden Zeitpunkten.

Das Beispiel zeigt Gemeinsamkeiten und Unterschiede sowie Vor- und Nachteile beider Verfahren. Im Prozess der Optionsbewertung erfolgt der Vergleich der Werte der Handlungsalternativen *"Ausüben"* gegenüber *"Nicht Ausüben"* automatisch. Das führt zum Optionswert bei optimaler Ausübungsstrategie. Beim Entscheidungsbaumverfahren hingegen muss der Akteur den Vergleich der Werte und die Festlegung der Ausübungsstrategie selbst vornehmen. Sämtliche möglichen Zustände werden abgebildet und bewertet. Das führt bei vielen Zuständen und Zeitpunkten schnell zu einer unübersichtlichen Abbildung. Der Vorteil dieser Methodik liegt jedoch in der expliziten Darstellung sämtlicher Entwicklungspfade. Die komprimierte Bewertungsmethodik des Realoptionsverfahrens ist übersichtlicher, enthält deshalb aber auch nicht sämtliche Entwicklungspfade. Zusätzlich erfordert die Interpretation der Werte optionstheoretische Grundkenntnisse.

5.4.3.5 Zusammenfassende Kritik

Als erster Punkt ist festzuhalten, dass ein Vergleich des Kapitalwertverfahrens mit Realoptionsmodellen ein unvollständiger Alternativenvergleich ist, da das Kapitalwertmodell in seiner Grundform nicht zur Berücksichtigung von Unsicherheit konzipiert ist. Ein Vergleich der Realoptionsmethodik hat deshalb mit anderen Verfahren zur Berücksichtigung von Unsicherheit stattzufinden. Deshalb ist als Vergleichsmethodik das Entscheidungsbaumverfahren heranzuziehen. Eine Überlegenheit von realoptionsbasierten Bewertungsmethoden gegenüber dem Entscheidungsbaumverfahren wird oft mit der bei diesem Verfahren häufig festgestellten Verwendung eines konstanten Zinssatzes bzw. der schwierigen oder willkürlichen Generierung eines risikoadäquaten Zinssatzes begründet.[214] Die modell-konsistente Anwendung zeigt jedoch, dass bei identischen Kapitalmarktannahmen und Eingangswerten das Entscheidungsbaumverfahren und der Realoptionsansatz **identische quantitative Ergebnisse** liefern, da die Verfahren auf den Time-State-Preference-Ansatz zurückgeführt werden können.[215] Im Vergleich zum Entscheidungsbaumverfahren ist positiv hervorzuheben, dass eine „präferenzfreie", marktorientierte Bewertung erfolgt. Die für das Entscheidungsbaumverfahren erforderlichen Eintrittswahrscheinlichkeiten für die verschiedenen möglichen Zukunftszustände sind ebensowenig erforderlich wie subjektive Risikopräferenzen. Ein weiterer praktischer Vorteil des Realoptionsverfahrens liegt darin, dass der Gegenwartswert der zeit- und zustandsabhängigen Zahlungen über die Kursentwicklung des Vermögenswertes an einem Markt ermittelt wird. Mit dem Rückgriff auf die beobachtbaren Marktwerte lassen sich die Gegenwartswerte und demzufolge implizit die verwendeten Kalkulationszinssätze ermitteln.

Darüber hinaus erlauben die kompakten Bewertungsformeln der Realoptionsmodelle eine einfachere Analyse der Handlungssituation bei Explikation des Wertes der Flexibilität und des Zusammenhangs zwischen Unsicherheit und Investitionstätigkeit.[216] Das äußert sich auch darin, dass Realoptionsmodelle theoretische Erklärungsansätze für empirisch beobachtetes Investitionsverhalten liefern, die mit dem schon längere Zeit verfügbaren Entscheidungsbaumverfahren in dieser Form nicht aufgezeigt wurden.

Wie auch bei anderen Modellen führt im Fall der Realoptionsmodelle die Nichterfüllung der Annahmen zu einer beschränkten Qualität der damit erzielten Aussagen. Von der Erfüllung der Übertragungsvoraussetzungen hängt es ab, ob die mit Realoptionsmodellen gemachten Aussagen wahr und wie informativ sie in Bezug auf die Realität sind. Nach der Darstellung der verschiedenen Bewertungsmodelle sind die zu treffenden bzw. getroffenen Annahmen deshalb kritisch zu reflektieren. Prinzipiell sind zwei Gruppen von Annahmen zu diskutieren:

- Annahmen, die notwendig sind, um Finanzoptionen bewerten zu können.
- Annahmen, die zur Übertragung des finanzrechtlichen Konstruktes „Option" auf reale Entscheidungsszenarien erforderlich sind.

Annahmen, die zur Bewertung der Finanzoptionen notwendig werden, betreffen im Wesentlichen die Charakteristika des Kapitalmarktes sowie die Stochastik der Entwicklung der Basiswerte. Mit der empirischen Überprüfung von Finanzoptionsmodellen hat sich eine Vielzahl von Studien beschäftigt. Das grundlegende Problem empirischer Tests von Optionsbewertungsformeln

---

[214] Vgl. Meise (1998: 90–92); Koch (1999: 34).

[215] Vgl. Fischer/Hahnenstein/Heitzer (1999: 1208); Ballwieser (2002: 188–190); Crasselt (2003: 37–42); Dangl/Kopel (2003: 51–55); Friedl (2003: 383–384).

[216] Vgl. Ballwieser (2002: 197); Friedl (2003: 384).

besteht darin, dass eine zusammengesetzte Hypothese geprüft werden muss. Es ist die Gemeinschaftshypothese zu überprüfen, dass:

a) die Märkte effizient sind und

b) die Optionsbewertungsformel korrekt ist.

Damit bestehen drei Möglichkeiten der Widerlegung von Bewertungsformeln: entweder ist nur a), oder es ist nur b), oder a) und b) sind nicht korrekt.

Auf finanzoptionstheoretische Fundamentalkritik wird hier nicht eingegangen, sondern auf die weiterführende Literatur verwiesen.[217] Die Annahmen des vollkommenen und vollständigen Marktes gelten nicht nur für die Theorie der realen und der finanziellen Optionen, sondern auch für andere Investitionsbewertungsverfahren. Zwei Aspekte werden hier jedoch hervorgehoben:

- Die rekursive Optionsbewertung der diskreten Verfahren basiert auf dem Roll-back-Verfahren und setzt somit einen erwartungsnutzen-maximierenden Akteur und die Erfüllung des **Unabhängigkeits-Axioms** voraus.[218] Mit dem vollkommenen Kapitalmarkt wird der Akteur als homo oeconomicus modelliert, was die Erfüllung der Anforderungen an die Zeit- und Risikopräferenzen impliziert.[219] Eine dieser Anforderungen ist das Unabhängigkeits-Axiom. Liegt jedoch kein vollkommener Kapitalmarkt vor, muss die Erfüllung dieser Anforderung geprüft werden.

- Die Präferenzen des homo oeconomicus erfüllen über den gesamten Planungszeitraum die Eigenschaft der **Stationarität**.[220] Damit werden zeitkonsistente Präferenzen induziert. Reale Akteure verletzen gerade bei langen Zeiträumen diese Anforderung.[221] In diesen Fällen gelten die oben geschilderten Ausführungen deshalb nicht, sondern es ergeben sich abweichende, nicht optimale Ausübungsstrategien.[222]

Die Interpretation von Entscheidungsmöglichkeiten im Verlauf des Investitionsprozesses als Realoption basiert auf der Annahme der **Irreversibilität** der getroffenen Entscheidung. Wenn eine Entscheidung getroffen wird, ist sie nicht mehr rückgängig zu machen. Dies kennzeichnet die Ausübung von Finanzoptionen. Für reale Investitionsszenarien ist jedoch eine genauere Betrachtung erforderlich, welche folgende Punkte betrifft:

---

[217] Vgl. Schneider (1992: 533–536); Campbell/Lo/MacKinlay (1997: 391–393); Schneider (2001: 860–866). Zu dem mit der Optionsbewertung verbundenen Zirkelschluss vgl. Fußnote 112 auf S. 523 sowie Bös (1991: 165) und Andres (1998: 163).

[218] Vgl. 2. Band, Axiom 1.5.5 auf S. 116 sowie LaValle/Wapman (1986); Hammond (1988: 511–513); Seidenfeld (1988: 275–284); Machina (1989: 1626–1628); Gul/Lantto (1990: 165–167); Trost (1991: 167–169); Eisenführ/Weber/Langer (2010: 287); Hammond/Zank (2014: 70–75).

[219] Vgl. 2. Band, Tab. 1.59 auf S. 217.

[220] Vgl. 2. Band, Anf. 1.7.6 auf S. 203.

[221] Vgl. 2. Band, Abschn. 2.3.4 auf S. 333.

[222] Vgl. Grenadier/Wang (2007).

- Im Fall der Investition in eine Maschine erwirbt der Investor mit der Ausübung der Option sowohl die Maschine als auch die aus deren Betrieb resultierenden **Rückflüsse**. Durch diese Rückflüsse **amortisiert** sich die Anlage, so dass nach Erreichen des Amortisationszeitpunktes der ursprüngliche Zustand – aus finanzieller Sichtweise – wiederhergestellt ist. Die Investitionsauszahlungen sind deshalb nur selten in vollständiger Höhe als versunkene Kosten einzustufen – durch Amortisation oder Veräußerung sind sie oftmals zumindest teilweise wieder zu erwirtschaften.

- **Neben** der Möglichkeit der Amortisation besteht i.d.R. jederzeit die Möglichkeit, die Maschine wieder zu veräußern. Das bedeutet, mit der Ausübung der **Option zum Erwerb** der Maschine erwirbt der Investor gleichzeitig die **Option zum Abbruch** der Maßnahme. Nach dem Abbruch des Objektes kann das Unternehmen jedoch wiederum investieren – die Ausübung der Abbruchoption führt zum Erwerb einer erneuten Investitionsoption.[223] Resultat ist ein „infiniter Realoptions-Kreislauf".

Wenn die Entscheidungen also reversibel wären, wäre die Optionsanalogie nicht erfüllt. Die Beantwortung der Frage nach dem Grad oder der Bestimmung von Irreversibilität ist folglich essenziell. Zur Beschreibung von Irreversibilität ist im naturwissenschaftlich-technischen Bereich die Entropie die bekannteste und grundlegendste Beschreibungsdimension. Frühe Ansätze der Übertragung der Erkenntnisse und Denkansätze der Entropie sowie der Energieerhaltung auf ökonomische Fragestellungen haben gezeigt, dass die wesentlichen Zusammenhänge der Energieerhaltung auch für die betriebliche Leistungserstellung gelten.[224] Als Beschreibungsmerkmal zur Irreversibilität von Investitionsentscheidungen ist die Entropie jedoch wenig geeignet.

Einigkeit besteht darüber, dass der Verlauf der **Zeit** ausschließlich in die Zukunft gerichtet und nicht umkehrbar ist. Ein wesentliches Kriterium zur Beschreibung von Irreversibilität ist demzufolge die Zeit.[225] Ein Anhaltspunkt zur Umschreibung irreversibler Prozesse scheint der Zeitraum zu sein, welcher nach einer Entscheidung erforderlich ist, um denselben Zustand zu erreichen, wie vor der Entscheidung. *„A decision is considered irreversible if it significantly reduces for a long time the variety of choices that would be possible in the future."*[226] Bei Verwendung der Zeit als Maßstab muss geklärt werden, was ein langer Zeitraum ist bzw. was eine signifikante Einschränkung der Handlungsoptionen ist.

Ein weiteres Beschreibungsmerkmal von Irreversibilität sind **Kosten**. Kosten bezeichnen den Werteverzehr, welcher im Zusammenhang mit der Leis-

---

[223] Vgl. Groß-Schuler (2002: 89–95); Müller (2004: 147–148).

[224] *„The conclusion is that, from the purely physical viewpoint, the economic process is entropic: it neither creates nor concumes matter or energy, but only transforms low into high entropy."* Georgescu-Roegen (1971: 281).

[225] Darauf wurde schon hingewiesen. Vgl. Abschn. 1.2.2.1 auf S. 15.

[226] Henry (1974b: 1006).

tungserstellung entstanden ist. Hohe Kosten deuten auf hohe Irreversibilität hin. Diejenigen Auszahlungen, die nicht durch Rückflüsse amortisiert werden können, werden als versunkene Kosten (sunk costs) bezeichnet.[227] Der in psychologischen Studien diskutierte Effekt des Escalation-of-commitment wird an anderer Stelle dargestellt.[228] Aufgrund der Möglichkeit der Amortisation bzw. der anderweitigen Veräußerung sind Investitionsauszahlungen jedoch selten vollständig sondern lediglich teilweise irreversibel.[229] Das Beschreibungsmerkmal der Kosten ist jedoch als absoluter Wert wenig geeignet, Irreversibilität zu messen. Großunternehmen können hohe Finanzmittel schneller und leichter aufbringen und die Folgen von Entscheidungen rückgängig machen als kleine Unternehmen.

Um die Irreversibilität einzugrenzen, kann zwischen physischer (technischer) und dynamischer Irreversibilität unterschieden werden.[230] **Physische Irreversibilität** bezeichnet Prozesse, die zu einem Ergebnis führen, welches unumkehrbar ist. Dazu zählt z. B. das Aussterben einer Spezies, der Verbrauch von Rohstoffen oder die Emission von Schadstoffen. Die **dynamische Irreversibilität** hingegen ist auf die Prozesse in sozialen Systemen gerichtet. Der Zustand eines sozialen Systems kann nach einer Veränderung unter Umständen wiederhergestellt werden, die Entscheidung demzufolge rückgängig gemacht werden. So ist z. B. die Einführung des Euro als Währung prinzipiell reversibel - die Umkehr des Prozesses dauert lediglich Zeit und verursacht Kosten. Aber auch wenn die Einführung vollständig rückgängig gemacht würde und die beteiligten Staaten zu ihren ursprünglichen Landeswährungen zurückkehren würden, hätte sich der **Informationsstand** der Beteiligten verändert - die bisherige Entwicklung verbleibt im kollektiven Gedächtnis. Der ursprüngliche Zustand der Gesellschaft wäre ein anderer als vor der Einführung des Euro, selbst wenn jedes Land wieder seine Ursprungswährung eingeführt hätte. Eine vollständige Reversibilität von wirtschaftlichen bzw. sozialen Prozessen ist aus diesen Gründen nicht realisierbar. Jeder Prozess ist zu einem gewissen Grad irreversibel. Auch für den bereits angeführten infiniten Realoptions-Kreislauf muss festgestellt werden, dass sich der Informationsstand der Entscheidungsträger ebenso ändert, wie das Wettbewerbsumfeld. Da sich Unternehmen i. d. R. im Wettbewerb befinden, verändert sich während der Amortisationsdauer das Umfeld durch die Aktionen der Wettbewerber, durch den technischen Fortschritt oder durch das veränderte Kundenverhalten - die ursprüngliche Situation ist trotz amortisierter Investition nicht wieder herstellbar.

Als **wesentliche weitere Annahmen** sind die folgenden Bewertungskomponenten der Optionen zu diskutieren.

---

[227] Vgl. Groß-Schuler (2002: 16–25); Schäfer (2005: 15–16).

[228] Vgl. 2. Band, Abschn. 2.3.3 auf S. 327.

[229] Vgl. Pindyck (2002: 1696); Müller (2004: 62).

[230] Vgl. Hule (2000: 20–13).

Mangelnde vertragliche Fixierung und Handelbarkeit:

Während im Vertrag von Finanzoptionen wesentliche Parameter determiniert werden, werden reale Optionen hingegen selten vertraglich festgeschrieben. Damit sind wesentliche Parameter nicht festgelegt. Finanzoptionen sind einseitig verpflichtende Geschäfte, was durch Vertragsabschluss und die Pflicht zur Leistung von Einschüssen sichergestellt wird. Realoptionen dagegen besitzen diesen Charakter häufig nicht. Der Effekt der Nichterfüllung dieser Annahme für die Aussagequalität ist umstritten. Der Meinung, dies stelle eine vernichtende Kritik am Realoptionsmodell dar,[231] steht die Auffassung gegenüber, dass die Unternehmensumwelt als Stillhalter zu betrachten ist[232] resp. durch andere rechtliche Konstruktionen Quasi-Stillhalter festgelegt werden können. Zur Feststellung fairer Marktpreise realer Optionen sind liquide und annähernd vollkommene Märkte erforderlich. Der Handel mit Finanzoptionen findet auf breiten und tiefen Optionsmärkten statt, ist durch explizite Reglements, implizite Usancen, standardisierte Produkte und eine Börsenaufsicht gekennzeichnet. Realoptionen werden, wenn überhaupt, auf höchst unvollkommenen und illiquiden Märkten gehandelt bzw. sind äußerst selten handelbar, weil sie in hohem Maße firmenspezifisch sind.[233]

Eigenschaften des Basiswertes:

Investitionsprojekte mit einem starken Bezug zu marktgängigen Vermögenswerten können leichter auf Basis der Optionsbewertungstheorie bewertet werden. Je weiter das Investitionsprojekt auf der Wertschöpfungskette von dem primären Sektor entfernt ist, desto schwieriger ist es, am Markt gehandelte Basiswerte zu identifizieren. Ist der zugrunde liegende Vermögensgegenstand nicht handelbar und wird ein sonst vollkommener Markt unterstellt, dann können die Zahlungsströme aus dieser Vermögensposition durch andere, gehandelte Vermögensgegenstände mit derselben Risikostruktur repliziert werden. Über die Annahme des vollkommenen und vollständigen Marktes lässt sich die Bewertung realisieren. Als klassische Beispiele für Projekte, welche mit dem Realoptionsansatz relativ gut bewertet werden können, dienen Investitionen mit starkem Bezug zu börsennotierten Rohstoffen.[234]

Ermittlung der Volatilität:

Stellt die Ermittlung der Volatilität schon bei Finanzoptionen den Gegenstand umfangreicher Diskussionen und verschiedenster Methoden dar,[235] ist die Ermittlung der Volatilität der Basiswerte realer Investitionsprojekte ent-

---

[231] Vgl. Mayer (2001: 598).

[232] Vgl. Bockemühl (2001: 64).

[233] Vgl. Myers (1977: 163–164); Trigeorgis (1996: 128–129).

[234] Vgl. Laux (1993: 954); Kilka (1995: 132); Reinhardt (1997: 116–117); Lucke (2001: 65); Nippa/Petzold (2003: 19); Batran (2008: 233–234).

[235] Vgl. Campenhausen (1996); Andres (1998); Schmitt (2012).

sprechend schwierig.[236] Im Gegensatz zu Finanzoptionen weisen reale Optionen unterschiedliche Formen von Unsicherheit auf die oft nicht zusammengefasst werden können und deren Ableitung aus einem Markt unmöglich ist, weil ein Markt nicht existiert. Für Zwecke der Unternehmensbewertung erweist sich der Realoptionsansatz auch deshalb als schwierig realisierbar, weil die Volatilität der Aktien des zu bewertenden Unternehmens nicht gleichzusetzen sind mit der Volatilität des Unternehmenswertes und die notwendigen Daten schwer ermittelbar sind.[237]

Laufzeit und Exklusivität:

Ein beträchtlicher Teil der Arbeiten zum Thema der Realoptionsbewertung basiert auf der Annahme einer unendlichen Optionslaufzeit.[238] Das ist erforderlich, um in zeitstetigen Modellen den optimalen Ausübungszeitpunkt amerikanischer Optionen ermitteln zu können. Die Annahme einer unendlichen Optionslaufzeit ist jedoch wenig realistisch und schränkt den Geltungsbereich der auf diese Weise ermittelten Lösung ein. Der Einfluss der Laufzeit auf den Wert realer Optionen ist ähnlich dem Einfluss auf Finanzoptionen, jedoch nur dann, wenn keine Wettbewerbseffekte auftreten, also exklusive Optionen vorliegen. Das Recht zur Ausübung der Finanzoption steht nur dem Optionsinhaber zu, es liegt eine exklusive Option vor. Über Realoptionen verfügen aber häufig mehrere Akteure simultan, d. h. es handelt sich um eine gemeinschaftliche Option. Sind zwei Wettbewerber in der Lage dieselbe Option auszuüben, so beeinflussen Wettbewerbseffekte den Optionswert. Durch bestimmte Maßnahmen (z. B. Erwirkung von Patentschutz) lässt sich dieser Effekt vermeiden resp. verzögern. Der Werteinfluss der Laufzeit von Realoptionen kann aus diesen Gründen nicht losgelöst von der Exklusivität derselben festgestellt werden.

Zur Überprüfung von Modellen zur Bewertung realer Optionen existieren mittlerweile eine Reihe empirischer Studien.[239] Die in diesen Studien benötigte Datenbasis erweist sich jedoch als schwer ermittelbar, was nicht selten zur Notwendigkeit der Schätzung von wichtigen Modellparametern führt. Bei den Untersuchungen zu Optionsprämien ist die Problematik des nicht existenten Handels von Realoptionen deutlich geworden. In den untersuchten Fällen existierten keine vergleichbaren, beobachtbaren Marktpreise für die theoretisch ermittelten Realoptionswerte und somit konnte auch kein Ver-

---

[236] So vertritt z. B. DAVIS die Meinung, dass die Volatilität eines gesamten Projektes mindestens genauso hoch ist wie die Volatilität der Rückflüsse, möglicherweise auch doppelt oder dreifach so hoch. Vgl. Davis (1998: 735).

[237] Vgl. Ballwieser (2002: 190).

[238] Sog. perpetual options. Vgl. Brennan/Schwartz (1985: 145); Pindyck (1988: 972); Pindyck (1991); Dixit/Pindyck (1994: 137); Grenadier/Weiss (1997: 401); McDonald (2000: 16); Huisman (2001: 16); Friedl (2001); Lucke (2001).

[239] Vgl. Kester (1984); Quigg (1993); Berger/Ofek/Swary (1996); Seppelfricke (1996: 174–176); Werner (2000: 121–122); Seppä/Laamanen (2001); Tufano/Moel (2002); Schatzki (2003); Chiang/So/Yeung (2006) sowie die Fußnote 85 auf S. 513.

gleich mit den theoretisch festgestellten Modellpreisen stattfinden. Aus den Untersuchungen folgen jedoch Durchschnittswerte für den Anteil der Optionskomponenten an den beobachtbaren Preisen, so dass die Aussagen auch quantitativ fundiert werden konnten. Während die Existenz optionaler Wertbestandteile grundsätzlich bestätigt wird, erweist sich eine Feststellung und Überprüfung monetärer Werte als problematisch.

Die Begrenzung der Lösungsmächtigkeit finanzmathematischer Modelle für reale Bewertungsprobleme wird auch bei der Verwendung von Realoptionsmodellen deutlich. Dies wurde schon frühzeitig festgestellt und wird auch aktuell intensiv und kontrovers diskutiert.[240] Die vorstehenden Darstellungen zeigten, dass die Frage nach dem Wert und dem Preis von Investitionen bei Verwendung des Realoptionsansatzes lediglich in eine andere Frage transformiert wird, nämlich die Frage nach Wert und Preis von Finanzoptionen. Demzufolge muss geklärt werden, ob diese Transformation zulässig ist, und wenn ja, wie die Frage in Bezug auf Wert und Preis von Finanzoptionen zu beantworten ist.[241] Realoptionen als neues Paradigma zu bezeichnen,[242] erscheint angesichts der aufgezeigten theoretischen und praktischen Probleme als nicht zielführend.

5.4.4 Kritische Würdigung

Ergänzend zu den bisherigen kritischen Analysen ist festzuhalten, dass die vorgestellten Verfahren mehrstufiger Entscheidungen auf grundlegenden entscheidungstheoretischen Annahmen basieren. Für eine diesbezügliche Kritik wird auf die entsprechenden Ausführungen an anderer Stelle verwiesen.[243] Besonders kritisch ist die Annahme von unveränderten Alternativen- und Ergebnismengen und von ebenso unveränderten Präferenzen. Ein Beispiel für praktisch schwer erfüllbare Annahmen bietet die konstante Zeitpräferenz.[244] Mit der Existenz eines vollkommenen Kapitalmarktes werden diesbezüglich bestimmte Anforderungen an den Akteur impliziert. In Experimenten wurden jedoch mehrfache und systematische Abweichungen von diesen Annahmen nachgewiesen. Dies wird ebenfalls an anderer Stelle ausführlich diskutiert.[245]

---

[240] Vgl. Merton (1998); Emery et al. (1978: 363); Schneider (2011: 167–168); Kruschwitz/Lorenz (2019: 396–400).

[241] Vgl. Figlewski (1989).

[242] Vgl. Hilpisch (2006: 58–60).

[243] Vgl. 2. Band, Abschn. 1.9.4 auf S. 238.

[244] Vgl. 2. Band, Abschn. 1.7.2 auf S. 188.

[245] Vgl. 2. Band, Abschn. 2.3.4 auf S. 333.

5.5 Aufgaben und Lösungen

5.5.1 Aufgaben

Hinweis: Bei sämtlichen Zahlungen handelt es sich um nachschüssige Zahlungen!

Aufgabe 5.1:

Das Ein-Produkt-Unternehmen „MUTABOR-GmbH" plant, im nächsten Geschäftsjahr Waschmaschinen zu produzieren und zu verkaufen. Der Preis je Gerät beträgt 1.150 €, die variablen Stückkosten betragen 800 €. Es fallen Fixkosten in Höhe von insgesamt 2.900.000 € pro Jahr an. Das Unternehmen verfügt über Eigenkapital in Höhe von 5 Mio. €, welches im nächsten Geschäftsjahr konstant bleibt. Die Absatzmenge sei im Intervall [0; 15.000] gleichverteilt!

a) Wie hoch ist die Wahrscheinlichkeit, dass das Unternehmen in der kommenden Periode eine Eigenkapitalrentabilität von 5 % erwirtschaftet?

b) Welche Möglichkeiten empfehlen Sie, um diese Wahrscheinlichkeit zu erhöhen?

Hinweis: Die Lösung befindet sich auf S. 586.

Aufgabe 5.2:

Eine Gebäudesanierungsmaßnahme verursacht Investitionsauszahlungen in Höhe von 250.000 €. Damit können Energieauszahlungen in Höhe von jährlich 50.000 € reduziert werden. Nach wie vielen Jahren ist der investierte Betrag unter Berücksichtigung von Zins und Zinseszins wiedergewonnen, wenn der Kalkulationszinssatz 8 % pro Jahr beträgt?

Hinweis: Die Lösung befindet sich auf S. 587.

Aufgabe 5.3:

Es liegt Ihnen eine Investition mit den folgenden Eingangsdaten vor:

- $I_0 = 175.000 €$
- $p = 100{,}00 €/Stück$
- $N = 5\ Jahre$
- $x = 500\ Stück/Jahr$
- $i = 0{,}10$
- $L_N = 0$

a) Ermitteln Sie den Kapitalwert der Investition!

b) Ermitteln Sie den kritischen Wert der jährlichen Rückflüsse!

Hinweis: Die Lösung befindet sich auf S. 588.

Aufgabe 5.4:

Ihnen als Leiter der Controlling-Abteilung wird die Abbildung 5.29 vorgelegt.

a) Interpretieren Sie die Funktionen und erläutern Sie das Konzept der stochastischen Dominanz!

b) Welchen prinzipiellen Verlauf müssen die aus den Verteilungsfunktionen abgeleiteten Wahrscheinlichkeitsfunktionen im vorliegenden Fall aufweisen?

c) Welche Entscheidung können Sie in Bezug auf die relative Vorteilhaftigkeit der Alternativen treffen?

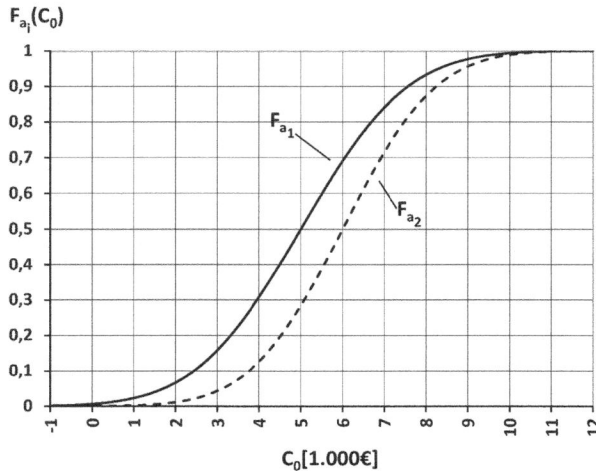

Abb. 5.29: Verteilungsfunktionen des Kapitalwertes.

Hinweis: Die Lösung befindet sich auf S. 588.

Aufgabe 5.5:

Für eine Investitionsmaßnahme, die in $t = 0$ sichere Investitionsauszahlungen in Höhe von 90.000 € erfordert, hat die Controlling-Abteilung feststellen müssen, dass die Rückflüsse unsicher sind. Sie unterliegen jährlichen Schwankungen von 5.000 €. Ursprünglich hat die Abteilung mit einem Barwert der Rückflüsse von jährlich 50.000 € gerechnet. Da keine anderen Informationen vorliegen, wird in der Abteilung beschlossen, die Wahrscheinlichkeiten der Schwankungen gleich zu gewichten. Demzufolge sind positive und negative Abweichungen gleich wahrscheinlich. Der Planungshorizont beträgt 2 Jahre, der Kalkulationszinssatz beträgt 5 % jährlich. Ermitteln Sie die diskrete Verteilungsfunktion des Kapitalwertes und geben Sie die Wahrscheinlichkeiten für das Erreichen der verschiedenen Werte an!

Hinweis: Die Lösung befindet sich auf S. 589.

Aufgabe 5.6:

Das Land Brandenburg verfügt seit mehreren Jahrzehnten über die Information, dass im südlichen Teil des Bundeslandes Erzvorkommen lagern. Aus früheren Untersuchungen – die jedoch schon ca. 30 Jahre alt sind – ist bekannt, dass es sich zu einem großen Teil um Kupferschiefer handelt. Da der Kupferpreis in den letzten Jahren gestiegen ist und gleichzeitig die technologischen Möglichkeiten zur Ausbeutung dieser Vorkommen verbessert wurden, reifen in dem zuständigen Ministerium detaillierte Pläne zur weiteren Vorgehensweise. Das Land ist Eigentümer einer Bergbaugesellschaft, die die Ausbeutung durchführen soll. Die Kosten der Ausbeutung belaufen sich auf 2 Mio. €. Es stehen die folgenden zwei Handlungsmöglichkeiten zur Auswahl:

- Variante A: Es werden keine weiteren Untersuchungen vorgenommen, da die vorliegenden Ergebnisse als ausreichend eingestuft werden. Deshalb wird sofort (in t=0) mit der Ausbeutung begonnen. Dies verspricht mit einer Wahrscheinlichkeit von 50 % in t=1 den Barwert einer langjährigen Zahlungsreihe von 5 Mio. €. Mit einer Wahrscheinlichkeit von 50 % ist jedoch lediglich mit einem Barwert in Höhe von 1 Mio. € zu rechnen.

- Variante B: Da die Untersuchungsergebnisse so alt sind, werden in t=0 weitere Untersuchungen durchgeführt. Diese verursachen Kosten in Höhe von 500.000 €. Mit jeweils einer 50 %igen Wahrscheinlichkeit liegt im Zeitpunkt t=1 entweder ein günstiges oder ein ungünstiges Ergebnis vor. Das ungünstige Ergebnis ist so zu interpretieren, dass mit einer Wahrscheinlichkeit von 90 % in t=2 ein Barwert der Zahlungsreihe in Höhe von 1 Mio. € erwirtschaftet wird und mit einer Wahrscheinlichkeit von 10 % ein Barwert von 5 Mio. € erzielt werden kann. Im Fall des günstigen Ergebnisses wird mit einer Wahrscheinlichkeit von 90 % in t=2 ein Barwert der Zahlungsreihe in Höhe von 5 Mio. € erreicht und mit einer 10 %igen Wahrscheinlichkeit wird in t=2 lediglich ein Barwert von 1 Mio. € erwirtschaftet. In jeder Stufe besteht die Möglichkeit zum Abbruch des Verfahrens.

Ermitteln Sie die optimale Vorgehensweise bei einem Kalkulationszinssatz von 10 % jährlich! Entwerfen Sie dazu den Entscheidungsbaum und ermitteln Sie die Alternative mit dem maximalen Erwartungswert des Kapitalwertes!

Hinweis: Die Lösung befindet sich auf S. 591.

Aufgabe 5.7:

Ein Unternehmen verfügt über die Möglichkeit, für ein neu patentiertes und auf dem Markt einzuführendes Produkt in $t = 0$ entweder:

- eine große Produktionsanlage (MA_0) zu errichten und diese über 2 Jahre zu betreiben, oder

- eine kleine Produktionsanlage zu errichten (MB_0), die zum Zeitpunkt t=1 je nach Marktlage entweder:

- ohne Ersatz liquidiert wird, oder
- durch eine Folgeanlage für eine weitere Periode ersetzt wird.

Aus heutiger Sicht stehen als Folgeanlage zwei Varianten zur Auswahl: die Anlage MC_1 und die Anlage MD_1. Die Entwicklung des Absatzes ist unsicher. Das Unternehmen plant mit zwei Szenarien: im Fall einer guten Absatzentwicklung werden die Anlagen auf Höchstlast betrieben, wohingegen im Fall einer ungünstigen Entwicklung eine verschleißarme Nutzung der Anlagen möglich ist. Daraus resultierende Unterschiede in den Stückkosten werden durch unterschiedliche Stückerlöse kompensiert. Es gelten weitere Eingangsgrößen aus Tabelle 5.14.

Tab. 5.14: Rahmendaten der Alternativen.

Anlage \ Kenngrößen	MA$_0$	MB$_0$	MC$_1$	MD$_1$
I_0 [€]	1.000.000	500.000		
I_1 [€]			500.000	550.000
K_{Fix} [€/Jahr]	120.000	50.000	50.000	40.000
db [€/Stück]	40	50	50	60
L_N [€]	100.000	50.000	50.000	50.000
Produktionsmengen [Stück/Jahr]				
Große Menge	20.000	10.000	25.000	20.000
Geringe Menge	10.000	10.000	15.000	12.000

Die Wahrscheinlichkeiten für die Entwicklung der Nachfrage nach den Produkten sind der Tabelle 5.15 zu entnehmen.

Tab. 5.15: Bedingte Wahrscheinlichkeiten der Alternativen.

In der 1. Periode		In der 2. Periode	
niedrig	$\varpi(N) = 0{,}5$	niedrig	$\varpi(N,N) = 0{,}6$
		hoch	$\varpi(N,H) = 0{,}4$
hoch	$\varpi(H) = 0{,}5$	niedrig	$\varpi(H,N) = 0{,}3$
		hoch	$\varpi(H,H) = 0{,}7$

Ermitteln Sie die kapitalwertmaximale Alternative bei einem Kalkulationszinssatz von i= 10% mit dem Entscheidungsbaumverfahren! Verwenden und vervollständigen Sie die Abbildung 5.30!

Hinweis: Die Lösung befindet sich auf S. 593.

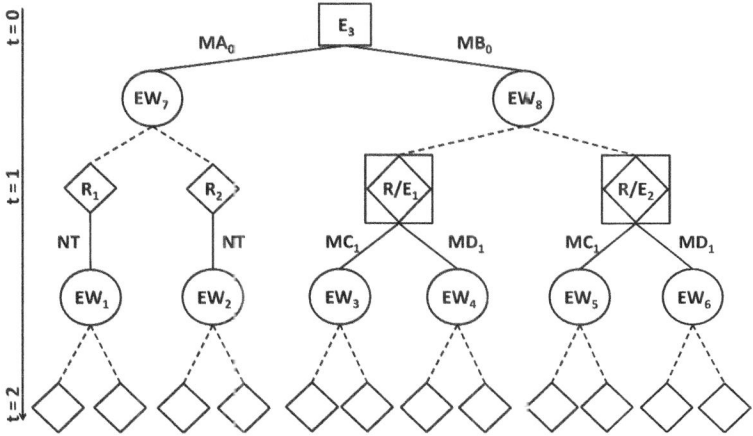

Abb. 5.30: Struktur der Entscheidungssituation.

Aufgabe 5.8:

Ein Landwirt erhält zu seinem 60. Geburtstag das Angebot, sich zehn Jahre früher als ursprünglich geplant zur Ruhe zu setzen. Ein jüngerer Nachbar bietet ihm 340.000 € Sofortzahlung an, wenn der Landwirt dem Nachbarn sein Grundstück zur Nutzung überlässt. Nach dem 70. Lebensjahr des Landwirtes endet dessen Nutzungsrecht an dem Grundstück ebenfalls. Der Landwirt möchte nun von Ihnen wissen, wie er auf dieses Angebot reagieren soll. Der Landwirt weiß, dass die Preise für seine Produkte in der Vergangenheit jährlich um ca. 20 % schwankten. Die Gesamtsumme an Einzahlungen über die zehn Jahre schätzt der Landwirt auf 300.000 €. Sie ermitteln einen Wert für den risikolosen Zinssatz mit 5 % jährlich. Auf Nachfrage gibt der jüngere Nachbar an, das Angebot während der gesamten 10 Jahre aufrecht erhalten zu wollen.

a) Welcher Optionsart entspricht die vorliegende Situation?

b) Ermitteln Sie den aktuellen Wert dieses Angebotes! Verwenden Sie das Binomialmodell mit einer Unterteilung in fünf Intervalle! Stellen Sie dazu die Entwicklung des Basiswertes und des Optionswertes grafisch dar!

c) Wie lautet Ihre Empfehlung an den Landwirt?

Hinweis: Die Lösung befindet sich auf S. 595.

Aufgabe 5.9:

Eine Gemeinde verfügt über ein Waldstück mit einer Fläche von 100 Hektar, auf dem verschiedene Nutzholzarten unterschiedlicher Qualitätsklassen wachsen. Die Gemeinde kann das Grundstück nicht selbst bewirtschaften, möchte es jedoch auch nicht vollständig veräußern. Deshalb wird im Gemeinderat die Möglichkeit der Veräußerung des Nutzungsrechtes an dem Waldstück diskutiert. Das Recht soll für 10 Jahre nach dem Erwerb bestehen. Wenn das Recht ausgeübt wird, erhält die Gemeinde eine einmalige Zahlung in Höhe von 1 Mio. €. Der Investor HOLZMICHL hört von dieser Möglichkeit und prüft den Erwerb dieses Nutzungsrechtes. Er ist sich jedoch noch nicht sicher, ob er das Recht selbst ausübt oder lediglich zu Spekulationszwecken erwirbt, um es bei steigender Holznachfrage gewinnbringend weiter zu veräußern. Um gut vorbereitet in die Verhandlungen mit der Gemeinde gehen zu können, möchte er den Wert dieses Nutzungsrechtes ermitteln. Aufgrund der schwankenden Nachfrage nach Holz ist jedoch nicht sicher, welche Rückflüsse aus der Nutzung des Waldes erzielt werden können. Im Sinne einer nachhaltigen Forstwirtschaft liegt die maximale Obergrenze an Holz, das entnommen werden kann, bei 15 Festmetern je Hektar. Dies entspricht auch der durchschnittlichen jährlichen Zuwachsmenge. Der Durchschnittsbestand beträgt 300 Festmeter je Hektar. Der Durchschnittspreis für diesen Mischbestand liegt aktuell bei ca. 80 € je Festmeter. Davon müssen ca. 20 € je Festmeter für Aufarbeitungs- und Rückekosten abgezogen werden. Der Holzpreis schwankte in den letzten 5 Jahren um ca. 20 % jährlich. Der aktuelle risikolose Zinssatz liegt bei 5 % jährlich.

a) Ermitteln Sie für den Investor den aktuellen Wert dieses Nutzungsrechtes bei Interpretation als europäische Option mit dem BLACK-SCHOLES-MERTON-Modell!

b) Ermitteln Sie für den Investor den aktuellen Wert dieses Nutzungsrechtes bei Interpretation als amerikanische Option mit dem COX-ROSS-RUBINSTEIN-Modell! Verwenden Sie dabei fünf Intervalle! Stellen Sie dazu die Entwicklung des Basiswertes und des Optionswertes grafisch dar!

c) Erläutern Sie den wesentlichen Unterschied zwischen diesen Bewertungsmodellen!

Hinweis: Die Lösung befindet sich auf S. 596.

Aufgabe 5.10:

Einem Investor steht die Möglichkeit offen, für 30 Mio. € das Fischnutzungsrecht eines Gewässers zu erwerben, in welchem ca. 500 t Speisefisch leben. In dem Gewässer hat sich ein biologisches Gleichgewicht eingestellt, so dass die Menge an Fisch weder zu- noch abnimmt. Der Preis für die in dem Gewässer lebenden Speisefische liegt aktuell bei 45 € pro kg. Kosten für den Fischfang und die Pflege des Bestands und des Gewässers entstehen für jedes Kilogramm Fangfisch in Höhe von 10 €. Der Investor konnte beobachten, dass der Preis für Fische seiner Sorten durchschnittlich jährlichen Schwankungen von ca. 10 % unterworfen ist. Mit der Nutzung ist jedoch aus umweltrechtlichen Gründen die Restriktion verbunden, den Bestand jährlich nur um 10 % zu reduzieren. Die auf diese Weise reduzierte Menge muss im darauffolgenden Jahr wieder eingesetzt und nachgezogen werden, wofür Kosten in Höhe von

5 € pro kg Fangfisch veranschlagt werden. Der aktuelle risikolose Zinssatz liegt bei 5 % jährlich.

a) Ermitteln Sie den aktuellen Wert dieses Nutzungsrechtes! Gehen Sie davon aus, dass die Möglichkeit dem Investor unbegrenzt zur Verfügung steht!

b) Wie hoch ist der kritische Barwert der Rückflüsse? Erläutern Sie diesen Begriff!

Hinweis: Die Lösung befindet sich auf S. 597.

Aufgabe 5.11:

Es liegen Ihnen die historischen Kursnotierungen einer Aktie aus Tabelle 5.16 vor.

Tab. 5.16: Kursnotierungen.

Tag	Schlusskurs	Höchstkurs	Tiefstkurs
1	139,125	140,450	137,550
2	140,175	140,175	137,550
3	141,750	144,160	140,700
4	139,650	145,220	139,650
5	139,650	144,160	139,650
6	143,850	145,220	139,650
7	141,750	144,690	141,750
8	141,750	144,160	141,750
9	149,625	152,110	143,850
10	150,150	153,700	149,100
11	151,725	155,820	149,100
12	152,250	156,350	152,250
13	153,300	153,300	150,150
14	156,450	156,450	155,400
15	155,400	157,940	153,825
16	154,350	158,470	154,350

Ermitteln Sie die geschätzte annualisierte Volatilität auf Basis:

• Schlusskurse,

• Höchst- und Tiefstkurse sowie

• Schluss-, Höchst- und Tiefstkurse!

Hinweis: Die Lösung befindet sich auf S. 598.

Aufgabe 5.12:

Ihnen liegen folgende Informationen zu einer europäischen Kaufoption vor:

$$
\begin{aligned}
S &= 100\,\text{€}, & \sigma &= 20{,}00\%/\text{a} \\
X &= 80\,\text{€}, & \delta &= 5{,}00\%/\text{a} \\
r &= 8{,}00\,\%/\text{a}, & T &= 1\ \text{Jahr}
\end{aligned}
$$

a) Ermitteln Sie den Wert der Option!

b) Ermitteln Sie die Sensitivitätskennzahlen für diese Option!

c) Interpretieren Sie die Ergebnisse!

Hinweis: Die Lösung befindet sich auf S. 599.

5.5.2 Lösungen

Lösung zur Aufgabe 5.1 auf S. 579:

a) Im ersten Schritt ist der erforderliche Jahresgewinn zu ermitteln. Dieser ergibt sich aus: $G_{krit} = EK \cdot r_{EK} = 250.000, - €$. Mit diesem Zwischenwert kann die Stückzahl x_{krit} ermittelt werden, die zur Erreichung dieses Gewinns erforderlich ist. Es folgt:

$$x_{krit} = \frac{K_{Fix} + G_{krit}}{p - k_v} = 9.000$$

Die kritische Stückzahl beträgt demzufolge 9.000 Stück. Im nächsten Schritt ist der Wert der Verteilungsfunktion für diesen Wert zu ermitteln. Da es sich um eine gleichverteilte Absatzmenge handelt, kann dieser Wert folgendermaßen analytisch bestimmt werden:

$$F(x_{krit}) = \frac{x_{krit} - \underline{x}}{\overline{x} - \underline{x}} = \frac{9.000}{15.000} = 0,60$$

Die Wahrscheinlichkeit, dass der Gewinn größer ist als 250.000 € ergibt sich aus der Wahrscheinlichkeit, dass die Absatzmenge größer ist als 9.000 Stück. Deshalb gilt:

$$Pr\{\tilde{x} \geq x_{krit}\} = 1 - F(x_{krit})$$
$$Pr\{\tilde{x} \geq 9.000\} = 1 - F(x_{krit})$$
$$= 0,40$$

Alternativ kann die Wahrscheinlichkeit auch direkt auf folgendem Wege ermittelt werden:

$$Pr\{\tilde{x} \geq x_{krit}\} = 1 - F(x_{krit}) = \frac{\overline{x} - x_{krit}}{\overline{x} - \underline{x}} = \frac{15.000}{9.000} = 0,40$$

Die Wahrscheinlichkeit, dass eine Eigenkapitalrendite von 5 % erwirtschaftet wird, liegt demzufolge bei 40 %.

b) Zu empfehlen sind sämtliche Maßnahmen, die den kritischen Wert der Absatzmenge x_{krit} reduzieren, wie z. B. die variablen Stückkosten oder die Fixkosten zu senken.

Lösung zur Aufgabe 5.2 auf S. 579:

Gesucht ist die dynamische Amortisationsdauer taa. Diese kann als kritischer Wert der Nutzungsdauer interpretiert werden. Sie wird wie folgt ermittelt:

$$C_0 = -I_0 + \sum_{t=1}^{tad} R_t q^{-t} + L_{tad} q^{-tad} \stackrel{!}{=} 0$$

$$I_0 = \sum_{t=1}^{tad} R_t q^{-t}$$

$$I_0 = R_t \cdot \frac{q^{tad} - 1}{q^{tad} \cdot i}$$

$$\frac{I_0 \cdot i}{R_t} = \frac{q^{tad} - 1}{q^{tad}}$$

$$\frac{I_0 \cdot i}{R_t} = 1 - q^{-tad}$$

$$q^{-tad} = 1 - \frac{I_0 \cdot i}{R_t}$$

$$-tad \, ln \, q = ln \left(1 - \frac{I_0 \cdot i}{R_t} \right)$$

$$tad = \frac{-ln \left(1 - \dfrac{I_0 \cdot i}{R_t} \right)}{ln \, q}$$

$$= \frac{-ln \left(1 - \dfrac{250.000 \cdot 0,03}{50.000} \right)}{ln \, 1,08}$$

$$= 6,64$$

Nach 6,64 Jahren sind die Investitionsauszahlungen durch die reduzierten Auszahlungen für die Gebäudeheizung wieder amortisiert.

Lösung zur Aufgabe 5.3 auf S. 579:

a) Der Kapitalwert der Investition folgt aus:

$$C_0 = -I_0 + \sum_{t=1}^{N} R_t q^{-t} + L_N q^{-N}$$

$$= -175.000\,\text{€} + 50.000\,\text{€} \cdot \frac{1{,}1^5 - 1}{1{,}1^5 \cdot 0{,}1} + 0$$

$$= 14.539{,}34\,\text{€}$$

b) Der kritische Wert der jährlichen Rückflüsse ergibt sich mit:

$$C_0 \overset{!}{=} 0$$

$$I_0 \overset{!}{=} \sum_{t=1}^{N} R_t q^{-t}$$

$$I_0 \overset{!}{=} R_t \cdot \frac{q^N - 1}{q^N \cdot i}$$

$$R_t \overset{!}{=} I_0 \cdot \frac{q^N \cdot i}{q^N - 1}$$

$$R_t \overset{!}{=} 46.164{,}56\,\text{€}$$

Demzufolge müssen jährlich mindestens 46.164,56 € an Rückflüssen erwirtschaftet werden, damit ein positiver Kapitalwert erzielt werden kann.

Lösung zur Aufgabe 5.4 auf S. 580:

a) Mit dem Konzept der stochastischen Dominanz kann auf Basis der Verteilungsfunktion mehrerer Alternativen die relative Vorteilhaftigkeit derselben analysiert werden. Eine Aktion $a_2 \in A$ heißt genau dann wahrscheinlichkeitsdominant bezüglich der Aktion $a_1 \in A$, wenn gilt:

$$F_{a_2}(x) \leq F_{a_1}(x) \; \forall \; x$$

und

$$F_{a_2}(x) < F_{a_1}(x) \; \text{für mindestens ein } x$$

Im vorliegenden Fall ist stochastische Dominanz erster Ordnung der Alternative a_2 gegeben, da diese Alternative durchgängig geringere Werte der Verteilungsfunktion aufweist.

b) Die Wahrscheinlichkeit, dass bei einer Alternative a_i mit einer stetigen, unsicheren Ergebnisgröße $\tilde{x}$ ein Wert z erreicht oder überschritten wird $(Pr_{a_i}(\tilde{x} \geq z))$, resultiert aus: $Pr_{a_i}(\tilde{x} \geq z) = 1 - F_{a_i}(z)$. Eine Alternative mit geringeren Werten der Verteilungsfunktion an einer Stelle führt zu höheren Werten der Wahrscheinlichkeitsfunktion an derselben Stelle.

Je geringer die Werte der Verteilungsfunktion, desto größer sind die Werte der Wahrscheinlichkeitsfunktion. Der Verlauf der Wahrscheinlichkeitsfunktionen, die häufig auch als Risikoprofil bezeichnet wird, muss deshalb so gestaltet sein, dass die Funktion der Alternative a_2 über der Funktion der Alternative a_1 verläuft, da sämtliche Werte der Verteilungsfunktion von a_2 geringer sind als die Funktionswerte von a_1 (vgl. Abbildung 5.31). Beispielsweise beträgt die Wahrscheinlichkeit, einen Kapitalwert von 60.000 € zu erwirtschaften, bei a_1 lediglich ca. 30 %, bei a_2 hingegen ca. 50 %.

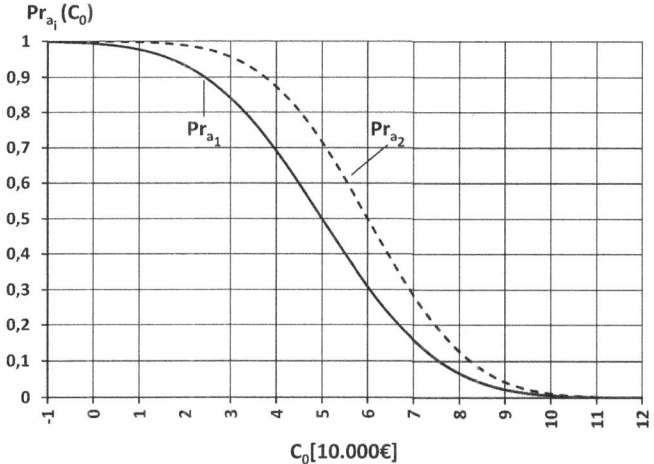

Abb. 5.31: Wahrscheinlichkeitsfunktionen der Alternativen zu Aufgabe 5.4.

c) Diejenige Alternative ist bei Verwendung der Risikoanalyse relativ vorteilhaft, die die Bedingung der stochastischen Dominanz erster oder zweiter Ordnung erfüllt. In dem Beispiel dominiert die Alternative a_2 die Konkurrenzalternative in erster Ordnung, weshalb Alternative a_2 relativ vorteilhaft ist.

Lösung zur Aufgabe 5.5 auf S. 580:

In einem ersten Schritt ist zu ermitteln, zu welchen Zeitpunkten die Rückflüsse welchen Wert aufweisen können. Wenn die Rückflüsse in $t = 0$ einen Wert von 50.000 € aufweisen, können diese in $t = 1$ entweder 55.000 € oder 45.000 € betragen. Wird angenommen, dass die Rückflüsse im ersten Jahr den Wert 55.000 € erreicht haben, können im zweiten Jahr entweder 60.000 € erreicht werden, oder es ist ein Rückgang auf 50.000 € zu verzeichnen. Dieselbe Entwicklung ist möglich, wenn im ersten Jahr lediglich der Wert von 45.000 € erreicht wurde. Diese Entwicklung ist in der Abbildung 5.32 zu sehen.

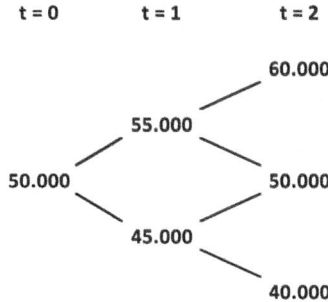

Abb. 5.32: Mögliche Zustände der Entwicklung.

Mit diesen Entwicklungspfaden können die Kapitalwerte der verschiedenen Kombinationen wie folgt ermittelt werden:

- Kapitalwert bei zweimalig positiver Entwicklung:

$$C_{0;pp} = -90.000\,€ + 55.000\,€ \cdot 1{,}05^{-1} + 60.000\,€ \cdot 1{,}05^{-2} \approx 16.803\,€$$

- Kapitalwert bei positiver Entwicklung im ersten Jahr und negativer Entwicklung im zweiten Jahr:

$$C_{0;pn} = -90.000\,€ + 55.000\,€ \cdot 1{,}05^{-1} + 50.000\,€ \cdot 1{,}05^{-2} \approx 7.732\,€$$

- Kapitalwert bei negativer Entwicklung im ersten Jahr und positiver Entwicklung im zweiten Jahr:

$$C_{0;pn} = -90.000\,€ + 45.000\,€ \cdot 1{,}05^{-1} + 50.000\,€ \cdot 1{,}05^{-2} \approx -1.791\,€$$

- Kapitalwert bei zweimalig negativer Entwicklung:

$$C_{0;pp} = -90.000\,€ + 45.000\,€ \cdot 1{,}05^{-1} + 40.000\,€ \cdot 1{,}05^{-2} \approx -10.862\,€$$

Mit diesen Daten wird die Verteilungsfunktion erstellt (vgl. Abb. 5.33). Die Wahrscheinlichkeit, einen positiven Kapitalwert zu erwirtschaften, beträgt demnach 50 %. Mit einer 25 %igen Wahrscheinlichkeit wird ein Kapitalwert zwischen 7.432 € und 16.803 € erzielt. Die Wahrscheinlichkeit, einen Kapitalwert zu erreichen, der größer ist als 16.803 €, beträgt 0 %.

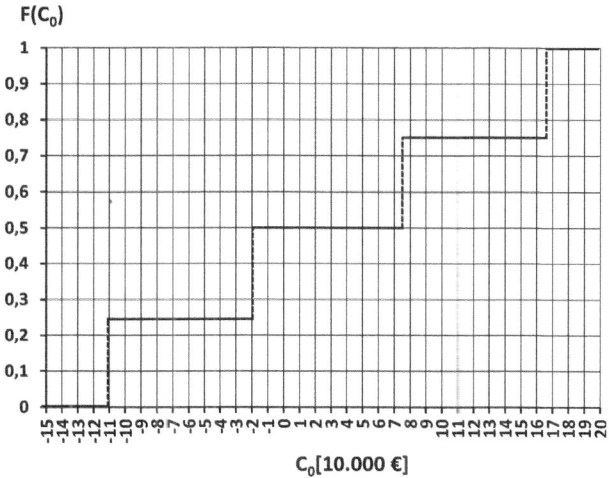

Abb. 5.33: Verteilungsfunktion zu Aufgabe 5.5.

Lösung zur Aufgabe 5.6 auf S. 581:

Die Struktur der Entscheidungssituation mit den Eintrittswahrscheinlichkeiten und den Ergebniswerten ist in der Abbildung 5.34 zu sehen.

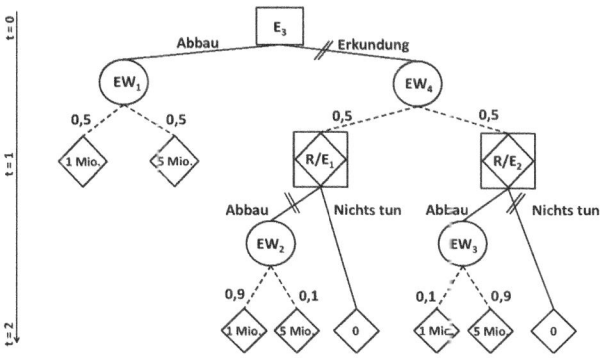

Abb. 5.34: Entscheidungsbaum zu Aufgabe 5.6.

Als erstes wird der Erwartungswert der Handlungsalternative A ermittelt. Dies ist die Alternative, bei welcher der Abbau des Vorkommens sofort geschieht. Der Erwartungswert des Kapitalwertes dieser Option zum Zeitpunkt $t = 0$ ergibt sich aus:

$$EW_1[\tilde{C}_{0;Abbau}] = -2\,Mio.\,€ + 3\,Mio.\,€ \cdot 1{,}1^{-1} = 727.272{,}73€$$

Für die Alternative B ist eine Handlungssequenz zu bewerten, bei welcher zuerst eine Erkundung durchgeführt wird und in Abhängigkeit von den – zu einem späteren Zeitpunkt vorliegenden – Ergebnissen über das weitere Vorgehen entschieden wird. Die Bewertung beginnt zu dem spätesten Zeitpunkt, zu dem eine Entscheidung getroffen werden kann. Dies ist der Zeitpunkt $t = 1$.

Zuerst wird die Situation untersucht, dass im Zeitpunkt $t = 1$ ein ungünstiges Ergebnis vorliegt. Das bedeutet, dass sich der Entscheidungsträger im Knoten R/E_1 befindet. Der Erwartungswert des Kapitalwertes der Alternative „Abbau" folgt in $t = 1$ mit:

$$EW_2[\tilde{C}_{1;Abbau}] = -2\,Mio.\,€ + 1{,}4\,Mio.\,€ \cdot 1{,}1^{-1} = -727.272{,}73\,€$$

Es kann jedoch auch in $t = 1$ entschieden werden, nicht mit dem Abbau zu beginnen. Der Kapitalwert dieser Möglichkeit beträgt $EW[\tilde{C}_{1;Nichts\ tun}] = 0$.

Für die Entscheidung im Knoten R/E_1 ist demzufolge die Variante „Nichts tun" vorteilhaft im Vergleich zur Alternative „Abbau". Die Kante zu der Alternative „Abbau" wird deshalb gestrichen.

Wird nun jedoch der Fall untersucht, dass zum Zeitpunkt $t = 1$ ein günstiges Ergebnis vorliegt, so befindet sich der Entscheidungsträger im Knoten R/E_2. Der Erwartungswert des Kapitalwertes der Alternative „Abbau" folgt in diesem Fall in $t = 1$ mit:

$$EW_3[\tilde{C}_{1;Abbau}] = -2\,Mio.\,€ + 4{,}6\,Mio.\,€ \cdot 1{,}1^{-1} = 2.181.818{,}18\,€$$

Wie auch im Knoten R/E_1 kann jedoch auch in diesem Knoten entschieden werden, nicht mit dem Abbau zu beginnen. Der Kapitalwert dieser Möglichkeit beträgt $EW[\tilde{C}_{1;Nichts\ tun}] = 0$. Für die Entscheidung im Knoten R/E_2 ist demzufolge die Variante „Abbau" relativ vorteilhaft. Die Kante zu der Alternative „Nichts tun" wird deshalb gestrichen.

Als letztes ist der Erwartungswert des Kapitalwertes der Handlungsalternative „Erkundung und anschließende Entscheidung" im Zeitpunkt $t = 0$ zu ermitteln. Dieser Wert ergibt sich aus:

$$\begin{aligned} EW_4[\tilde{C}_{0;Erkundung}] &= -500.000\,€ \\ &\quad + [0{,}5 \cdot 0\,€ + (0{,}5 \cdot 2.181.818{,}18\,€) \cdot 1{,}1^{-1}] \\ &= 491.735{,}54\,€ \end{aligned}$$

Dieser Erwartungswert ist geringer als der Erwartungswert der Alternative des sofortigen Abbaus. Deshalb ist der sofortige Beginn des Abbaus die vorteilhafte Vorgehensweise.

Lösung zur Aufgabe 5.7 auf S. 581:

Im ersten Schritt werden die Erwartungswerte der Kapitalwerte $EW[\tilde{C}_1]$ für die verschiedenen Zustände in $t = 1$ berechnet.

Zeitpunkt t=1:

Knoten R_1:

$$EW_1[\tilde{C}_{1;R_1}] = [(0{,}7 \cdot 20.000 + 0{,}3 \cdot 10.000) \cdot 40 \; €/\text{St}] \cdot 1{,}1^{-1}$$
$$+ (100.000\,€ - 120.000\,€) \cdot 1{,}\_^{-1} = \underline{600.000,- €}$$

Knoten R_2:

$$EW_2[\tilde{C}_{1;R_2}] = [(0{,}4 \cdot 20.000 + 0{,}6 \cdot 10.000) \cdot 40 \; €/\text{St}] \cdot 1{,}1^{-1}$$
$$+ (100.000\,€ - 120.000\,€) \cdot 1{,}\_^{-1} = \underline{490.909{,}09 €}$$

Da in $t = 1$ auf diesem Ast des Baumes keine Entscheidung mehr getroffen werden kann, ist auch keine Auswahl einer vorteilhaften Alternative vorzunehmen.

Knoten R/E_1:

$$EW_3[\tilde{C}_{1;MC_1}] = [(0{,}7 \cdot 25.000 + 0{,}3 \cdot 15.000) \cdot 50 \; €/\text{St}] \cdot 1{,}1^{-1}$$
$$+ (50.000\,€ - 50.000\,€) \cdot 1{,}1^{-1} - 500.000\,€ = \underline{500.000,- €}$$

$$EW_4[\tilde{C}_{1;MD_1}] = [(0{,}7 \cdot 20.000 + 0{,}3 \cdot 12.000) \cdot 60 \; €/\text{St}] \cdot 1{,}1^{-1}$$
$$+ (50.000\,€ - 40.000\,€) \cdot 1{,}1^{-1} - 550.000\,€ = \underline{419.090{,}91 €}$$

Das bedeutet, dass im Knoten R/E_1 die Alternative MC_1 relativ vorteilhaft in Bezug auf MD_1 ist. Deshalb wird die Kante zu MD_1 gestrichen.

Knoten R/E_2:

$$EW_5[\tilde{C}_{1;MC_1}] = [(0{,}4 \cdot 25.000 + 0{,}6 \cdot 15.000) \cdot 50 \; €/\text{St}] \cdot 1{,}1^{-1}$$
$$+ (50.000\,€ - 50.000\,€) \cdot 1{,}1^{-1} - 500.000\,€ = \underline{363.636{,}36 €}$$

$$EW_6[\tilde{C}_{1;MD_1}] = [(0{,}4 \cdot 20.000 + 0{,}6 \cdot 12.000) \cdot 60 \; €/\text{St}] \cdot 1{,}1^{-1}$$
$$+ (50.000\,€ - 40.000\,€) \cdot 1{,}1^{-1} - 550.000\,€ = \underline{288.181{,}82 €}$$

Im Knoten R/E_2 ist die Alternative MC_1 wiederum relativ vorteilhaft in Bezug auf MD_1, weshalb die Kante zu MD_1 gestrichen wird.

Zeitpunkt t=0:

Im letzten Schritt sind die Ergebnisse für den Zeitpunkt $t = 0$ zu ermitteln. Dies erfolgt im Knoten E_3. Für die Anlage MA_0 ergibt sich der Erwartungswert:

$$EW_7[\tilde{C}_{0;MA_0}] = -1.000.000\,\text{€}$$
$$+ [(0,5 \cdot 20.000 + 0,5 \cdot 10.000) \cdot 40\ \text{€/St} - 120.000\,\text{€}] \cdot 1,1^{-1}$$
$$+ (0,5 \cdot 490.909,09\,\text{€} + 0,5 \cdot 600.000\,\text{€}) \cdot 1,1^{-1}$$
$$= -67.768,60\,\text{€}$$

Für die Anlage MB_0 ergibt sich:

$$EW_8[\tilde{C}_{0;MB_0}] = -500.000\,\text{€}$$
$$+ [(0,5 \cdot 10.000 + 0,5 \cdot 10.000) \cdot 50\ \text{€/St}] \cdot 1,1^{-1}$$
$$+ (50.0000\,\text{€} - 50.0000\,\text{€}) \cdot 1,1^{-1}$$
$$+ (0,5 \cdot 500.000, - \,\text{€} + 0,5 \cdot 363.636,36\,\text{€}) \cdot 1,1^{-1}$$
$$= 347.107,44\,\text{€}$$

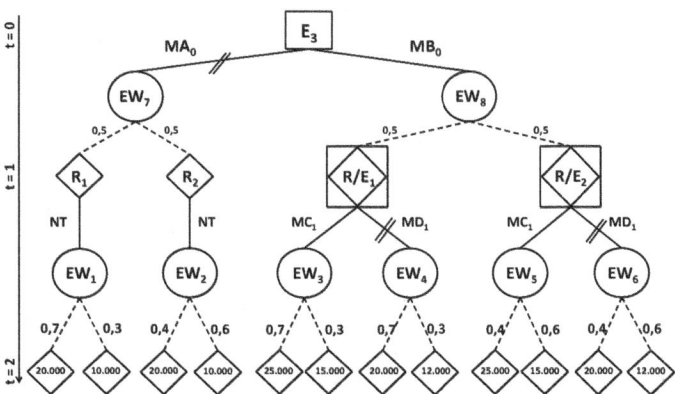

Abb. 5.35: Entscheidungsbaum zu Aufgabe 5.7.

Die Installation der Maschine MB_0 in Kombination mit der anschließenden Installation der Anlage MC_1 ist die vorteilhafte Strategie. Der Erwartungswert dieser Handlungsfolge ist positiv und größer als der Erwartungswert der Installation der Anlage MA_0 (vgl. Abb. 5.35).

Lösung zur Aufgabe 5.8 auf S. 583:

a) Die vorliegende Situation kann als amerikanische Verkaufsoption bzw. reale Abbruchoption interpretiert werden. Der Landwirt verfügt über die Option, die unsicheren Rückflüsse seiner Tätigkeit gegen eine sichere Sofortzahlung zu tauschen. Da diese Möglichkeit während der gesamten 10 Jahre besteht, handelt es sich um eine amerikanische Verkaufsoption.

b) Zur Bewertung mit dem Binomialmodell ergeben sich folgende Werte:

$$u = e^{0,20\sqrt{2}} = 1,326896 \quad d = e^{-0,20\sqrt{2}} = 0,753638$$

$$w = \frac{e^{(r-\delta)\cdot\Delta t} - d}{u - d} = 0,263754$$

Auf Basis dieser Daten wird die Entwicklung des Basiswertes und die rekursive Ermittlung des Optionswertes ermittelt (vgl. Abb. 5.36). Der Wert der amerikanischen Abbruchoption beträgt ca. 109.970 €.

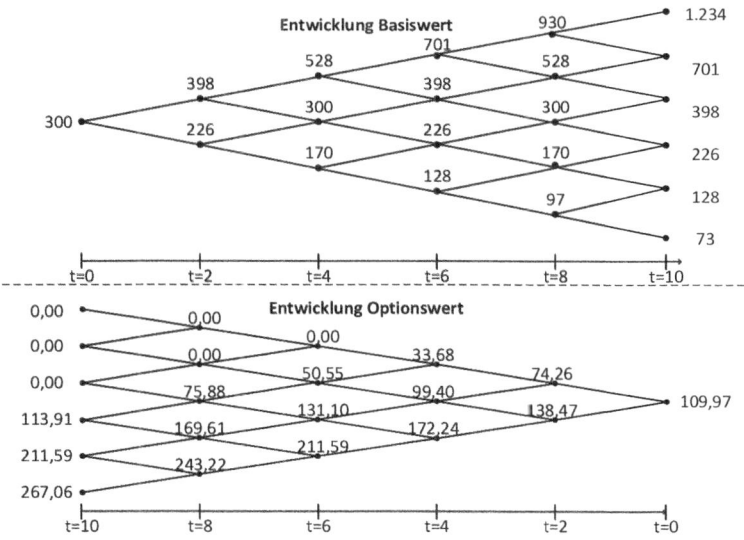

Abb. 5.36: Entwicklung von Basis- und Optionswert für Aufgabe 5.8.

c) Der Landwirt sollte die Option nicht ausüben. Dem Verkaufspreis von 340.000,- € stehen zwar geringere Rückflüsse in Höhe von 300.000,- € gegenüber. Jedoch ist der aufgegebene Optionswert von 109.970,- € zu berücksichtigen. Zum anderen fließen dem Landwirt jährlich Rückflüsse in Höhe von 10% aus der Nutzung zu - die risikolose Anlage erbringt lediglich 5% jährlich.

Lösung zur Aufgabe 5.9 auf S. 583:

Die Situation kann als Investitionsoption interpretiert werden. Um mit der Bewertung dieser realen Option beginnen zu können, ist der Barwert der Rückflüsse zu ermitteln. Mit den angegebenen Informationen ergibt sich $B_0 = 900.000\,€$. Die jährlich zu entnehmende maximale Holzmenge entgeht dem Investor, wenn die Option nicht ausgeübt wird. Diese kann als jährliche Dividendenrendite $\delta = 0.10$ interpretiert werden.

a) Die analytische Berechnung des Wertes einer Kaufoption nach dem BLACK-SCHOLES-MERTON-Modell geschieht nach folgender Gleichung:

$$C = S\ e^{-\delta T}\ N(d_1) - X\ e^{-rT}\ N(d_2)$$

Mit den Eingangsdaten ergeben sich folgende Zwischenwerte für d_1 und d_2:

$$d_1 = \frac{ln\left(\frac{900}{1000}\right) + \left(0,05 - 0,10 + \frac{0,20^2}{2}\right)10}{0,20\ \sqrt{10}} \approx -0,640931$$

Der Wert der Verteilungsfunktion der Standardnormalverteilung für diesen Wert ist: $N(d_1) \approx 0,260784$.

Damit ergibt sich für den ersten Term: $S\ e^{-\delta T}\ N(d_1) \approx 86.343\ €$.

$$d_2 = \frac{ln\left(\frac{900}{1000}\right) + \left(0,05 - 0,10 - \frac{0,20^2}{2}\right)10}{0,20\ \sqrt{10}}$$

$$= d_1 - 0,20\sqrt{10} \approx -1,273387$$

Der Wert der Verteilungsfunktion der Standardnormalverteilung für diesen Wert ist: $N(d_2) \approx 0,101440$

Mit diesem Zwischenergebnis resultiert der zweite Term:

$$X\ e^{-rT}\ N(d_2) \approx 61.527\,€$$

Der Wert der Kaufoption ergibt sich demzufolge mit ca. $24.816\,€$.

b) Zur Bewertung mit dem Binomialmodell ist die Ermittlung der Werte der Aufwärts- und Abwärtsbewegungen des Basiswertes sowie der korrespondierenden Wahrscheinlichkeiten erforderlich. Diese Zwischenwerte ergeben sich wie folgt:

$$u = e^{0,20\sqrt{2}} = 1,326896;\ d = e^{-0,20\sqrt{2}} = 0,753638;$$

$$w = \frac{e^{(r-\delta)\cdot\Delta t} - d}{u - d} = 0,263754$$

Die Entwicklung des Basiswertes und die rekursive Ermittlung des Optionswertes ist in der Abbildung 5.37 dargestellt, wobei die Werte in $100.000\,€$ angegeben sind. Der Wert der amerikanischen Investitionsoption beträgt ca. $56.060\,€$.

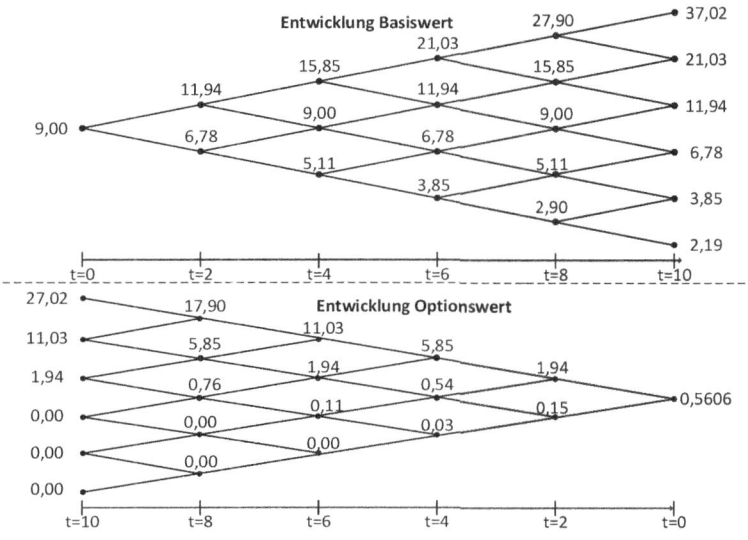

Abb. 5.37: Entwicklung von Basis- und Optionswert für Aufgabe 5.9.

c) Der wesentliche Unterschied liegt in der Berücksichtigung einer möglichen vorzeitigen Ausübung. Im vorliegenden Fall ist es realistischer, von einer amerikanischen Option auszugehen, da das Nutzungsrecht während der gesamten Laufzeit von 10 Jahren ausgeübt werden kann.

Lösung zur Aufgabe 5.10 auf S. 584:

a) Im ersten Schritt ist der Barwert der Rückflüsse zu ermitteln, welcher mit der Nutzung erwirtschaftet werden kann. Bei 50 t Fisch pro Jahr zu 30 € pro kg ergeben sich 1,5 Mio. € jährliche Rückflüsse. Da keine Zeitbegrenzung angegeben ist, kann von einer unendlichen Nutzungszeit dieses Rechtes ausgegangen werden. Der Barwert einer unendlichen Zahlungsreihe mit den Jahreszahlungen in Höhe von 1,5 Mio. € folgt mit: $B_0 = \dfrac{1.500.000}{0,05}$. Das ergibt: 30 Mio. €.

Im nächsten Schritt kann der Wert der Investitionsoption $InvRO(B_0)$ ermittelt werden. Der Wert der unendlichen amerikanischen Investitionsoption resultiert mit: $InvRO(B_0) = a\, B_0^{\beta}$, wobei: $a = \dfrac{B_0^* - I_0}{(B_0^*)^{\beta}}$

Zuerst ist der Wert von β zu ermitteln. Dieser folgt aus:

$$\beta = \frac{1}{2} - \frac{r-\delta}{\sigma^2} + \sqrt{\left(\frac{r-\delta}{\sigma^2} - \frac{1}{2}\right)^2 + \frac{2\,r}{\sigma^2}}$$

$$= \frac{1}{2} - \frac{0{,}05 - 0{,}10}{0{,}10^2} + \sqrt{\left(\frac{0{,}05 - 0{,}10}{0{,}10^2} - \frac{1}{2}\right)^2 + \frac{2 \cdot 0{,}05}{0{,}10^2}}$$

$$= 11{,}84429$$

Damit resultieren die Zwischenwerte:

$a = 2{,}67305 \cdot 10^{-83}$ sowie $B_0^* = \dfrac{\beta \cdot I_0}{\beta - 1} = 32.766.243\,€$

Damit resultiert der Wert der Investitionsmöglichkeit in Höhe von:

$InvRO(B_0) = 973.173\ €$

b) Der kritische Barwert der Rückflüsse beträgt 32.766.243 €. Das bedeutet, dass für eine sofortige Ausübung der Investitionsmöglichkeit Rückflüsse in dieser Höhe erforderlich sind. Diese kompensieren die Vernichtung der Option und die Investitionsauszahlung. Die Option kann im vorliegenden Fall sofort ausgeübt werden.

Lösung zur Aufgabe 5.11 auf S. 585:

- Volatilität auf Basis der Schlusskurse:
  Bestimmungsgleichung:

$$\hat{\sigma} = \sqrt{\frac{1}{n-1} \cdot \sum_{i=1}^{n} ln\left(\frac{SK_i}{SK_{i-1}}\right)^2 - \frac{1}{n \cdot (n-1)} \cdot \left[\sum_{i=1}^{n} ln\left(\frac{SK_i}{SK_{i-1}}\right)\right]^2}$$

Mit den Eingangsdaten folgt die geschätzte tägliche Volatilität:

$$\hat{\sigma}_{Tag} = \sqrt{\frac{1}{14} \cdot 0{,}00510707 - \frac{1}{15 \cdot (14)} \cdot 0{,}01078481} = \sqrt{0{,}00031343} = 0{,}01770408$$

Umrechnung auf das Gesamtjahr:

$\hat{\sigma}_{Jahr} = \hat{\sigma}_{Tag} \cdot \sqrt{252} = 0{,}01770408 \cdot \sqrt{252} = 0{,}28104357.$

Die geschätzte Jahresvolatilität liegt bei 28,10%.

- Volatilität auf der Basis von Tageshöchst- und -tiefstkursen:
  Bestimmungsgleichung:

$$\hat{\sigma} = \frac{1}{2n \cdot \sqrt{ln(2)}} \cdot \sum_{i=1}^{n} ln\left(\frac{HK_i}{TK_i}\right)$$

Da hier die Tageswerte verwendet werden, folgt $n = 16$. Mit den Eingangs-daten folgt die geschätzte tägliche Volatilität:

$$\hat{\sigma} = \frac{1}{32 \cdot \sqrt{ln(2)}} \cdot 0{,}44856899 = 0{,}01683707$$

Umrechnung auf das Gesamtjahr:

$$\hat{\sigma}_{Jahr} = \hat{\sigma}_{Tag} \cdot \sqrt{252} = 0{,}01683707 \cdot \sqrt{252} = 0{,}26728022.$$

Die geschätzte Jahresvolatilität liegt demzufolge bei 26,73%.

- Volatilität auf Basis von Höchst-, Tiefst- und Schlusskursen:

Bestimmungsgleichung:

$$\hat{\sigma} = \sqrt{\frac{1}{n} \cdot \sum_{i=1}^{n} \frac{1}{2} \cdot \left[ln\left(\frac{HK_i}{TK_i} \right) \right]^2 - \frac{1}{n} \cdot \sum_{i=1}^{n} (2 \cdot ln(2) - 1) \cdot \left[ln\left(\frac{SK_i}{SK_{i-1}} \right) \right]^2}$$

Mit den Eingangsdaten folgt die geschätzte tägliche Volatilität:

$$\hat{\sigma} = \sqrt{\frac{1}{15} \cdot (0{,}00714007 - 0{,}00197283)} = \sqrt{0{,}00034448} = 0{,}01856024$$

Umrechnung auf das Gesamtjahr:

$$\hat{\sigma}_{Jahr} = \hat{\sigma}_{Tag} \cdot \sqrt{252} = 0{,}01856024 \cdot \sqrt{252} = 0{,}29463474.$$

Die geschätzte Jahresvolatilität beträgt 29,46%

Lösung zur Aufgabe 5.12 auf S. 585:

In einem ersten Schritt werden die Werte d_1 und d_2 für die Option ermittelt. Es folgt:

$$d_1 = \frac{ln\left(\frac{100}{80} \right) + \left(0{,}08 - 0{,}05 + \frac{0{,}20^2}{2} \right) \cdot 1}{0{,}20 \cdot \sqrt{1}} = 1{,}365718;$$

$$d_2 = d_1 - 0{,}20 \cdot \sqrt{1} = 1{,}165718$$

Es resultieren folgende Werte der Verteilungsfunktion der standardisierten Normalverteilung: $N(d_1) = 0{,}913986$; $N(d_2) = 0{,}878136$. Diese lassen sich z. B. mit EXCEL durch den Befehl "STANDARDNORMVERT(Zelle)" ermitteln.

Für den Wert der Dichtefunktion der standardisierten Normalverteilung für (d_1) folgt: $N'(d_1) = 0{,}156997$. Dieser Wert lässt sich mit der Formel aus Tabelle 5.8 auf S.550 berechnen. Mit EXCEL ist der Wert ermittelbar durch den Befehl "NORM.S.VERT(ZELLE;FALSCH)".

a) Ermittlung des Optionswertes:

Die Bestimmungsgleichung lautet: $C = S\ e^{-\delta T}\ N(d_1) - X\ e^{-rT}\ N(d_2)$

Mit den Eingangs- und Zwischenwerten folgt:

$C = 100\text{€}\ e^{-0,05\cdot1}\cdot\ 0,913986 - 80\text{€}\ e^{-0,08\cdot1}\cdot0,878136 = 22,091343\text{€}.$

b) Ermittlung der Sensitivitätskennziffern (vgl. Tabelle 5.8 auf S. 550):

   a. Delta:

   $$\Delta_C = e^{-\delta\cdot T}\cdot N(d_1) = e^{-0,05\cdot1}\cdot0,913986 = \underline{\underline{0,869411}}$$

   b. Gamma:

   $$\Gamma_C = \frac{N'(d_1)\cdot e^{-\delta\cdot T}}{S\cdot\sigma\cdot\sqrt{T}} = \frac{0,156997\cdot e^{-0,05\cdot1}}{100\cdot0,20\cdot\sqrt{1}} = \underline{\underline{0,007467}}$$

   c. Theta:

   $$\begin{aligned}\Theta_C &= -\frac{S\cdot N'(d_1)\cdot\sigma\cdot e^{-\delta\cdot T}}{2\cdot\sqrt{T}} + \delta\cdot S\cdot N(d_1)\cdot e^{-\delta\cdot T} - r\cdot X\cdot e^{-r\cdot T}\cdot N(d_2)\\
   &= -\frac{100\cdot0,156997\cdot0,20\cdot e^{-0,05\cdot1}}{2\cdot\sqrt{1}} + 0,05\cdot100\cdot0,913986\cdot e^{-0,05\cdot1}\\
   &\quad - 0,08\cdot80\cdot e^{-0,08\cdot1}\cdot0,878136\\
   &= \underline{\underline{-2,334322}}\end{aligned}$$

   d. Vega:

   $$\mathcal{V}_C = S\cdot\sqrt{T}\cdot N'(d_1)\cdot e^{-\delta\cdot T} = 100\cdot\sqrt{1}\cdot0,156997\cdot e^{-0,05\cdot1} = \underline{\underline{14,93400}}$$

   e. Rho:

   $$\rho_C = T\cdot X\cdot N(d_2)\cdot e^{-r\cdot T} = 1\cdot80\cdot0,878136\cdot e^{-0,08\cdot1} = \underline{\underline{64,849710}}$$

   f. Phi:

   $$\Phi_C = -T\cdot S\cdot N(d_1)\cdot e^{-\delta\cdot T} = -1\cdot100\cdot0,913986\cdot e^{-0,05\cdot1} = \underline{\underline{-86,941058}}$$

c) Interpretation der Sensitivitätskennziffern:

   a. <u>Delta:</u> Die Variable verkörpert die Sensitivität des Optionswertes auf Änderungen des Basiswertes und ist für Kaufoptionen prinzipiell positiv. Die Erhöhung des Basiswertes um eine Einheit führt zu einer Erhöhung des Optionswertes um das 0,87-fache. Konkret bedeutet dies: Eine Basiswerterhöhung um 1€ erhöht den Optionswert um 0,87€.

   b. <u>Gamma:</u> Gamma misst die Reaktion des Delta auf eine Basiswertänderung. Dieser Wert ist für Kauf- und Verkaufsoptionen identisch und immer positiv. Gamma gibt an, in welchem Maße sich Delta ändert, wenn sich der Basiswert um eine Einheit verändert. In dem Beispiel weist Gamma den Wert 0,007467 auf. Somit ändert sich das Delta um das 0,007467-fache der Änderung des Basiswertes.

c. <u>Theta:</u> Diese Variable gibt die Veränderung des Optionswertes bei einer Laufzeitänderung an. Hierbei wird ein Tag als kleinste Zeiteinheit verwendet und die Laufzeitänderung wird auf 365 Tage pro Jahr umgerechnet. Für das Beispiel mit $\Theta = -2{,}334322$ bedeutet eine Reduktion des Optionswertes in Höhe von $\dfrac{2{,}334322}{365} = 0{,}006395\,€$ bei einer Laufzeitreduktion um einen Tag.

d. <u>Vega:</u> Für den Wert von Optionen hat Vega einen sehr großen Einfluss. Eine Änderung der Volatilität um 1% ist schnell und einfach möglich. Die Erhöhung der Volatilität um eine Einheit führt zu einer Erhöhung des Optionswertes um ca. das 15-fache. Konkret bedeutet dies: Eine Erhöhung der Volatilität um einen Prozentpunkt erhöht den Optionswert um ca. 0,15 €. Der Wert von Vega ist im vorliegenden Beispiel relativ gering, da die Option tief im Geld steht.

e. <u>Rho:</u> Die Änderung des Optionswertes bei einer Änderung des Zinssatzes um eine Einheit beträgt ca. das 65-fache dieser Änderung. D. h. eine Erhöhung des Zinssatzes um den Wert 0,01 (also um einen Prozentpunkt) führt zu einer Erhöhung des Optionswertes um 0,6485 €. Für den Wert von Optionen hat Rho einen eher geringen Einfluss. Eine Änderung der Zinssätze um mehrere Prozentpunkte ist kaum festzustellen, so dass auch der Einfluss auf Optionswerte gering ist.

f. <u>Phi:</u> Die Änderung des Optionswertes bei einer Änderung der Dividendenrate um eine Einheit beträgt ca. das −87-fache dieser Änderung. D. h. eine Erhöhung der Dividendenrate um den Wert 0,01 (also um einen Prozentpunkt) führt zu einer Reduktion des Optionswertes um ca. 0,87 €. Damit wird der große Werteinfluss der Dividendenrendite deutlich. Diese steht nicht dem Inhaber einer Kaufoption zu. Deshalb kann diese Rendite, die dem Optionsinhaber entgeht, auch als „Kosten des Wartens" bezeichnet werden.

5.6 Literaturverzeichnis

Adam, D. (2000): Investitionscontrolling. 3. Aufl., München: Oldenbourg.

Adams, M./Rudolf, M. (2009): Unternehmensbewertung auf Basis von Realoptionen. In: Schacht, U./Fackler, M. (Hg.): Praxishandbuch Unternehmensbewertung: Grundlagen, Methoden, Fallbeispiele. 2. Aufl., Wiesbaden: Gabler, S. 359–381.

Alghalith, M. (2018): Pricing the American options using the Black–Scholes pricing formula. In: Physica A: Statistical Mechanics and its Applications, 507 (o. A.): 443–445.

Alghalith, M. (2020): Pricing the American options: A closed-form, simple formula. In: Physica A: Statistical Mechanics and its Applications, 548, im Druck: https://doi.org/10.1016/j.physa.2019.123873.

Andres, P. (1998): Von der Black/Scholes-Optionspreisformel zum GARCH-Optionsbewertungsmodell. Bergisch Gladbach u. a.: Eul.

Areal, N./Rodrigues, A. (2010): On the dangers of a simplistic American option simulation valuation method. In: The European Journal of Finance, 16 (4): 373–379.

Arrow, K. J. (1968): Optimal capital policy with irreversible investment. In: Wolfe, J. N. (Hg.): Value, capital, and growth: papers in honour of Sir John Hicks. Edinburgh: University Press, S. 1–19.

Arrow, K. J./Fisher, A. C. (1974): Environmental preservation, uncertainty and irreversibility. In: Quarterly Journal of Economics, 88 (2): 312–319.

Auer, B./Rottmann, H. (2020): Statistik und Ökonometrie für Wirtschaftswissenschaftler. 4. Aufl., Wiesbaden: Springer Gabler.

Ballwieser, W. (2002): Unternehmensbewertung und Optionspreistheorie. In: Die Betriebswirtschaft, 62 (2): 184–201.

Bamberg, G./Coenenberg, A. G./Krapp, M. (2019): Betriebswirtschaftliche Entscheidungslehre. 16. Aufl., München: Vahlen.

Barone-Adesi, G./Whaley, R. E. (1987): Efficient analytic approximation of american option values. In: The Journal of Finance, 42 (2): 301–320.

Batran, A. (2008): Realoptionen in der Lieferantenentwicklung. Wiesbaden: Gabler Edition Wissenschaft.

Bawa, V. S. (1975): Optimal rules for ordering uncertain prospects. In: Journal of Financial Economics, 2 (1): 95–121.

Berger, P. G./Ofek, E./Swary, I. (1996): Investor valuation of the abandonment option. In: Journal of Financial Economics, 42 (2): 257–287.

Bernays, J. (1872): Aristoteles' Politik: erstes, zweites und drittes Buch - mit erklärenden Zusätzen. Berlin: Hertz.

Bjerksund, P./Stensland, G. (1993a): Closed-form approximation of American options. In: Scandinavian Journal of Management, 9 (Suppl. 1): S 87–S 99.

Bjerksund, P./Stensland, G. (1993b): American exchange options and a put-call transformation: A note. In: Journal of Business Finance and Accounting, 20 (5): 761–764.

Black, F./Scholes, M. (1973): The pricing of options and corporate liabilities. In: Journal of Political Economy, 81 (3): 637–654.

Blohm, H./Lüder, K./Schaefer, C. (2012): Investition. 10. Aufl., München: Vahlen.

Bockemühl, M. (2001): Realoptionstheorie und die Bewertung von Produktinnovationen. Wiesbaden: Gabler.

Böhm, H./Funke, M./Siegfried, N. (1999): Discovering the link between uncertainty and investment – macroeconometric evidence from Germany. HWWA-Diskussionspapier, Nr. 80.

Bös, M. (1991): Optionsbewertung und Kapitalmarkt. Bergisch Gladbach u. a.: Eul.

Bossert, T. (2017): Derivate im Portfoliomanagement. Wiesbaden: Springer Gabler.

Bowman, E. H./Hurry, D. (1993): Strategy through the option lens: an integrated view of resource investments and the incremental choice process. In: Academy of Management Review, 18 (4): 760–782.

Bredin, D./Elder, J./Fountas, S. (2011): Oil volatility and the option value of waiting: an analysis of the G-7. In: Journal of Future Markets, 31 (7): 679–703.

Brennan, M. J./Schwartz, E. S. (1985): Evaluating natural resource investments. In: Journal of Business, 58 (2): 135–157.

Briys, E./Bellalah, M./Mai, H.-M./Varenne, F. de (1998) Options, futures and exotic derivatives: theory, application and practice. Chichester: John Wiley & Sons.

Broadie, M./Detemple, J. (1996): American option valuation: new bounds, approximations, and a comparison of existing methods. In: The Review of Financial Studies, 9 (4): 1211–1250.

Busse von Colbe, W./Laßmann, G. (1990): Betriebswirtschaftstheorie. Bd. 3: Investitionstheorie. 3. Aufl., Berlin u. a.: Springer.

Campbell, J. Y./Lo, A. W./MacKinlay, A. C. (1997): The econometrics of financial markets. Princeton: University Press.

Campenhausen, C. F. von (1996): Optionsbewertung bei stochastischer Volatilität: Theorie und Empirie. Bamberg: Difo-Druck.

Carr, P. (1988): The valuation of sequential exchange opportunities. In: The Journal of Finance, 43 (5): 1235–1256.

Chance, D. M. (1999): Research trends in derivatives and risk management since Black-Scholes. In: The Journal of Portfolio Management, 25 (5): 35–45.

Chi, T./Li, J./Trigeorgis, L. G./Tsekrekos, A. E. (2019): Real options theory in international business. In: Journal of International Business Studies, 50 (4): 525–553.

Chiang, Y.-H./So, C.-K./Yeung, C.-W. (2006): Real option premium in Hong Kong land prices. In: Journal of Property Investment & Finance, 24 (3): 239–258.

Cicchetti, C. J./Freeman III, A. M. (1971): Option demand and consumer surplus: Further comment. In: Quarterly Journal of Economics, 85 (3): 528–539.

Clewlow, L./Strickland, C. (1998): Implementing derivatives models. Chichester: John Wiley & Sons.

Copeland, T. E./Antikarow, V. (2003): Real options: a practitioner's guide. New York u. a.: Thomson/Texere.

Copeland, T. E./Keenan, P. T. (1998): How much is flexibility worth? In: McKinsey Quarterly, o. A. (2): 38–49.

Cox, J. C./Ross, S. A./Rubinstein, M. (1979): Option pricing: a simplified approach. In: Journal of Financial Economics, 7 (3): 229–263.

Crasselt, N. (2003): Wertorientierte Managemententlohnung, Unternehmensrechnung und Investitionssteuerung. Frankfurt/M.: Peter Lang.

Dangl, T./Kopel, M. O. (2003): Die Bedeutung vollständiger Märkte für die Anwendung des Realoptionsansatzes. In: Hommel, U./Scholich, M./Baecker, P. (Hg.): Reale Optionen: Konzepte, Praxis und Perspektiven strategischer Unternehmensführung. Berlin u. a.: Springer, S. 37–62.

Dangl, T./Wirl, F. (1998): Investition bei Unsicherheit als Erklärung für hohe implizite Diskontraten bei Energiesparinvestitionen. In: OR Spektrum, 20 (4): 259–267.

Davis, G. A. (1998): Estimating volatility and dividend yield when valuing real options to invest or abandon. In: The Quarterly Review of Economics and Finance, 38 (Special Issue): 725–754.

Dixit, A. K. (1989): Hysteresis, import penetration, and exchange rate passthrough. In: Quarterly Journal of Economics, 104 (2): 205–228.

Dixit, A. K./Pindyck, R. S. (1994): Investment under uncertainty. Princeton: University Press.

Drobetz, W./El Ghoul, S./Guedhami, O./Janzen, M. (2018): Policy uncertainty, investment, and the cost of capital. In: Journal of Financial Stability, 39 (Dec.): 28–45.

Dunne, T./Mu, X. (2010): Investment spikes and uncertainty in the petroleum refining industry. In: Journal of Industrial Economics, 58 (1): 190–213.

Dyckhoff, H. (2007): Quasilineare Mittel von Periodensicherheitswerten als intertemporale Nutzenfunktionen. In: Schmalenbachs Zeitschrift für Betriebswirtschaftliche Forschung, 59 (8): 982–1001.

Eisenführ, F./Weber, M./Langer, T. (2010): Rationales Entscheiden. 5. Aufl., Berlin u. a.: Springer.

Emery, D. R./Parr, P. C./Mokkelbost, P. B./Gandhi, D./Saunders, A. (1978): An investigation of real investment decision making with the options pricing model. In: Journal of Business Finance & Accounting, 5 (4): 363–369.

Figlewski, S. (1989): What does an option pricing model tell us about option prices? In: Financial Analysts Journal, 45 (5): 12–15.

Fink, A./Siebe, A. (2011): Handbuch Zukunftsmanagement: Werkzeuge der strategischen Planung und Früherkennung. Frankfurt/M.: Campus.

Fischer, T. R./Hahnenstein, L./Heitzer, B. (1999): Kapitalmarkttheoretische Ansätze zur Berücksichtigung von Handlungsspielräumen in der Unternehmensbewertung. In: Zeitschrift für Betriebswirtschaft, 69 (10): 1207–1232.

Fisher, A. C./Krutilla, J. V./Cicchetti, C. J. (1972): The economics of environmental preservation: A theoretical and empirical analysis. In: The American Economic Review, 62 (4): 605–619.

Fox, A. (2010): Die Bewertung von Content-Anbietern unter besonderer Berücksichtigung von Web 2.0. Wiesbaden: Gabler.

Friedl, G. (2001): Sequentielle Investitionsentscheidungen unter Unsicherheit. Berlin: Duncker & Humblot.

Friedl, G. (2003): Bewertung von Investitionen in die Entwicklung neuer Produkte mit Hilfe des Realoptionsansatzes. In: Hommel, U./Scholich, M./Baecker, P. (Hg.): Reale Optionen: Konzepte, Praxis und Perspektiven strategischer Unternehmensführung. Berlin u. a.: Springer, S. 377–397.

Gass, S. I. (2011): John F. Magee. In: Assad, A. A./Gass, S. I. (Hg.): Profiles in Operations Research: Pioneers and Innovators. New York u. a.: Springer, S. 613–626.

Georgescu-Roegen, N. (1971): The entropy law and the economic process. Cambridge: University Press.

Gerber, A./Rhode, K. I. M.(2010): Risk and preference reversals in intertemporal choice. In: Journal of Economic Behavior & Organization, 76 (3): 654–668.

Geske, R. (1979): The valuation of compound options. In Journal of Financial Economics, 7 (1): 63–81.

Geske, R./Johnson, H. (1984): The American put option valued analytically. In: Journal of Finance, 39 (5): 1511–1524.

Goard, J. (2021): An improvement of an analytical approximation method for American options. In: Applied Mathematical Modelling, 98 (May): 134–142.

Götze, U. (2014): Investitionsrechnung. 7. Aufl., Berlin u. a.: Springer.

Grenadier, S. R./Wang, N. (2007): Investment under uncertainty and time-inconsistent preferences. In: Journal of Financial Economics, 84 (1): 2–39.

Grenadier, S. R./Weiss, A. M. (1997): Investment in technological innovations: an option pricing approach. In: Journal of Financial Economics, 44 (3): 397–416.

Grob, H. L. (2006): Einführung in die Investitionsrechnung. 5. Aufl., München: Vahlen.

Groß-Schuler, A. (2002): Irreversibilität und Unternehmensstrategie: Das Konzept der Sunk Costs und seine Entscheidungsrelevanz. Wiesbaden: DUV.

Gul, F./Lantto, O. (1990): Betweenness satisfying preferences and dynamic choice. In: Journal of Economic Theory, 52 (1): 162–177.

Hammond, P. J. (1988): Consequentialism and the independence axiom. In: Munier, B. R. (Hg.): Risk, decision, and rationality. Dordrecht: Kluwer, S. 503–516.

Hammond, P. J./Zank, H. (2014): Rationality and dynamic consistency under risk and uncertainty. In: Machina, M. J./Viscusi, W. K. (Hg.): Handbook of the Economics of Risk and Uncertainty - vol. I. Oxford u. a.: North-Holland, S. 41–97.

Hanoch, G./Levy, H. (1969): The efficiency analysis of choices involving risk. In: The Review of Economic Studies, 36 (3): 335–346.

Haug, E. G. (2007): The complete guide to option pricing formulas. 2. Aufl., New York u. a.: McGraw-Hill.

Haug, E. G./Taleb, N. N. (2011): Option traders use (very) sophisticated heuristics, never the Black–Scholes–Merton formula. In: Journal of Economic Behavior & Organization, 77 (2): 97–106.

Henry, C. (1974a): Option values in the economics of irreplaceable assets. In: Review of Economic Studies, 41 (5): 89–114.

Henry, C. (1974b): Investment decisions under uncertainty: the "irreversibility effect". In: The American Economic Review, 64 (6): 1006–1012.

Hertz, D. B. (1964): Risk analysis in capital investment. In: Harvard Business Review, 42 (1): 95–106.

Hilpisch, Y. (2006): Options Based Management: vom Realoptionsansatz zur optionsbasierten Unternehmensführung. Wiesbaden: Gabler.

Hilzenbecher, U. (2002): Realoptionen in Investitions- und Wettbewerbsstrategien des Produkt- und Profitcentermanagement. Hamburg: Dr. Kovač.

Huisman, K. J. M. (2001): Technology investment: a game theoretic real options approach. Boston: Kluwer.

Hule, R. (2000): Irreversibilität in der Ökonomie. Frankfurt/M.: Peter Lang.

Hull, J. (2019): Optionen, Futures und andere Derivate. 10. Aufl., München u. a.: Pearson.

Ilyas, M./Khan, A./Nadeem, M./Suleman, M. T. (2021): Economic policy uncertainty, oil price shocks and corporate investment: Evidence from the oil industry. In: Energy Economics, 97 (May): 105193.

Jacob, H. (1967a): Zum Problem der Unsicherheit bei Investitionsentscheidungen. In: Zeitschrift für Betriebswirtschaft, 37 (3): 153–187.

Jacob, H. (1967b): Flexibilitätsüberlegungen in der Investitionsrechnung. In: Zeitschrift für Betriebswirtschaft, 37 (1): 1–34.

Ju, N./Zhong, R. (2000): An approximate formula for pricing American options. In: The Journal of Derivatives, 7 (2): 31–40.

Kester, W. C. (1984): Today's options for tomorrow's growth. In: Harvard Business Review, o. A. (3): 153–160.

Kilger, W. (1965): Kritische Werte in der Investitions- und Wirtschaftlichkeitsrechnung. In: Zeitschrift für Betriebswirtschaft, 35 (6): 338–353.

Kilka, M. (1995): Realoptionen – Optionspreistheoretische Ansätze bei Investitionsentscheidungen unter Unsicherheit. Frankfurt/M.: Fritz Knapp.

Koch, C. (1999): Optionsbasierte Unternehmensbewertung. Wiesbaden: Gabler.

Kolb, R. W./Overdahl, J. A. (2013): Futures, options, and swaps. 5. Aufl., Oxford u. a.: Blackwell.

Korn, R. (2014): Moderne Finanzmathematik - Theorie und praktische Anwendung. Bd. 1: Optionsbewertung und Portfolio-Optimierung. Berlin u. a.: Springer Spektrum.

Kozlova, M. (2017): Real option valuation in renewable energy literature: Research focus, trends and design. In: Renewable and Sustainable Energy Reviews, 80 (Dec.): 180–196.

Krelle, W. (1968): Präferenz- und Entscheidungstheorie. Tübingen: J. C. B. Mohr.

Kruschwitz, L./Lorenz, D. (2019): Investitionsrechnung. 15. Aufl., München u. a.: DeGruyter Oldenbourg.

Kruschwitz, L./Husmann, S. (2012): Finanzierung und Investition. 7. Aufl., München: Oldenbourg.

Krutilla, J. V. (1967): Conservations reconsidered. In: American Economic Review, 57 (4): 777–786.

Kulatilaka, N./Marcus, A. J. (1988): General formulation of corporate real options. In: Research in Finance, 7 (o. A.): 183–199.

Kulatilaka, N./Marcus, A. J. (1992): Project valuation under uncertainty: When does DCF fail? In: Journal of Applied Corporate Finance 5 (3): 92–100.

Kwok, Y.-K. (2008): Mathematical models of financial derivatives. 2. Aufl., Berlin u. a.: Springer.

Laux, C. (1993): Handlungsspielräume im Leistungsbereich des Unternehmens: Eine Anwendung der Optionspreistheorie. In: Schmalenbachs Zeitschrift für betriebswirtschaftliche Forschung, 45 (11): 933–958.

Laux, H./Gillenkirch, R. M./Schenk-Mathes, H. Y. (2018): Entscheidungstheorie. 10. Aufl., Berlin u. a.: Springer.

LaValle, I. H./Wapman, K. R. (1986): Note – Rolling back decision trees requires the independence axiom! In: Management Science, 32 (3): 382–385.

Levy, H. (2016): Stochastic dominance: Investment decision making under uncertainty. 3. Aufl., New York u. a.: Springer.

Loistl, O. (1994): Kapitalmarkttheorie. 3. Aufl., München u. a.: Oldenbourg.

Loistl, O. (1996): Computergestütztes Wertpapiermanagement. 5. Aufl., München u. a.: Oldenbourg.

Lu, J./Saito, K. (2018): Random intertemporal choice. In: Journal of Economic Theory, 177 (Sep.): 780–815.

Lucke, C. (2001): Investitionsprojekte mit mehreren Realoptionen: Bewertung und Analyse. Sternenfels: Wissenschaft und Praxis.

Machina, M. J. (1989): Dynamic consistency and non-expected utility models of choice under uncertainty. In: Journal of Economic Literature, 27 (4): 1622–1668.

Magee, J. F. (1964a): Decision trees for decision making. In: Harvard Business Review, 42 (4): 126–138.

Magee, J. F. (1964b): How to use decision trees in capital investment. In: Harvard Business Review, 42 (5): 79–96.

Mayer, M. D. (2001): Zur Eignung der Optionspreistheorie für die Aussprache von Finanzierungsempfehlungen an innovative Unternehmungen. In: Finanz-Betrieb, 3 (11): 595–599.

McDonald, R. L. (2000): Real options and rules of thumb in capital budgeting. In: Brennan, M. J./Trigeorgis, L G. (Hg.): Project flexibility, agency, and competition. New York: Oxford University Press, S. 13–33.

McGrath, R./Ferrier, W./Mendelow, A. (2004): Real options as engines of choice and heterogenity. In: Academy of Management Review, 29 (1): 86–101.

Meise, F. (1998): Realoptionen als Investitionskalkül: Bewertung von Investitionen unter Unsicherheit. München u. a.: Oldenbourg.

Merk, A. (2011): Optionsbewertung in Theorie und Praxis: Theoretische und empirische Überprüfung des Black/Scholes-Modells. Wiesbaden: Gabler Research.

Merton, R. C. (1973): Theory of rational option pricing. In: Bell Journal of Economics and Management Science, 4 (1): 141–183.

Merton, R. C. (1998): Applications of option-pricing theory: twenty-five years later. In: American Economic Review, 88 (3): 323–349.

Meyer, B. H. (2006): Stochastische Unternehmensbewertung: der Wertbeitrag von Realoptionen. Wiesbaden: DUV.

Milnor, J. W. (1954): Games against nature. In: Thrall, R. M./Coombs, C. H./Davis, R. L. (Hg.): Decision processes. New York: Wiley & Sons, S. 49–59.

Müller, D. (2004): Realoptionsmodelle und Investitionscontrolling im Mittelstand. Wiesbaden: DUV.

Müller, D. (2005a): Investitionsentscheidungen in der Elektrizitätswirtschaft: Eine betriebswirtschaftliche Analyse. In: Zeitschrift für Energiewirtschaft, 29 (1): 65–76.

Müller, D. (2005b): Modell der Tauschrealoptionen als Instrument des Investitionscontrollings. In: Zeitschrift für Controlling und Management, 49 (1): 47–62.

Mueller, D. (2013): Optimal excercise and profit sharing of joint real investments in the energy industry. In: Problems and Perspectives in Management, 11 (3): 24–36.

Mueller, D. (2016): The right to choose – political decisions and environmental investments. In: International Journal of Innovation and Sustainable Development, 10 (3): 219–236.

Müller, D. (2017): Realoptionsmodelle. In: Petersen, K./Zwirner, C. (Hg.): Handbuch Unternehmensbewertung. 2. Aufl., Köln: Bundesanzeiger-Verlag, S. 421–434.

Myers, S. C. (1977): Determinants of corporate borrowing. In: Journal of Financial Economics, 5 (2): 147–175.

Myers, S. C./Majd, S. (1990): Abandonment value and project life. In: Advances in Futures and Options Research, 4 (): 1–21.

Nippa, M./Petzold, K. (2003): Zur Anwendbarkeit des Realoptionsansatzes als Instrument zur Unterstützung strategischer Entscheidungsprozesse – Indizien kontingenztheoretischer Bewertungsnotwendigkeiten. In: Schreyögg, G./Sydow, J. (Hg.): Strategische Prozesse und Pfade. Wiesbaden: Gabler, S. 151–193.

Nitzsch, R. von (2021): Entscheidungslehre. 11. Aufl., Wiesbaden: Springer Gabler.

Olbrich, M. (2002): Zur Unternehmensnachfolge im elektronischen Geschäft. In: Keuper, F. (Hg.): Electronic Business und Mobile Business: Ansätze, Konzepte und Geschäftsmodelle. Wiesbaden: Gabler, S. 677–708.

Pascucci, A. (2011): PDE and martingale methods in option pricing. Milan u. a.: Springer.

Pennesi, D. (2021): Intertemporal discrete choice. In: Journal of Economic Behavior and Organization, 186 (June): 690–706.

Perridon, L./Steiner, M./Rathgeber, A. (2017): Finanzwirtschaft der Unternehmung. 17. Aufl., München: Vahlen.

Pindyck, R. S. (1988): Irreversible investment, capacity choice, and the value of the firm. In: The American Economic Review, 78 (5): 969–985.

Pindyck, R. S. (1991): Irreversibility, uncertainty, and investment. In: Journal of Economic Literature, 29 (3): 1110–1148.

Pindyck, R. S. (2002): Optimal timing problems in environmental economics. In: Journal of Economic Dynamics & Control, 26 (9): 1677–1697.

Quigg, L. (1993): Empirical testing of real option-pricing models. In: Journal of Finance, 48 (2): 621–640.

Rambaud, S. C./Sánchez Pérez, A. M. (2020): Discounted and expected utility from the probability and time trade-off model. In: Mathematics, 8 (4): im Druck: https://doi.org/10.3390/math8040601.

Rao, R. K. S./Martin, J. D. (1981): Another look at the use of options pricing theory to evaluate real asset investment opportunities. In: Journal of Business Finance & Accounting, 8 (3): 421–429.

Reinhardt, H. C. (1997): Kapitalmarktorientierte Bewertung industrieller F&E-Projekte. Wiesbaden: DUV.

Robichek, A. A./van Horne, J. C. (1967): Abandonment value and capital budgeting. In: The Journal of Finance, 22 (4): 577–589.

Schäfer, H. (2005): Unternehmensinvestitionen. 2. Aufl., Heidelberg: Physica.

Schäfer, K. (1994): Optionsbewertung mit Monte-Carlo-Methoden. Bergisch Gladbach u. a.: Eul.

Schatzki, T. (2003): Options, uncertainty and sunk costs: an empirical analysis of land use change. In: Journal of Environmental Economics and Management, 46 (1): 86–105.

Schmitt, C. (2012): Stochastische Volatilität. In: Schröder, M. (Hg.): Finanzmarkt-Ökonometrie. 2. Aufl., Stuttgart: Schäffer-Poeschel, S. 267–312.

Schneider, D. (1971): Flexible Planung als Lösung der Entscheidungsprobleme unter Ungewißheit? In: Schmalenbachs Zeitschrift für betriebswirtschaftliche Forschung, 23 (12): 831–851.

Schneider, D. (1992): Investition, Finanzierung und Besteuerung. 7. Aufl., Wiesbaden: Gabler.

Schneider, D. (2001): Betriebswirtschaftslehre. Bd. 4: Geschichte und Methoden der Wirtschaftswissenschaft. München u. a.: Oldenbourg.

Schneider, D. (2011): Betriebswirtschaftslehre als Einzelwirtschaftstheorie der Institutionen. Wiesbaden: Gabler.

Schneider, E. (1951): Wirtschaftlichkeitsrechnung. Tübingen: J. C. B Mohr.

Schwartz, E. S./Trigeorgis, L. G. (2001): Real options and investment under uncertainty: classical readings and recent contributions. Cambridge: MIT Press.

Seidenfeld, T. (1988): Decision theory without "independence" or without "ordering": what is the difference? In: Economics & Philosophy, 4 (2): 267–290.

Seppä, T. J./Laamanen T. (2001): Valuation of venture capital investments: empirical evidence. In: R&D-Management, 31 (2): 215–230.

Seppelfricke, P. (1996): Investitionen unter Unsicherheit: eine theoretische und empirische Untersuchung für die Bundesrepublik Deutschland. Frankfurt/M.: Haag und Herchen.

Seydel, R. (2017): Einführung in die numerische Berechnung von Finanz-Derivaten. 2. Aufl., Berlin: Springer.

Singer, H. (1999): Finanzmarktökonometrie: Zeitstetige Systeme und ihre Anwendung in Ökonometrie und empirischer Kapitalmarktforschung. Berlin: Physica.

Steiner, M./Bruns, C./Stöckl, S. (2017): Wertpapiermanagement: professionelle Wertpapieranalyse und Portfoliostrukturierung. 11. Aufl., Stuttgart: Schäffer-Poeschel.

Steiner, M./Uhlir, H. (2001): Wertpapieranalyse. 4. Aufl., Heidelberg: Physica.

Stockey, N. L. (2016): Wait-and-see: Investment options under policy uncertainty. In: Review of Economic Dynamics, 21 (Jul.): 246–265.

Sureth, C. (1999): Der Einfluss von Steuern auf Investitionsentscheidungen bei Unsicherheit. Wiesbaden: DUV.

Tomaszewski, C. (2000): Bewertung strategischer Flexibilität beim Unternehmenserwerb. Berlin: Peter Lang.

Trigeorgis, L. G. (1996): Real options: managerial flexibility and strategy in resource allocation. Cambridge: MIT Press.

Trigeorgis, L. G./Reuer, J. J. (2017): Real options theory in strategic management. In: Strategic Management Journal, 38 (2): 42–63.

Trigeorgis, L. G./Tsekrekos, A. E. (2018): Real options in operations research: A review. In: European Journal of Operational Research, 270 (1): 1–24.

Trost, R. (1991): Entscheidungen unter Risiko: Bernoulliprinzip und duale Theorie. Frankfurt/M. u. a.: Peter Lang.

Tufano, P./Moel, A. (2002): When are real options exercised? An empirical study of mine closings. In: Review of Financial Studies, 15 (1): 35–64.

Van de Locht, N. (2009): Informationsgewinnung aus Optionspreisen - Eine empirische Analyse des US-Dollar/Euro-Wechselkurses. Wiesbaden: Gabler Research.

Weber, M.-W. (2002): Portfeuille- und Real-Optionspreis-Theorie und forstliche Entscheidungen. Frankfurt/M.: Sauerländer.

Weisbrod, B. A. (1964): Collective-consumption services of individual-consumption goods. In: Quarterly Journal of Economics, 78 (3): 471–477.

Wenninger, C. (2004): Markt- und Kreditrisiken für Versicherungsunternehmen. Wiesbaden: DUV.

Werner, T. (2000): Investitionen, Unsicherheit und Realoptionen. Wiesbaden: DUV.

Wieland, A. (2002): Claimholder Value: Implikationen der Optionspreistheorie für die Wachstumsfinanzierung. Wiesbaden: DUV.

Wilkens, S. (2000): Zur Eignung numerischer Verfahren für die Optionsbewertung. Karlsruhe: Verlag Versicherungswirtschaft.

Wilkens, S. (2003): Optionsbewertung und Risikomanagement unter gemischten Verteilungen. Wiesbaden: DUV.

Wirl, F./Dangl, T. (2000): Was Dixit und Pindyck bei der Analyse von Management-
problemen unter Unsicherheit verschweigen am Beispiel der optimalen Wartung
und Ausmusterung einer Maschine. In: Zeitschrift für Betriebswirtschaft, 70 (2):
211–230.

Zimmermann, H. (1998): State-Preference Theorie und Asset Pricing. Berlin u. a.: Springer.

Zuber, S. (2011): The aggregation of preferences: can we ignore the past? In: Theory
and Decision, 70 (3): 367–384.

Sachverzeichnis

The manufacturer's authorised representative in the EU is Springer
Nature Customer Service Centre GmbH, Europaplatz 3, 69115 Heidelberg,
Germany. If you have any concerns regarding our products, please
contact ProductSafety@springernature.com

Printed and bound by CPI Group (UK) Ltd, Croydon, CR0 4YY
24/04/2026
02096341-0016